社 會 學

——全球性的觀點

Joan Ferrante 著

李茂興・徐偉傑譯

弘智文化事業有限公司

Joan Ferrante

Sociology
——A Global Perspective

Chinese edition copyright © 1998
By Hurng-Chih Book Co., Ltd.
For sales in Worldwide.

ISBN 957-99581-8-1

Printed in Taiwan, Republic of China

目錄 _____

原書序

　　我撰寫《社會學：全球性的觀點》這本書第一、二版的主要目的，是為了披露此學科的成果，及突顯社會學之概念與理論的力量、活力、關聯性及其多種功用，以便建構和解釋許多社會現象與議題。基於這個目標，我改變傳統教科書慣用的模式，因為在這些傳統模式中，社會學家已慣於奉行該學科典型的知識排列、組織和表達。這些主要的改變是彼此相關的，包括下列各項：

1. 以整合的方式，將社會學的基本概念和理論觀點介紹給學生，並非對此領域進行一種百科全書式的總覽；
2. 說明社會學的概念和理論並不僅是「定義」而已，還是項有用的工具，可用來組織訊息、導引觀念的表達方式、以及指導與闡明人們對大範圍主題的思考；
3. 用相互依賴的觀念表達每一章所介紹的社會學概念和理論，及貫串各章節，俾對各種社會現象或議題進行有條理的討論。
4. 擴展社會學概念和理論的應用，同時涵括美國國內外發生的事件，並不把討論侷限在單一國度之中。

　　基於上述考慮，我決定將某些特定國家的生活資訊併入各章當中，並將社會學的概念和理論應用到與全球性互賴有關的議題，因此各章的主題便以下列國家或地理實體來說明：墨西哥、日本、南韓、以色列，包括西岸和加薩、薩伊、印度、中華人民共和國、南非、德國、前南斯拉夫、巴西、美國、黎巴嫩，以及冷戰結束後的美國和俄羅斯。

　　因為社會學的概念和理論可以應用到任何社會生活上，所以每個主題搭配的國家都是隨意選定的。不過，由於某些國家特別涉及重要的全球性議題，所以特別適合於某特定章節。譬例如第六章「社會互動與實體的社會建構」討論愛滋病議題，我選擇薩伊這個中非國家為例，理由有二：首先，薩伊擁有人類免疫缺陷病毒（HIV）早於 1959 年存在的證據，該證據可以溯及該年冷藏於薩伊血庫中的一個未經證實的血液樣本，雖然這項事實鮮能證實愛滋病毒起源於薩伊，但西方國家的政府和衛生機關卻已獲得多項證據支持該假設。然而，薩伊實際上是否真為人類免疫缺陷病毒的發源國，這與本章無關，本章側重的是「實體乃一種社會創造」這個觀念，意即，是人們對事件、特性以及客體賦予意義；其次，關注薩伊及其與他國間的關係，有助於讓我們了解：人類免疫缺陷病毒的傳染涉及洲際、國際以及社會內部的複雜互動，這些互動也關聯到人們在鄉村與城市、國家與國家之間的遷移（不論合法或非法）。

在各章當中，我們也是應用類似的考量來選擇所欲強調的國家。然而，學生應注意到：這些概念的討論不是特別用來描述某些國家，至於一再拿這些國家與美國社會相較，則是為了加深這些觀念。

第二版的改變

我在第二版作了一些重要改變，加入種族與民族（以德國為例）、性別（以前南斯拉夫為例）等新章節，擴大我們對社會階層化相關議題的探討。當然，本書也針對舊資料進行更新，並加入大約 25% 的新資料，這項修訂的目的是為了進一步闡明全球性互賴的意義，並突顯全球人類的生活如何彼此密切交織。本書尤其要清楚地說明美國人如何受到他國人民和生活的影響。

我修訂第一版的目的也是為了抒解一些書評家的疑慮，因為他們認為若過於強調美國之外的生活，將會減弱讀者對美國國內生活的了解，所以我在第二版當中，直接說明美國國外的種種因素如何影響美國人。此外，我強調採取對照的方式來理解日常行為與社會生活的組織方式。當人們接觸到不同的思考與行為方式時，他們不僅能學習之，也能從中獲致對自身方式的重要洞察。而各章都會以焦點文章結尾，在焦點文章當中，我會把介紹過的概念應用到美國國內生活的某一面向。

　　爲了提昇社會學之概念和理論的整體影響力，我也修訂圖表、照片和其他例證。此外，我也將書中的文章編排得更爲簡潔，並讓社會學概念更加突顯，以作爲討論時的組織工具。我也在每章開頭增加美國與他國相互連結的資料，藉以呈現美國與全球或與特定國家之間的關聯。我希望這個改變的整體效果能帶給讀者一個清楚的概念：全球性的觀點是社會學式思考的一個自然結果。

　　（以下致謝辭謹略）

Joan Ferrante

校訂者序

　　我願意向大家推薦這本社會學教科書，是因為在校訂的過程中，我確定它是一本很不一樣的教材。正如它的書名般，這本教科書強調的是「全球性的觀點」，而且它在編排上，相當忠於這個原則：所有社會學的相關議題，從理論、方法、文化、社會化、社會組織、偏差與控制、階層、族群、性別、人口與家庭、教育、宗教到社會變遷，這十四個主題，每個都以不同的國家為例來進行討論，讓讀者不只是透過實際例子，增加了對社會學專門術語的理解，還附帶地認識了許多國家近幾年的發展狀況。譬如蘇聯和東歐社會主義國家在二十世紀的最後十年內，發生了劇烈的變化，而本書對這段歷史就有詳盡的描述，還以前南斯拉夫的狀況，來探討性別在戰爭中扮演的角色，加深了我們對該地區各種複雜情境的印象。本書的另一個特色，是它在論述觀點上的開放性，由於它將我們的視野提昇到「全球」的層次，必定包含了多元的宗教、文化和歷史傳統，雖然它不可避免地還是要有個立足點——美國，但是作者確實盡量在避免「西方中心主義」式的偏見，較能夠以寬容和欣賞的方式來對待文化上的差異。或許它在內容上偏重啟發讀者思考，和傳統教科書提供標準化答案的方式不同。不過，二十一世紀的教育要求更多的自主學習和獨立判斷，也鼓勵所有人類應以廣闊的胸襟接納彼此，讓人與人、人與自然之間都能和平相處，本書反映了這個潮流，相信能帶給教學雙方很大的收穫。

顧忠華

1 社會學的想像

UNITED NATIONS

- 煩惱與議題
- 社會相對性
- 歷史的轉變力量
- 工業革命
- 社會學對工業化的看法
- 社會學的焦點
- 社會學如何演變
- 全球性觀點的重要性

每學期上課第一天，我照例會在社會學導論這門課當中詢問學生，問他們是否感受到曾在哪些方面受到全球性互賴的影響，以下是他們的一些回答：

「我的祖母在辛辛那堤的瑞芙蘭工廠工作。大約 3 年前，瑞芙蘭整廠遷移到勞資比較便宜的佛羅里達或墨西哥。我的祖母已經在那兒工作 25 年，這件事唯一的好處是該公司給付她退休金。」

「我服務的公司——EG&G 科技——已在全球設有數個分公司，公司公布的職位空缺經常是國外的特派工作，這些職位不僅需要某特殊領域的技術知識，尤其得具備派駐國當地的商業慣例以及語言的技能和知識。」

「我的父親為政府工作，他在美國郵政公司服務逾 22 年，曾贏得許多管理獎章，並曾在研習會上教授個人專長。但是他申請的職位晉升卻被回絕，因為郵政運作知識充足的父親不懂外語，所以無法擔任這個需要遠赴海外視察他國郵政設備的職位。」

「有一次我參加一家大航空公司的新人招募，在申請表上填寫曾在高中時期修讀過三年法語。當人事經理跟我連繫時，她問我法語是否流利，我誠實的回答我並不滿意曾受過的法語訓練，於是她認定我不符合資格。」

「在我的工作當中，我必須回覆許多外國人的詢問電話。雖然我讀過西班牙語，並認為自己應能勉強應付，但是在電話中和操西班牙語人士交談時還是出現許多問題，我無法理解他們說些什麼。這是我首次遭遇的全球性互賴，我明白自己原來還是不太懂這個語言。」

「我們全家一直受到全球性互賴的影響。我的父親是通用汽車公司的一名員工，在諾爾武德工廠服務已逾 20 年，但 3 年前該廠因國外競爭導致銷路短缺因而倒閉，父親也被暫時解雇 2 年，後來調任到印地安那州的佛德威那工廠。雖然我們一直都非常幸運，但我知道有許多家庭為此遭受到更大的影響。」

「我父親服務的建築公司的根據地在俄亥俄州，但公司老闆認為在俄羅斯將會有更多的生意上門，所以他們關閉美國的建築公司而遷移到俄羅斯。」

在那門特別的社會學課程中，80 位學生當中有 60 位（75%）肯定答覆他們受到全球性互賴的影響——即使我們仍未討論到全球性互賴意謂著什麼，或者它與社會學有何關係。

每當我讀到學生對全球性互賴的個人見解時，我便記起社會學家萊特・米爾斯（C. Wright Mills, 1959）對煩惱和議題所作的區分。煩惱（troubles）係可用個人特徵的詞語（動機層次、心態、個性或能力）或與他人（家庭成員、朋友、熟人或同事）之間的直接關係來加以解釋的私人事務。假如煩惱可以解決的話，它的解決之道就是改變個人的特徵或直接關係。米爾斯指出，「在一個 10 萬人的城市中只有一個人失業時，這就是他個人的煩惱。關於解除該煩惱的方法，我們可以適當地指望這個人的特徵、技能及其手邊的機會。」（p.9）另一方面，議題（issues）係指可用非個人所能控制的因素與直接環境來加以解釋的公共事務。米爾斯寫道：「但是在一個擁有 5,000 萬名受雇者的國家裡，倘若有 150 萬人失業時，這便是個議題。我們不能指望能從個人掌握的機會中找尋解決方案，甚至連機會的結構都崩潰了。」（p.9）

對於社會學涵括的內容來說，煩惱與議題之間的關聯是必須的。如同我們將了解的，察覺到這項關聯性正是社會學的想像（sociological imagination）——將表面上與個人無關和遙遠的歷史力量連結至個人生活的一種能力——之核心要件。在當今世上，要有社會學的想像就必須了解全球性互賴。

❧ 煩惱與議題

我的學生所作的回答清楚指出：他們描述的情況不能簡單地以個人情境或特徵來加以解釋。個人的反應不論是找一份新工作、學習外國語言或調動到另一個城市，都無法掌控對其產生影響的歷史力量，這股力量便是**全球性互賴**（global interdependence）。就最普通的意義來說，全球性互賴是全世界人們的生命彼此緊密交織在一起的一種狀態，在此狀態中，任何國家的問題——尋找工作、毒品氾濫、環境污染與稀有資源的獲得與分配——都是全球性問題的一部分（Cortes 1983）。雖然沒有人能完全掌握這股趨勢的結果（Craig 1987），但報紙和雜誌標題都在在暗示這股趨勢，例如我們所讀到的標題「全球景氣即將復甦」、「好萊塢步上全球舞台」、「全球的巨人：可樂征服了世界」、「全球性環保計畫」、「科學使幻想成真：全球通話的攜帶型電話」等等，所有標題都具有全球性互賴的觀點。

SANWA BANK INTRODUCES
GLOCAL BANKING.
THERE IS NO ALTERNATIVE.

In the world of financial services, most banks are following one of two courses.
Global banking. And local banking.
But global banking often loses sight of local conditions, local needs.
While local banking lacks the reach and the perspective to serve your needs around the world.
Which is why the introduction of *glocal banking* — from Sanwa Bank — is important news.
Sanwa provides a full range of financial services tailored to meet *local* needs in every city where Sanwa does business.
And, beyond that, access to the Sanwa *global* network; a formidable resource only a bank that ranks among the four largest in the world* could provide.
Local needs. Global strength.
For corporate finance. For public projects. To meet your every financial need. From rapid fund access to swift financing to M&A services to credit analysts. And etc., etc., etc.
So see Sanwa.
And see what a difference *glocal banking* can make.

The Sanwa Bank U.S.A. & Canada Network

Sanwa Bank
Capital strength. Capital ideas.

愈來愈多廣告商使用「全球」一詞描述其無遠弗屆的產品和服務，這指出當今的商業已然面對全球性互賴的事實。

米爾斯指出，人們經常感覺「受困」於議題，即使他們對個人情境做出回應，卻只能眼睜睜看著更大的力量影響其生活。換句話說，他們覺得無助，因爲他們無法控制這些力量。譬如當戰爭爆發時，一位 ROTC（大學預備軍官團）的學生變成一名飛彈發射者，一名青少年穿上支持（或反對）戰爭的運動衫，一位汽車車主在加油時會考慮汽油在戰爭期間的角色，而從軍的父母會有段時間無法和全家人共同生活。「當戰爭發生時，戰爭衍生的個人問題可能是如何存活或光榮死去；如何賺取戰爭財；如何在軍事機構裡晉昇到較高的安全位置；或者如何對結束戰爭做出貢獻。」（Mills 1959, p9）另一方面，戰爭的議題關係到它的起因：例如，威脅到國家仰賴的資源（如石油），或者威脅到盟邦國家。

同樣地，當美國總公司的總裁決定將營運移至外國或縮減營運時，被解雇的員工面臨失業，他們得選擇自行創業、從事三班制工作或提早退休。與這種經濟重建相關的個人問題可能包括：找出一種縮減預算爲生的方式（見「如何以最少錢過活」一文）、抵擋做完三班制工作後開車回家時的睏倦，或者保持開朗地繼續找尋工作。這些反應並不能改變全球性互賴產生的議題，因爲這主要是由以利益觀點來衡量成功的經濟制度所造成的。爲了獲利，各企業紛紛致力於減少生產費用、雇用薪資較少的員工、引進節省勞力的科技（電腦化）並將生產移往低薪資地區，這樣的策略均會使員工受到失業的衝擊。

米爾斯問道：「一般人有沒有可能感受到無法應付驟然面對的外在世界？（pp.4-5）。他們有沒有可能無法了解介於這些力量及其自身生活間的連結？有沒有可能轉向內心來保護自身的幸福感？有沒有可能感到受困？」米爾斯相信，人們需要的不只是資訊而已，他們還得獲得控制生活的能力，因爲我們生活在受到資訊操縱的時代，資訊宰制我們每天了解所聽、所見、所讀事物的能力。因此，在努力學習這些形塑日常生活的資訊時，我們常感到筋疲力竭。

根據米爾斯的說法，人們需要「能幫助他們使用資訊的心智特質」，在這種方式當中，人們可以思索「世界上有哪些事正在發生，可能發生哪些事？」（p.5）米爾斯稱此心智特質爲社會學的想像。那些持有社會學想像的人能以較大的歷史力量來檢視個人內在生活與人類生涯，對擁有該心智特質的人來說，他們可將其自身定位在歷史當中，從而理解自身的經驗與「命運」；他們可藉由意識到所有個體均分享著相同的情境，從而認清自己的反應。米爾斯主張，知悉個人在事物的較大格局當中的位置「某方面……是可怕的教訓；但另一方面卻是偉大的教訓」（p.5）。

如何以最少錢過活

在下列範例中，我們以某個真實的家庭經驗來說明個人面臨失業和生活預算減少的問題。

1992 年 3 月，在軟體公司擔任行銷督導的強納遜・威伯失去年薪 54,000 美元的工作，他獲得二週的假期，但沒得到半毛遣散費，也不適用於失業保險金，而他有太太和三個小孩要養。

擁有企管碩士文憑的威伯先生在離職後一直無法找到工作，整個家庭的預算被迫削減，全家就靠威伯太太一年 29,000 美元的薪水，以及她從 1992 年 11 月以週末兼職所得的 4,000 美元。下列就是威伯先生待業期間的全家狀況。

$29,000　**$54,000**	**$50,000**　**$4,000**　**$29,000**

1992

三月　威伯先生失去年薪 54,000 美元的工作。
立刻中止的支出：
長途電話費：每月省 200 美元。
到餐廳吃飯：每月省 400 美元。
週末旅遊：每年省 1,200 美元。

五月　威伯先生將他 9,000 美元的退休金兌現。

六月　停止使用後院的游泳池：每年省 500 美元。

七月　減少信用卡持有人每月最低應繳金額。
將水電瓦斯等付款延長成四個月

九月　將兩位女兒上托兒所的天數由每週五天減成三天半，改由威伯太太照顧：每月省 350 美元。

十一月　威伯太太得到一個每週 335 美元的週末兼職工作（全年有 4,000 美元進帳）。

十二月　將買聖誕禮物的花費由 1,600 縮減到 400 美元：省 1,200 美元。

1993

一月　取消有線電視服務：每年省 1,200 美元。
取消健康俱樂部會費：每年省 800 美元。

二月　取消三個小孩的鋼琴課：半年省 540 美元。

三月　威伯一家人設法將整年的支出縮減到 16,800 美元以下，但他們的收入實已捉襟見肘。他們 33,000 元的收入在扣掉課稅和其他扣除額之後，還有 28,500 美元。他們仍有貸款，而購買食物等必須品也正耗盡其積蓄，但他們現在一邊設法再降低支出，一邊與貸方洽談延長付款期限。

因為我們明白人類的苦悶、憎惡、自私、哀傷、悲劇以及絕望是無限的，所以這種知識是種可怕的教訓，但也因為我們了解人類的尊嚴、快樂、愛、自我犧牲以及努力亦是無限，所以也是偉大的教訓。我們將「知道『人性』（human nature）的境界廣大得令人驚訝」，我們將「獲知每個個體在某社會中代代承繼；人們活出了一部傳記；且是在某一歷史的片段中活出這部傳記」（p.6）。人們一旦生活在社會中，便會形塑社會，同時也會被社會形塑。

我們以菲利普‧佛斯（Philip Voss）的個案來了解這個觀念。這位 48 歲的薩圖斯國際公司〔該公司是日本化粧品界巨人資生堂（Shiseido）的美國子公司〕總裁在 1989 年 12 月加入該公司之後，鑑於他參加海外會議的經驗，於是開始每週上日語課程，以回應全球性互賴的「推擠」（push and shove）。「我常在會議上和其他資生堂子公司的總裁坐在一起，他們彼此都以日語交談，我並不清楚他們究竟說些什麼，我猜他們可能在說：『那個佛斯多笨哪！』」所以學日語能幫助佛斯不再感到孤立，讓他能夠清楚的對日本總裁作講演，「要講『很高興我能在這裡和大家碰面』這類的小台詞常讓我覺得緊張，不過當我講完後，他們每個人都起立為我鼓掌，讓我覺得很激動」（Fanning 1990, p.21），就在此時，佛斯的個人反應成為全球性互賴「推擠」當中的一部分，也就是說，每個個人的反應之總和就成為全球性互賴之所在。

擁有社會學想像的人可以掌握歷史、傳記以及介於兩者之間的連結，假如我們了解那些形塑我們生活的力量，我們才能以俾益自身和他人生活的方式來加以反應。能否將生活定位在歷史當中的這兩類人之間有個主要區別：不能作連結的人無法有效的對這個世界——即全球人們的生活彼此相互連結，任何社會的問題都是較大全球問題的一部分——作出反應。大體上，就定義來說，這些人們會落後給那些計畫到國外唸書、學習外語或閱讀其他文化資料的人。

社會學提供一種觀點讓人們得以領悟歷史的「推擠」，不過，它並不保證人們在了解自身傳記與較大力量之間的連結之後，尤其是缺乏資源與支持的情況下，便能輕易地以積極的方式加以反應。另外，社會學的想像也能降低我們以不合適或誤導的方式加以反應的機會。

以下述個案爲例。辛辛那堤有座工廠的工會成員只放行所謂的美製汽車在工廠停車場泊車，而那些開外國車的人則須將車子停在街道上。同樣的，在 1990 年，一位來自密西根的美國眾議員威廉福特頒佈一項法令：靠近州議會會堂的某些停車空間必須保留給開美國車的工作人員（Newhouse News Service 1990；見「『買美國貨』的兩難」一文）。這種反應似乎在鼓勵對美製產品的忠誠，但事實上，這項政策是錯誤的，因爲沒有一輛汽車是純美製的，因爲不可能有個國家能生產出所有汽車所需零件。進一步來說，世界主要的汽車製造商常雇用外國工人，「我們那個年代有個諷刺的笑話，購買福特汽車或 RCA 電視的美國人所能獲得的工作權可能少於購買本田汽車或三菱電視的美國人」（Reich 1988, p.78）。福特汽車公司早在 1929 年，就已是在歐洲設廠 21 座的跨國公司，彼時通用汽車也在歐洲擁有 16 座工廠（Marshall and Boys 1991），這些歷史事實爲錯誤的「買美國貨」主張提供一個較大的脈絡。

當人們能掌握住社會相對性和歷史轉變力量這兩個相關概念之後，在傳記和歷史之間的連結也就變得至爲明顯。

「買美國貨」的兩難

　　由於許多產品內的零件來自全球各地，使我們難以決定哪個產品才真的是「美國貨」。洛杉磯官員忙著在 G 修正特許案（Charter Amendment G）下起草條例，規定加州製或洛杉磯製的產品具有優先權，並規定零件中必須有特定比例的美製品。

電子打字機
- 兄弟牌：零件部分由日本的兄弟牌公司 Nagoya 進口，在田納西州裝配。
- Smith Corona：從美國和他國進口零件，在紐約和新加坡製造。紐約工廠即將要遷移到墨西哥，而英國的漢森公司握有 Smith Corona 47%的股份。

汽車
- 本田雅哥：在俄亥俄州製造，零件中有 75%來自美國。
- 道奇 Stealth：由三菱在日本製造。

電腦
- 國際牌 CF-370 筆記型電腦：由日本大阪的泰迪廠和三菱廠在德州裝配，以國際牌為名在美銷售，零件當中有 60%仰賴進口，日本是主要進口來源。
- 蘋果牌威力電腦：設計圖出自聖地牙哥的日資新力廠、愛爾蘭和柯羅拉多州的蘋果廠。所有裝配都使用日本零件，但該公司不願透露這些零件所佔的百分比。

當美國消費者購買蘋果威力電腦時，他們無法確定這台電腦究竟是誰做的，是愛爾蘭工人，還是美國柯羅拉多州的工人，或是聖地牙哥的日資新力廠工人。

ɜ 社會相對性

社會相對性（social relativity）的觀點係指觀念、信念與行為隨著時空的不同而有所變化，而體驗過數個文化的人更能了解社會相對性。下列文章摘錄自修課的大學生撰寫的採訪日誌，他們應我要求採訪外國學生如何調適美國生活：

我問來自法國的法蘭考斯，他到美國後所作最大調適是什麼。他回答：他到美國後找了一份工作，第一天上班時，他期待 12 點的午餐，但是老闆告訴他只能有半小時的用餐時間。法蘭考斯認為午餐在法國並不是那麼輕率的，他早已習慣有兩小時的時間進餐。（DIANA MATT）

我問易兒瑪，當她回到印尼之後，是否對於本國文化有再適應的問題，而她承認確實有些問題。易兒瑪提到，印尼人在造訪親戚或朋友之前是無需事先通知的，但在美國卻得先行去電通知。於是，當她決定回家過聖誕假期時，她開始打電話給親戚，好讓他們知道她和母親即將來訪，她媽媽質疑女兒這種奇怪的行徑，易兒瑪答說，打電話是想查證拜訪的時間對別人來說是否方便。但她媽媽認為女兒可能瘋了，因為印尼習慣認為，在拜訪前打電話等於是要求為客人做些特別準備，這種請求被認為是粗魯的。（KAREN MEYERS）

我問漢娜哪些是她到美國後最難適應的事情。她回答說，在約旦一個女孩絕不會交一個經介紹認識的男孩作男友，假如這種事情發生的話，女孩不僅會被家族離棄，也會被整個社會離棄。一般來說，家族關係的本質在二個不同社會中具有極大差異。在約旦，人們不能經常從事自己想做的事，他們對家族有很深的敬意，如同大多數的日本人一樣，由於這種強烈的敬意，使得家族總是人們考量的首位，而個人的成就居次。所以在婚姻伴侶的選擇上，首要的考量就不是婚姻伴侶本身，而是個人的家族。你不能與一位來自不良家族的成員結婚，理由有二：第一，人們普遍預設不良的家族成員必定也是不良的；第二，你不能與一位具有可疑性格的人結婚而玷辱家族。（JIM EZELL）

這些說明顯示，進餐、拜訪親戚以及約會等觀念隨著地區和文化的不同而有差異。它們進一步幫助我們了解：我們許多的觀念和行為並不是個人的反應，而是環境的產物。[1]

◢ 歷史的轉變力量

根據歷史的轉變力量（transformative powers of history）概念，最重要的歷史事件會對人們的思想和行為產生戲劇性的影響。就像社會相對性一樣，這個概念也是從時空的脈絡來觀察事件。為了了解一個事件的轉變力量，個人必須了解事件前後人們的思想或行為方式。

以 19 世紀工業革命的巨大轉變力量為例。在工業革命之前，人們的生活在世代更迭之間少有變化，因此，父母可以預設子女的日常生活會和自身生活相似，子女將面對的挑戰與問題也是自己已然面對過的，這使得社會從事的長期計畫總是延續到後代。比如中世紀的人們會建築一棟得花上數個世代才能完成的大教堂，這「無疑預設當此建築物完成時，將為其曾孫輩使用並珍視」（Ornstein and Ehrlich 1989, p.55）。

然而，變遷步調在工業革命時期快速增加的結果，使得父母不再能預設子女生活是自身生活的翻版，「想像今日若要求一位美國人蓋一棟得花上 150 年才能完成的建築，他的反應會是：『我不想將資本和那些 150 年沒有回報的東西扯在一起！』『在完成它之前，難道不會出現新的設計和建築方法使之半途作廢？』」（Ornstein and Ehrlich 1989, p.55）。

那些擁有社會學想像的人得以了解傳記和歷史如何交融，他們會了解：即使小如個人的經驗，也會被時空和歷史的轉變力量所形塑。所有偉大的社會學家都具有這種想像，包括三位最具影響力的人物——涂爾幹

（Emile Durkheim）、韋伯（Max Weber）與馬克思（Karl Marx）。這些
人都對社會學產生深遠影響，他們都花費相當多的心力嘗試了解工業革命
的本質和結果。

❧ 工業革命

在 1492-1800 年之間，一個互賴的世界初現，歐洲人聞悉、並征服
和殖民許多北美、南美、亞洲和非洲地區，奠定了往後數世紀的國際關係。
在這段時期裡，殖民者強迫當地居民耕收農作物、開採礦物和其他原料，
將之輸出到殖民者母國；當歐洲人勞動力需求無法滿足固有人口時，他們
便輸入非洲奴隸或亞洲工人。

根據殖民的觀點，吾人可以主張世界已至少有 500 年的互賴，然而，
約略在 1850 年出現在英國的工業革命迅速擴散到其他歐洲國家和美國，
使得社會和經濟互賴的規模隨之劇烈改變。為了殖民國家的利益，工業革
命甚至將世界最偏僻地區的人們併進物質商品的大量生產過程中。

機械化（mechanization）是工業革命的一項基本特徵，將石油或蒸
汽等外部動力附加在手動工具和運輸方式上。這項創新將紡車轉變成紡織
機器，將手動織布機轉變為動力織布機，將鐵匠的鐵鎚轉變為動力鐵鎚，
而以汽船取代風力帆船，以火車取代馬車。在社會層次上，工業革命改變
工作的本質與人們彼此間的互動方式。

工作的本質

在工業革命帶動的機械化之前，貨物的生產和分配均依人力能及的
步調來進行，以烤麵包或製作玻璃的工作為例：

- 麵包商製作純手工的麵包，準備生麵糰是最難的程序，「通
  常是一位上半身赤裸的人，在地窖的暗處不斷地、痛苦地將

手指自黏稠的麵餬中抽出，再交替地將其緊握的拳頭猛烈的
插入。」

- 製造玻璃的每個過程都得靠手工，「工人手握鐵桿底部從熔
爐中取起金屬，吹玻璃的工人用力吹氣形塑瓶子的外身，然
後製瓶者……用一把輕便的鉗子在容器頸部刻劃，做出住家、
商店或酒館需要的各種玻璃瓶款式，每一只瓶子都是個別製
作出來的。」（ZUBOFF 1988, pp.37-38）

　　由於技術和知識離不開體力，所以工人在付出生產產品所需的體力
之後能獲得報酬。在機械化之前，知識：

　　內含於勞動軀體中──手、指尖、手腕、腳、鼻子、眼睛、皮膚、
肌肉、肩膀、手臂和腿，如同內含於腦海般的明確。知識充盈在物質
和環境中的各個細部，像是金屬在熾熱火熔裡呈顯的色澤和稠度、黏
土在脫水後呈現的平滑形態、皮革在鍛造和伸展後的柔軟感、玻璃製
品在充盈了人類氣息後展露的強度與精緻。（ZUBOFF 1988, p.40）

　　工業化將個人的工作場所轉變成工廠，將手工業者變成機械操作員，
也將手工製作變成機械製造。以往獨具構思的產品和少數人裝配的產品，
現已被許多工人投入的標準化裝配取代。在整個生產過程中，每個工人只
執行某個功能，這種勞動分工和標準化意謂著將不會有人說，「這個是我
做的；這是憑我勞力完成的獨特產品。」技工只能提供廠方生產過程中所
需的體力，因為他們所能提供的技術已完全被機器取代。現在的人們即使
只會一丁點，或根本沒有技術也能從事技工的工作。

互動的本質

　　在 1820-1860 年之間，鐵路、汽船、瓦斯照明、水力、暖氣、火爐、

冰箱、電報以及大眾流通的報紙等一系列的發展，改變了人們的日常生活方式，雖然這些發展均具有重要性，但鐵路和汽船或許是最重要的。這些新的旅遊模式將人們以可靠的、有效的與較不浪費時間的方式彼此連結，使人們相信他們已經「殲滅」了時間和空間（Gordon 1989），讓人們能冒著雨雪跨越平坦和崎嶇的地勢，從事夜以繼日的旅行。

Lewis Hine最有名的照片「蒸汽機裝配工」，說明許多人關心工業革命會把人類塑造成機器。

在引進蒸汽火車之前，在諾西維爾、田納西和華盛頓特區之間搭乘四輪大馬車作一趟旅行得花上一個月時間；在汽船出現之前，在運河上一趟 150 哩遠的旅程得耗上 32 個鐘頭（Gordon 1989）；一趟從喬治亞州的薩瓦納到英國的利物浦的海外旅行得花掉數月時間。但在蒸汽動力發現後，運輸工具變得更快且更為可靠。1819 年首艘蒸汽推動船花費一個月時間橫越大洋，該趟旅程在 1881 年僅需七天時間（The New Columbia Encycolpedia 1975）。

鐵路和汽船增加個人的流動率，也增加偏僻地區間的運輸交通，這些交通運輸工具的新模式促成空前的經濟互賴、競爭與變動。現在假使某地區的人們可以較低的價錢提供貨品和物資時，其他地區的人們可能因此項競爭而感到生計困難（Gordon 1989）。

✍ 社會學對工業化的看法

工業化不僅改變工作和互動的本質,實際上還影響日常生活的每一個面向。「數十年來一個已存在數世紀的社會秩序消失了,而另一個新秩序,也就是二十世紀晚近我們所熟知的那個輪廓出現了」(Lengermann 1974, p.28),工業革命引發的改變(尤其是機械化)是無法計量的,它們仍持續發生中。

馬克思、涂爾幹和韋伯都生活在工業革命最具變化的數十年內,雖然他們的著述時間是在 19 世紀和 20 世紀初,但他們的觀察對現代來說仍然是中肯的。事實上,由於他們目擊並適應該重大事件,且熟悉其結果,所以藉由閱讀他們的作品,將能獲得許多對當代社會特徵的洞見。生活在現代社會中的我們只知道這麼一個工業化生活,但缺乏對照組幫助我們了解工業化如何形塑當代生活,所以下述逸事的見證具有相當的啟發性。

最近有位科學家接受廣播節目的採訪,他主張科學家即將了解控制老化作用的機制,要不多久人們便可能活到 150 歲。假如老化的機制實際上被控制住,那麼第一位見證這項改變的人將得作出很大的調適,不過相對的是,在這項發現後出生的人們將只知道他們可望活到 150 歲。假使這些發明後的(postdiscovery)人類覺得好奇,想了解活到 150 歲將如何形塑他們的生活,他們就得找到曾在改變之前記錄生活,以及描述其適應過程的那些人。

所以,若要了解工業化如何形塑人類生活,我們可以求助於某些早期的社會學家,尤其是涂爾幹、馬克思和韋伯。正因為工業革命(及其包含的一切)在早期社會學家的職業生涯和個人生活當中是如此的重要,所以社會學的觀點被視為是一項「必要工具,用來分析社會生活以及將人類捲入強烈而不確定之現代的那些循環性議題」(Boden, Giddens, and Molotch 1990, p.B1)。

ᐃ 社會學的焦點

　　社會學的出現是爲了了解工業革命對各時期人類生活產生激烈而不可估量的影響，所以這門學科就其所關心的範圍來說是廣泛的。**社會學**（sociology）的價值及其浩瀚是明顯的，我們就這一點來界定該學科（Bardis 1980），可將社會學定義爲科學地研究人類互動的起因和結果。人類互動包括電梯裡陌生人的邂逅、醫生和病人的對談、隊友間的相互關係、以及大組織內人們彼此的關係。雖然馬克思、涂爾幹和韋伯都同意這樣的定義，但社會學應該強調哪些面向，每位思想家的觀點都不同（Lengermann 1974）。

馬克思（1818—1883）

　　馬克思在德國出生，但其職業生涯泰半在倫敦度過，並與恩格斯（Friedrich Engels）有工作和寫作上的合作關係。馬克思和恩格斯最重要的兩本著作是共產黨宣言（The Communist Manifesto）和資本論（Das Kapital）。共產黨宣言這本小冊子在 1848 年出版，描繪共產主義的原則，開頭寫道：「一個幽靈正出沒於歐洲」以及以這幾行結語：「工人失去的只是他們的鎖鍊；他們獲得的將是整個世界。全世界的工人應聯合起來。」資本論這部數冊巨著批判了資本主義體系，並預測它將會被一個更人道、更協調的經濟體系，即社會主義所推翻。如同這些著作所勾勒的，馬克思對於建造新社會的洞見實已深遠地影響世界的經濟、社會和政治，尤其是中華人民共和國、前蘇聯以及東歐，雖然馬克思不必然贊同這種影響。

　　根據馬克思的說法，衝突是驅動社會變遷的主要力量，而社會學家的工作就是分析和解釋衝突。**生產工具**（means of production）直接並深刻地形塑衝突的特徵，而所謂的生產工具，係指對貨品和服務的生產與分配而言必要的那些資源（土地、工具、機器、工廠、運輸和勞力）。馬克思認爲生產系統是各個歷史時期的特色，而生產系統會導致剝削階級和被剝削階級之間產生對立。對馬克思來說，階級衝突是推動人們從一歷史紀元到另一歷史紀元的媒介，經過一段時間之後，自由人和奴隸、貴族和平民、莊主和農奴、雇主和工人都得面對彼此。

機械作為一種生產工具，它的出現伴隨兩種不同階級的產生：**布爾喬亞**（bourgeoisie），即生產工具的擁有者；以及**普羅**（proletariat），即那些必須出售勞力給布爾喬亞的人。馬克思對於普羅的處境表達由衷的道德上的憤怒，他在著作中描述，這些人買不起自身勞力做出的產品，生活條件也十分悲慘。事實上，人們生活的每一個面向，不論是職業、宗教信仰、教育程度或休閒活動，都代表其所屬的社會階級，馬克思一生就致力於記錄和了解這種不平等的原因和結果，他將此不平等歸咎生產組織裡的嚴重缺陷（Lengermann 1974）。

涂爾幹（1858—1918）

法國人涂爾幹相信，社會學家的工作是分析和解釋**連帶關係**（solidarity），此乃將人們彼此連結在一起的一種關係。正如馬克思界定生產工具是社會學家的中心關注點一樣，涂爾幹視連帶關係為其基本關注點。他觀察到，當社會工業化之後，這個連結的本質便完全改變。在工業革命之前，人們因彼此的相似性而相互連結：人們大部分依農維生，「終生的活動範圍不出其出生地周遭數哩範圍……而他們過的生活非常相似於父母和祖父母輩經歷過的生活」（Gordon 1989, p.106），正因這種持續性代代相繼，所以社會中存在著秩序與穩定。

涂爾幹主張，基於差異和互賴的連帶關係新形式是工業化社會的特徵，在此種社會中有著多樣的專業化與複雜的勞力分工，人們需要同他人合作才能生存，無法獨立於他人而過活，所以他們必須聯合起來，即使他們並未與日常生活中遭遇的大多數人有情緒上的連結。

韋伯（1864—1920）

　　韋伯在德國出生，他的影響力不只限於社會學，還包括政治科學、歷史學、哲學、經濟學與人類學。雖然韋伯承認經濟與物質條件在形塑歷史時具有其重要性，但他卻不像馬克思那樣相信這些條件是歷史當中全然重要的（all-important）力量。韋伯認爲馬克思的主張是片面的，因爲他忽視經濟力量與宗教力量、心理力量、社會力量、政治力量和軍事力量的交互作用（Miller 1963）。

　　根據韋伯的說法，社會學家的工作是分析和解釋**社會行動**（social action）——即人們在反應他人時所採取的行動——的歷程及結果，強調附屬於當事者行爲的主觀意義。無疑的，韋伯之所以關注促使人們行動的力量，是因爲他觀察到：

　　　　社會學求知慾背後的推動力存在於無止盡的社會變化當中，吾人到處都可以看到這種變化，到處都可以發現人們的表現是如此不同……只要我們對事實加以詳察，便可發現無數種處理生存問題的方式，以及一個無法計量的豐富概念。社會學的問題就是要了解這種變化……
　　　　（Lengermann 1974, p.96）

　　韋伯就以這種變化的觀點，建議社會學家將焦點擺在人們追求目標的一般原因，不論目標（例如獲利、取得大學學位或者贏得褒揚）可否達成，他相信社會行動可以被歸類爲四種重要形式之一：（1）傳統的（目標的追求是因爲該目標在過去已被追求），（2）情感的（目標的追求是爲了反映情緒，比如憤怒、愛、或忠誠），（3）價值—理性的（目標因具有價值而被追求，它是在沒有預知結果的思考下被追求，且經常沒有考慮達成該目標所選擇的手段之適當性），以及（4）工具理性的（在評量相關的其他目標，以及全盤考量達成該目標的多種手段之後，才來追求目標）（Abercrombie, Hill, and Turner 1988; Coser 1977; Freud 1968）。

以取得大學學位的目標爲例，有助於闡明這四種行動類型間的差異。假如一個人追求大學學位是因爲家中過去三代都受過大學教育，這可歸類爲傳統的行動；設若他爲了愛而追求學位，或者純粹是學習上的樂趣，便是情感的行動；倘使是爲了當老闆或者需要一張文憑而上大學，就是價值一理性的行動，不過這種人經常僅將上大學視爲找工作的踏腳石，單想拿到文憑的結果，使他們僅是經歷上大學該有的動作，比如修些營養學分、請別人幫忙寫報告、代抄筆記以及蹺課。

　　工具理性行動較爲複雜。個人在決定取得大學文憑目標之前，已經考慮過其他目標，如環遊世界、入伍當兵或者做幾年工作，不過當他一旦選定該目標，他會思考達成目標的各種方式，包括取得貸款、住在家中、入伍當兵以籌得上大學所需資金、找個工作以及上夜校等等。而這個人也可能在逐漸互賴的世界裡找尋到最佳的學習方式，包含選讀最具挑戰性的課程、選修數學、科學和外語以及參加校園活動等，所有這些行爲在在說明：工具理性行動是用來界定目標和達成目標的一個充分考量且慎重的方式。在工具理性行動裡，所有的層面和可能性都考慮到了。

　　韋伯主張，工業化的出現使得行爲鮮能被傳統或情緒所引導，而較可能是價值一理性的（他相信工具理性行動是稀少的）。韋伯尤其關心價值一理性取向，他相信它可以導致**醒悟**（disenchantment），所謂醒悟是一種伴隨意義危機而來的巨大的精神空虛。當人們不加批判的奮力追求一項目標，最後卻失落了原先的目標，此即醒悟發生的方式。

　　現行的教育系統作爲價值一理性行動的結果，可當成一個醒悟的例子。老師（尤其在大班級的老師）經常使用選擇題、是非測驗測量學生在閱讀和上課中獲得的知識（教育的重要目標），這種作法的危險性在於，學生只懂得跟測驗有關的內容，或者老師只教會考的課文，結果讓許多學生感覺到一種心靈空虛，因爲他們忽略教育的真正目標，像是個人的賦能（personal empowerment）和公民的投入（civic engagement）。[2]

❧ 社會學如何演變

馬克思、涂爾幹和韋伯的觀念在現代仍持續影響著社會學，因爲他們的觀念經得起時間的考驗。數十年來，來自各種背景的人們已經發現，在思考大範圍事務時，這三位學者的觀念是有用的（假使觀念不能解釋人們認爲重要的情勢和事件，那觀念將失去其效用）。

但是，儘管馬克思、涂爾幹和韋伯有其重要性，我們仍須謹記：社會學總是不斷演變，因爲有好幾萬人的努力，才使它成爲今日這般面貌，這門學科會隨著新成員的加入而演變。漢斯林（James M. Henslin）在一本名爲 Down to Earth Sociology（1993）的論文選集中要求投稿者解釋：爲什麼他們會變成社會學家。出現在選集當中的樣本顯示這門學科的新成員如何帶來新的洞見與活力：

　　我一直關注個人與社會之間如何彼此關聯，我的興趣在於人們經歷的社會條件，尤其是許多黑人感受到的邊緣性，以及他們如何關聯至較大的社會系統，這些刺激我進到社會學去尋找一些答案。我的老師曾鼓勵我，讓我想在理論著述中，以一有意義的方式改正人們對於貧戶的誤解。（ELIJAH ANDERSON, p.XXI）

　　由於老師休斯（Everett C. Hughes）的教導，讓我成為一位社會學家，他向來主張：社會學所表現的意涵是「它可以是其他狀態」，也就是說，人們可能感受到日常生活——即學校、工作、家庭、日常經驗的組織方式——是持久與給定的，但是這種安排卻是社會性的建構，它們會隨著時間的改變而改變。（BARRIE THORNE, p.XXXI）

　　我成為一名社會學家是出自於對犯罪現象的興趣，我認為，除非我們能夠多了解社會中過量的犯罪背後的政治與經濟條件，否則無法對犯罪問題使上力。社會學是一門美麗的學科，它提供機會供人們調查任何與人類行為有關的事情，這是它的力量、它的諾言，以及為什

麼我發覺它值得完全投入、並樂於其中的原因。（WILLIAM J. CHAMBLISS, p.XXIII）

瑪汀尼奧撰寫的《美國社會》一書對社會學的貢獻很大，但她的名字和觀念卻一直到最近才被放入社會學教科書當中。

不幸的是，有些聲音和經驗一直被遺留在社會學的歷史記錄之外，幸好其中有些個案後來被重新「發現」，瑪汀尼奧（Harriet Martineau, 1802-1836）就是個例子。這位英國女士從 1825 年開始寫作[3]，但她的名字近幾年才出現在一些社會學教科書上。從社會學的觀點觀之，瑪汀尼奧最重要的著作是《美國社會》（Society in America）[4]，社會學家可獲益自她對美國社會的研究。瑪汀尼奧必定了解這個國家的所有變化，她相信聽聞「各式各樣的人的偶然（casual）對話」是重要的（[1837] 1968, p.54）。她寫道：

　　我幾乎訪問過各種機構，比如歐本、費城和諾希維爾的監獄，各勝地的醫院，文學協會和科學協會，北部的工廠，南部的農園，西部的農場。我住過宮殿般的豪宅，也待過原木建築和農場房舍。我曾以四輪運貨馬車旅行各地和驛站，也騎過馬，搭乘過一些最好和最壞的汽船。我看過婚禮與洗禮、富人在海水浴場的集會，以及出現在國家慶典中的窮人。我曾出席演說、土地交易的場合並到過奴隸市場，經常上最高法院和參議院，見證一些政府立法機構的程序。

　　我曾在數個印地安部落間旅行，也花費數月時間在南部各州與黑人在一起。（PP.52-53）

HAULING THE WHOLE WEEKS PICKING

藝術家William Henry Brown描繪密西西比農場上奴隸的工作情形，說明瑪汀尼奧觀察到的場景。

　　也許最有用的是瑪汀尼奧披露這些資訊的方法。首先，她在表達觀察結果時並不涉入自身對美國社會的判斷。其次，她要求讀者比較社會的實際運作和國家的立國原則，以測驗事物的狀態與理想標準間的差距。第三，瑪汀尼奧要求讀者「為自己作判斷，而不是由我為他們作判斷……不論美國人民遵循自己的理論到什麼程度」（pp.48, 50）

　　忽略某些人的觀念同時會傷害學科本身與被忽視者。在《對人的錯誤判斷》（The Mismeasure of Man）一書中，顧德（Stephen Jay Could）寫到有關被否定時的苦悶：

　　我們只能在世界走過一遭。將外界加諸的限制在內心錯誤地認定為虛假的謊言之後，生活的阻抑是最廣泛的悲劇，努力與希望被否定則是最深沉的不公。（1981, pp.28-29）

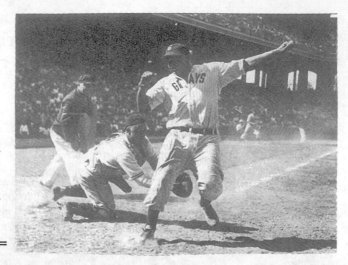

儘管吉柏森擁有高超的運動實力，但他只能在黑人聯盟打職業棒球。不能跟喬·迪曼吉歐同場競技這件事深深困擾著他。

顧德的陳述可以吉柏森（Josh Gibson）的案例來加以說明。吉柏森是位才能與路斯（Babe Ruth）相提並論的非裔美籍（African-American）棒球員，傳說吉柏森在黑人聯盟曾擊出一千支全壘打，這個黑人聯盟是為那些不被允許打「有組織的棒球」的黑人球員組成的（在 1947 年傑克·羅賓森加入後才取消這種種族差別待遇）。觀眾形容吉柏森的全壘打是「棒棒流暢飛衝出運動場的急速猛烈打擊」（Charyn 1978, p.41）。1943 年吉柏森罹患連續的神經衰弱而收容於華盛頓特區的聖伊利莎白醫院，醫院只允許他週末打球。他開始聽到一些聲音，他的隊友發現「他孤獨的坐著與〔洋基隊明星〕喬·迪曼吉歐對談，」這位是他未曾一起打過球的球員：「來吧，喬，跟我講話，為什麼你不跟我講話？……嗨，喬·迪曼吉歐，是我呀，你是知道我的，為什麼你不回答我？什麼，喬？什麼？為什麼不？」（p.41）。吉柏森的這個案例提醒我們：不能以人們的身體特徵（種族、性別、年齡）為標準，來判斷他人的觀念和貢獻。

寫這本社會學導論最麻煩的部分之一是，決定要把哪些觀念包括進來。身為一名社會學家，我過去閱讀過的資料相當豐富，但是，我不可能聽聞過所有的重要觀念，也沒有足夠的版面去處理這些重要觀念。因此請你們記得，此刻諸位對社會學的接觸侷限在我所看過、經驗過、閱讀與撰寫過的範圍中，記得除了我的作品之外，還有數千篇作品存在。我希望你能從我的文章當中理解社會學觀點，並相信社會學可以提供一個探尋個人、地區、國家、國際以及全球事件的重要方法，正如社會學家彼德・柏格（Peter Berger）在《社會學導引》一書（Invitation to Sociology）中所寫的：

> 社會學的魅力在於這項事實：它的觀點讓我們以新的見解來看待我們生活的這個世界。

我們可以說社會學的睿智是——事情並不是它們看起來的那個樣子。（1963, pp.21, 23）

✌ 全球性觀點的重要性

馬克思、涂爾幹和韋伯的見解是廣闊而深具比較性的，他們並未將觀察侷限在單一學科、歷史中的單一時期或者單一社會，他們尤其關注歷史的轉變力量，而其研究的議題係依據時空來加以設定。這三位的生活年代正值歐洲殖民亞洲與非洲，以及歐洲人遷徙至美國、加拿大、南非、澳大利亞、紐西蘭與南非。社會學家藍格曼（Patricia M. Lengermann）認為海外擴張顯著地影響社會學。她寫道：

> 包括探險家、商人、傳教士、管理人以及人類學家在內，這些人或多或少精確地記錄並報導他們遇上的許多新社會分類當中的生活細節，人種學的資訊於是向西方大量湧去，人們從沒能生產出更多的證據答案來反映生活問題。這種知識被納為社會學的基礎，的確，在該學科出現的背後，是有西方人需要去詮釋文化變異等證據的推動力。（1974, p.37）

部分由於知識專門化的緣故，許多社會學家放棄古典社會學家的歷史取向與比較取向的洞見，使現今大多數美國社會學家太過側重美國當今的生活。不過，也不是只有社會學家忽視文化和歷史的力量，大多數美國教育家也犯了同樣的毛病。美國各層次的教育均忽視外國，尤其是非西方國家。此外，美國還是世界工業化國家當中唯一不要求學生學習第二種語言的國家，這種情況有助於我們了解，為何最近的聯合國研究會指出：美國人對外國文化的理解程度是倒數第二名（Ostar 1988）。

　　缺乏跨文化和歷史的觀點尤其是項問題。由於美國不再支配世界經濟，雖然這並不必然意味美國正在衰退，但它說明了亞洲和歐洲國家已自第二次世界大戰後的慘境中恢復。戰後的美國直接面對的競爭很少，但在45 年後的今日，美國只是世界諸多經濟強國之一。

　　以原子彈為例，可說明第二次世界大戰後美國在國際事務中角色的轉變。從 1945-1950 年代中期，美國獨擁原子彈及其發射方法，但在 1950年代中、末期之間，蘇聯發展自己的原子彈，隨著史普尼克衛星的發射，蘇聯引進不同於傳統飛行器（即洲際彈道飛彈）的發射方式。進入 1980年後，美國不再是兩大核武強國之一，許多國家也都擁有核武器及其發射方式（Ornstein and Ehrlich 1989）。迄今已有 16 個國家擁有核武或疑有核武，或者在最近的將來會有製造核武的潛力（Edensword and Milhollin 1993; Marshall and Boys 1991）。

　　讓事情變得更複雜的是，包括擁核國家在內，全球 190 個國家當中，每一個都認為自己擁有主權，不受其他強權的左右（Harries 1990）；此外，各國可以從國外購入所需的科技和設備，例如，伊拉克這個有能力製造原子彈的國家，向包括美國在內的 24 個國家購買科技和設備，從波斯灣戰爭以來，西方掮客便非法的運送給伊拉克所需的科技和設備以恢復戰力（Jehl 1993）。

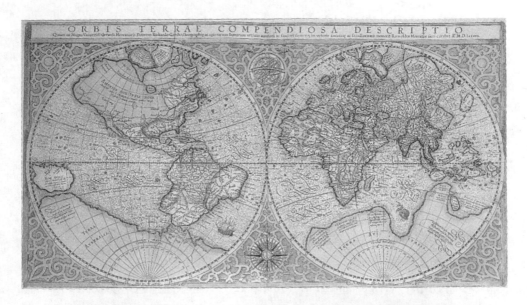

這張地圖（約西元1595年）說明，雖然探險年代永遠改變了西歐人的世界觀，但他們仍對許多地方一知半解。而今天，一個真正的全球觀點不只包含對世界地理和多元文化的精確理解，還包括認識世界所有共享的互賴性。

由於美國對國際事務的控制能力自第二次世界大戰結束後便逐漸降低，致使美國人得適應全球性互賴，他們必須改變自己的觀點，並增加對他人的了解：

> 我們必須將他國視為地球上的夥伴，而非「異形」──為著共同的目標而努力。我們必須超越國家的疆界與文化的偏見……我們必須發展共同的了解以及全球性的觀點。（OSTAR 1988, p.461）

為了回應這些需要，本文擬定兩項最重要的目標：（1）介紹給讀者基本的社會學概念、觀點和主題；以及（2）展現社會學觀點對於了解自我發展，以及了解當代議題，尤其是與全球性互賴有關的議題時所表現的價值。每一章都涵蓋不同的社會學主題，並以各個不同國家或地區為例：

墨西哥、日本、韓國、以色列及其佔領地、薩伊、印度、中華人民共和國、南非、德國、前南斯拉夫、巴西、美國、黎巴嫩共和國以及冷戰結束後的美國和蘇聯。

在各章當中，我會選擇一個特定國家來佐證相關的社會學主題及其理論，而特定國家的選擇則關連到下列考量：（1）它能洞察美國社會中某個面向的運作；（2）它能說明美國人與外國人之間彼此緊密地交織；（3）它能幫助我們了解國外的世界事務；以及（4）它能讓我們闡明我們面對的議題。

選擇某特定國家也有其他的考量：該國家有助於我們思考全球性的趨勢。在各章當中都傳達一個全球性主題，說明「人們生活在一個與全球的生產、金融、傳播、旅遊、教育、軍事威脅和政治等系統都有連結的許多事務中」（Alger and Harf 1985, p.22）。全球性主題幫助我們了解，在我們生活的環境中，任何國家的問題都是全球性問題的一部分。最後，全球性主題幫助我們了解，世界某地區採取的行動會如何影響其他地區的成員（Isaacson 1992）。

也許最重要的訊息是，社會學的概念和理論讓我們思考一連串的全球性議題。在這本教科書裡，這些議題包括：

- 勞力密集的製造業或裝配作業從德國、美國和日本等高工資國家轉移到低工資國家，如中國、墨西哥、台灣與南韓。
- 在同一塊領土上，在不同的民族、種族、語言、歷史或宗教上發生的新衝突，以及衝突代代相傳的機制。
- 在世界性勞動供給的經濟環境中，學校是否教育出具有競爭力的員工。
- 國際和洲際的旅行達到空前水平，來自各國的成員彼此的互動增加，而疾病也隨之擴散。

雖然本書的設計並非針對各個國家進行總覽，但我撰寫的目的是希望這些資訊能刺激讀者學習更多美國國外的生活，希望讀者能明白社會學概念和觀點的豐富性和多用途，以便了解即將邁入 21 世紀的生活。這種知識能讓我們超越當前的環境與關係，也可以在歷史推擠的脈絡中放置我們的傳記，同時也開始認清：我們必須清楚理解這些力量，才能加以反應。

　　有關形容詞「美國的」（American）一詞註解：就該形容詞最廣泛的意義來說，它適用於生活在美國北部、南部以及中部的人們，以及所有四周環海的島嶼。但是，它幾乎常被用來指稱美利堅合眾國的人們、文化、政府、歷史、經濟或者其他活動。一些批評者主張，將「美國的」等同於美國的居民，這顯露「美國的」傲慢自大，然而，並沒有像墨西哥的、加拿大的、巴西的、中美洲的、南美洲的或者北美洲的這類簡潔的形容詞可以輕易地應用到美國國內的生活（United Statesian 是一個不被接受的語詞，而且拙劣），正是這個原因，故我將「美國的」這個形容詞等同於「適合於美國的」。

---

[1] 其他學生撰寫的日誌摘錄如下：

- 我問來自捷克的學生湯瑪士：美國的生活與捷克有何不同。他說高中生從早上八點開始上課，每堂課 45 分鐘，兩堂課中間有 10 分鐘的休息，而課程每週不同：這週可能上藝術和數學，下一週可能上科學與社會研究。捷克的學生可以在八年級之後停學到外工作，或者繼續上四年或更長的課程。學生每五個月會拿到一張記錄卡，他們作家庭作業不是為了分數，而是為了自己的成長和益處。捷克學生在畢業前得參加四項科目的口試，測驗的施行方式是：學生從一個內含 50 個問題的箱子裡挑選一個問題，然後在四位老師面前花 20 分鐘時間講述。（JODI DARLING）

- 來自巴西的艾力克斯向我解釋他看到的美國與巴西生活間的差異。美國人較巴西人更為個人化，這可能導源於不同的撫育方式。譬如，當美國父母買了件玩具，它經常歸於某個小孩所有，不必同別人共享，但巴西父母買的玩具則歸所有小孩共享。美國人會與他人保持競爭關係，比如在美國學校裡，每位學生會為了獲得好成績而彼此競爭，沒有人會想要幫助那些做不好的學生，但巴西學生會特地幫助那些學生，讓他們做得更好。（ERIC HURST）

[2] 個人的賦能係指人們可以批判地檢視他們接收到的資訊，並可挑戰其假設，這相當於擁有社會學的想像。而公民的投入係指人們可以在形塑生活品質時採取主動的角色。

[3] 瑪汀尼奧在她那個時代是位知名的作者，她的名望可從這項測量中看出：她的處女作一個月的銷售量是米爾（John Stuart Mill）《經

濟學原理》（Principles of Economics）一書賣了四年的本數。

4 瑪汀尼奧最為人稱譽的是她將社會學引入英國，她將孔德（August Comte）的《實證哲學》（Positive Phiolsophy）六冊作品翻成英文。許多人視孔德為社會學之父（Terry 1983; Webb 1960）。

2 理論的觀點

——以墨西哥為例

- 在墨西哥的美國製造業營運
- 功能論的觀點
- 衝突論的觀點
- 符號互動論的觀點
- 討論
- 焦點：評估北美自由貿易協定

考量下列事實：

- 墨西哥境內約有 2,000 家外資製造工廠，大多數沿著墨西哥北部邊界設立，其中絕大部分（超過 90%）是美資。
- 通用汽車公司是墨西哥最大的私人企業，大約雇用 35,000 名墨西哥工人。墨西哥的通用汽車公司希望能在 1995 年雇用到 70,000 名員工。
- 每天大約有 4,000 輛貨車載送裝配所需的儀器、零件與原料由美國橫越墨西哥，並搭載裝配產品（衣服、電腦、汽車）回美國（Sanchez and Darling 1992）。
- 每年大約有 6,000 萬名美國人到墨西哥逛街、進膳、購買藥品、看醫生和修車（Oster 1989）。

每個人都能觀察和確認甫出現的事實,但這樣的事實並無意義,因為我們並未解釋它們是什麼以及為何會如此,只有當我們了解其背後的原因時,事實才具有價值和用處。社會學家為了了解事實,便將之關聯於一既定且經過時間檢證的理論。就最普遍的意義來說,**理論**(theory)係用來了解與解釋事件的架構。在每一門學科當中,理論協助我們組織和解釋那些可經由感覺(視覺、味覺、觸覺、聽覺與嗅覺)觀察到的事件。**社會學理論**(sociological theory)係一組顯示社會如何運作,以及人們如何關聯於他人的原則和定義。有三個理論觀點支配著社會學:功能論、衝突論與符號互動論。

本章將勾勒這些理論的基本假設和定義,並指出它們在詮釋事件時使用的架構。本章以墨西哥為例的原因是,雖然她與美國的共同邊界長達1,952 哩(每年有上百萬人越界購物和旅遊),但鮮少美國人知道將兩國連結在一起的因素究竟是什麼,鮮少人了解美國公司在墨西哥設廠營運在經濟上的重要性,此外,大多數美國人也沒有意識到墨西哥是美國第三大貿易夥伴(僅次於日本和加拿大),而美國是墨西哥最大的貿易夥伴[1]。由於缺乏這樣的認知,使得許多美國人會對上述事實作出另一種詮釋:墨西哥提供的低廉勞力誘使美國公司出走,致使美國人民的工作機會減少、薪資下降,所以墨西哥對美國經濟產生威脅。基於這樣的詮釋,人們自然的會有立法的衝動,或者是防止北美自由貿易協定(North American Free Trade Agreement; NAFTA)這類商業協定的簽署,以阻止墨西哥人流向美國,防止美國公司在墨西哥投資,並限制在墨西哥裝配的產品流向美國(見「何謂北美自由貿易協定」一文)。

從這種狹隘、但卻非常普遍的觀點來詮釋事件時[2],有三個主要的社會學觀點可用來評估美、墨間的關係。這三種觀點不僅可用來思索這些關係,還可以思索較大的全球性趨勢:西歐國家、美國、日本將勞力密集的製造業或裝配作業轉移到低工資、勞力豐沛的國家,如墨西哥、馬來西亞、新加坡、菲律賓、台灣、南韓、海地、巴西、多明尼加以及哥倫比亞(Grunwald 1985)。在本章當中,我們以美國在墨西哥的製造業營運作為思考這股全球性趨勢的媒介。首先從這些製造業營運的背景資料開始。

何謂北美自由貿易協定？

北美自由貿易協定（NAFTA）這份長達 2,000 頁的書面文件，最終目的在於消除美國、加拿大和墨西哥之間所有的貿易障礙。該協定的細節已獲美國國會承認，在 1994 年 1 月 1 日生效。它設定計畫逐步消除出現在三國之間商品貿易上的關稅。在其原始形式中，它要求立刻消除多項關稅，這在其他國家需要 15 年才能達成，譬如，美國輸往墨西哥的一半農產品得立刻免稅，北美地區所有其他農產品關稅必須在 15 年內逐步廢止，而在協定實施的 5 年之內，65% 的美國貨得以免稅（White and Maier 1992）。

一般來說，協定的目標是要消除或降低貿易障礙，以便增加三國之間的貿易，但該協定的設計者相信，貿易增加將迫使這三個國家從事各自專擅的經濟領域，使其搭配更有效率，這種效率的增加可以推論出消費價格將減低，會創造出新工作，並增加三國人民的生活水準。

然而，我們不應認為帶來正面改變的北美自由貿易協定不會產生問題。畢竟，「北美自由貿易協定創造出全世界最大市場：

許多美國人激烈反對北美自由貿易協定，因為他們相信公司會利用該協定把工作從美國輸出到墨西哥。

3 億 6,000 萬名消費者與 6 兆美元總產值」（U.S. Department of State 1991, p. 4），它將三個國家的種種和經濟發展結合成一體，美國有 2 億 4,800 萬人口，平均每人國民生產毛額 21,110 美元，墨西哥有 8,500 萬人口，平均每人國民生產毛額 1,990 美元，至於加拿大 2,600 萬人口只有墨西哥人口的 1/3，平均每人國民生產毛額為 19,020 美元（U.S. Department of State 1991）。

北美自由貿易協定有潛力「實際上深入各個經濟面向」（Risen 1992, A1），該協定之影響的重要性和程度將隨著經濟體內各國當中的個體、企業或代理商的配置情況而有所不同，協定對勞力和環境的影響看來引起很大的注意，不過，關於協定對農業、汽車、金融、能源和運輸這些產業的影響，仍存在許多的爭辯。

∂ 在墨西哥的美國製造業營運

有數萬家外國公司已將某些製造作業轉移到低工資、勞力豐沛的墨西哥，通用汽車作為墨西哥最大的私人企業便是一個代表，同時它也代表約 2,000 家已將製造作業轉移至墨西哥的一個實例。

在墨西哥境內，像通用汽車這類購買墨西哥勞力的外國工廠被稱作瑪克拉多拉（maquiladora）。[3] 瑪克拉多拉系統的運作是：外國公司將工具、機器、原料與免稅零件載運到低工資、勞力豐沛的國家，當地工人使用工具和機器把原料和零件生產和裝配成半成品或成品，再把這些貨品輸出到該外國公司所在國家，而裝配產品的勞動代價只是關稅。墨西哥由於地近美國，並擁有豐沛和廉價的勞動力，所以成為美國海外裝配的最重要夥伴。墨西哥工人從事勞力密集工作的種類繁多，從裝配電視接收器到分類美國零售店的訂貨單等等，但裝配作業則集中於電子、汽車與紡織部門。

瑪克拉多拉計畫始於 1965 年布拉西羅（Bracero）計畫[4] 結束後。從 1942 年開始實施的布拉西羅計畫允許墨西哥人合法地在美國工作，以疏解鄉村地區的勞工短缺，並支援美國在第二次世界大戰時需要的勞力。在第二次世界大戰結束後，布拉西羅計畫曾支援美國在韓戰期間的勞力，以及提供農業和其他低薪工作的勞力。隨著布拉西羅計畫的終止，墨西哥政府推動邊境工業化計畫（ Border Industrialization Program）。[5]

日資的瑪克拉多拉工廠。

該計畫推動的目的之一是鼓勵國外投資者在邊境設廠，為返回墨西哥的布拉西羅工作者創造就業機會[6]；計畫的另一項目的是增加邊境城市的就業機會，以容納大量湧入的墨西哥內陸移民（布拉西羅計畫的終止實讓邊境地區原本的高失業率再往上攀升）。此外，計畫發起人認為邊境工業化可以增加邊境地區與他國間的經濟連結，這將促進國際交易並促使技術由美國移轉到墨西哥。

1965 年美國無線廣播公司（Radio Corporation of America; RCA）成為第一家開設瑪克拉（maquila）工廠的公司，該公司頭一個在墨西哥生產的產品是那些簡單而便宜的零件。該工廠的存在與成功印證瑪克拉多拉計畫的可靠性，「墨西哥贊助人指出，在美、墨邊界南端設立大型與複雜的作業是可行且有利的，美國無線廣播公司的工廠就是明證」（Barrio 1988, p.8）。

在 1993 年，大約 2,000 家美國公司沿著美、墨間長約 2,000 哩的邊界設立瑪克拉工廠，為人所知的瑪克拉工廠營運公司包括 Xerox、Johnson & Johnson、GTE、Texas Instruments、Black and Decker、Uniroyal、Singer、Clark Equipment、Ford、General Motors、Chrysler、Honeywell、Kellogg、Foster Grant、Westinghouse。[7] 雖然日本、南韓、加拿大以及一些歐洲國家也在此設立工廠，但瑪克拉工廠絕大多數是美資。對於這些外國公司來說，由於墨西哥是通往美國消費市場的大門，而且美國對於在墨西哥裝配的產品及其對美輸出課以相對較低的關稅，故使墨西哥成為最具吸引力的投資地點。預期往後十年內，外國公司在勞力密集的裝配作業上使用的墨西哥勞動力將會急驟增加。

這份關於瑪克拉多拉工廠的背景資料牽引出一些重要問題，包括：

1. 為何會有瑪克拉多拉工廠的存在？它們對美國和墨西哥造成什麼影響？
2. 誰自瑪克拉多拉計畫獲利？誰在瑪克拉多拉計畫中損失？
3. 美國人和墨西哥人都以同樣的方式看待瑪克拉多拉工廠嗎？

這三個問題分別與功能論、衝突論與符號互動論的觀點有關，而關於一般的裝配作業以及其他實際上的任何事件或情勢，也都可以問這三個問題。各種觀點不僅提供一個中心問題來導引我們思考，還提供我們回答該問題的語彙。不過必須牢記的是：某個理論觀點不必然優於其他的理論觀點，每個理論觀點僅能提供分析特定事件的不同角度。

我們首先檢視功能論的觀點，導引的問題是：這個特殊計畫爲何存在？這項計畫對社會有何影響？稍後我們將應用功能論觀點來看待瑪克拉多拉計畫。

∂ 功能論的觀點

功能論者關注社會中的秩序與穩定問題，他們將社會定義成內在連結、相互依賴的部分構成的系統，各部分彼此緊密地結合，而每個部分會影響其他部分，也會影響系統整體。功能論者將功能（function）視爲某個部分對較大系統有所貢獻，並影響系統中的其他部分。

爲了說明這個複雜的概念，早期的功能論者常使用生物學類比，比如人體是由骨骼、軟骨、韌帶、肌肉、腦、脊髓、神經、腎臟、血液、血管、心臟、脾臟、肺臟等部分所組成，所有部分都和諧地運作，每個部分都以獨特的方式起作用來維持整個身體，但它離不開受它影響且幫助它產生功能的其他部分。以眼皮爲例，當眼皮眨動時，它們連結著淚液、淚腺、鼻腔與腦一起運作，目的是使角膜（眼睛上的透明膜）免於乾燥和混濁，而且一些科學家推測，眨眼的動作是爲了讓控制身體與執行思考過程的腦筋活絡起來（Rose 1988）。

功能論者眼中的社會就像人體的組成一般，比如食物生產技術、運動、醫療、物質裝飾、葬禮、問候、宗教儀式、法律、語言、運輸模式、設備、工具以及信仰等等均是。就像身體器官一樣，每一個社會的組成部分都會產生功能以維持較大系統，例如，代代傳遞知識和技能是美國教育的許多功能之一，年輕人學習上一代在遭遇種種環境挑戰時使用的解決方法，而不必一切都得重新學習。至於社會系統的其他部分，比如人們彼此溝通的適當時機這類未成文的規則，則是以一有秩序且可預期的方式將人們彼此結合，一旦缺乏這些規則，將可能導致社會崩潰。

　　人類學家豪爾（Edward T. Hall）講了一段故事，描述不同文化的成員對於溝通訊息的合適時間沒有相同的認知，藉此表達出不同的規則對互動的妨礙。他描述一群南太平洋島嶼工人發現有個好方法可以解決經理與工人間的雇用爭議後，兩造間表現出的互動情況：

　　　　當他們在清晨二、三點想出解決方案後，全體工人便即刻去面見經理，他們喚醒經理並告知其決定事項，但工人們並不知道，在這個時刻喚醒美國人代表發生了緊急事件。正如吾人可預期的，這個不了解當地語言，也不清楚當地文化，更不懂他們到底在喧嘩些什麼的美國工廠經理便認定：有個無法應付的暴動發生了，於是便召喚海軍陸戰隊前來。（Hall 1959, P.25）

　　豪爾的例子幫助我們了解：社會系統中的所有部分——不論表面上

人人都同意貧窮是個問題，但為什麼貧窮會出現在富裕的情況裡？功能論者指出，貧窮的存在對社會系統的穩定具有貢獻。

是如何的規律與理所當然——都對社會的順暢運作具有貢獻。

在學習功能論時，必須了解某部分影響其他部分，且受到其他部分的影響。例如，影印機藉由促進與分享資訊的分配而將人們彼此連結，但是，這種機器的廣泛使用卻結合著系統其他的遠距連結部分，如州際公路、噴射機與通訊衛星。第一部商業影印機於 1950 年代末期在美國問世，這段時期正值美國州際公路系統的建造、美國國內線載客班機首航，以及蘇聯通訊衛星史普尼克號的發射。雖然這些發明將世界各地的人們連結在一起，但它們也讓人以較少自發性與個人性的方式進行互動，因此，影印文件（商業交易的契約、記錄，政策更迭等）使各地人們無需面對面，就能容易地彼此分享資訊。

這個觀點最具爭議性的部分是：功能論者主張社會的所有部分，即使看似沒有作用的部分，也都對系統的穩定作出貢獻。功能論者堅持，一個對系統整體不具作用的部分將會停止存在。功能論者認為，像貧窮、非法移民以及將勞力由美國轉調到墨西哥，這些都有助於社會系統的穩定。

甘斯（Herbert Gans, 1972）對貧窮功能的古典分析當中主張這個論點。「為什麼貧窮會存在？」他的回答是，貧窮至少執行 15 項的功能，我們在此僅描述其中 5 項。

- 窮人只能在社會上以極低的薪資從事無技巧、危險、短暫、沒有發展、不莊重且卑屈的工作。醫院、旅館、餐廳、工廠以及農場在聘用雇員時，會從一大群被迫以低薪投入工作的工人中挑選，這種雇用政策能確保其合理的服務成本並增加獲利。
- 富人會以低薪聘請工人處理許多耗時的活動，比如清理房子、園藝工作、兒童看護以及雜貨店購物等等，藉此騰出多餘時間讓他們投入更「重要的」活動。貧窮的這項功能之所以受到全國囑目，是因為 1993 年柯林頓總統首次提名的兩位首席檢察官（Zoe Baird 與 Kimba Wood）揭發雇用非法移民擔任兒童看護。[8] 兒童看護的安排並非名人和富人的專利，許多中產階級甚至層級低於中產階級的美國人也會從事類似安排。

- 窮人經常自願擔任藥物測試的實驗者，因爲許多新藥必須在健康的受試者身上測試其潛在副作用（例如發疹、頭痛、嘔吐、便祕、睏倦）與適合的劑量，而金錢刺激這些受測者自願從事試驗。但由於報酬相當低，所以試驗僅吸引窮人的參與。
- 某些中產階級工作者的職業（警察、心理學家、社會工作者、邊境巡邏守衛等）從事服務或監視窮人的行爲，例如約有 3,300 名美國移民局調查員巡邏美、墨邊界（Kilborn 1992），同樣地，醫生和雜貨店主人也會提供給窮人醫療卡與食物交換券。
- 窮人常購買二手的的物品與服務，像別人捐贈的隔日麵包、用過的汽車以及二手的衣服。[9] 至於在服務的領域中，那些能力較差、不被富裕地區雇用的專家（老師、醫生、律師）會轉而服務低收入社區。

甘斯指出，貧窮的經濟無用論顯示，每個人都同意社會的這個部分爲何且如何是有問題的，它們理應被消除，但它們實際上卻是原封不動的被保持著：因爲社會的這些部分有助於整個系統的穩定。基於這個原因，假如貧窮被完全消除的話，經濟系統將會遭致嚴重損害，那些獲利自貧窮的工業、消費者以及職業團體將得被迫調適。

雖然功能論者強調系統的部分如何有助於系統整體的穩定，但他們也知道系統並未保持靜態：當某部分改變時，其他部分會以減少或消除緊張的方式來加以調適和改變。例如，當美國國內沒有夠資格（或有意願）的工作者能擔負所需工作時，我們就得增加有意願或夠資格的移民，比如 1989 年國會通過立法，增加每年合法移民總數從 100,000 人到 400,000 人，特別是工程、護理與鄉村醫療這類人手短缺的高級技術人員（Roberts 1990）。

對功能論的批評

你現在可能已經了解到，功能論觀點實有許多缺點。批評者首先主張，功能論的本性是保守的：它「只是保衛事物現存秩序的保守社會科學家抱持的態度」（Merton 1967, p.91）。當功能論者認定社會中有問題的部分（像貧窮）有助於系統穩定時，就定義來說，他們是在辯護其存在，與合法化該現狀。紐約客漫畫家 Roz Chast 描繪石油外溢的功能（見圖2.1），顯示功能論者的主張如何辯護一個生態災害。批評者主張，所謂的系統穩定泰半是犧牲社會的某些部分（如那些窮人和無權者）而達成的，而功能論者則否認這項指控，當他們在界定這項爭議性的實務（practices）具有的功能時，他們正簡單地說明：儘管努力去改變或者消除它們，為何這些部分仍持續存在。

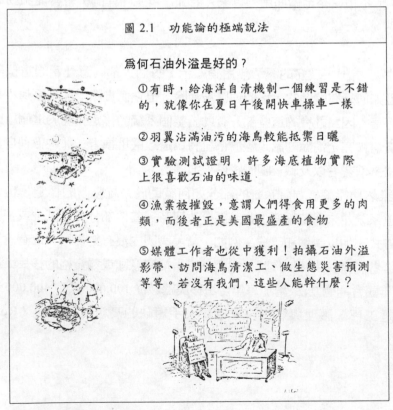

圖 2.1　功能論的極端說法

為何石油外溢是好的？

①有時，給海洋自清機制一個練習是不錯的，就像你在夏日午後開快車操車一樣

②羽翼沾滿油污的海鳥較能抵禦日曬

③實驗測試證明，許多海底植物實際上很喜歡石油的味道

④漁業被摧毀，意謂人們得食用更多的肉類，而後者正是美國最盛產的食物

⑤媒體工作者也從中獲利！拍攝石油外溢影帶、訪問海鳥清潔工、做生態災害預測等等。若沒有我們，這些人能幹什麼？

其次，批評者指出，在某部分首次被引進時可能並不具有功能。發明經常只有在它們存在之後才得以發現其效用，譬如汽車、影印機和飛機，這些將人們彼此連結的發明剛出爐時，我們並沒有真正的需要這些東西，像靜電照相複印在 1938 年發明，但直到 1958 年才提供商業用途（Andrews 1990），同樣地，汽車剛發明時也沒有平坦的道路可供行駛，故使用時會受到限制。這些例子使功能論的主張——一個部分的存在是由於它對社會具有正面貢獻——變得複雜，同時也暗示：需要並不總是發明之母，但發明經常是需要之母。

再者，批評者指出，具有作用的系統某部分並不必然以唯一或最有效的方式來執行其功能。雖然汽車能將人們有效率地相互連結，但它並不是達成連結目的健全方式。事實上，廣泛地使用和依賴汽車會降低社會化，也會阻礙公共運輸發展出更有效率的模式。

最後，由於功能論的觀點假定部分功能必須支援社會的平順運作，所以它難以說明社會衝突的起源或其他不穩定形式。這個假定導致功能論者忽略一個事實：發明對社會中某系統或特定團體可能造成負面影響。

針對這些批評，社會學家墨頓（Robert K. Merton, 1967）引介一些概念幫助我們思考系統部分具有的整體效用不只是有助於穩定而已。這些概念包括顯性功能、隱性功能、顯性反功能和隱性反功能。

墨頓的概念

墨頓區分出有助於社會平順運作的兩類功能：顯性功能和隱性功能。**顯性功能**（manifest functions）係整體社會系統中某特定部分有意向的、認知的、期待的或可預期的結果；**隱性功能**（latent functions）則是非意向的、非認知的、非期盼的與非預期的結果。我們以 1986 年移民改善與管理條例（Immigration Reform and Control Act）爲例，說明顯性與隱性功能的分別。當國會通過該條例時，人們期待它能降低赴美的非法移民人數，鼓勵非法工作者申請合法地位[10]，並阻止雇主雇用沒有文件證明的工作者（所有這些結果都是顯性功能）。早在這項條例之前，雇主雇用非法移民是不違法的（Sharp 1989）。

　　但國會始料未及的是，該條例卻揭發 250 萬名非法工作者，他們使用親戚、朋友的社會安全卡，或購買偽造的社會安全卡。該條例無意間整頓了社會安全帳目，當申請人申請合法地位時，他們會收到新的帳單，而過去其他帳單的繳款也相應地轉移（U.S. Immigration and Naturalization Service 1990）。

　　墨頓也指出，部分系統也具有**反功能**（dysfunctions），意即，他們有時候也對整體系統或社會某部分具有破壞性的作用。就像功能一樣，反功能也可以是顯性或隱性的。**顯性反功能**（manifest dysfunctions）係指系統某部分導致其他部分產生預期的破壞。

　　當移民改善與管理條例生效時，美國雇主花了一些時間適應許多新的雇用命令，不過這個過程中會出現許多可預期的破壞（顯性反功能）。譬如，該條例要求雇主從 29 份文件裡查驗出 2 份能證明公民資格的文件，但是類似文件多達數千種，像洗禮證明書、學校成績卡等等，雇主很難分辨孰為合法孰為偽造（Behar 1990）。政府對非法移民的另一項大赦是，假如他們能證明自己已長期待在美國，他們便能獲得公民權資格，但這種自由方針卻又鼓勵非法移民偽造或購買偽證文件，因而對赦免過程造成可預期的破壞。

　　隱性反功能（latent dysfunctions）係非意向的、非預期的負面結果。1986 年的條例已產生數項隱性反功能，因為雇主難以分辨合法與偽造的文件，所以某些雇主為了避免雇用到出示偽造文件的非法移民，便歧視長得像外國人的公民。據美國通用會計事務所估計，有 461,000 位雇員（約佔 10%）曾受過這種歧視（U.S. General Accounting Office 1990）。

　　社會學家 Katharine M. Donato, Jorge Durand 與 Douglas S. Massey（1992）確認另一種隱性反功能：移民改善與管理條例的立法並未擋住墨西哥赴美的非法移民。1986 年條例生效之後，他們估計「搭乘非法船隻的可能性、重覆遷移的可能性、被海岸巡防隊逮捕的可能性以及非法越界的代價」均未改變。

位於加州San Ysidro邊境城市高速公路上的這個符號，指出非法移民入侵的事實。該符號警告急駛的汽車留意突然間橫越高速公路的非法移民，同時也警告非法移民擅自闖越是違法的。

另一項隱性反功能與 300 萬名被 1986 年條例赦免的非法移民有關。這些移民在獲得合法地位後，要求雇主給予更高的工資和更好的工作條件，但這種作法卻產生一個非預期結果：雇主甘冒罰金的風險雇用非法移民，因為這些人不會有太多要求，並接受低薪和較差的工作條件。

從上述的簡短分析可以了解：相較於單一功能的概念，顯性、隱性功能與反功能較能讓觀點更為均衡，增加的這些概念削除了許多對功能論觀點的批評。另一方面，較廣闊的功能論取向引入一個新問題：我們「沒有這種技術……將正負數相加後，就能公布某種有意義的整體計算結果，或者計算出淨影響的商數」（Tumin 1964, p.385）。關於移民改善與管理條例，我們還有個問題：該條例對社會造成的整體影響是正面的還是負面的。

功能論對瑪克拉多拉計畫的看法

我們以功能論者對瑪克拉多拉計畫的看法為例，來了解功能論觀點如何應用到特殊事件。就功能論的觀點來說，該計畫是為恢復美、墨社會秩序所作的反應，當布拉西羅計畫於 1964 年中止時，墨西哥得為那些返回的布拉西羅工作者創造就業機會，而美國公司也需要低工資勞工來降低生產成本，以增加全球經濟的競爭力，假如像通用汽車這種美國公司沒有將勞力密集的裝配作業轉移到墨西哥，並減少包括員工紅利在內的勞動支出的話，就沒有能力和 Nissan、Toyota、Hyundai 等公司競爭。我們用墨頓的概念來評估美、墨間勞力轉移計畫的整體結果。

瑪克拉多拉計畫的顯性功能　某些支持瑪克拉多拉計畫者以這種方式評估該計畫對穩定的貢獻：估計若計畫停止，會對美、墨造成什麼影響。他們預估墨西哥的國民生產毛額將下降 3 億 1,000 萬美元，因為瑪克拉直接或間接地造就 593,000 個工作，而美國經濟也會受到類似影響，預計美國貨物將上漲 36%，國民生產毛額也會下降 3 億 7,000 萬美元，貨物價格高升意謂著對美製產品的需求降低，而製造業、管理、市場與零售工作也會相應的減少（Cornejo 1988）。[11]

支持者強調，因為瑪克拉工業循兩種重要途徑保留並創造美國工作，所以一旦停止該計畫，這種損失預計將會發生。首先，美國公司供應墨西哥瑪克拉工廠裝配所需的原料和零件，比如墨西哥 Juarez 的瑪克拉工廠所需的零件和原料購自美國 42 州 4,600 家供應商（Sanders 1986）。據美國商業部估計，75,000 名美國工人生產和運輸瑪克拉工廠的所需原料（Applebome 1986）。其次，低成本、勞力密集的瑪克拉產品會運到美國的姐妹廠作最後裝配，這為美國工作者保留薪資較高的製造業工作。假如瑪克拉多拉計畫被中止的話，這些工作絕不可能返歸美國，而是移到另一個海外據點（Pranis 1990），比如可能轉移到亞洲 40 個加工出口區當中的一個（Warr 1989）。

這種經濟情勢可以德雷多的瑪克拉工廠為代表。該廠是最大的磁鐵生產商德寇公司的一個部門，德雷多在墨西哥的奴佛拉雷多設廠，製造磁鐵所需的原料購自奧克拉荷馬州的公司，磁鐵在德雷多生產後，運送到紐約洛徹斯特的姐妹廠，它們在該處被置入動力操作視窗與擋風玻璃雨刷的電動馬達內（Jacobson 1988）。

　　瑪克拉多拉計畫的隱性功能　在隱性層次上，瑪克拉工廠的成長具有進一步在社會、經濟與政治上整合美、墨的功能。[12] 兩地人民能自由橫越邊界從事工作、購物、進膳或上學，橫跨里約格蘭德河兩岸的橋樑便是這種整合的象徵，這些橋樑不僅增加貨物的流通，也增加美、墨人員與資訊和服務的交換。

　　兩國人民在邊界上的互動漸增，逐漸模糊文化的疆界，使雙方文化彼此交混（Langley 1988）。這種模糊的疆界劃分有其作用，因為當不同文化成員彼此互動時，若出現語言、見解與風俗的差異，交混的文化便能起著舒緩彼此緊張的作用，這種緩衝對維持美、墨順暢的關係來說是必要的，並使兩國更加依賴對方。

　　邊境居民對兩個地區較為了解，也在兩國間進行調停、並促成平穩的交易；那些深諳兩種文化、懂雙語的顧問協助美商在墨西哥營運；這兒也有學術中心促進文化交融，包括聖地牙哥加州大學墨西哥研究的美國中心、洛杉磯加州大學的墨西哥計畫、愛爾帕索德州大學的邊境研究中心以及提華納（Tijuana）的墨西哥 Colegio de la Frontera Norte（Sanders 1987）。

　　上面描述的隱性功能是正面的，但這不意味著邊界上沒有文化摩擦。在〈義務的時代：與我墨西哥父親的爭辯〉（In Days of Obligation: An Argument with My Mexican Father）一文中，Richard Rodriguez（1992）讓我們憶起美國「宣布英語為官方語言，三 K 黨自居為環境保護論者，譴責非法移民造成高速公路阻塞」（p.84）（見〈一個共同的邊境文化？〉一文），Rodriguez 的觀察暗示，美、墨經濟與社會的互賴存在著某些反功能。

　　瑪克拉多拉計畫的顯性反功能　雖然瑪克拉多拉計畫有助於美、墨間的穩定關係，但它卻具有數種預期的（顯性）和非預期的（隱性）反功能。工作替換是項顯性反功能：每當某事件改變許多人的謀生方式時，我們可以預期他們將作出某種調適。例如在美國，公司遷廠到墨西哥造成許多工人失業，製造業工作的消失造就許多沒有工作的無技術工人，他們欠缺申請新工作的資格，而城市裡專門操作例行製造工作的工人尤其受到影響，在美國境內 30 個郡有 25%的失業率，超過 100 個郡有 15%的失業率（Murray 1988）。

密西根的佛林特連同周遭的格那斯郡，這個擁有 430,000 名人口的地區便是個顯著的例子。在 1970 年代末期，通用汽車在佛林特地區雇用高達 80,000 名員工，但在 10 年間卻有 32,000 個工作永久消失，通用汽車預計 1990 年代將把佛林特地區的工人數縮減至 35,000 名（Jacobson 1988）。鄉村郡特別容易受到工作替換形式的影響，因為這些地區的製造業工作傾向集中於例行製造工業（食物、紡織、傢俱生產、服飾），這些需要較少技術勞力（如外觀檢查、重覆性的裝配以及簡單的機械操作）的工業可能移轉到海外工廠生產（O'Hare 1988）。

然而，假如我們將美國工作的替換和減少歸因於瑪克拉多拉計畫，這將會產生嚴重的誤導，因為墨西哥只是美國公司轉移作業基地的許多國家之一。而另一項經常為人忽略的原因是：美國公司未能在技術上進行投資，增加其全球經濟的競爭力。

在美國決定終止布拉西羅計畫之後，邊境的失業問題更加嚴重，人們因此期待瑪克拉多拉計畫能舒解困境。雖然我們並不了解布拉西羅工作者的命運，但我們知道邊境工業化計畫並未將這些人吸納進墨西哥經濟體中。在 1951-1964 年間核准能在美國工作的墨西哥布拉西羅工作者超過 400 萬名（Garcia 1980），但瑪克拉工業在過去 25 年間僅約產生 60 萬個工作。

一個共同的邊境文化？

墨西哥全國近 85% 的人口住在美、墨邊界 12 大高度都市化的城市中，提華納（Tijuana）只是其中之一。1980 年最大的城市分別是 Juarez（567,365）、墨西卡利（510,664）、提華納（461,257）、馬塔摩羅斯（238,840）、Reynosa（211,412）以及紐位拉里多（203,286），現今則以 Juarez 和提華納為其中最大者。吾人若想了解邊界的情況，就得知悉這些城市。這些城市都列名墨西哥最大城市，也都和對岸的美國城市存有某種程度的共生關係。許多較小的美國市鎮與邊境墨西哥城之間的密切度遠高於較大的城市，如經濟活動盛行的聖地牙哥和厄爾巴索。

由於美國和墨西哥整體生活水準和生活方式差距頗大，使得我們很難陳述一個共同的邊境經濟或文化，整合這種差異性的弔詭反映在下列評論中：「在美、墨邊境上，這兩個經濟和社會體系是以介於低度開發和已開發之間最劇烈，也最一致的方式加以調合，創造出複雜社會結構的融合。」

聖地牙哥和提華納是美、墨兩國最容易觀察的城市，它們有相似的經濟活動，住著同等的中產階級，也有相同的社會階層，因為聖地牙哥的人口中大多數是墨西哥人。雖然兩國國內的文化仍有變異（提華納不同於 Guada-lajara，聖地牙哥不同於波士頓），但兩國之間存在顯著的經濟與文化差異，已使各自的邊境城市在外表和形式上差異甚大。也許最重要的是，邊境城市會有自己的國家認同，且自豪於自己的城市。提華納看起來似乎較美國城市來得貧窮且紊亂，但此地人們還是認為自己住的這座城市是全墨西哥最令人滿意的。

關於兩國城市在解決問題的合作上為何一直困難重重，這涉及的不只是聖地牙哥和提華納當局之間複雜的協商，還牽涉國家與聯邦的層級。兩國之間要處理的議題包括飲水、污水、空氣污染、土地使用和社區經濟事務發展等等，但只要有一方延宕協商時間，協商就難以獲致成功。一位邊境關係專家指出，「儘管兩國間的計畫和環境管理的憧憬頗具吸引力，但在區域微觀的層次上是難以達成的，其中一項障礙是成員屬於各自的政治社群……其次，計畫的議題頗為混亂，困擾的可能因素包括不同的文化理解、計畫步調、合夥關係、成本配置以及邊境合作採用的語言等等。第三，在許多情況中，聯邦、國家和地方層級單位的介入會造成雙方觀點的失衡。」

雖然聖地牙哥和提華納數個公、私立協會的領導人持續召開會議，且已在某些議題上達成協定，但聖地牙哥和提華納邊境地區並非真正地整合在一個嚴密的共同政策和運作結構下。不過，他們已在一些地區採行合作計畫，比如提華納河

（大部分位於墨西哥境內，但流向太平洋的出海口在美國境內）的洪水控制和污水處理、毒品控制、區域轉運、水源供給、文化交流和展覽等等。

一個共同邊境文化的出現不只有賴於正式的協定，還得仰仗兩邊數以千計的人們之間的活動。在地圖上，邊界看起來是固定的，但對於經常往返於邊界的那些人來說，邊界只是其個人與經濟活動當中不甚重要的面向。1987 年加州 Baja 的人口調查指出，大約有 8% 的提華納經濟活動人口在加州工作，其中有些人持有「綠卡」—准許外國人在美國永久居留並在美工作，其他人則持有「藍卡」—准許墨西哥邊城的居民能在美國邊界 25 哩範圍內停留 72 小時。雖然藍卡持有人並不能在美從事工作，但許多人照做不誤。有些提華納居民在邊界兩邊兼職，數千名美國人也每天通勤，他們在加州工作，卻住在成本較低的提華納地區。

至於邊界雙方的經濟交流則相當興盛。披索是提華納通用的貨幣，許多遊客、合法或非法的工作者、以及寄自加州匯給親戚的匯款會在當地兌換披索。每天有上萬人越境消費，到提華納的主要團體我們剛才已討論過，而那些到加州的人士則包括工作者、逛街購物的墨西哥本地人、墨西哥工廠貨品的批發商、零售商和進口商。

大多數來自提華納的越境人口是來自墨西哥的移民，他們帶來了自己的文化，像是音樂、食物和宗教，特別是一般移民族群不常見的西班牙語。雖然「美國化」已使墨裔美國文化不同於墨西哥本土文化，但畢竟前者係承繼自後者，這無庸置疑。

邊境文化一直處於不斷變遷的狀態，像聖地牙哥——提華納地區現在就不同於 1920 年代，當時這些地區都還是充滿暴力的小城市，但現今已是人口逾百萬的大型城市（聖地牙哥在 1980 年的人口數是 875,504，但現今已遠遠超過此數）。這兩座城市雖然分居兩國，但已形成一個偌大的人文與經濟圈。提華納人口數超過聖地牙哥指日可待，提華納將變成赤道以北太平洋沿岸人口次多的大城，屆時提華納將成為商業與工業中心，將犯罪中心這個過去的惡名遠遠拋諸腦後。

瑪克拉多拉計畫的隱性反功能　數項隱性反功能與瑪克拉工廠的成長有關。首先，由於邊境工業計畫已增加美、墨間的經濟互賴，一個國家發生的問題會影響另一國家的經濟，譬如美國在 1974-75 年與 1981-82 年的不景氣促成瑪克拉工業的中止與結束，而 1980 年代初期 1,000 億負債危機侵襲墨西哥，披索隨後貶值，美國邊境的零售商業也跟著慘遭蹂躪（據估計在危機之前，邊境的墨西哥人當中有 40%-70% 在美國花費），像 1981 年德州布朗斯維爾的零售交易就下跌 68%（Hansen 1985）。雖然瑪克拉業者在表現不佳的墨西哥經濟與披索中仍有獲利，但墨西哥政府強迫人民縮衣節食、貨幣貶值、縮減社會計畫、降低現行工資，使大眾生活更為悲慘，這都可能導致政治動亂而摧毀兩國經濟。

另一項隱性反功能是：有跡象顯示，許多美國的白領工作正開始轉移到墨西哥。當 1965 年瑪克拉工業開始時，大多數工業運作所需的白領工作由美國人出任，但是當許多墨西哥人參與瑪克拉工業提供的高中同等學歷計畫，或者從培育技術員工的墨西哥公立大學或技術學校畢業之後（Uchitelle 1993），便能擔任工程師、技術人員、管理主管、電腦操作員、會計師、幹部以及中低級管理人。相較於平均年薪 25,000 美元甚至更高的美國技術工人來說，具有同樣技術的墨西哥工人平均年薪只有 8,400 美元，這種替代對瑪克拉業者來說當然深具吸引力（Jacobson 1988）。雖然這種情勢有利於墨西哥人，但對美國白領階級來說卻是項隱性反功能。

由於墨西哥內陸移民的遷入，使得多數設立瑪克拉工廠的邊境城市人口快速增加。快速而沒有節制的人口成長已造成另一項隱性反功能：大量人口在缺乏適當衛生、交通、水力、電力以及社會服務的情況下定居。對提華納來說，在 1993 年元月下了 12 天的豪雨之後，災情便顯露出此種快速而無計畫的成長造成的負面結果，那些建築在提華納河附近峽谷中的新關村落堵住自然水道，造成低窪地區淹水和山崩，導致 5,000 多人無家可歸（Golden 1993）。我們必須再次指出，瑪克拉工業只是造成這些問題的一系列因素當中的一個。

人口、交通擁塞、淹水與疾病等問題都會影響邊境雙方的大眾生活（Herzog 1985），因此這些問題不能單方面解決，況且問題不僅止於邊界。譬如在許多橫跨美、墨邊境的橋樑上，緩滯的交通流量讓汽車與卡車排出大量廢氣，據估計，每年等待橫越哥德華橋（該橋屬於美國，連結德州艾爾帕索與西達德爪雷茲）的車輛排出 1,280 公噸的一氧化碳、碳氫化合物以及氮氧化物（Roderick and Villalobos 1992），這些車輛排放的廢氣明顯的影響邊界雙方的生活。

表 2.1 總結與瑪克拉多拉工業有關的顯性、隱性功能和反功能，這些概念幫助我們回答下列問題：為什麼有瑪克拉多拉的存在？瑪克拉工業會對美國和墨西哥產生什麼影響？功能論的觀點讓我們均衡地檢視系統某部分的貢獻，不管是負面的、正面的、有意向或無意向的，但是這個觀點的缺點在於，它仍然未說明瑪克拉工業對美、墨造成的總體影響究竟是正面還是負面（相同的論點見〈瑪克拉多拉工廠中的婦女：隱性功能或是反功能？〉一文）。另一方面，功能論的觀點的確有助於我們了解：這兩個國家當中的某些部分自勞力轉移獲得的利益較其他部分來得多。同時，它讓我們相信：負面結果僅是總體秩序和穩定所付出的代價，正如我們將在下個段落中學到的，這樣的結論將不會受到衝突理論家的支持。

表 2.1	瑪克拉多拉計畫的隱性、顯性功能和反功能

若以隱性、顯性功能和反功能觀點探討勞力密集工業由美國轉移到墨西哥，則能顯示功能論取向只能針對其中的「一部分」作分析。這張表格條列出與瑪克拉多拉計畫有關的種種功能和反功能。

	顯性	隱性
功能	瑪克拉多拉是墨西哥人的工作來源。 墨西哥的國民生產毛額增加。 美國的國民生產毛額增加。	瑪克拉多拉為美國留存和創造了許多工作。 邊界雙方各城市之間貨品、服務、工作者和資訊的交換已創造出一「緩衝」區。 來自美國的白領工作轉移到墨西哥（墨西哥人的工作機會增加）。
反功能	在美國，工作所需的技能和創造出來的工作之間搭配不當。 許多美國工作者丟了飯碗。 返回的布拉西羅工作者未被雇用。	一個經濟體的問題會影響另一個經濟體。 來自美國的白領工作轉移到墨西哥（美國人的工作機會減少）。 瑪克拉城市的迅速成長會為邊界雙方帶來問題。

ᶓᴥ 衝突論的觀點

　　相對於強調秩序和穩定的功能論者，衝突理論家將衝突視為社會生活中不可避免的事實。這些社會學家強調生產衝突中的競爭角色，社會中的支配團體和從屬團體相互競爭稀少和重要的資源（如財富、教育、權力、聲望、休閒以及健康照顧），那些獲得控制資源者擁有權力保護其自身的利益。

　　團體間的衝突除了以公然的肢體衝突來表現之外，還能以多種形式呈現，包括狡猾的操弄、不同意、支配、緊張和敵意。表 2.2 顯示邊境巡邏守衛與疑似非法者之間發生的各種衝突形式，包括詢問、逮捕、驅逐出境以及檢查與沒收財產和交通工具。1989 年有 800 萬輛交通工具遭到檢查，約 2,000 萬人曾遭受詢問，其中逾 90 萬人被逮捕，而 1 萬台車輛被沒收。事實上，衝突並不限於和非法移民之間的遭遇，很明顯的，守衛同樣也會詢問「看似非法的人」，因為就數據顯示，檢查和詢問的數量比拘捕來得多。

表 2.2　1989 年美國邊境巡邏隊的主要活動

人		交通工具	
盤問	19,806,036	檢查	7,806,782
逮捕	906,535	扣押	10,789
驅逐		沒收（商品）	
墨西哥人	891,147	麻藥	12 億美元
非墨西哥人	60,162	其他	2120 萬美元
墨西哥的走私者	13,794		

　　衝突理論家的靈感來自重視階級衝突的馬克思。正如我們在第一章討論過的，馬克思主張兩大階級，階級成員決定於與生產工具的關係，其中較有力量的階級是布爾喬亞，即擁有生產工具（土地、機器、建築物、工具）與購買勞力的那些人，這些渴望獲利的布爾喬亞為了生產的需要須不斷擴大市場，尋求更有效率的生產方式（比如使用機械、機器人和自動操作以取代人力），並努力發現最便宜的勞力和原料。這些需求將「布爾喬亞散布到整個世界，它必須到處安頓下來，到處定居下來，到處建立起關係」（Marx [1888] 1961, p.531）。

　　較沒有力量的階級是工人組成的普羅階級，這些人除了自己的勞力之外，就沒有擁有其他的生產工具。普羅的勞力是一項和機器和原料沒有區別的商品，機械化結合勞力的專業化，使工人沒了技術，使工人成為「機器的附屬物，對他的要求只是最簡單、最單調與最容易學會的技能」（Marx, p.352）。結果，工人生產出沒有個性、對工人和消費者來說都沒有情感價值的貨品。

瑪克拉多拉工廠中的婦女：隱性功能或是反功能？

　　關於北美自由貿易協定本身有許多爭論……焦點在於大眾對墨西哥瑪克拉多拉工業的關注。美國公司到墨西哥等地設廠的動作是美國國內失業率升高的主因，這項事實從未被說明，許多美國人因而將墨西哥工人視為美國勞動工作的直接競爭者，而大多數瑪克拉多拉工作者是女性這項事實，則更加深這項爭議。許多美國人相信，美國公司雇用這些婦女的薪資遠低於那些失業的男性工人。瑪克拉多拉的雇用實務也備受許多墨西哥人的關注，因為美國公司偏好女性勞工，這已對墨西哥社會造成破壞。不管吾人同意這些批評與否，不容否認的結論是，婦女在瑪克拉多拉計畫中的工作已逐漸產生許多爭論。

　　婦女總是成為瑪克拉多拉工業偏好的低薪資、無技術的勞動力來源，雖然大多數的經理和技術人員都是男性，但大多數服飾、電子零件等產品裝配工都是女性。當瑪克拉多拉工廠剛設立時，大多數裝配工都是年輕的單身女性，在她們結婚和照顧家庭之前還有幾年的工作時間。但隨著時間的進展，瑪克拉多拉工廠日形擴大，未婚的年輕婦女已不足以填充生產線的工作名額，於是公司改變雇用規定，將許多已婚與育有兒女的婦女包括進來，不再受限於她們的年紀或家庭環境。大多數的婦女裝配工都對家庭經濟有其基本貢獻，因為家庭中的男性經常沒有工作或低度就業。

　　將婦女大量的併入製造業的勞力當中，這是瑪克拉多拉計畫的一項隱性功能。當邊境工業化計畫在 1960 年代中期建立以來，已舒緩困擾邊境區域許久的失業問題。由於墨西哥文化將工作界定為男性的活動，認為太太和母親是婦女應扮演的角色，所以一般認為男性是失業的基本受害人，也是瑪克拉多拉新創工作的主要受惠者。邊境工業化計畫的發起人當初並未預期瑪克拉多拉工廠會雇用大量女性，不過這種雇用實務並非墨西哥特有的現象，事實上，跨國公司在各開發中國家盡皆雇用女性從事裝配工作。雖然瑪克拉多拉經理認為偏好女性勞工的原因是手藝機敏、耐心、較能容忍單調的工作，不過，女性主義者抨擊這些公司雇用女性的薪水低於男性，因為女性的性別角色在社會化的過程中使其較為溫順，不會像男性一樣組織工會。這種雇用實務使瑪克拉多拉計畫並未降低男性的失業率，

而是增加原本非就業人口轉為勞動人口。

　　這項非預期的結果是隱性功能還是反功能？雇用墨西哥婦女對婦女本身、家庭和社會來說究竟是有利還是有害？抨擊該計畫的人強調它會帶來負面結果。某些人主張，瑪克拉多拉以低薪剝削婦女，損害其身心，而其他的批評者宣稱，婦女在瑪克拉多拉工廠中的就業實已對墨西哥家庭造成傷害。墨西哥婦女的傳統性別角色侷限在家庭，而男性則負責就業賺錢，這是一種涇渭分明的性別分工。批評者宣稱，瑪克拉多拉計畫鼓勵婦女走出家庭，出外就業，賦予女性新的地位，這已破壞家庭的均衡，減弱她們延續傳統的女性角色，並使其擁有資源挑戰男性身為家庭單一賺錢來源的傳統角色。批評者還宣稱，男性酒精中毒、離婚、婚姻暴力以及其他家庭解體等狀況層出不窮，這種錯亂的現象就是婦女在瑪克拉工廠就業的直接後果。最後，批評者主張，瑪克拉工廠偏好女性勞工造成邊境地區的失業問題，他們認為一旦婦女就業於瑪克拉工廠，成為經濟活動人口時，他們會發展出一種持續需要薪資收入的生活型態。由於她們無法忍受工作的辛苦和裝配作業的單調，所以被工廠辭退或離職是常有的事，她們將會轉換到另一種不同的工作，而這種作法將會逐漸汰換男性在勞動市場中的位置。

　　相反的，瑪克拉多拉計畫的支持者則強調其正面結果，他們認為瑪克拉多拉工廠提供工作給需要賺錢謀生的婦女，以維繫其自身或家庭的生活。許多墨西哥婦女都是以一己之力養家，在沒有配偶的協助下獨立養育子女，其他一些正常家庭中的經濟也不甚穩定，丈夫不是未就業，就是賺的錢不足以供應家庭所需。過去十年來，墨西哥已遭遇惡性通貨膨脹與削減政府支出等重大經濟危機，讓普通家庭難再靠單薄的一份薪水過日。在大多數的家庭當中，有賺錢能力的成人，不論是男性或女性，都得擔負起家庭的經濟責任，故若無瑪克拉多拉工廠提供就業機會，許多邊境地區的家庭可能得面臨經濟困窮的窘境。瑪克拉多拉計畫不僅讓有需要的婦女獲利，它還提升婦女的社會地位。根據這種觀點，工作所得的薪資讓婦女增加個人自主權、增加其與丈夫或父親的相對交涉力量。擁有一份收入的婦女也能在家庭決策上有較大的發言權，不必再事事仰賴丈夫。對於收入的支用，她們不僅有說不的權利，還可以在需要保護自己和兒女的情況下，結束惡言相向的婚姻。在瑪克拉多拉工廠就業因而提供經濟基礎，讓她們得以自壓抑的家庭關係中獲得解放。

　　很清楚的，不論吾人是以隱性功能或反功能來看待婦女在瑪克拉多拉工廠的就業，都會依據各自的理論觀點。相信婦女自就業中獲利的那些人傾向強調瑪克拉多拉計畫的正面結果，但將瑪克拉多拉工廠視為資本主義剝削機制的那些人，則傾向強調該計畫對社會的負面影響。不論吾人在該議題上所持立場為何，瑪克拉工廠將持續雇用婦女從事大半的裝配作業，這是一項不爭的事實。像調高聯邦最低工資等政策，保證婦女能夠擁有不錯的生活水準，而調節公司內的工作條件，則能保護工作者的身心健康，這些措施都是可行的策略，可用以確保婦女就業的負面結果不會大於其獲利。

衝突存在於兩大階級之間，因為生產工具的擁有者藉由「偷取」勞動價值來剝削工人，他們付給工人的工資僅是他們自工人勞動中獲利的一部分，並且會催促工人不斷增加產量，但增加的產量卻未相應地增加工人的報酬，反而使其薪資降至獲利中的更小部分。

布爾喬亞對普羅的剝削是以**合法的外表**（facade of legitimacy）——支配團體中的成員為辯護其行動所作的解釋——來加以偽裝，或是以辯護的意識型態來加以偽裝。衝突理論家將意識型態（ideologies）界定為支持支配團體利益的基本觀念（有個意識型態的例子：窮人之所以是窮人，是因為他們懶惰，而不是因為他們所得的工資較少），因為意識型態有當權者的支持，所以它們被用來精確地解釋為什麼事情會是如其所出現的那個樣子。

然而最近的分析指出，意識型態充其量只是半個真理，因為它立基於「誤導的主張、不完全的分析、未經證實的斷言以及令人難以相信的前提……所有的意識型態助長幻象，遮蔽清明的思想……使社會中的階級區分得以持續」（Carver 1987, pp.89-90）。資本家藉由這樣的主張——假如普羅不喜歡目前的安排，他們可以自由的在別處選擇工作——來辯護他們對普羅的剝削。但最近的分析卻指出，事實並非如此。就最基本的層次來說，雇主較工人擁有更多的力量：假如工人動作太慢、不可靠、不事生產或者作出太多要求，雇主便可開除工人，但是工人卻沒有類似的力量來對付不可靠與要求過度的雇主。進一步來說，許多工人必須接受雇主提供的一切，假如他們拒絕該工作，便有數以百計的其他工人等著接手。所以大體上，工人是一個「散佈在全國的支離破碎之大眾，他們因相互間的競爭而分解」（Marx, p.533）。

　　一些例子顯示，生產的擁有者如何掌握那些彼此競爭工作的工人們之利益。譬如 1989 年有三位農場工人想得到一份佛羅里達的工作，雇主提供的工資頗低，倘若某工人拒絕該工資，總有其他人會接受。前線雜誌（1990）訪問一位家住佛羅里達，名為錫發先生的工人，他透露，讓工人感到生氣的對象經常不是農場主人，而是那些接受低薪的工人：「就是那些瓜地馬拉人把我們趕離這裡，他們說『假如你付給他每小時 3.35 美元，那你只需要付給我每小時 3 美元。』」

　　這種情景就像 1989 和 1990 年發生的皮特斯頓煤礦工人罷工案，以及格雷豪德公車司機罷工案。在這兩個案例中，公司雇用新工人來替換罷工工人，皮特斯頓以這種方式維持維吉尼亞與西維吉尼亞 30 座礦廠和工廠中的 25 座（Hinds 1989, 1990），同樣地，格雷豪德在 13 天內訓練 2,600 名新司機來替換罷工的公車司機（Bearden 1990）。這些罷工行動從 1990 年 4 月持續三年到 1993 年 5 月，隨後一項美國聯邦判決認為，格雷豪德主管有煽動公車司機罷工之嫌（Myerson 1994）。因為新工人之所以願意接替罷工工人，便如同一位工人所講的，「我也得找份工作餬口，我總得照顧家庭。現在每個人都得為他自己」（Dupont 1989, p.16y）。在某些情況下，頂替罷工者位置的工人之所得收入常較原先的薪水來得高：「他們〔罷工者〕說賺不到足夠的錢，嗯，他們可以來我這兒做做看，看他們怎麼過活」（Madden 1990, p.15）。這些例子顯示，那一大群隨時準備接替罷工者位置的工人將會削弱工人（及代表他們的工會）向雇主提出要求的力量（Kilborn 1990a），結果，罷工的有效性在這幾年已經大幅減少（見圖 2.2）。

圖 2.2　美國的罷工情況：每千名（或千名以上）員工的罷工次數

　　自從 1980 年以降，工人的罷工次數降到空前低水平，這種下降的趨勢與雇用永久接替性員工的實務有關，特別是當雷根總統把罷工的航管員替換掉，這個議題便廣獲全國關注，而此下降趨勢也與大量年輕人（嬰兒潮）在高薪工作數量正逐漸下降之際進入勞動市場有關。

（資料來源：美國勞工局統計資料，1993 年）

　　馬克思的觀念是大多數衝突理論家的靈感來源，不過這些基本理論仍有許多微妙差異，儘管如此，大多數的衝突理論家仍會問這個基本問題：誰獲利自一個特殊模式或社會安排？誰被犧牲了？在回答問題時，衝突論者認為支配團體建立的實務（practices），不管是有意識還是無意識，總是促進與保護其自身利益，這些實務有助於解釋為什麼在取得重要和稀少資源時會出現不公平現象。

　　大多數的衝突論者也檢視支配既存實務的合法性外表，他們觀察當權者如何在邏輯上辯護其剝削策略，而辯護最普遍的方法是（1）以受害者的性格缺陷阻礙自身成功機會的說法來責難受害者，以及（2）強調能從當權者制定的系統那兒得到的好處並不多。我們來看看丹佛女士接受「麥克尼爾／雷勒新聞時間」特派員湯姆‧倍爾登的訪問時（1993），提及有關雇用非法移民的理由：

倍爾登先生：雇主是否對其雇用的非法移民握有太多權力？有些人
相信，一旦雇用非法移民後便可對之頤指氣使，因爲就某種
意義來說，他們正一起從事違法行爲，這讓雇主覺得可以對
他們施展權力。你同意我所講的嗎？或者你有其他的意見？

丹佛女士：我想我不同意。當你雇用墨西哥婦女來照顧小孩時，她
可是整天 24 小時供我差遣。我的意思是説，她在墨西哥的生
活成本和生活品質遠不如待在我這兒。當我們雇用她時，她
説「我會照顧小孩，我一天 24 小時都可供差遣，我會清理房
子、煮飯。」她們什麼事都能做。假如你聘請的是本地人，
他們只會照顧小孩，故相較之下，聘用非法移民在價格支付
和家庭服務上均有差異。我必須承認，就這一點，能夠有個
可供差遣的人來照顧新生兒是極好的……。

倍爾登先生：這倒頗像是簽有定期服務合同的勞役。

丹佛女士：的確，她做了六個月之後，我們便商議讓她在晚間六、
七點結束工作。我並不認爲我眞的剝削過她，我讓她每週一
次同寶寶一起起床，所以我並沒有……差遣她，我不覺得我
眞的在剝削她，她在我這兒獲得的報酬肯定比原先待的地方
多得多。（p.8）

衝突理論家非議丹佛女士用來辯護低薪雇用非法移民的邏輯，追根
究柢，丹佛女士就是犧牲墨西哥工人來保護並促進自身利益（整天差遣某
人去煮飯、清掃以及照顧兒童）。

資本家對失業者命運所作的解釋，是資本家使用合法性外表來辯護
剝削策略的另一實例。超過 1,200 萬名美國工人因工廠遷移或倒閉而失業，
其中許多工廠（如通用電器和通用汽車）均設立工作再晉用（re-entry）
計畫。彼德金波在紐約時報發表的一篇文章指出，當通用電器的電冰箱製
造從伊利諾州的西塞羅移到阿拉巴馬州的笛卡圖之後，1,200 名工會工人
因此失業，笛卡圖的非工會工人時薪 9.5 美元，較公司給付給西塞羅的員

工少了 4 美元。在金波的文章當中,美國勞工部就業與訓練助理秘書羅伯‧瓊斯將失業工人描述成「你所能得到的反功能。」其他受訪者將工人描述成「無法滿足工作的其他根本要求」,以及「相對年老的與無技術。」許多人被描述成只有五、六年級的水平,而某些西班牙人據說「不曾用英語溝通」(Kilborn 1990b)。

就表面價值來說,這些意見暗示:像通用電器公司和美國勞工部願意花費 40 億美元再訓練那些雇主認為缺乏智能、動機與技術的員工,以充份利用其潛在就業能力。然而,衝突理論家指出,這些失業者的命運代表生產過程的悲慘結果,因為生產過程要求的技術並不多,因而工人無從表現數十年來學得的技術。從衝突的觀點來看,我們不應責難失業工人的命運,而應該譴責那些將工人當作機器般只能從事無心智、重覆工作的人。

對衝突論的批評

衝突理論也像功能論一樣具有缺點,例如它過度強調支配團體和從屬團體之間的緊張與區別,及甚少強調社會裡既存的穩定和秩序。衝突理論傾向假設那些生產工具擁有者掌握全然的力量,並施加其意志於僅能提供勞力的工人身上,也假設生產工具的擁有者在未遭致反抗的情況下,隨心所欲的剝削自然資源與窮國的廉價勞力。這種看待雇主——員工關係與合作——敵對國家關係的觀點略嫌簡化,也往往忽視工業化有助於改善人們的生活水準。

此外,生產的擁有者並不總是奪去所有工人的技術。例如,肯塔基州勒星頓的 IBM 打字機工廠已將工廠自動化,並再訓練那些曾執行過簡單工作的員工投入更嚴苛與更複雜的工作。有些雇主也認知到,雖然機器比人工更具經濟效益,但是他們仍然必須對那些執行複雜工作的員工進行投資(Pranis 1990)。許多知名公司會制訂有利於員工的政策,像全錄、強森與強森、美國電話電報公司就列名於在職婦女雜誌裡「在職婦女票選的 100 最佳公司」,這些公司也列名在美國前 100 家最好的公司(Flanigan

1993; Silverstein 1993）。

　　最後，衝突理論傾向忽視以下的情勢：消費者、市民團體或者工人使用經濟誘因來修正或控制資本家追逐獲利的方式。例如，環境保護基金會成功地與麥當勞協調，禁止在全美 8,500 家餐廳中使用聚苯乙烯包裝紙；地球島協會海豚計畫以訴訟、法院命令以及寫信運動的方式說服 Starkist 改變其補魚技術，以給予海豚更安全的海洋空間（Koenenn 1992）。

衝突論對瑪克拉多拉計畫的看法

　　從衝突的觀點來看，瑪克拉工業代表對獲利的追求。生產工具（機器、原料、工具和其他零件）歸美國和其他外國的資本家所有，墨西哥工人只擁有勞力，且必須將之低價出售給生產的擁有者，他們不能要求高薪與較佳的工作環境，因為雇主可以輕易地從一大群墨西哥工人中找人替代他們。倘使一旦發生勞動問題，外商便會將工廠轉移到墨西哥內陸或其他國家。

　　至於合法性的外表指的是瑪克拉多拉計畫的支持者同時獲利自美、墨兩方。墨西哥獲利自高度成長的就業率，而美國獲利自美國工業在全球市場上的競爭力，依此脈絡來說，失去某些美國工作反倒是破產和廣泛失業的替代方案。

　　然而，從衝突的觀點看來，合法性的外表隱藏了瑪克拉工業真正的目的。瑪克拉工業增加的利益剝削自大多數廉價的勞力，美商將這種勞力安排描述成彼此互利，但事實上他們並不想讓墨西哥繁榮，因為美商的成功建立在虛弱的墨西哥經濟上：披索愈弱勢，公司老闆給付工人的薪資便愈低。只要墨西哥擁有世界廉價的勞力市場，美國和其他國家的公司便持續在此設廠營運。

　　墨西哥工廠對通用汽車整體營運的重要性可用記錄影片「一條河流，一個國家：美、墨邊境」裡的一段對話來說明。在哥倫比亞廣播公司的這部記錄片中，記者比爾‧墨爾斯訪問通用汽車工廠經理有關工資問題，工廠經理含糊其詞的回答，透露出生產的擁有者完全意識到他們對墨西哥工人的剝削。

> 通用汽車經理：我們正在建造後體配線帶，供應所有通用汽車在美國的裝配。
>
> 墨爾斯：就是這種電線支援燈光和方向燈⋯⋯
>
> 通用汽車經理：〔插嘴〕⋯⋯支援燈光、方向燈和汽車牌照燈。
>
> 墨爾斯：這座工廠對通用汽車有多重要？
>
> 通用汽車經理：假如沒有生產這些配線帶，那麼通過裝配線的汽車將無法安裝配線帶。
>
> 墨爾斯：假如配線帶沒有完成，那車子就做不成了？
>
> 通用汽車經理：是的，我們是單一供應廠，整廠都是。
>
> 墨爾斯：那他們的薪資如何呢？這些年輕人的薪水有多少？
>
> 通用汽車經理：嗯，他們的工資明顯高於墨西哥的工資等級，我們採用的是瑪克拉工業的標準。
>
> 墨爾斯：那些標準是什麼呢？
>
> 通用汽車經理：〔停頓〕這些數字是經常改變的，最低工資最近也作了調整，增加 25 %到一天 1,640 披索。
>
> 墨爾斯：所以，大約 3 美元？
>
> 通用汽車經理：我想是的。
>
> 墨爾斯：是每個鐘頭還是每天？
>
> 通用汽車經理：每天。（MOYERS 1986）

墨爾斯的採訪顯示墨西哥為何成為吸引投資的地方。墨西哥的廉價勞工是公司未來數十年發展的實際保證。墨西哥的工作市場，每年幾乎都得創造 100 萬個新工作，吸收那些到達工作年齡者（墨西哥人口中 64%超過 23 歲），但是，儘管邊界的勞工已經相當廉價，但外來投資者仍試圖移往墨西哥內陸尋找更便宜的勞動力。

相較於雇主，墨西哥工人的所得非常少（見表 2.3）。瑪克拉工作的特徵是不安全、缺乏進步且薪資極低，大部分都是心智麻木與過度重覆的工作，譬如在電子工廠中，工人們「終日透過顯微鏡將細如髮絲的金屬線連結到口袋型計算機內的矽晶片」（Ehrenreich and Fuentes 1985, p.373），而在分類製造業者訂貨單的工廠內，工人將訂貨單拖曳過電子條碼掃瞄器，閃爍的數字碼確認訂貨單歸檔的位置，每個鐘頭分類 1,300 張，每天處理上萬張訂貨單（Glionna 1992）。

伴隨剝削墨西哥勞工而來的是跨國公司對環境的污染。墨西哥環保單位發現，大約 1,000 家美資瑪克拉工廠生產的危險廢棄物當中，只有約 1/3 符合墨西哥法令的要求，將危險性廢棄物的處理程序予以報告存檔。只有 1/5 的文件證明他們適當地處理危險性廢棄物[13]（Suro 1991）。換句話說，瑪克拉工業獲利自墨西哥人民，但卻鮮少給予回饋：

> 美國公司越界而來，取走我們的能源，卻沒有任何的回饋。瑪克拉多拉工廠未曾捐贈建物、公園或其他東西。通用汽車壓榨墨西哥人的腦力，給付奴僕般的工資給那些吸入油漆溶劑的工人，沒有穿上防護工作服的婦女不斷地接觸灰聚酯套管。美國城市無法接納的氟化物工廠也遷移至此。公司可依其喜好隨意撤離，讓失業工人無語問蒼天。（WEISMAN 1986, p.12）

一般而言，墨西哥的就業問題在於瑪克拉工業並未緩和失業率。1988年約有 500,000 人在瑪克拉工廠工作，這種情況從 1965 年來就一直如此。為了防止失業率，墨西哥每年得生產出大約 100 萬個新工作。

美國和其他外商之所以能佔優勢，是因為墨西哥看似需要無止盡的工作名額，而且還面對償還 1,000 億美元貸款的強烈壓力。許多美國境內的借貸機構就利用高利率來獲利，瑪克拉擁有者也從貸款中獲利，這刺激墨西哥必須增加製造業輸出以產生外匯來償還貸款。[14]

同時，在墨西哥設廠的美商獲得另一項控制美國工人的方式。因為員工在面對遷廠威脅時，會設法減低薪水、努力工作並減少抱怨，曠職的減少便導致生產力上揚。而許多地方政府、州政府與聯邦政府為了誘使公司在當地設廠，或讓公司繼續在當地經營，便會給予公司土地、特別的所得稅寬減額。（Lekachman 1985）

表 2.3　　　　日常項目的費用

根據衝突理論家馬克思的看法，工人交換自己的勞力換得工資以購買生活必需品。下表比較美、墨兩國工人為日常項目須付出的勞動時間。在各項目的價格部分，是在墨西哥市和舊金山進行隨機取樣（3.27 墨幣兌換 1 美元）；至於賺取這些貨品所需的時間，則是以美、墨兩國製造業工人每週工作 40 小時，以及 1993 年美國勞動部統計的平均薪資為基準，包括補貼在內（分別是每小時 10.58 美元和 2.17 美元）。

項　目	墨西哥價格（美金）	賺取所需時間（小時）	美金價格（美金）	賺取所需時間（小時）
任天堂遊戲機	$134.18	$61.83	$99.99	$9.45
金星微波爐	$207.38	$95.56	$179.95	$17.08
洗髮精（440 公撮）	$2.60	$1.20	$3.79	$0.36
吉利刮鬍刀（10 片裝）	$4.86	$2.24	$8.99	$0.85
黑豆（1 磅）	$0.36	$0.17	$0.89	$0.08
白乳酪（1 磅）	$1.73	$0.80	$3.99	$0.38
火腿（1 磅）	$1.99	$0.92	$1.18	$0.11
稻米（1 磅）	$0.36	$0.17	$0.47	$0.04
蘭姆酒（750 公撮）	$4.86	$2.24	$5.88	$0.53

衝突理論家在面對這種狀況時會問道：誰從勞力密集的製造業當中獲利？誰從裝配作業由美國轉移到墨西哥的過程中獲利？這個答案是生產的擁有者，即資本家：

但是假如你誇大一些，可以說我們全都是其中的一部分，意即我

們都與福特、通用、奇異公司有關，或擁有非亞洲出產的電用品。所
有在威斯康辛或密西根為這些公司工作的人，或產品的使用者，均以
犧牲拉丁美洲為代價。（WEISMAN 1986, p.133）

　　功能論觀點不清楚某事件或安排對社會造成的總體影響，但衝突論
觀點卻將注意力集中於剝削的結果，因此對衝突理論家來說，瑪克拉多拉
的整體影響是清楚的：只有資本家這一小撮人獲利自瑪克拉多拉計畫，而
工人是明顯的輸家，這種安排對工人不利，也沒有提升他們在生產過程中
的角色。

　　我們現在轉向第三種理論觀點——符號互動論。它與功能論和衝突
觀點不同，後兩者將焦點擺在社會系統組織的方式，而符號互動論者卻關
注人們如何經驗與理解社會世界。

﹌ 符號互動論的觀點

　　功能論問的是系統中某部分如何對秩序與穩定作出貢獻，衝突論問
的是誰從特定的社會情勢中獲利，相較於此，符號互動論問的是人們如何
定義實體，尤其關注人們如何了解世界，如何經驗與定義自己與他人正在
做的事，以及如何影響別人與如何被別人影響。這些理論家認為，假如一
項分析沒有考慮到這些議題，便會忽略掉某些非常重要的事。

　　符號互動論者許多的靈感啟發自美國社會學家米德（George Herbert
Mead, 1863-1931）。米德關心自我如何發展，關心人們如何將意義附加於
自身或他人的行動上，關心人們如何學習這些意義以及意義如何發展。他
將焦點擺在人們彼此間的關係。他主張：我們向他人學習意義，並根據這
些意義來組織自己的生活，而意義是會改變的（Mead 1934）。

　　符號互動論者認為，符號在人類生活中扮演中心角色。**符號**（symbol）
係人們賦予身體現象的意義或價值，諸如文字、物體、顏色、聲音、感覺、

味道、動作、氣息等等（White 1949）。意義或價值並非僅來自身體現象，但若說人們決定哪些事情具有意義，這種說法則不盡然精確。因爲就幼童來說，他們會質疑許多事情的意義，正如有位家長所言：「小孩什麼事都不懂，每件事都得學習。」對小孩來說，意義得經由同他人互動才能開展。

我們來看另一個與顏色有關的例子。同義字發掘者（Rodale 1986）列出 160 個黑色的同義字，包括威脅、恐嚇、叛逆與罪惡，就大部分而言，黑色並不會讓人有正向的聯想。但是，列出的 75 個白色同義字就讓人產生正面聯想，包括純潔、無污點、清白、完美。雖然白色仍會有些負面聯想（例如蒼白、遲鈍、骯髒、冷血、呆板、無特徵），但這普遍與危險的觀念無關。

爲何會對這些符號產生聯想呢？我的學生當中有些人認爲黑色的聯想普遍與人們恐懼黑暗有關，換句話說，夜色自然會對人類產生威脅感，不過，這並不是一種普遍的詮釋。〈最初：全世界的創世故事〉文中記載一個美拉尼西亞的故事——「發現夜晚」，內容描述「黑色」可以將正面的觀念（如安穩、更新和恢復活力）加以象徵化，我們摘錄部分故事來說明這個論點。在這個故事中，人們要求夸特（Quat）這位神祇設法停止白晝終年的照射。

明亮的光線自始至終覆蓋萬物，照亮各地，任何東西都曝露在其照耀下……

「太亮了……夸特，救救我們。不要讓世界明亮終日。請想辦法停止它吧，夸特。」

夸特到處找尋沒有光亮的東西，但遍尋不著，光亮始終就是存在。他聽說遙遠的天際有個地方叫孔革（Qong），也就是夜晚。於是夸特……在大海當中划船駛向天際。

他划呀划著，終於在穹蒼盡處發現它，孔革就在那兒。

夜晚是黑暗的，黑暗中見不著半點光亮。它撫慰了夸特的雙眸……它教他入眠。而夜晚這個偉大的黑暗，就將另一部分的自己給了夸特。

所以夸特就將這部分的夜晚握在手中，起程回家……（HAMILTON 1988, pp.10-13）

再舉最後一個例子：曬黑皮膚具有的各種意義。在美國，將膚色曬黑在各個時期代表不同的社會階級、年輕和健康等觀念。在本世紀之交，有錢人為了與工作階級（農人和勞動者）有所區別，所以儘量避免曬黑，蒼白的臉色顯示他們無需在戶外頂著大太陽勞動維生。但是，當美國經濟由農業轉變成製造業時，大部分的勞動人口移到室內，於是蒼白臉色的意義也就跟著成為室內單調勞動的代表，曬黑皮膚反而成為休閒時間充裕的象徵（Tuleja 1987）。

將皮膚曬黑也代表某種健康和年輕的概念。許多美國人認為曬黑皮膚會讓他們更好看，但是當許多報導指出過度曝曬與老化和皮膚癌有關之後，這種意義便產生改變，深褐膚色此時象徵皮膚「拚命保護身體避免輻射」[15]。上述有關膚色意義轉變的事實顯示：身體形式之所以變成一個符號，是因為人們同意其意義。同樣地，它們也顯示：符號的意義隨著情況的不同而改變。

符號互動論主張，人們必須共享一套符號系統才能彼此溝通和相互理解。而人際互動中出現的誤解則有助於人們認識共享符號的重要性，一些電視喜劇（如「莫克與米迪」、「完美的陌生人」與「比利佛鄉巴佬」）就是描述某些角色未能和其他角色分享共同符號時出現的誤解。

再論一個較嚴肅的層次。當兩國的領導人和國民未能以相同方式定義某事件時，雙方的緊張局勢便可能出現。例如 1989 年美國派遣 24,000 名海軍陸戰隊出兵巴拿馬逮捕諾瑞加將軍，墨西哥人和美國人對此事的詮釋十分不同[16]。「美國新聞與世界報導」編輯大衛·格根描述這些差異：

我們從美國新聞得悉諾瑞加向美國宣戰，而我們也是這樣報導的。但是墨西哥人知道的卻是美國人主動挑起戰端，而不是諾瑞加主動宣戰。我們將逮捕諾瑞加視為民主保衛戰，但墨西哥人卻見到美國力量的入侵——再一次揚基（Yankee）帝國主義的實例。我們談及遇害的美國士兵數目……但墨西哥人談的卻是遇害的巴拿馬平民數目，以及報上刊載籠罩在一大片煙霧中的建築物和平民屍體。而墨西哥政府談論許多公民的死亡。（GERGEN 1989, p.12）

這個例子顯示，當相關當事人對相同事件的詮釋不同，問題便會產生，這也顯示人們在互動時並非直接反應他人的行動、字詞和姿勢，而是會先行詮釋，然後在此詮釋基礎上加以反應（Blumer 1962）。這種詮釋——反應的過程常被視為理所當然，因為我們經常沒有意識到：正是自己賦予物體、他人或環境意義，才使得互動能被理解，並形塑我們的反應。倘若發生一些事例能挑戰我們認為理所當然的那些事，則更能讓我們意識到一點。

人類學家豪爾（Edward T. Hall）描述美國白人男性如何握手：「重點在於堅定有力的握手必須搭配眼神直接而不眨動的凝視，吾人必須表達相互尊重、地位平等（至少就此刻而言）、力量、誠懇與可靠」（Hall 1992, p.105）。

不過，拿弗佑族（Navajo）對握手的觀念，便挑戰一般人熟悉的詮釋。對拿弗佑族來說：

握手強調的是適當的感覺而非印象。當我們優雅地握著別人的手時，我們不應正視他人（這樣做表示生氣與不悅），而必須以眼角餘光接觸對方，這樣做才不至於打斷人們彼此間情感的自然交流，因為拿弗佑族……喜歡和緩的步調，且容易被突然的轉變驚嚇到，所以握手時間會比較長。（pp.105-106）

為了了解符號互動論與功能論、衝突論的觀點相異處，我們檢視不同的理論家將如何回答這個問題：為何海珊（Saddam Hussein）總統揮兵科威特之後，美國便派遣軍隊進駐波斯灣地區？

關於美國在 1990 年 8 月到 1991 年 1 月這段期間增強駐波灣戰力，從衝突論觀點出發，可以從下列兩角度分析之：（1）爭奪稀少而重要資源（石油）的衝突，以及（2）關於美軍中少數領導階級者，尤其是那些決定軍事行動是否進行的政府領導人。

從功能觀點來分析，波斯灣情勢具有轉移美國人民對本國議題（例如存款與借貸危機、巨大的預算赤字、高失業率以及即將來臨的不景氣）注意的功能。功能論者承認軍事人員與政府領導人之間的確存在階級差異，但功能論者強調軍隊具有的功能，它提供藍領階級、失業者、窮人與投筆從戎者一個機會賺錢、上大學、學技術、獲得在職經驗或實現一個道德上的義務。

相反地，符號互動論者關注人們如何詮釋該情勢，以及如何解釋他人的話語和行動。例如在 1990 年 8 月，海珊總統「不同意西方對他為何拘留西方人的解釋所作的回應」，西方認為被拘留者就是人質（Gault 1990, p.7）。西方媒體報導伊拉克領導人正利用美國人和其他外國人作肉盾，保護重要的軍事武器工廠，但海珊（1990）宣稱他藉著外國人來防止這場戰爭。

對符號互動論的批評

符號互動論者研究那些影響詮釋的因素，尤其是促進多數人採用相同詮釋的那些因素，其中相關的主題包括：符號意義的起源；意義如何持續；人們在什麼環境下會質疑、挑戰、批評或重構意義。雖然符號互動論者關注這些主題，但他們卻沒有建立一套系統架構，用來預測什麼樣的符號意義會產生、如何持續，或了解意義如何改變，這些都是符號互動論觀點的缺失。

由於這些缺失，使符號互動論觀點無法精確地引導我們應將焦點擺在何處。例如，當我們分析逮捕諾瑞加總統，或美國涉入波斯灣戰爭等事件時，誰的詮釋才是我們關注的對象？這些事件實際上涉及的角色非常多，即使我們能考量每一個詮釋，但仍會出現這樣的問題：究竟實際上發生什麼事？誰的詮釋最能夠掌握真實的情境？

功能論者、衝突論者和符號互動論者對波灣戰爭事件的分析是不同的。對於這張攝於科泉市集會現場的圖片，不同理論家關注的焦點會是什麼呢？

符號互動論對瑪克拉多拉計畫的看法

我們已介紹符號互動論者探索人們賦予語詞、客體、行動與人類特徵的意義，若將此觀點應用到墨西哥的外國製造業營運，則更能彰顯此種觀點具有的彈性。我們可以檢視美、墨邊界的居民、兩國的政策制訂者和商人、兩國的工會領導人或是失業者等等賦予給瑪克拉營運的各種意義。我們也可以分析為何美商剛開始移轉裝配作業到墨西哥的過程會這麼緩慢；為何當 1960 年代中期附加價值（value-added）制度（其中只有與裝配產品有關的勞動費用才受制於關稅）開始運作時，香港才成為美國海外最重要的裝配夥伴。對墨西哥工人和亞洲工人的刻板印象有助於解釋這種情形為何發生。

美國人對亞洲人的刻板印象是辛勤工作、聰明和服從（Yim 1989），相反的，對墨西哥人的刻板印象則是沒有野心與懶惰，大多數人的印象是「懶惰的工人在陽光底下睡覺，前傾的寬邊呢草帽遮掩住眼睛」（Dodge 1988, p.48）。許多美國人傾向將墨西哥人和午睡聯想在一起，並相信墨西哥商店會在午餐後暫休數小時。基於這種對照概念,我們不難理解:對消費者和商人來說,「在墨西哥裝配」的標籤和「在香港裝配」的標籤兩者的意義差異很大。

午睡與寬邊呢草帽的墨西哥印象雖然是一般人的認知,但卻與事實不符:在 1983 年石油危機發生之前,墨西哥是全球年成長率最高的國家之一,由於該國短缺資本與可耕地,故這項成就需要更多人力的投入(Dodge 1988)。進一步來說,許多將午睡等同於缺乏工作野心和意願的人可能並不知道,許多墨西哥人從早上五點半工作到晚上七、八點。在我們指出墨西哥是現今美國最重要的海外裝配夥伴,而日本也正加速利用墨西哥勞力這樣的事實之後,我們或許可以期待這種負面印象將逐漸消失,但是,墨西哥政府最近對 2,800 名日本年輕人所作的調查中,卻發現這些概念依舊持續。[17] 當日本年輕人被問到「當你聽到墨西哥這個字時,你心底會想到什麼?」其中有 30% 受訪者回答寬邊呢草帽,20% 回答污垢,10% 回答犯罪,以及有 30% 的答案是沙漠(Pearce 1987)。

雖然我們不清楚「墨西哥人是懶惰的」這種印象起源於何處,但它們部分根植於美國人對貧窮的觀點,並藉由大眾傳播媒體使之持續。墨西哥有太多的窮人,而美國人通常將窮人界定為社會的拖油瓶,傾向將貧窮歸因於人們自身的內在特質——懶惰、缺乏原則、缺乏技術等等。美國人並無法想像:為什麼工作得那麼辛苦,卻仍然那麼的貧窮。

儘管墨西哥存在這些負面印象,但她過去 10 年來已成為全球首屈一指的海外裝配作業國。在亞洲國家的工業力量漸強之後,美國公司必須再定義墨西哥這個生產據點——墨西哥勞動力成為亞洲勞動力的替代方案。墨西哥社區嘗試吸引提供庇護計畫(shelter plans)的美國投資人和企業,以及獲利自瑪克拉營運的美國邊境社區,共同為墨西哥的新形象打廣告。他們使用一些策略來行銷(或界定)墨西哥形象,藉此彌補其負面印象。

首先,廣告商羅列設廠於墨西哥的知名美國公司,向潛在客戶擔保在此營運的成功性。其次,他們強調瑪克拉城市地近美國本土,讓潛在客戶了解,其實邊界「離家頗近」,且運輸和通訊的成本比亞洲便宜。第三,他們說明墨西哥和其他國家在勞動力規模和成本上的關係。最後,他們展示愉快的中產階級工人的照片,反駁他們剝削工人的印象,同時還指出瑪克拉工廠提高工人們的生活水準。這裡有幾則「雙工廠新聞」(1990a, 1990b, 1992a)的廣告實例可以說明這些策略:

- 「什麼樣的工業城是達拉斯的三倍,且與你的距離是台灣的 1/45?」(The advertisement promotes Monterrey, Nuevo Leon)
- 「到墨西哥內陸逛街嗎?想像這種……豐沛裕的勞力……公園附近有容納 180,000 人的工人住宅。」
- 「超過 1,400 家美商擁有和經營的工廠,稱作『雙工廠』或『瑪克拉多拉工廠』現正沿著美、墨邊界運作。」

　　符號互動論的觀點增加我們探究社會事件的方式,它要求我們考量人們如何詮釋事件,就此意義來說,它補強了關注原因(社會性的需要或利益)和結果(穩定與分裂或剝削)之功能論與衝突論的觀點。每一個觀點都提供一組獨特的問題和概念來回答問題,並提醒我們避免對事件作簡化、概括的陳述。北美自由貿易協定正代表這樣的例子:支持者與反對者的評估同樣都過於簡化。

❧ 討論

　　本章開頭我們列舉一些數據描述美、墨兩國間的關係,不過單憑這些事實並無法確切地透露真正的實情。就第一眼印象來說,許多美國人將這些事實視為墨西哥威脅其經濟福祉的明證,但三個理論觀點分別提供方向讓我們思考這些事實,並節制輕率與過度簡化的反應。這些方向反映在每一種觀點提出的問題和語彙中(見表 2.4)。

表 2.4　三種理論觀點總覽

	功能論觀點	衝突論觀點	符號互動論觀點
焦點	秩序和穩定	爭奪稀少而重要資源引發的衝突	共享的意義
對社會的看法	相互連結的部分組成的系統	支配團體和從屬團體彼此為爭奪稀少而重要資源而發生衝突	互動有賴於共享的符號
關鍵詞	功能、反功能、顯性、隱性	生產工具、合法性的外表	符號
中心問題	社會各部分如何有助於社會整體的穩定？	誰自某社會情勢或安排中獲利？誰又是犧牲者？	符號的意義如何產生？
遭受的主要批評	維護既有的社會現狀、未提供技術去評估各部分的「淨影響」	誇大社會中的緊張和分工	未提出系統性的架構預測何種符號意義將被產生，或預測意義如何持續或變遷

　　當然，單一的理論觀點無法給予我們社會事實的完整圖像，這三種基本觀點只是提供一種看待該現象的方式。關於瑪克拉工業，功能論強調美國和墨西哥的安排如何創造出促進整體經濟穩定和兩國的福祉；衝突理論家檢視這些安排如何剝削美、墨的工人，並有利於生產的所有者；符號互動論者考量各團體賦予瑪克拉工業的種種意義，並探索這些意義如何影響墨西哥人和美國人之間的關係。重要的是，儘管這些理論各不相同，但絕沒有一種理論可將墨西哥詮釋成美國經濟的拖油瓶。事實上，這三種理論都支持以下觀念：這兩個國家不管是好是壞，兩者總是相互依賴。

這位女作業員在瑪克拉工廠縫褲子（輸往美國），日薪5美元。

很少社會學家只追隨一種觀點，以及主張應採行某觀點而忽視其他觀點。理想上，我們不應認為這三種觀點彼此衝突或不相容。事實上，正如你所見的，它們彼此間大量重疊，比如關注剝削的衝突論觀點和關注顯性、隱性反功能的功能論相互重疊，這兩種觀點都觀察到美國工作的失去、付給墨西哥工人低薪、以及依賴裝配工作的脆弱社區，不過他們強調的重點不同，衝突論強調剝削，而功能論卻認為，假如兩國想在經濟上繼續生存與興盛，就必須認識到：這些負面結果雖然不幸，但卻可能是必須的副作用。不過，儘管有這些差異存在，功能論對剝削策略獲利的理解，補充了衝突論者所需界定和削除這種策略，了解這些策略的功能有助於解釋為何它們會一直持續，知道它們為何一直持續則有助於訂定政策來消除它們。

符號互動論在理解瑪克拉工業對人們具有的種種意義時，功能論與衝突論的洞見提供不錯的參考。功能論和衝突論觀點可用來解釋種種指派給瑪克拉工業的符號意義之起源，在那些獲益或獲利的社會部分內，瑪克拉工業較可能喚起正面的印象，相反地，在那些被剝削的部分則較可能喚起負面的印象。不過有趣的是，瑪克拉工業的獲利者經常沒有意識到他們的獲利，因而將墨西哥視為美國經濟的負擔。同樣地，衝突論者定義的被剝削者也經常沒有意識到他們被剝削，因而可能以正面語詞來定義瑪克拉工業。符號互動論與衝突理論（尤其是合法性外表）兩者可以用來解釋這個不一致。

因為單一觀點無法掌握情勢的所有面向，所以倘使我們能應用更多觀點，則能對已知的情勢理解更多。這三種觀點對理解的貢獻各自不同，除了分析瑪克拉工業之外，這些觀點還能用來檢視人類的其他作為。事實上，大多數的社會學家之分析觀點不只一種，因此我們很難將某分析和某理論單獨結合在一起。

接下來，我們將檢視社會學的解釋、定義以及對一些重要主題的研究：文化、社會化、社會互動與實體的建構、偏差、社會組織、教育、宗教、社會階層、民族與種族、性別、家庭以及社會變遷。社會學的分析經常同時結合數項理論觀點，不過有時候某特定架構會特別地適合某主題，或某社會學家會明白地秉持某特定架構，在這些情況中，我們將把社會學家等同於某一觀點，或直接陳述左右某分析的觀點。

✌ 焦點：評估北美自由貿易協定

瑪克拉多拉計畫與北美自由貿易協定是兩碼子事，該計畫並未促進美、墨間商品與服務的自由移動。瑪克拉多拉計畫單純地讓美國公司能購買墨西哥勞力從事裝配和加工，之後再輸出回美國，而不是賣給墨西哥人。另一方面，北美自由貿易協定的目標是尋求排除貿易障礙，以及排除兩國間商品與服務的移動障礙。

縱使存在這些差異，但我們對瑪克拉工業的討論還是與北美自由貿易協定有關。我們在本章裡學到：不能輕易地或以簡單的語詞來分析瑪克拉多拉計畫，因為它對美、墨經濟的影響是交混的。而北美自由貿易協定也是一樣，它的影響也是複雜的，不能以單純的概括來加以總結。在美國國會投票前數日播出的節目中，NPR 評論員法樂斯的評論說明了這個論點。

北美自由貿易協定不是美國經濟的主要影響因素

James Fallows

　　支持北美自由貿易協定的人士經常認為該協定乃未來世界貿易的藍本，柯林頓總統在兩天前指出，北美自由貿易協定是美國經濟希望的根本所在，而那些反對者談的卻是美國工人住紙箱屋的未來，以及裴洛（Ross Perot）所稱工作南流到墨西哥這種「巨大的吸吮力」。但他們都錯了，這個議題的輪廓並不清晰，甚至也不是現在兩方所說的那般重要。議題之所以不清晰，實因北美自由貿易協定的影響是好與壞的複雜混合體，某國的某些人會獲利而其他人則蒙受損失。對於生活水準與政治系統各不相同的兩個國家來說，嘗試整合此二者會發生什麼事，我們並沒有歷史證據，所以整體的獲利與損失是無法預測的。不過關於北美自由貿易協定對美國的影響倒是有件事情很確定，即在可預見的未來這個影響不會非常大，墨西哥經濟和美國經濟的成長率都是 5%，美國經濟的正常成長每 20 個月能創造出另一個完整的墨西哥。

　　不管你眼中的墨西哥是美國產品市場之一，或是威脅美國工人的來源，它在經濟上的力量並沒有大到成為威脅來源，而北美自由貿易協定對美國政策的影響也不會太過戲劇性，因為墨西哥商品大多數的關稅和其他障礙均已去除。現在，在沒有北美自由貿易協定的情況下，美國對墨西哥產品課徵的平均關稅在 4%以下，即使該協定被否決，企業仍會在全球各地找尋最便宜的勞力來源。對我而言，這項協定的利益略優於虧損，強烈支持北美自由貿易協定人士的主張並不是嚴格的經濟取向，而是策略取向。這兩個鄰國彼此相連，一方的富裕和平靜就是另一方富裕與平靜的保證。對墨西哥來說，北美自由貿易協定在經濟上具有其重要性，協定若受挫則將會引起大政治風暴。在歐洲與亞洲加強區域經濟的同時，我們也應該好好想想我們自己。

　　有人可能不同意北美自由貿易協定好壞都有的說法，但是我們應該停止以爲它是個孤注一擲的交易。當我聽到協定的支持者和反對者誇大的宣稱時，我開始思考……現代的政治脫口秀……訓練我們思考每週出現的新議題，及誇大地表達其重要性。但是北美自由貿易協定較適合以一種單調的聲音，甚至是耳語的方式來討論。它是一個中等重要的議題，爲什麼我們不能以這種方式對待它？

✍ 註解

1 墨西哥是美國第三大貿易夥伴（僅次於日本和加拿大），而美國是墨西哥最大的貿易夥伴，佔墨西哥外貿的 2/3。美國在 1992 年對墨西哥的入超是 60 億美金（The New York Times 1993）。

2 即使是高層政府官員也以狹隘觀點看待墨西哥。根據一位關注海外發展的商人賈寇柏斯的說法：
由於邊境地區沒有選民，使得華盛頓當局絕不會認識到美、墨邊界的一切⋯⋯在我們南方有個龐大的鄰國⋯⋯而美國並沒有墨西哥外交政策⋯⋯把墨西哥視為理所當然。（JACOBS 1986）

3 Maquila 是 maquilar──「為他人工作」──這個動詞的衍生字。maquila 最初的意思是農人為了處理穀物而付給磨坊主的代價。（Magaziner and Patinkin 1989, p.319）。

4 美國產業組織勞工聯盟（AFL-CIO）也關心布拉西羅計畫的結果，並為其終結而遊說。特別是工會領導人主張，假如該計畫中止，美國勞動力的規模將萎縮，而工資將上漲（Pranis 1989）。

5 外國公司可以數種方式加入邊境工業化計畫：它可以（1）建立自己的工廠，（2）在墨西哥轉包給既有公司，（3）加入庇護計畫。所謂庇護計畫指的是：由一家聯絡公司提供設備（建築與倉庫），與工作者訂契約並處理文書工作和官方手續。該訂約公司提供原始物資與零件、生產設備以及現場管理。

6 Bracero 衍生自西班牙字 brazo（「手臂」的意思）。這個字指的是體力勞動（那些使用雙手的人）。

7 像這樣的瑪克拉多拉計畫並未創造出新機會，它只是給予公司其他的海外選擇。美國公司在 1960 年代已使用波多黎各的勞力，並轉包給日本和香港公司（Pranis 1990）。

8 在 1986 年 11 月 6 日——移民改善與管理條例生效當天——之前，雇用未經文件證明的工人是不違法的。渥德在該日期前已雇用非法移民，故其行動不違法；但拜爾德在該日期後雇用非法移民，則是違法舉動。

9 墨西哥工人與邊境居民促進美國經濟的順暢運作。例如，墨西哥邊境城市提華納的居民從美國購入許多的二手產品，像汽車與電器用品等（Sanders 1987）。在美國那些種植、耕耘、收成水果、堅果與蔬菜的移民工作者當中，不管有無文件證明的墨西哥工人在其中是顯著的一群，他們也在其他低薪資的場所如醫院、餐廳與兒童看護部門當中工作。

10 假如非法移民能證明自己從 1982 年 1 月 1 日後便持續在美居留，1986 年的條例便准許他們申請暫時的合法地位。該條例也允許那些證明自己於 1985 年 5 月 1 日到 1986 年 5 月 1 日期間，在美國從事季節性農業服務逾 90 日的非法移民申請合法的暫時居留地位（U.S. Immigration Reform and Control Act of 1986）。

11 多數分析家咸同意，他們無法知道若中止瑪克拉多拉計畫可能對美、墨經濟造成何種影響。例如，支持者引證許多工作的損失，而反對者列舉失業率的增加，這正如有關北美自由貿易協定的辯論一樣，雙方都可能誇大自己的立場。

12 我們必須記得，雖然瑪克拉工業增加社會和經濟的整合，尤其是這兩個沿著邊界分隔的國家，但這兩國總是一直是相互連接的。這項事實是明顯的：當我們簡單地考慮 1848 年美國政府併吞墨西哥領土，也隨之合併其內的住民（即生活在現在加州、內華達州、德州、猶他州以及部分的亞利桑那州、科羅拉多州、新墨西哥州與懷俄明州的人們）。分隔兩國的界線政治色彩濃厚，這並不意謂兩邊人民之社會和經濟的連結就不存在。

13 墨西哥和美國之間有項協定，即眾人周知的三號附件（Annex

III），載明瑪克拉工廠生產的危險性廢棄物與物質必須送回原國家，而各種危險性廢棄物與物質裝船送回之前的 45 個工作天就得提出申請，申請書載明有關危險性廢棄物與物質的各項細節、航線與最終目的地，以及在意外外溢情況下採取的緊急措施（Partida and Ochoa 1990）。

[14] 外國公司不能以美元貨幣給付工人，他們必須將美元換成披索，以確保美元是跑到政府那兒去償付債務，而不是跑到工人那兒。

[15] 我在「麥克尼爾／雷勒新聞時間」這節目中聽到一位皮膚科醫生使用這樣的敘述。

[16] 巴拿馬平民與軍人的死傷人數估計約在 300-4,000 人之間；不過最普遍的估計是 300-700 人（Uhlig 1990）。

[17] 墨西哥政府花費許多精力評估外國人對墨西哥社會的看法，它對日本年輕人所作的調查便足以為證。為了消除大量日人對墨西哥抱持的負面印象，墨國政府已發展數項計畫，藉以吸引日本觀光客，並促進兩國學生和文化交流，目的是鼓勵日人直接接觸墨西哥，進而改變原先的態度。大約每年有 10 萬名日本觀光客造訪墨西哥。

資訊爆炸情況下的研究方法——以日本為例

- 資訊爆炸
- 科學方法
- 步驟一:界定調查的主題
- 步驟二:文獻回顧
- 步驟三:確認中心概念與形成假設
- 步驟四:選擇設計與蒐集資料
- 步驟五:分析資料
- 步驟六:描述結論
- 討論
- 焦點:以電話信息次數測量互賴

當我觀察到鮮少海外人士知悉日本國內發生的事件時，我便堅持要增加信息傳送管道，讓日本資訊得以傳送到世界各地。只有靠自己的力量，才能增加外界對我們的了解。雖然日本國內資訊氾濫，但許多具有較大利益的重要資訊卻還是以日語型態逕行進入國際媒體。就我的理解，海外人士之所以不信任日本，其中就有 40% 起因於這種誤解或資訊的缺乏。（RYUZO 1991, p.281）

我們在第二章探索理論的觀點時學到：沒有理論支撐的事實是無意義的，而理論是我們解釋事實的工具（問題和語彙）。在第二章當中，我們知悉約有 2,000 家國外製造廠設廠於墨西哥，也使用三個社會學理論來解釋該事實。雖然社會學家使用理論來解釋事實（事實必須是精確與可觀察的），但他們也用事實來檢測理論的解釋力。當理論不能解釋事實時，它的有效性便會遭受挑戰，而研究是用來蒐集事實並解釋事實的手段。

本章將討論社會學家從事研究時使用的方法。**研究**（research）係由嚴格的規則所操控的一項蒐集事實與解釋事實的作業（Hagan 1989）；而**研究方法**（research methods）係社會學家和其他調查者用來形成有意義的研究問題，以及蒐集、分析和詮釋事實的種種技術，好讓其他研究者都能檢視其結果。

不管我們想不想成為社會學家或者從事研究，我們都需要擁有研究

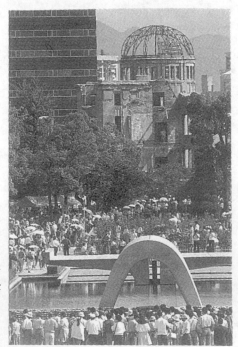

本圖為廣島和平公園舉辦的原子彈爆炸週年紀念會場實況，見證日本從第二次世界大戰的廢墟中重建成為世界經濟強權之一。

方法的操作知識，因為這與一較新的全球現象有關——**資訊爆炸**（information explosion）。這個激烈的字眼描述：由於電腦和電訊的發展，使得資料數量以空前的速率增加[1]。資料與資訊是不同的，所謂**資料**（data）是指印刷的、視覺的和口語的素材，當資料被人們閱讀、聆聽、觀看過後才會變成**資訊**（information）。

人們除了處理大量的資料之外，也必須考慮資料的品質。由於我們所聽、所讀、所見的大多數資料出自他人之手，所以我們絕不能任意確定它們是精確的。

在〈太多的好東西？：資訊社會的兩難〉一文中，密歇爾（Donald Michael, 1984）主張，我們不能假設較多的資料可以減少不確定性，以及增加控制與安全的感覺，相反的，較多的資料使我們可以中肯地斷定：我們不能相信我們所聽、所讀與所見者。不過，假如能擁有社會研究方法的操作技術，我們便無需接受密歇爾的悲觀論調，因為擁有這種知識能讓我們確認並創造高品質的資料。

本章以日本為例的原因如下。首先，與日本有關的印刷資料數量非常多，大體是描述日本的文化、商業慣例、教育系統與生活風格等文章，其中大多數探索日本在過去 50 年來在經濟和技術上的成就，以及日本如何從第二次世界大戰（1939-1945）的灰燼中復甦，成為世界上三大出口國之一（Saxonhouse 1991）。由於日本國內天然資源貧脊，所有的原料和食物必須仰賴進口，故這項偉業特別令人驚訝。而美國在日本的躍昇過程中扮演重要角色，因為她經援日本並協助戰後重建，此外還是日本的第一大貿易夥伴。

大多數美國人知悉，在與美國有貿易往來的 179 個國家當中，貿易赤字最大的國家就是日本（見圖 3.1）。事實上，美國在 1980 年代和 1990 年代蒙受的貿易赤字記錄中，單一最大的因素是與日本的貿易失衡（U.S. Department of Commerce 1985, 1989a, 1989b），雖然這個巨大赤字的涵意尚存爭議，但它的確讓大眾更加意識到美、日間的互賴（見「計算美、日間的貿易赤字」一文）。

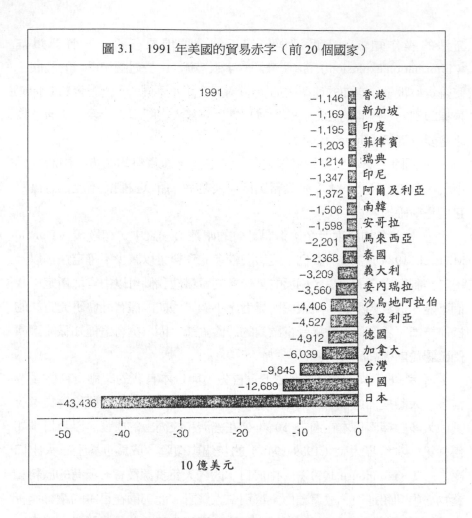

圖 3.1　1991 年美國的貿易赤字（前 20 個國家）

−1,146	香港
−1,169	新加坡
−1,195	印度
−1,203	菲律賓
−1,214	瑞典
−1,347	印尼
−1,372	阿爾及利亞
−1,506	南韓
−1,598	安哥拉
−2,201	馬來西亞
−2,368	泰國
−3,209	義大利
−3,560	委內瑞拉
−4,406	沙烏地阿拉伯
−4,527	奈及利亞
−4,912	德國
−6,039	加拿大
−9,845	台灣
−12,689	中國
−43,436	日本

1991

10 億美元

　　政治家、媒體以及許多社會批評家並未質疑貿易赤字的計算方法，他們也用貿易赤字來衡量美國的經濟體質、日本的侵略性、美國消費者的愛國心、以及美國工作技能的總體素質。美國人對貿易赤字如此在意，使他們質疑爲何出口的美製品數量沒能比進口品（尤其來自日本）多，並質疑日本究竟有何特色，能夠在短時間內獲致這種成就。而美國的政治家、新聞記者與社會評論家觀察指出，這些特色包括日本母子之間的特殊連繫、日本人的工作倫理（據說這種倫理極端表現在日本男人身上，以致於日本兒童像是「沒爸爸似的」）、日本人對團體價值的重視、以及日本消費者普遍沒有意願購買美製品。對研究方法的基本理解不僅可以讓我們評估聽聞到的日本資料本身的精確性，且能處理資訊爆炸的結果。

計算美、日間的貿易赤字

兩國間貿易平衡的計算方式，是先將甲國輸出到乙國的貨品和服務之幣值加總，再扣除乙國對甲的輸出。基於這個公式，美國和日本之間的貿易赤字已持續近 15 年。

某些批評家主張，這個公式並不是測量美日貿易赤字的精確或有效的方式，因為它並未考量美、日彼此設籍的公司所生產的貨品與服務之幣值。較有效的測量方式除了加總甲國出口至乙國的貨品與服務之外，還得加上甲國設籍在乙國的公司所生產和銷售的部分（Robinson 1985）。

國際管理學教授 Richard D. Robinson 以這兩種公式分別計算出美日貿易赤字。美國每年輸日（256 億美元）與日本每年輸美（568 億美元）的差額，表示美國有 312 億美元的貿易赤字。但根據第二條公式，即將駐美的日本公司的銷售量（126 億美元）和駐日的美國公司的銷售量（439 億美元）考量進去後，美國的貿易順差是 1 億美元（相當不同於原先計算出來的 312 億美元）。為了評估這種迥異的差距，理解百萬和十億之間的差別是重要的。「譬如，知道秒針會在 11 天半走過近百萬秒，但近 32 年則會走過十億秒，這讓我們更能掌握這二個單位的相對強度」（Paulos 1988, p.10）。

根據第二條公式，美國對日有些許的貿易順差，但這個公式並不是毫無問題的。其一，它並未考量甲國間接出口到乙國的貨品和服務，譬如 70%的日本男人使用舒適牌刮鬍刀，而舒適牌的總部設在康乃迪克州，經由香港將刮鬍刀輸往日本（Totten 1990）。同樣地，日本也經由加拿大、墨西哥和亞洲各國，將汽車輸往美國。

在這種資訊的基礎上，我們可以指出最佳的操作定義為第三條公式：將甲國出口到乙國的貨品和服務之幣值加總之後，加上甲國設籍乙國的公司之生產和銷售額，再加上甲國間接出口至乙國的部分，這三個部分總和即是兩國間的差距值。雖然第三條公式是目前測量貿易較有效的方式，但實際上要得出完全精確的間接出口值是不可能的。此外，若想計算間接出口值，都會碰到出口物的國別認定或來源地的問題。譬如，約 164,000 輛在日本生產而後輸美的克萊斯勒、道奇、雪弗蘭，難道應被視為日本的出口品（Sanger 1992）？同樣地，在俄亥俄州福特雅芳廠生產的 50,000 輛 Nissan Quest 車系，難道就應被應視為日本的出口品？正如你所見到的，貿易平衡的議題不是那麼簡單或清晰的。

圖片是在俄亥俄州 Marysville 本田工廠工作的工人，他們說明了在全球經濟中計算美、日間貿易平衡的困難性。

❧ 資訊爆炸

電腦與電訊這兩項技術創新造就了資訊爆炸，它們幫助人們以驚人的速度來創造、貯存、檢索與流通大量資料。拿現代電腦的大小和能力與第一部電腦相較，就能理解為何過去 50 年來大量資料會增加得如此快速。1940 年代的電腦重達 5 噸、高達 8 呎，全長 51 呎，內含 17,468 個真空管和 5,000 哩長的電線（Joseph 1982），它們能在數秒內執行簡單的計算，但常因為過熱而報廢。另外，這部電腦耗費的電力太大，所以當它啟動時，鄰近的城鎮都會停電。就因為它們的規模和成本太過龐大，所以只有國防部和普查局採用。相較之下，現今單單一個 1/4 吋薄的矽晶片就能在一秒內執行數百萬位元的資訊，這個晶片已大幅降低電腦的大小和成本，並使個人電腦的使用更爲廣泛。

同樣地，電訊也已增加我們快速傳送資料的能力。雖然電話、收音機和電視已存在百年之久，但能夠清楚且快速傳送訊號的方式卻有相當大的改變，光纖電纜已取代電線電纜成爲傳輸影像、聲音和資料的媒介。

1923 年連接英國和美國的電纜內含總長 8 萬哩的電線（其長度足夠繞地球三圈）和 400 萬磅的銅，每分鐘的跨洋傳送量約是 1,200 個字母。當光纖出現時，一根直徑如人髮的光纖便能攜載整個美國的電話聲音量，並能在數秒內將國會圖書館的館藏內容傳送到世界各地（Lucky 1985）。假如我們不知道這間圖書館在長達 532 哩的架櫃上收藏 10 億個項目的話，傳送國會圖書館館藏似乎也沒什麼大不了（Thomas 1992）。

像個人電腦和光纖這類的創新，將創造資料的技術交到一般大眾手中，並增加下列過程的執行速度（Branscomb 1981; Compaine 1981）：

資料登錄（從打字到掃瞄與聲音登錄）
編輯（從修正、重打到字詞處理）
複製（從複寫與平版印刷到照相複製、電腦顯示與雷射印刷）
貯存（從架子、目錄與檔案櫃到電腦搜尋）
流通（從郵寄和貨運到傳真與衛星傳送）
複雜計算（從紙筆到電腦）

社會學家歐林·卡拉普（Orrin Klapp）在〈超載與無聊：關於資訊社會生活品質的論文〉（Overload and Boredom: Essays on the Quality of Life in the Information）寫到有關資訊爆炸的現象，他用一個鮮明的隱喻來描述分類大量資料與趕上這些資料的兩難。卡拉普想像一個人「坐在一張充滿巨大拼圖玩具拼片的桌前，拼片正從漏斗下以飛快的速度墜落於桌面，這個速度遠快於吾人填充該漏斗的速度，但是大部分的拼片並無法密合。

第 3 章　資訊爆炸情況下的研究方法——以日本爲例　✍　109

的確，它們並不全屬於同一副拼圖」（Klapp 1986, p.110）。從頭上掉下來的拼片代表研究累積的快速步調會妨礙人們將之組織成可理解模式的能力，卡拉普藉用這項類比顯示，這種資料製造和流通的速度會壓制我們對它的組織和評估能力。

當我們想獲得某些資訊時，得從大量的、且經常是扭曲誇張的資訊形式中進行篩選。卡拉普認為，人們之所以會有這種負擔，正因為新科技造就大量雜誌、報紙、廣播電台和電視頻道的存在，信息發送者為了爭取人們的注意而彼此競爭，媒體記者、製作人經常採取一些策略誘使人們收看和收聽，包括一些引人注意或具有誤導性的標題和駭人的故事（謀殺、車禍、墜機），其中某些引人注意的書籍與新聞標題便與日本有關，例如「與日本瀕臨大戰邊緣，權勢的行動者，美國人世紀的終結」、「與日本的晶片大戰：一項生存的鬥爭」、「美國領先日本的高科技陷入危機」以及「反擊日本，為了將來」。

太多誇張的標題吸引著人們，但卻無法增加他們對這些瑣碎、重覆、矛盾與極度貧乏資料的理解。例如，上述這些標題可能吸引我們的注意，但它們卻隱藏某種重要觀念——美、日間的關係並非僅是「我們」對抗「他們」這般簡單。就以科技競爭為例，雖然日本在記憶晶片方面支配了全球市場，但美國卻在軟體方面獨霸全球市場，而一些美國公司正與日本公司合作：德州儀器和 Hitachi 正合資設計更先進的記憶晶片；而 Motorola 也與 Toshiba 合資生產記憶晶片（Sanger 1989, 1990）。

卡拉普也認為，回饋不足（dearth of feedback）是創造出品質不良資料的一項因素。所謂缺乏回饋，係指多數播映和出版的資料未有誠實與建設性的回饋，這是因為資訊太多，也沒有足夠的評論家能在傳媒播送這些資料之前便予以評估。由於缺乏這種回饋，使得資訊創造者無法知悉其錯誤，因而生產的資料品質便稍嫌貧乏。卡拉普相信，這種結合扭曲、誇大和瑣碎過量的資料對讀者來說無異於資料匱乏。所有廣泛與批判性地閱讀專業新聞、聽廣播、看電視或閱讀報章雜誌的人必須了解，媒體的注意或出版物是沒什麼障礙的：

對一篇即將付梓的文章來說，似乎都自認沒有太過零碎的研究，沒有太過無謂的假設，沒有太過偏頗的文獻引述，沒有太過扭曲的研究設計，沒有太過拙劣的方法論，沒有太不精確、太過模糊與矛盾的結果陳述，沒有太過自私的分析，沒有太過循環的論證，沒有太過輕浮或不公正的結論，也沒有太過無禮的文法和句法。（RENNIE 1986, p.2391）

像光纖這類的技術創新讓人們能用空前的速度傳送大量資料，這種資訊科技革新對社會的影響包括新工作、終身學習的新需求、以及處理過量資訊等問題。

　　在沒有評估精確性和價值之前就大量發佈的資料常叫人失望，也容易讓人對於組織、評估、了解、信任或質疑資料品質的能力變得悲觀。不過，往好的方面來看，雖然我們發現輕易出爐的資料看似會降低資料的總體品質，但是它相對的也會增加某些實用觀念的曝光機會；此外，這種多樣化對每個人來說都有某種意義，即使資料組織得不好，但研究者仍可加以重組。再者，資料爆炸並不否定人們有被告知的需求，它只是增加人們能夠創造、確認和綜合資料並將之轉換成有用資訊的需要。決策仍須做成，行動也須採行，以及政策仍須形成，若無積極的決策、行動或政策，則可能形成隨意、誤導或不適當的資料，就像一位醫生未曾檢視病歷或者看過病人，也沒作過藥物測驗，便憑直覺認定開心手術能解決病人的健康問題一樣。

另一個重點是，當今生活在電腦的時代（即能夠操作電腦，能夠藉之輸入、獲取與輸出資料）中的我們，必須要成為懂研究方法的人（research methods literate），也就是說，人們得知道如何蒐集值得放進電腦的資料，並知道如何詮釋來自電腦的資料。除非懂電腦的人也擁有研究方法的能力，否則他們只具有輸入資料的技術。我們現在將焦點轉向社會學家（與所有其他研究者）用來評估和蒐集可靠資料的基本技術和策略。就從科學方法這個指導原則開始。

⅏ 科學方法

科學方法導引社會學家調查人類行為，在此意義之下，他們是科學家。科學方法（scientific method）係指由以下兩項假設導引的資料蒐集之方法：（1）有關世界的知識是經由觀察而得，以及（2）知識的真相可經由驗證來確認——藉由其他人從事相同的觀察。研究者蒐集自己和他人所見、所聽、所嗅、所觸與所聞的資料，他們必須報告觀察的過程和結論，以便讓對此感到興趣的他人能夠複製該過程。假如觀察不能被複製，或者複製出來的結果實際上不同於先前的研究，那該研究便會受到質疑。研究結果須經得起科學社群持續進行重測與複製。當研究者知道有人在仔細地評論和檢查其作品時，他的結論就會更加謹慎、周延和誠實。此外，這種「檢查」鼓舞研究者保持客觀性（objectivity），意即不讓個人主觀的觀點影響研究結果。

由於研究得歷經不斷的重測與修正，所以它同時是一種過程，也是一種對話。因為研究的發現與結論從來都不是終點，所以它是一種過程。因為研究者和讀者之間的批判性交談會引發更多的問題和其他的研究，所以它是一種對話。

　　這種對科學方法的描述頗為理想，因為它勾勒出研究者和檢視者應該如何進行。實際上，雖然雙方有時候會發生一些問題行為，但這些情況經常發生在某研究被認為不重要而遭摒棄（經常在閱讀之前就摒棄），或僅因研究主題具有爭議性、與主流思想分歧、或撰寫者被某團體視為「次要」的人，以致於其研究被認為不值得檢視。此外，科學方法假設研究者都是誠實的，假設他們不會操弄資料來支持個人有興趣的、經濟的與政治的議題，不過實際上並沒有確切的方式可知悉研究者的誠實度。美國科學發展協會（American Association for the Advancement of Science）資助的一項調查報告指出，受訪的 1,500 人當中，有 25%聲稱他們在過去 10 年來見過他人偽造、竄改和抄襲資料（Marsa 1992）。

　　科學方法倡導這些標準，使研究不僅是項生產事實的事業，而且是項審慎規劃、多重步驟的蒐集與解釋事實的事業（Rossi 1988），其中包括一些互相依賴的步驟：

1.　界定調查的主題。
2.　檢閱文獻。
3.　確認中心概念與形成假設。
4.　選擇研究設計與蒐集資料。
5.　分析資料。
6.　描述結論。

　　然而，研究者並不總是依序採行這些步驟，他們有時候會在熟悉文獻（步驟二）之後才界定主題（步驟一），有時會先有機會蒐集到某團體的相關資料（步驟四）之後，才界定計畫是否適合這個機會（步驟一）。雖然六個步驟不必依序遵循，但為了確保計畫品質，每一項勢必都得完成。

　　接下來我們將個別檢視上述各個階段，當中會提及各種檢視日本社會面向的研究計畫，及焦注於社會心理學家巴嫩德（Dean Barnlund 1990）

完成的研究計畫「日本人與美國人的溝通形態：印象與事實」，巴嫩德花費十餘年時間完成該研究計畫，目的是比較和對照日本人和美國人與陌生人溝通的方式。根據巴嫩德的說法，一般文獻和媒體認為「日本人訝異於美國人能夠輕鬆自在的和陌生人展開對話……反過來，美國人眼中的日本人看似較不願意面對陌生人，往往要花上好長一段時間才能慢慢地認識他們」（pp.190-191）。由於巴嫩德相信，不同國家的成員若不熟悉對方的溝通型態，就可能在首次邂逅時產生緊張，所以他花費 10 年時間來研究這主題。

觀察巴嫩德的研究具有兩項目的。首先，我們可以從此一研究中，觀察到研究過程的六個階段，及各階段涉及的決策。其次，我們可以從中了解成為研究的主要消費者究竟意謂著什麼，意即，我們關注巴嫩德如何蒐集和解釋事實，並尋找它的缺點。假若我們了解這些缺點，將增加我們評估研究結果之重要性的能力。

👧 步驟一：界定調查的主題

研究計畫的第一步驟是選擇主題。我們無法完整地列出社會學家研究的主題，因為與人類有關的所有主題均可調查。社會學和其他學科的差異不是主題不同，而是採取的觀點不同（見第一、二章）。

好的研究者會向讀者解釋為何其選定的主題是重要的。解釋之所以重要，是因為它清楚地說明研究的目的和重要性，並說明研究的動機。假如你不知道為何要做這項研究，你就不可能有太多的興趣投入其中。

研究者選擇主題的原因很多，而個人興趣是一個普遍卻經常被低估的動機。

我們以研究員愛莉森（Anne Allison, 1991）對便當的研究為例，說明個人興趣如何成為某人選擇某特定主題從事研究的最重要原因。便當是日本媽媽為上幼稚園的子女準備的午餐盒，是一個「整齊、美妙、裝著五、六道菜肴的小餐盒」（Allison 1991, p.196）。因為愛莉森曾待過日本，小孩也唸過日本幼稚園，所以她對便當深感興趣。兒子的幼稚園老師同愛莉森談到「小孩有進步，每天都吃完他的便當」（p.200），愛莉森說：

　　當時這些談話震憾了我，在我們剛搬來日本時，我把我的小孩大衛送到外國學校，不熟悉日語的他是學校裡唯一的非日籍孩童。他在那段期間內的許多行為具有破壞性，例如，作早操時舉手之間會打到同一排其他孩子的頭。不過，Hamada 老師卻不跟我討論這些行為，卻選擇討論便當。我確信，大衛須靠著學習日語等其他因素才能生存並適應這個環境，但老師卻著重對便當的討論，（比如「大衛今天吃完了所有的碗豆，但紅蘿蔔是我要求他三次之後才吃掉的」）我嚴肅的認為老師錯置其關懷的焦點。（pp.200-201）

由於社會生活各面向引發社會學家的好奇心，促使他們從事研究。愛莉森對幼稚園便當的研究即為一例。

　　在個人層次上，愛莉森為了多了解兒子的新環境，以便幫助孩子適應環境，故而投入研究便當在日本幼稚園裡具有的重要性。然而，在個人興趣之外，研究主題的選定經常還具有某些更進一步的意義，例如，愛莉森在便當的研究當中，檢視為何日本媽媽被期待能為子女準備如此精巧的午餐，及為何日本老師要花那麼多的注意力觀察孩童如何吃午餐。此外，她的研究還提供讀者洞察日本的學前教育體系，讓我們了解吃午餐這個看似平常的活動具有的教育意義。愛莉森研究指出，準備精巧午餐是日本婦女肩負母親義務的一項標誌，這相應地鼓勵小孩同樣承擔作學生的義務。

巴嫩德的研究：步驟一

因為巴嫩德想先行了解兩種溝通型態，然後推測兩者間的差異具有哪些國際意義，所以他選擇研究日本人和美國人的溝通型態。他的研究對於兩國的商業、社會與政治關係來說是適時且重要的，了解這些差異有助於雙方確認潛在的緊張，並保持正面的關係（見表 3.1）。巴嫩德解釋，來自兩國的成員若不熟悉對方的溝通型態，他們的首次邂逅將會充滿緊張。他說，假若其中一方了解對方的行為並非負面反應，而是雙方差異造成的結果，那他們之間的緊張便會降低。

✄ 步驟二：文獻回顧

假如研究者想避免重複前人做過的研究，他們會簡述既有的文獻。在選定主題上，他們會廣閱過去的權威性文章。即使研究者相信自己的觀念深具革命性，但他們也得考慮過去思想家的作品，進一步拓展前人的概念，或修正其錯誤或疏忽。更重要的是，閱讀相關文獻可以幫助研究者產生新的洞見。

沒有一個簡單公式可供研究者選擇與主題有關的文章或書籍，不過在回顧文獻時倒是有些常用的策略可供遵循。首先，研究者不能光是依賴通俗資料的來源（如時代、當代心理學、讀者文摘、新聞週刊與今日美國）

作爲背景資訊，這種來源是寫給一般讀者看的，它們並未在某主題上提供讀者詳盡的資訊，它們爲了銷售和獲利，經常在內容中加進許多煽情的成份，對知識領域的貢獻不大（Knepper 1992）。

表 3.1　　　　美、日官員談判行爲的差異	
在美國國務院出版《各國的談判風格》一書的前言中，編輯 Hans Binnendijk 指出「增進對各國獨特風格的理解有助於強化美國對外的協商能力」（Thayer and Weiss 1987）。	
美國風格	日本風格
美國人經常誇大其立場，以便預留退路。經濟面向的立場經常相當尖銳。 美國人會一直隱藏自身的立場，直到協商開始時。 美國人對待記者的態度是「有問才說」，官員和記者間的關係是敵對的，而官員喜歡國內記者的程度稍高於國外記者。 美國人會嘗試在協商進行過程中保守秘密，直到會議尾聲才公佈。 美國人喜歡建立原則，然後以此原則找尋問題的解決之道。 美國人傾向儘快妥協，尤其當日本談判者知悉美國代表的原則時更是如此。 美國人很重視贏得爭辯。 美國人將協商對手視爲敵人。 美國人以成敗的觀點來進行協商。 美國人傾向在協商大廳裡展開談判，雖然他們已意識到在戶外舉行談判也是重要的。 美國人將協商得到的解決方法視爲最終且可施行的辦法。	日本人鮮少誇大其立場，雖然他們的立場經常也是模糊不清。日本人喜歡將自身的立場視爲對雙方均合理。 日本人經常在會議開始之前，將其立場洩露給某些美國人知道。 日本人會有計畫地和記者接觸，他們期待能得到國內記者的同情，至少在國外的經濟協商場合中是如此。官員則會把國內記者和國外記者隔離。 日本人經常透露協商的方針和要旨，有時候會在協商進行的過程中透露細節。 日本人喜歡談論實際的解決方案，一個接一個解決各種問題，他們重視解決方案勝於原則。 日本人發現妥協是困難的，他們經常創造出一種想像上的原則，或提供無意義的讓步。 日本人會嘗試強調協議的領域。 日本人會嘗試避免爭論。 日本人會爲了避免失敗而協商。 日本人喜歡在正式協商大廳之外展開談判，並使用正式的會議宣達已達成的協議。 日本人將協商得來的解決之道視爲進一步的協商。

社會學家並不仰賴通俗的來源，而是依靠學術性刊物中的研究和文章。數以百計的刊物（某些由社會學協會資助，其他則否）出版社會學家所作的研究，例如美國社會學協會（American Sociological Association）便資助下列刊物：美國社會學評論（American Sociological Review）、健康與社會行為期刊（The Journal of Health and Social Behavior）、教育社會學（Sociology of Education）、教學社會學（Teaching Sociology）與當代社會學（Contemporary Sociology: A Journal of Reviews）。雖然研究者能在某特定期刊中找尋相關文章，但他們更能利用社會學檔案（Sociofile）這類電腦化的資料庫來找尋資料，其中包含題目、摘要（文章的總結）與出現在數千本期刊中的文章來源。

其次，在選擇書籍或文章時，作者與出版者的聲望也是重要的標準，（不幸地，聲望是難以測定的。）第三，假如研究者對某主題最近的文章感到興趣，那出版品的日期可就重要了，不過，對某主題最具洞見的作品可能在一個世紀或者更久之前就被寫過，回想我們在第一章討論到涂爾幹、馬克思與韋伯在社會學領域中的重要性，這些思想家在 19 世紀或 20 世紀初期便已對很多主題有深刻的描述。

好的研究者遵循的最後策略是：在回顧文獻時，他們必須選擇數篇持反對立場的文章，藉此能幫助研究者以其他方式進行思考。現在讓我們轉回到巴嫩德對美、日溝通類型的研究，並檢視他回顧社會學文獻的方法。

巴嫩德的研究：步驟二

巴嫩德閱讀與研究的有關書籍和文章超過 200 本，他讀過下列社會學家的作品，增加他對陌生人之間關係的思索：

涂爾幹，社會學與哲學（〔1924〕1953）
瑪格麗特‧武德，陌生人（1934）
艾爾芬‧高夫曼，公共場所中的行為（1963）

林‧羅夫蘭德，陌生人的世界（1973）

在回顧這些文獻時，巴嫩德了解許多和陌生人有關的重要事情。在過去的歷史中，每個個體每天遇到的人幾乎都是熟人，但是當社會工業化之後，這種模式改變了，熟悉的世界逐漸為陌生人佔據，這些人彼此間保持著某種距離。在這種安排下，我們並未注意到周遭的人或與之交談，當我們處理日常活動時，會避免與大多數陌生人在身體、語言甚至視線上有所接觸，但是，我們知道陌生人最終可能變成熟人、朋友或配偶，或者可以其他方式影響我們。

這種控制從陌生人到熟人的變遷規則會因人與文化的不同而有差異。與個人差異不同的是，文化的束縛決定了那條將陌生人與熟人區隔的界線，但此界線可以輕易跨越。為了理解美國和日本文化中的束縛，巴嫩德閱讀托克維爾（Alexis de Tocqueville, [1835] 1956）、列文（Kurt Lewin, 1948）、Kano Tsutomu（1976）與尾崎（Robert Ozaki）（1978）的文章，這些作品幫助他描述日本人和美國人如何看待陌生人。

巴嫩德得知，這兩個國家都將陌生人視為不熟識者或不可知者，但是，美國人和日本人對陌生人表現的行為卻十分不同。大體上，日本人面對陌生的人和環境時會感到不自在，因此，他們傾向避開陌生人。

文獻指出，日本人基於兩個原因，而將陌生人視為不重要的人。首先，日本語的結構含有地位之別，因此，要稱呼一位身份未知者便顯得十分笨拙；其次，日本很注重團體導向的意義，它形塑著自身團體與局外人之間的區分，因此，陌生人的出現會威脅自身團體的凝聚。

雖然美國人有時會以負面態度將陌生人想成侵入者和局外人，但他們有時也會採取正面觀點，比如視對方為獨來獨往者、特立獨行者、新進成員以及離鄉背井追尋「美國夢」的人。相較於日本人，美國人對陌生人較開放，他們較願意主動攀談和分享個人資訊。究其原因，英語具有足夠的彈性可以容納那些身份未知者，此外，美國人較注意個人的立場而較不強調團體認同的價值，這使得他們可以同局外人輕鬆的接觸。

熟悉與陌生人有關的文獻有助於巴嫩德清楚地界定研究計畫，但因爲他發現，對於究竟是什麼左右著日本人和美國人的行爲，文獻僅提供一個模糊的印象，所以巴嫩德決定訪問日本人和美國人如何看待和回應陌生人，藉此彌補此項不足的特定知識，他想用他的發現來支持或反駁既有文獻中的發現。

❧ 步驟三：確認中心概念與形成假設

在決定主題與回顧過相關文獻之後（並不必然是這種次序），社會學家一般會陳述其中心概念。**概念**（concepts）是種有力的思考和溝通工具，它使我們能以一有效的脈絡來生產和接收複雜資訊，當我們聽到或看到一個概念並熟悉其意義時，它會帶來許多貯存於我們腦海中的相關意識。以第二章提到的符號概念爲例，假若某人了解此概念，它便會喚起適當的印象、觀念和背景資訊（Hirsch 1988），包括符號是人們指派給身體現象的意義。而符號這個概念也應引發這樣的觀念：附著於身體現象的意義會隨時空的轉變而有差異。

在描繪架構與解釋事件時，不同學科的科學家使用的概念相異。概念有助於區辨社會學和其他學科，如人類學、心理學、生物學、化學和物理。當不同學科的科學家研究同樣的主題時，影響該學科的相關概念便會讓他們專注不同的特徵。我以自殺這個概念來說明這個觀點。

心理學家將自殺定義爲一個人對自身之有意圖的侵略行動，當心理學家研究自殺，他們關注自殺的個體所過的獨特生活，以便了解其動機。然而，社會學並不是這樣思考，他們認爲自殺是「關係的脫離」（Durkheim 1951）。社會學家主張，若要了解自殺行爲，關係的結構便是一個重要的線索，因而他們關注那些傾向經常有較高或較低自殺率的團體，譬如突然失業的人、老人和年輕人經常有較高的自殺率。之後，社會學家自問，什麼樣的因素使得某些團體成員經常擁有較高的自殺率？尤其是這些人（老人、失業者或者一位與家庭和同儕有緊張關係的少年）如何到達讓人想以自殺來終止所有關係的階段？

涂爾幹主張，個人與團體之間的關係是了解自殺率的鎖鑰。相較於那些與團體有著較多安定與穩固情感的個人來說，處於下列情況的人可能有較高的自殺率：（1）過度與団體隔離（慢性病人或老人）；（2）過度依附團體，使自我無法和團體分離（經歷基本訓練的新兵）；（3）突然被団體拋棄（突然失業者、樂透得主、寡婦與鰥夫）以及（4）處於無希望的團體當中（死刑犯、那些沒有辦法逃離像窮困鄉村社區這般的侷限環境者）。不過這四個類別並非截然區分，死囚雖和家人與朋友隔離，但他的生活同時又限定在一個和其他囚犯共同被拘禁的環境當中。

對中心概念的基本陳述讓研究者得以專注調查。例如，清楚的說明自殺概念是關係的脫離，社會學家便能將其注意力指向團體成員，以及在特定團體中的成員如何影響他和他人之間的關係，這個概念幫助社會學研究者確認其所欲研究的變數。**變數**（variable）係多種類別組成的特質或特徵，它會在不同條件下改變。例如，性別是一個變數，它通常被區分為男性、女性兩類；婚姻狀況這個變數經常被分為六類：單身、同居、已婚、分居、離婚和喪偶；自殺率這個變數可以隨著人口中每千人從零位到一千位，1000/1000 這個自殺率非常不尋常，只可能出現在集體自殺的情況。

研究者努力想解釋特別的行為，這個被解釋的行為就是**依變項**（dependent variable），而解釋依變項的變項就是**自變項**（independent variable），因此，自變項的改變會導致依變項的改變。而提出**假說**（hypothesis）或試驗性解釋，是為了預測自變項如何與依變項產生相關，這種試驗性的概念說明：當自變項改變時會出現什麼樣的結果。

例如，在知悉涂爾幹的自殺理論之後，社會學家 Satomi Kurosu（1991）假設日本鄉村人口的自殺率高於都市人口，他的自變項是地理位置，包括都市和鄉村這兩大類別，而依變項是自殺率。Kurosu 認為地理位置會影響自殺率，因為日本鄉村地區的特徵是：在稀少的人口中，男性比女性來得多、經濟蕭條且有極大量的老年人口（Kurosu 的研究支持該項假設）。

巴嫩德的研究：步驟三

　　文化和陌生人是巴嫩德研究當中的兩項主要導引概念。文化是一個社會為了生存所作的獨特與完整的設計，它包括「人們所有、所做與所想的東西」（Herskovits 1948, p.625）。我們將在第四章更完整的探索這個概念。

巴嫩德相信，在同一文化中成長的人面對相似的認知情境時，通常會採取類似的行為方式，打招呼的方式即可說明之。假如圖片上這兩位商人是在美國社會裡土生土長，那他們打招呼的方式將會如何？

　　巴嫩德主張，文化反映在人們的行為中，而人們的出生和成長，正是在分享「面對相似的認知情境時會採取相似行動」這種傾向的相同文化（Barnlund and Araki 1985, p.9）。就其研究目的，巴嫩德認為陌生人是未知的，是「未經介紹」（unintroduced）的人，「未經介紹」尤其是陌生人這個概念的重要特徵，因為它促使我們考量這些不知道另外一方的人們如何在沒有第三者的幫助下展開接觸。

　　對中心概念的清楚陳述，讓巴嫩德（1989）得以開展其調查。他選擇日本和美國作為研究對象，比較兩國國民指派給陌生人的意義，並檢視隨著這些意義而來的態度。這個概念幫助他確認研究的自變項和依變項。在巴嫩德的研究中，自變項是文化背景，而依變項是對陌生人的行為。文化背景這個變項有兩類：日本人和美國人。由於因應陌生人的行為所涵蓋的範圍甚廣，所以巴嫩德決定重新劃分為幾個特定變項，包括：

- 注意到陌生人的傾向
- 考慮與陌生人互動的傾向
- 與陌生人交談的傾向
- 回應陌生人的傾向
- 邂逅陌生人的頻率
- 與陌生人交談後的結果（具體的說，人們從對方身上學到什麼）

在巴嫩德研究中的這五個變項，可從五個選項中擇一回答，這五個選項包括從不、很少、偶爾、經常，以及很頻繁（見「探討對待陌生人的態度所使用的問題」一文），而最後一個變數——與陌生人交談後的結果——至少有六個類別：

我知道這個人的名字

我知道這個人住在哪裡

我知道這個人的電話號碼

我知道這個人的職業

我知道這個人的婚姻狀況

我知道這個人的活動和興趣

巴嫩德主張，假如我們知道人們來自哪個文化，便能合理精確的預測他們會對陌生人採取什麼樣的行為。就此信念，巴嫩德做出數項假設：

- 相較於美國人，日本人比較不會去注意到陌生人
- 相較於美國人，日本人比較不會考慮與陌生人互動
- 相較於美國人，日本人較不可能主動與陌生人交談

- 相較於美國人，日本人比較會回應陌生人
- 美國人與陌生人接觸時學到的東西多於日本人和陌生人接觸時學到的東西

探討對待陌生人的態度所使用的問題	
下面是巴嫩德用來詢問日本和美國學生的一些問題。括弧內是各問題所欲探討的變項（註：由於巴嫩德並未將問卷附在書中，故這些問題僅是類似題）。	
1.（注意到陌生人的傾向）在過去一個月內，你有多常注意到並思考陌生人的個人特徵？ —從不 —鮮少 —偶爾 —經常 —很頻繁	4.（回應陌生人的傾向）在過去一個月內，你有多常能順利地在與陌生人的交談中回應對方？ —從不 —鮮少 —偶爾 —經常 —很頻繁
2.（考慮與陌生人互動的傾向）在過去一個月內，你有多常會想到與陌生人攀談？ —從不 —鮮少 —偶爾 —經常 —很頻繁	5.（與陌生人交談後的結果）確認三位你最近交談過的陌生人，檢查你自己從他們身上知悉那些事情。 —我知道這個人的名字 —我知道這個人住在哪裡 —我知道這個人的電話號碼 —我知道這個人的職業 —我知道這個人的婚姻狀況 —我知道這個人的活動和興趣
3.（與陌生人交談的傾向）在過去一個月內，你有多常會和陌生人展開對話？ —從不 —鮮少 —偶爾 —經常 —很頻繁	

☙ 步驟四：選擇設計與蒐集資料

　　一旦研究者清楚地說明其中心概念並陳述假設之後，他們便得決定研究設計（research design），這是一項蒐集資料以便驗證假設的計畫。研究設計會確定分析對象（unit of analysis）（要研究誰、要研究什麼），以及蒐集資料的方法（method of data collection）（用來蒐集相關資料的程序）。一項研究設計是否優於其他的研究設計，就端賴該研究選擇的分析對象和蒐集資料的程序是否合適，因此研究者會選擇一個適合研究環境的設計（Smith 1991）。

分析對象

　　彼德・羅西（Peter Rossi, 1988）確認了一些社會學研究的對象，但這指的不是個人層次。這些清單包括記錄、文件、區域、家庭和小團體。

　　記錄　記錄（traces）是那些陳述人類活動相關資訊的文件或情境，諸如人們丟棄的東西、房子使用的燈源數[2] 或者水壓的變化[3]。以亞歷桑那大學威廉・拉塞所領導的垃圾研究計畫為例（William L. Rathje and Murphy 1992），從 1970 年以來，拉塞及其同組研究者一直蒐集來自垃圾處理場、和某些特定垃圾桶的垃圾。拉塞從這些東西裡發現，美國家庭產生的有毒廢棄物跟商業建築物所產生的數量一樣多。

　　文件　文件（documents）係手寫和印刷的資料，諸如雜誌、書籍、日曆、塗鴉、出生證明以及車票。愛莉森（1991）在研究便當的過程中便檢視許多文件，她對便當雜誌、食譜與日本托兒所雙週刊登載的便當指導綱領作了內容分析，從中了解便當具有的文化重要性。她發現，在雜誌、食譜和指導綱領當中，到處充斥烹飪法、暗示、圖片和概念，這些都在教導母親如何燒一頓美食，好讓兒童能吃個精光。有一項共同的建議是：媽媽應該將食物項目列出，並設計一個裝便當的袋子，這也就是說，媽媽不應該讓別人準備便當。

區域 區域（territories）係爲了特別活動而設立、具有邊界的環境，例如國、州、郡、城市、街道、地區、教室和建築。威廉‧懷特（William H. Whyte）所著〈城市：再發現它的中心〉（1988）便是一個檢視區域的研究案例。懷特花費 16 年時間走訪和觀察紐約、全美與世界各地的城市，他關注人們在什麼樣的情況下使用都市空間。懷特發現，一些城市空間的設計根本不實用：「階梯太陡，門太難開，你坐不到檯子上，因爲它們不是太高就是太低，要不然就有釘子」（p.1），城市街道絕不是個有趣的地方。懷特尤其發現，東京街道普遍較美國街道來得有趣，因爲日本人「不用分區制（zoning）來強化嚴格的使用區分，他們鼓勵一種混合的、上下的而非並排的使用。你在建築物中到處可見展示室、商店、柏青哥店鋪、辦公室，所有這些都混合在一起，而玻璃帷幕的餐廳上下仳鄰而設」（p.89）。[4]

家戶 家戶（households）包括所有分享同一住宅的所有有關與無關的人。經濟學家朱守梅（Raymond A. Jussaume）與社會學家 Yoshiharu Yamada 調查美國西雅圖和日本神戶的家戶，發現這兩地的家戶有一些重要差別，而其組成也有差異：神戶家戶有 3% 沒有兒童或老人，相對之下西雅圖家戶卻高達 15.7%，雖然實際上每一個神戶和西雅圖家戶都至少有一具電話，但大約 20% 的西雅圖家戶沒有把電話號碼刊登在電話簿上，而神戶家戶僅有 2.1%（Jussaume and Yamada 1990）。

小團體 小團體（small groups）被定義爲兩個到大約 20 個彼此以有意義方式互動的人（Shotola 1992），例如父子、醫生和病人、家人、球隊隊友、朋友圈。社會學家 Masako Ishii-Kuntz（1992）的作品便是這種分析層次的研究案例，她研究三個國家（日本、德國和美國）的父子關係，以便評估以下這個普遍的信念：日本父親大部分經常不在家，且不涉入兒女的生活。伊奇庫茲的研究結果將在本章稍後描述。

母體與樣本

由於時間的限制，研究者不能研究整個**母體**（population）——即所有可能被研究的個人、記錄、文件、區域、家戶或團體。取而代之的是，他們研究**樣本**（sample），即來自一較大母體當中的部分案例。例如，垃圾研究計畫的研究者從 1973 年以來便大約抽樣 250,000 磅的垃圾；伊奇庫茲（1992）對日本、德國、美國父子關係進行的比較性研究抽樣「1,149 對日本父子組、1,000 對美國父子組、1,003 對德國父子組」（p.106）。

理想上，樣本應該是一種**隨機抽樣**（random sample），即每一個在母體中的個體都應有相同被選上的機會。典型的隨機抽樣方式是指派每個個體一個號碼，將這些號碼寫在紙片上，將這些卡片投入容器充份混合後，再一次一張的抽出，直到所需的樣本數達到為止。大多數的研究者並不用這種單調沉悶的做法，而改採電腦程式來選出其樣本，假如每一個個體都有相同成為樣本的機會，理論上這些樣本便是**代表性樣本**（representative sample），也就是說，從母體選擇出來的樣本會擁有相同的特徵分佈（諸如年齡、性別與組成民族），因此，假若從母體選出的樣本中有 12%拉丁語系的人（Latino），這 12%就是代表性樣本。但有時在抽取的樣本中，也可能沒有代表母體的某些特定特徵，在這種情形下，研究者可能從樣本代表性不足的類別中抽取額外的個體。理論上，假如樣本具有代表性，那麼樣本所呈現的真實性也就是較大母體所具有的真實性。

要得到一個隨機樣本不是那麼容易，首先研究者必須從一**抽樣架構**（sampling frame）——即一個完全列出母體中所有個體的名冊——開始，且母體中每個個體被選上的機會都得相同。要獲得這樣一個完全的名冊頗為因難，比如要拿到校園、城市及電話簿還算容易，但美國公民的名冊[5]、美國領養兒童的名冊[6]、日本的美資公司名冊、或者美國的日資公司名冊等等，這些都無法輕易獲得[7]，且幾乎所有的這些名冊都忽略掉某些人（那些未列名者、新來而尚未列名者或者學期間變動的學生），也包括某些不再歸屬的人（那些已遷移的、死亡或輟學的學生）。另外，研究者在抽樣前是否考慮到名冊的不完全，是否有補充最新名單，這些都是重要的。即使名單是完全的，研究者也得考慮隨機抽樣所需的成本和時間，以及說服所有樣本對象勇於參與等等的問題。

　　有時候研究者會因為研究對象太容易獲得而導致選定的樣本不具代表性，例如，研究者經常研究高中生和大學生，因為他們是被迫參與的觀眾（captive audience）。此外，研究者選擇研究對象的原因是他們所知不多，或研究對象具有特殊的特徵，或他們的經驗能清楚說明重要的社會議題。不過，當樣本不具代表性時，對於為何選取這些樣本加以合理化是很重要的。

蒐集資料的基本方法

　　除了確認要研究誰、要研究什麼之外，在設計當中也應包括蒐集資訊的計畫。資料蒐集的方法很多，研究者可從中選擇適用者，包括調查、訪問、觀察與次級資料分析。

　　自我填答問卷　自我填答問卷（self-administered questionnaire）係將一組問題給予（或寄給）受測者，讓他們閱讀指示後親自填答問卷。這種資料蒐集方式十分普遍，比如在雜誌或書籍中，在服務導向組織（醫院、修車廠、餐廳、雜貨店、醫生辦公室）裡的桌架上，以及那些寄到家庭裡的問卷等等都是。這種資料蒐集方法的優點是：不需要訪員詢問受訪者問題，它可以在同一時間分給許多人填答；而受訪者不會受到訪員的面部表情或肢體語言的影響，所以他們能夠更自由的填答不尋常或具有爭議性的答案。

　　不過，這種問卷仍有些缺點。受訪者在選擇填或不填某份問卷時，就已涉及了自我選擇，這讓研究者猜想：相較於那些填答者，這些不填問卷的人是否有不同的選擇。而問卷的結果不僅有賴受訪者決定填答或寄回與否，還得依靠問題本身的品質以及其他考量，（見「美國人和日本人在建構自我填答問卷時的差異」一文。）

訪問　相較於問卷，**訪問**（interview）較爲個人化，它們是訪員和受訪者之間面對面的碰頭或電話交談，其中訪員提出問題並記錄受訪者的回答。在受訪者回答的過程中，訪員必須避免中止、表達驚訝或影響受訪者價值判斷的肢體語言，這有助於鼓勵受訪者誠實回答，並使之感覺舒服。

　　訪問可以是結構性，也可以是非結構性。在一個**結構性訪問**（structured interview）中，問題與用詞都是事前設定，不能在訪問的期間加以更改。有種結構型訪問是，受訪者可以自由的選定題目來回答，而訪員會要求他們更細緻地清楚說明或解釋其答案；另一種結構型訪問是，受訪者從訪員唸給他們的答案清單中選擇答案。

　　社會學家 Hisako Matsuo（1992）使用面對面的結構型問卷來研究第二、三代日裔美國人。Matsuo 在訪問中設計出三類狀況，研究受訪的日裔美國人認同日本或美國的程度：

1. 日本在第二次世界大戰後成爲經濟強國。請以 1 到 4 的等級，1 代表「很多」，4 代表「一點也不」，評鑑你以日本的經濟成就爲榮的程度。
2. 假設你正在觀看美國對日本的奧運排球賽，在 1 到 5 的等級中，1 代表「絕對是日本」，5 代表「絕對是美國」，你選擇那個選項？
3. 從 1 到 10 的等級中，1 代表「完全認同日本人」，10 代表「完全認同美國人」，請選出最能清楚描述你的認同之數字。

　　這三個訪問項目說明結構性訪問的形式。

　　相對地，**非結構性訪問**（unstructured interview）則較具彈性且較無限制，而回答問題的順序也是自發性的，就像會話一樣：事先沒有設定問題，也沒有依照固定的次序問問題，訪員和受訪者談論受訪者認爲重要的東西，訪員的角色只是給予訪問一個焦點、作進一步的解釋和說明，並探索和追問受訪者表達出來的有趣概念。訪員會在評估答案的意義後繼續追問，類似於脫口秀主持人經常使用無結構的形式來訪問來賓，但是社會學家的目標不同於脫口秀主持人，社會學家並未以娛樂觀眾的目標來形成問題，而是以中立的方式來問問題，觀眾的反應不會影響受訪者如何提出問題。

　　觀察　觀察（observation）係觀看、聆聽和記錄發生的行為和交談。這個技術看來簡單，但它不只是觀看和聆聽而已。觀察的難題在於知道該看些什麼，不過仍得保持某種開放性。成功的觀察源自於確認什麼東西值得觀察，「正是一個重要的選擇，經常決定為期數月工作的成敗，從這個選擇就可看出觀察者是否聰明」（Gregg 1989, p.53）。好的觀察技術必先經由學習而後實踐，才得以開展。經由必要的實踐，才會知道什麼值得觀察，才能警覺到不尋常的特徵，才能作詳盡的記錄與連結觀察到的行為。

　　假如觀察者與被觀察者的文化背景相異，觀察者就得謹慎地避免錯誤的詮釋事實。以相撲摔角比賽為例，一位穿著制服的美國觀察者可能如此描述：「一位巨大、肥胖的傢伙試著將另一位巨大、肥胖的傢伙推倒在地，或者在比賽中將他推出擂台之外至少持續三秒鐘」（Schonberg 1981, p.B9）。實際上，對那些了解比賽的人來說，相撲摔角是「一種有著傳統、壯觀、高尚的運動，充滿著動作、刺激與勇氣，盡力去達成一個幾乎不可能的傑出標準」（Thayer 1983, p.271）。

　　對研究人類行為來說，觀察技術尤其有用，因為像學習這類的東西並不容易觀察，而此技術也能獲得被觀察者的觀點。觀察有兩種形式：參與的和非參與的。**非參與觀察**（nonparticipant observation）係一種非介入的觀察和聆聽，研究者只作觀察，並不與觀察對象互動或者涉入其日常活動當中。

　　李維士（Catherine C. Lewis, 1988）對日本一年級教室所作的研究提供了一個非參與觀察的例子。李維士對 15 個日本教室進行觀察，一天觀察一個，「從孩童早上上學到下午離校」（Lewis, p.161），李維士觀察到：

　　　　平常會有兩位學生幹部站在教室前頭維持秩序，宣佈功課的研讀進度，並指揮同學向老師起立敬禮。在某些教室中，這些幹部會選出秩序表現最佳的學生，會要求表現較差者改善態度，理所當然的記下保持安靜的學生，或者選定哪些學生可先吃午餐。這些幹部也經常在老師不在的時候維持教室秩序，而這些幹部是每天輪流擔任的，所有的孩童都有機會擔任幹部。（pp.162-63）

相較於非參與觀察，**參與觀察**（participant observation）係指研究者擔任一個會影響研究結果的重要職位，或生活在其研究的社區中，比如加入某團體，擔負起團體成員的角色，直接同研究對象互動。本章稍早提及愛莉森的便當研究便是參與觀察的實例，該研究環繞的主題是：她與其他母親對話、與老師交談有關孩子的飲食習慣、參與母親協會的會議以及其他與學校有關的事情。

不管採用參與觀察或非參與觀察，研究者都得決定是不是要隱藏，或乾脆宣稱其身份和目的。選擇隱藏的一個基本理由是為了要避免**霍桑效應**（Hawthorne effect）[8]，這指的是當觀察對象一旦知悉他們將被觀察之後，便會改變其原來行為的一種現象。假如研究者宣稱其身份和目的，他們便必須給予研究對象時間來適應他們的出現；假如研究者出現的時間夠長，這些研究對象經常較能展現自然、無拘束的行為。

次級來源 蒐集資料的另一種策略是使用**次級來源**（secondary sources），這是研究者為了某種目的而蒐集的資料。例如政府研究員蒐集與出版許多生活領域的資料，包括出生、死亡、結婚、離婚、犯罪、教育、旅行和貿易。

美國人和日本人在建構自我填答問卷時的差異

　　研究人員在建構自我填答問卷時，必須確認受訪者能明白這些問題，以免產生誤解。假如受訪者來自不同的文化，研究人員可能得調整問卷的問題和開本以及信封大小，好讓受訪者了解研究人員的誠意，並認為這是一件值得花時間的工作。在下列摘錄的文章當中，我們即可見到研究員 R.A. Jussaume 和 Y. Yamada 為適應美、日受訪者而在問卷上作出的種種改變。

設計要素	美國	日本
說明函規格	8.25×11	8.25×11.5
回函	美國標準規格#9（白色）	日本標準規格#4（非白色）
子信封	美國標準規格#10（白色）	日本標準規格#3（非白色）
地址款示	由左到右／印刷	由上到下／手寫
代表個人的方式	簽名	個人印章
說明函內容	美日貿易	了解日本

　　許多調適只不過需要些常識，譬如日本的標準信紙規格不是 8.25×11 英吋，而是 8.25×11.5 英吋，信封規格也不同於美國的寬邊形式。神戶的調查使用日本標準的 3 號和 4 號非白色信封，此外，信封上地址的書寫是由上到下，而不是由左到右，以符合日本一般的文化習俗。

　　在完全設計方法（total design method）中，研究者在說明函上簽名以示誠意。在日本，簽名並不具有合法效力，也缺少文化意義，因而當美國研究員在說明函上簽名時，日本研究員還會加蓋印章，以便向受訪者表示兩國研究人員對研究計畫的重視。

　　另一項差異是受訪者的名字如何簽署在信封和說明函上。西雅圖的作法是將受訪者的名字印在信封和說明函上，但神戶的作法卻是將受訪者的名字書寫於信封與文件的開端，因為日本受訪者若看到研究人員親筆書寫自己的名字，便會對該研究有更正面的回應。

其他的改變則是有關說明函和明信片的款示和內容。在日文信件的開頭，會提及這份研究結果將俾益國際對日本飲食消費形式的理解。日本人對農產品的國際貿易議題相當敏感，希望出口國能在生產日人消費的產品種類時多加調整。在美國這一邊，研究結果有助於美國廠商銷售更多的產品到日本，由於美、日雙邊貿易失衡已成為美國主要的政治議題之一，所以美國受訪者將會積極地回應，以便對此問題有正向的助益。

不管是英文信函還是日文信函，同樣都會強調完全設計方法的三項基本特色。首先，受訪者會被告知他們的名字如何會被選上，他們的回應也將代表其他大多數人的意見，而他們的參與對研究來說極為寶貴。其次，研究人員會強調該研究的機密性，受訪者可以不用在問卷上留名。最後，兩國的受訪者都會得到一份比較研究結果的報告，以作為鼓勵其參與的誘因。

不過，日文說明函與英文說明函是分開書寫。在神戶的調查中，日本的研究人員會參考英文信，寫出一份日文信原稿，再拿給一小群日本婦女填答，看信函內使用的語氣是否太過謙遜或過度禮貌。由於日文的書寫遠較英文來得正式且複雜，所以這道程序是重要的。大致說來，日本人的個人書信遠較大多數美國商業書信來得正式。

西雅圖第一批郵寄樣本於 1988 年 6 月 7 日寄出，而神戶則是 1988 年 6 月 16 日。一星期過後，研究人員再寄給尚未回函的受訪者後續的明信片，經過兩星期後再次郵寄問卷給那些未收到的受訪者。

社會學家 Lynn K. White 和松本（Yuko Matsumato 1992）使用次級資料，針對日本和美國的離婚率作比較研究。White 和松本想解釋：為何日本的離婚率是美國的 1/5？日本每年的離婚率是每千名已婚婦女中有 4.8 人，而美國則是 22.6 人，研究者從兩國的普查資料知悉日本 47 縣與美國 50 州的離婚率，也獲得下列變項的資料：（1）日本和美國婦女參與勞動力的百分比；（2）日本和美國婦女自雇（self-employed）的百分比；（3）日本和美國婦女在家族企業中工作的百分比，以及（4）在專業與管理職位上每 100 名男性中女性所佔的比值。White 和松本發現，這四個變項有助於解釋日本和美國的離婚率，但他們並無助於解釋為何日本離婚率是美國的 1/5。

次級資料的第二種類型包含人們所寫與所記錄者，或者為了研究之外的原因而創造的資料（Singleton, Straits, and Straits 1993），例如電視廣告節目與其他宣傳、信件、日記、家庭錄影帶、詩、照片、藝術作品、塗鴉、電影以及抒情歌曲。

操作性定義：信度和效度

我們業已檢視過四項蒐集資料的方法－自我填答問卷、訪問、觀察和次級資料分析，除此之外還有其他方法，比如實驗設計[9]，不過本章討論的四項方法是社會學家最常採用的。不論研究者選擇那種方法，他們蒐集的資料都是用來驗證假設，並讓其他研究者得以複製其研究。基於這個原因，對於如何觀察和測量欲研究的變項，研究者便得給予清楚和精確的定義和指導。在研究的語言當中，像定義及其伴隨的指導就稱作**操作性定義**（operational definitions）。操作性定義可以類比成烹飪法，如同一位烹飪師傅可以根據食譜作一道菜看一樣，假如一位具有基本研究技巧的人知道操作性定義的話，他也能重複一項研究（Katzer, Cook, and Crouch 1991）。以教育為例，它的操作性定義是：一個人完成的正式受教年限。

假如操作性定義不清楚，或沒有精確地指出它所代表的行為，問題就會出現。好的操作性定義必須是可靠與有效。**信度**（reliability）是操作性定義給予結果一致性的程度。假如你問他人每個月閱讀多少雜誌？這種問題就沒有可靠的答案，因為受訪者可能忘記某些他曾經讀過的雜誌。所此倘使你在兩個不同的時間點問同樣的問題，而受訪者給的答案有高度的相似性，那就代表具有一致性。至於增加信度的方法，可以要求受訪者列出上週看過的雜誌。列出清單的動作較容易讓受訪者仔細回想該問題，而縮短回想時間則會使回想更為容易。若想在調查問題時確認信度，可以在兩個不同的時間點問同樣的問題，以便了解答案是否一樣。

效度（validity）係操作性定義測量到其所欲測量事物的程度。專家用考試來測量學生在某特定科目學習到的知識，包括課堂上的教材、討論、閱讀教材和其他，假如測驗的問題僅反映教科書或課堂上涵蓋的資料，學生可能會質疑該測量的效度，因為這種情況下的測驗並未測量出其宣稱所欲測量的東西。

　　相同地，當日本的貿易赤字被當成是日本市場開放性的操作性定義，或當成美國消費者保護主義的操作性定義時，我們必須質疑它是否真能對此行為展開有效的測量。例如，我們知道貿易赤字不能用來測量日本市場對美貨品開放性的尺度，因為它並未考慮（1）設於第三國的美、日公司生產的貨品和服務所銷售的金額，或（2）每個國家間接出口到其他國家的金額。對市場開放性較為有效的一些測量實例是（1）每個國家設立的貿易障礙數量，（2）每個國家為開放市場而提供予他國的採購金額，以及（3）各國國民購買進口貨的金額（見圖 3.2）。

圖 3.2　測量美、日市場開放程度的不同方式

美、日間貿易赤字的測量方式

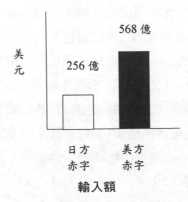

輸入額

可能解釋：美國市場的開放性遠高於日本市場。從貿易角度看來，美方極為不利。

替代方案一

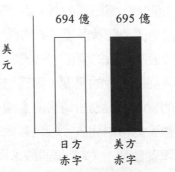

輸入額加上美國日資企業和日本美資企業的銷售額

可能解釋：雙方市場同等開放，美方赤字僅稍高於日方赤字。

替代方案二

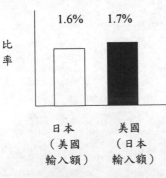

輸入額佔國民生產毛額的比率

可能解釋：美、日的輸入額大約相等

替代方案三

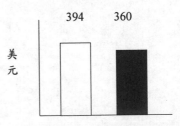

每人每年購買的輸入品

可能解釋：美國消費者對日製品的購買高於日本消費者對美製品的購買

巴嫩德的研究：步驟四

　　為了驗證假設，研究者必須訂出蒐集資料的研究設計或計畫，這是研究的第四步驟，研究者也必須載明分析對象（個體、記錄、文件、區域、家戶或者小團體）並確認樣本。此外，研究者必須決定蒐集資料的方法（自我填答問卷、訪問、觀察或次級來源分析）。最後，他們必須為自變項和依變項提供清楚的操作性定義。

　　巴嫩德（1989）的研究對象是在美國或日本出生和長大的個體。很明顯的，他無法研究所有的個體，所以巴嫩德決定研究 18-24 歲之間、分別在日本或美國出生與長大的 423 位日本大學生和 444 位美國大學生。日本方面是在福岡、京都、松江、東京與千葉市等地的公私立大學註冊的學生，而美國方面則是在紐約、明尼阿波利斯、丹佛、雷諾以及舊金山等地的公私立大學註冊的學生。雖然巴嫩德沒有陳述如何選出這些學生，但明顯的是，這些樣本並不足以代表所有在日本和美國出生和長大的人。

　　巴嫩德自己也承認，大學生構成的團體並不足以代表美國或日本的母體，但是他暗示這種作法有個好處：「雖然他們並不能代表整體文化，但他們起碼是該文化當中重要的組成份子」（p.49），說得更明白些，未來的日本和美國的領導人可能來自於這群受過大學教育的層級，而且「因為我們找尋的是那些影響未來的人，所以這些大學生的溝通類型可當成樣本」（p.49）。

　　巴嫩德以自我填答的問卷蒐集資料，他使用一系列的問題來探討對待陌生人行為的種種面向。但在詢問問題之前，得先確認陌生人的定義（一個未知的、未經引介的人），並作簡短的介紹（請回頭參考「探討對待陌生人的態度所使用的問題」一文）。

　　巴嫩德用來探討依變項（對陌生人的態度）的問題可能不甚可靠，因為要求受訪者回想過去一個月以來與陌生人之間的邂逅並不容易，畢竟一個月的時間不算短，大多數受訪者在這方面的記憶可能早已模糊。因此，同樣的問題在兩個不同的時間點詢問受訪者，可能會得到不同的答案。假如巴嫩德要求受訪者回想過去一週或 24 小時之內曾經邂逅的陌生人，可能就可增加該問題的信度。

巴嫩德的問題也有些效度上的問題。詳細的說，有人批評他對陌生人的定義（未知的、未經引介的人）太過模糊，認為該定義需要更詳細的界定，包括應加入一些環境和時間上的限制。譬如當某人必須與陌生人（諸如店員）互動，這種互動應否列入考慮？批評者相信，巴嫩德應已告知受訪者：所謂的陌生人指的是受訪者無需為了購買東西或服務，或滿足第三者的需求而接觸到的未知者與未經介紹者。此外，這項告知應已包括某些時間限制，譬如說，假如一位受訪者在開始交談前便向他人揮手數次說哈囉，這個人還是陌生人嗎？所以，將陌生人界定為第一次邂逅的人會比較明確。正因為巴嫩德對陌生人的定義太過寬鬆，所以我們得質疑他是否真能測出對待陌生人的態度。[10]

這些批評並不必然抹煞巴嫩德的貢獻。任何研究者在嘗試指派操作性定義至複雜的概念時，就像對待陌生人的傾向這樣的概念，都會遭遇到類似問題，而預測這些困難，並努力建構出最佳的操作性定義，便是研究者遭遇的挑戰。

❧ 步驟五：分析資料

在分析資料的階段當中，研究者會搜尋主題、有意義的類型、以及變項之間的連結。他們用一種能讓他人易於了解的方式說明其研究發現，比如圖表、次數分析表、照片、統計資料等等，至於要選擇何種方式，就得看哪些成果是顯著的，以及如何用最好的方式呈現它們。

William T. Bailey 和 Wade C. Mackey 這兩位研究者於 1989 年以非參與觀察法研究美、日公共場所中 18,272 位孩童與成人的互動情況，並使用美、日孩童與成人間互動百分比圖表來總結該研究，其中包括女士、男士與男女雙方這三部分。一般認為日本男人花在工作上的時間較長，陪孩子的時間較少，但這份圖表卻顯示，觀察結果指出日本男人和美國人一樣，他們經常跟孩子在公共場所中互動（見圖3.3）。

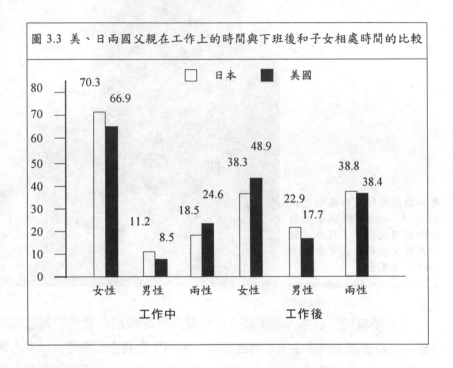

圖 3.3 美、日兩國父親在工作上的時間與下班後和子女相處時間的比較

巴嫩德的研究：步驟五

在分析資料時，巴嫩德尋找自變項（文化背景）和依變項（對陌生人的態度）之間有意義的連結。根據他的分析，美國人在注意陌生人、考慮與之互動、交談的頻率多於日本人。支持這項觀察的事實是：美國人對這種傾向的問題（意即，你經常注意到陌生人，考慮與之互動、交談或反應？）多答以「經常」與「十分經常」，較少答以「鮮少」或「從不」。相反地，日本人較多回答「從不」和「鮮少」，而較少回答「經常」和「十分經常」。

與一般刻板印象相反的是，Bailey和Mackey對親子互動的比較研究指出，日本父親和美國父親花費在子女身上的時間差不多。

　　巴嫩德發現，日本人和美國人之間最顯著的差別在於他們對互動的考量，以及實際上與陌生人互動的傾向。與陌生人發生互動時，日本人最常知道的是對方的職業（此乃地位的一項重要指標），而美國人卻常在親密的互動和活動之後知悉對方的名字，1/3 的美國受訪者會獲知對方的電話號碼和地址（這可望獲得進一步的接觸），而日本人只有 1/5 會如此。不過，巴嫩德的資料分析有項缺失，他使用語句來陳述研究結果，而不是以圖表呈現（意即，「1/3 的美國受訪者……但 1/5 的日本受訪者....」這類的陳述），結果讀者只知道巴嫩德所欲強調的部分數據，所以這是項缺點。

❧ 步驟六：描述結論

　　在研究過程的最後階段中，社會學家會解說研究結果的**概括力**（generalizability），所謂概括力係指研究結果可以應用到較大母體的程度。樣本和反應率對概括力來說都同樣重要，假如樣本經由隨機抽樣選出，所有受訪者都願意參與，即反應率甚高，這樣的樣本就能代表母體，且理論上該研究結果可概推到母體；假如樣本不是經由此程序而選出（或因特別容易獲得，或因個人興趣），該研究結果則無法概推到較大母體。例如克萊斯勒的總裁 Lee Iacocca 在廣告中稱聲「以 4：1 之差的票數，受試者較喜歡 Plymouths 和 Dodges 而不是 Hondas」（Levin 1990, p.C3），但這項發現並不能概推到所有美國購車者，因為該「樣本」是洛杉磯最近購買美國國產車的新車車主，且樣本年齡高於平均年齡（Levin 1990）。不過，雖然樣本的研究結果不能概推到較大母體，但這不必然減損該研究的價值。研究的價值取決於採用非隨機樣本的理由，及其產生的洞察。克萊斯勒公司這項研究中選取偏差的樣本，致使結果的呈現有利於克萊斯勒產品。

　　即使描述結論的目的之一是要概推到較大母體，但概推並不必然能應用到每個人身上。譬如，社會學家 Ishii-Kuntz（1992）針對三個文化裡父子間的互動作比較性研究，在這個研究中，知道受訪者的文化並不意謂研究者可以預測該文化中父子的互動頻率。研究資料顯示，日本父親明顯地異於美國父親與德國父親，他們較少每天和孩子一起吃晚餐，但這不是說每個日本父親都是如此，不過就整體而言，日本父子間的互動少於美國父子和德國父子間的互動。

　　研究者在宣稱自變項對於解釋依變項具有顯著貢獻之前，得先滿足三項條件。第一個條件是：自變項必須在時序上先於依變項。當自變項是決定因素（像性別、種族或出生日期）的話，時間序列就容易決定。在一個人做任何行為之前，這類因素總是固定的，不過時間順序經常不是那麼容易決定。

　　第二個必須滿足的條件是：兩個變項必須相關。**相關**（correlation）單純是一個變項的改變與另一變項的改變之間彼此關聯程度的數學表現（Cameron 1963）。雖然指出變項間的相關性是必要的步驟，但這僅顯示變項間的關聯，並不足以證明因果，即不意謂某個變項會導致另一變項的變化，因為相關可能是虛假的。**虛假相關**（spurious correlation）係指某個第三變數同時和自變項與依變項產生關聯，這是某種巧合或意外所造成的，正因為第三變數的出現，使得這兩個變項看似產生關聯。譬如，火災現場的救火車數量與財產損失數量之間表面上出現相關（救火車愈多，損失就愈大），然而，常識告訴我們這是一個虛假相關，第三變數－火災的規模－才是救火車數量和損失數量的原因。

　　身體特徵和學業成就（尤其是數學和科學）之間表面上的相關則是另一個虛假相關的例子。在美國，相較於藍眼、金髮（或白髮）的學生或黑眼珠、捲髮（美國黑人）的學生，粗黑直髮的學生和黑眼珠、單眼皮的日本人與亞洲人在學業成績上比較高。常識告訴我們，身體特徵與學業成績並無相關，學業成績的差異得歸因於父母親的介入、花費在功課上的時間與課外打工的數量，黑直髮的學生和黑眼珠、單眼皮的學生傾向於努力唸書，少有課外工作，較少看電視，並有雙親督導他們作功課，這些行為均與學業成績有關，而非關於學生的身體外觀。

　　最後，假如研究者宣稱某自變項有助於解釋某依變項的變化，那得確認在自變項和依變項之間有沒有存在造成虛假相關的另一變項。為了確認這個可能性，社會學家必須確認**控制變項**（control variables），即可能造成虛假相關的變數。研究者會把控制變項保持恆定之後，再行檢視自變項與依變項之間是否相關。

　　例如，研究者懷疑課外打工可能造成學業成績和身體特徵之間的虛假相關，於是他們控制課外打工這個變項，將日裔美國人、歐裔美國人與非裔美國人各別歸類成兩類團體：課外打工者和沒有打工者，然後再來檢視身體特徵和學業成績之間的關係。假如該關係在工作變項出現後就消失，我們就知道原先的這個關係是虛假的，實際上是第三變項——課外打工的數量——造成學業成績的差異，並使身體特質的差異表面上影響學業成績的差異。

當自變項具有**歸屬特性**（ascribed characteristic）——即不能加以改變的原初生物特徵（年齡、性別、種族、出生地文化），思索虛假相關的可能性尤其重要。這種發現可用來將某群人們加以刻板化與污名化，譬如許多美國人相信日本工作者較美國人來得忠誠，相信日本學生較用功，相信日本罪犯較能悔過，相信日本人比美國人較少訴訟，相信日本人大體上較為團體取向。然而，這些觀察到的差異實際上遠非個別的日本人所能掌控，而且可能被解釋為某些其他原因的結果。

日本學生比美國學生用功嗎？（照片中，同學正在慶祝通過考試）假如是的話，兩者間的差異不能歸因於基因稟賦，而是日本社會對學業成就和考試分數極為重視。

相較於其他國家的員工流動性，日本白領工作者對公司的「忠誠」是個顯明的例證，因為日本大公司均不錄用跳槽者。大部分的日本兒童努力用功的目的是為了考取東京大學，因為這是他們將來在社會上佔有一席之地的唯一希望，而這一切都奠基在考試分數上。

日本人「不喜訴訟」，這並不是因為他們有所謂的共識、大愛，而是他們嚴重地缺乏律師。因為若欲成為律師和法官，就必須在司法部所轄的法律訓練和研究機構中受訓，而其通過率僅佔所有申請人數的 2%（1985年參加入訓考試的 23,855 人當中，僅有 486 位通過）。大部分被警方逮捕的罪犯之所以會招供，並不因為他們覺得懊悔，而是因為他們知道，在犯罪審判中，99% 會裁決有罪。（FALLOWS 1989, p.28）

即使研究者能確認上述提及的三項條件——即（1）自變項在時間序列上先於依變項，（2）自變項和依變項之間具有相關，以及（3）沒有虛假相關的證據。倘若出現虛假相關，研究者便很難宣稱自變項的變化導致依變項的變化。研究者會使用原因的**機率模型**（probabilistic model），認為假設的原因並不總是假設的結果之起因，換句話說，知道一個人的文化（假設的原因或自變項）並不意謂我們可以百分之百精確地預測這位人士對待陌生人的行為（假設的結果或依變項）。在可能性模型之下，倘使研究者滿足這三個條件，那他們便能說自變項對解釋依變項具有顯著貢獻。

巴嫩德的研究：步驟六

巴嫩德的研究有助於我們理解日本人和美國人的溝通型態，但該研究的發現難以概推到大學生以外的社會成員（把大學生當成研究主體的風險是研究結果不能應用到社會的其他部分）。這使我們憶起：巴嫩德為了辯護他的調查結果，故主張日本和美國將來的領導者可能都來自這些大學生。

某些東西會造成文化和對待陌生人的行為之間的虛假相關，這一點巴嫩德也考慮到了，所以他確認美、日學生除了自身文化之外，其他特徵均維持相似。當巴嫩德比較美、日學生在年齡、男女比例、教育程度或家庭規模上都沒有差異之後，他總結「這些樣本在年齡、性別、家庭環境、教育和家庭規模上都十分相像，所以文化差異是造成溝通型態差異的主因」（1989, p.50）。不過這個結論可能是不成熟的，巴嫩德自己也承認，居住地的不同也可能導致差異：「較多的日本人與父母同住，但較大比例的美國人卻和同儕住在公寓裡」（p.49），居住地可能與對待陌生人的行為有關，比如離家寄宿在外的學生對於新經驗（如邂逅陌生人的經驗）的開放程度高於住在家中的學生。

在檢視巴嬾德的發現時，我們無法確定地說文化變項可以解釋美、日兩國人民對待陌生人的行為之間的差異。此外，巴嬾德的結論不能概推到兩國人民之間的首次邂逅。至於對那些屬於其他文化的陌生人，以及作生意需要和他人協商互動的情況來說，這些結論很難應用得上。

這些缺點可能讓我們覺得：檢視巴嬾德的研究根本在浪費時間。但是，在批評的過程中，我們能以較開闊的心胸，在錯誤較少的資料基礎上看待日本人。雖然巴嬾德的資料顯示，日本人比美國人較少注意陌生人、考慮與其互動並主動交談，但我們不能將之歸為不友善的一群。從某些日本人以「十分經常」與「經常」來回答問題的這個事實看來，並非所有的日本人都以同樣的方式面對陌生人。

↝ 討論

在本章當中，我們指出人們利用技術生產大量資料，也思考過與資訊爆炸有關的品質控制問題——回饋的不足與誇大、扭曲的標題，故而我們必須批判性地檢視各項研究，因為：

> 在世俗的世界裡，大多數的研究資料都是二手與含糊的。雜誌研究員找出社會現象的事實並據以論斷，意見調查的結果持續被發布，蓋洛普給一個數據，漢瑞斯給另一個數據。的確，在這股有關離婚、疾病、飲食、教育、生態、經濟、政府的報告潮流中，所有的主題都令人關懷，但這種混亂情況也是持久和令人畏怯的。
>
> 我們確實可以說不間斷的「研究」潮流無法真正地增加大眾的知識，某個報導封殺另一個報導，詳盡的細節無法縈繞人心，而違逆常

識的東西也太常喚起人們的關心。（BARZUN 1987, p.20）

日本電視製造廠
裡的品質控制會
議。

　　儘管有這些問題存在，但研究技術的基本知識可幫助我們分類資料，
藉此辨別誇張的媒體和平衡的研究，我們已經知道爲何我們應該懷疑研究
的數個理由。

　　首先，所有的科學家（包括化學家、生物學家、社會學家、經濟學
家等）在從事研究時，都以其價值觀和個人興趣作爲選擇的基礎。社會學
家之所以關注日本人和美國人的溝通類型，可能因爲他們相信美國人在和
日本人的貿易談判中有所不足，或認爲美國人對待其他文化的態度並不成
熟，還得加把勁學習。同樣的，化學家和生物學家在挑選研究主題時，經
常也是以其價值觀或需要解決的問題作基礎。由於研究者自身的意見和價
值觀足以影響主題的選擇，所以必須放入某些機制來避免個人價值觀影響
研究結果，而該機制正是科學方法。研究者需要澄清研究過程中使用的方
法，好讓其他對此感到興趣的研究者能夠審察並確認此過程。

　　堅持科學方法的原則是需要訓練、耐心和建設性回饋的，然而研究
者經常違反該原則。譬如操作性定義（如貿易平衡）的建構經常未考量信

度和效度，樣本的選擇過於草率，或詮釋太過草率而不精確。[11] 由於研究者多於批判性讀者，因而增加草率研究的發表，可能也就增加評估研究的數量。當草率研究發表之後，便開放給大眾，此時就難以預測研究結果會如何被使用。

所有的訓練都會面臨品質保證的問題，不過社會科學家經常會面對物理科學家不會碰上的額外問題，因為社會科學家的研究對象可以拒絕合作或中止接觸，回答取悅或妨礙研究者的答案。正如社會學家 Fritz Machlup 所說，一塊岩石絕不會向地理學家表明，「『我是隻野獸』，也不會說『我不喜歡過去待過的冰河，所以才在這裡；我喜歡這裡，尤其是這兒的山谷景緻挺不錯的』」。另一方面，人們也較不願意接受調查。

我們很難知道人們究竟對研究者有多少隱瞞。譬如某項蓋洛普民意測驗針對 1,239 個美國家庭，調查他們完成多少份表格回寄給普查局，結果發現有 80%的家庭答稱他們有回寄表格，但美國普查局的統計數據卻只有 63%，這兩個數據相互牴觸（Kagay 1990），表示接受蓋洛普民意調查的受訪者中有 17%可能說謊，或也可能是選自母體的樣本不具代表性。假如樣本的選取是採用隨機號碼播號方式，受訪者便只包括那些擁有電話的人，所以可能是那些擁有電話者比沒有電話者較可能寄回表格。

人們不能期待研究者作出一個毫無瑕疵的研究計畫，也正因為如此，讀者才能評估研究者如何面對研究中的挑戰。例如，縱使巴嫩德的研究有概念上和方法論上的問題，但在批評的過程中，至少能促使讀者思考該研究的缺點。在確認缺點的過程中，我們了解到陳述某特定國家成員的行為方式有其困難，此等發現鼓舞我們質疑廣泛而不當的推論，使我們更能以寬闊的心胸看待人類行為，避免較少的刻板印象。

๛ 焦點：以電話信息次數測量互賴

概念的操作化是研究過程的主要步驟之一。正如本章提及的，操作性定義是用來觀察和記錄中心概念和變數的特定建構，其界定必須精確清楚，以避免出現測量上的問題。假如操作性定義不夠清楚，或者無法精確地指出所代表的行為，那它的價值便會遭受質疑。好的操作性定義必須是可信與有效的。

假如操作性定義不是可信與有效的，那麼不論研究者對計畫投入多少時間、金錢和努力，其結果終將遭致懷疑。下述實例是關於國家之間傳送的電話信息形式（包括交談、傳真與電報），指出研究者得審慎地建構操作性定義。我們能夠用國家之間的電話信息次數來測量國家間的互賴嗎？這是一個重要的問題，因為人們總是隨意的引用互賴這個名詞，而未能明定其意義。

電話信息赤字

Kevin Steuart and Joan Ferrante

聯邦通訊冊記載每年美國與他國之間的電話信息赤字資料。據資料顯示，美國發送的電話信息多於接收的電話信息。（見表 3.2）

如同使用美國和他國之間的貿易赤字來測量互賴一樣，我們假定把電話信息赤字當作互賴的操作性定義（在這種情況下，互賴意味著兩國人民彼此相互連結的狀態）。但電話信息赤字果真是測量相互連結或互賴的好方式嗎（想想看稍後的批評會不會類似於對貿易赤字的批評）？

表 3.2 電話訊息赤字	
國家	美國發送的電話訊息多於接收的電話訊息
巴西	4,488,000
中國	2,032,000
德國	19,247,000
印度	793,000
以色列	12,581,000
日本	5,579,000
南韓	7,222,000
黎巴嫩	270,000
墨西哥	53,707,000
南非	1,178,000
薩伊	58,000
總數	107,155,000

實際上，以信息赤字作爲測量互賴的方式，的確會出現一些問題。

1　信息赤字並未告訴我們兩國之間的電話交換總數，我們也不知
　　道美國人傳送給某特定國家多少信息，或者某特定國家人民傳
　　送給美國多少信息。例如，對墨西哥的電話信息赤字 53,707,000
　　通，這可能源自無數的腳本情節，包括：
　　a. 來自墨西哥的電話信息有 94,437,000 通，而來自美國的電
　　　　話信息有 147,144,000 通，總計 240,581,000 通信息
　　　　（147,144,000 － 93,437,000 ＝53,707,000）。
　　b. 來自墨西哥的信息有 5,682,000 通，而來自美國的信息有
　　　　59,389,000 通，總計有 65,071,000 通信息（59,389,000 －
　　　　5,682,000 ＝ 53,707,000）。
2　與某國有大量的信息赤字並不必然意味美國與該國的連結強度

比較高，例如，印度和美國之間的信息傳送總數達 22,327,000
通，赤字是 793,000 通，而以色列和美國之間信息傳送的總數
達 22,001,000 通，赤字是 12,581,000 通。

基於上述兩原因，即可發現相較於電話信息赤字，電話信息總數是
更好的操作性定義。

假設現在我們以美國和他國之間傳送的信息總數作為測量互賴的方
式（見表 3.3）會出現一個問題：一個國家的人口規模可能會扭曲相互連
結的規模。例如，以色列的人口數是 4,037,620，而日本是 123,611,167，
但以色列和美國之間信息傳送總數達 22,001,000 通，日本則有 97,785,000
通，就總數看來，可以看出日、美間的相互連結多於以、美之間的相互連
結，但假如我們計算以色列每人的平均信息（22,001,000 ÷ 4,037,620 ＝
5.45）和日本每人的平均信息（97,785,000 ÷ 123,611,167 ＝ 0.79），我們
將知道以色列的傳送信息幾乎七倍於每個日本人傳送的電話信息。

表 3.3　美國平均每年發送和接收自各國的電話訊息量

國家	發送的訊息量	接收的訊息量	訊息總數
巴西	17,717,000	13,229,000	30,946,000
中國	6,094,000	4,026,000	10,156,000
德國	67,669,000	43,422,000	111,091,000
印度	11,560,000	10,767,000	22,327,000
以色列	17,291,000	4,710,000	22,001,000
日本	51,682,000	46,103,000	97,785,000
南韓	25,841,000	18,619,000	44,460,000
黎巴嫩	270,000	0	270,000
墨西哥	147,144,000	93,437,000	240,581,000
南非	4,300,000	3,122,000	7,422,000
薩伊	58,000	0	58,000
總數	349,626,000	237,471,000	587,097,000

所以，倘使我們決定以電話信息總數作爲測量互賴的方法，我們便得將人口規模加以標準化，意即，我們必須以國家的人口規模來區分電話信息總數（見表 3.4）。將信息赤字當作互賴指標的另一項問題是：我們不知道到底是那些人打了這些電話。例如：

1　從日本打電話回美國的人可能包括留日的美國學生、在日本的美商或觀光客。

2　從美國打電話回德國的人可能包括留美的德國學生、在美國的德商或觀光客。

3　第三者（譬如，到日本觀光的印度遊客）可能打電話給美國的友人。

4   美國聯邦通信部把在中國留學的美國學生、美商或觀光客，以及中國人打的對方付費電話列為美國打出去的電話。

表 3.4	特定國家每年平均電話訊息量和人口		
國家	訊息總數	人口總數	平均每人訊息量
巴西	30,946,000	153,322,000	0.20
中國	10,156,000	1,133,682,501	0.01
德國	111,091,000	79,753,227	1.39
印度	22,327,000	846,302,688	0.03
以色列	22,001,000	4,037,620	5.45
日本	97,785,000	123,611,167	0.79
南韓	44,460,000	43,410,899	1.02
黎巴嫩	270,000	2,126,325	0.13
墨西哥	240,581,000	81,249,645	2.96
南非	7,422,000	26,288,390	0.28
薩伊	58,000	29,671,407	0.002
總數	587,097,000	2,523,455,869	0.23

這些可能性是否會影響測量方式的效度？我們認為不會。因為即使相隔兩地的人們彼此互通信息，打電話和聽電話的人都是同一國人，比如美國觀光客從墨西哥打電話回美國，這些待在墨西哥的人都有其滯留的理由，並以某一身份同墨西哥人互動。因此，電話信息大致上還是有間接關係的。換言之，信息總量雖不是測量互賴的完美方式，但它是個良好的指標。你能想到更好的測量方式嗎？如果有，請寫信到 Sociology Program at Northern Kentucky University, Highland Heights, KY 41099。

1 電傳技術包括收音機、電視和數據機等,這些技術將聲音、資料和影像轉變成電子脈衝以便傳輸。人類傳播領域中有四大革命:口語、手寫、印刷以及電子傳播的發展。

2 社會學家 Robert 與 Helen Lynd([1929] 1956)在冬天清晨觀察開燈次數,藉此判斷勞動階層的家庭是否比中產階層的家庭更早開始他們一天的生活。

3 研究者以都市水壓的降低,估計人們在電視黃金時段觀賞廣告節目的次數,他們假設:當人們覺得廣告節目頗為有趣時,上洗手間的次數會較少(Rossi 1988)。

4 柏青哥是彈球遊戲的一種,柏青哥店鋪典型會開設在火車站或商業區附近(Koji 1983)。

5 即使美國政府也沒有所有公民的名冊。1990 年普查局官員在分發普查表給各家庭(與無家可歸者)及勸導公民(與非公民)參與時,都遭遇到許多困難,幾乎有 500 萬封表格被郵局以查無此人為名退回(Barringer 1990),幾乎有 40%的家庭沒有寄回表格,結果,普查局必須申請 56,000 人支援,並在全國雇用 210,000 名工作人員,拜訪那些沒有寄回表格的家庭(Barringer 1990)。「因為工作人員手上只有地址,所以他們經常得從信箱或大樓管理員那裡取得名字,不得已的話還得利用鄰居、郵差或者其他的消息來源來確認這些居民的重要資料,比如性別和種族等等」(Navarro 1990, p.E4)。

6 美國境內有 48 州在收養記錄上採取保密措施,我們無法知悉被收養者的數目,這迫使研究者只能以使用醫療健康服務的人口,來研究大多數的被收養者及其家人(Caplan 1990)。

7 例如,美國政府並未保存售予外國人的美國公司之相關記錄。事實上，貿易與投資分析辦公室的官員必須檢視報紙、雜誌和商業與貿易期刊，以便估計外國購買美國公司的數量（U.S. Department of Commerce 1989b）。

[8] 「霍桑效應」一詞緣自於 1920 和 1930 年代對工人生產力的一系列研究，當時的研究對象是伊利諾州西方電子工廠霍桑廠內的女員工。研究者發現，不論工作條件如何變動——燈光的明暗、休息時間的長短、休息與否、按件計酬或支固定薪，工人的生產力都會增加。有一種解釋可以說明這種發現：被指派到該研究的工人會出現這種正向的反應（Roethlisberger and Dickson 1939）。

[9] 古典實驗設計由兩群團體所組成，這兩組的所有特徵（年齡、婚姻狀況、種族、態度、健康狀況）均大致相似，其中一組接受假設性的自變項，另一組則否。接受自變項的這組稱為實驗組，另一組則稱為控制組。之後，這兩組可拿來相互比較，以決定他們之間是否出現顯著差異，若出現任何差異，則可解釋成是自變項造成的影響。有項著名的實驗設計類型：調查者在測試藥物療效時，會給予控制組安慰藥（placebo）——即一塊糖片或相等份量的無作用藥片，而給予實驗組真正的藥劑，然後再來比對這兩組的療效，假如實驗組的療效真的優於控制組，便足以證明的確是這種藥劑產生療效。

[10] 在 1989 年夏季，我在社會心理學的授課內容中引用巴嫩德的研究，這些批評是課堂上的學生提供的。

[11] 聯盟裁判 Bill Clem 的這段經歷，也可以應用到研究者身上：在褒揚 Bill Clem 的晚餐上，……一位演講者站起來稱讚 Clem，他說，「他總是以其所見來判定好壞球。」此時，另一位演講者不表同意，他說「不，他總是以它們所現來判定好壞球。」而後 Clem 站起來回答，「你們都錯了，在我判定好壞球之前，它們什麼都不是。」（LEWONTIN 1990, p.6）同樣的，除非研究者建構測量並運用觀察，否則觀察的對象「什麼也不是」。

文化——以南韓爲例[1]

- 物質文化與非物質文化
- 地理與歷史力量所扮演的角色
- 文化是經由學習而得
- 文化作爲解決生活問題的工具
- 物質文化與非物質文化之間的關係
- 文化擴散
- 將自身文化作爲標準
- 次文化
- 社會學對文化的看法
- 討論
- 焦點：Edward T. Hall 的洞見

他們爲了前途來到漢城，不是到此觀光。他們大多是美國中西部小型公司的老闆，由於沒有豐富的出國經驗，所以剛抵漢城時有些緊張。他們現在身處一個遙遠的陌生國度，身負交易的重責，交易過程中或許還得放棄自己部分的股份。他們之所以會來到韓國，是因爲最重要顧客——美國裝配公司——要求他們降低成本，他們害怕在美國本土的競爭力不再。

不管他們是否喜歡韓國，這個地方總是希望的所在。有人告訴他們，韓國是個新日本，來到這兒能避開日本的挑戰。

他們在漢城遇見事業上的新夥伴，但卻苦於無法跟對方溝通。克萊斯勒駐韓代表 William Vaughan 目睹這些人的到來，見證他們的拚命，也了解這些人相信若作不出成績來，就會很快被踢出業界。Vaughan 的工作頗不尋常，他代表克萊斯勒，和南韓主要製造業的聯合企業——三星（Samsung）——進行談判，而他還是使用美製零組件的克萊斯勒和韓國廠商之間的中間人，他試著在這個新的汽車界裡找尋成功的韓國公司。（HALBERSTAM 1986, p.697）

在 1980 與 1990 年代，美國與外國公司之間有數萬件生產合約與合夥關係，這股趨勢對美國整體經濟福祉的意義尚存爭論，但有項非常清楚的意涵：美國現今所處的世界經濟氣候較十年前更爲緊密連繫，也更爲競爭。新的全球競爭加上對自身世界地位的關心，已促使美國商業領袖、教育家、政府官員和社會評論家開始拿美國同世界其他國家相比，包括比較各國的地理與科學知識、失業率、儲蓄率、識字率、高中畢業率、生育率、離婚率、健康支出、軍備支出與信用卡使用等等特徵。這種比較的假設是「一個社會鼓勵的種種日常行爲關係到該社會經濟的穩定和繁榮」（Fallows 1990, p.14）

此外，新的全球競爭已促使美國政府、商業界及教育界領袖強調訓練國民、員工或學生的需求，好讓這些人能注意文化差異。例如，根據地在明尼蘇達，每年國外收入超過 12 億美元的大型高科技公司 Honeywell，便舉辦研習會提升員工對於不同文化的認知，該項訓練計畫關注與下列主題有關的普通知識：（1）關於外國的知識，尤其是 Honeywell 員工即將派駐的國家；（2）外國的價值觀、習俗和想法；以及（3）個人自身文化架構的知識，包括其文化的價值觀、假設和感受（Kim and Mauborgne 1987）。

社會學家將文化（culture）定義爲一個社會爲了生存而創造的獨特且完整的設計（Kluckhohn 1964）。文化包括一切由社會成員所創造，或採借自其他社會的有形與無形之物，並將之傳遞給下一代。「總之，文化包括人們所有、所做與所想的東西」（Herskovits 1948, p.625）。文化是個基本卻極端複雜的概念，在解釋行爲時，文化具有的重要性可與基因和人格兩者相匹敵。

社會學家認爲文化和社會有所區別。一個社會（society）是生活在特定地區裡的一群人，彼此分享同一文化，且與該地區成員的互動多於與其他地區成員的互動。這個定義意涵著一個廣義的本質：一個社會可以是一群國家（西方社會、東方社會或非洲社會），或是單一國家（南韓、北韓、美國），或是某國家內的社區（安曼派教區、韓國城、中國城）。必須再次強調的是，共同的領域、彼此分享的文化和互動是社會的重要特徵。

在本章當中，我們將探索文化概念的八個基本原則，並比較南韓文化與美國文化。我們基於下列原因而選定南韓為例。首先，南韓是太平洋邊緣12個國家或地區之一，該區域預期是21世紀裡一個顯著的經濟力量。太平洋邊緣諸國包括日本、南韓、中國大陸、台灣、香港、菲律賓、越南、泰國、馬來西亞、新加坡、印尼及澳洲。許多美國人不太了解這個地區（除了日本以外），也普遍沒有意識到該地正進行快速的經濟發展。事實上，南韓、台灣、香港和新加坡有「下一個日本」以及「四小龍」之稱，若再加上中國大陸，這個地區便是世界上發展最快的經濟體之一。一般相信，對這四個以空前速度發展經濟的國家或地區來說，天然資源的相對缺乏是普遍的共同特徵（Kim 1993）。南韓、台灣、香港、新加坡再加上日本，這些就是亞洲經濟體的主要成員，世界三大區域貿易體之一的亞洲經濟體預計在未來十年內將影響全球經濟（Welch 1991），與北美自由貿易區及歐洲共同體一起在市場上角逐（見圖4.1）。

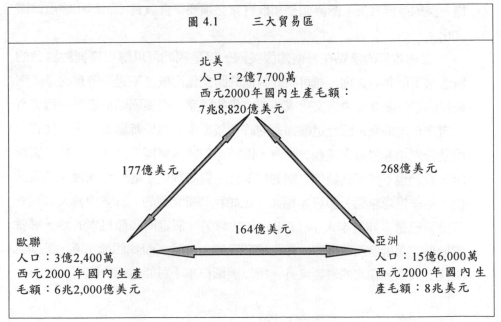

圖 4.1　　　三大貿易區

北美
人口：2億7,700萬
西元2000年國內生產毛額：
7兆8,820億美元

177億美元　　　　　　　　　　　268億美元

164億美元

歐聯
人口：3億2,400萬
西元2000年國內生產
毛額：6兆2,000億美元

亞洲
人口：15億6,000萬
西元2000年國內生
產毛額：8兆美元

第二次世界大
戰結束以後,
韓國便分隔為
南、北韓。

　　以南韓為例的另一個理由是,劃分南北韓的韓戰結束迄今已逾35年,
現今仍約有 35,000 名美軍駐紮南韓。不過,美國人雖然長期介入韓國事
務,但與韓國人的互動基礎仍狹隘地侷限在國家安全及軍事利益上,美國
人鮮少關注韓國人如何生活,以及他們如何看待美國。

　　現今的南韓已整合到世界經濟體系當中,在經濟上已與美國有所連
繫,因此美國人必須學習將韓國人當成夥伴而彼此互動。為了達到這個目
標,美國政府官員、商界領袖和教育家必須要學會欣賞、了解和尊重韓國
文化。

　　雖然本章的焦點在於南韓與美國,但是我們可以應用這裡討論到的
概念來了解其他文化,並可設計其他的跨文化比較。不過得留意的是,南
韓指的是一個擁有東方文化或亞洲文化的國家,而美國則被視為一個擁有
西方文化的國家,因此這裡描述的許多類型不必然是韓國或美國所獨有,
而是分別指其他東方或西方社會。同時,對於承襲同一文化傳統的各國來
說,我們也不能高估她們之間的相似性,譬如我們不能假設南韓(或者其
他太平洋邊緣諸國)與日本相像。正如我們將見到的,許多南韓人強烈的
認為自己是「非日本人」(Fallows 1988)。假定南韓像日本的話,那就
等於假定美國像西歐國家(如德國或英國)一樣,而我們都知道,美國自
豪獨立於歐洲國家的影響之外,所以美國根本不可能像西歐國家。

最後，我們不能假設生活在特定國家疆域裡的所有人都分享相同的文化。在每個國家當中，甚至是同種族的國家（如南韓）裡，團體和個人之間總是存在著某些差異。（見「將自己置身於文化地圖上」一文）

將自己置身於文化地圖上

我們都知道東、西方之間有地理和文化上的區隔，也常使用東方世界、西方世界以及東方文化、西方文化這些語詞。我們想在此探索的問題是：東、西方的說法存有具體的地理指涉，但也有文化上的具體指涉嗎？換言之，假如我們將某個社會描繪成西方社會，這個社會是否一定要坐落於西半球？反之，倘使將某個社會描寫成東方社會，這個社會是否就得坐落於東半球？我的回答是：（1）現代社會由於在文化上已彼此交織在一起，所以這種二分法不可能存在，（2）我們生活的這個世界已變得愈來愈異質化。

如果我問你這個簡單的問題：美國地圖上有些什麼？你的回答一定是各州郡及國家公園、山脈、河流、湖泊等等。現在，你試著想像美國的文化地圖，你還能像先前一樣很清楚的表達出來嗎？也許很難，特別是當你記起社會學家將文化定義為社會所有物質與非物質產物與面向的集合，這種定義讓這張文化地圖更難想像。比如不考量地理位置的話，作為肯德基州人究竟意謂著什麼？肯德基州人與加州人的差異有多大？就第一眼來說，這兩種人也沒什麼多大差異，畢竟他們同是美國人，也都承襲同樣的文化規範：熱愛國旗、足球、蘋果派、開快車、喜愛寬廣的空間、好萊塢等等。也許你可以下個結論，肯德基州人和加州人由於同住在美國境內，所以他們都是「美國人」。

但是這兩州彼此卻存有差異。加州有大量的移民人口住在都會區及其周邊（舊金山、洛杉磯、聖地牙哥、薩克拉門托等），而加州的文化異質性高於肯德基州，因此東、西方文化的差異在加州就變得更細微，甚至消失。

由於加州有大量來自亞洲、拉丁美洲和中東地區的人口，所以相較於畫出肯德基州的文化地圖，想畫出加州的文化地圖就得花費更多時間和精力。我們必須知道這些移民打哪兒來？要知道他們說的語言、吃的食物、聽的音樂、信的宗教、愛看的運動等許多其他細節。

在韓裔美國人的遊行隊伍中，這幅景象在洛杉磯屢見不鮮。對於洛杉磯的「文化地圖」，你應如何描繪？

　　正因文化一詞包括一群人所有、所想與所做的一切，所以社會科學家無法同意某個特定的文化定義（Segall 1984）。儘管文化的定義相當分歧，但社會學家仍然相當認同文化的基本原則，他們認為文化是由有形與無形的成分所組成；人們繼承和學習文化；生物性的、環境的和及歷史的力量形塑並改變文化；而文化是人們用來評價其他社會和適應生存問題的工具。若能對這些原則有基本的認識，就能提供我們一套用來思索其他文化的架構。

🔊 物質文化與非物質文化

物質文化

原則一：文化是由物質文化與非物質文化組成。就社會學的說法，**物質文化**（material culture）係由社會成員所能獲得的任何東西或物體組成的（Horton and Hunt 1984），包括電話、鏟子、書寫系統、紙鈔、電腦、微波爐、汽車、書寫紙張等等。這些東西一開始都是以資源[2]（植物、樹木、礦物或礦砂）形態出現，並為了某種目的（如運輸人畜和商品、煮食、計算）而被轉變成其他形式。社會學家指稱的技術（technology）係指一套知識、技術和工具，用來將資源轉變成具有特定目的的形式。

根據社會學家的說法，物質文化的重要特徵包括：設計文化的目的、被賦予的價值，以及某些人沒有它便覺得不快樂，而會努力想得到它的這項事實（Kluckhohn 1949）。換句話說，社會學家想知道，物質文化對其使用者來說，究竟具有什麼樣的意義（Rohner 1984）。以汽車為例，它「說不上好或壞，全靠使用者如何使用。醫生、病患、銀行搶匪、卡車司機以及綁匪都可能搭乘」（Braunschweig 1990, p.23）。社會學家據此脈絡發現一些有趣的事，美國人（尤其是青少年）認為汽車是他們獲得獨立的機制。在我開設的社會學導論課程中，我問了這個問題：描述影響你們人生最大的一件事。有位學生寫了如下的答案，這個答案顯示擁有一輛汽車對某些年輕人的意涵：

考取駕照和買輛新車是我的人生大事。現在我能不受時間限制而做我想做的事；我不必再依賴其他人接送我到想去的地方。但是，為了支付買車的相關費用，我每星期得工作 32-40 個鐘頭。假如我沒有買車的話，我就不用那麼辛苦的掙錢了。這輛車支出高的因素之一是保險費很高，再加上我曾經發生過一次交通意外，所以保費變得更高了。

非物質文化

依照社會學的說法，**非物質文化**（nonmaterial culture）包括無形的人類創造物（即無法直接經由感官確認的事物），這些創造物對人類行為產生很大的影響，其中最重要者是信念、價值觀、規範和符號（對符號的討論可參見第二章）。

信念　信念（beliefs）係指人們對於世界如何運作，以及個體如何適應世界等問題所認定的真實概念。信念可以植基於盲目的信任、經驗、傳統或是科學方法（科學方法的討論參見第三章）。不論信念的起源為何，它對人類的行為產生相當強大的影響。

為了了解人們的信念與行為之間的關聯性，社會學家 Evon Z. Vogt 及 John M. Robert（1960）針對生活在新墨西哥州蓋勒普的兩個團體，研究其各自抱持的信念。其中一群美國基督徒是來自德州的開墾者，另一群則是住在當地的印地安人，是由 Zuni 組成的美國土著。研究者發現，開墾者認為自己和大自然分離，他們視大自然為「人類為自身的目的與物質舒適而可加以控制與剝削的東西」（Vogt and Roberts 1960, p.115）。另一方面，Zuni 相信他們既不是大自然的主人，也非大自然的受害者，而是扮演一個與萬物和諧共處的角色。

這兩群人不同的信念體系反映在他們與環境的關係上，尤其反映在兩個群體對旱災的反應。開墾者平日使用曳引機和現代耕種技術從事耕作，當旱災降臨，他們使用碘化銀種雲，而 Zuni 則是已經發展出一套生存於艱困環境中的知識，此外，他們還會在困頓時期增加儀式活動。從 Zuni 的觀點看來，人們需要的只是做好自己該做的那部分，而「其他的就交給上蒼。由於數世紀以來的夏季降雨證實這個觀點的正確性，所以 Zuni 非常反對使用飛機和碘化銀造雨」（Vogt and Roberts 1960, p.116）。

價值觀　關於行為模式中什麼是好的、對的、適合的、值得的以及重要的等等普遍和共享的概念（例如自立和服從）以及存在的狀態（例如選擇的自由和平等的機會）就是**價值觀**（values）[3]。信念是有關世界及其中的人們如何運作的概念，而價值觀是有關世界和人們應該如何的概念。社會學家 Robin William（1970）確認美國人認為重要的九項中心價值觀，雖然它們經常未被實現：

1. 同等的機會（不是指結果的平等，而是競爭機會的平等）
2. 成就（特別是職業上的成就）
3. 活動（在操縱環境以達成所欲目標的過程中扮演積極的角色）
4. 結果（不是獲得所欲結果的過程，而是實際上達成了什麼）
5. 未來展望（反對期望過去和現在）
6. 科學（作為解決問題的手段）
7. 物質舒適（消費與高水準的生活）
8. 民主（政治參與的權利）
9. 適者生存

我們不是以現存的價值觀來區別不同的社會，而是根據該文化中的成員在必須作出選擇的情境中會選擇什麼樣的價值觀。例如，美國人非常強調個人作為一個個體的價值觀，他們重視個人的成就與獨特的風格（自由選擇）。相反地，韓國人重視個體與團體（尤其是家庭）的關係，他們強調自律與尊敬長輩。

以運動為例，美國人會挑選單場、單季、聯盟或競賽中最有價值的球員，這證實美國人重視個人價值，而美國人在看待傑出運動功績時，也傾向將榮譽歸於個人才能或求勝的欲望，而非紀律的運作，此外，美國運動員會試著找出能夠獲致成功的最適個人風格。但對韓國人來說，雖然韓國人也關注個人成就，但他們卻重視紀律的價值，尤其側重形式（即遵守完成目標的有效方式）。從韓國人的觀點看來，運動員不能單憑求勝的企圖心和個人才能就能成功，他們認為運動才能是個人花費許多時間精熟各步驟之後產生的有意向結果。相較於美國體系，韓國體系壓低個人成就，因為他們認為成功肇始於技術的精通。

我們應該指出，價值觀超越任何一種特定的情勢。例如，美國人強調個人成就與獨特風格，而韓國人強調團體、形式與紀律，這些都不只限定在生活中的某個單一領域（如運動）。如同我們將在本章稍後見到的，這些文化價值觀滲透到生活各個領域內。

規範 每個社會都有一套指導方針，用來管理道德標準，甚至管理生活中最例行性的面向，這些載明適合於特定情境的行為之成文及不成文規則，社會學家稱作**規範**（norms）。人們認為某些規範比其他規範來得重要，關於這一點，社會學家孫末楠（William Graham Sumner 1907）區分出民俗和民德。**民俗**（Folkways）係應用到日常事物的那些規範，比如進食、睡覺、演出、姿態、設備的使用、與他人、動物和環境的關係。

韓國餐桌並沒有清楚的位置擺設，這種習慣反映出個體與團體間關係的價值觀。此外，韓國人在進餐時會使用同一套餐具進食。

就拿韓國人和美國人的進餐民俗來說，韓國人在用膳時會盤腿坐在矮桌前，他們不會把菜肴相互傳給對方（除非是小孩子），而是用筷子將盤中的食物夾取少量到自己的碗裡或逕行進食，這種伸手夾菜、沒有固定的用餐位置、用同一雙筷子夾菜和進食的餐桌禮儀規範，顯示韓國人不注重個人而較重視團體。

美國人的進餐民俗則有顯著差異。他們坐在餐桌前高度齊腰的椅子上，每個人都有固定的座位，在餐桌上清楚的陳列個人的餐墊和用餐器具。用膳時，每人必須將菜肴輪流傳遞，並使用公筷母匙。至於伸手擅經他人面前夾菜，或是使用自己的餐具取菜和進食，都被認為是不禮貌的行為。就此看來，美國人相當注重進膳空間，他們不會侵犯其他進餐者的空間，也會使用分離的餐具取菜，這些都強化個人價值。

另外，韓國人和美國人對於使用筆記紙、電冰箱等器具的民俗也不同。[4] 韓國人開冰箱門時，只打開足夠讓東西進出的寬度，以防止冷空氣大量流失，而美國人則是大開冰箱門，經常在開了門之後才開始思考要取出哪種食物。在筆記紙的使用上，韓國人常將整張紙寫滿後才丟掉，甚至會為了增加寫作空間而在已有的兩條橫線中間再多畫一條，但美國人有時只因寫了一行自己不喜歡的字就將之丟棄。

民德（mores） 係指人們認定對團體的福祉來說重要的規範，比如那些禁止蠻行、不公平和蓄意殺人的規範就是民德的明顯事例。民德被視為具有決定性且不可改變，故觸犯民德者經常遭致嚴厲懲罰（監禁或處死）。相較之下，人們對於不順從民俗者就較為容忍，破壞民俗遭受的懲罰通常也較小，比如一個白眼、在某人背後竊竊私語或者嘲笑。至於人們進餐次數的多寡便受制於民俗，而非民德。

解釋行為差異的方式之一是指出韓國人與美國人所持的價值觀與規範之不同。有些人認為韓國人重節約而美國人重消費，他們各自訂出的行為標準就反映出這些價值觀。不過，我們不能簡單的認定價值觀和規範導引著行為，我們必須調查導致特定規範和價值觀的地理環境和歷史環境。

❧ 地理與歷史力量所扮演的角色

原則二：地理和歷史的力量形塑文化的特質。社會學家認為文化是「人們與其居住地之間的緩衝器」（Herskovits 1948, p.630）。意即，文化的物質與非物質面向代表社會成員在面對獨特的歷史與地理之挑戰時，所逐漸形成的解決方式：

> 所有人類都有適應環境並解決生存問題的獨特能力，正因為這種能力，使人們代代都能掌握世界提供的環境機會中的許多利基——森林、草原、沙漠、海濱和冰蓋等等。人們在每一種情況下都能發展出一套適合居住環境的生活方式。（READER 1988, p.7）

韓國人與美國人使用冰箱及紙張的方式不同，部分肇始於兩國擁有不同的天然資源。韓國沒有出產石油，只有少許的煤礦與枯竭的森林，但美國卻擁有豐盛的石油、森林和礦產。雖然南韓可以進口這些資源，但多數資源依賴其他國家的的結果，常會在世界局勢變動後遭受嚴重影響，大多數美國人並不十分了解這種壓力。由於韓國在這方面的弱勢，使其人民在使用資源時較為節省，不會將之視為理所當然。

總之，節約導向和消費導向的價值觀植基於環境資源的短缺或豐沛。回想一下家裡停電、停水的那幾分鐘帶來的不便，就可以理解這種情形。吾人必須將節省的觀念根植心中，減少開冰箱的次數。

我們可以想像長期的資源短缺，或者依賴他國資源對人們生活產生的影響。當加州經歷長達 6 年的乾旱（1987-1992），長期的資源短缺便影響加州人的生活：在某些限水區內，加州人減少 25-48% 的用水量。譬如在自願配給計畫的建議下，Contra Costa 郡的市民每天的用水量減少到 280 加侖以下，平均用量是 165 加侖（Ingram 1992）。

相反的，你可以想像資源豐盛對節約行為產生的不利影響。很多韓國人到美國住上一段時間之後，便沒有動機在紙上多加條橫線，因爲紙的供應太過充裕，所以就沒有人會再節約了。

大部分人都會遵循價值觀，但卻不會探討這些價值觀的起源，認爲這「只不過是嬰孩在開始呼吸空氣前便來分析空氣」（Sumner 1907, p.76），他們也沒有意識到其他的替代方案。這是因爲許多人相信和堅持的價值觀與規範早在他們出生前便已建立，因此，人們的行爲頗爲單純，因爲他們不知道還有其他的行事方式。也因爲這些行爲看似自然，所以忘卻了這項事實：文化經由學習得來。

這些台灣婦女正從美國輸入的電子廢棄物中進行篩選工作。相較於美國這種資源豐沛國家，台灣和南韓這類資源缺乏的國家通常較節約。

❧ 文化是經由學習而得

原則三：文化經由學習得來。人類生來「有兩種稟賦，或者更恰當的說，人們擁有一種稟賦，接著進入另一種稟賦」（Lidz 1976, p.5）。我們先天具有基因稟賦，而後天進入文化稟賦。父母藉由生物遺傳的方式將基因傳給我們，所有人類都一樣，這種人類共享的基因遺傳使我們有能力發展語言、直立、左右手有靈活的五指等等，這些特徵讓人們得以進行無數的活動、講各種語言、及設計和利用許多發明。事實上，「由於人們的基因稟賦具有非凡的可塑性，所以大多數的人都能適應自身的文化形式」

（Benedict 1976, p.14）。嬰孩不管其身體特徵爲何（例如眼珠的顏色、髮質和髮色、膚色），他注定要在其生長的文化中學習各種生活方式。

人類學家 Clyde Kluckhohn 曾結識一位藍眼、銀髮的男士，這位仁兄在美國出生，但卻在中國成長。以下就是這位人類學家的描述：

> 幾年前我在紐約遇到一位不會說半句英文的年輕男孩，他對美國人的生活方式感到非常困惑。在「血緣」上，他是一位美國人，他的雙親來自印地安那州，到中國傳教。由於他在嬰兒時期父母雙亡，被一戶中國鄉下家庭收養。所有認識他的人都認為他比較像中國人而不像美國人，他的動作、肢體語言、臉部表情和思考方式遠較其藍眼銀髮更令人印象深刻。就生物遺傳來說，他是美國人，但就文化薰陶而言，他是中國人。這位年輕人後來就返回中國了。（KLUCKHOHN 1949, p.19）

這個例子說明基因稟賦賦予我們身體特徵，而非文化特徵。我們不能只因某人長得像印象中的某文化成員，故而認定此人來自該特定文化。

下列這段節錄自一位移民美國的台灣母親寫給女兒的信，從內容中可以發現，當自己的孩子在不同於自己的國度和文化中長大，作父母的很難接受：

> 對妳來說，台灣只不過是妳每年夏天回來探訪的一個有趣而潮濕的地方，你的祖父母只不過是電話遠端模糊的聲音，但對我而言，台灣是我生長的地方，是我的家鄉。雖然說美國的那棟白牆橙門的房子是我們的家，但是我的部分血液卻仍向著台灣，妳了解嗎？或許這就是為什麼有時候我會期待妳能親自接觸中國文化，我想妳身上也跟我一樣流著同樣的血液，同樣的脈動。妳仍是個中國人，而我知道妳有些以身為中國人為榮，但妳知道的畢竟太少。妳有權知道自己的家族歷史，即使妳根本不在乎這些，不過，或許某天，妳終究會在意。（YEH

　　語言的發展說明遺傳與文化遺產之間的關係。人類的基因稟賦給予我們一個靈活的頭腦，來學習周遭人們所說的語言。

　　語言是文化當中一項重要的非物質成分。當兒童在學習生字及其意義時，他們也會逐漸學到自己的文化，而他們也需要一項用來思索世界、詮釋經驗、建立和維持關係以及尋求資訊的工具。只能講一種語言的人可能無法了解語言的豐富性，除非他學會另一種語言。若想流利的使用第二種語言，不能僅以此語言交談和閱讀，實際上更要以這種語言進行思考。同樣的，當兒童學到自身文化的語言時，他們也學到思考的工具。[5] 下列陳述的語言特色顯示學習字詞的意義和學習文化的方式之間的關係：

- **語言傳達的重要訊息超越字彙的實際意涵**　字彙有兩層意義——外延的和內涵的。外延是一種字面上的定義，而內涵則是與某字有關的一組關聯字。一個字的內涵定義和外延意義一樣重要。韓文和英文對個人（individual）一字所賦予的意義可說明內涵的重要性。該字在兩種語言中的意義都是「一個單獨的人」。在美國，與個人這個字有關的內涵意義通常是正面的：一個個別的、有獨立行動能力的人。但這個字——在韓文的內涵意義則是自私、或只關心自身事務（Underwood 1977）。

- **字彙不只指涉事物而已，同時還描述關係**　以收養（adoption）一字為例，收養並不單指擁有小孩而已，也包括養育的動作，並界定了親生父母、養父母和小孩之間的關係，而導引這些關係的規範則是該字的重要特徵。在韓國，大多數人認為收養是「一對沒有子女的夫婦從丈夫的兄弟或男性親戚那兒抱一個孩子回來養」（Peterson 1977, p.28），養子不能來自丈夫的姐妹或太太的親戚那兒。但在美國，收養經常是親生父母將子女交給有能力獨立撫養的成人，養父母通常和親生父母沒有關係。

- **字彙反映出文化的價值**　語言會具體表現出文化的重要特質。在韓國社會中，年齡是衡量一個人的地位之極重要指標——長輩的地位較高，韓語對不同年齡位階會使用不同的稱謂，藉此肯定年齡的重要性。事實上，即使是兄弟姊妹之間的交談，也必須考量年齡的因素，必須將對方與自己的年齡輩份相比之後，才決定用字遣詞，即使是雙胞胎也有差別，畢竟總有一個比另一個年紀大。此外，在韓國人的規範中，並不允許談話者直呼兄弟姊妹的名字。這種稱呼手足的方式只是韓文中強調年齡的一個實例，在其他現象裡仍可發現類似實例，比如同年紀的人彼此間問一句「你要去哪裡？」，倘若這兩位朋友都是青少年，回答「到學校」就會說成「hakkyo-ey ka-un-ta」；假如是成人，就會說「hakkyo-ey ka-a」；若是成熟的成人，會說「hakkyo-ey ka-ney」等等（Park 1979; p.68）。韓國人對於名字的寫法和說法，反映出團體的重要性凌駕個人之上。韓國人傾向先說姓再說名，這顯示家庭比個人更為重要。同樣地，信封上通常是先寫國家、省份、城市、街道、門號，最後才寫收件人的姓名。

- **共同的措辭具體表現出文化的關注**　人們經常使用一些片語和字彙作為文化關注事物的指標，比如壓力、緊張和價值觀等等。譬如美國人對於某些不能獨佔的人事物之「所有權」，會以「我的」（my）一詞表示其獨佔性，比如說我的母親、我的學校、我的國家；美國人對該詞的使用反映其關注個人需求遠大於團體需求。相反的，韓國人表達的是一種共享的概念，比如我們的母親、我們的學校、我們的國家，這種複數所有格的使用反映出韓國人關注團體需求大於個人利益。另一實例是韓國人對自然現象的反應。比如看到滿月時，「這豈不傷悲？」，聽到小鳥歌唱，「牠們正在啜泣！」。這種反應模式顯現韓國數世紀以來遭受侵略和戰爭的歷史。由於韓國長期受到日本、中國和蘇俄的入侵，導致民不聊生、災禍連綿。這種悲劇歷史創造出韓國人的悲傷性

格，反映在他們對自然現象的許多反應上。語言的四種特徵說明
了，兒童學到的東西不只是字彙及其意義而已，他們還獲得了反
映文化中重要事物的觀點。

❧ 文化做為解決生活問題的工具

　　原則四：文化是個人適應生活問題的一種工具。雖然我們具有彈性
的生物天性，但仍得遭遇許多挑戰。人類需要彼此長期依賴，他們有情緒、
饑餓、口渴和性等等的衝動，也會衰老和死亡。對所有社會的生存來說，
這些生物上的必然性會導致必要的功能要件、安排或「公式」，比如照顧
兒童、滿足食物、飲水和性的需求、溝通和表達情緒、分割生命周期的階
段和活動、以及最後的離世，這些都有公式可供依循。在本段的後半部，
我們關注不同的文化公式對其他兩種生物性事件——饑餓和社會情感——
的處理。

饑餓的文化公式

　　所有人都會饑餓，但不同的文化在刺激和滿足食慾的因素上存有差
別。文化影響力的指標之一是：人們決定哪些食物可供食用。意即，文化
決定什麼是可食用的、誰來準備食物、如何烹煮和進食、吃飯的人彼此的
關係為何、一天吃幾餐、以及何時進餐。

　　對許多韓國人來說，狗肉及蛇肉均可食用，但美國人可不這麼認為，
這種差異性起因於歷史和環境的因素。美國擁有大片富饒的草地可供畜牧
和生產食物，[6] 但是韓國山多平地少，有限的可耕地都用來種植作物而非
牧牛，所以為數不多的牛隻是犁田的勞力來源，對韓國的農業體系相當重
要，即使在今天，犁牛在陡坡上仍比曳引機好用。由於牛隻在農業上具有
其重要性，加上缺乏足夠的土地支持牧牛事業，所以韓國人沒有吃牛肉的

習慣，而改以狗肉及蛇肉替代。[7]

　　另一項有趣的文化差異是：韓國人的主食是稻米，而美國人的主食是玉米。很少美國人了解美國食物幾乎樣樣都受到玉米的影響。玉米除了可當蔬菜食用，還可以作成飲料、罐頭、糖果、即溶咖啡和湯等等（見「玉米的重要性」一文）。

玉米的重要性

　　在北美地區的超級市場當中，沒有一件貨品與玉米無關，甚至連那些運送貨品的紙盒或包裝材料都含有玉米成分，像是肉類、牛奶皆是如此：美國的牲畜和家禽都用玉米或玉米桿餵食，裹上一層玉米粉的冷凍肉類可避免過度油炸，粽色和金黃色的玉米已成為許多飲料和布丁的素材，所有罐頭食物都浸泡在含有玉米的液體中，每個紙盒、包裝材料和塑膠容器都得仰賴玉米產品。的確，所有的現代紙張和紙板，包括新聞紙和衛生紙在內，毫無例外的都覆有一層玉米薄膜。

　　玉米油是玉米作物的一項主要產品，它不只可供烹調使用，更是植物奶油的重要成分。玉米油是肥皂、殺蟲劑的基本原料（所有超市擺出的蔬果都有經過殺蟲劑的洗禮），而像美乃滋和沙拉調味醬這類工廠製品也是如此。

　　至於具有黏性、便宜又不太甜的玉米糖蜜則是糖果、番茄醬和冰淇淋的最基本材料，可用來製成煉乳、飲料與許多現代啤酒、杜松子酒和伏特加，甚至可製成用來蓋印於肉類或其他食品上頭的紫色印記。玉米糖蜜也可用在調味汁和湯類的調理上，它能防止液體結晶或褪色，其黏性特質可用來形塑食物形狀，防止食物變形或脫落，並保持溼度，這對需要長期儲藏的物品來說極為有用。

　　嬰兒食品、果醬、醃汁、醋、發酵粉等食物當中皆含有玉米粉，它在醱粉中充作一個起泡的媒介，與精製食鹽、糖類（特別是糖霜）混合，在許多即溶咖啡中可起立即溶解的功用。它還是乾燥物的基本成分，比如牛奶和速食馬鈴薯薄片皆是。白色無味的玉米粉塑性極高，成為數千種產品不可或缺的成分，從頭痛藥片、牙膏、化粧品到清潔劑、狗食、火柴頭和木炭媒球都含有玉米粉成分。

座落在玉米的主要生產州——南達科塔州——米契爾市的玉米宮殿，象徵玉米對該社區的重要性。美國每年生產的玉米數量超過4千400億磅，差不多是全球其他地區生產量的總和。

　　所有的織物、皮革的表層都含有玉米成分。需要或不需要黏性的東西，所有種類的金屬或塑膠模子都用得到玉米。北美洲人食用的玉米僅占其生產量的1/10，包括內含在牛奶、家禽、乳酪、肉類、奶油等部分中的玉米，每人每天約吃掉3磅的量。

　　玉米展現的效用不只在超商中可以看出，包括你住的房子、房內的傢俱、開的車子、路上走過的馬路，所有這些都得仰仗玉米。現代玉米的生產隨工業和科技的革命而愈發進步，這些革命的推動者經常是北美洲人，他們已能將之做成任何東西——抗生素、陶瓷火星塞的絕緣體、防腐液等等。

　　在英文字裡頭，玉米這個字指的是一個國家的主要穀物產品。在一個以小麥麵包為主要產品的國度中，小麥就是「玉米」；對吃燕麥的人來說，燕麥就是「玉米」；假如主要產品是黑麥，那黑麥就是「玉米」。當歐洲人來到美洲之後，他們看見玉米是印地安人的基本食物，所以便稱其為「印地安玉米」。在北美洲的我們也持續以「玉米」這個稱呼，認定它在文化中的重要性。

玉米是美國原住民送給移民者的一項「禮物」。美國原住民了解玉米在生活上的重要性，故以「我們的母親」、「我們的生命」稱之（Visser 1988）。值得一提的是，在眾多顏色的玉米當中，只有黃色和白色的品種被美國主流文化認為是可食用的，其他奇異顏色（藍、綠、橘、黑、紅）的玉米只是感恩節的裝飾用品（雖然藍色玉米片及其產品已出現在一些美食店和時髦餐廳中）。我們或許可以猜想，對於玉米顏色的選擇可能與早期美國移民排拒原住民文化中奇異的成分有關。

　　韓國人相當深刻地意識到自己的主食是稻米，也認識和重視稻米在生活和三餐中的重要性。事實上，食物一詞在韓國指的是稻米。大多數韓國人擅於利用稻米製成許多副產品，用來餵養家畜、製成肥皂、人造奶油、啤酒、化粧品、紙張和洗衣漿，或者可充當蒸汽機的廉價燃料、製造成磚塊、灰泥、草帽、草鞋和雨衣，並可織成打包運送物品時專用的繩索。

社會情感的文化公式

　　文化也會影響情感的表達，正如它影響人們對食物需求的反應一樣。**社會情感**（social emotions）係我們經歷與他人關係的內在身體感受，比如悲傷、愛意、罪惡、嫉妒、困窘等等都是社會情感的表現。譬如失去某段關係時會感到悲傷，愛意會讓某人對他人感到強烈的依附，害怕失去他人的情感則可能產生嫉妒（Gordon 1981）。人們並不是單純的直接表達社會情感，而是依循「情感規則」來詮釋、評估與修正其內在的身體感受（Hochschild 1976, 1979）。

　　情感規則（feeling rules）係載明表達內在感受之適當方式的那些規範，將感受界定為某人對他人應有的感覺。譬如在美國的主流文化當中，人們認為同性朋友之間可以存在喜歡，但卻不能有羅曼蒂克的愛意。情感規則的過程相當複雜，它隨著人們之間的互動而逐漸開展。

　　Rita Mae Brown 在 Rubyfruit Jungle 這本小說中，描述一種情感規則的情境。故事中的主角莫尼，七歲的她想知道兩位女生是否可以結婚，於是她走向自己非常喜歡的女伴李歐塔身邊，問問這個可能性。

「李歐塔，妳有沒有想過要結婚？」

「有啊，我想結婚，生六個小孩，而且要像我媽媽那樣穿上圍裙，不過我丈夫必須很帥。」

「那妳要跟誰結婚呢？」

「我還不知道耶。」

「那妳為什麼不跟我結婚呢？我雖然不英俊，但是我很美麗呀。」

「但是兩個女孩子不能夠結婚。」

「誰說的？」

「這是一個規則。」

「這真是個爛規則。妳不是說妳最喜歡我嗎？我也是很喜歡妳呀。」

「我最喜歡妳，但是我還是覺得兩個女孩子不能結婚。」（BROWN 1988, p.49）

小說中的另一個場景是，當莫尼的父親卡羅正在安慰遭遇喪妻之痛的朋友艾普時，莫尼走了進來。下一段敘述莫尼對男人的情感規則表現出的反應：

我正打算飛奔到陽台看星星，但我卻沒法過去，因為艾普和卡羅兩人正在客廳，卡羅還用雙手環抱著艾普，臉頰貼著艾普的頭，不時的用手慰撫艾普的頭髮。艾普也會像李羅依那樣的哭。我不了解他們彼此說些什麼，過了一段時間之後，我聽到卡羅告訴艾普要堅持下去，所有人碰到這種事都得堅持下去。我怕他們起身後會見到我，所以我趕快跑回自己的房間內。

我從來沒見過男人彼此相擁，我想他們只會握手和打架，但卡羅卻又這麼的擁著艾普，也許這可能沒有破壞規則吧，不過我不確定，所以我想我會把今天看到的加以保密。我很高興看到他們之間的撫慰，也許所有男人只有在某人過世時才會如此，不過我真的不確定，這真是困擾我。（p.28）

這些例子顯示，人們學習那些載明如何、何時、何處以及向何人表達情感的規範。

情感規則不但適用於異性之間的關係，也適用於同性之間的關係。例如，兩性向對方表達情感的身體語言即受制於不同的規範，比如韓國夫婦幾乎從不在公共場所彼此撫慰、擁抱和接吻，他們傾向於表達內心的情感。的確，韓國人重視將情感加以隱匿，所以當他們看到美國夫婦當眾擁抱或親吻時，會認為此行為是不穩定的徵兆。韓國夫婦認為只要彼此了解對方的愛意即可，沒有必要公然表達（Park 1979）。

社會學家 Choong Soon Kim（1989）發現，這種情感規則甚至適用於闊別 30 年以上的韓國夫妻身上。Choong 觀察 1983 年在南韓舉辦的「家庭重聚」計畫，這項由南韓電視台設計的活動，目的是找尋因韓戰而離散在南韓各處的親戚（Jun and Dayan 1986）。Kim 指出，重逢的夫妻當中沒有人當眾親吻，大多數的夫妻也沒有互相擁抱，但沒有韓國觀眾認為這有何不妥。不過，如果重逢的美國夫妻沒有互擁這類的情感表達時，旁觀者可能會懷疑這兩人的關係是否出了什麼問題。

以笑聲為例，可以說明文化在情感表達的溝通當中扮演的角色。笑聲和焦慮、悲傷、緊張、快樂或絕望一樣，都是一種情感表達，不過，不論笑聲舒解或緩和什麼樣的情感，它總是發生在某人表現失常，或與眾人期待的行為有所差距的情況下。由於文化指引人們在特定環境中該期待什麼樣的事項，所以某文化認為是有趣的事情，在其他文化中可能不是如此。事實上，溝通專家普遍同意笑話是很難翻譯的，下列這段逸事說明其原因：

開始演講前，我用 2 分鐘時間講個笑話開場，而後翻譯者將這段笑話翻成日文給觀眾聽。大約 30 秒之後，日本的聽眾開懷大笑。我繼續我的演講，聽眾的反應好像不錯……演講完畢時，我忍不住問那位翻譯者：「你如何能在那麼短的時間內將我的笑話翻成日文？」那位翻譯者回答：「噢，我根本沒有翻譯你說的笑話，因為我也聽不懂，我只是對聽眾說：『這位外國演講者剛剛講了個笑話，所以請你們大聲笑。』」（MORAN 1987, p.74）

　　在討論過的文化原則中，我們強調文化是人們學習用來應付各種生活挑戰的工具。到目前為止的討論可能讓你相信：文化中的非物質成分可能比物質成分具有更大的影響力。不過，究竟何種成分具有較大的影響力，這個問題事實上仍存在許多爭論，並沒有一個簡單的答案，因為文化的物質成分和非物質成分兩者彼此關聯：非物質文化會塑造物質文化，而物質文化，特別是新產品或新技術的引進又會塑造非物質文化。

❧ 物質文化和非物質文化之間的關係

　　原則五：非物質文化和物質文化對行為的影響很難區分。以美國和南韓的國旗為例，便可了解文化中的非物質成分如何形塑物質文化（南韓國旗在南、北韓以北緯 38 度線分隔之前就已採用）。一面國旗可以設計成多種不同圖案，但為何南韓國旗與美國國旗會被設計成現在這個圖案？可能的原因是：設計者想以符號反映出各國重要的歷史進程。

　　南韓國旗的中央有一個圓圈，被二個逗點狀分隔二半，紅色半邊代表陰（陰柔），藍色半邊代表陽（陽剛）。陰陽的設計代表宇宙間兩股相生相剋的力量，並指涉平衡與和諧是解決矛盾和對立的方法。圓圈的四周有四組三線組合（trigrams），分別代表天（☰）相對於地（☷）、水（☵）相對於火（☲），這個設計傳達的訊息是人類「有責任為最適的社會和諧與人類的進步來平衡這些力量」（Reid 1988, p.171）。陰陽和三線組合圖形的使用取材自中國古書——易經（西元前 1122 年），顯現韓國人肯定過去的價值觀，並反映中國對韓國文化的影響。韓國國旗的設計也反映韓國人相信各股力量之間的互賴，不是由其中一股力量支配全部。最後，它代表一個引導韓國人的重要規範：人們有責任平衡對立與矛盾的力量，以確保人類進步（Yoo 1987）。

韓國國旗使用陰陽和天地水火的符號，反映出韓國人認為自然力量是彼此互賴的這個信念。

同樣地，美國國旗也反映其非物質文化。13 條紅白相間的條紋代表美國原初的 13 個殖民地，而藍底上的 50 顆星星則代表 50 州。雖然美國起初是英國殖民地，但除了紅、白、藍三顏色之外，美國國旗並沒有英國的影子，這種分離性格反映美國人的價值觀重視獨立於中央強權，捨棄代表歐洲的符號，就是要擺脫過去的影響，另啓新頁，這種作法與拒絕以個人過去的表現來評判個人的規範若合符節。

在韓國人和美國人相異的葬禮習俗中，我們可以見到非物質文化對物質文化造成的另一種影響。大多數具有基督教背景的美國人會先將死者放在木棺中，再置入金屬製的地窖裡埋葬，此種雙重保護是爲了確保屍體在腐化後不會和泥土「混淆」在一起，反映出美國人獨立於環境的信念。相反的，韓國人的埋葬習俗是將死者放在木棺中下葬，因爲他們認爲人與環境是互賴的，而屍體的腐化就是互賴的部分表現。

正如文化的非物質成分對國旗和棺木的影響一樣，物質成分也會影響非物質成分。譬如微波爐就對美國人的價值觀和規範產生重要的物質性影響，特別是有關於個人重於團體這方面的價值觀，以及控制家庭成員何時該進食的相關規範。

現今大約有 70% 的美國家庭都備有微波爐,而微波爐的使用降低家庭成員一起吃飯的動機。在微波爐發明以前,一次煮全家人進食的份量是比較有效率的做法,因為煮飯畢竟得花不少時間;但在微波爐出現之後,準備一餐只消幾分鐘,煮的人和吃的人不必兜在一塊,也不必再考慮效率的問題。而微波爐也以另一種方式提高獨立性:個人不必再被固定的用餐時間或家庭成員綁得死死的:

> 舊的用餐方式需要每個人放棄一些個人的自主性,並得屈服於團體和社會體系的指示。如果我們不必一起用餐,就能為自己省下一些時間……共同用餐是鼓勵全家人每天共聚一堂的慣例,假如這種慣例喪失的話,我們便得為全家人共聚另謀辦法。食物所能提供的這種共享的樂趣是不是得放棄,這個問題值得思考。(VISSER 1989, p.42)

韓文的拼音字母(hangul)是韓國社會的書寫系統,這是由 King Sejong 在 1446 年發明的,對韓國文化產生深遠影響。這套意在鼓勵文盲識字的書寫系統已有逾 20 年的發展歷史,韓文的拼音字母獨特之處在於,只要能說韓國話,就能在幾天內學會閱讀,因為它有簡單而連貫的語音規則,使之成為「最清楚、最具邏輯性的書寫系統」(Iyer 1988, p.48)。

與語音規則不連貫的英文字母相較,韓文的拼音字母確實有其效能。雖然 26 個英文字母當中,理論上每一個字母都有個別發音,但某些字母的發音會比其他字母來得多,尤其是和其他字母,特別是和母音結合後會產生更大的問題,比較下列單字的拼音就可發現這些問題:break vs. freak, sew vs. few, food vs. good, paid vs. said, 以及 shoe vs. foe(「Letters」1988)。

傳統的韓國棺材。

紐約市裡舉辦猶太葬禮的行列。

北巴里島的火葬。

放置在日本墳墓上的食物是希望
能夠滋養死者的心靈。

在陣亡將士紀
念日前往阿靈
頓國家公墓憑
弔的訪客。

　　規範、價值觀和信念是物質與非物質文化的表現之一，各個社會發展不同的規範、價
值觀和信念，來回應人類終將遭遇的死亡。

韓文的拼音字母對韓國社會的影響很大。首先，它讓韓國人擺脫原先那套由複雜的中文表意文字構成的書寫和閱讀系統，由於拼音字母具有的相對簡單性，使得韓國的識字率幾乎達到 100%。第二，韓文拼音字母支持韓國人強烈的國家團結意識，因爲每個人都能閱讀，就能有共同的基礎知識，便可打破各識字水平間的障礙，有助於整體團結。最後，高識字率導致高就業力，減少工作的錯誤率，並降低工廠的意外事件，使得韓國得以領先一些識字率低的國家。美國現在才知道，識字的員工是國家在全球市場上的競爭基礎。

在上述實例的討論中可以發現，發明帶來的結果經常出乎人類意料之外，微波爐不僅改變煮飯所需的時間和精力，也改變家庭成員之間的關係。同樣的，記錄觀念是書寫系統的目的，但韓國書寫系統的設計卻提升識字率和平等。這些例子不但顯示物質成分對價值觀和規範的影響，也展現一項新發明的誕生可能深遠影響社會成員間的關係。

大多數人傾向認爲物質文化和非物質文化都是自創的，但他們低估了許多觀念、物質、產品與其他發明是外來的，甚至完全採借自這些外在來源（見「西方對中國的論辯」一文）。

西方對中國的論辯

我們生活的「現代世界」係中國與西方文化的綜合體，這是無數重大人類歷史的祕密之一。「現代世界」中可能有逾半數的基礎發明和發現源自中國，但很少人知道這項事實，爲什麼呢？

中國人自己和西方人一樣不清楚這個事實。從 17 世紀開始，中國人就對歐洲科技感到目眩神迷，忘卻自己本身已有的成就。當中國人看到耶穌教傳教士的機械鐘，莫不對洋人充滿敬畏之心，但卻忘記機械鐘最早的發明者正是中國人自己。

當中國人發現現代的農業、航運、石油工業、天文觀察、音樂、十進位數學、紙鈔、雨傘、火藥、熱汽球、降落傘、槍、毒氣、象棋、白蘭地、威士忌、甚至是基本的蒸汽機設計等等都源自中國時，他們和西方人一樣感到驚訝。

　　如果西方人沒有引進中國的船舵、指南針和檣桅，歐洲人的地理大發現就就不可能發生，哥倫布不可能航行到美國，歐洲人也不可能建立這麼廣大的殖民地。

　　如果西方人沒有引進中國的馬鐙，中古騎士就無法穿著盔甲、騎在馬背上去營救遇難的少女，也就不會有騎士時代的產生。如果沒有從中國引進槍枝和火藥，使騎士的盔甲無法抵擋子彈，就不會有騎士時代的結束。

　　如果沒有從中國引入紙張和印刷術，歐洲人就得持續使用手抄書，知識的流傳也就不會如此快速的普及。

　　而活字印刷並不是古騰堡（Johann Gutenberg）的發明，而是起源自中國。身體的血液循環也不是哈維（William Harvey）的發現，而是中國人的發現。牛頓（Isaac Newton）也不是發現第一運動定律的第一人，在中國早已有人發現。

　　當我們察覺生活周遭許多已視為理所當然的神話原來只是源自中國的發現，某些偉大的成就看起來就不再那麼偉大了，因為它們只是採借得來的。但我們沒有理由覺得自己差人一等，或因此意志消沉，重要的是要了解，無論在精神上，或在實際的物質生活上，東、西方實已彼此強烈而深遠地結合在一起，而我們每天生活在這種綜合體當中，無從逃脫。現代世界是東、西方質素的融合，我們之所以沒有意識到這個事實，也許是人類歷史上諸多盲點之一。

　　為什麼我們會忽視這個顯明的真相？主要原因在於中國人自己忽略了它。假如創新和發明的起始者都沒有作出宣稱，甚至讓這段記憶慢慢消逝，為什麼他們的後代應該復興這段已逝去的宣稱？直到當今，許多西方人是否真想知道真相都還是個疑問。將我們目前的成就說成是我們獨自努力的成果，我們為自己的能力和技術感到自豪，這種說法倒是可以滿足一己的自尊心。

　　不過，我們必須同時在東、西方之間作一個恰當的拿捏。我想到若想說明西方人自滿的愚行，農業史的經驗倒是個很好的例證。當今少數西方國家生產剩餘的穀物並供給全球，當亞洲發生糧荒，西方國家便供應穀物。我們假定西方的農業充份應用地力，已達栽種的頂點，但我們必須謹記這項令人驚訝的事實：為工業革命奠基的歐洲農業革命只是採借中國人的觀念和創新，田中農作物的生長、密集的鋤草、「現代的」種子條播機、鐵犁、翻動泥土的犁板以及有效率的馬具全都源自中國。在中國的馬具挽繩還未傳入之前，西方人控制馬的方式是將繩子勒在馬的脖子上。雖然古義大利人能夠生產剩餘的穀物，但在缺乏馬具的情況下無法將之經由陸路輸往羅馬，所以羅馬只好仰賴海路船運從其他地方（如埃及）進口穀物。在播種技術方面，在歐洲人引進中國的種子條播機之前，歐洲人撒下的種子逾半數是報廢的。歐洲歷史上數千萬農民拼命地工作，花費極大的精神使用殘破的犁田耕作技術，的確，在兩世紀之前，西方這些低度發展國家的農業同中國這個先進國家相較，顯得相當落後，雖然此刻局勢反轉，但這種情勢能持續多久？西方之所以有今天的能力，都得歸功於二世紀前採借中國的發明，這種事實叫人心裡不太舒坦。

馬鐙這個裝置讓我們聯想到身著閃亮盔甲進行長槍比武的
中古騎士，以及許多美國西部的牛仔，但馬鐙實際上發源
自中國。這項發明還帶動馬球比賽的發展。

打破東、西方之間的藩籬，較能讓世界各個國家和人民能彼此相互了解，畢竟各國均是數世紀以來全球文明化的親密夥伴，而今日的科技世界也是東、西方的產品。此刻也是中國人重新認識自己歷史的時刻。不過最重要的是，讓當今的學童都能了解跟這個世界有關的基本概念，將來中國人和西方人就能成為真實而全然的夥伴。

文化擴散

原則六：人們向其他社會採借觀念、物質、產品和其他發明。向外界採借一個觀念、一項發明、或其他文化項目的過程稱做**擴散**（diffusion），而採借（borrow）一詞就其廣義的用法，可指涉強奪、剽竊、偷取、模倣、抄襲、購買或複製等等。以美國人發明的籃球為例，這項運動已被包括南韓在內的全球 75 個國家所採借，已有 21 個俱樂部向國際籃球聯盟（Federation Internationale de Basketball）登記。美國的另外一項發明——棒球，也被 90 多個國家採借（World Monitor 1992, 1993）。

採借的機會來自於不同文化成員彼此間的接觸，不論是經由電話、旅遊、上學，或者是某位發明家到他國申請專利。由於美國在南韓駐軍 45 年，兩國之間有國際貿易關係，再加上許多南韓學生留美，使得文化擴散的機會存在於兩國之間（1991 年在美國註冊的南韓學生超過 25,000 人）。

譬如，美國從 1950 年在南韓駐兵以來，便以各種方式進行文化擴散。首先是美軍駐韓的電視通訊網（AFKN），讓韓國人有機會見識到美國的電視和音樂，進而得知美國人的價值觀和規範。其次，美軍基地提供韓國人就業機會，一些滿足美國大兵所需的服務業（酒吧、禮品店、妓院、裁縫店、洗衣店）也都應運而生，像和美軍簽約的 Hyundai 和 Daelim 等公司。第三，美國士兵也和韓國黑市商人合作，讓美軍福利社當中 60%的貨品流入韓國社會，這些產品刺激韓國人的購買慾（Bok 1987）。

不過人們對於其他社會的觀念、物質或發明的採借也不是照單全收，選擇標準取決於這些觀念或發明的實用程度。

　　對於想將產品賣到外國市場的商人來說，選擇性的採借具有重要意涵：假如每個市場都有自身的口味，那麼「不會調整自己產品的生產者終將遭致失敗」（Magaziner and Patinkin 1989, p.36）。許多美國人試圖說服外國人購買美國貨，但卻未能掌握住這個概念：

　　　　美國公司鮮少顧客化，「他們只是將那些做給美國人用的產品送來，還說：『為什麼你們韓國人都不買美國貨？』」一位韓國三星公司的工程師 Kim 說。美國出口到南韓的產品有時都不能使用。譬如韓國的電力供應是 220 伏特，但美國公司賣到韓國的冰箱規格卻是 110伏特再加上個變電器。

　　　　「就連巧克力也一樣，」Kim 說：「我的小孩很喜歡巧克力，但是他們都不喜歡美國巧克力，因為美國巧克力太甜了。如果你想在韓國賣巧克力的話，你就得知道我們的口味。」（MAGAZINER AND PATINKIN 1989, pp.37-38）

　　即使社會成員接受外來的觀念或發明，他們仍會依這些項目的特徵進行選擇性的採納，因為即便是最簡單的發明，也具有複雜的組成，包括許多與該發明應如何使用等等的觀念。因此，人們會採借最具體和最真實的成分，而後發展出新的關聯，並將之形塑成一個具有新目的的項目（Linton 1936）。例如，日本人採借美國的棒球比賽，再加以適度的修正，成為適合日本文化價值觀的形式。在 1988 年國家公共電視「前線」節目的記錄片「美國比賽，日本規則」當中，記者訪問在日本打棒球的美國球員：兩國棒球比賽的同異處何在。一位球員說，「嗯，他們也打九局，這是兩國之間唯一的相同處。在我們穿上制服之後，我就不確定我們能在其他地方幹些什麼了」（「Frontline」 1988, p.2）。

　　在該記錄片當中，美國球員描述美、日棒球之間的顯著差異：

我認為最大的差異是，他們有平手的規定。美國根本沒有這種規定，比賽總是打到分出勝負為止，在這裡不但有平手的規定，比賽還有時間限制，一場最長只能打 3 小時又 20 分。

　　平手在日本算是件好事，但對美國打職業隊的我們來說，平手的滋味就像和親姊妹接吻那般的無味，我的意思是說，我不希望有平手這回事，我也不想打那種平手的比賽。當日本的比賽打成平手，所有人都會欣喜若狂，大家會打鬧在一塊，因為沒人輸球，沒有人丟面子，所以全場歡騰。

　　在日本，得冠的隊伍通常只贏了幾場球，比如 10 場球賽最後只贏了 2 場，這對他們來說是很好的，因為這看來就不像是某球隊在為難其他球隊。再譬如當一位外國打者擊出多支全壘打時，聯賽的裁判和觀眾就會希望裁判能擴大打擊區以示公平，因為他們覺得外國人比較強壯，覺得外國人能將投手投到本壘板的每個球打成全壘打，他們認為這是不公平的，所以就要投手投內角球或外角球，他們的哲學認為這樣做才公平。（「FRONT-LINE」 1988, pp.2-3, 8）

　　科技由已開發國家擴散到新興工業化國家，包括韓國及其他太平洋邊緣諸國在內，這股全球趨勢相當明顯。從 1960 年代中期到 1970 年代早期，這些新興工業化國家開始將其生產的計算機、電腦、汽車、微波爐、電視、收音機、鞋子和衣服等產品輸出到已開發國家，如美國、西歐和加拿大等國。這些國家在了解產品的製作技巧後，便能以較低成本和較有效率的方式，生產功能更多、品質更好的產品。

　　兩位國際商業顧問 Ira Magaziner 和 Mark Patinkin 於 1977 年訪問韓國，目睹韓國人開始採借他國科技，並進一步改良產品的過程。他們在《沉默的戰爭》一書中描述這段過程：

　　在水泥地面的工廠當中，人們用手搬運生產線上的零件。我走進三星工廠的研究室，這間殘破得像高中實驗教室的景像令我印象深刻，

但是裡面從事的研究激起我的興趣。他們從世界各主要公司,如 RCA、
GE、Hitachi 等處蒐集各式各樣的彩色電視機,藉此設計出符合自身風
格的款示。在電冰箱和其他電器用品方面,他們也是如法泡製。這裡
的總工程師非常年輕,受過相當好的訓練,他最近才剛從美國大學畢
業。當我問到三星彩色電視的組裝策略是否從海外進口零件,再到韓
國當地組裝?他否認這種說法,認為整個生產流程都要自己來,包括
彩色映像管在內都要自行生產。他們已經選好最佳的外國模式,並已
簽署技術支援的協議。(MAGAZINER AND PATINKIN 1989, pp.23-24)

　　微波爐只是其中一例。雖然微波爐這項產品早在 1930 年代發軔於美
國,但三星集團自 1979 年以來便一直是生產該產品的領導廠商。三星公
司每週組裝超過 80,000 台微波爐,而每三台韓製微波爐當中就有一台銷
往美國(Magaziner and Patinkin 1989)。韓國人雖採借美國人的科技,但
是他們卻對生產流程進行改良,便宜又有效率的韓國貨說明爲何 70% 的
美國家庭至少會擁有一台微波爐。
　　人們在採借其他文化項目時會有所選擇的原因之一是:他們會以自
身的文化作爲標準,依此來衡量其他文化。

✿ 將自身文化作爲標準

　　原則七:人們經常將自身的文化當作標準,依此判斷其他社會的物
質和非物質文化。大部分的人會極自然地接受自己的文化,但是當他們遭
遇到其他文化時,會覺得身心緊張。社會學家以**文化震撼**(culture shock)
一詞描述當某文化成員必須重新適應一個新文化的方式時所產生的緊張,
特別是當這些人得適應新語言,以及與原有文化截然不同的觀念時,文化
震憾會更大。影響文化震憾強度的因素包括:(1)原有文化和外來文化
的差別程度,(2)對新文化的了解和準備的程度,以及(3)遭遇的環境

（渡假、換工作、或戰爭）。有些文化震憾非常強烈和不穩定，足以讓人致病，出現的症狀包括「潔癖、憂鬱、強迫性的吃喝、睡眠過度、暴躁、缺乏自信以及不時啜泣，感到噁心」（Lamb 1987, p.270）。

在美國的韓國移民擁有自家商店的比例高於其他移民群，其中以食品店居多。當他們與顧客互動時，會遇上什麼樣的文化議題呢？

　　講授人際溝通的教授 Myung-Seok Park 在其著作《不同文化中的溝通方式》一書中，描述一個人進入外國社會中面臨的壓力，而這些經驗典型都是初到美國的韓國人所必須學習適應和調整的。我們分別舉兩個例子，說明帶來文化震憾的這種一連串邂逅具有的累加效果。

　　當我就讀於夏威夷大學時，我的學業指導教授是 Elizabeth Carr 博士，她是位退休的老英文教授。班上所有同學都被她的熱忱和奉獻的精神感動。所以在學期末時，我對她說，「儘管您年事已高，但我還是很誠摯的感謝您提供那麼多的幫助和指導。」突然間，她嚴肅地看了我一眼，我見到她的嘴角有些扭曲，略知她好像不太高興我說的感謝詞，這讓我感到相當困窘。幾小時之後，她告訴我說「儘管妳年事已高」這句話驟然提醒她自己已經很老了。我覺得我好像犯了個大錯，所以此後我會避免再說類似的話。（PARK 1979, p.66）

某週六下午，我和一些剛認識的美國朋友到美國酒吧喝酒。當我看吧女把酒拿給客人之後，就將酒客放在吧台上的錢拿走，這讓我十分驚訝，因為只有我沒有把酒錢放在吧台上（我們韓國人都是喝完酒後才結帳的）。更令我驚訝的是，美國人在斟滿自己的酒杯後就獨自喝了起來，從不會傳給身旁的朋友，或是問問他們要不要喝。我對這種舉止感到迷惑，因為我從來沒為自己斟過酒……因此我覺得美國人喝酒的方式有點冷酷和不友善。（pp.38-39）

　　另外一個可以補充說明文化震憾的例子，是關於一位日本內科醫生第一次訪美時的遭遇：

　　另一件讓我覺得緊張的事是，美國主人會在餐前詢問客人要喝飲料還是喝酒，假如客人回答喝酒，他還會再問是要蘇格蘭威士忌還是波旁酒，當客人決定其中一項時，他還會再問想喝多少等等。幸好在主食部分，每個人都吃自己點的那份餐，但在正餐結束後，主人又會要你選擇喝茶還是咖啡，甚至問你要不要加糖，加奶精等等。我當下了解到這是美國主人向客人表達禮貌的方式，但我心底卻相當不以為然。美國人想讓客人有充分的選擇自由，但卻把整件事弄得非常繁瑣。當然，我的困惑來自於不熟悉美國的社會習俗，也許在我對美國習俗多加了解之後，我會做得更好。（DOI 1986, p.12）

　　在我習慣英語會話之前，美國人常用「請自助」（Please help yourself）這句話在我聽來實在不舒服。當然，這句話的意思單純是指「拿你想拿的東西，別客氣，」但就字面意思的翻譯，這句話的意思卻是「沒有人會幫你」，所以我看不出這句話有何善意可言。日本的待客之道是主人必須敏感的察覺客人的需求並予以「協助」，若讓一個對環境不熟悉的客人「自助」的話，恐有失厚道。所以我才覺得美國人的待客方式沒有日本人來得敏感和體貼。因此，我剛到美國的那段日子過得挺落寞的。（p.13）

在韓國的美國人或日本人一樣會對韓國人的倒酒和飲酒習慣感到疑惑，因爲韓國人會從別人的酒杯中倒酒來喝，會不斷地詢問別人的年齡（尤其是成年人）。這種疑惑之所以產生，是因爲大多數人會對陌生文化採取**種族中心主義**（ethnocentrism）的觀點，將自己的文化當作標準，依此來衡量其他文化。從這個觀點看來，「一個團體乃是一切的中心，所有其餘者皆依次排列等級而下」（Sumner 1907, p.13），因此，其他文化被視爲是「奇怪的」，甚至是「劣等的」。

種族中心主義

種族中心主義的程度和結果各不相同，最不具傷害性的種族中心主義是將外來文化視爲奇特的方式，就像一些參加 1988 年漢城夏季奧運的美國人，當他們發現韓國人吃狗肉時，某些人還對此開個玩笑。這些人猜測，當他們向侍者要一個狗食袋時，侍者會作出什麼反應，而他們也開了個雙關語的玩笑——點狗肉時指名要大麥町、灰狗等快餐（Henry 1988）。

文化滅種（cultural genocide）係最極端且最具破壞性的種族中心主義，在這種情形之下，社會成員討厭其他社會的文化，並將之視爲不可忍受而想盡辦法予以摧毀，譬如日本人在 1910-1945 年想滅絕韓國文化即爲一例。日本在 1910 年併吞韓國之後，規定韓國的官方語言是日本語，並禁止使用韓文拼音字母，每個韓國人均被賦予一日本名字，而韓國小孩由日本老師教導，韓國文學和歷史均遭揚棄，作爲韓國遺產重要象徵的古廟也被夷爲平地，韓國國旗當然也無法再行飄揚。日本人殘暴地壓制任何反抗的韓國人，當韓國人在 1919 年 3 月宣布民族自決時，數以千計的韓國人在日軍的鎮壓中死傷。[8] 不幸的是，美國歷史上也有同樣的種族中心主義實例——美國印地安事務局強迫美國原住民上寄宿學校（見「印地安事務局學校強迫美國原住民改變自身文化」一文）。

印地安事務局學校強迫美國原住民改變自身文化

柴拉基族（Cherokee）印地安人住在北卡羅萊那州山地的聯邦保留區，現今的人數已超過 8,000 人。從 1892-1990 年近一個世紀的時間，柴拉基族學校就像其他美國原住民學校一樣，都是由美國印地安事務局（Bureau of Indian Affairs; BIA）管理，由聯邦稅收來支應學校開支。但在 1990 年秋季，北卡羅萊那州的柴拉基族印地安人取得直接掌管學校制度的控制權。

在 20 世紀泰半時間裡，正式教育被當成摧毀印地安文化的工具，並試圖將印地安人塑造成「紅皮膚的白人」。這種涵化過程以犧牲印地安學生的福祉為代價，故招致印地安父母和部落領袖的反對。對大多數美國原住民來說，1900-1930 年是印地安事務局在處理教育上最具壓迫性的階段，其影響甚至延續至今。

寄宿學校（boarding school）在本世紀之交出現，是印地安事務局在教育上的標記。1920 年印地安事務局局長在柴拉基族保留區寫了一篇文章，內容提到，重要的是「將最有希望的年輕人帶離保留區」（Eastern Cherokee Agency File 1920），所謂保留區的「不良影響」非指犯罪或社會問題，而是原住民父母會講柴拉基族語或者穿著鹿皮鞋。

整個美國的印地安學生被迫四處遷移，目的是要讓他們離家愈遠愈好，因此，雖然柴拉基族保留區都設有寄宿學校，但許多就讀的學生均非柴拉基族，而是來自其他保留區的印地安學生。許多柴拉基族的印地安學生，即使只有六歲大，也被送到奧克拉荷馬州的 Chilocco、堪薩斯州的 Haskell、賓州的 Carlisle、或者維吉尼亞州的 Hampton 等寄宿學校唸書。

1918 年印地安事務局局長批評一位小男孩的家庭「一直刻意地和他保持距離」（Annual Report of the Commissioner of Indian Affairs 1918）。對許多美國原住民來說，不管是拿弗佑族、夏安族、柴拉基族等等，每到八、九月份就得將小孩藏起來，以免被官員逮到強迫入學。至於被逮的小孩則被送到他州的寄宿學校，如果他們夠幸運，便能在翌夏返鄉探親。然而多數學生再見到父母已是數年之後。一位 6 歲的小孩被帶走之後，再回到父母身邊通常已是 16 歲的青少年。

更糟的是，寄宿學校經常規定只能講英語、穿制服，且著重職業課程，男孩學耕種，女孩子被訓練成從洗衣到煮飯無所不包的女侍（「但在 Asheville 及其鄰近城鎮並不需要這類的家庭幫傭」（Young 1984, p.172）。

柴拉基族的寄宿學校是由美國印地安事務局創建的一個特殊學校，目的是將印地安人「美國化」。為了要達成這個目標，學校強迫小孩必須說英語及穿制服。

說母語的兒童若被逮到，他們就會被迫用肥皂水漱口，如果再犯就會被揍。在柴拉基族的寄宿學校中，企圖逃脫的學生會在晚間被鍊子鎖在宿舍的床上。

John Collier 對印地安事務局學校的觀點也許是最佳的描述，這位在羅斯福新政時期擔任過印地安事務局委員的人類學家，曾嘗試撤消這些壓迫性的政策。他在 1941 年發表於「工作中的印地安人」雜誌裡的文章提到，有一次在徒步旅行時在山裡迷路，最後暫宿一晚於柴拉基族的寄宿學校裡，在接觸到這些男孩的親身經歷之後，促使他自我反省：

> 不會講英文的小男孩根本不敢開口，他們害怕講柴拉基語會遭到懲罰……這裡不容許有一點想像空間……恐怖本身實已讓人放棄奮鬥。（COLLIER 1941, p.3）

社會學家 Everett Hughes 指出種族中心主義的另一種類型：

　　一個人太過以自身社會世界的角度來思考，使其欠缺一組和其他
社會世界相互比較的概念；他太過深信自身世界的觀念和方式，以致
於他認為根本沒必要討論其他的人羣和時空。或許他對自身世界太過
熱衷，使得他對其他人失去好奇心。（HUGHES 1984, p.474）

　　兩位講授傳播學的教授 James F. Larson 和 Nancy Rivenburgh 對此類
型的種族中心主義提供一鮮明實例。他們在 1988 年韓國漢城舉辦的夏季
奧運開幕典禮期間，將電視評論員所說的評論加以表列，這些評論具有簡
潔、概略性歸納的特徵，但卻無法對於提及的國家作進一步認識。

- 阿曼大概是「世界上最熱的國家」。
- 墨西哥是「世界上最善感的國家之一」。
- 美國是「所有奧林匹克參賽國家當中最知名者」，是其中的「超
  級巨星」。
- 愛爾蘭，「是小精靈和四葉苜蓿的家鄉」。
- 日本曾經佔領韓國，但是這兩國現已「重修舊好」（LARSON AND
  RIVENBURGH 1991, pp.85-86）。

　　韓戰結束後，數百萬名美國人──軍事人員、技術師、社工人員和
教育家等等──在南韓擔任的角色是顧問而非學習者，正是這個原因，使
得「很少美國人能真正體會韓國經驗，能了解這個國家、人民、語言及文
化。」（Hurst 1984a, p.1）

　　作家 Simon Winchester（1988）與美軍經常光顧的一家韓國酒吧的老
闆對談，發現韓國人認為許多美國大兵展現 Everett Hughs 描述的種族中
心主義：

剛才有兩位魁梧的、不修邊幅的飛行員走過，其中一人身上穿的夾克上繡著「彈藥短缺——讓我們告訴你去那裡補給！」另一人穿的運動衫上寫著「殺光他們：讓上帝幹掉這些雜種」。這兩個人炫耀新縫上的肩章，表現不可一世的氣勢。Kwong 先生厭惡地搖著頭。

「這就是我不能忍受的，他們難道不知道嗎？在這裡我們需要彼此尊重，但他們根本不尊重別人，將我們視為落後的第三世界國家，但事實根本不是這樣。我們對今日的成就感到驕傲，但是……」他失望地揮了揮手。我告訴老闆，我並不認為剛剛走過去的兩位飛官有太過無禮的地方。「或許沒有吧，或許是我反應過度，」他說：「我在此工作 25 年，盡力想讓這兩羣人能有更多的交集，試圖讓他們看看韓國人的家庭，讓他們學點韓文，吃些韓國食物，了解我們為什麼在這裡，但是他們根本不想知道。某些人對我們毫不尊重，他們高高在上，視其他人為無物，這著實讓我氣憤。」（WINCHESTER 1988, p.144）

文化相對論

與種族中心主義觀點相反的是文化相對論。**文化相對論**（cultural relativism）意指兩件事：（1）不能以自身文化做為標準來評斷其他文化，（2）行為或思考方式必須檢視自身的文化脈絡，也就是要依據社會的價值觀、規範、信念、環境挑戰和歷史的角度。文化相對論的目標是要理解外國的行為和思想，而不是一味地加以饒恕或懷疑。

譬如，韓國人的習俗將新生兒當成一歲，但美國的價值觀並無法理解這種習俗，因為側重未來勝於過去的美國價值觀支持這種觀念：不論父母的社會階級、種族或教育水準為何，嬰兒的未來機會是無限的，故依此觀點看來，新生兒從零歲起算才有道理的。不過，韓國人的習俗必須以韓國人自身的價值觀來考量，韓國新生兒從一歲起算呼應韓國人重視過去的價值觀，也重視個人與團體間的關係，這種訊息指出：各世代之間應彼此互賴，而過去的事件對個人生活而言是重要的。所以韓國人界定年齡的方式，是將過去、現在和未來各世代彼此連結在一起。

　　同樣地，大多數美國人無法理解爲何韓國人要吃狗肉，尤其當我們想到 1/3 以上的美國家庭至少豢養一隻狗時，美國人這種反應並不令人驚訝。一般而言，狗在美國被視爲寵物，美國有超過 10,000 家寵物店，19,000 家狗食店，11,000 家寵物美容店，7,000 家託犬所，300 家寵物葬儀社，以及 200 多種與狗相關的產品，比如餵食盤、雨衣、太陽眼鏡等等（Rosenfeld 1987）。不過對大多數韓國人來說，當美國街頭還有許多窮人和無家可歸的遊民，卻有那麼多人在家裡養狗，讓狗舔人的臉頰，花費那麼多錢在寵物身上，這著實令人費解。當我們考量韓國人決定吃狗肉的相關歷史背景和環境之後，就可以理解這種習俗。

反向的種族中心主義

　　文化相對論的論點不只相對於「我們比較優越，所以你們得事事像我們」的態度，也相對於**反向的種族中心主義**（Reverse Ethnocentrism）——傾向認爲自己的文化不如外國文化。「亞洲多棒呀，所以我們得多學學他們。」這種情操就反映出此種觀點（Berger 1989, p.493）。譬如，雖然大多數美國人對韓國文化所知不多，但絕大多數美國人（98.8%）都認爲韓國人比自己勤奮，有 96.8% 美國人相信韓國人比較自律，另有 88.8% 美國人認爲韓國人比自己嚴肅（Yim 1989）。

　　美國人在這方面的印象不只針對韓國人，還包括其他亞洲人，尤其是日本人。一般美國人相信日本人在教育方面強過美國，「腦海中對日本人的印象是一群服從、用功的學生在老師的嚴格監督下努力地準備考試」（Hurst 1984b, p.2）。正是這種普遍而強烈的印象，讓美國人相信日本的教育體系在各方面皆勝過美國的教育體系。

　　然而，這種印象只是整體圖像的一部分而已。事實上，這兩個國家都有嚴重的教育問題，且彼此都希望能從對方的教育體系裡尋求問題的解決之道。但諷刺的是，這兩方「自我批評的那些體制特色卻又成爲吸引對方的特色」（Hurst 1984b, p.6）。美國人普遍認為自己的教育制度給學生太多自由，但教導卻是太少，所以要求能有更嚴格的標準、更多的測驗和功課、強化數學和科學方面的統一課程、並減少選修課。另一方面，日本人認為自己的教育體制給學生過多的指導，致使學生太缺乏自由，因為考試結果決定學生個人未來的學業成就（能上哪所高中、是否能上大學）與未來的就業和社會地位，所以學生將大部分的空閒時間拿來讀書，參加補習班準備考試。因此，日本人希望能讓課程的選擇更加自由，不要再那麼的強調考試，且要加強社會活動。故就此論點可以看出，每個文化都有其長短處，假定某種文化是完美的想法是錯誤的。

ᝍ 次文化

　　原則八：在每一個社會中，都會出現一些團體抱持不同於主流文化的特徵。一些團體擁有與主流文化相異、屬於自己獨特的價值觀、規範、語言或物質文化，就稱作**次文化**（subcultures）。一個明顯遭受主流文化的中心規範和價值觀挑戰、排拒的次文化稱為**反文化**（counterculture）。我們之前討論過的數項文化原則皆適用於次文化和反文化。

　　我們經常認為，認定次文化的依據是身體特質、種族、宗教背景、地理區、年齡、性別、社經或職業地位、穿著、或者被社會界定為偏差的行為等等。不過，判定哪些人構成次文化是件複雜的工作，需要審慎的思索，不能只是單純的因為某人具有某種特質就依此判定。譬如在美國，將民族當成判別各種次文化的標準就不具意義，因為數千萬人實際上已在生物上和文化上彼此交融，無法將人們單純地劃分為白人、非裔美國人、西班牙人、美國原住民和亞洲人次文化（Clifton 1989）。就以美國原住民這個類別來說，這種分法忽視早期北美住民「習俗和生活型態上的多樣性，他們也有多種價值觀和信念，講著彼此難以了解的語言，且不認為他們自己是同一族的成員」（Berkhofer 1978, p.3）。這一點明白指出，單一特徵

（尤其是身體特徵）的有無，不能是將某人歸爲某次文化的唯一標準。社會學家在決定哪些人構成次文化時，會先行了解這些人是否共享同一種語言、價值觀、規範或領土，以及這群人彼此的互動是否多過於與外人的互動。

所有次文化都有一個中心特徵：次文化成員在某方面隔絕於其他社會成員。這種隔絕可能出自於自願，或者肇始於地理上的封閉，或被主流文化有意或無意的隔絕，或者這三種原因兼而有之。但不論原因爲何，次文化在某一方面是與世隔絕的，這種隔絕可能是全盤性的，或者侷限在某些特定部分，比如工作、學校、休閒娛樂、嫁娶、友誼、宗教、醫療和住宅等方面。

美國的安曼派教徒即是次文化的實例。安曼派教徒的主要特徵是他們重視自給自足，拒絕依賴物質文化，所以家裡沒有爐灶、自來水、衛浴設備、電視、收音機、電冰箱、門鈴，就連車子也沒有（Kephart 1987）。

美國境內因地理隔閡而產生的次文化是阿留特族，該原住民族群生活在阿留申群島，這些群島呈鏈狀分佈在阿拉斯加到北太平洋地區。他們的語言是愛斯基摩——阿留申方言，是一種其他愛斯基摩族群也不懂的語言。美國政府強迫許多代表各次文化的原住民遷移到保留區，此即美國原住民被主流團體強迫隔離的另一實例，讓近1/3的原住民生活在保留區內，在地理上、經濟上、社會上與美國主流文化隔離。

美國境內的一些次文化也以不同方式或程度被隔離，其成員在各生活領域中自願或被迫接受一個分離的角色，而後被整合進主流文化當中。一般而言，跟白人一起工作或上學的非裔美人常被白人團體排拒在外，無法與白人建立個人和社會關係，迫使他們不得不形成自己的兄弟會、讀書團體、支持團體和其他組織。

次文化成員與團體外人士之間的合作數量和種類，可以粗略地當成次團體與主流團體之間關係的指標。一般來說，與「局外人」接觸的數量愈多，合作的種類愈多，次團體承襲主流文化的部分也就愈大。某些次文化具有**制度上的完整**（institutionally complete），其成員無需與外界接觸，包括購物、上學、接受醫療服務或友誼等等，這些需求都可由次文化自行提供。美國的退休社區就是個典型的例子，主流文化幾乎不用提供任何東西滿足社區居民的需求，而南韓境內的非韓國人人口數不到總人口的 1%，其中為數最多的中國人團體（約 50,000 人）也是居住在這種制度上完整的社區當中。

　　韓國在 1945 年劃分成南、北韓兩個制度完整的社會，彼此仍維持備戰狀態，雙方沒有信件、電話或旅遊往來等任何關係。北緯 38 度線現仍是全球緊張度最高的軍事地區，雙方都準備好隨時遏止對方的入侵。這兩個國家擁有相同的語言、歷史和文化，且雙方都堅信終將達成統一，不過，儘管有這些相似性存在，但雙方卻都不肯就經濟、政府組織、選舉過程、或政府官員任命過程等議題進行妥協。

　　在東、西德統一之後，我們或許以為南、北韓統一指日可待。不過南韓官員預測，兩韓統一可能得再等 20 年，因為西德與南韓最大的差異在於，西德的富裕能吸收統一之後的經濟成本（約 2 千 500 億美元）。最近，某南韓副部長對統一的評論是「在我們見到西德發生的情況，特別是經濟領域的情況之後，改變我們對統一的態度。我們學到的最大經驗是，統一大業需要持續準備，我們的期待必須實際，不能被情感牽著走」（Protzman 1991; Sterngold 1991, p.C1）。

　　制度上的完整性與語言差異這兩者間經常存在顯著的關聯。不會說主流文化語言者較可能生活在制度上完整的民族社區當中（譬如小義大利區、中國城、韓國城等）。美國境內大約有 750,000 名韓國人，大約 300,000人住在南加州，這 300,000 當中大部分住在洛杉磯市西區的韓國城內。

　　一位移民不管是選擇什麼樣的社區居住，均取決於數項因素：遷移的環境（自願或被迫）、年齡、性別、母國與地主國之間關係、對當地語言的了解程度、教育和技術的水準、以及社會階級等等。比如無法取得銀行貸款而自行創業的韓國移民便得跟會，所謂跟會指的是一種非正式融資體系，由 20 位左右想成為企業家的人士組成，每人每月得繳交數百元，為期 20 個月，而每個月會有一位成員拿到 10,000 美元，但他還是得繼續付錢給該會，直到所有 20 位成員都拿到 10,000 美元為止（Reinhold 1989; Sanchez 1987）。在某些韓裔美籍人士居住的社區當中出現跟會活動，顯現韓國人無需和銀行打交道，就此意義來說，跟會便是制度上完整性的一種類型。

✌ 社會學對文化的看法

雖然社會學家咸同意這八項文化原則，但對於文化如何影響人類生活一題，功能論、衝突論和符號互動論的看法截然不同（對這些觀點的討論請參考第二章）。

功能論者對文化的看法

功能論者的觀點認為，只有社會成員能夠以有效、合作的方式面對環境挑戰，並滿足環境的要求時，這個社會才能平順地運作。在此脈絡下，功能論者強調文化是人類及其環境之間的緩衝器。文化代表社會成員在長期面對各種環境與歷史挑戰後所發展出來的解決方式，而文化也會代代相傳，「使新一世代無需從頭開始摸索」（Critchfield 1985, p.3）。以語言為例，語言提供人們整體感，並將人們彼此連結，使合作成為可能。試想當你身邊的人都講著不同的語言（譬如在電梯裡），你就能更明顯的察覺語言具有的整合與合作功能。

不過功能論對文化的看法有其限制：它傾向忽視文化的反功能（即文化的物質和非物質成分中負面和有害的面向），過度強調文化的整合特質，並在定義上假設某些東西的存在一定有益於社會。另一方面，衝突論者關注的是文化的反功能面向。

衝突論者對文化的看法

衝突論者的觀點認為,社會之所以結合在一起,不是因為人們學習和共享相同的文化價值觀。衝突論者關心的是,掌握生產工具的那些團體如何將其產品、價值觀和規範強加在其他團體身上,就這一點來說,他們關注工業化如何形塑文化(物質和非物質文化),譬如生產方式形塑我們的食物、流行和休閒(在工業化社會中,資本主義體系讓人們輕易地放棄自作衣裳、自備食物和自我娛樂,因為他們大可使用機器生產物品)。

衝突論的主要缺點在於:它認為生產的擁有者將文化(包括產品、價值觀和規範)強加在其他弱勢團體身上,但卻不承認這些弱勢團體的成員經常想要購買工業化提供的產品,因而有意識或無意識的拒絕了自己的文化。

符號互動論者對文化的看法

符號互動論者並不關心文化的功能,也不關心主流團體如何將自己的價值觀或規範強加在其他弱勢團體身上,而較關心文化的象徵性特質。符號互動論者將符號界定為文明的根本,因為(1)文化的出現和存續都是符號產生的結果,(2)如果沒有符號,人與人之間的互動不可能發生,以及(3)新生兒需要符號,才能由原本的自然人轉變成為社會人。一個符號可以界定為任何一種物質形式——一個物體、一種顏色、一道聲音、一個字、一種氣味、一項動作、一股味道等等,讓每一個使用者都能接受到其價值和意義(White 1949)。

符號的意義並非在於符號本身[9],譬如,各個文化對適合服喪的顏色界定就有差異,黑色、白色、紅色、黃色、綠色或其他顏色都有可能。而字彙指涉的意義也不在於字彙及其寫法當中,比如韓文的 kaein 和英文的 human 指的都是人類(homo sapiens);而揚眉可能象徵著驚喜、興趣、吸引或恐懼。這些顏色、字彙和姿態之所以能變成符號,是因為人們長久以來同意其代表的意義，因此符號互動論者將文化視爲人們代代不斷建構、不斷傳遞的一套精巧又複雜的符號體系。

符號互動論者也關注意義如何建構，以及意義如何隨時間和文化的不同而有所改變。符號互動論的觀點讓我們了解，若要了解其他文化的成員並與之互動，就得學習對方文化的符號體系。美國目前出刊的一些商業雜誌和期刊裡，都在專欄和文章上提醒讀者：要注意美國和外國符號體系的差異，以避免錯誤的詮釋。

符號互動論觀點至少有兩項缺點。第一，在事實發生後，雖然我們能輕易地追溯爲什麼某符號會與某身體形式有關，但卻沒有一套系統性的架構可用來預測下一刻會出現什麼樣的符號意義。此外，關於人們對各種符號意義如何達成共識，符號互動論也未提出清楚的解釋。

∂ 討論

我們在本章當中檢視文化的八個基本原則，並使用三種觀點檢視文化對人們生活的影響。雖然文化是個難以用單一定義加以涵括的重要且複雜的概念，但人們卻將之視爲理所當然。正如人類學家 Ralph Linton（1936）所言，「離開水的魚兒才會注意到它曾悠游過的水。」同樣的，人們不會注意自己的文化，除非他們身處於不尋常的環境裡（Henslin 1985）。因爲人們一出生就存在於文化當中，並開始加以吸收，所以文化的角色有若地心引力。我們很少思考地心引力的存在，但倘若某天引力消失了，我們全將失去平衡，而文化的影響力亦是如此，雖然我們很少思考到文化的存在，但它確實提供一張藍圖，導引我們思考其他人、生命體（動植物）和無生命體（如微波爐、汽車和藝術品等等）。

在比較不同的文化習俗之後，我們應該了解每個文化都有其優缺點，某文化不必然優於其他文化。「我們必須了解，所有文化都存在著不幸、退步、悲慘與令人難以置信的野蠻和殘酷，這是在強調優點時所不能加以輕忽的」（Frank 1948, p.394）。

一位韓國藝術家
正在寫書法。

　　譬如，重視未來勝於過去是美國人的價值觀之一，這種觀點就某面
向來說是樂觀的，它能讓人忘卻過去的錯誤而重新開始，但這種價值觀也
有其負面意涵。假如過去是無意義且不值得理解的，那麼（1）錯誤可能
重犯，（2）老年人可能自覺一無是處，因為他們所有的成就都已成過去
式，以及（3）世代之間缺乏連續感，因為每一代都自認是個全新的開始。
同樣地，韓國人重視傳統和過去的價值觀：（1）記取過去教訓，不再重
蹈覆轍，（2）老年人覺得自己是有用的，以及（3）各世代間有共同的情
感連帶。不過，這個觀點也包含某些缺點，比如因循舊習難以改變、老年
人不願向年輕人學習、以及個人可能困耗於過去的錯誤當中。
　　過去 12 年來，美國已然成為現今更為互賴、更競爭的全球經濟秩序

裡的一部分，當今全球互賴和競爭的情勢，反映出美國人和其他文化成員之間的大量互動，這種情勢有助美國人認識其他文化成員的作法。雖然美國社會學家和人類學家在百年前已撰寫過文化方面的文章，但非學術界人士（尤其是商人）對此感興趣不過最近十年的事，因為他們想多理解並認識其他文化，有助於同國外消費者進行交易談判以銷售產品。

從社會學的觀點來說，學習外國文化還有其他原因。譬如，比較不同文化成員間的思考方式和行為舉止，就能發現人類行為是建構出來，而不是被決定的，因此人們有選擇的自由，無需受限於自身的文化。此外，國家之間的互賴關係不只侷限在經濟層面而已，例如環境污染會影響許多國家，單靠一國之力並不足以解決問題。假如美國人能了解為何韓國人會在筆記本上劃線，會快速地關上冰箱，就能更了解自己的浪費習慣。另外，美國人也研究其他國家減少污染的計畫，比如很多美國城市會在研究日本的回收制度之後開辦資源回收。最重要的是，向其他文化學習有助於我們洞察自身社會的運作，協助我們知悉與了解外在世界，讓我們釐清本國面臨的一些議題，及啟發我們了解採借的文化。

❧ 焦點：Edward T. Hall 的洞見

本章或許給你一個印象，以為提倡跨文化的意識是 1990 年代初期興起的風潮，但事實上，社會學家 Edward T. Hall 在 35 年前寫的《沉默的語言》（1959）一書中，已說明為何美國人應該多向其他文化學習。我們在此摘錄這本經典作品的導論，因為它讓我洞察到，假如美國人要和其他文化的成員彼此平等互動，就得改變自己的行為。

多元文化意識的個案

Edward T. Hall

　　美國人雖然花費數十億美元在援外計畫上，但卻未能得到世界諸國的敬重，現今仍有許多國家的人民不喜歡美國人。美國援外的慷慨與善意之所以遭致外國的憎惡與批評，美國人的行事風格是主因。

　　美國的援外計畫使用高壓的技巧與他國交往，充滿十足的種族中心主義色彩，堅持接受援助國一定得依照美國人的方式來做，結果帶給他國負面的感覺，儼然它們是「低度開發的國家」。美國人很多行為並非出自惡意，而是因為無知，這對國際關係是項嚴重的斲傷。其實美國人的無知不只展現在對外國的期望上，以自己的方式同他國溝通亦是一項無知的表現。

　　美國應否受到舉世的愛戴，這不是本篇文章的主題，不過我的目的也不是在慰藉某政府官員所言，他說「我們不需要受人喜愛，只要受到尊敬就好。」但事實上，我們在很多國家當中既不受喜歡，也沒贏得尊敬。現在是美國人學習如何與外國作有效溝通的時候了，此刻我們不應再自我隔離，而應努力維持與他國的關係。

　　過去幾年來，我一直很關心美國駐外官員和商人之篩選與訓練的問題。我堅信，欠缺認識跨文化的溝通實是美國在海外遭遇困難的起因。正因為這方面的不足，使美國海外計畫的良意和努力均遭誤解。遠赴海外處理國際事務的美國人得事先經過審慎篩選，得學習派駐國當地的語言，並訓練他們適應當地文化，不過這種過程相當耗時且花錢。

　　不過，語言、歷史、政治和他國習俗等方面的正式訓練只是全盤計畫的第一步，同樣重要的還包括介紹各國及其內各團體的非語言部分。大多數美國人僅模糊地意識到日常生活中使用的無聲語言，他們卻未意識到這些精巧的行為類型規定我們的時間掌控、空間關係、工作、遊戲和學習態度。日常生活中的真實感覺除了可以用口語進行溝通，也能以無聲語言，即行為語言進行溝通，這種溝通方式經常能被異國人民正確地詮釋，但情況卻非總是如此。

文化交流中遇上的困難很少能從表面上看出，當不同國家的成員彼此無法相互了解時，雙方會傾向將對方看成愚蠢、狡詐、或瘋狂的「那些外國人」。下列實例說明這種跨文化中某些最強烈的多重目的。

美國派赴希臘的代表團儘管有許多有利的條件，卻苦於無法和希臘官方達成協議，美國代表團為協商所做的努力換得的只是部分希臘代表的反對和懷疑。由於美國代表無法達成協議，故得重啟新計畫。稍後在檢視這些惱人的情勢時，發現導致僵局的兩點可能因素：首先，美國人自豪於自己的直率，但這種特質看在希臘人眼裡，不啻是種缺乏技巧的表現，故引起希臘人的反感。其次，美國人在安排雙邊會議時，總是會限制開會時間，並先行就一般原則率先達成協議，再將細節草擬指派給各小組委員會；但是希臘人認為這種作法無異是種矇騙，因為將所有相關細節談論清楚才是希臘人的作法，如果有必要的話，還可以加長開會時間。因此兩國代表雙方的誤解便在會議中不斷產生，並造成雙方相互責難。

美國人也經常在中東地區與阿拉伯人交惡。我想起某位派駐埃及教導當地農民耕種技巧的美國農業專家，有次當他透過翻譯員，詢問一位農夫希望今年有多少收成，只見那位農夫突然變得很激動和憤怒。翻譯員為了緩和當場僵凝的氣氛，只簡單的說「他說他不曉得，」但這位美國農業專家事後才知道自己的問話闖了禍，但他卻無法了解農夫生氣的原因。由於阿拉伯人認為只有瘋子才會嘗試預測未來，所以當美國農業專家要他預測未來的收成，他覺得美國人把他當成瘋子，因此非常憤怒。對阿拉伯人來說，只有上帝才能預見未來，任何膽敢談論或預測未來者都是膽大妄為的行徑。

我曾在日本訪問過一位美國學者，他到日本來開課，向大學教授講授美國歷史。由於美國學者不會講日文，所以他聘請一位翻譯員到課堂上幫忙翻譯。就這樣上了幾堂課之後，美國學者要日本教授自行討論上課內容，並作成一份報告，但之後翻譯員告訴他，這群教授級的學生只聽得懂一半的上課內容，美國學者聽到後感到非常氣餒。不過他並不知道，他請一位翻譯員幫他翻譯，這個行為已經侮辱到這群日本教授，因為有能力說英文在日本是受教者的特徵，日本教授認為美國學者此舉讓他們很沒面子，簡直是暗示這群人沒受過什麼教育。

由於美國人的海外工作表現很差，使得軍事人員深恐派駐他國。我曾經聽過一位退役的海軍將領提及他熟視的某位陸軍上將，「可憐的老查理，」這位將領感嘆地說道，「派駐遠東地區的他弄不清楚東方人的各種模樣，因而毀了他的事業，」像 Girard 事件（美國駐日的軍事和外交人員犯下的悲劇性錯誤）這種意外發生之後，「要好好的篩選駐外人員」的聲音總是會引起一陣短暫的關心，就如一位五角大廈助理所說的，「至少我們得選擇一些不會隨便對當地居民亂開槍的駐外人員。」

明顯地，當美國軍隊派駐他國時，總無可避免的會發生一些意外。不過，這些意外當中有很多是美國人的愚行造成的錯誤結果。當意外發生時，美國人鮮少知道該如何處理才能避免火上加油，他們經常無法察覺事情的真相，故以美國人慣用的行為來處理，但這種方式往往不為外國人接受，因而扭曲美國人的原意。

假如這本書只灌輸這個觀念，那本書的目的也就達成了。不過我這本書有個更具野心的目標：這本書是為那些被莫名力量驅使，被美國國內外各種文化所迷惑，以致對周遭事物有所疑惑的人所撰寫的。我希望讀者能夠了解，秩序存在於生活中顯明的神秘、混亂與解體的背後，若能了解這一點，則有助於他們重新檢視周遭世界。我也希望讀者能關注文化這個主題，並引導他們依其興趣進行個人的觀察。

---

1 南韓的官方名稱是大韓民國。在本章中，南韓與韓國兩者間可互用，若提及北韓時會特別註明。

2 天然資源只有在人們知道該如何使用時方才有用。譬如，在人們還……不知道石油可充作燃料之前，江湖郎中拿它來當藥，但現今人們廣泛地使用石油，已「創造出一種密切的依賴關係，現代的運輸、工廠、以及食物生產等等都得依賴石油。如果沒有石油……幾乎什麼事都做不成」（Gelb 1990, p.34）。同樣的，當人們發現鈾具有放射性特質，可用來當作原子彈及核燃料的成分之前，鈾只存在於學術研究當中。瀑布在過去被視為航行的障礙，直到人們懂得將水力轉換成能量（Chinoy 1961）。

3 因為價值觀並無法直接觀察，所以社會學家便採兩種方法來檢視哪些是人們認為的重要價值觀：（1）他們假定人們的價值觀會反映在行為上，因此可藉由觀察實際行為來看出個人價值觀，或者（2）直接詢問人們所持的價值觀為何。不過這兩種方法都有其缺陷，前者的缺陷是研究者可能作了錯誤詮釋，因為人們並不總是依據自身的價值觀來行事（「我這樣說並不代表我會這樣做」），而後者的缺點在於人們並不總是會將重要的價值觀告訴他人。

4 在大多數美國家庭中，冰箱是最耗電的家電之一。在美國，一部電冰箱的運作每年得花 1,200 瓦時，用電量約是日本的兩倍。這種差別主要在於日本冰箱的體積較小，並採用省電裝置的緣故（Wald 1989）。

5 語言學家 Edward Sapir 在 1920 年代寫了一本極具影響力的書《語言：言語研究導論》（Language: An Introduction to the Study of Speech）。Sapir 自認為有責任告訴我們語言的社會用處及其結構，他相信「沒有兩種語言能夠代表同樣的社會實體，不同社會所在的世界是不同的世界」（Sapir 1949, p.162）。這些假設強調 Sapir 開展的語言相關性假設：語言是相異的，講 X 語言者若將其譯為 Y 語文，這些文字也不會對講 Y 語言的人產生相同的影響。不過，現今大部分的社會科學家否認這種論調，認為人們有可能發現另一種語言的意義，並將之翻譯成其他語言。

6 即便在美國，牛肉被當成肉品食用也是晚近之事。在 1870 年代西部拓荒與曳引機發展之後，牛肉才被廣泛地當成食物。在此之前，人口大量集中在東部各州，這些地方畜養的豬隻數目遠超過牛隻數，因此豬肉是此地主要的肉品來源。而當移民開墾西部之後，才有豐富的草地可餵食牛群並種植作物（Tuleja 1987）。

7 當漢城得到 1988 年夏季奧運舉辦權時，南韓政府便採取一些措施，將販賣狗肉和蛇肉的店舖全部趕出漢城。韓國政府此舉的目的是為了避免全球媒體的注意，他們自我意識到外國人會對韓國文化抱持異樣眼光，因此為了避免嘲笑和困窘，將狗店和蛇店遠離閃光燈的拍攝範圍是最好的辦法。

8 日本人宣稱他們摧毀韓國文化的目的在於促進韓國現代化。今日仍有許多日本人主張，韓國的農業和工業生產力在日據時期改善甚多，而高速公路、鐵道、港口、通信系統和工廠也都在此時興建。不過，韓國人的所得和輸出都被用來支援日本社會，使得韓國人一窮二白。當日本介入第二次大戰時，韓國人被迫從軍或到工廠進行生產。在日本統治的 35 年間，韓國人百般屈服於日本。日本試圖藉由剝奪韓國人的語言、觀念及物質文化將韓國「日本化」。

9 每條規則總會出現例外的情況。每個符號被賦予的意義有時會與其內在特質有關（比如綠色象徵大自然）。不過，用來代表某意義的符號經常是隨意選擇後的結果。

社會化——以以色列、西岸和加薩爲例

- 巴勒斯坦和以色列的協議
- 先天和後天
- 社會接觸的重要性
- 個人和集體記憶
- 團體的角色
- 符號互動論和自我發展
- 認知發展
- 再社會化
- 討論
- 焦點：同儕壓力對社會化的影響

讓我告訴你，巴勒斯坦人，我們註定要在同一塊土地上共同居住。

我們是從血戰中生還的戰士；我們曾親眼看見自己的親友死在面前；我們參加了他們的葬禮，但不敢直視他們的父母；我們來自父母埋葬子女的地方；我們曾經與你們交戰，巴勒斯坦人，今天我們要大聲清楚地對你們說：血淚交織的日子已經夠久了。

夠了！我們不想要復仇：我們——我們對你們並未懷抱仇恨，我們就像你們一樣也是人——的人民想要建立家園、種植樹木和彼此相愛，想要和你們尊重友善地比鄰而居，以人類和自由人的身分互相對待。

現在我們要提供你們和平的機會，我們正在告訴你們——並且再一次告訴你們——夠了。讓我們祈禱：我們共同告別武力的一天終將到來。

我們希望為過去共同生活的悲慘歷史開啓新的一頁，互相承認、敦親睦鄰、互相尊重和了解的一頁。我們希望展開中東歷史的新紀元。

以色列總理拉賓（YITZHAK RABIN）
1993 年 9 月 13 日
中東和平協定簽署儀式

人類出生的時候，大腦皮層（複雜思考所在的部位）的發展還不足以察覺到自我和其他人，或者反省社會生活的規則，也就是我們所說的規範。[1] 不過，當兒童的生理構造成熟，並且與他人互動之後，這些能力便會發展出來。

舉例來說，大多數兩歲的兒童在生理上已經有能力關注成年人所謂的生活規定。在違反規定時，他們會感到煩惱：像是在書桌上亂畫、弄壞玩具、衣服上有小洞和有人心情不好都會引起麻煩的問題。由幼童的觀點來看，如果有東西「壞了」，那一定有人做了一件非常不好的事情（Kagan, 1988a, 1988b, 1989）。

兩歲的兒童為了表示對於標準的關切，首先必須接觸一些訊息，引導他們預期特定之行為、人以及事物的出現（Kagan 1989）。[2] 他們透過與成年人的社會關係發展出這些預期。兒童向成年人提出他們的問題和需求。成年人的反應有很多種；他們可能會提出解釋，表達關切，嘗試幫忙，或者漠不關心。兒童經由這些簡單的交換，學會了如何思考事物和人。他們學會了自己主要所屬的社會團體，以及自己不屬於的其他團體。除此之外，兒童經由這些交換，獲得了交談、走正路和推理的基本技能。從其他人身上學習了解世界是複雜、終生持續之**社會化**（socialization）歷程的一部分。

社會化是從出生後立刻就開始，而且終生持續下去。這是新生代發展人類的能力，以及學習特有之性格和認同的過程。這個過程也導致**內化**（internalization），也就是人們接納規範、價值觀、信念和語言，以便參與更大的社群。社會化也是文化由上一代傳遞到下一代的的過程。

本章將探討社會化歷程以及它對社會和個人的重要性。我們將檢驗先天（生理）和後天（經驗）如何共同影響，而產生出類似於其社會和團體，但又獨一無二的個人。我們將會討論集體記憶和團體成員的身分對於社會認同的影響。我們也會考慮各種早期社會化的理論，以及其與再社會化的差異。

本章的重點將放在以色列、（約旦河）西岸和加薩（走廊）的猶太人和阿拉伯人一世紀以來的激烈衝突。據估計，全世界有 60 件衝突是發生在同一領土中不同民族、種族、語言或宗教的人之間，上述衝突就是其中之一（Kotowitz and Moody 1993）。這些衝突大多數都有悠久的歷史，表示它們已經從上一代傳到下一代。我們之所以將焦點集中在以色列與西岸和加薩，是因為美國好幾次擔任以阿會談的主要贊助者（最著名的一次是 1993 年 9 月）。和平並不容易達成，因為參與的每一方都已經受到衝突的影響。對大多數人來說，從他們出生開始，衝突就已經是生活的一部分。在本章中，我們將著重於社會化的概念和理論，以協助我們了解衝突如何由上一代「傳遞」到下一代。

我們必須牢記：社會化只是幫助我們了解過去一世紀以來以巴衝突的眾多因素之一（第九、十和十三章強調其他激發內在衝突的因素）。雖然我們主要的焦點集中在兩個團體（巴勒斯坦和以色列），但也必須記住：每個地方的人都會使用類似的策略教導新生代如何加入他們所出生的社會。不過，這些新生代未必會變成是上一代的複製品。他們學習繼承而來的環境，然後以自己的方式與它達成妥協。

❧ 巴勒斯坦和以色列的協議

1987 年 12 月，西岸和加薩的巴勒斯坦人發動一連串暴力示威，攻擊以色列警察、軍隊和其他從 1967 年開始佔領其領土的官方人士。印塔法（intifada）現在已經邁入第七年：「它是目前為止最持久、最連貫、最廣泛的反抗」（Lesch 1989, p.89）。詳情請參考「印塔法：組織與階段」。下面的手稿描述了巴勒斯坦人抗爭和以色列嘗試鎮壓抗爭的惡性循環：

> 我的一位朋友最近在（被佔領的）領土服役。他不斷地說起他的內心交戰。他說，白天你參與各種事情──打鬥、叫囂、把快要被炸死的〔巴勒斯坦〕女人拖出房子──沒有一件事可以難倒你。你已經

準備好毫無疑慮地痛擊你所遇到的第一個丟石頭的人。但是後來回到屋子裡之後，你想到這件事就覺得可怕，在床上輾轉難眠。但是事情真正發生的時候你卻無動於衷。你是一個主張道德的士兵，站在數百個朝你吐口水、咒罵你、向你丟瓶子和石頭、說你母親是妓女的人中間。當你走過村落的時候，每一扇窗戶裡都有人對你咆哮，你開始感到害怕。一股不可思議的恐懼纏住你，當你無法再承受的時候，你就會揮拳痛打下一個看見的人。有一瞬間你覺得自己簡直要發瘋了。他告訴我，我們大多數人看也不看就出手，然後你就親眼目睹這些可怕的爆炸事件。他們在黃昏或週末談論所發生的事。他說，他自己已經談了太多次，幾乎他所認識的每個人都感到痛苦（SICHROVSKY 1991, pp.61-62）

　　這位以色列士兵發現自己處在巴勒斯坦的阿拉伯人和以色列的猶太人，一世紀以來爭奪約旦河和地中海之間土地的爭端中（請參閱本章的地圖）。雙方都宣稱這片土地是自己的「家」。巴勒斯坦人是迦南人、回教徒和基督徒的後裔，居住在這塊土地已經超過 2,000 年以上。希伯來人（以色列人）由埃及出走，大約在西元前 1,200 年來到此地，建立國家（Eretz 以色列），以耶路撒冷為首都。羅馬人大約在西元前 70 年征服此地。他們嚴厲地對待猶太人，並且壓制所有的猶太文化，包括宗教和語言。猶太人積極地抵抗，並且反抗羅馬人的規定。羅馬人因此驅逐大多數的猶太人。只有非常少數被選定的猶太人留下來，歷經波斯人、阿拉伯人、歐洲十字軍、土耳其人和英國人的統治。分散各地的猶太人雖然在異鄉遭到歧視，但是從未忘記在巴勒斯坦的「家」。
　　在 19 世紀末期，反閃族的氣氛逐漸蔓延到歐洲和俄羅斯，Theodor Herzl 創立了現代的錫安運動。[3] Herzl 是一個居住在英格蘭的猶太人，他相信對抗歐洲反閃族主義的唯一方法是建立屬於猶太人的國家。他擬定了一套計畫，召集各地的猶太人重返巴勒斯坦，那是理所當然地屬於猶太人的地方。年輕的歐裔和俄裔猶太人追隨 Herzl 的領導，遷入巴勒斯坦購買土地，並開始定居下來。

　　在猶太人的返國運動開始不久之後，第二次世界大戰即將結束。英國人打敗了土耳其人，從盟邦手中取得對巴勒斯坦的控制權。儘管英國人限制猶太人返鄉的人數，第二次世界大戰期間的納粹大屠殺卻加速了猶太人的逃亡。這一點是猶太人返鄉運動的決定性推動力量和絕處逢生的激勵。由於有六百萬人（大約是歐洲猶太人的三分之一）死於大屠殺之中，猶太人決定建立自己的國家和軍隊，以保護自己免於更進一步的攻擊，並且減少依賴難民身分而由其他國家得到食物、避難所、工作和護照。[4]

猶太難民因為大屠殺和普遍壓迫而流亡歐洲各地，最後逃到他們稱為以色列的地方，而巴勒斯坦人則稱之為巴勒斯坦人的領土。

　　儘管猶太殖民者穩定流入，巴勒斯坦那時候已經是大約 120 萬阿拉伯人的家（Smooha, 1980）。[5] 從猶太人開始返鄉，阿拉伯人和猶太人就在各地開始局部戰鬥。雙方都焚毀農作物、破壞樹木、偷竊動物、破壞灌溉系統以及屬於對方的農耕設備。在第二次世界大戰之後，英國人準備撤出，他們要求美國人擔任調停者，以解決爭議。1947 年 11 月 29 日，聯合國投票決定將巴勒斯坦分爲兩個獨立的國家，分別屬於猶太人和阿拉伯人。根據這項決定，四十萬巴勒斯坦人住在屬於猶太人的這邊，而數不清的猶太人住在巴勒斯坦人那邊（Rubinstein 1991）。巴勒斯坦人無法接受這項安排。從他們的角度來看，他們無法想像：其他國家的代表竟然投票決定分割他們的土地。當英國人逐漸撤走軍隊和軍事設備時，巴勒斯坦人和以色列人之間的戰鬥卻逐漸升高。

由於1948年阿拉伯軍隊戰敗，巴勒斯坦這個國家從此消失，大約一百萬巴勒斯坦人成爲難民。

1948 年 5 月 14 日，猶太領袖宣布以色列成爲獨立的國家。第二天，來自埃及、敘利亞、約旦、黎巴嫩和伊拉克的巴勒斯坦和阿拉伯軍隊從四面八方展開攻擊。當猶太人打敗阿拉伯軍隊時，巴勒斯坦人的國家從此滅亡，大約一百萬名巴勒斯坦的阿拉伯人逃走或淪入約旦、敘利亞、埃及和聯合國所控制的難民營。[6] 當以色列於 1967 年的六日戰爭中打敗約旦、敘利亞、伊拉克和埃及的軍隊之後，又發生了第二次巴勒斯坦人大遷徙。當以色列軍隊從敘利亞手中掌管約旦河西岸、東耶路撒冷、加薩和戈蘭高地時，大約有七十萬名巴勒斯坦的阿拉伯人[7]逃到鄰近的阿拉伯國家。阿拉伯政府的反應是驅逐猶太公民，許多人逃往以色列的收容所。今天，大約有兩百萬名巴勒斯坦難民及其後裔居住在約旦、敘利亞和黎巴嫩（Broder and Kempster 1993）。

目前以色列仍有一百萬名巴勒斯坦人，他們的祖先在 1948 年之後仍然留在當地（Elon 1993）。西岸、加薩和東耶路撒冷約有 180 萬名巴勒斯坦人和 23 萬名以色列人定居（Charney 1988; T. Friedman 1989; Hull 1991）。根據估計，以色列居民和軍隊占有加薩走廊的 34% 和西岸土地的 52%（R. Friedman 1992; Shadid and Seltzer 1988）。這些居住地軍隊設備是為了兩個目標而設置：「第一，圍繞主要的巴勒斯坦城鎮，以防止其入侵；第二，切斷阿拉伯城鎮彼此之間的聯繫」（Matar 1983, p.124）。

西岸和加薩的巴勒斯坦人接受以色列的軍事統治幾乎有 30 年之久。在 1994 年 5 月，以色列士兵撤出加薩和西岸的耶利哥城，給予巴勒斯坦人有限的自治。耶利哥以外的自治仍有待協商。

自從 1987 年開始，巴勒斯坦人有系統且持續施加壓力，目標是結束以色列的佔領，他們的組織稱為印塔法。就字面上翻譯，intafada 意指「戰慄、發抖或打顫」。這個字源於阿拉伯文的 Nafada，意指「搖撼、擺脫、抖落、痛打，擺脫懶惰、達到目標、完成、除去某樣東西、拒絕與某人有所牽扯」（T. Friedman 1989, p.375）。印塔法最常見的報復方式是「丟石頭的兒童」——巴勒斯坦小孩對以色列居民和士兵丟石頭和瓶子。[8]

以巴衝突因為雙方的經濟糾葛而更為複雜：

> 任何一天你都可以發現以色列軍隊逮捕西岸村莊中所有 18 歲以上的巴勒斯坦男性，但是到了下一個村莊，以色列包商正在雇用所有 18 歲以上的巴勒斯坦男性興建新的猶太城鎮。（T. Friedman 1989, p.360）

印塔法：組織與階段

　　1987 年 12 月在難民營展開的示威總是抗議的關鍵核心，而且蔓延到城鎮和村莊。雖然加薩的村莊不斷成長，已經併入難民營和城鎮，但是西岸的村莊仍然散佈得很廣，而且與過去的自治抗議沒有密切的關聯。不過，西岸的村民目前已經主動加入印塔法，因為在過去十年中，他們的農耕和放牧土地被奪取，已經嚴重地威脅、干擾或破壞了他們的生活。

　　在地方層次上，整體領導與鄰近之巴勒斯坦難民營、村莊和城鎮的無數政治委員會相關。其他委員會處理衛生、農業、教育和婦女問題。在城鎮的每一個部門，都由居民選出委員會以協調對抗勢力和處理危機。居民捐出小額金錢以儲備食物供危機時使用。有一隊的人負責檢查和清理水井和貯水池，當以色列切斷水路時可供使用。所有居民的技能都經過普查；每個人在危機發生都有指派的任務。鄰近的委員會也監督菜園的種植情形，並提供必要的協助。

　　組織和政治問題部分進行直接溝通，但是主要的發言管道是 bayanat，也就是聯合領導的官方發言人。bayanat 設定未來一週或兩週的特殊指示，詳述大罷工和示威的日期以及商店開放和關閉的時間。他們也要求特定官員辭職，或者延長某一城鎮或村莊的慶祝活動。例如，bayanat 要求警察和指派的市長辭職，規定商店每天由九點營業到中午，而且提醒民眾聯合抵制以色列的貨品，用巴勒斯坦製造的貨品來取代。bayanat 也鼓勵勞工到以色列以外的地方工作，除非有迫切需要，而且為以色列內部支持巴勒斯坦的和平力量祈禱。

　　印塔法所使用的方法隨著時間而有所演進。早期他們強調群眾抗議，大量民眾湧入街道，以石頭、燃燒的輪胎和路障來對抗以色列士兵。這種大規模示威很難持續數個月，所以後來演變為貓捉老鼠的策略。一群年輕人設定暫時路障以吸引軍隊的巡邏。士兵向年輕人開槍射擊，後者就丟石頭，然後逃入巷道中。另一種作法是，載滿士兵的吉普車停在難民營的菜市場中，在居民忙著購物時炫耀其主權。過了一會兒，它的出現造成煽動，男孩開始用石頭攻擊它。士兵跳下車子，向四面八方射擊。他們追逐兒童，用警棍痛打他們，並且在市場施放催淚瓦斯。故早期年輕人想要維持軍事均衡、騷擾對方，以及減低本身的災難。

　　（來源：改編自 Anatomy of an uprising: The Palestinian Intifadah，作者 Ann Mosely Lasch。pp.94-100 in Palestinians under Occupation。）

以色列人和巴勒斯坦人除了經濟關係之外幾乎毫無共同之處（在經濟關係中，巴勒斯坦人主要還是從事低階工作）。這兩群人的生活彼此隔絕，而且其語言、宗教、學校、住所或軍隊都不相同。

歷史性的握手：素來為敵的拉賓和阿拉法特在華盛頓特區簽署和平協定，為一世紀以來以色列和巴勒斯坦之間衝突的解決跨出第一步。

　　猶太人和阿拉伯人之間的衝突持續了一個世紀以上，這表示其敵對的心態代代相傳[9]，只是衝突的形式有所改變。在 1948 年之前，雙方都參與恐怖主義活動和土地、財產的破壞。自 1948 年到 1970 年代初期（以及 1980 年代初期），其衝突涉及國際武力、游擊隊和恐怖主義滲透者。巴勒斯坦人歷經幾乎二十年的軍事佔領，急著想要解決「巴勒斯坦問題」。現在下一代用小刀、汽油手榴彈、旗幟、圖畫、罷工、抵制和路障來對抗佔領。以色列的反應則是砲擊、驅逐、監禁、宵禁和關閉學校。

　　這一連串的歷史事件將我們帶到現代，那些「丟石頭的兒童」只知道他們是在以色列軍事統治之下生活，他們是拿石頭丟向以色列居民、訪客以及以色列獨立之後才出生的年輕士兵。印塔法的崛起與冷戰結束有關，他們推動阿拉伯人和以色列人共同參與莫斯科和華盛頓所贊助的和平會談。在冷戰結束之前，莫斯科和華盛頓之間絕不可能合作。在冷戰結束之前，中東的外國武力主要是美國和蘇聯為了彼此牽制對方的經濟和政治體系的擴散。

1993 年 9 月 13 日，經過數年的協商（包括在挪威舉行、長達 18 個月的秘密協商）之後，以色列總理拉賓和巴勒斯坦解放組織領袖阿拉法特於美國白宮草坪會面，簽署和平協定。雙方首度認可對方生存的權利，而且朝向永久解決衝突邁出了第一步。雙方內部各有不同黨派企圖影響協議過程以及最後會談的結果，以符合自身未來的利益（Schiff and Ya'ari 1991）。各黨派都計畫挑起巴勒斯坦人和以色列人的暴力對抗，希望這些行動能夠結束和平協定以及未來的對話。

社會學家在研究以上衝突時會提出下面這些問題：（1）新一代的成員如何學習和適應他們繼承的環境，以及（2）衝突如何從一代傳到下一代？對社會學家來說，部分的答案就在於涉及先天和後天的社會化歷程。

❧ 先天和後天

任何有關社會化的討論都不能忽略：先天和後天對於智力、社會和性格發展有著重要影響。**先天**（nature）是指人類的基因組合或生理遺傳。**後天**（nurture）意指構成個人生活的環境或互動經驗。有些科學家對於基因和環境的相對重要性有所爭議，他們主張：在人類發展階段中，其中一方比另一方更重要。但是大多數人都認為這種爭議是無益的；我們不可能區分這兩種因素的影響，或者說其中一方比較重要，因為兩者對於社會化都是相當重要的。嘗試區分先天和後天的個別貢獻就像是把錄音機和錄音帶分開，以便檢驗錄音的成果，而不是研究兩者如何合作而產生聲音（Ornstein and Thompson 1984）。

人類腦部的發育戲劇化地說明了基因和遺傳的不可分離。根據人類的基因組合，我們擁有大腦皮層——腦中負責思考的部分——使我們能夠組織、記憶、溝通、理解和創造。[10] 皮層由至少 1000 萬個神經細胞所組成（Montgomery 1989）；神經細胞的纖維形成了數千個突觸，以連接其他細胞。細胞之間的連結幾乎有無數個；如果每一秒鐘數一個突觸，要花費 3200 萬年才能數完（Hellerstein 1988; Montgomery 1989）。

　　或許人類大腦最突出的特徵就是它的可塑性。科學家相信：大腦可能被「設定」去學習五千種人類語言中的任何一種。在出生後的最初幾個月，嬰兒能夠發出所有語言所需要的聲音，但是這種驚人的潛能會因為他們所聽到且最終學習的語言而消失。根據研究證據指出，當兒童一歲的時候，大腦的語言可塑性就開始消失（Ornstein and Thompson 1984; Restak 1988）。更重要的涵意是，基因組合提供了重要的原始材料，但是環境可以用多種方式來塑造這些材料。

　　人類基因組合的可塑性大到能夠使一個人學會任何文化的價值觀、信念、規範、行為和語言。儘管如此，必須靠許多經驗與基因組合共同結合，才能使一個巴勒斯坦人渴望祖國，相信她或他不應該為大屠殺「付出代價」，以及激烈地抗議軍事佔領。同樣地，先天和後天共同使一個以色列人重視祖國，相信猶太人有權擁有他們在 2000 年前被迫離開的土地，以及為了保護國家的疆域而戰。這些想法都是在與他人的互動中學到的。如果沒有和他人接觸，一個人不可能成為正常的人類，更不用說成為社會的一部分。

❧ 社會接觸的重要性

　　生長在極端孤立或充滿限制、沒有刺激之環境的個案，可以顯示出社會接觸（後天）對於正常發展的重要性。在這個領域中最初也最有系統的研究由社會學家 Kingsley Davis、心理學家 Anna Freud（以及 Sophie Dann）和 Rene Spitz 以及社會學家 Peter Townsend 所完成。他們的成果顯示出忽略和缺乏社會化對於情緒、心智，甚至生理發展的影響。

極端孤立的個案

社會學家 Kingsley Davis（1940, 1947）在兩篇經典論文——「兒童的極端孤立」（Extreme Isolation of a Child）和「極端孤立個案的最後註解」（Final Note on a Case of Extreme Isolation）——中考證並且比較了兩位女孩——Anna 和 Isabelle—的相似生活。她們在六歲之前都很少得到別人的照顧。她們都是私生女，因此而被迫與人隔絕。當有關當局發現她們的時候，她們都生活在像閣樓一樣的黑暗房間裡，完全不接觸家中其他人和一般日常活動。雖然兩人被當局發現時都是 6 歲，但是其行爲卻相當於6 個月大的孩子。Anna「沒有說話的跡象，完全不會走路，不明白手勢，甚至把食物放在她面前，也無法自己進食，而且不知道要保持乾淨。她是如此的冷漠，以致於我們無法確定她是否聽得見」（Davis 1947, p.434）。

Isabelle 和 Anna 一樣不會說話；她以手勢和嘶啞的聲音來溝通。由於缺乏陽光和營養不良，她患了佝僂症：「她的腿尤其嚴重；它們過於內彎，當她直立的時候，鞋底幾乎併在一起，使她拖著腳步行走」（Davis 1947, p.436）。Isabelle 也表現出對於陌生人的極端恐懼和敵意。

Anna 被安置在私人的智障兒童之家，四年後去世。在死亡之前，她的行爲和思想才達到 2 歲兒童的水準。相反地，Isabelle 加入一個密集、有系統的計畫，其目的是教她說話、閱讀和其他重要技能。Isabelle 參加該計畫兩年之後，就達到正常年齡的思想和行爲水準。

Davis 根據 Anna 和 Isabelle 的個案史下結論說，極端孤立對於心智和生理發展有重大的負面影響。另一方面，Davis 也認爲，Isabelle 的例子證明了：極端「孤立直到 6 歲，無法接觸任何形式的言語，因此幾乎完全無法抓住文化意義的世界，並不表示以後就不能學會這些事情」（Davis 1947, p.347）。

除此之外，Davis 推論爲何 Isabelle 的表現優於 Anna。他提出兩種可能的解釋。第一，Anna 可能在生理和心智結構上比 Isabelle 更不健全。第二，Anna 的狀況可能是因爲缺乏 Isabelle 所接受的密集、有系統的治療。

儘管如此，個案史的比較並沒有定論。因為 Anna 在 10 歲時就去世了，研究者無法了解：如果她活得更久，是否終究可以達到正常的發展狀態。

Davis 在下結論時忽略了一個重要因素。雖然 Isabelle 童年時住在黑暗的房間裡，與母親以外的家人隔絕，但是她大部分的時間都和又聾又啞的母親在一起。Davis 和治療 Isabelle 的醫療人員似乎將聾啞和低能劃上等號（這樣的聯想在 1940 年代是很平常的）。除此之外，他們似乎假定：與聾啞的人共處一室就等於孤立。不過，現在有許多證據顯示：聾啞的人有豐富的符號表達能力（請參考 Sacks 1989）。Isabelle 能夠透過手勢和嘶啞聲音溝通的事實，說明了她已經和另一個人建立了重要和有意義的連結。雖然此連結不盡理想，但是卻使她具有勝過 Anna 的優勢。基於這種可能性，我們必須質疑 Davis 的結論，也就是：6 歲之前孤立的影響可以克服，只要提供他們「夠好的」構造和系統化訓練。我們使用「夠好的」這個詞是因為，研究者並不知道克服上述效果之個人或訓練制度的確實輪廓。

大屠殺中的兒童

Anna Freud 和 Sophie Dann（1958）以父母在納粹德國的煤氣室中被殺的六名德裔猶太兒童為研究對象。這些兒童在送到 Tereszin 的兒童集中營監禁之前一年，住在多個收養家庭之中。監禁他們的是營養不良和過度工作的護士，本身就是集中營的囚犯。在戰爭結束之後，這六名兒童被送到三個不同的機構。最後，他們一起被送到鄉下的農舍，接受密集的社會和情緒照顧。

他們在短暫的一生中被剝奪了與成年照顧者的情感聯繫和關係，Freud 和 Dann 發現，這些兒童不了解家庭的意義，與他人分開時極端沮喪，即使只有短短幾秒鐘。除此之外：

他們不喜歡別人的安排，而且舉止狂野、不安分、發出難以壓制的吵鬧聲。在他們抵達的最初幾天之內，他們弄壞了所有玩具以及大部分家具。他們對工作人員的態度不是冷漠就是激烈的敵視，就連在Windermere 和他們作伴、唯一過去和他們有所聯繫的年輕助理 Maureen也不例外。有時他們完全忽視成年人，即使有人走進房間也不會抬頭看一眼。當他們有立即需要時會轉向成年人，但是一旦滿足需要之後就把對方當做不存在。他們生氣的時候會毆打成年人，咬他們或吐口水（FREUDANDDANN 1958, p.130）

孤兒院和護理之家

其他證明社會接觸之重要性的證據來自較不極端的忽視個案。Rene Spitz（1951）研究了 93 名嬰兒，他們在出生三、四個月時就因爲環境不佳而被父母送到孤兒院。這些嬰兒被送入機構的時候，在生理和情緒上都是正常的。他們在孤兒院裡適當地滿足生理需求——有好的食物、衣服、換尿片、清潔——但欠缺個別的注意與關懷。因爲每一位護士要照顧 8 到 12 個嬰兒，所以這些兒童被剝奪了情感需求。缺少社會接觸所導致的情感剝奪使許多兒童因爲快速的生理和發展退化而死亡。其他人則變得完全被動，平躺在自己的床上。許多人無法站立、走路或說話（Spitz 1951）。

這些個案告訴我們：兒童需要他人的親密接觸和刺激，以便正常發展。適當的刺激意指與成年照顧者的強烈聯繫。這種聯繫的特徵是照顧者和嬰兒之間相互尊重的連結。換言之，至少必須有一個人非常了解嬰兒的需要和感受，並且滿足這些需求和慾望。在這樣的條件之下，嬰兒學會了自己的某些行動會引發可預測的反應：興奮可以讓爸爸也興奮；哭泣可能使媽媽安撫嬰兒。當研究者設定實驗情境，使父母無法做出嬰兒預期的反應時（甚至只有幾秒鐘），嬰兒會遭到相當大的緊張和沮喪（Nova 1986）。

有意義的社會接觸和來自他人的刺激在任何年齡都很重要。與照顧者的強烈社會聯繫和整體的社會、心理以及生理健康都有關。英國社會學家 Peter Townsend（1962）描述最低限度的互動對於護理之家中老人生活的影響。機構中的老人和 Spitz 研究的機構中兒童非常相似：

> 住在機構中的人沒有隱私，他們與其他人的關係非常薄弱。許多
> 人活在孤立的保護殼之中。他們的行動受限，無法接觸普通社會。他
> 們的社會經驗有限，而且與工作人員分開。他們順從日常的例行公事，
> 缺乏創造性的活動，而且沒有太多機會自己作決定。他們被剝奪了親
> 密的家庭關係。於是這些人後來逐漸退化。他可能變得退縮和憂鬱，
> 可能對未來或是與個人無關的事情不感興趣。他有時候會變得冷漠、
> 很少說話、不主動。他的個人和衛生習慣也可能退化。(TOWNSEND 1962,
> pp.146-47)。

Kingsley Davis、Anna Freud、Rene Spitz 和 Peter Townsend 的研究成
果支持：個人的整體健康依賴與他人的有意義互動經驗。在更基本的層次
上，社會互動是發展自我的關鍵。社會學家、心理學家和生物學家都同意：
「自我概念無法脫離社會經驗」（Mead 1934, p.135）。但是，如果沒有
記憶或學習以及回憶名字、臉孔、字彙和符號意義的生理機制，人們就無
法與他人產生有意義的互動。

> 只有當你開始失去記憶，即使是點滴片斷地，你才會了解到記憶
> 構成我們的生活。沒有記憶的生活根本不是生活，我們的記憶就是我
> 們的統合、推理、感受，甚至行為。除了這些，我們一無所有。(BUNUEL
> 1985, p.22)

☙ 個人和集體記憶

在我們探討社會化的時候很容易忽略記憶——也就是保存和回想過
去經驗的能力。但是如果沒有記憶，個人和整個社會與過去的聯繫將會被

切斷。就個人的層次而言，記憶使人保存經驗；就社會的層次而言，記憶保存了過去的文化。

記憶如何發揮作用仍是一個謎。顯然當新學習發生之後，腦中會有某些生理痕跡。最新的神經學證據顯示：生理痕跡貯存在稱為**記憶痕跡**（engram）的解剖實體。記憶痕跡由大腦所製造的化學物質所形成。它們以生理形式貯存經驗——個人特有的大量訊息、印象和心象：

> 它可能是聽音樂的時刻、在舞廳門口注視的時刻、從喜劇片段中想像強盜行為的時刻、從鮮明的夢中醒來的時刻、與朋友笑著交談的時刻、聽小兒子的聲音以確定他沒事的時刻、觀賞發光訊號的時刻、生孩子時躺在產房的時刻、被恐嚇的時刻、看見人們進屋時衣服上有雪的時刻。（PENFIELD AND PEROT 1963, p.687）

科學家不認為記憶痕跡貯存的是過去事件的實際記錄，像是貯存在錄影帶上的影片那樣。記憶痕跡貯存的更像是經過編輯或整理的經驗和事件，每次回想的時候都被更進一步的編輯。

如前所述，記憶在性質上不只是個人的；它具有強烈的社會性質。首先，一個人若不具有記憶和回想名字、臉孔、地方、字彙、符號和規範的能力，便無法參與社會。第二，大多數「新生代」很容易就學會周遭文化的語言、規範、價值觀和信念。我們理所當然地認為這些訊息貯存在記憶中。第三，出生在同時同地的人將可能經歷相同的事件。這些與他人相似的個人經驗經過很久之後仍然留在記憶中。我們用**集體記憶**（collective memory）這個詞來描述多數人共享和記得的經驗（Coser 1992; Halbwachs 1980）。這些記憶以許多形式重現、保留、分享、傳遞和改造，像是故事、假日和紀念館。[11]

以色列活在過去的紀念物中。例如，耶路撒冷郵報製作的回顧專欄標題是「波蘭的猶太兒童沒有學校」。還有，以色列的道路旁堆滿了從1948年獨立戰爭以來殘留的巴勒斯坦吉普車、汽車以及卡車（Bourne 1990）。

在 1948 年和 1967 年的戰爭中被驅逐的巴勒斯坦人仍然保有對從前祖國的記憶，他們就像猶太人一樣，將這些記憶傳給缺少個人記憶的人。有些人以 1948 年戰爭之前所居住的城市和鄉鎮的名字爲孩子命名（Al-Batrawi and Rabbani 1991）。大多數人都告訴孩子他們曾經住過的地方；他們教導孩子回憶這些地方，甚至要求孩子：當他們被問到從那裡來的時候，要回答那些地方的名字。當作者 Davis Grossman（1988）要求西岸難民營的巴勒斯坦兒童告訴他自己的出生地的時候，每個人都回答從前的阿拉伯城鎮：

> 在難民營中和我交談的每個人都受過訓練——幾乎就從出生開始——以過著這種雙重生活；他們坐在這裡，就在這裡但是他們也在那裡。我問一個五歲的男孩從那裡來，他立刻回答，「賈法」，也就是今天的特拉維夫。
>
> 「你曾經見過賈法嗎？」
>
> 「沒有，但是我的祖父曾見過。」他的父親顯然在那裡出生，但是他的祖父來自賈法。
>
> 「賈法很美嗎？」
>
> 「是的，那裡有果園、葡萄園和海。」
>
> 然後在更遠的地方我遇到一個坐在水泥牆上的女孩，她正在閱讀一本有圖片的雜誌。她來自洛德，距離班固瑞恩國際機場不遠，四十年前是一個阿拉伯城鎮。她今年 16 歲。她笑著告訴我洛德的美。那裡的房子大得像天堂。「每個房間裡都有手染的地毯。土地很美，天空總是那麼藍，那裡的蕃茄又紅又大，我們所獲得的每一件東西都來自大地，大地給了我們比別人更多的喜悅。」
>
> 「你曾經去過洛德嗎？」
>
> 「當然沒有。」
>
> 「你現在是不是很想去那裡看看？」
>
> 「除非我們重返家園」（GROSSMAN 1988, pp.6-7）

到巴勒斯坦逃避迫害以及為建立以色列而戰鬥的猶太人擁有與巴勒斯坦人相同和相異的記憶。雖然雙方都參與相同的歷史事件，但是他們的記憶卻不相同，因為他們從不同的角度目睹這些事件。由於以色列與鄰國曾經發生六次戰爭，佔領西岸和加薩 27 年以上，而且是來自世界上 80 個國家的被迫害猶太難民，所以每個以色列人幾乎都和戰爭和迫害的記憶相關聯。這些記憶可能是個人參與戰爭、等待所愛的人返家，或是逃離不適合生存的地方。

　　重要的是沒有記憶就沒有社會化。藉由記憶這項機制，團體的期望得以內化到個人身上，並進而內化到整個社會當中，而經由此項過程，過去仍然是現在的一個整合、活躍的部分。以色列人和巴勒斯坦人在被問到有關國家的事務時，都會從記憶中提取過去在其他地方所說過和做過的事情。任何一個人都無法完全記錄過去。不過，記憶中也包括解釋事情為何發生的原因。以色列人以鐵腕建立了佔領區的軍事力量和統治，因為他們不願其生存再度受威脅。相反地，巴勒斯坦人反抗以色列的控制，決定要重建他們失去的國家（請參閱「跨越世代的記憶和認同」）。

　　過去經驗的記憶也使得個人得以參與社會、塑造觀點。社會學家 Karl Manneheim（1952）在他的論文〈世代問題〉中堅持：第一印象或兒童初期的經驗是個人對世界之觀點的基礎。事實上，Manneheim 相信：發生在生命初期的事件具有較大的生理重要性。我們大多數早期決定性的經驗發生在團體中，有些會留下有力而持續的印象。

這些燒焦的希伯萊文經典被保存到今天，提醒我們納粹德國企圖在大屠殺中毀滅猶太文化。就像稀有的書籍代表世代間文化的傳遞，創傷事件也有助於塑造社會及其成員的集體記憶。

➷ 團體的角色

　　就最廣義的說法來看，**團體**（group）是兩個以上的人共享特殊認同（特定夫妻的親生子女；體育團隊、軍事單位或組織的成員；或者共享文化傳統的人）、有歸屬感、以直接或間接——但是可預測——的方式互動。互動之所以可以預測是因為，規範依照成員在團體中的地位（母親、教練、隊員、兄弟、姊妹、員工）來控制其行為預期。團體的整體特徵包括其大小、成員親密程度、成員特徵、目的、持續時間和成員教化新生代和彼此教化的程度。儘管如此，社會學家認為初級團體以及內、外團體是尤其有力的社會化作用者。

初級團體

初級團體（primary group）——像是家庭或高中球隊——的特徵是面對面的接觸和成員之間的有力連結。初級團體並非總是和諧和親愛；他們可能是因為憎恨其他團體而聚在一起。但是無論如何，這種連結都是情感性的。初級團體的成員努力達到「其他人心目中所希望的樣子」以及對他人忠實（Cooley 1909, p.24）。一個人可能永遠無法達到理想的樣子，但是仍然把這個目標放在心上。因此初級團體是「形成個人的社會特質和理想的基礎」（Cooley 1909, p.23）。家庭是重要的初級團體，因為它給予個人最深和最早的人際關係，而且它是新生代最早接觸到「生活規則」的地方。除此之外，家庭是成員緩和負面環境影響的地方，當然它也可能強化這些影響。

家庭這種初級團體提供人與人的有意義互動，對我們的生理、心智和社會健康都很重要。在此過程中，初級團體對於我們的社會化以及對世界的觀點都有極大的影響。

社會學家 Amith Ben-David 和 Yoav Lavee（1992）與 64 名以色列人進行晤談，以了解在伊拉克在波斯灣戰爭期間發射 SCUD 飛彈的時候，家庭成員之間如何對待。在攻擊事件期間，家人聚集在密閉的房間裡，戴上防毒面具。研究者發現：這些家庭對於威脅生命的情境各有不同的反應。有些人談到其互動是正面、支持的：「我們嬉笑，並為對方拍攝戴防毒面具的照片」或是「我們談論各種話題，跟戰爭有關的事情，說笑話，聽著收音機中的聲明」（p.39）。

其他人的反應是沒有互動但是充滿了團聚的感覺：「我很安靜，沉浸在自己的想法中。我們都圍著收音機沒有人說話。我們都坐在那裡，想聽聽外面發生了什麼事」（p.40）。

最後，有些人的反應是家庭成員之間的互動很緊張：「我們努力讓孩子戴上防毒面具，並且爭執是否該讓孩子戴上面具。大家彼此吼叫和喧鬧」（p.39）重要的是在戰爭的極端壓力之下，家庭的反應可能是加強或減弱壓力。我們不清楚以色列和巴勒斯坦人民中有多少人失去重要的初級團體。這些歷史經驗——尤其是以色列人的經驗——顯示其比例相當高。例如，1948 年由衣索比亞飛抵以色列的 8000 名猶太人中大約三分之一來自單親家庭。許多人的父母死於與戰爭有關的原因或是飢荒（Encyclipedia Judaica Yearbook 1987）。

如果兒童的初級團體保持完整，即使他們四周圍繞著混亂、暴力和破壞，仍然能維持相當良好的心理狀態（Freud and Burlingham 1943）。我們由那些藉由暴力以達到目標的團體中得到間接支持的證據。這種團體的成員通常曾經遭到代表權威和正義之官方代表的極端羞辱和殘忍對待（Field 1979）。例如，許多巴勒斯坦人的家被炸毀，村莊被破壞，親近的家庭成員或朋友被以色列士兵逮捕和毆打，父母或兄弟姊妹被殺死。根據研究結果顯示：在難民營中的巴勒斯坦人和最近才到以色列的流亡者都很難相信透過協商可以解決衝突。我們推測：生活在難民營中或是被迫遷到以色列使得某些人相信武力是最可能的解決方式（Shadid and Seltzer 1988; Yishai 1985）。

跨越世代的記憶和認同

社會學家 Donald E. Miller 和 Lorna Touryan Miller 與 100 多位在集體屠殺中倖存的亞美尼亞人進行晤談，有 150 萬名住在鄂圖曼土耳其帝國的亞美尼亞人於 1900 年代初期被消滅。他們也和 4 位倖存者的孫兒進行晤談：

從 1915 年到 1923 年，大約有 150 萬名亞美尼亞人死於鄂圖曼土耳其帝國，被稱為二十世紀的第一次大屠殺。以 1915 年的亞美尼亞人口來計算，死亡人數約佔土耳其之亞美尼亞人的半數和全世界亞美尼亞人的三分之一。男性主要死於直接殺戮。女性和兒童從以往的城鎮和村莊被驅逐到敘利亞的沙漠中，遭到酷刑而死亡。在驅逐期間，婦女遭到強暴，兒童被誘拐，他們所攜帶的少數物品也被掠奪。不過更悲慘的是因為長久耗損而導致死亡——整個隊伍的人都死於飢餓、脫水、筋疲力竭和疾病。驅逐等於是趕盡殺絕。(MILLER AND MILLER 1991, p.13)

Miller 和 Miller 根據這些晤談說明集體記憶如何由上一代傳到下一代，以及它如何影響與祖先有關的個人認同。他們提出六個重點：

第一，像集體屠殺——還有洪水、地震、飢荒等天然災難，或者是戰爭和無法控制的傳染病——這樣的創傷事件可能是團體和世代用以自我了解的軸點。連接世代的對話圍繞著這些事件向外擴展。這些創傷事件透過世代間的關係和團體的自我了解而成為樣板。這些事件是解釋、再解釋、爭執、拒絕、允諾或否認的對象。但是無論它們是什麼，它們都不會被忽略。它們界定了相互對話的變數，因此提供了建立集體認同的成分，即使這些事件的排列順序和解釋是因人而異的。

第二，祖父輩是集體團體記憶的主要攜帶者和傳遞者。祖父母將過去符號化以傳給孫兒，因此他們的任務是將傳統——也就是家庭或團體的集體記憶——具體化。孫兒輩即使有所主張，但是也渴望有立足之地，以及界定自己的根源。因此，祖孫之間的關係可能是精神上的，也就是祖父母的故事是編織個人認同和意義系統的織布機。認同是我們對他人——以及自己——訴說的有關自己的故事。這些故事不可避免地根植在祖父母提供孫兒的經驗中。

第三，當我們的起源故事包含道德矛盾時，我們可能會加以拒絕，因為它們會麻痺或威脅我們，或者我們可能改正過去以達到個人的整體性和治療效果。表面上看來像是狂熱或激烈的行為，事實上可能是與魔鬼戰鬥，其根源就在於祖先故事中的不義（或失敗）。年輕的優勢地位提供孫兒輩獨特觀點，用以解釋父母、祖父母的成功、失敗和不義。的確，每一代對於事件的重新解釋提供了文化演進和改變團體之自我界定的動力。

第四，雙親建立了祖父母和孫兒輩之間的中介脈絡。雙親亦控制祖孫接觸的頻率。雙親直接或間接地傳達祖父母的故事是否有價值。更明確地說，雙親對祖父母故事所產生的情感反應塑造了對祖父母的尊重，以及對祖父母提供之世代傳統的態度。

第五，雙親和祖父母共同創造和維持一個保留文化和團體價值觀的場所。他們設立學校、支持俱樂部、設立組織——而且為這些機構出錢出力——這些機構都是保存文化記憶以及教化新一代兒童和孫兒的地方。雖然這些機構不會取代親子、祖孫之間互動的重要性，但它們會強化家中學到的價值觀，將這些價值觀放在更廣的參考架構中。

第六，世代之間的記憶傳遞並非機械式的。在一個家庭裡，不同的孩子以不同的方式擁有專屬的文化遺產。專屬文化遺產總是發生在特定歷史脈絡中，這些歷史脈絡可能使孩子或多或少接受父母和祖父母代表的傳統，不過他們也會控制自己所接受或拒絕的部分。建立認同的努力因人而異，也就是說每個人在建構個人意義時都有相當的自由。

（來源：Memory and Identity Across the Generations: A Case Study of Armenian Survivors and Their Progeny,作者 Donald E. Miller 和 Lorna T. Miller, pp.13, 35-37 in Qualitative Sociology。）

初級團體的明顯例子之一是軍事單位。各單位的戰鬥勝利取決於成員之間的有力連結。在初級團體中的士兵在壓力之下似乎是爲彼此而戰，而不是爲了勝利本身（Dyer 1985）。軍事單位訓練新兵永遠要將團體放在個人之前。事實上，軍事訓練的最高目標是使個人覺得與其單位不可分離。要達到這個目標的常見策略包括命令新兵穿制服、剃頭、齊步前進、一起睡覺和吃飯、與社會隔離，而且其任務要求所有成員共同參與才能成功。另一種重要策略是將團體的注意力集中在對抗共同敵人。外在的敵人使團體朝向同一方向，因此提高內部凝聚力。

幾乎每個以色列人都屬於這樣的初級團體，因爲幾乎每一位以色列男女公民都要在軍隊服役三年或兩年。男性必須每年服役至少一個月，直到 64 歲爲止。軍事訓練也是許多巴勒斯坦人的重要經驗，只不過較不正式。巴勒斯坦青年——尤其是住在敘利亞、黎巴嫩、埃及和約旦難民營的人——參加青年俱樂部，以保護難民營免於被攻擊。共同敵人的焦點有助於建立和維持軍事單位的界限。不過各種類型的初級團體都有界限——也就是區分團體內外的感受。

內團體和外團體

社會學家使用**內團體**（ingroup）一詞來描述人們認同和密切依附的團體，特別是其依附基礎爲仇視或對抗另一個團體。內團體基於與外團體相關的社會認同發揮影響力。**外團體**（outgroup）是內團體成員認爲有所區別、對立，甚至憎恨的團體。外團體的存在與內團體有關，而且能夠使我們意識到自己的歸屬。外團體的存在增強了內團體成員的忠誠，擴大了區分內、外團體的特徵。外團體甚至可以統合差異甚大的內團體成員。例如，從功能主義的觀點來看，以色列從境內和佔領區的巴勒斯坦人身上獲得利益。非以色列人使那些文化、語言、宗教、政治立場各不相同的以色列人連在一起。以色列人背景各異的原因之一是，從 1948 年開始，來自 80 個不同國家的猶太人定居於此。爲了緩和溝通問題，以色列法律要求每個人學習希伯萊文。除了共同的語言之外，結合的主幹在於想要建立免於迫害的家園以及與外團體——周圍國家的巴勒斯坦人和阿拉伯人——的持續衝突。

　　同樣地，以色列的存在統合了分歧的巴勒斯坦社會。巴勒斯坦人來自不同的種族和宗教團體，屬於不同的黨派，具有不同的政治取向。他們可能是回教徒、基督徒或德魯士族。

　　對內團體的忠誠和反對外團體伴隨著區分我們和他們的意識。在以色列、西岸和加薩，大多數巴勒斯坦人和以色列人的生活不斷受到戰爭和服役所干擾，因此更強化了上述意識。以色列男人每年至少一次要放下工作和家庭，入伍服役（印塔法的每年服役期間由 30 天增加到 60 天）。巴勒斯坦人犧牲工作和家庭，進行罷工、歇業、停止商業活動以抗議軍事佔領。以色列官方則以逮捕示威者或關閉巴勒斯坦商店，以懲罰抗議活動。每一個團體都認為對方應該負責，而且每一方都想要控制對方。

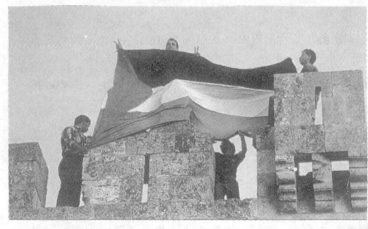

通常內、外團體成員因為符號而起衝突。在1993年和平協定之前，在以色列展示巴勒斯坦旗幟是非法的。因此這面旗幟成為許多以巴衝突的焦點。

　　兩個團體之間的界限相當清楚；而且因為居住、職業、教育或宗教隔離。[12] 以色列士兵以 10 英吋的鐵絲網和地雷來保護加薩走廊的 19 個以色列村落（R. Friedman 1992）。由於內、外團體成員之間很少互動，他們對於彼此幾乎毫不了解。缺少第一手接觸會加深和強化兩團體成員的誤傳、不信任和誤解。某一團體的成員以刻板印象來看待對方。通常其中一個團體具有優勢的地位、物質條件和財產。在上例中，以色列具有較高的經濟和政治地位。許多巴勒斯坦人畢業於技術學院或大學，但是只能做手工和低階的服務工作。

耶路撒冷希伯萊大學的 Yorum Bilu 博士進行了一項很有創意的研究，以檢驗以色列西岸內、外團體的關係所造成的結果。Bilu 博士和兩位學生要求西岸的巴勒斯坦難民營和以色列村落的 11 到 13 歲兒童記錄他們的夢境。17%的以色列兒童夢到與阿拉伯人相遇；30%的巴勒斯坦兒童夢到遇見猶太人：

在 328 次夢中（猶太人和阿拉伯人）會面當中，沒有一個人物是有名字的。沒有一個人物具有個別的外觀。所有的敘述，毫無例外地都符合刻板印象；對這些人物的界定只有種族認同（猶太人、阿拉伯人、錫安主義者等等），或是帶有負面涵意的價值判斷詞彙（恐怖份子、迫害者等等）。

夢中的大多數互動顯示出艱難、具有威脅性的情境、沒有防禦的脆弱世界。

有一個阿拉伯兒童夢見：「錫安部隊包圍我們的房子，而且破門而入。我大哥被抓去坐牢，受人折磨。士兵繼續搜查房子。他們翻箱倒櫃，但是沒有發現要找的人〔做夢的人自己〕。他們離開房子，但是因為背叛的鄰居幫忙，所以又折回來。這一次他們發現了我，還有我的親人，我們都害怕地躲在櫃子裡。」

有一個猶太兒童夢見：「突然有人抓住我，我知道這事發生在我家，但是我的家人逃走了，阿拉伯小孩走過我們的房間，他們的父親抓著我，他有一個 kaffiyeh，臉孔很凶惡，我對這件事並不意外，現在這些阿拉伯人住在我家」（GROSSMAN 1988, pp.30, 32-33）

通常內團體和外團體的符號——與某一團體密切相關和重視的物品

或手勢——是衝突的。這些物品被另一團體的成員界定為有威脅性的，所以要被消除：破壞物品成為破壞團體的方式之一。以色列記者 Danny Rubinstein 觀察到，大多數巴勒斯坦年輕人和以色列士兵之間的衝突與符號有關：

> 我曾目睹許多巴勒斯坦年輕人與西岸和加薩的以色列軍隊和行政官員發生衝突，大多數和符號有關。例如，目前持續的一場戰鬥是有關巴勒斯坦旗幟。阿拉伯人升起旗幟（與約旦國旗非常相似），但是以色列士兵將它降下，並且想要逮捕和處罰犯罪者。有時候情況會荒謬地逆轉。從前在貝斯勒罕，當巴勒斯坦旗幟在街角的旗桿上升起的第二天，我聽到以色列軍官下令街上所有的商店關閉一星期。我看到海朗的女學生模仿巴勒斯坦旗幟編織小皮包，而且依照其顏色和式樣來裝飾商店的窗戶。
>
> 旗幟只不過是其中一個例子。軍事督察官取締阿拉伯文報紙、教科書和戲劇中反以色列的部分。以色列士兵每一天都從阿拉伯城鎮和村莊的牆上除去親巴勒斯坦人的圖畫。符號戰爭伴隨著年輕人的示威、扔擲石頭、抗議遊行和焚燒汽車——這些例行的意外在 1987 年 12 月初達到新高點（RUBINSTEIN 1988, p.24）

至此我們已經檢驗過社會化如何成為先天和後天的產物。我們已經討論過基因組合如何提供個人在環境允許之下的發展潛能。我們也探討照顧者的刺激如何影響基因潛能的發展，以及團體歸屬和自我覺察之間的聯繫。例如，外團體使我們清楚地察覺到「他們」是誰，因此提醒自己「我們」是誰。接下來，我們將要探討兩位符號互動論者米德（George Herbert Mead）和庫里（Charles Horton Cooley）的理論，尤其是自我發展和訊息如何傳遞給新生代的特定方式。

❧ 符號互動論和自我發展

　　人類出生時並沒有自我感；它是透過與他人的定期互動而衍生的。自我感的產生要依靠我們反思（reflexive thinking）的生理能力——站在自己以外，從其他人的觀點進行觀察和評估。反思使人了解自己在他人眼中的模樣，以便根據他人的期望來調整和指導行為。就本質上來說，在自我感產生的同時，我們也覺察到他人以及他們對於自己之行為和外觀的評價。

自我覺察的出現

　　根據米德的看法，重要的符號和手勢使個人可以與他人互動，而且在互動過程中學習了解自己（請參考第二章有關符號互動論的討論）。重要符號（significant symbol）是「人際間用來傳遞意義，而且對於傳遞者和接收者具有相同意義」（Theodorson and Theodorson 1979, p.430）的詞彙、手勢、或其他學得的符號。語言尤其是重要的符號，因為「只有透過語言，我們才可以完全進入人類的遺產和文化，自由地與同伴溝通，獲得和分享訊息。如果我們無法這樣做，將會變成怪異的廢人」（Sacks 1989, p.8）。

　　符號姿勢（symbolic gestures）或記號是個人對他人傳達意義的非語文線索，例如聲調、抑揚頓挫、臉部表情、姿勢和其他身體動作或位置。例如，巴勒斯坦人以 V 記號象徵團結：「我們在這裡；我們堅忍不拔、我們依然存在；我們不會放棄」（Morrow 1988, p.36）。

　　當人們學會重要符號——語言和符號手勢——之後，他們也能夠反思和調整自己的表現，以符合他人的預期。不過，米德相信：人類不會機械化地遵循其他人的預期。相反地，自我的兩個層次——主體我（I）和客體我（me）——會不斷進行對話。

米德將客體我稱為由他人之預期內化而成的自我。在個人採取行動時，客體我考慮他人，以評量行動是否合適以及預期對方的反應。主體我是自發、自主和創造的自我，能夠拒絕預期，採取非慣例、不適當或意料之外的行動。例如，最近有一位學生因為考試成績不好而感到失望。她看到自己的成績後脫口而出：「50分！我竟然翹了兩堂課準備這次無聊的考試！」在說出這句話之前，她沒有考慮教授的反應。大概是因為預料之外的成績帶來很大的震撼，使得自發性的主體我壓倒了精打細算的客體我。

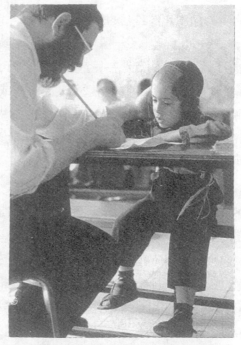

符號互動論者強調，在自我的發展歷程中，學習以符號（特別是語言）溝通，將扮演著關鍵性的角色。

雖然米德並未說明主體我是如何產生的，但是我們知道必然存在著自發、創造的自我；否則人類的生活不會有所改變，而陷於停滯。米德較明確地說明了客體我如何發展；它經由模仿、扮演和遊戲而產生，這三種活動都使發育中的孩子得以練習角色轉換。

角色轉換

米德假定自我是互動經驗的產物。他主張，兒童成為自己的思考對象時產生了自我感。也就是說，他們能夠想像自己說出的話和做出的行動對他人所造成的影響。根據米德的看法，個人學習角色轉換之後，便能夠將自己視為思考對象。**角色採借**（role-taking）是要站在自我之外，以旁觀者的角度想像自己的外觀和行為。

研究者設計了一種巧妙的方法，以決定兒童是否發展出角色採借的能力。有一位研究者在兒童的鼻子上點了一個紅點，然後把他帶到鏡子前面。[13] 如果兒童對紅點毫不關心，他或她可能尚未學會衡量自己外觀的標準；也就是說，兒童無法角色採借或是從別人的觀點來看自己。相反地，如果兒童關心鼻子上的紅點，就表示他或她已經形成了自我外觀的概念，因此可以角色採借（Kagan 1989）。

米德假設兒童經由（1）模仿（2）扮演和（3）遊戲而學會採借他人的角色。這三種方法所涉及的角色採借層次愈來愈複雜。米德發展出以下的三個階段。

準備期　在這個時期中，兒童尚未發展出允許他們角色採借的心智能力。雖然他們會模擬或模仿環境中其他的人，但是幾乎完全不了解這些行為的意義。兒童可能會主動模仿（模擬父母寫字、烹飪、看報紙等等），或者重複成年人鼓勵或獎賞他們說的話。兒童在模仿的過程中學會使用符號；也就是說，他們學會：特定的行動和話語能引起他人可預測的反應。例如，以色列兒童可能被教導，如果別人問起「當你長大以後要做什麼？」就回答：「我要捍衛祖國以色列。」同樣地，巴勒斯坦父母甚至在孩子學會地理概念和歷史情況之前，就教導他們祖國在那裡。巴勒斯坦人的典型親子對話可能如下：

父母：你從那裡來？

孩子：我來自巴勒斯坦——赫朗市。

父母：以色列又是什麼？

孩子：以色列的真正名字是巴勒斯坦。

巴勒斯坦和猶太兒童就像每一個文化中的兒童一樣，在真正了解字義之前就學會唱愛國歌曲和說祈禱詞。Jenny Bourne 是政治激進主義者和佔領區派遣團成員之一，她震驚地發現：兩歲的巴勒斯坦兒童「看到攝影機，就警覺地站起來，伸出手對著鏡頭，整齊劃一地做出勝利手勢。我們在各地遇到的〔巴勒斯坦〕兒童沒有一個不對著鏡頭做出這個記號」（Bourne 1990, p.70）。

扮演期　Mead 認爲孩子的扮演是練習角色採借的機制。**扮演**（play）是沒有規則、不受時間（例如 20 分鐘爲半場，15 分鐘是四分之一小時）或空間（例如體育館、規定大小的土地）限制的自發性活動。兒童尤其是一有衝動，就隨時隨地想要扮演。即使有規則，也不是高層的權威（例如記載規則的書籍、官員）。參與扮演的人是爲了娛樂、休閒或輕鬆一下。這些特徵使扮演比不上有組織的遊戲那麼複雜（Corsaro 1985; Figler and Whitaker 1991）。

在扮演時期中，兒童假伴成**重要他人**（significant others）：在他們生活中的重要人物，他們的重要性在於對兒童的自我評價有相當的影響，並且鼓勵兒童做出特定的行爲。兒童確認這些重要人物的行爲模式特徵，並且納入其扮演當中。當小女孩玩洋娃娃的時候，她假裝自己是娃娃的媽媽，她對娃娃說的話和做的事就像媽媽對待她一樣。她藉由假扮媽媽而了解母親的預期和觀點，並且學會將自己當做客觀的對象來看待。同樣地，兩位兒童扮演醫生和病人，以學習從其他人的觀點來看世界，並了解病人和醫生的關係。

兒童的角色採借只有可能來自他們看見和聽到的內容。西岸和加薩的兒童大多從未見過不帶槍的以色列男性。巴勒斯坦兒童的扮演反映出他們的經驗：假扮以色列士兵的兒童逮捕和毆打其他假裝丟石頭的巴勒斯坦兒童。他們把棍子和可樂罐當成槍和催淚瓦斯（Usher 1991）。有一次 ABC 晚間新聞特別報導巴勒斯坦兒童參與這一類扮演活動。當記者問他們爲什麼喜歡扮演士兵或丟石頭的人，這些兒童回答：「士兵，因爲他們的權力很大，可以殺人。」

以色列兒童很少接觸巴勒斯坦人，除了徒手勞工和「恐怖份子」之外。難怪有些唸幼稚園的以色列兒童假扮以色列的 Smurf（好人）和巴勒斯坦人 Gargamel（電視節目中的壞人）。以色列兒童就像巴勒斯坦兒童一樣假扮成士兵，因爲以色列男人和女人自 18 歲起都要當兵。以色列兒童拿起爸爸的槍，宣布：「阿拉伯人很壞，必須殺掉。」兒童透過這種扮演學到他們眼中的「敵人」如何看待他們以及他們應當如何看待敵人。同樣地，美國兒童在冷戰時期也認爲有外國口音的人物——像是 Rocky and Bullwinkle 中的 Boris 和 Natasha——都是惡魔。

遊戲期　在米德的理論中，扮演期之後便是遊戲期。**遊戲**（games）是有結構和組織的活動，幾乎總是涉及一人以上。它們的特徵是有許多限制，包括下面數種：確立的角色和規則，活動所朝向的結果，以及共同同意的開始時間和地點。兒童透過遊戲學會了：（1）遵守確立的規則，（2）和所有遊戲參與者共同擔任某種角色，以及（3）了解其地位與他人之地位的關係。

當兒童首次參與有組織的運動，他們的活動似乎相當混亂。例如，除了在場內踢球之外，每個人都努力要把球奪回來，並且不讓其他人搶走，直到爲了阻止前進的跑者而把球丟出去。混亂的發生是由於：兒童的發展尚未達到了解他們的角色是否符合其他人在遊戲中之角色的程度。缺少上述認識使得遊戲沒有秩序。兒童透過遊戲學會依據**概化他人**（generalized other）爲中心來組織自己的行爲，也就是圍繞者一組超越所有參與者的預期行爲、意義和觀點。「概化他人的態度就是整個團體的態度。以棒球隊爲例，球隊就是概化他人，因爲它—以有組織的過程或活動—加入了〔其他參與者的〕經驗」（Mead 1934, p.119）。換言之，當兒童參加有組織的運動時，他們練習讓自己的行爲符合已建立的行爲系統。

由此看來，難怪遊戲是用來打破巴勒斯坦以及猶太兒童和青少年之間障礙的工具。這些遊戲所涉及的活動像是：

> 將柳橙丟到空中，喊出下一個要接的人的名字，再把它丟出去，而且再喊一個人的名字，直到笑聲充滿整個房間。然後他們全都擠在一起，彼此牽手，圍成圓圈，直到他們陷入一場混戰。當他們打成一片時會嘗試開放自己。他們互相交談，出主意，蹲下來讓另一個人跨

過手臂，彎腰讓其他人揮拳掃過頭部，轉來轉去，嘗試將一團混亂的阿拉伯和猶太人變成清楚的圓圈。（SHIPLER 1986, p.537）

雖然這些遊戲似乎純粹爲了好玩，但是社會學家主張：參與者正在學習從另一個角度看事情，以及在共同活動中成功地扮演自己的角色。除非參與者了解自己的角色與其他人的關係，否則不可能發揮功能。雖然兒童在嘗試放開自己時並未察覺，但是他們學會了：巴勒斯坦人（或以色列人）可能處於和自己類似的處境。如果任何人都可能開放，參與者就必須了解每一個人的處境。

我們曾經談到，米德假定自我經由與他人的互動而發展出來。米德認爲發生在扮演和遊戲中的互動對兒童的自我發展非常重要。當兒童參與扮演和遊戲的時候，他們練習從他人的觀點來看世界，並且了解到他人對自己的行爲預期。社會學家庫里提供了更廣泛的自我發展理論。

鏡我

庫里像米德一樣，假定自我是互動經驗的產物。庫里用**鏡我**（looking-glass self）來描述自我感的發展：人們就像是彼此的鏡子。我們從別人的反應看出自己的外觀和行爲。我們由他人身上知覺到對自己的評估，因此產生自我感：「每個人都像是鏡子——反映出經過的其他人」（Cooley 1961, p.824）。當我們互動的時候，我們想像自己在他人眼中的樣子，我們想像他人對此外觀的判斷，然後我們發展出介於驕傲和羞恥之間的某種感受：「使我們變得驕傲或羞恥的不是全然機械式的映像，而是此映像在別人心目中的假想效果」（Cooley 1961, p.824）。

庫里更進一步主張：「社會生活中唯一可靠的事實就是想像的事實。」根據這種邏輯，一個人對其他人的影響最好被界定爲個人想像他人在特定場合所說的話和做的事（Faris 1964）。因爲庫里將想像或解釋他人的反應視爲自我覺察的關鍵，他相信：即使映像是誇大或扭曲的，人們也會深受影響。個人是依靠知覺到的反應而非實際反應來回應對方。

　　另一方面，我們也不應忽視：我們對他之反應的想像出於過去與他人共處的經驗。在巴勒斯坦和以色列的例子中，每一方都有關於對方的有力影像（請參閱「以巴衝突的複雜性」）。例如，巴勒斯坦人稱呼以色列人是納粹，而且將國家被佔領以及隨之而來的監禁、毆打等同於集中營裡的身分檢查。這些標籤對以色列人而言相當痛苦，他們認爲集中營和巴勒斯坦人的處境毫無相似之處。相反地，以色列人的反應是將巴勒斯坦人視爲文明的野蠻人，無法管理自己的事情。他們告訴巴勒斯坦人，是以色列人負責將先前由落後的巴勒斯坦人所佔領的不值錢沙漠土地轉變成現代化的高科技國家。

　　米德和庫里的理論都主張：自我覺察來自於思考的能力──站在自身以外，由另一個角度看自己。雖然庫里和米德描述人們學習了解自己的機制（模仿、扮演、遊戲和其他人），但是他們的理論都沒有強調個人如何獲得這種複雜的認知能力。爲了回答這個問題，我們必須轉而介紹瑞士心理學家皮亞傑（Jean Piaget）的成果。

∂ 認知發展

　　皮亞傑寫了許多關於兒童如何思考、推理和學習的書籍，其作品深具影響力和啓發性。從其中部分書籍的標題──《兒童的語言和思考》（1923）、《兒童對世界的概念》（1929）、《兒童的道德判斷》（1932）、《兒童對時間的概念》（1946）、《記憶和認同的發展》（1967）──可以發現皮亞傑所研究之兒童思考的類型。

　　皮亞傑的影響跨越許多領域：生物學、教育、社會學、精神醫學、心理學和哲學。他提出兒童之推理層次漸趨複雜的想法，主要是來自水蝸牛（Limnaea Stagnails）的研究，牠們早期生活在靜止的水中。當這些懶惰的蝸牛被放到有漲落的水中，便會改變殼的形狀和大小，以停留在岩石上，避免被沖走（Satterly 1987）。

皮亞傑根據這些觀察，提出了**主動調適**（active adaptation）的概念，也就是適應和解決環境挑戰的生理傾向。主動調適的主題幾乎貫穿皮亞傑的所有著作。他相信：學習和推理根植於主動調適。他界定邏輯思考——另一種具有生理基礎的人類特性——爲達到和解決環境挑戰的重要工具。邏輯思考的產生是根據逐漸開展的基因時間表。這種開展必須伴隨著與人和物接觸的直接經驗；否則兒童不會了解其潛在能力。兒童根據累積的經驗，建構和再建構對於世界的概念。

皮亞傑的認知發展模型包括四個主要的階段，其特徵是逐漸複雜的推理層次。兒童直到克服前一階段的推理挑戰之後，才能進入下一個階段。皮亞傑主張：推理能力無法加速獲得；更複雜的推理層次只有等到大腦準備好之後才會出現。

- **感覺動作期（從出生到大約 2 歲）**。在這個階段中，兒童以他們的感官（味覺、觸覺、視覺、聽覺和嗅覺）來探索世界。這個階段的認知成就包括了解自己與他人是分離的，以及物體永存的概念，也就是了解到物體和人即使離開視線仍然是存在的。當年幼的兒童尚未具有這種概念時，只要不再看到物體，他們就表現得像是它已經不存在。

- **運思預備期（從大約 2 歲到大約 7 歲）**。皮亞傑最重視的就是此一階段。在這個階段的兒童通常表現出三種思考的特徵。他們的思考是擬人化的；也就是說，他們將人類的感受加在無生命的物體上。他們相信：太陽、月亮、釘子、大理石、樹木和雲朵都有動機、感受和意圖（例如，烏雲在生氣；沉到裝滿水之玻璃杯底的釘子累了）。他們的思考是不具有保留概念的，皮亞傑用這個詞說明兒童無法了解：物質的外型改變但是數量仍然相等。他們的思考是自我中心的，也就是他們無法理解從另一種觀點所看到的世界。因此，如果兒童面對著全都是人的房間（所有人都對著他或她的方向），但是要畫出由房間背面所看到的景象，他或她會依照自己所看到的情景來畫圖。與自我中心思考相關的是中心化，也就是注意事件之單一細節的傾向。由於這種傾向，兒童無法處理情境中的其他特徵。

- **具體運思期（從大約 7 歲到 12 歲）**。當兒童進入這個階段時，他們已經克服這些運思預備期的任務，但是若沒有具體事件或影像當做參考，他們難以進行假設或抽象的思考。例如，在這個階段的兒童難以理解沒有自己的生活。一個努力要抓住這個想法 12 歲的兒童對我說：「我就是開始和結束；這個世界由我開始，也由我結束。」

- **形式運思期（從青春期以後）**。此時人們能夠進行抽象思考。例如，他們可以將自己的存在概念化，成為更大的歷史連續和脈絡的一部分。

皮亞傑的理論假設：許多年輕人開始關心社會，部分的原因是他們發展出抽象思考的能力，因此能分辨問題和原因。

就我們所知，逐漸趨向更複雜之推理層次的進展是普遍的，但是人們思考的內容隨著各文化而異。例如，所有的巴勒斯坦和以色列兒童都知道下列規則：「如果你在街上或公車上看到沒人拿走的包裹或袋子，不要去碰它。立刻通知成年人。」遵守上述規則是基於安全，因為包裹中可能有炸彈。美國兒童通常不會接觸到同樣的危險，因此不需要考慮在何種情況下要放鬆上述規則。

　　紐約時報記者 David Shipler 在其著作「阿拉伯人和猶太人」當中描述，他苦於無法對年幼的孩子解釋：他們回到美國之後就不需要再遵守上述規則。當他將要撿起人行道上的報紙時，他的孩子告訴他外面有可疑的包裹：

　　　Michael〔7 歲〕有一天跑進來告訴我，街上有一個塑膠杯。我看
　　見了就叫他拿去丟掉。他堅決不肯接近它，即使我竭力保證：在美國
　　的安靜、綠樹成行的市郊街道上不用擔心炸彈，他還是不肯改變心意。
　（SHIPLER 1986, p.83）

　　從皮亞傑的理論來看，Michael 將所有注意力集中在一個細節（規則）上，無法察覺情境中使得規則不適用的其他層面，例如地理位置。

　　米德、庫里和皮亞傑的理論都強調社會發展的歷程是多元且不斷持續的。重要的是，社會化過程在整個生命週期中不斷地發生，不會在特定年齡便停止。社會化過程終生持續的原因之一是，人們在一生中會經歷多次轉變：由單身到已婚，由已婚到離婚或喪偶，由一個工作換到另一個，由平民身分到軍人身分，以及由受雇到退休。人們在面臨這些轉變的時候需要經歷再社會化。

❧ 再社會化

再社會化（resocialization）是再次進行社會化的過程。尤其它是放棄不適合新環境之價值觀和行為，代之以更適合之新價值觀和規範（外觀和行為的標準）的過程。再社會化大多在一生中自然地發生，不需要正式訓練；人們只是邊過日子邊學習。例如，人們結婚、換工作和退休都不需要正式的準備或訓練。不過，有時候再社會化需要擔任新的角色，因此人們必須經歷正式和有系統的訓練，以證明他們已經內化適當的知識、價值觀以及正確的行為準則。

以巴衝突的複雜性

辛辛那堤大學的兩位學生之間的往返書信顯示出以巴衝突的複雜性。這些書信始於學生報紙《新聞記錄》（Jacobs 1989）刊登了社論〈大多數美國人法掌握以色列的複雜處境〉。

美國人應該了解以色列的真相

致編輯：

我要感謝 Dan Jacobs 1 月 30 日的文章。他描述了我的小小國家以色列真正面臨的複雜處境。

以色列（面積相當於麻州）的安全問題是生死存亡的問題。這是以色列高中生，不分男女都必須參加 IDF（以色列獨立軍）的原因。女生服役 24 個月，男生是 36 個月。

自從美國交還我們的國家那一天起，我們就被敵人所包圍。我們經歷了六場戰爭，以及長期受到恐怖主義攻擊的苦難歷史。

在我們過去的敵人——現在仍是——中，創立巴勒斯坦解放組織的阿拉法特先生想要從物質和道德上毀滅以色列，以攻擊和殺害平民的方式把以色列趕走。

我唯一尊敬的巴勒斯坦領袖——至少他很誠實——是阿布尼達，他宣稱自己

不只想要西岸，還要整個以色列，但是人們在阿拉法特的計畫中卻看不到這一點。

我親愛的美國朋友，我懇求你們不要忘記在恐怖行動下犧牲的美國公民（想想希臘的環航客機、義大利的巡洋艦、241 位陸戰隊員，以及最近的泛美客機）。美國政府有充分的理由信賴以色列。以色列是世界上少數歡迎和喜愛美國人的國家。

在你決定立場之前，請傾聽以色列和巴勒斯坦雙方的說詞。翻閱文獻、開口詢問，你就會知道歷史真相。

Mira Jacob，四年級

社會工作系

以色列是違反人權的軍事強權

致編輯：

在 2 月 6 日的《新聞記錄》上，Mira Jacob 回應了 Dan Jacobs 的文章，她認為這篇文章正確地描述她的「小小國家」。

她的「小小國家」是世界上第四大軍事強權；它擁有並使用核子電廠和核子武器（在中東只有一個國家這樣做）。她的「小小國家」也是世界上第七大的武器製造者，而且在五次戰爭後佔領了鄰國的土地。

請容我指出，根據國務院兩天前發表的人權報告，這個「小小國家」殺死了360 位巴勒斯坦平民，其中 70%的人不到 17 歲？這個「小小國家」驅逐了 48 位巴勒斯坦人，拆除了 150 間房子，使得 200 個家庭無家可歸，7,000 名婦女和兒童受傷（其中 1,500 人終生殘廢），監禁了 25,000 名巴勒斯坦人，而且以行政命令扣押了 3,500 人（最多可以監禁 6 個月而不經過法律程序）。

這個「小小國家」沒收了西岸土地的 52%和加薩走廊的 42%。這個「小小國家」將西岸和加薩走廊變成實驗室，用毆打、催淚瓦斯、橡膠和塑膠子彈、金屬—塑膠子彈、鐵腕政策、折斷骨頭、活埋和其他集體處罰的方式來對待巴勒斯坦人。

在那個「小小國家」裡，巴勒斯坦人甚至連種一棵樹都要得到軍事政府的准許！全世界還可以對這個「小小國家」付出多少同情心？

Nasser Atta, 研究生
社會學系

以色列這個現代化國家值得信任和同情

致編輯：

這封信是要回覆 Nasser Atta 2 月 13 日的來信。*

Atta 似乎要求以色列為它的成就提出辯護。

是的——以色列建國四十年了，在這段短暫的時間裡，儘管有過戰爭，它仍將沙漠變成了一個美麗、現代化的西化國家。

如果我們的鄰國不曾入侵和敵視我們——我們或許不可能成為世界上第四大軍事強國。不幸的是，我自己、我的家人和朋友必須在以色列獨立軍服役，以保護我們的夢想和兒童，免於成為第二次大屠殺的犧牲者（如果我沒有記錯的話——這正是巴勒斯坦解放組織的目標之一）。

以色列將西岸變成某種「實驗室」，將巴勒斯坦人的生活品質變得更好。

請靜下來想想看：為什麼 17 歲的人不為研究所的文憑而努力，兒童不像從前那樣學習？相反地，他們參與犯罪、暴力行為，對付那些從未學習仇恨的 18 到 21 歲以色列士兵。

至於准許「種樹」——或許你應該弄清楚美國、以色列和其他民主國家實施的分區法。

至於對於以色列的同情心，是來自信任。以色列是美國的忠實盟友，所以贏得信任。

如果阿拉法特的恐怖主義幫派，或是其他阿拉伯恐怖組織不參與全世界的恐怖活動，或許美國和世界其他國家也不會這麼難以信任阿拉法特。

身為以色列人，我很難相信這些丟石頭和燃燒彈的巴勒斯坦人（每天在電視上都可以看到他們）會接受我的存在。

恐怖主義在過去和將來都沒有任何藉口——所以請不要再扭曲真相。請將注意力集中在證明巴勒斯坦解放組織的無辜上，而不是要證明我國人民的罪惡！

Mira Jacob, 四年級

社會工作系

*Nasser Atta 並未回覆 Mira Jacob 對他的批評。他仍然堅持自己的立場，而且他認為：回覆將會開啟永無止境的筆戰。

（來源：The News Record, 辛辛那堤大學。）

這種有系統的再社會化可能是自發或被迫的（Rose, Glazer, and Glazer 1979）。當人們選擇參與「改造」自己的過程或計畫時，它就是自發的。自發性再社會化的例子很廣泛——失業的年輕人登記從軍以學習機械技能、大學畢業生想就讀醫科、有毒癮的人想要接受治療、酗酒者參加匿名戒酒協會。當人們被迫參加使他們復原或改正先前社會化缺陷的計畫時，就是被迫的再社會化。新兵訓練營（徵兵時）、監獄、心理衛生機構和學校（當法律強迫公民必須入學一定時間）都是為了再社會化，但是人們並非自願加入。

社會學家高夫曼（Erving Goffman）在「收容所：精神病患和其他囚犯的社會情境」中談到人們經歷有系統之社會化的情境——全控機構（尤其是集中在心理衛生機構）。**全控機構**（total institution）是指，在該情境中，人們自願或非自願地將生活交由行政人員控制，而且他們（像囚犯一樣）和「一大群人共同進行日常活動（吃飯、睡覺、娛樂），所有人〔理論上〕都得到相似的待遇，而且在一起做相同的事情」（Goffman 1961, p.6）。完全機構包括為盲人、老人、孤兒和窮人設立的機構；精神病院；監獄；感化院；戰俘營；集中營；軍營；寄宿學校；以及修道院。它們的共同特徵是與阻礙社會互動的象徵，「像是上鎖的門、高牆、鐵絲網、懸崖、河流、森林或荒野」（p.4）。

儘管它們的範圍很廣，高夫曼仍然能夠找出一般的標準機制，也就是所有完全機構的工作人員都受雇要將「入院者」再社會化。當入院者抵達的時候，工作人員奪走他們的所有物和平常外觀（以及用以維持其外觀的設備和服務）。除此之外，工作人員嚴格地限制與外界的互動，以便建立「與過去角色的主動斷絕」（p.14）。

> 我們經常發現工作人員採用入院程序，例如生活史、拍照、秤體重、捺指模、指定號碼、搜身、列出個人所有物、脫衣服、沐浴、消毒、剪髮、換上機構的服裝、介紹規定和分配住所。新生代可以將自己塑造成符合該機構之管理機器的物體。（p.16）

高夫曼主張，入院程序的功能是讓入院者準備脫離過去的角色，並且擔任新角色。入院者參與工作人員所設計的各種活動，藉此學習新角色，以便滿足完全機構的正式目標，無論其目標是照顧無能者、使入院者離開社會或是教導人們新角色（例如，做個士兵、牧師或修女）。

一般而言，當人們自願進行再社會化的時候，會比他們被迫放棄舊有價值觀和角色時更容易進行。更進一步來說，如果新價值觀和行為的學習使他們獲得能力而不是屈從，則再社會化將更為容易（Rose, Glazer, and Glazer 1979）。其中一個例子發生在醫學院當中。理論上，醫學院學生要學習對病患保持超然的情緒，不要偏愛任何一類病患（也就是不論患者的種族、性別或年齡，甚至病患是否合作），以及在必要時提供醫療照顧（Merton 1976）。在下面的例子中可以清楚地看出，這些態度是適當診斷和治療所必須的。

急診室醫師 Elisabeth Rosenthal 提到，有一位衣衫不整的男性被送到急診室。他並不合作，說話不知所云，不知道日期或美國總統的名字，而且不知道自己身在旅館還是醫院。由外觀和行為上來看，他似乎是喝醉了；最好的治療就是讓他睡一覺。理論上，醫師所受過的訓練讓他不受刻板印象的影響，超越外表特質連帶產生的普通解釋。

這個男人後來的檢驗結果顯示：他有嚴重的腎臟感染：「他的語無

倫次和不合作並非出於酒精中毒，而是感染造成的新陳代謝障礙。」
（Rosenthal 1989, p.82）。對於醫師而言，其專業能力在於放棄或保留對
於行為意義的普遍誤解，尤其是不同種族、性別和年齡者的行為。同樣地，
負責治療巴勒斯坦人的以色列醫師必須學習避免讓以巴衝突干擾其治療計
畫。

　　Michael Gorkin（1986）相信，以色列精神科醫師和巴勒斯坦病患在
治療期間可能發生許多問題（同樣的問題也可能出現在巴勒斯坦精神科醫
師和以色列病患之間，但是在以色列很少有巴勒斯坦精神科醫師。結果，
大多數巴勒斯坦人只好去找以色列精神科醫師）。如果以色列醫師不能控
制對於巴勒斯坦人的刻板印象和偏見，並且嘗試熟悉阿拉伯文化，他們可
能會採取無益的治療方式。除此之外，如果要讓治療成功，病患必須信任
醫師。

　　建立信任非常困難，因為幾乎所有以色列精神科醫師都在後備軍事
單位服務，因此每年有好幾次必須取消數週的治療。許多人不願意告訴巴
勒斯坦病患他們缺席的原因；大多數人希望病患不要問到這件事。當然巴
勒斯坦人也了解這項義務。Gorkin 主張，以色列精神科醫師從一開始就必
須以建設性的方式，向巴勒斯坦病人強調這些限制。他不相信討論可以消
弭這些差異，但是卻可以「架設治療互動的開放舞台，以及表示這個關鍵
問題並非禁忌」（Griffith 1977, p.38）。以色列精神科醫師很容易與偏見
和刻板印象妥協，因為他或她選擇擔任醫師，而且這樣做證明了：他們經
過醫學訓練的再社會化，已經具有專業能力。

　　巴以衝突的化解存有兩難。雙方都以自己所希望的結果當做再社會
化的指標，企圖迫使對方改變對土地權利的立場。以色列人驅逐、囚禁、
實施宵禁、關閉學校、剷平房子和殺人。巴勒斯坦人丟石頭、罷工、抵制
以色列產品和殺人。巴勒斯坦和以色列雙方都相信，如果他們使對方的生
活很悲慘，就可以得到祖國。問題在於，如果有一方經由威脅而取勝，另
一方就得屈居服從的地位。

～ 討論

社會化是多層面的終生歷程。在此過程中，新生代獲得自我感，並且內化了參與大團體所需要的規範、價值觀、信念和語言。許多重要的社會化理論家——米德、庫里以及高夫曼——都是符號互動論者。

因此，本章的重點圍繞著新生代成為社會性動物所需學習的技能，包括了解其文化之符號系統意義、內化預期的行為模式以及解釋如何適應的能力。

另一方面，描述極端孤立和接觸他人受限之影響的文獻證實：社會化超越個人需求。它的功能是以有規則和可預測的方式將人們彼此相連。新生代若缺少社會互動，可能在生理上不健全，而且無法學會與他人建立有意義連結所需的技能。除此之外，如果缺少世代間的有意義接觸，文化（生活問題的解決方式）就無法由上一代傳到下一代。沒有這種連結，文化就不存在。

社會化除了是新生代學習符號系統、生活問題之解決方式以及有規則和可預期之互動方式的過程，也是新生代學習根據教導者的利益來思考和行動，以及接受和適應對某些團體有利之系統的過程。

無論其結果如何，社會化包括基因天賦和社會經驗的逐漸開展。我們正開始發現經驗（後天）和基因（先天）如何共同擴大人類潛能，賦予認同，以及塑造思想和行為。有一點是很明確的：我們無法區分先天和後天的影響，或者說一方比另一方對於發展更重要：

> 基因決定論像是美麗房屋的藍圖。但是房子本身並不在那裡；你不可能睡在藍圖裡。你最後所擁有的建築決定所使用的磚頭、木材和玻璃的種類——就像原始的腦是由環境中給予它的東西所塑造的。
> （DELGADO 1970, p.170）

如果沒有他人的刺激，我們不可能學會語言、適當的行為，以及與他人共同生活所需的技能和訊息。如果沒有生理機制的運作，無論有多大的刺激，我們也不可能學習或發展。但是，生理並非命定，人們也不僅是經驗的總和。塑造生理原料的方式有無數種。例如，在出生時我們適於學習 5000 種以上的語言和任何一種文化，但是最後我們只學會曾經聽過的語言和出生地的文化。有人或許會爭論，儘管我們在生理上具有可塑性，但是我們對於如何塑造原始材料卻毫無控制能力——我們是由超出自己控制的養育過程

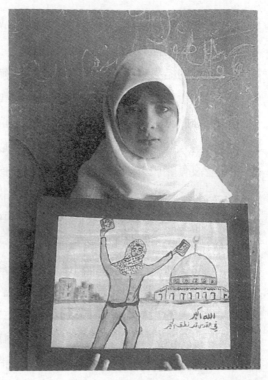

這個巴勒斯坦女孩經由社會化而夢想，有一天要住在光輝的耶路撒冷——一個她從未看過的城市。

和其他環境所塑造的。但是，生理組合賦予我們可以思考和創造的腦，使我們能夠思考且改變環境。基於同樣的理由，米德相信：人類不會機械化地遵循他人的預期。相反地，他認為自我的兩個層面——主體我和客體我——之間不斷地進行對話。

本章的內容可能讓你覺得人類大部分是由超出其控制的環境所決定的；畢竟，以色列人和巴勒斯坦人經歷了幾乎半個世紀的武裝和非武裝衝突，始終沒有達成和解。不過，後見之明總是使得事件比實際上更容易預測。

著名的生物學家 Stephen Jay Gould 研究地球上超過數十億年的生命

史模式。他的重要研究主題之一是「超越簡單可預測之行爲的歷史複雜性，以及我們必須將模式當成複雜、不重複、不可預測的歷史結果——而不是隨意、意外的結果，因爲它能在事後提出解釋，但是如果將時光倒回開始的時候『重新來過』，它不會再度發生」（Gould 1990）。

我們對於社會化和再社會化過程的了解顯示，生命不是以可預測的方式展開。人類的基因和社會組合包含足以造成改變的潛能。首先，人類出生時並沒有關於外表和行爲標準的預先概念。爲了發展標準，人們必須接觸某些訊息，以產生對人、行爲和物體的預期。

第二，大腦皮層（使我們能夠思考和創造）使人能夠反思——站在自我之外，從另一種觀點觀察和評估自己。許多以色列的猶太人、美國的猶太人、巴勒斯坦的阿拉伯人和巴勒斯坦裔美國人所撰述的書籍和論文都想要達到這個目標——了解他人的觀點。許多書籍在美國和以色列相當暢銷，表示這裡的人相當希望最後的解決方式考慮到所有人的福祉。

第三，教導人們對另一團體之偏見和憎恨的機制——像是模仿、扮演和遊戲等機制——也教人尊敬和了解。問題在於，通常在兒童已經學會偏見和憎恨之後，我們才用同樣的機制來教他們尊敬和了解。

第四，人們可以經由再社會化而放棄某一種思考和行爲的方式。不過，人們偏向於爲了建立勝任感而選擇放棄舊習慣。

最後，在本章前面曾經提到，每一代都學習了解固有的環境，並且以獨特的方式與它妥協。雖然上一代可能與先前幾代共享相同的個人記憶，但是這些記憶對於往後幾代的影響未必相同。新世代的連續出生「達成了使我們遺忘的必要社會目標」或者「至少使我們重新思考處理情境的方式」（Mannheim 1952, p.294）。另一方面，我們不能假定：某一世代的人無法改變他們對環境的思考方式。以色列總理拉賓和巴勒斯坦解放組織主席阿拉法特互相承認對方生存的權利。他們在和平協定簽訂典禮之前交換了下面的信件。

總理先生：

巴勒斯坦解放組織承認以色列在和平與安全之下生存的權利〔並且〕放棄使用恐怖活動或其他暴力行動。

阿拉法特　敬啓
巴勒斯坦解放組織主席

主席先生：

以色列政府決定承認巴勒斯坦解放組織為巴勒斯坦人的代表。

拉賓
以色列總理
（ THE NEW YORK TIMES 1993b, P.A1 ）

҈ 焦點：同儕壓力對於社會化的影響

John Huss

本文來源：John Huss，北肯塔基大學 1993 年班。

1993 年 8 月 28 日，新聞週刊刊登了南非出生的 Mark Mathabane 的投書：「外表的破壞性」，他描述並評論了他的妹妹在美國公立學校經歷穿著要「正確」的同儕壓力。

她們不斷地因為服裝簡樸而被嘲笑。有好多次她們哭著回家。南非學生必須穿制服，所以我妹妹從來沒有想到穿衣服和戴珠寶的事。

她們變得非常心煩意亂，所以堅持要轉學，儘管我一再保證：她們的穿著沒有什麼不對。

我拜訪過附近的公立學校，了解到並不是只有我妹妹有過這樣的經驗。在許多學校裡，學生對 Nike、Calvin Klein、Adidas、Reebok 和

Gucci 的熟悉程度更勝過 Zora Neale Hurston、Shakerpeare 和 Faulkner。許多學生似乎比較注意身上穿的東西而不是腦袋裡的東西。

老師也和我一樣，為了無法教導這些學生學習而感到挫折，因為學生經常對著鏡子搔首弄姿、塗指甲油、梳頭髮、展示鞋子或比較夾克、帽子和珠寶上的設計師標籤，因而打斷上課（P.A11）[*]

Mathabane 相信，美國學生和他人最激烈的競爭是針對穿著，而不是學業成就。根據他的觀察，我們可能會問：同儕壓力如何發揮對學生生活的影響力？為何許多學生需要穿戴「適當的」牛仔褲、「適當的」運動帽或「適當的」休閒鞋？

功能論觀點受到下列問題所引導：為什麼存在著特殊的環境安排？這些安排對社會造成什麼結果？功能注意的結論是，要維持我們所知的社會需要些許不平等。為什麼會這樣？

一般而言，功能論者主張：擁有金錢和物質——例如設計師的名牌服裝——的慾望推動人們努力工作，以及達到許多重要工作所要求的優秀標準。如果沒有平等或酬賞，大多數有能力的人都不會想要從事經濟系統中關鍵的艱難工作。在必要的情況下，父母可能因為子女的衣食不虞而感到滿足。由功能論的觀點來看，得到好處的青少年很自然地想要追求高水準、高收入的職業，以便維持同樣的生活。

另一方面，父母無法提供經濟支援的青少年可能努力想獲得這些物質主義的戰利品。放學後打工成為青少年生活的主要力量。密西根大學教授 Harold Stevenson 的研究顯示出：明尼亞坡里有 74% 的高二學生打工。工作的重要性對於高三學生似乎較低。大約有 47% 的高三男生和 36% 的高三女生每週工作最多 20 小時。在 1991 年，接受調查的高三學生只有 10% 存錢當做自己的大學學費，而且只有 6% 的人賺錢供作家用。相反地，青少年承認：大多數工資都投入「名牌」商品。

---

[*] 來自 Mark Mathabane 的「外表的破壞性」。

我們再把注意力轉向有關衝突觀點的中心問題：在這種安排中，有誰獲利，有誰損失？第一，衝突論主張，不平等的存在是因為中等和中上階級從中獲利。工作的窮人被利用；他們的工資很低，所以雇主可以獲得更大的利潤、過著更富裕的生活。雖然一般公認這種過程並非陰謀，但是過度的衣著和裝飾品的確被用來顯示優越和階級。「一無所有」的窮人非但沒有拒絕「人要衣裝」的意識型態，還把大多數時間花在模仿成功穿衣者，而且通常忘了追求更重要的優先和長期目標。

在分析社會不平等時，衝突論主張：它的存在不是因為對於整個社會有所作用，而是有些人能夠藉此獲得政治和經濟權力，並且將這些特權傳給後代。這些人知道昂貴的衣服可以彰顯其特權，並且區分階級。因此服飾品牌就代表不同的階級。

互動論對於這種令人困惑的兩難提出另一種見解。首先，許多符號互動論者認為社會的主要成分——例如經濟——是抽象的。畢竟，這些成分自身無法發揮作用或存在。只有人才能存在或發揮作用，只有透過個人的社會行為，社會才能存在。社會終究是由其成員的互動所創造、維持和改變的。組成社會的我們分享共同的背景以及這些符號的意義。同樣地，設計師的標籤和圖案對於我們這個社會的成員來說具有某種意義——尤其是青少年，但不僅是他們而已。適當的服裝表示你就是「它」。錯誤的服裝表示次等選擇、次等價格和次等階級。

功能論者嘗試了解一種情境為何存在、它所發揮的功能為何以及它所帶來的結果。同儕對穿著的壓力鼓勵個人努力工作以獲取他們需要或應得的東西（在這個例子中是衣服）。成功的酬賞（同儕的稱讚，甚至妒忌）說服社會中的成員要更努力工作以達到社會所重視的成就。

衝突理論關心在此安排中有誰獲益和損失。設計師的服飾有助於認同社會中擁有相當財富的成員。從這種觀點來看，能夠買得起昂貴物品的人要比買不起的人更神氣。因此，當學生努力想要得到「適當的」衣服時，就產生了一種階級嫉妒，使得「我們」與「他們」的分別和錯誤意識。

符號互動論者將衣著視為傳遞訊息的符號。衣著向同儕傳達我們適合的地方、希望自己適合的地方以及究竟是否適合。依照上述有關正確穿著之同儕壓力的解釋，你是否認為：要求學生穿制服明顯地會減弱同儕壓力，而且鼓勵學生朝向學業成就施加壓力呢？

1 在人類生命的第二年中，共有兩項重大的發展，但是西方的發展研究者特別強調其中之一——自我和自我覺察的產生。相對地，非西方社會的學者則強調兩歲兒童有能力理解標準以及區分對錯（Kagan 1988b, 1989）。

2 Kagan（1989）的研究以 14 和 19 個月的兒童為對象。他們有 22 種玩具可供玩耍。其中 10 種玩具沒有瑕疵，10 種有瑕疵（例如，船底有洞、娃娃的臉上有黑色的斑紋），另外 2 種是無意義的木塊。沒有一位 14 個月大的兒童注意有瑕疵的玩具，但是 60%的 19 個月大的兒童關切有瑕疵的玩具：他們把玩具拿到媽媽面前，並且說「壞了」、「壞」或「yucky」。根據 Kagan 的看法，這種「道德感是影響最深遠的成就。我們應當把它看成和唱歌、說話和走路一樣。它是成熟的里程碑，每一個生活在人類世界中的兒童都能學會」（Kagan 1988a, p. 62）。

3 錫安主義是散居世界各地的猶太人尋求在巴勒斯坦建立祖國的計畫和運動。在以色列建國之後，「錫安主義擴展到對於以色列的物質和道德援助」（Patai 1971, p.1262）。

4 外界從華沙得到的最後訊息是納粹對它的蹂躪：「全世界默不作聲，全世界都知道（很難想像它不知道）但是仍然默不作聲。梵蒂岡的教宗默不作聲；倫敦和華盛頓也沒有聲音；美國的猶太人默不作聲。這種沈默令人驚異和顫慄」（Steiner 1967, p.160）。

5 Ernst Pawel（1989）在 Theodor Herzl 的自傳中寫著，Herzl 從不知道阿拉伯村莊的存在，這一點與 Leo Matzkin 的發現相反，後者曾經接受 Herzl 委託去調查該地區。Herzl 的計畫是基於兩項錯誤的想法：第一，該地區人口稀少，第二，任何生活在那裡的人都會歡迎猶太人所帶來的現代化。

6 巴勒斯坦人因為 1948 年戰爭而遷徙的人數,據估計有 500,000 人到 1,300,000 萬人。

7 巴勒斯坦人因為 1967 年戰爭而遷徙的人數,據估計有 168,000 萬人到 800,000 人。

8 雖然巴勒斯坦青年在印塔法——指導暴動的委員會和領導者——當中扮演重要的對抗角色。但印塔法經由抵制商品、關閉商店和罷工仍得到支持。

9 自從以色列於 1948 年建國之後,以色列和巴勒斯坦之間共有六次重大戰爭(1948, 1956, 1967, 1968-71, 1973 和 1982);幾乎很少有一天是雙方不採取報復行動的。

10 Ornstein 和 Thompson(1984)提供了使皮層具體化的絕佳比喻:把你的手掌握成拳頭。每一個拳頭相當於其中一個半腦,當兩個拳頭合併在一起的時候,就相當於整個腦的大小和形狀,還有其對稱結構。接下來,套上一雙厚手套,最好是淺灰色的。這就代表皮層(拉丁文的意思是「樹皮」——腦中最新生成的部分以及人類創造力〔像是語言和藝術〕的功能所在地)(pp.21-22)。

11 有一個例子是美國華盛頓特區的大屠殺紀念館。這座紀念館的設立是因為從大屠殺中倖存的目擊者將會在 10 到 20 年之後去世。紀念館的存在有助於保存猶太人對此事件的集體記憶。這裡珍藏了「倖存者的物品」——信件、日記、證明文件、臂章、衣服——的地方,見證集中營和貧民區的生活(Goldman 1989)。

12 大約有 8,000 名歐洲猶太人透過摩西行動飛往以色列。以色列官方對於要將這些人共同安頓或分散到以色列各地產生爭議。以色列害怕:如果這個團體自成一個單位,將會保留原有的特質(語言和文化),使得他們成為外團體(Nesvisky 1986)。

13 文化歷史學者 Mirris Berman 在「Omini」雜誌上發表的訪談當中

談到：生命中創傷最深的事件就是，我們通常在生命的第三年中，透過反射或鏡中影像，發覺並且了解到：這個影像正是人們（稱呼我們的名字時）所說的意思。在這項壓倒性的發現之前，我們都覺得自己和環境是連在一起的。從此世界便有了裂縫：我在「這裡」，「那個」在「那裡」。這件事是創傷事件，因為你了解到你是其他人眼中的其他人；你可能被外在方式〔那是一致的〕或不同於自己本身的經驗所解釋。〔這是疏離的開始〕（BERMAN 1991, p.64）

6

社會互動與現實的社會建構——以薩伊爲例

- 社會互動的脈絡
- 轉變中的薩伊
- 愛滋病和 HIV 的全球脈絡
- 社會互動的內容
- 社會互動的戲劇模型
- 歸因理論
- 確定 HIV 感染者
- 電視：現實建構的特例
- 討論
- 焦點：膚色和性別對於社會互動的影響

Margrethe Rask 是一位丹麥的外科醫師，當她在薩伊一間小型鄉村診所工作的時候，接觸了現在所知的人類免疫不全病毒（HIV）。下面的摘錄說明了 Rask 醫師臨終前的部分事件，包括她與同事和好友的最後互動。當 Grethe Rask 靠著氧氣筒短促、間斷地呼吸「我最好在死前回家」時，Grethe 平淡地告訴〔她的朋友〕Ib Bygbjerg。她的醫師唯一清楚的就是這位婦女接下來的病情發展。其他都是迷團。Bygbjerg 剛從非洲回來，他仔細思考 Grethe 的多重健康問題。沒有一種有道理。在 1977 年初，她似乎有些好轉；至少她的淋巴結腫大消失了，儘管她更加疲倦。但是她繼續工作，最後在七月初到南非度過短暫的假期。

突然間，她覺得無法呼吸。受到驚嚇的 Grethe 飛回哥本哈根，在飛行途中靠氧氣筒支撐。此後數個月，丹麥頂尖的醫學專家檢驗和研究這位外科醫師。不過沒有人能夠弄清楚爲何這位女士出於不明原因即將瀕臨死亡。同時她突然發生一連串令人好奇的健康問題。她的口腔感染黴菌，她的血液感染葡萄球菌。血清檢驗顯示：她的免疫系統出了某種問題；她的身體缺少 T 細胞，這是身體對抗疾病的防線〔其中最重要的部分〕。但是生檢顯示她並未罹患淋巴癌，這是唯一能解釋 T 細胞減少以及身體無法逃避感染的原因。醫師只能含糊地告訴她，她罹患的是某種不明原因的漸近性肺癌。而且，是的，回答她率直的問題，她將會死亡。

最後，Grethe Rask 厭倦了哥本哈根醫師的撥弄和無止境的檢驗，重返在 Thisted 附近的別墅。一位當地醫師在臥室中準備了氧氣筒。 Grethe 的長期女看護是附近醫院的護士。Grethe 躺在孤立的白色農舍裡，記起她在非洲的日子，此時北海的風堆起橫掃 Jutland 的第一場冬雪。

在哥本哈根的 Ib Bygbjerg 現在服務於州立大學醫院，他仍然爲朋友的病感到焦急。在她病歷中的疑問必然有解答，或許只要他們再多做一些檢驗。他認爲，它可能是某種被忽略的尋常熱帶疾病。她將會痊癒，然後他們會在紅心節啜飲美酒、品嚐鵝肉，而且暗自笑著這個問題有多容易解決。Bygbjerg 懇求醫師，醫師懇求 Grethe Rask，這位衰弱的外科醫師勉強回到哥本哈根的古老 Rigshospital 尋找最後的機會。1977 年 12 月 12 日，正好在紅心節之前 12 天，Margrethe Rask 去世了。享年 47 歲。（RANDY SHILTS 1987, pp.6-7）

　　我們可以想像 Grethe Rask 和她的朋友、同事的部分互動情形。例如，我們可以想像 Rask 醫師告訴她的朋友 Ib Bygbjerg：「我最好在家裡死去」，或是當哥本哈根的醫師告訴她：她因為不明原因而「罹患某種漸進式的肺病」時，她詢問醫師自己是否會死。最後，當 Rask 醫師決定離開醫院，回到家中時，我們可以想像 Ib Bygbjerg 懇求她：「請回到醫院再做些檢查；或許仍有希望。」

　　看到這種情景的社會學家將會同意：Rask 醫師的病是這些**社會互動**（social interaction）——兩人以上經由語言和符號手勢相互溝通和回應，以影響對方之行為和思考的日常事件——的明顯立即的原因。在此過程中，參與的各方界定、解釋和附加這次遭遇的意義（請參考第五章有關自我發展的內容）。社會學家也假定：任何社會互動都會反映出非明顯而立即的力量。因此他們努力根據時間（歷史）和空間（文化）來定位互動。從社會學的角度來看，歷史和文化限制了經驗的可能範圍，指導人們「朝向有限的行為、感受和思考模式」（Mannheim 1952, p.291）。

　　當社會學家研究社會互動時，他們嘗試了解和解釋脈絡和內容的力量。**脈絡**（context）包括將人們聚在一起的較大歷史環境。**內容**（content）包括引導行為、對話、對事件之解釋的文化架構（規範、價值觀、信念、物質文化）。在 Rask 醫師的例子中，社會學家想要確定那些歷史事件將 Rask 醫師首先帶到非洲，然後進一步引導她直接接觸致命的病毒。為了了解其互動內容，社會學家會問：參與互動者在定義、解釋和回應她的狀況時，如何受到其文化架構的影響。

　　在本章中，我們將探討社會學家以脈絡和內容來分析社會互動的社會學理論和概念。我們特別注意與 HIV 傳染和愛滋病治療有關的社會互動（請參考「愛滋病和 HIV 有何不同？」）。基於兩個重要原因，我們將焦點集中在中非國家薩伊（過去稱為比屬剛果）：第一，將焦點集中在薩伊以及它與其他國家之關係，有助於將 HIV 傳染與複雜的洲際、國際和社會內部的互動連在一起。尤其是，這些互動包含史無前例的國際和洲際休閒和商務航空旅行，以及窮困者經由合法和非法管道由村莊流向都市以及在國際間遷徙（Sontag 1989）。

第二，以薩伊為焦點表示 HIV 可能早在 1959 年便存在。這些證據可以追溯到當年被冷凍並貯存在薩伊血液銀行的不明血液樣本。雖然這一點無法證明愛滋病毒起源於薩伊，但是西方國家的政府和衛生官員得到相當多支持的證據。

薩伊是否就是 HIV 的起源國與本章的內容無關。更重要的是，現實是一種社會建構的想法。也就是說，人們對現象（事件、特質和物體）賦予意義。這些意義幾乎總是強調現象的某些層面，而忽略了其他層面。例如，認為 HIV 從薩伊傳到美國的說法忽略了一點：它可能是從美國傳到薩伊的。當我們比較西方社會和非西方的非洲社會對於病毒起源的價值觀和信念，以及西方國家對愛滋病的治療，就可以了解到：西方的參考架構只不過是解釋愛滋病現象的其中一種觀點。

除此之外，在比較兩種參考架構之後，我們可以了解：人們賦予事件的意義對於參與者（醫療人員、被感染者和他們的親友以及非感染者）會造成許多後果。這些意義會影響人們如何互動，以及他們對於 HIV 感染和愛滋病所採取的行動。

愛滋病和 HIV 有何不同？

後天免疫不全症候群（愛滋病）是嚴重破壞人們抵抗感染之能力的致命疾病，它是由人類免疫不全病毒（HIV）所導致。HIV 感染可能是透過男性或異性之間的性交；接觸被感染的血液或血液製品；共用或重複使用被感染的針頭；以及在懷孕、生產和哺乳期間，由婦女傳給兒童。沒有任何證據顯示：HIV 經由偶然接觸、水、空氣或昆蟲而傳染。

雖然感染 HIV 的人可能數月或數年都不會顯示出愛滋病的臨床症狀，但是

他們可能終生帶有病毒，而且在不知情的狀況下傳染給其他人。如果血液中含有 HIV 抗體，並且罹患一種以上的致命癌症、神經系統疾病，或是該疾病特有的細菌、原生動物或真菌感染，才被認為感染愛滋病。

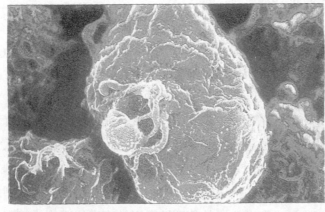

人類淋巴細胞中的愛滋病毒，白血球就是來自淋巴細胞。

　　當你閱讀這一章的時候不要忘了 Rask 醫師。在探討脈絡和內容的問題時，我們將會知道看來獨特和私人性的互動也會受到歷史和文化所影響，就像它們會受到基因影響一樣（Tuchman 1981）。我們首先要探討 Rask 醫師的互動脈絡——世界上的人和大規模社會介入的空前混合，伴隨著全球經濟和社會互賴性的產生。如果我們能夠了解這些社會力，也就更加了解病毒的傳染——尤其是 HIV 的傳染。

❧ 社會互動的脈絡

　　涂爾幹（Emile Durkheim）是首先指出影響「地球村」興起之社會力的社會學家之一。涂爾幹在《社會分工》一書中提供了了解全球互賴的參考架構，以及導致大規模社會變動、使得人們遭遇像愛滋病這種傷害的條件。更明確地說，涂爾幹的想法提供了參考架構，讓我們了解薩伊如何在不到 200 年之間由封閉土地和獨立民族變成充滿社會分裂和參與世界經濟的國家（在本章中，民族意指由共享相同文化和歷史的人所佔據的地理區域。相反地，國家是政治實體，得到外國政府的承認，有公民和執行規定的官僚體系）。

根據涂爾幹的觀察，人口的數目和密度增加會強化對資源的需要。然後又刺激我們發展出生產貨物和提供服務的更有效方法。當人口數目和密度增加時，社會「穩定地朝向有力的機器、勞力和資本集中前進，結果導致極端分工」（Durkheim [1933] 1964, p.39）。根據涂爾幹的描述，**分工**（division of labor）意指工作被分成專門化作業，每一項作業由一組不同的人負責。不只作業本身需要專門化，用來製造貨品的零件和材料也來自不同的地區。

西方國家在 19 世紀末期和 20 世紀初期由於對資源的需要漸增，因此積極地將亞洲、非洲和太平洋大部分地區納為殖民地。西方國家強迫當地人種植農產品、開採礦務和金屬，以供出口。比利時政府將中非的領土稱為比屬剛果，強迫那裡的人收集橡膠和銅礦。當歐洲展開工業化的時候，對於各種原料的需求也隨之而增。

隨著時間過去，全世界開始依賴薩伊的鈷（製造引擎所需）、工業用鑽石、鋅、銀、黃金、錳（製造鋼鐵和鋁乾電池所需）和鈾（產生核能和原子彈的燃料）。現在全世界的分工也包含薩伊當地人民在內，他們開採世界上遙遠地區製造貨品所需的原料。

涂爾幹指出，當分工愈來愈專門化、材料來源愈來愈廣泛的時候，一種新的連帶或道德力量開始興起。涂爾幹使用**連帶**（solidarity）一詞描述社會中的人彼此相連的連結。他認為前工業社會的特徵是機械連帶，工業社會則是有機連帶。

機械連帶

機械連帶（mechanical solidarity）是基於共同意識或一致的思考和行

為而形成的社會秩序和凝聚力。在這種環境中，每個人看待世界的方式都很類似。個人的「首要責任是使每個人變得更相似，而不是有私人的信念和行動」（Durkheim [1933] 1964. p.396）。這種同一性來自簡單的分工和缺乏專門化（換句話說，每個人都是博而不精）。當社會中的每個人都作同樣的事情，他們就擁有共同的經驗、相似的技能，以及相近的信念、態度和思想。因此，簡單的分工表示人們同多於異。人們彼此約束，因為相似性導致共識。在機械連帶的社會中，使人們彼此相連的連結主要是基於血緣和宗教。

薩伊的 20 個民族都擁有獨特的語言和信念系統，其中的 Mbuti 矮黑人族在薩伊東北部的 Ituri 森林（赤道雨林）中打獵和採集，他們所表現的就是這種連帶。他們的文化歷經數百年都沒有改變。Mbuti 族反映出薩伊人在殖民之前的人際關係型態。他們的社會代表許多人在被殖民之後被迫放棄的生活方式。

Mbuti 擁有以森林為取向的價值系統。他們的共同意識來自：森林給予他們食物、柴薪，以及建造避難所和製作服裝所用的材料。人類學家 Colin Turnbull 寫了三本有關 Mbuti 族及其價值系統的書籍：《森林人》（1961）、《任性的僕人》（1965）和《人類週期》（1983）。從這幾本書摘錄的內容顯示出 Mbuti 人以森林為中心的價值保留在其生活中的程度：

> 對他們來說，森林是神聖的，它是生存、所有美好事物的來源無論年輕或年長、男性或女性，Mbuti 人談論、呼喊、耳語和歌頌的都是森林，稱它是母親或父親或兩者皆是。（1983, p.30）

> Mbuti 人對森林的依賴令人毫不意外，他們將它稱為「父親」或「母親」，因為他們說：它給予他們食物、溫暖、庇護所和衣服，就像他們的父母一樣。令人驚訝的或許是，Mbuti 人說：森林也像父母一樣付出感情森林不只是 Mbuti 人生活的環境而已。它是活生生的、有意識的東西，既是自然也是超自然的，它是必須得到依賴、尊敬、信任、服從和喜愛的東西。Mbuti 人所需要的是浪漫愛，最好是包含在「尊

敬」之下，它是他們的世界，供應他們需要的一切東西以回報他們的
感情和信任。（1965, p.19）

Mbuti 人以打獵和採集維
生，他們是Durkheim之機械
連帶概念的例證。他們的「共
同意識」核心是以森林為中
心的價值系統，因為森林供
應他們所有生活必需品。

　　Turnbull 舉出幾個例子說明 Mbuti 人和森林之間的親密性。在其中一
個例子裡，他碰見一位年輕人獨自在森林的月光下跳舞唱歌：「他的頭髮
上戴著一朵森林裡的花，帶子由森林裡的樹葉編成，束腰是森林的樹皮。
還有明顯地讓他沉醉於跳舞和歌唱的內在世界」（1983, p.32）。當他被
問到為何在此單獨跳舞時，他回答說：「我並不是獨自在跳舞，我和森林
一起跳舞……」（1965, p.253）。

　　在第二個例子裡，Turnbull 問一位 Mbuti 人是否願意看看森林以外的
世界。這個人猶豫了很久，然後反問要走出森林多遠。Turnbull 告訴他離
最接近的樹開車不超過一天，他以不可置信的語氣反問：「沒有樹？完全

沒有樹？」他對這一點很煩惱，並且問那裡是不是一個好國家。從 Mbuti 人的觀點來看，活在沒有樹的地方一定是壞人，而且應該處罰。最後他同意到那裡去，只要他們帶著足夠回到森林的食物。「他對那些住在沒有樹的地方的『奴隸』幫不上任何忙」（1961, p.248）。

最後，Turnbull 指出，這些矮黑人知道：將他們趕到森林更深處的國家正在破壞雨林。這些人都不希望離開森林，進入現代社會：「森林是我們的家；當我們離開森林，或是森林死亡的時候，我們就會死去。我們是森林之子」（1961, p.260）。

有機連帶

複雜分工社會的特徵是**有機連帶**（organic solidarity）——從事各種專門任務的人彼此以互賴和合作為基礎的社會秩序。複雜分工增加人們之間的差異。但是，涂爾幹主張：將人們彼此相連的連結可能非常有力。在複雜分工的社會裡，人們之間的連結不再是基於相似性和共同意識，而是差異和互賴。當分工非常複雜，及製造貨品的原料來自不同的地理區域時，很少有人能擁有自給自足的知識、技能和材料。結果，人們只得和他人互相依賴。社會連結之所以很有力，是因為人們需要靠他人才得以生存。

專門化和互賴表示每個人對於製造產品或提供服務只有一小部分的貢獻。因為專門化的緣故，人際關係也成為變動、與個人無關和抽象的。我們與他人的關係是根據專門化角色而定。我們向零售商買輪胎；我們用電話、電腦以及傳真機和店員打交道；我們只需幾個小時就可以飛到另一個城市，在飛機上有空服員替我們服務；我們付錢給超級市場的出納買咖啡；我們捐血時和檢驗室的技工只相處幾分鐘。我們不需要知道做輪胎的橡膠、製造引擎的鈷以及咖啡來自薩伊，我們不需要知道我們所捐的血被保存在美國或是輸出到其他地方。

當我們以這種方式進行互動時，可以忽略個人差異，將這些從事同樣任務的人視為可互換的。因此，社會中的人：

被超過短暫交換時更久更深的連結連在一起。他們發揮的每一種功能都視其他人其定〔我們〕涉入複雜的義務裡，無權釋放自己。（DURKHEIM [1933] 1964, p.227）。

換句話說，因為每個人都要依靠其他人，每個人都有義務要保存這個系統。

有機連帶的奇妙在於，雖然人們生活在彼此依賴的地方，他們卻不知道這一點，或許是因為關係的多變與非個人性。因為我們與接觸的大多數人只有工具性關係（我們基於特定理由進行互動）而非情感性關係，所以似乎彼此獨立地生活。

涂爾幹假設：分工愈是複雜和專門化，社會就愈是脆弱。他特別關切破壞人際間經由勞動而建立有意義連結的事件，除非這些連結被中斷，否則我們認為建立連結的過程是理所當然的。這些事件包括：（1）因為工廠關閉、大量解僱、欠收和戰爭所導致的工業和商業危機；（2）工人罷工；（3）工作專門化，因此勞工是孤立的，只有少數人能掌握整個企業的運作和成果；（4）基於遺傳特質（種族、性別）之限制而非能力的強制分工，「較低階」的團體渴望那些不對他們開放的位置，努力想要驅逐佔據這些位置的人；以及（5）勞工的才華和能力未得到適當管理和發展，因此適合他們的工作不存在、不定期、中斷或名額有限。例如，一個國家可能沒有足夠的工作者（教師、科學家、護士）或是過多工作者（運動員和藝人）來填滿現有的位置，或者無法重新訓練那些從事可能被解僱或退化工作的人。這些事件突然發生時更具有破壞性。

❧ 轉變中的薩伊

從 1883 年迄今，至少有一種破壞性事件存在於薩伊。薩伊過去一百年以來的短暫歷史顯示出，這種干擾創造出人們必須彼此依賴的社會秩序。

Leopold 國王在非洲

許多人將馬克吐溫與哈克歷險記和湯姆歷險記連在一起。他們不會想到他是歐美帝國主義的積極評論家，曾經寫過論文和小冊子表達對於「強權在南非、中國和菲律賓從事『非本意』之任務」的憤怒（Meltzer 1960, p.256）。剛果改革協會在 1905 年初和吐溫接觸，「請他為剛果原住民發言」（p.257），吐溫的反應是寫下〈Leopold 國王的獨白〉。在這篇文章裡，他提出英國的 H. E. Scrivence 牧師的報告，描述比屬剛果在 Leopold 國王統治之下的困境。由於美國的雜誌編輯都不同意發表這篇文章，剛果改革團體發行了一本售價 25 美分的小冊子，繼續努力解放剛果人民。下面的內容就是摘錄自這篇報告：

我們很快就開始談話，原住民不需要我的鼓勵就開始訴說我已經很習慣的故事。他們的生活和平寧靜，直到白人從湖邊過來，要求他們做這做那，他們認為這就是奴隸制度。所以他們企圖留住來自本國的白種人，但是徒勞無功。來福槍是他們無法勝任的工具。所以他們適應，且決定在改變的環境下盡最大努力。首先有人命令他們為士兵建造房屋，他們毫無怨言地完成了。然後他們必須餵飽士兵和所有跟隨的男女——隨從。然後他們要送上橡膠。這是他們的新任務。在森林裡距離家中幾天路程的地方就有橡膠，但是他們現在才知道它的價值。橡膠換得的酬勞很少，但是需求很急迫。「陌生白人給我們衣服和珠子換取野生蔓藤的汁液。」他們慶幸自己的好運。但是很快地酬勞就減少了，他們帶來橡膠卻沒有酬勞。他們因此嘗試抗議；但是更令他們驚訝的是，有幾個人被士兵射殺，其他人則飽嚐詛咒和拳頭，而且被告知要立刻離開，否則有更多人被殺。他們受到驚嚇之後，開始準備兩星期的食物，以離開村莊收集橡膠。士兵發現他們坐在四周。「為什麼還不走？」砰！砰！砰！他們一個接一個在妻子和朋友之間倒下、死去。到處都有悲慘的哭泣聲，他們嘗試為死者準備葬禮，但是不被允許。所有人立刻要回到森林裡。沒有食物？是的，沒有食

物。這些可憐的人甚至沒有生火用的火絨箱。許多人在森林中死於飢餓和日曬，更多人死於負責警戒之殘忍士兵的來福槍下。雖然他們十分努力，但是產量逐漸減少，因此愈來愈多人被殺。我被帶到此處四處瀏覽，有人指出先前大酋長居住的地方。仔細估計後可以知道，七年前警戒區周圍半徑四分之一英哩之內的人口大約是 2000 人。現在卻不到 200 人，而且有太多悲傷和憂鬱使他們的人數迅速減少。

　　我們星期一整天都留在當地，和他們談了許多。星期日有些男孩告訴我，他們曾經看見一些骨頭，所以星期一我要求看看這些骨頭。在我居住的房子幾呎之外的草地上，有無數的人類頭蓋骨和骨頭，有些是完整的骨架。我算過有 36 個頭蓋骨，以及許多組沒有頭蓋骨的骨頭。我問其中一個人它的意義。「當橡膠談判開始後，」他說，「士兵射殺太多人，我們已經厭倦了埋葬，而且通常不被允許；所以只好將屍體拖到草地上放置。那裡共有數百人，假如你想看看。」但是我已經看夠了，而且對這些男女在過去可怕時代裡的故事感到厭煩。比起這裡的情況，保加利亞的暴行可能只是不小心。我不知道這些人如何適應，即使現在我還是懷疑他們的耐性。有些人可以逃走真是謝天謝地。我在那裡停留了兩天，有一件事留給我最深的印象，就是橡膠的收集。我看到一長串的人像在剛果一樣，帶著放在手臂下的小籃子；我看到他們把一罐鹽和兩呎印花布交給酋長以換取牛奶；我看到他們羞怯得發抖，事實上這些都證明恐怖主義國家的存在和當地人民採行的實際奴隸制度。

（來源： King Leopolds Soliloquy on the Belgian Congo，出處 Mark Twain and the Three Rs，作者 Mark Twain，pp.47-48。）

比利時帝制時期（1883－1960）

　　在 1883 年之前，住在現今薩伊的居民生活在村莊裡，其特徵是共同意識和簡單分工。不過在 1883 年，比利時國王 Leopold 二世宣稱這片土地是他的私有財產，數百萬人民被迫耕田和採礦。1985 年，14 個歐洲國家所舉辦的柏林西非會議將 Leopold 國王的私人擁有土地正式合法化。這次會議的目的是將非洲劃分為殖民地。這片大陸的區分與先前的國界無關，所以向來友善的民族可能被分開，而敵對的民族卻聚在一起。

　　Leopold 利用全世界對橡膠的需求成長達 23 年之久。他對薩伊的統治是「爭奪戰利品的最激烈混戰，甚至危及人道史以及地理區域」（Conrad 1971, p.118）。他使用的方法是以橡膠作為私人所得，其暴行過於恐怖，因此 1908 年的國際暴行迫使比利時政府承擔起管理比屬剛果的責任（請參閱「Leopold 國王在非洲」）。比利時政府比起 Leopold 國王更重視人道；但是仍然強迫當地人開路，以便從礦坑和農田裡運送金屬和農作物，供出口之用。非洲人被迫離開村莊去開礦、種植和收成農作物，並且住在路邊維修道路。比利時人引入現金經濟，從歐洲進口了在當地生活以及建立政府、學校、醫院和道路的必需品。在這種系統之下，非洲人從下面兩種管道獲得現金：種植可換現金的農作物或是出賣勞力。他們再也無法像從前那樣自給自足。

　　歐洲貨物的引入和現金經濟將住在比屬剛果的人推向世界分工，並且創造該國境內的遷居勞工系統。因為殖民地的人持續從村莊移入都市、採礦營和耕地（Watson 1970）。除此之外，家庭成員因為遷居勞工系統而長期分離。

　　　遷居勞工系統影響非洲人生活的許多基本層面〔男〕工人通常來自距離經濟中心很遠的人力供應地區。因此使許多家庭長期分離，給所有人帶來嚴重的身心影響。非洲城鎮「招募」而來的人口主要是生活在不安全和鬱悶的條件下，無法享受家庭生活的男性。（DOYAL 1981, p.114）

比利時人無法感受非洲人對於土地、礦務和人力被利用的憤怒，而且沒有準備要面對 1950 年代後期發生的暴力抗爭。這些掌握政權的人將革命稱為「野蠻行為」，宣稱非洲人無法感受到殖民的「利益」。當比利時於 1960 年突然撤出時，比屬剛果成為沒有任何接受訓練的軍官、商人、教師、醫師或公務員的獨立國家。事實上，在這個人口 330 萬的國家中只有 120 位醫師（Fox 1988）。

在遷居勞工系統之下，人們搬到都市、採礦營和農園去找工作。由於短缺男性，女性必須種植食物以及經營村莊裡的市場。

薩伊獨立（1960—今日）

在比利時離開後的空檔期間，非洲各民族被迫共同組成現在為了權力而相互交戰的薩伊。內戰直到 1965 年才緩和，因為 Sese Mobutu 得到美國的協助而掌權。從那時起，薩伊境內不同民族曾經發生好幾次武力衝突，尤其是在 1970 年代後期。為了停止暴動，Mobutu 向摩洛哥、比利時和法國招募外籍傭兵。為了補充短缺的熟練工人，Mobutu 請來法國、丹麥、海地、葡萄牙、希臘、阿拉伯、黎巴嫩、巴基斯坦以及印度人擔任公務員、教師、醫師、貿易商、商人和學者。Rask 醫師因此應邀來到薩伊。

除了內戰之外，還有其他嚴重的問題使得薩伊人在獨立後的生活變得更困難。第一，許多現金農作物因為世界經濟逐漸好轉而失去競爭力，而且合成產品的技術革命使得非洲天然原料的需求減少。第二，鄰近國家的內戰導致數千名難民從蘇丹、盧安達、安哥拉、烏干達、剛果和蒲隆地逃亡到薩伊。在此同時，薩伊人本身也因為內戰和經濟問題而逃往上述國家（Brooke 1988a; U.S. Bureau for Refugee Programs 1988）。最後，Mobutu 將薩伊的大部分財產轉移到歐洲的銀行，並且投資於非洲以外的資產（R. Kramer 1993; Brooke 1988b）。有人估計，Mobutu 的私人財產價值到達 50 億美金（R. Kramer 1993）。[1]

當地人民因為持續的動亂而深受其害。這些事件干擾了分工，人們因此失去與他人的重要社會聯繫。這種「生存的變動，無論是突然或已有準備，總是會帶來痛苦的危機」（Durkheim [1933] 1964, p.241）。由於經濟必要性、渴望更高的生活水準以及逃避戰爭，許多人離開村莊前往都市、企業、農園和採礦地點。留在村莊裡的婦女、兒童和老年人沒有選擇，為了生存，只好改種高收益、低勞力密集的作物。不幸的是，新作物——例如樹薯——是低蛋白質、高碳水化合物的植物（低蛋白質的食品會危害人類的免疫系統，使人們較容易遭到感染）。更糟的是，許多單身女性無法在村莊和農業地區謀生，因此移居到工作地點。因為女性的工作機會很少，許多人被迫賣淫為生。在此同時，如果移出村莊找工作的男女因為生病而無法繼續工作，就會回到家裡，因此感染了已經很脆弱的人（Hunt 1989）。

> 移居的幅度反映在首都金夏沙的人口數字，從 1950 年的 39 萬人增加到 1988 年的 350 萬人。大部分的人（大約 60%）住在貧民窟裡，其中最大的一個稱為「例證」。在這裡，街道上擠滿了兒童和家庭，住在用石頭壓住的硬紙板屋頂下。金夏沙是由人羣氾濫的街道和破碎的人行道、嗆人的垃圾和迎合妓女和寂寞白人的酒吧共同組成的荒地。那裡充滿了文明末路的氣氛，以及在瓦礫堆中尋找避難所的倖存者。
> （CLARKE 1988, pp.175, 178）

由於動亂和處置不當，薩伊從非洲最富有的殖民地淪為最貧窮的獨立國家，以及全世界最窮困的 12 個國家之一。另一個說明悲慘處境的指標是，在 1960 年薩伊可通行的公路有 9 萬英哩長；1988 年卻只有 6000 英哩。簡陋的道路影響了運輸醫療用品和食物的能力，使得依賴日常用品的村莊更加貧困（Noble 1992）。

薩伊內戰帶來的巨大社會變動包括整個村莊的破壞，例如這個位於Kivu的村子。

內戰和薩伊數十年以來的經濟蕭條使得生病和受傷的人必須被送到遙遠的地方接受必要的醫療照顧。

這些歷史事件是將 Margrethe Rask 醫師帶到薩伊一個小村莊的脈絡力量。Rask 醫師必須在混亂和貧窮中進行手術，只能依靠零星的預算和最少的補給。「即使情況最好的診所也沒有消毒的橡膠手套或可丟棄針頭。你只好重複使用針頭，直到它們磨損為止；當手套磨穿的時候，你必須冒險將手放進病患的血液中，因為這是你應該做的事」（Shilts 1987, p.4）。

✌ 愛滋病和 HIV 的全球脈絡

世界各地人們空前匯集的地方是促使 HIV 活動和傳佈的條件（請參閱「HIV 和愛滋病的全球模式」）。血液的輸入和輸出（導致人們間接接觸）、噴射客機的發展以及大規模遷徙都會增加不同國家和地區的人與他人互動，以及透過性交、共用針頭和有關血液和血液製品之活動而感染 HIV 的可能性（De Cock and McCormick 1988）。

這些因素的重要性經由下列事實得到支持：愛滋病的模式在歷史上受到人口密度和交通模式所影響，兩者都讓原本隔絕的團體聚在一起（McNeil 1976）。這一點使得愛滋病研究者相信：HIV 感染的蔓延與人口密度和交通有關。有趣的是，「後來被稱為愛滋病的醫療問題在 1970 年代後期和 1980 年代初期就已經出現在不同地點，包括比利時、法國、海地、美國、薩伊和尚比亞」（The Panos Institute 1989, p.72）。在這之前，病毒可能潛伏在具有抵抗力的孤立族群身上，但是當這群人開始與另一群不具有抵抗力的人接觸之後，病毒就開始活動。或者有兩者無害的逆轉病毒，分別存在於兩群原先隔絕的人身上，共同產生第三種致命的病毒。值得注意的是：

> 社會結構——愛、恨、和平、戰爭、都市化、人口過剩、經濟蕭條、和有閒〔或者沒有其他方法花錢〕的人每晚和五個不同的人睡覺——的重大錯亂對於生態系統會產生壓力，因此改變〔人〕與微生物

之間的平衡。這種重大錯亂可能導致傳染病和流行病（KRAUSE 1993,
p.XII）

　　從上述有關互動之全球脈絡的訊息中，我們很難說誰應該為引發和
傳播導致愛滋病的病毒而負責。很明顯地，「外國人引入未知的疾病，而
且可能由於交通便利、農村人口移居城市找工作以及都市人口密集，而使
先前的地方性疾病惡化成為流行病」（Lasker 1977, p.280）。舉例來說，
來自世界各地的人破壞了薩伊的 Ituri 雨林，使得開發者接觸到先前隔絕
的人群（例如 Mbuti 人），而且迫使許多人移居到都市，因為他們失去了
自己的家。除了擾亂人們的生活之外，雨林中的商業活動也導致氣候改變
（例如溫室效應），因此改變病毒的結構。對我們而言，確定誰開始傳播
病毒並不重要（因為這一點不可能得到肯定的結果），而是確認世界上的
人彼此互動和察覺團體間影響的程度（請參閱「狂牛病的涵意」）。

　　將 Rask 醫師的互動放在全球脈絡中，能夠幫助我們看出將人們聚在
一起互動的歷史事件。使 Rask 醫師有機會到薩伊行醫、讓她與病患血液
接觸的條件以及後來必須尋求醫療等都出於歷史事件的獨特序列。

　　在下一節中，我們將集中於社會學家探討社會互動之內容時所使用
的概念。我們將看到，當人們互動時會確認互動對象的地位。當人們確定
對方的相對地位時，他們會依據角色預期進行互動。

HIV 和愛滋病的全球模式

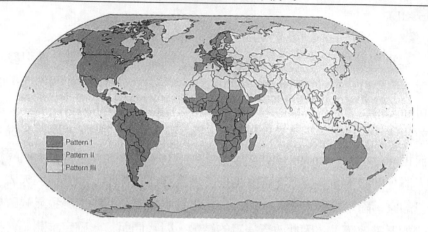

Pattern I
Pattern II
Pattern III

　　模式一的國家通常是工業化國家，包括北美、許多西歐國家、澳洲、紐西蘭和部分拉丁美洲國家。HIV 感染發生在男同性戀者和靜脈注射毒品者之間。相反地，異性戀傳染是模式二地區中大多數 HIV 感染的例子，包括中非、東非和南非，而且在部分拉丁美洲國家逐漸增多，尤其是加勒比海國家。模式三地區最近才開始有 HIV 侵入，包括東歐、北非、中東、亞洲和太平洋國家（澳洲和紐西蘭除外）。這些國家的愛滋病個案相當少，大多數是透過被感染的進口血液製品或與來自模式一或模式二國家的人進行性接觸而感染（本文的稱呼和圖中呈現的內容並不代表世界衛生組織針對任何國家、領土、城市或區域之主權的合法地位，或是其邊境或界線所發表的意見）。

（來源：《愛滋病和 HIV 感染的全球模式和普遍性》，作者 James Chin 與 Jonathan M. Mann。）

狂牛病的涵意

　　首先牛隻開始發狂和死亡。英格蘭南部的一位酪農在 1986 年最早報告牛群表現古怪的行為：興奮、恐懼、攻擊，最後無法站立。在短短幾個月之內，其他酪農也報告相同的奇怪症狀，很明顯地，某些感染侵襲英國的家畜，而且威脅到該國肉品供應的安全。

　　但是真正抓住英國人注意力——甚至超越數千頭被感染或屠宰的牛隻最終造成的損失——的是 Bristol 一隻暹邏貓的死亡。這件事發生在 1990 年春季；很快地又有兩隻貓被證實死亡。在死前，這些貓就像上述那些牛一樣瘋狂。牠們變得具有攻擊性或極端退縮、非常興奮或異常軟弱。

　　這的確相當駭人。這種疾病不分物種，甚至能夠殺死住在公寓裡的小貓。人們可能脫逃嗎？

　　在貓死亡之前，倫敦的小報宣稱「狂牛病」是第二大天譴。儘管有些歇斯底里，但是這個預言卻成為事實。根據最後的統計，在第一次發現牛隻感染之後的五年，共有 18000 頭牛死亡。它不只蔓延到貓的身上，還有羚羊、阿拉伯羚羊和其他倫敦動物園內的動物。至此尚沒有任何人類感染的個案。這種疾病是由一種奇怪的「慢性」病毒所導致，通常在神經系統中潛伏多年未被察覺。不幸的是，病毒也會在環境中持續生存。一位美國科學家焚燒了一盆含有病毒的泥土，這些泥土來自馬里蘭州家中的後院，經過三年之後才挖掘出來——但是病毒仍然具有感染力。

　　狂牛病說明了人類的行動——在這個例子中，製造過程的單一改變使牛隻飲食的純度改變——如何創造新病毒的繁殖溫床。在今天稱為「衍生病毒」的發展過程中，同樣的模式不斷出現。衍生病毒中毒性最強的是導致愛滋病的病毒，它們可以跨越任何物種或地理界限，在預料之外的部位產生空前的毒性。

　　直到最近我們仍然認為病毒的產生是偶發事件。直到最近，它仍然被認為出於突變——病毒的基因組成產生奇怪、完全無法預測的改變。但是當科學家開始有系統地檢視病毒產生的過程及原因時，他們很驚訝地發現：突變幾乎不是真正的原因。對於新病毒產生來說，更重要的是——比以往所懷疑的更常見——人類的行為。

這一點是我們用新的角度去看待當前的重要社會議題。在任何生活層面所作的每一個決定——環境、政治、經濟、軍事——對於該疾病在世界各地造成的反應都有其涵意。當埃及興建亞斯文水壩之後，靜止的水使得蒼蠅叢生，牠們所攜帶的病毒便成為新的威脅。當輪胎從日本以海運送到德州的時候，潮濕邊緣附帶的蒼蠅找到前往新國家的方法；因為蒼蠅所攜帶的病毒是德州人從未見過的，它們的存在對於公共衛生是一種新威脅。當漢城的邊界更深入鄉村地區之後，都市的韓國人接觸到田鼠攜帶幾個世紀的病毒——許多人感染流行性出血熱，至少有10%的人成為受害者。

（來源：*A Dancing Matrix: Voyage Along with Viral Frontier*，作者 Robin Marantz Henig，pp.ix-x。）

❧ 社會互動的內容

當分工變得更專門化，勞工和原料來源變得更分散的時候，人們之間的連結由機械連帶轉變為有機連帶，人們與陌生人互動的次數也增加。人們如何與毫不認識的人順利地互動？他們藉由確認互動者的社會位置或社會地位而消除「陌生感」。知道別人的社會地位使我們可以部分地預期他們的行為。它也會影響我們的互動方式。為了確實掌握此一原則，你可以想像初次與他人會面的情形。你如何展開互動？你詢問陌生人一個問題，以確定其社會地位。你可能會問：「你做什麼工作？」這個問題使互動開始運作。

社會地位

在日常生活的語言中，人們使用社會地位一詞來指稱位階或特權。

對社會學家而言，**社會地位**（social status）意指在社會結構中的位置。**社會結構**（social structure）由依據特定可預期方式互動和互相關聯的兩人以上所組成，無論其性格為何。例如，社會結構可能由醫師和病患這兩種地位以及他們之間的關係所組成。其他兩人社會結構中的地位有丈夫與妻子、教授與學生、姊妹與兄弟、雇主與員工。

　　包含多重地位之社會結構像是家庭、運動團隊、學校、大公司和政府。同樣地，所有社會結構的共同特徵是，行為可以類推到所有地位相同者的身上，無論是誰佔有此地位。就像是足球隊中四分衛的行為大致上是可以預測的，擔任護士、祕書、機械技工、病患或醫師的人也是如此。一旦我們知道一個人的地位，就會思考如何與他互動。

　　地位的類型　地位可以分為兩種——賦予或達成的。**歸屬地位**（ascribed status）是人們並非透過自己的對錯而獲得的位置。其例子包括性別、年齡、種族和健康地位，也就是男性、女性、非裔美國人、美國原住民、青少年、資深公民、退休者、兒子、女兒和殘障者。**成就地位**（achieved status）是個人因為自己的行動或能力所獲得（或失去）的位置。其例子包括職業、教育、親職和婚姻地位，像是運動員、參議員、祕書、醫師、高中退學生、離婚者和單親。

　　歸屬和成就地位的差別未必很明顯。通常像是財務、職業和教育位置等成就地位和性別、種族和年齡等歸屬地位有關。例如，美國的醫師主要是男性（80%）和白種人（92%），而有照護士主要是女性（86.2%）和白種人（90%）（U.S. Bureau of the Census 1992b）。

　　烙印　有些歸屬和成就地位會使個人的其他地位蒙上陰影。社會學家 Erving Goffman 將這種地位稱為**烙印**（stigma），並且區分三種主要的類型：（1）生理殘廢；（2）由於性取向、精神疾病或入獄等因素而導致的特徵汙點；以及（3）種族、國籍或宗教的烙印。當一個人擁有烙印時，她或他在別人的眼中就從多重層面的人簡化為只擁有一種被汙染之地位。為了說明這一點，Goffman 在「烙印：管理損傷認同的筆記」（1963）中以一封生來沒有鼻子的 16 歲女孩的信作為開場白。雖然她是一位好學生，身材不錯，也是很好的舞者，但是每一個遇見她的人都無法忽略她沒有鼻子的事實（請參閱第十章有關社會烙印的內容）。

　　每一個人都擁有多重地位。例如，Rask 醫師是中年人、女性、醫師、病患和丹麥人。不過，地位的意義只有在與其他地位相連時才會顯示出來。例如，醫師的地位有多種不同的意義，視她的互動對象是病患、配偶或護士等相同或不同地位者而決定。這是因為醫師的角色依據互動對象的地位而變化。

社會角色

　　社會學家使用**角色**（role）一詞來描述個人相對於另一地位（例如教授對學生）的預期行為。角色和地位之間的區別相當微妙但是值得注意：人們佔有地位，且扮演角色。

　　與每一地位連在一起的是**角色組**（role set），或是一連串角色。例如，醫師的地位伴隨著對病患、護士、其他醫師和病患家屬而言的醫師角色。地位和角色的社會學意義在於，它們使我們能夠在不認識對方的情況下進行互動。一旦我們確定對方相對於自己的地位，就可以根據附屬於該地位關係的角色預期來進行互動。

　　角色預期包含且受限於權利和義務。與角色有關的**權利**（rights）界定個人擔任該角色時依據對方地位所產生的要求或預期。教師有權利要求和預期學生準備上課。與角色有關的**義務**（obligation）界定個人扮演該角色時對其他特定地位者應有的適當關係和行為。教師對學生有上課前準備的義務。

　　社會學家 Talcott Parsons（1975）舉出一個著名的例子，說明角色以及伴隨的權利和義務。根據 Parsons 的說法，當我們有病時擔任的是**生病角色**（sick role）。在理想狀態下，生命的人有義務要恢復健康、尋求勝任者的幫助、配合治療計畫。生病的人當然也有某些權利：他們可以免除「正常的」社會義務，而且不需為自己的病負責。

社會角色與個人行為 角色設定了思考和行為的一般限制，但是並不表示行為是完全可預測的。有時候人們未盡到角色義務，就像是教授未準備好就來上課，或是病患不配合醫師的治療計畫，或是醫師責怪病患為何要生病（例如，認為他們罹患愛滋病是因為他們雜交和性活動不當，或是他們罹患肺癌是因為不願意戒煙）。就定義來說，當人們未盡到角色義務時，其他人就沒有角色權利。當教授沒有準備時，學生的權利受到侵犯；當病患不遵守治療計畫時，醫師的權利被侵犯；當醫師責怪病患時，病患的權利被侵犯。除此之外，角色的概念並不表示所有佔有相同地位的人都以同樣的方式扮演該地位的角色。角色扮演的差異是出於個人的性格，以及對於應該如何實踐角色的解釋。最後，角色扮演的差異是出於人們以不同的方式化解角色緊張和角色衝突。

角色緊張（role strain）是指個人扮演的角色具有衝突或矛盾預期的困境。例如，軍醫身為醫師，有義務要維持生命。相反地，他們受雇去照顧那些威脅其健康和生命的病患。**角色衝突**（role conflict）是角色組之中兩種以上角色的預期互相衝突的困境。例如，生病的人有義務要恢復健康和遵循治療計畫。不過此一義務可能干擾他的其他角色，例如婦女發現處方藥的副作用可能使她無法工作或照顧孩子。

儘管有社會限制的權利和義務，即興行為和個人風格仍有存在的空間。但是，即使人們扮演角色的方式多變，角色仍是有益的概念，因為在大部分情況下，其預測性「足以使得大多數人在大多數時間著手進行社會生活，而不需要在每一個新遭遇的情境中即興地判斷」（Merton 1957, p.370）。換句話說，其變異通常落入「文化可接受的行為範圍內——如果角色表現過於偏離預測的行為範圍，個人會遭到負面懲罰」（p.370）。

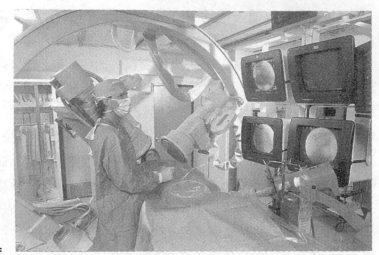

西方的醫療
方法建立在
對疾病的性
質及征服疾
病的科學與
技術所持的
文化信念。

　　角色的文化變異：病患——醫師互動　某一地位相對於其他地位
的行為預期隨著不同的文化而有所變化。角色預期和規範、價值觀、信念
和非物質文化（請參閱第四章）彼此糾結在一起。在美國，病患——醫師
互動的主要目標是確定確實的生理功能不良，以及使用現有的物質文化和
技術（檢驗、工具、儀器、藥物、手術、注射）來治療它。此目標受到該
文化對於解決問題之科學能力的信念所塑造。西方的醫療人員被預期要使
用所有手中的科學工具以確立原因，盡可能對抗疾病，以及將身體還原到
健康的狀態。大多數美國人相信：即使一個人瀕臨死亡，也可能在任何時
刻出現科學的治療法。當醫師違反此一規範時，幾乎總是伴隨著強烈的公
開爭議。由這種文化取向來看，難怪美國的醫師和病患主要依靠 X 光和
電腦斷層掃描等技術做診斷，以及疫苗、藥物和手術等治療方法。這種依
賴反映在美國的 2 億 2600 萬人口——全世界人口的 5% ——消耗了全世
界藥品供應的 23%。

　　　我們可以將美國的醫病關係和傳統的非洲醫療者——病患關係互相
比較。雖然薩伊擁有現代的健康照顧設備，但是大多數人都去找 curandeiros
或傳統醫療者。[2] curandeiros 和病患之間的社會互動與美國醫病之間的社

會互動大不相同。

　　就像西方的醫師一樣，傳統的醫療者也肯定疾病的有機和生理層面。但是他們認爲其他因素——超自然原因、社會關係（敵意、壓力、家庭緊張）和心理困擾——也相當重要。這種整體觀點使得醫療者和病患之間發展出更私人的關係。另一個不同於西方醫學的顯著差異是，醫療者終於將先前症狀的消除，而不是尋求完全的痊癒。例如，非洲的 curandeiros 集中在治療愛滋病的衰弱症狀，例如痢疾、頭痛、發熱和體重減輕，而且使用很少有副作用的藥，以免人們病情加重（Hilts 1988）。顯然，每一個系統都有各自的吸引力和缺點，因爲有時西方人罹患無法醫治的疾病也會轉向沒有醫學根據的傳統療法。[3] 同樣地，當傳統方法對非洲人無效時，他們可能到遠方的醫院或診所去，尋求西方醫學的協助。

　　社會學家 Ruth Kornfield 觀察接受西方訓練的醫師在薩伊都市醫院工作的情形，她發現治療的成功在於外籍醫師是否能容忍和尊重其他疾病模型，以及將它們納入治療計畫中。例如，在部分薩伊民族中，當一個人生病的時候，病患的親屬組成治療管理團體，決定如何實施治療。因爲有許多薩伊人相信：疾病來自社會關係的干擾，醫療中必須包括「生病者之社會關係的重組，使這些有關的人都滿意」（Kornfield 1986, p.369; also see Kaptchuk and Croucher 1986, pp.106-08）。

　　上述討論的重點並不是評價任一文化中病患——醫師互動的品質或結果。相反地，在比較兩個文化之後，我們可以更清楚地看出：人們自動化地思考和行爲，因爲他們受到規範、價值觀、信念和非物質文化的影響。這種情形包括 Rask 醫師自動地以科學參考架構界定自身疾病的起源和治療。上述參考架構將疾病界定爲「非個人性的病症和功能不良狀態，由微生物、先天新陳代謝障礙或身心壓力所導致」（Fox 1988, p.505）。基於這一點，我們開始了解：Rask 醫師、其他醫師和她的好友爲何都認爲她的病是在非洲染上的、需要住院、有生理來源以及和直接接觸病人血液有關。Rask 醫師、其他醫護人員以及朋友如果相信這種問題來自精靈、與家人的衝突、未參加宗教活動或是自然、神明、祖先或其他生物的力量，他們之間的互動和對話必然大不相同。

⌘ 社會互動的戲劇模型

　　許多社會學家比較附屬於地位的角色以及演員扮演的戲劇角色。社會學家高夫曼提出社會互動的**戲劇模型**（dramaturical model）。在這個模型中，社會互動就像是戲劇，人們就像是演員，角色則是他們在特定環境中面對觀眾的表演。在社會情境中的人類似演員，因為他們必須使別人相信，而且經由語文和非語文線索來證明自己的身分和意圖。社會情境彷彿是舞台，人們依照他們希望呈現的印象或希望保護的形象，控制情境、服裝、話語和姿勢。這種過程又稱為**印象管理**（impression management）。

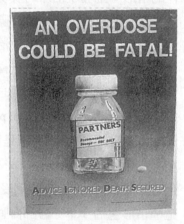

幾乎世界上每個國家都依據自身的價值觀和信念設計防治愛滋病的訊息。這些海報分別來自烏干達（圖左）和巴貝多（圖右）。

　　表面上來看，印象管理的過程可能讓我們以為是操縱和欺騙。不過，大多數時候人們都未察覺自己正在從事印象管理，因為他們只是表現出自然的行為。當女性進行印象管理時，她們會除去臉上、小腿、腋下和身體其他部分的體毛，表現出無毛的形象。由高夫曼的觀點來看，即使人們察覺到自己正在進行印象管理，它也是社會互動的建構和正常特性，因為順利互動有賴於每個人做出社會上預期和適當的行為。如果人們隨自己高興而說話和做事，文明將會崩潰。Goffman（1959）也承認：印象管理也有黑暗的一面，也就是人們有意用欺騙和傷害的方式來操縱觀眾。

　　印象管理通常使我們陷入兩難。如果我們不想隱瞞不適當和未預期的行為，我們可能冒著觸怒或失去觀眾的風險。但是，如果我們隱瞞真正的反應，我們會覺得自己是欺騙、不誠懇或不誠實的，或者我們在「背叛」。根據高夫曼的看法，在大多數社會互動中，人們會衡量失去觀眾和失去統整性的代價。如果留住觀眾很重要，隱瞞就是必須的；如果表達真正反應很重要，我們可能要冒著失去觀眾的風險。

　　HIV 抗體檢驗呈陽性反應的美國人就要面對印象管理的兩難。如果他們透露檢驗結果，可能會遭到歧視和失去工作、保險、朋友和家人。如果他們守住上述訊息，可能會覺得對自己和其他關心他們的人不忠實。互動情境很少出現「非此即彼」的結果。通常人們會在兩個極端之間尋求妥協。

　　戲劇模型和印象管理的特殊概念可以用來了解，人們提議在性交時使用保險套所面對的兩難。這種兩難在美國與薩伊有所不同。兩個國家的衛生官員都建議使用保險套減少感染 HIV 的風險。感染的風險可能擴大到新的性伴侶、高風險族群，現在只有單一性伴侶但是過去的性生活很活躍，使用靜脈注射藥物，或者過去 10 年間曾經接受輸血的人（在本書寫作期間，感染 HIV 到愛滋病發病的間隔長達十年。就本質上來看，跟別人上床表示也跟對方過去十年以來的性伴侶上床）。

觀點：女性不只是母親

　　Kathryn Carovano 主張，設計防治計畫的人必須考慮到：對於世界上大多數女性而言，「母職帶來地位和安定」，但是通常是由男性決定是否使用保險套。下面這一篇她的文章，描述這些事實如何影響 HIV 感染的傳播或預防。

　　感染愛滋病和 HIV 的女性主要集中在 15 歲到 45 歲。但是迄今為止，這一年齡層的女性——如果不曾賣淫——可能是愛滋病防治計畫中最少被注意到的一群。

　　造成這種現象的主要原因是，認為這些婦女沒有高風險的錯誤想法。她們大多數在懷孕或考慮懷孕時才首次面對愛滋病的問題。通常她們那時候才獲得相關訊息，因為社會關心的是未出生的孩子。在許多工業化和開發中國家，HIV 陽性反應的婦女只有在孩子被診斷出罹患愛滋病之後，才知道她們被感染了。

　　這些女性通常被稱為「生育年齡的婦女」。但諷刺的是，她們所獲得減少 HIV 傳播之風險的唯一建議是使用保險套或非插入性交——兩者都會阻止懷孕。雖然對部分的人是附加的好處，但是大多數想要懷孕的人卻認為這是重要的缺點。

　　母職為許多女性的生活帶來地位和安全。在許多文化中，女性被告知：她們存在的目的就是孕育新生命，尤其是男性，她們的價值由此被決定。通常無法生育或選擇不生孩子是不被社會所容許的。

　　雖然這種情形仍然持續，但是預防 HIV 感染的計畫如果忽略了母職的重要性，其影響會受到限制。我們亟需發展出一些殺死病毒的方法，能夠預防 HIV 感染、但不會阻止懷孕。

　　女性必須能夠保護自己免於 HIV，但又不會被迫放棄生孩子。在理想的狀況下，彼此忠實的一夫一妻制能使女性保護自己並產下健康的孩子。但是世界上大多數人的實際關係並非如此。

　　不過，女性不只是母親而已，其核心問題不是女性決定是否要有孩子，而是女性是否有權利將性和生產分開，以及她是否可以掌控有關性的決定。

保險套和非插入性交不同於其他現有避孕方法，它們都需要男性的合作。從家庭計畫的經驗中，我們知道：雖然大多數男性同意限制家庭人數的重要性，但很少人負起防止懷孕的主要責任。

發展由女性控制的預防技術十分重要。在此同時，預防教育計畫也是必須的，那會使得所有性生活活躍的女性知道自己屬於罹患愛滋病的高風險群。第一次有女性被診斷出罹患愛滋病是在 1985 年的墨西哥，她是一位住在墨西哥市的 52 歲家庭主婦；唯一所知的「高風險」行為是與丈夫性交時未採取預防措施。

（來源： *Point of View: Women Are More Than Mothers*，作者 Kathryn Carovano（1990）。WorldAIDS（8） p.2。）

在薩伊和美國，使用保險套都是敏感的話題，因為保險套傳達了可能有其他性伴侶的訊息。在薩伊，使用保險套與節育而非預防疾病有關。反對節育的禁忌很強，因為許多非洲人以後代的數目來衡量其精神和物質財富。如果孩子存活，就成為整個家庭的資產以及與祖先的連結（Whitaker 1988）。[4] 由於想要孩了的壓力很大，薩伊人相信：使用保險套完全剝奪了家庭和祖先對他們的讚許（請參閱「觀點：女性不只是母親」）。

研究者 Kathleen Irwin（1991）和 15 位同事與來自薩伊金夏沙的衛生工廠員工及妻子進行晤談。他們發現，儘管許多受訪者聽過保險套，但是很少有人實際使用過。研究者也發現，在這些受訪者當中，總是由男性決定是否要使用和購買保險套。

對許多美國人來說，保險套的避孕價值是次要考慮。他們主要考慮的是安全的性交。在美國，如果一個人在性交時建議使用保險套，這表示伴侶的性取向或性生活史令人懷疑。廣告商嘗試以消除此一訊息的方式來包裝和促銷保險套。保險套有各種顏色，其設計和製造都是為了刺激性慾和顯示外包裝上的誘人景象。重點在於，在薩伊和美國，「性行為都基於長期的文化傳統和社會價值，因此非常難以改變」（U.S. General Accounting

Office 1987）。這項事實也使得人們很難控制保險套的意義，而不觸怒性伴侶。因此，許多人抗拒使用保險套，即使在高危險的情況下（Giese 1987）。諷刺的是，個人危險性的問題無法有效地促使人們保護自己免於感染HIV，因爲大多數人相信：壞事只會發生在別人、而非自己的身上。

　　社會互動的戲劇模型的效用在於，幫助我們了解：傳達正確印象的需要如何妨礙人們做出最符合自己（或他人）之最佳利益的行爲。Goffman使用其他戲劇的類比——舞台行爲——以找出人們最可能進行印象管理的情境。

舞台行爲

　　就像劇場分爲前台和後台，日常生活也是一樣。**前台**（front stage）是觀眾可以看見的部分，人們在那裡創造和維持預期的形象和行爲。**後台**（back stage）是觀眾無法看見的區域，人們在那裡「不拘禮節」、做些在前台不適當或未預期的事情。因爲後台行爲通常與前台行爲互相矛盾，所以我們特別注意對觀眾隱瞞。Goffman 以餐廳作爲例子。餐廳員工在廚房和餐具室（後台）做一些不能在用餐地區（前台）做的事情，例如偷吃客人盤子裡的食物、將食物丟在地板上以及彼此大叫。不過，一旦他們進入用餐地區，這些行爲立刻就停止了。身爲客人的你是否曾經看到，服務生在用餐地區偷吃客人盤子裡的海貝或炸雞？但是，如果你曾經在餐廳工作，就會知道這是相當常見的後台行爲。

　　前台和後台的差異並非只出現在餐廳，而是幾乎所有社會環境。在談到愛滋病危機時，我們可以在許多環境中區分前台和後台，例如醫院、醫師辦公室和血庫。就像餐廳員工對用餐者隱瞞後台行爲一樣，醫院員工也不會讓病患看到後台行爲。例如，大多數人對血庫的了解僅限於捐出、販賣或收取血液的地方，雖然大眾可以研究這一行以及內部作業，但是多數人沒有時間研究每一種行業，也不知道該詢問那些問題，才能了解提供貨物和服務的工業。例如，多數人或許對於血庫中血液的來源並不了解，也不會想到要弄清楚這個問題。因此，他們可能意外地發現墨西哥人橫越邊界到美國賣血。在 1980 年，也就是 HIV 被發現的前幾年，《新聞週刊》雜誌曾報導：數千名貧窮的墨西哥人進行 plasmapheresis（檢驗師抽血，將紅血球和血漿分離，然後將除去血漿的細胞注射到抽血者體內）的程序以賺進 10 美元。因為紅血球可以重回捐血者體內，所以每週可以進行最多兩次。這篇文章點明了血液收集的跨國性質（Clark and McGuire 1980）。

血液銀行的後台

在 1981 年，當疾病控制中心的官員證實 HIV 病毒經由血液製品傳染時，血液銀行官員發現自己處於兩難。這項事實顯示，不只美國，連全世界的血液產品都受到汙染，因為美國供應全世界血液和血液製品的 30%（U.S. Bureau of the Census 1992a; *The Economist*, 1981, 1983）。

直到 1985 年春季，美國血液銀行的官員仍然公開承認，他們對本國血液產品的安全有信心並堅持不需要篩選捐血者。但是這些官員並未對大眾透露，在製造方法中有許多缺點會危害血液的安全（所謂的缺點不是指疏忽，而是醫學常識以及技術不足）。血液銀行官員後來回顧其政策，辯稱他們之所以隱瞞是為了避免全世界的恐慌（以 Goffman 的術語來說，他們不希望失去觀眾）。這種恐慌會導致依賴血液製品之醫療系統的混亂。[5] 不過，篩選的延後實施已使得許多人因而感染。

在此可能與薩伊產生關聯。瘧疾是薩伊常見的疾病，尤其是兒童。這種疾病使患者貧血，因此必須進行輸血治療。如前所述，美國是最大的血液製品輸出國。許多進口血液的國家又再度將它出口，紅十字會則將血液製品運送到需要的國家。因此，薩伊所使用的部分血液製品可能來自美國。

雖然血液銀行的官員公開聲明：經由血液製品感染 HIV 的風險是百萬分之一，但是了解血液製品背後的收集、製造和分配，就可以知道實際上風險更高，尤其是血友病患者，他們的血漿中缺少促進凝血的第八因子，或是含有過多抗凝血物質（U.S. Department of Health and Human Service 1990）。事實上，我們現在知道，在第一個血友病患者罹患愛滋病的個案出現之前，已經有 50%的血友病患者因為第八因子治療而感染 HIV（Frontline 1993）。

即使血液銀行官員同意在 1985 年春季開始篩選 HIV 感染的血液（經過多年爭論之後），他們仍然聲稱血液產品是安全的。不過，他們並沒有宣布篩選檢驗的缺點：（1）檢驗所測量的抗體可能在感染病毒後兩個月尚未出現在血液中，以及（2）有一小群 HIV 帶原者從未生成可偵測的抗體（Kolata 1987）。[6] [7]

從事後來看，我們很容易批評血液銀行官員對這種情況的反應。但是，站在對血液工業公平的立場，我們必須承認：他們不希望引起全世界恐慌是合理的，尤其當時還沒有篩選感染血液的測試。就像紐約血液中心的主管所說的：「你不應該在擁擠的戲院中大喊失火，即使真的發生火災，因為恐慌會導致更多人死亡」（Grmek 1990, p.162）。除此之外，我們必須承認：消除所有風險因素是不可能的。即使這是可能的，他們的決定也是出於善意的動機：雖然美國公司測試了供應當地市場的新血液，但是在測試問世後，他們並未測試庫存的血液，而且仍然繼續供應未測試的血液給外國至少 6 個月之久（Frontline 1993; Hiatt 1988; Johnson and Murray 1988）。

至此我們已經探討過許多幫助我們分析社會互動內容的概念。更明確地說，社會學家在探討這些概念時確認了參與者的地位。一旦確認了地位，他們就集中在每一地位相對於對方所預期的角色，尤其是權利和義務。社會學家使用戲劇模型來思考人們如何扮演角色。因此他們將焦點放在對應於角色預期的印象管理（人們如何控制環境、衣著、言語和姿勢）。當人們站在前台而非後台時，印象管理是最重要的。

了解地位、角色、印象管理和前台／後台使得社會學家得以預測大部分社會互動的內容。不過，我們在互動時不只會確認參與者的地位，以及依據角色預期來行動。我們也會嘗試為自己和他人的行為指派原因。也就是說，我們解釋行為，並且依照所提出的解釋做出不同的行為。幫助我們了解日常生活中如何解釋行為的理論就是歸因理論。

ᴥ 歸因理論

社會生活是很複雜的。就像我們所知道的，人們如果想要了解例行行為，也需要獲得許多歷史、文化和傳記的訊息。不幸的是，人們幾乎不可能在想要解釋行為時擁有這些訊息。一則，「真正的環境過於龐大、複雜和瞬息而變，因此無法直接認識」（Lippmann 1976, p.178）。

但是，儘管我們對行為原因的了解有限，多數人仍然嘗試決定原因，即使他們很少精密地檢驗解釋的正確性。就像我們所知道的，對於原因的知覺儘管界定錯誤、不正確和不精密，也無法阻止人們根據它們形成意見和採取行動。但是這樣的知覺會導致實質的結果。社會學家 William 和 Dorothy Thomas 簡單地描述這種過程：「〔人們〕界定情境的真實性正如其結果一樣」（Thomas and Thomas [1928] 1970, p.572）。

歸因理論有賴於下列假設：人們因為想要了解行為，所以指派其原因。人們通常將原因歸於性格特質或情境因素。**性格特質**（dispositional traits）包括個人或團體特質，例如動機水準、心情和先天能力。**情境因素**（situational factors）包括個人無法控制的力量，像是環境條件或運氣不佳。人們在評估自己的行為時，傾向於偏好情境因素。相反地，人們在評估他人行為時，傾向於指向性格特質。[8]

歸因於性格特質而非情境特徵的著名例子出現在 Colin Turnbull 的著作「寂寞的非洲人」。Turnbull 描述一位歐洲農場主人如何對待沒有穿襯衫但是打領帶的非洲農場工人：「我實際上有一個打領帶的農場工人——但是這個愚蠢的混蛋不知道打領帶時也要穿襯衫」（Turnbull 1962, p.21）。主人將此行為歸於性格因素——這位農場工人就是很愚蠢。如果農場主人以情境因素來解釋此行為，他可能會發現：「農場工人之所以打領帶，是因為它有鮮明的顏色，可以用來綑綁東西，他之所以拒絕穿襯衫，是因為它會堆積灰塵和汗水，讓歐洲人聞起來覺得很臭」（p.21）。無論對錯，人們的歸因都會塑造社會互動的內容。換言之，人們建構現實的方式會影響他們如何對待和處理不同的個人和團體。

縱觀歷史，只要專業人士缺乏對抗疾病的知識或技術，尤其是流行病，一般大眾便認為某些團體應當為此疾病負責（Swenson 1988）。例如，在 16 和 17 世紀時，英國人稱呼梅毒是「法國病」，法國人則稱它為「德國病」。在 1918 年全世界肺炎大流行時，感染者超過 10 億人，其中有 250 萬人以上死亡，這次瘟疫被稱為「西班牙肺炎」，儘管沒有任何證據顯示它起源自西班牙。

同樣地，美國的醫學研究者嘗試標示愛滋病的地理起源和傳佈，他們假設：特定族群的粗心、不負責或不道德的互動方式可以解釋愛滋病的跨州傳播。這些假設通常假定：這種疾病源於薩伊，然後經由歐洲、海地或古巴傳到美國。但是沒有任何證據顯示：它並非由美國跨州傳佈。下面是兩種最普遍的假設：

- 病毒由薩伊經海地傳到美國。在 1960 年代中期，許多海地人到薩伊這個新獨立國家擔任中級管理工作。Mobutu 在 1970 年代將他們遣返回國。美國的同性戀者到太子港度假，然後將病毒帶回紐約和舊金山。
- 病毒由薩伊經古巴傳到美國。古巴人在與薩伊相鄰的安哥拉感染病毒。在 1970 年代後期，古巴政府放逐不受歡迎的軍人，包括部分曾在安哥拉服役的同性戀退役軍人。許多古巴人因此移居到邁阿密。

歸因於性格因素似乎會減少關於疾病起源和傳佈的不確定性。規則十分清楚：如果我們不接觸特定族群的成員，或者舉止與他們不同，就可以避免該疾病。這樣的規則提供我們安全感：這種病不會影響我們，因為它會影響他們（Grover 1987）。

許多美國人相信：HIV 和愛滋病只限於部分高危險族群，例如血友病患者、男同性戀和靜脈注射（IV）毒品者。高危險族群的性格解釋表示：這些成員患病是爲了懲罰他們邪惡、縱慾和違法的行爲（Sontag 1989）。直到 1985 年，醫療和行政官員仍然將愛滋病稱爲「同性戀瘟疫」，即使許多證據顯示：HIV 感染是經由異性戀性交、共用針頭和接觸血液、血液製品或體液。記者 Randy Shilts（1987）在其著作《樂團演奏》中主張：公共衛生和醫學研究對愛滋病的反應落後好幾年，因爲決策者相信，其因果關係限於同性戀、IV 藥物使用者和海地人等少數的弱勢團體。

Be Here for the Cure. Get Early Treatment for HIV.
Call 1 800-367-2437

像這樣的公共衛生訊息，乃是明確地用來對抗許多人的錯誤信念，那就是只有高危險族群才會罹患愛滋病。這些信念通常來自人們對於感染HIV的性格歸因。

同樣地，歸因於性格因素的人將薩伊（或其他非洲國家）男女感染 HIV 和愛滋病的高比例解釋爲過度雜交或多偶婚姻[9]，或是涉及猴子的儀式、女性割禮和亂刺（請參閱「非洲雜交的迷思」）。事實上，薩伊的 HIV 感染可以歸因於四種傳染管道：異性戀性交、輸血、因爲醫療目的而重複使用針頭以及母子傳染。

非洲雜交的迷思

　　許多現象使得外人認為非洲人是雜交的；多偶婚姻就是其中之一。在前殖民地時代，有一位以上妻子的人是老年人、傑出的勇士、牧師和養得起新娘或值得獲得嫁妝的成功貿易商。婚姻是家庭之間的結盟，因此包含性吸引力以外的血緣關係。並非所有男人都有許多妻子，也有些人完全沒有。

　　非洲的其他婚姻形式對外界來說也很不尋常，包括繼承死亡之兄弟姊妹的配偶，通常很少是基於肉體的性關係，而是藉此取得財產和繼承權。它們反映出女性在這些社會中的不平等地位，她們通常必須透過丈夫才有合法的生存權利，即使沒有性義務，也要被當做妻子。

　　半裸的普遍性對歐洲人來說是性暗示，但是它常是出於舒適和便利。對身體的寬鬆態度通常伴隨著有關性交和婚姻合法性的嚴格規矩。生育舞和慶祝青春期、成年和結婚的舞蹈的確表達出對人類身體的欣賞，但是並不像某些歐洲民族舞蹈、滑冰和芭蕾舞中，女性在付錢的觀眾面前抬腿那樣具有性意味。

　　雖然非洲文化非常多樣化，但是在這片大陸上，性生活被年齡限制和進入成年的儀式及規定所圍繞。這些規定包括女性和男性的割禮、有關聘金和嫁妝的年齡規定、娶妻前對年輕男子的男子氣概測試，以及接近拜物教的貞節重要性。這些都會限制年輕男女之間性互動的途徑或權利，因為其他違反性規定的處罰由流放、體罰到處死。更嚴厲的處罰是很神祕的，例如宣誓、詛咒犯人，以及引發祖先靈魂的不悅。

　　在前殖民地的都市中心以及某些戰鬥部落裡有各種接近賣淫的安排，但是以性換取金錢只限於和歐洲人以貨幣交易。殖民政策需要廉價的礦工和建築工人，但又不准家人同住，以避免他們要求都市土地。

　　非洲人如果證明自己受雇，就只能生活在城鎮裡，這是控制人口移動的完美系統，也是目前南非政府立法通過的措施。由於男人住在像軍營的住所最多長達一年，當局鼓勵或放任妓院的成長或散佈。賣淫也蔓延到任何貿易和行政中心，有時導致其他地方的女性被妓院徵召，因而產生種族的分化。因此妓女也是一種移居勞工。

殖民都市化的另一種影響是傳統規則和婚姻禮節的崩潰，導致前所未有的種族間通婚和性接觸。城市提供的匿名性使得其居民有機會與外國人和異族建立短暫和持續較久的性關係。城市生活的多元化使個人不須遵守種族文化中有關性和婚姻的嚴格規定，沒有任何正式規則可以適用於不同種族或非洲人與外人之間的通姦行為。

　　西化不只帶來新的機場、道路和機構，還有西方的生活方式、品味和流行。現代的非洲年輕人追求歐洲和北美的流行、音樂和舞蹈。他們接受 Levi 牛仔褲、可口可樂、搖滾樂、海洛英和免費的性。

　　奈及利亞和肯亞這些國家的在獨立後立即致富，都市年輕人有錢有閒，可以享受充滿各種性活動的生活方式。他們的獵物可以被稱為「新貧族」：生活在非洲各地臨時搭建的城鎮和貧民窟裡、一無所有的年輕女孩，她們可以為了一頓飯、新衣服或幾英鎊而出賣肉體。無論這些貧窮的女孩是妓女、店員和夢想當新娘的漂亮公務員，都很容易被外國觀光客提供的現金所誘惑。她們的性價值是出於真正的婚姻需要，而且因為鼓吹免費性行為的外來規範而強化。

　　這是許多非洲城市和鄉鎮目前性生活實況，許多人從倫敦、巴黎、紐約和「文明」世界的其他地方取得線索。他們的態度因為非洲雜交的迷思而強化，但是全世界性限制和控制的崩潰不是非洲特有的問題。

（來源： *The Myth of African Promiscuity*，作者 Tade Aina，pp.78-80，Blaming Others: Prejudice, Race and Worldwide AIDS。）

　　雖然美國人認為 HIV 感染源於非洲，而且經由瘋狂和縱慾行為而傳佈，薩伊人卻認為愛滋病是一種美國病：

　　　西方人將愛滋病和他們的「怪異性主張」帶到非洲——此一觀點回應了 La Gazette 在 1987 年一月的說法，也就是西方人帶著「變態性慾」來到非洲。「現在肯亞所發現的許多種性病」，肯亞《標準報》的編輯說：「是由正在咒罵我們的同一輩外國人所帶進來的。」（THE

PANOS INSTITUTE 1989, p.75）

　　在薩伊和其他非洲國家，人們通常稱美國是「愛滋病合眾國」。保險套被稱爲「美國襪」，保險套所提供的協助則是「外國愛滋病」（Brooke 1987; Hilts 1988）。人們通常相信：（1）愛滋病經由前往金夏沙觀賞 1977年阿里對佛曼之拳擊賽的美國運動迷傳到薩伊，（2）病毒是在美國實驗室中製造的，主要是用於細菌戰，而且被刻意用在非洲人身上[10]，（3）這種疾病來子美國援外的罐頭食物，以及（4）愛滋病流行可以追溯到三十年前小兒麻痺症疫苗的製造和接種。在每一種說法當中，都可以推論：將這種病傳到非洲的人是道德的嫌疑犯、邪惡的陰謀者或漫不經心的人；這些都是性格特徵。

　　上述這些性格理論無論是來自美國人或非洲人，都界定了明確的犯人或替罪羔羊。**替罪羔羊**（scapegoat）是指被指定要爲了無法控制、威脅團體之幸福或動搖可信賴機構之基礎的狀況而接受責難的個人或團體。通常替罪羔羊屬於本來就容易受到攻擊、沒有權力或被認爲不同的團體。

　　公開確認替罪羔羊似乎是爲了保護所謂的一般大眾；在此同時，它將大眾的注意力從有權力指定標籤的人身上移開。在美國，認定愛滋病是「同性戀瘟疫」將注意力由血液銀行和血液製品的醫療風險上轉開。血液銀行的官員堅持：其產品是安全的，只要將同性戀者摒除在捐血者之外。在薩伊，確認愛滋病是美國病，也就是那些把錢弄出薩伊、害得人們貧窮和營養不良，因此容易感染 HIV 的貪污官員。

從社會學的觀點來看，指向某一團體之性格的解釋——或假設某些特質是該團體成員先天具有的——過於簡化，不只對該團體有害，也妨礙了尋求解決方法。當焦點是特定團體以及該團體的行為，解決方法就限於控制該團體。在此同時，問題可能蔓延到其他因為沒有高危險團體之特徵，因此沒有危險的人。

替罪羔羊對於ACT-UP的成員是生死攸關的問題。這個團體是為了積極抗議政府官員對於愛滋病流行的反應既緩慢又不足。他們相信：如果愛滋病不是貧窮人或弱勢團體的主要問題，則決策者將會更果斷地採取行動。

醫學社會學家 Michael Bloor（1991）和同事主張：傳染管道的官方統計數字受到研究者本身對於行為之相對風險性的信念所影響。例如，接受輸血以及與其他男性發生性關係的 HIV 陽性反應男性都被放在「同性戀」的傳染類別，而非「接受血液」。這種分類取向忽略了男同性戀者經由輸血而感染 HIV 的可能性。

同樣地，直到 1993 年為止，官方對於愛滋病的定義還不包括與 HIV 相關的婦科疾病，例如子宮頸癌就構成診斷愛滋病的條件之一（官方直到 1993 年尚未納入愛滋病定義的包括 HIV 相關的肺結核和再發性肺炎）。在舊定義之下，HIV 陽性反應的男性只有發展出 23 種疾病之一，才會被診斷為愛滋病，其中許多是愛滋病之男同性戀族群特有的疾病。在新修正的定義之下，HIV 陽性反應且罹患子宮頸癌的女性也被正式診斷為愛滋病。在這項改變之前，醫師不會要求得子宮頸癌的婦女接受 HIV 測試，也不會讓 HIV 陽性反應且有上述狀況的女性接受愛滋病治療（Barr 1990; Stolberg 1992）。這兩個例子顯示出：有關誰「應該」得愛滋病的歸因會影響界定愛滋病的條件以及有關愛滋病患者的統計數字。它們也顯示出：這樣的歸因會影響醫師和病患之間的互動。

除了了解到有關愛滋病分類和診斷的缺點之外，我們還必須知道：我們其實不明白全世界有多少人感染愛滋病，以及什麼人實際上被感染。

☙ 確定 HIV 感染者

為了獲得確實感染 HIV 者的訊息，世界上每個國家都會針對人口中的隨機樣本進行驗血。不幸的是，（或許並不令人意外）人們抗拒接受檢驗。疾病控制中心（CDC）贊助的美國人口計畫性隨機抽樣的取消是因為，試驗性研究中有 31% 的人拒絕參與，儘管研究單位保證匿名（Johnson and Murray 1988）。兩位參與這項計畫的研究者下結論說：「使用 HIV 感染風險或實際感染狀況之數據的研究，即使完全保護個人身分，只有在消除愛滋病的烙印之後才具有可行性」（Hurley and Pinder 1992, p.625）。

美國並不是人民不願接受檢驗的唯一國家。這種抗拒似乎是舉世皆同的。例如，薩伊官員不願意向美國官員透露愛滋病個案數字和感染率，也不允許外國醫學研究者檢驗薩伊人民，因為他們接受下列沒有憑據卻廣為支持的信念：薩伊是愛滋病的搖籃（Noble 1989）。

但是，隨機取樣視為定 HIV 感染人數的最可靠方法。除非我們獲得上述訊息之前，否則無法知道導致人們感染 HIV 或愛滋病的原因。隨機抽血可以讓我們比較曾感染但沒有症狀者以及發展出愛滋病或相關併發症（ARC）者的生活型態。[11] 從上述比較中，我們可以知道促使健康帶原者發展出 ARC 或愛滋病的共變因素。這些因素可能包括飲食、接觸危險物質或持續日曬或接觸放射線——任何減弱免疫系統，因此活化潛伏病毒的事情。例如，為何有些人感染 HIV 數年卻未發展為愛滋病？為何其他人在接觸 HIV 之後不久就罹患愛滋病？為何體內沒有 HIV 的人也有類似愛滋病的症狀（Liversidge 1993）？最後，HIV 為何有時是無害的病毒？這種病毒如何變成愛滋病的病因（有些科學家推測：HIV 曾經維持不活潑狀態至少一個世紀之久）[12]？

重點在於，罹患愛滋病的人可能是出於導致個人接觸 HIV 以外的其他行為。在沒有系統化的隨機抽樣之前，人們不斷推測這些因素，高估或低估感染的普遍率以及世界各地罹患愛滋病的人數。

這種情況使人們在無法回答許多問題的情況下，面臨了如何處理這種複雜健康問題的困境。許多人沒有時間了解潛伏在 HIV 和愛滋病之後的所有脈絡力量。但是，這一點無法阻止人們基於有限訊息而採取行動或歸因。即使人們沒有時間去了解，至少他們卻能選擇重要的訊息來源；對大多數人來說，其來源就是電視。

公共衛生官員相信，媒體至少必須傳達有關 HIV 的一項重要訊息：「問題不是在於你是誰；而是你的生活和行為」（S. Kramer 1988, p.43）。但是在大部分情況之下，這不是傳達給美國大眾的訊息。因為電視新聞和報導節目是大多數美國人的重要訊息來源（98%的美國住家有電視機），我們將探討電視製作人如何呈現訊息，尤其是關於愛滋病的現象。

電視：現實建構的特例

當社會學家說：現實是建構出來的，他們的意思是指人們賦予互動或事件的意義。當人們賦予意義時，他們幾乎只強調事件的某些層面，而忽略其他部分。在本章中，我們將探討人們用來建構現實的一些策略。請考慮下面的重點：

1. 當人們賦予意義時，他們傾向於忽略較大的脈絡。
2. 當他們與別人互動時，首先會決定自己相對於其他人的社會地位，然後依照人們在某些社會地位的預期來行動。

3. 人們從事印象管理時便是在創造現實。也就是說,他們根據自己想要建立的印象來控制情境、衣著、言語和姿勢。

4. 人們控制通往後台的途徑,因此外來者只能根據前台行為以形成意見。

5. 人們在評量他們行為時歸因於性格特質,在評量自己行為時歸因於情境因素。

　　人們也會基於第一手經驗對事件賦予意義。電視使人們能夠接近從前沒有機會體驗的事件。因此,如果我們忽略電視用來傳播世界各地事件的方式,尤其是電視新聞,我們對於人們建構現實的分析就不完整。

　　電視克服了時空的限制;他使我們立即看到世界各地正在發生的事情。不過,我們應該考慮國際和地方新聞——新聞最嚴肅和最富有訊息的一部分——的特性:

- 攝影機拍攝的平均時間是 3.5 秒。
- 無論是多麼嚴肅的內容,每三則或四則新聞之後就跟著三段或四段廣告。
- 當天新聞的呈現方式通常是一連串感官化的影像。
- 在 30 分鐘的新聞節目中大約有 15 則新聞和 12 段不同的廣告。
- 大多數新聞集中在發生的時刻;每一則新聞都缺少沒落。

　　Neil Postman(1985)在《自我娛樂至死》一書中檢驗新聞節目的格式,以及它如何影響人們對世界的想法。整體來說,他相信:這種格式使觀眾留下的印象是,世界是無法控制的,以及事件似乎剛剛才發生。更重要的是,它只給予大眾有關世界上事件中最膚淺事實。例如,多數美國人知道愛滋病的存在,以及病毒如何傳播和如何減少感染風險。相反地,高比例的人(71%)承認他們對愛滋病所知不多(U.S. Department of Health and

Human Service 1992）。

　　新聞格式的那些特徵造成這種結果？攝影機拍攝的時間短暫或許是主要問題。Postman 主張，拍攝的平均長度只有 3.5 秒，事實迅速連續地進出意識，因此觀眾沒有充分的時間反省以及適當地評估他們看到的內容。更進一步來說，廣告沖淡了任何新聞事件的效果；它們傳達下列訊息：我對世界上所發生的事情無能為力，但是我可以做一些讓自己快樂的事情，只要我吃了正確的麥片，擁有正確的車子，以及使用正確的髮膠。

　　電視是以影像為取向；圖片只出現一瞬間，而且與脈絡分離。這種性質通常導致電視新聞的感官化。Ryan White（他在 1990 年去世，享年 18 歲，死因是愛滋病相關的呼吸困難）個案的高度宣傳說明了新聞報導的感官化程度。White 在童年時就因為治療血友病而輸入感染 HIV 的第八因子，後來被診斷出罹患愛滋病。White 在 1985 年 8 月被印地安納州 Kokomo 的西方中學所拒絕，也就是學校當局知道他罹患愛滋病之後（Kerr 1990）。當 White 在 1986 年 4 月重新回到學校的時候，記者和攝影師以感官化的方式包裝了校長的說詞：

　　　　我了解媒體有責任在身，但是我認為在告知大眾和為了使故事繼續而製造爭議之間有清楚的分別。
　　　　似乎這些追逐感官化的人凸顯了問題。這些公開呈現在電視上的內容創造了一種氣氛，使人感覺到學校相當冷酷……
　　　　當 Ryan 回到學校之後，有三十位學童的家長把孩子從學校帶走。這就是新聞重點所在，但是還有 365 位兒童留在學校裡。（COLBY 1986, p.19）

　　影像取向的格式傾向於忽略使事件更容易了解的歷史、社會、文化或政治脈絡。觀眾接觸的是鮮明、感官化的影像，包括憤怒的家長、衰弱的男同性戀愛滋病患、陋街上的毒癮者、妓女、因為鄰居的恐懼而遭到破壞的家庭、走路到愛滋病診所的非洲人、或是抗議遭到歧視的男同性戀者。

不過電視節目製作人很少呈現愛滋病常見的長期可控制狀況，或是描繪過著負責任生活的愛滋病患者。想像一下，如果首次對愛滋病的討論圍繞著 Rask 醫師，而非一小群男同性戀者的生活，人們對愛滋病最初的態度又會如何。嘗試了解 Rask 醫師如何感染愛滋病，必然能夠告訴我們更多這種疾病的複雜社會起源，而不是只集中在同性戀的實際情形。

這並不是否認電視是告知大量觀眾的重要工具。儘管有感官化的包裝，多數美國人仍然知道愛滋病的存在以及它和某種病毒有關，只是對於 HIV 的傳佈有些困惑。例如，大約 29%的美國人相信接受輸血可能被感染，但是 10%的人不知道輸血是否會造成危險（U.S. Demartment of Health and Human Service 1992）。

爲了說明電視提供的脈絡太少，你可以列出從前媒體中未曾提到、在閱讀本章之後才知道的愛滋病訊息。有人可能認爲，在電視上沒有足夠的時間了解愛滋病，因爲許多重要的事件搶走我們的注意力。不過這一點無法消除脈絡對於了解事件的必要性。

Ryan White是個感染HIV的血友病患者，他的故事被新聞媒體廣泛公開。這種選擇性的報導是否會改變人們對愛滋病的觀點？

另一種說明的方法是，計算你記得多少昨天晚間新聞中報導的事件（體育和氣象除外）。如果你無法記起很多事件，就表示訊息的呈現過於迅速，因此你沒有足夠的時間吸收。爲了彌補這個問題，新聞播報員可能會減少故事的數目，增加介紹脈絡的時間，而且用減少反應、增加反省的方式來包裝故事。在愛滋病的例子中，製作人可以呈現解釋 HIV 與愛滋病，或是愛滋病的電視形象與實際經驗之間差異的片段。關於最後這個建議，電視節目製作人相當善於將總統選舉包裝成媒體事件。他們也可以對愛滋病進行相同的分析（Treicher 1989）。

薩伊的鑽石礦工。

❧ 討論

Rask 醫師代表陷入此歷史事件的一個愛滋病患，這個歷史事件導致了全世界的經濟互賴，接著又讓來自全世界各地的人彼此接觸。認識此脈絡有助於了解使她感染 HIV 的大環境。

由於疾病模式有史以來就受到人口密度和遷移的影響——兩者都讓先前隔絕的團體彼此接觸，因此我們應該採取從世界的角度來考慮互動的重要性。我們以薩伊為例，檢視該國人民和其他國家人民之間的相互聯繫，以便顯示出隱藏在 HIV 傳染背後的複雜互動。這種複雜性使得我們無法確定 HIV 是否起源於薩伊。即使在薩伊先前隔絕的團體——像是 Mbuti

族——可能隱藏了不活動的病毒，我們怎能心安理得地認定 Mbuti 族就是來源？那些力量使他們脫離孤立、開始接觸對病毒沒有免疫力的團體？

　　脈絡只是社會學家探討社會互動的向度之一。他們也會努力了解社會互動的內容。社會學家使用戲劇和歸因模型，以及地位和角色、權利、義務、印象管理、前台和後台等概念，來分析人們互動時的對話、行動和反應，並且了解參與互動者如何界定、解釋和賦予此遭遇的意義。例如，與 Rask 醫師有關的人以科學參考架構來界定其疾病之起源、重要性和治療。結果 Rask 醫師所經歷的不只是生病的生理狀態，還有她本人以及其他參與者的行為所形成的社會狀態。這些行為反映出對其生理功能失常的假設，而且必須根據現有的醫學技術（檢驗、藥物、儀器、手術等等）來了解和修改。

　　本章傳達了其他重要的教訓。第一，指向某一團體或者團體成員先天具有的特徵之性格解釋不但過於簡化，而且可能具有破壞性。當焦點在團體身上的時候，解決方式限於控制該團體，而不是了解問題和尋求解決。相反地，情境解釋使人短期間覺得比較不安全，但是長期下來最有希望找到持久的解決方法。

　　第二，雖然電視是告知大眾的重要工具（例如愛滋病的存在，以及可以採取的預防措施），但是它也有一些限制。因為電視是以影像為取向，新聞播報員通常不會提到使新聞更容易了解的歷史、社會、政治或文化脈絡。強調影像而非內容使得觀眾只知道愛滋病的存在，但是又對它一無所知。這表示除了電視的訊息之外，還應該補充其他來源的訊息。

　　第三，即使人們知道愛滋病的危險以及預防感染的方法，他們也未必會依照這些訊息去行動。高夫曼的印象管理概念提醒我們：與預防措施相連的社會意義非常有力，可能會導致人們抗拒這些方法，即使在高危險的環境中。

　　最重要的是，HIV 的全球遍佈說明了全世界的互相依賴：當世界上某個地方出事的時候，其他地方也會受到影響。全世界對美國之血液製品的依賴說明了這一點；許多其他現象也是如此，例如全球氣候溫暖和非法毒品交易。互賴並不一定造成負面情況。它也可能導致更努力解決問題和保持系統運作。就像未來學家 John Naisbitt 主張：「如果我們在經濟上充分地互相交織，可能就不會用炸彈攻擊同在地球表面的其他人」（1984, p.79）。這種互賴也表示：「除非所有國家都沒有愛滋病，否則任何國家都無法避免愛滋病」（Mahler, quoted in Sontag 1989, p.91）；「除非每個國家都能克服它，否則西方世界也無法克服」（Rozenbaum, quoted in Sontag 1989, p.91）。這些評論顯示出，有效的愛滋病防治政策必須包含全世界的共同努力。

這樣的努力正在進行中。世界衛生組織（WHO）正在贊助、指導和協調一些預防 HIV 感染和控制其傳佈的全球策略。全球愛滋病計畫支持 150 個國家的愛滋病計畫，其中包括教育、防治訊息、輸血服務以及人類行為和有效溝通的跨文化研究。WHO 官員認為，這項計畫提供了超越預防愛滋病的健康利益：「全世界對愛滋病的反應提供了一個機會，加速健康照顧之基層組織的強化」（World Health Organization 1988, p.15）。

∂ 焦點：膚色和性別對於社會互動的影響[*]

在本章中介紹的概念可以用來了解任何社會互動。在社會學家 Elijah Anderson 的著作《街上的》中可以找到一個很好的例子。Anderson 在這本書中描述黑人男性（歸屬地位）和警官之間平常的互動情景。他描述，在許多執法者眼中，膚色蓋過其他黑人男性擁有的特性。此外他也描述這種觀點對於黑人男性的壓力。最後，Anderson 描述黑人男性在警官面前使用的一些印象管理策略。

---

[*] 來源：改編自 The Police and the Black Male, pp.190, 194-97 in *Streetwise：Race, Class, and Change in an Urban Community*，作者 Elijah Anderson。

警察和黑人男性

Elijah Anderson

　　無論是 Village-Northton 或其他地方的警察，都代表社會上正式、合法的社會控制方法。他們的角色包括：藉由預防犯罪和逮捕疑犯，保護守法的公民免於不法侵害。警察如何滿足大眾的預期與他們如何看待社區以及居民有密切的關聯。在街道上，顏色編碼通常會和種族、年齡、階級、性別、沒有禮貌和犯罪混在一起，最具體的例子就是在匿名的黑人男性身上。警察在執行勤務時通常自動地順服於公共環境中的顏色編碼及相關特性所傳達的特定意義，尤其是膚色和性別。雖然這種編碼能使警察的工作更容易管理，但也相當符合他們自己對種族和階級關係的預設立場，因此會塑造警官對「城市」犯罪的知覺。除此之外，匿名的黑人男性通常是引起戒心的曖昧人物，而且被認爲是危險的，即使他證明自己並非如此……

　　有些人責怪——或許是出於好理由——警察主要是中等階級的代理人，他們的工作是讓此地區更適合中等階級，但是犧牲中下階級的利益。顯然警察假定：社區中的白人至少是中等階級，而且在街上是值得信任的。因此警察主要是保護「守法的」中等階級白人，對抗匿名的「犯罪」黑人男性。

　　身爲白人在警察眼中——至少從表面上來看——像是巷道，比一般黑人更有資格得到體諒和尊敬的對待。這種態度可能來自警察本身的背景。許多人生活在東城的「道德高尙」社區。他們可能爲自己的階級和社區利益而服務，通常這一點被解讀成讓黑人「留在原地」——離開社會界定的「白人」社區。警察在工作時似乎從事監督年輕黑人以控制犯罪的非正式政策，通常超越了本身職責的界限。下面的田野筆記顯示出：在 Village 的年輕黑人在面對警察時所承受的壓力和種族歧視：

　　　　在 6 月份一個週四的晚上 8:30，我看到一輛警車停在靠近 Village

的街道邊。車子旁邊站著一位警察和一位年輕的黑人男子。我停在警車旁邊，等著看看會發生什麼事。當警察放走那個年輕人的時候，我走出車子，要求那位年輕人接受訪談。

「他攔下你的時候對你說了什麼？出了什麼事？」，我問他。「我只是在角落徘徊，然後他就攔下我，問我的名字，還有其他事情。還有我的袋子裡有什麼東西。還有我從那裡來。我住在那裡，你知道，我猜就是這些基本資料。然後他搜察我全身，你知道，然後問我誰是這裡最難纏的傢伙。大概是這樣的問題。我根本沒辦法告訴他是誰。我怎麼知道？其他幫派份子可以，但是我又沒有加入幫派，你知道。但是他還是想要把我跟幫派扯在一起。」「你年紀多大？」，我問他。「我 17 歲。」「他有沒有說明攔下你的理由？」「沒有。他只是想知道我的住址，我住在那裡，我從那裡來等等事情。我沒有任何犯罪記錄。我想他攔下我只是因為我是黑人。」「你怎麼會這樣想？」，我問他。「嗯，我不會感到很困擾，你知道，只要我知道自己沒有做什麼事情，但是我想剛才發生的事情就是這樣。他們就是攔下年輕的黑人，然後問問題，你知道。你又能怎麼辦呢？」

在夜晚的街道上，平常的年輕黑人懷疑他所遇到的人，而且特別擔心警察。如果他穿著「歹徒」的服裝，像是黑色的皮夾克、運動鞋和「歹徒的帽子」，如果他戴著無線電或可疑的袋子（可能會被沒收），或者他動得太快或太慢，警察就會攔下他。他們照例會搜身，讓他站在警車旁邊，繼續檢查是否任何非法留置的物品。如果沒有任何東西，他就可以離開。在經過這一番嚴厲訊問之後，這個年輕人通常會害怕地離開，有時全身發抖，而且對於原本熟悉的地區也感到不確定。他感到煩惱的部分原因是，他痛苦地發現：自己差一點兒就惹上了「大麻煩」。他知道其他年輕人曾經因為在錯誤的時間或警察追捕犯人時站在街上，就踏進了「麻煩的世界」。在這些情況下，尤其是晚上，黑人男性很容易被誤認為其他人。過去幾年以來，我偶而會在經過這個社區時，被追捕盜賊的警察攔下來問話，但是經過解釋後就被釋放。

　　不過，許多年輕人有理由害怕被誤認身分或騷擾，因爲他們可能入獄，即使只有很短的時間，而且必須要付保釋金和律師費用才能從混亂中脫身。當守法的黑人被犯罪的司法系統陷害時，其經過可能如下所述。一位年輕人被警察任意攔下和盤問。如果他不能有效地與警官協商，可能會被控犯罪，並且被逮捕。爲了解決這個問題，他必須由金錢來源，這恰好是他所缺少的。如果他沒有足夠的錢請律師——這種事經常發生——就會交由公設辯護人負責，後者關心配合司法系統更勝於爲貧窮的黑人而戰。在沒有法律支援的情況下，他可能要「服刑」，即使他是無辜的。下一次他被攔下來問話的時候，他就有記錄了，這更可能使他被留置。

　　因爲年輕黑人很清楚許多「無辜」黑人被錯誤逮捕和留置的例子，因此他產生了對警察的一種「態度」。街上的人稱警察是「漢子」，表示某種 machismo、權力和權威。當他在社區裡看到「漢子」或警察注意他的時候，就會開始擔心，因爲他不在自己的社區。這個年輕人知道，或者很快就會發現，他生活在一個法律制度不可靠的國家裡。因此他想要躲避警察，他的公眾生活受到嚴重的限制。

　　爲了在面對警察時得到公平的對待，這個年輕人可能積極遊說以尋求社會肯定，有時會近乎諂媚。有一位街上的年輕黑人說：「如果你向警察顯示你是好人，不是 smartass，他們就會好好對你。他們依照你是什麼人來對你說話。你表現得像是小孩子一樣天真，他們就不會注意你。」年輕黑人通常對警察特別慇勤，即使他們完全沒有超出權利範圍，也沒有做錯任何事情。通常這不是出於盲目地接受或尊重「法律」，而是他們知道警察可以讓他們日子不好過。當他們遭到敵對或逮捕的時候，也會採取特殊的行爲風格，站在有利警察的這一邊。有人只是「毫不抵抗」，或者有禮地問：「有什麼不對嗎，警官？」這種禮貌的姿態與年輕人的一般形象有很大的不同，但是許多人卻視爲常態，甚至根本沒有察覺到。因爲他們最主要的目的是避免麻煩，而且他們認爲警察會濫用權力，所以他們也濫用慇勤。由於這些壓力，年輕黑人傾向於特別在意警察，當他們在旁邊時會注意自己的公開行爲。許多人預期會被騷擾，而且習以爲常；他們容忍 Village-Northton 生活中的這一部分。

在一定年齡之後——比如說 24 歲——黑人男性不再常常被攔下，但是還是警察仔細盤查的對象。一位 27 歲的黑人大學畢業生推測：

> 我認爲他們看到我背著裝有論文的袋子。他們看到我穿著便宜的拖鞋。我有時候會打領帶。他們現在部會經常攔下我。你看，這要看情況而定。如果有些事情不對，他們聽說那個傢伙穿著寬大的黑外套，我可能就是那個人。但是當我年紀更輕的時候，他們可能只是攔下我，隨意地處置我，任何時間都有可能。他們記下我的名字、搜身，這一切似乎永無止境。那時候我大約是 12 歲，直到 16 或 17 歲爲止，總是永無止境。我來自中下階級的黑人社區。好了，它緊鄰白人社區。一個社區都是黑人，另一個社區都是白人。好了，因爲我們住得太靠近那個社區，我們總是不停地被攔下來。即使我們進入市郊社區時也會發生這種事。當我們騎車到郊外去，每一次都會被攔下來。

> 如果它發生在今天，我年紀比較大的時候，我確實會感到難過。在過去那些日子裡，當我比較年輕的時候，我不知道任何更好的辦法。你只是經歷這一切，而且知道它會再次發生。警察會過來對你說這樣的話：「你在做什麼，你從那裡來？」他們甚至叫你黑鬼。

地方警察的盤查和騷擾使年輕黑人將自己看成需要超越、處理的問題，而他們的意圖又影響整體行爲。爲了避免和警察碰面，有些街上的年輕人僞裝自己、放棄使警察注意到他們的都市服裝和手勢。他們可能採取更傳統的方式來展示自己，戴 chinos、穿汗衫和比較保守的衣服。有些年輕人從前看到別人把心愛的夾克挖洞，也會有樣學樣，但是穿著它會增加他們被誤認爲犯罪者的機率。

但是這些策略長期來說未必有效，而且必須不斷修正。例如，由於太多年輕黑人開始穿 Fila 和 Adidas 的服飾作爲地位象徵，這些衣服被納入年輕黑人男性的公開形象。這些運動服裝——尤其是較昂貴和色彩繽紛的款式——已經成為成功販毒者的休閒服飾，其他年輕人通常會模仿他們的衣服，以「學壞」來追求當地尊敬。因此接近較大文化之傳統的獨特「四方形」圖案被同一文化的社區團體所貶低。我們在前面看到，年輕的黑人男性樂於擁有控制流行的權力：任何集體同儕團體接納的東西都可能變成較大社會不喜歡的「臀部」。然後這些風格就會吸引社會控制者的注意。

1 雖然 Mobutu 最後的任期於 1991 年屆滿,但是尚未舉行總統選舉。

2 薩伊的主要「內科醫師」是傳統治療者。其中只有一小部分是傳說中的巫醫(事實上許多人穿著西裝)。傳統治療者有多種信念和實務,但是大多數人由整體觀點從事醫療照顧。

3 目前許多西方醫師對於非洲的傳統醫學相當感興趣。似乎有人嘗試在醫療照顧中合併科學醫學和傳統醫學,努力在這些植物消失之前(由於雨林的破壞)了解治療者使用之藥草和治療法的治療特性。顯然,傳統藥物對某些疾病(例如肝炎)的治療效果比處方藥物更快也更好(Lamb 1987)。

4 薩伊的嬰兒死亡率是千分之一百三十;薩伊的半數兒童在 5 歲之前便已死亡。

5 許多醫療法依靠血液製品:「輸血可以挽救早產兒的性命,而且對庫利氏貧血和其他遺傳性血液疾病的兒童非常重要。對抗 B 型肝炎的疫苗來自血液。注射取自血液的伽瑪球蛋白可以有效地預防 A 型肝炎、水痘、狂犬病和其他疾病。注射血小板是某些癌症治療的關鍵」(Altman 1986, p.A1)。

6 現在有三種透過捐血預防 HIV 感染的檢查(Zuck 1988):

● 高危險群自動排除。

● 當捐血者因為壓力而捐血時的秘密排除(在捐血後他們可以告訴抽血的檢驗師,他們希望自己的血液只供研究之用)。

● 偵測感染的 HIV 抗體檢驗。

7 當衛生官員宣稱血液產品的安全時,他們通常將獲得感染血液製品的風險置於其他事件的脈絡中。獲得感染血液的風險是四萬分之一。因為流行性感冒而死亡的機率是五千分之一,車禍則是每年五千分之一（Zuck 1988）。

8 通常人們歸因自己和他人行為時會採用不同的標準。我們對於他人的失敗或缺點，傾向於過度高估性格特質。相反地，我們過度高估情境因素導致自己失敗的程度。我們傾向於誇大他人成功的情境因素（幸運的暫停；他們恰好在正確的時間出現在正確的地方。）我們傾向於解釋自己的成功是出於個人努力和犧牲等性格因素。

9 當西方媒體將多偶婚姻等同於雜交時，非洲官員非常憤怒。下面是一位村民對這個問題的回答：「我們有好幾個妻子，我們對她們全都很忠實，而且我們照顧所有孩子至死。你們這些人甚至對一個妻子都不忠實，你們的孩子令人討厭，所以他們會走路之後，你們就急著把他們送走」（Turnbull 1962, p.28）。

10 這個理論有一些事實基礎。在 1969 年，美國國防部討論過下列發展的可能性：在往後 5 到 10 年之內，可能製造出新的傳染微生物，它和已知的任何致病生物都有重大的差異。最重要的是，它或許能抵抗任何我們用來免於感染的免疫學和治療過程。（HARRIS AND PAXMAN 1982, p.241）

11 愛滋病相關症候群（ARC）一詞適用於 HIV 感染者不符合 CDC 對愛滋病之定義的任何症狀。ARC 涵蓋許多症狀，包括發燒、發疹以及細菌或病毒感染，大部分都和免疫系統能力減退有關。

12 事實上，HIV 與愛滋病的關聯並不清楚。因此全世界 100 位以上的生物學家組成一個組織（HIV／愛滋病假設之科學性再評估團體）以重新思考上述關聯。這個團體也發行名為「愛滋病再思」的時事通訊（Liversidge 1993）。

7 社會組織——以印度的跨國公司爲例

- ■ 跨國公司：殖民主義或進步的代理人？
- ■ 現代組織的特徵
- ■ 影響組織行爲的因素
- ■ 優良決策的阻礙
- ■ 基層員工的異化
- ■ 討論
- ■ 焦點：價值－理性行動的問題

在 1984 年 12 月 3 日大約 40 噸的甲基異氰酸鹽（MIC）——一種劇毒、揮發性、可燃的化學物質，用來製造殺蟲劑——從 Union Carbide 公司的貯存槽中溢出，危害人口密集的印度 Bhopal 市。研究者確定有 120 到 140 加侖的水倒入含有 MIC 的貯存槽中。兩者的結合引發了無法控制的劇烈化學反應。結果大約 80 萬名居民醒來後咳嗽、嘔吐、眼睛灼熱和流淚。他們打開窗戶，加入「工業時代最大的非計畫性出埃及記」：

> 他們還能夠騎腳踏車、緩慢移動、駕牛車、搭巴士或任何交通工具，都趕著離開。但是大多數窮人只能用腳步行。許多人沿途倒下，氣喘不止，勉強嚥下自己想吐的東西，最後溺斃在自己吐出的液體裡。家人分散各處；整個城市幾乎全軍覆沒。那些夠強壯的人前進 3、6，最多 12 英哩才停止。許多人一直跑到倒下為止。（WEIR 1987, p.17）

雖然確實的數字不明，但是根據最保守的估計，這次化學物質意外導致至少 2,500 人死亡，25 萬人受傷（請參閱表 7.1）。許多傷者因為接觸而導致長期和慢性的副作用，包括肺臟和腎臟傷害、視覺受損、皮膚病和發疹、神經疾病和婦科疾病（Everest 1986）。Union Carbide 公司在 1989 年付出 4,700 萬美元給印度政府，以賠償受害者及其家庭。平均每一個受影響的家庭可以獲得 3,000 美元。不過付款因為複雜的法律過程而延遲。1993 年只有大約 700 人獲得賠款（Hazarika 1993）。

每當與技術有關的災難涉及人命損失，研究者都會搜索現場和訪問民眾，以尋求解釋。在 Bhopal 的悲劇中，研究者的解釋包括技術錯誤、管理和經營缺失、訓練不足、人員不足、安全程序不當以及未注意已知風險。在最後的分析中，研究者認為，幾乎每一位和 Bhopal 工廠有關的人都逃避了修正已知風險或預期危險的責任。研究者也下結論說，如果官方公開宣導關於 MIC 之劇毒和反應性的現有知識，而且考慮有關 MIC 意外的緊急因應計畫，就可以預防這場災難（Jasanoff 1988）。

表 7.1	Bhopal 意外導致死傷人數估計值		
	死亡人數	受傷人數	資料來源
印度政府	1,754	200,000	紐約登記有案的法律訴訟
印度報紙	2,500	200,000-300,000	印度時報、今日印度
美國報紙	2,000+	200,000	紐約時報、華盛頓郵報
志願組織	3,000-10,000	300,000	〔自行估計〕
德里科學公會	5,000	250,000	社會科學家
目擊者訪問	6,000-15,000	300,000	個人訪問*
死亡的環境證據	10,000	—	壽衣出售數量 火葬場使用木材數量 失蹤人數估計
不利於 Union Carbide 公司者的實際醫學記錄	4,000	3,500	紐約時報
所有不利於 Union Carbide 公司者宣稱的總數	13,000	330,000	紐約時報

*100 位以上居民的個人訪問由 1984 年 12 月 3 日開始進行。甚至在 12 月 3 日清晨，當地居民就宣稱將近 6,000 人死亡。

來源：*Bhopal: Anatomy of a Crisis*，作者 Paul Shrivastava，p.55。

　　這些解釋和結論不只 Bhopal 意外所特有的。它們也潛伏在其他災難中，例如三哩島和徹諾比爾的意外、挑戰者號太空梭爆炸。許多工業意外發生在 1980 年代。對人類和環境都造成危害（請參閱表 7.2）。事實上，許多災難調查的重要主題是，幾乎每一層次的員工——從維修工人到最高行政主管——都曾忽略、未注意、未奉行、未實施或未傳達有關預防意外發生的訊息。這項發現顯示，意外發生的原因並非個人錯誤或技術失誤。相反地，這是由於組織本身阻礙重要訊息的傳佈，並且使得解決問題的責任無法落在任何一個人的身上。

表 7.2　全世界重要環境意外 1981-1993*

日期	國家和地點	意外起源	有關產品	死亡人數+	受傷人數	撤出人數
1981	波多黎各 San Juan	工廠破壞	氯氣	—	200	2,000
	美國 Gelsmar	設備	氯氣	—	140	—
	墨西哥 Montana	出軌	氯氣	29	1,000	5,000
	美國 Castalc	設備	丙烯	—	100	—
	委內瑞拉 Iacos	爆炸	石油	145	1,000	—
1982	美國 Livingston	鐵路意外	化學物質	—	9	3,000
	委內瑞拉 Caracas	貯存槽爆炸	炸藥	101	1,000	—
					355	
	美國 Vernon	工廠	丙烯酸甲酯	—		
	美國 Taft	爆炸	丙烯醛	—	—	17,000
1983	美國丹佛	火車意外	硝酸	—	43	2,000
	尼加拉瓜 Corinto	貯存槽爆炸	石油	—	—	23,000
1984	美國 Sauget	工廠	氧氯化磷	—	125	—
	巴西聖保羅	輸油管爆炸	汽油	508	—	—
	美國 Peabody	炸	苯	1	125	—
	美國 Linden	工廠	馬拉松	—	161	—
	美國 Middleport	工廠	甲基異氰酸鹽	—	110	—
	墨西哥 St. J. Ixhuatopee	工廠	瓦斯	452	4,248	31,000
	印度 Bhopal	貯存槽爆炸	甲基異氰酸鹽	2,500	50,000	200,000
	巴基斯坦 Gahri Bhoda	外洩	天然瓦斯	60		
	祕魯 Callao	輸氣管爆	四乙基	—	—	3,000
	墨西哥 Matamoras	炸	阿摩尼亞	—	200	3,000
		輸油管爆炸				
		肥料工廠				
1985	美國 Institute	大火	Aldicarbe Oxide	—	—	—

1986	蘇聯車諾比爾	反應爐爆炸	核能	29 —	300 —	135,000 —
	瑞士巴塞爾	倉庫大火	化學物質			
1988	美國 Commerce	化學反應	氯氣	—	—	20,000
1990	俄羅斯 Ufa	爆炸	酚		110	4,000+
1991	泰國曼谷	爆炸	甲基溴	3	—	6,000
1993	美國密爾瓦基	水源	Protozoan cryptospo- ridium	40	400,000	

*本表只是部分內容。

+納入的標準包括死亡 50 人以上或受傷 100 人以上或撤出 2,000 人以上，或者造成 500 萬美元以上的損失。

（來源：Organization for Ecomonic Cooperation and Development 1987; *The New York Times Index*, 1988, 1990, 1991, 1993。）

　　在本章中我們將探討社會學家用來分析**組織**（organization）的概念。組織的定義是人們為達成所陳述目標而創造的統合機制。這些目標可能是維持秩序（例如警察局）；挑戰既有的秩序（例如美國的消費者聯盟）[1]；與人們保持聯繫（普查局）；種植、收穫或處理食物（百事公司）；製造貨物（新力公司）；製造殺蟲劑（Union Carbide 公司）；或是提供服務（醫院）（Aldrich and Marsden 1988）。

　　從社會學的觀點來看，我們可以將組織及其成員分開研究。這是因為組織的生命超越其成員。下面這個事實可以支持上述想法：即使其成員死亡、辭職、退休，或者被解僱、升職或調動，組織仍然繼續存在。組織是生活中被視為理所當然的層面：

　　　不過，考慮到個人傳記大部分都可以用〔與它們〕遭遇的過程來撰寫：出生在醫院、在學校系統受教育、由州政府發給駕照、向金融機構貸款、受雇於公司、在醫院或護理之家接受照顧，死亡時接受至少 5 個組織的服務——法律事務所、遺囑查驗法庭、宗教組織、葬儀

業者和花店老闆。（ALDRICH AND MARSDEN 1988, p.362）

Bhopal的化學意外至少導致2,500人死亡，以及250,000人受傷。社會學家質疑組織如何導致這種悲劇的發生。

因為組織在我們生活中的角色如此普及，我們很少考慮它如何運作、它擁有多少權力以及它應該負擔多少社會責任。

社會學家用來研究組織的概念可以幫助我們了解，這種有力的統合機制如何將個人努力用來達成有益眾人生活之目標。同時我們也用這些概念了解，這些統合機制如何讓我們忽略、誤解和逃避承擔已知風險的責任。在牽涉到可能對人們和環境造成潛在傷害的技術時，這些責任問題特別具有關聯。基於這個原因，我們將焦點集中在 Union Carbide 公司——一家總公司在美國的主要化學公司；尤其是 Union Carbide 公司在印度 Bhopal 的工廠。

因此我們可以考慮一種特殊的組織，也就是跨國公司，它的產品或服務設備在總公司以外的國家（U.S. General Accounting Office 1978）。以印度的跨國公司為例（請參閱「遊客對印度的觀點」一文），讓我們得以思量，跨國公司在貧窮和人口眾多的國家中所面臨的特殊問題。[2] 這些問題包括：（1）來自不同國家的員工和主管之間的文化差異，（2）宗主國的經濟條件，以及（3）跨國公司的整體運作不受單一政府法律限制的事實。最後的這個問題——管理跨國公司——是尚待解決的複雜棘手問題（Keller 1986, p.12）。

跨國公司：殖民主義或進步的代理人？

如前所述，跨國公司是指生產和服務設備位於總公司所在地以外國家的企業。聯合國估計全世界至少有 35,000 家跨國公司，共擁有 150,000 家國外分公司（Clark 1993）。跨國公司的總公司集中在美國、日本和西歐（請參閱表 7.3）。跨國公司與對手在全球市場上競爭，它們以跨國、甚至全世界的規模進行計畫、生產和銷售。除此之外，它們向各國或全世界徵求員工、收集資源、取得資本和借用技術（Kennedy 1993; Khan 1986; U.S. General Accounting Office 1978）。

跨國公司在外國運作，以便取得原料或廉價勞工（例如在墨西哥的瑪克拉組裝工廠、巴西的木材公司、南非的礦業公司）。他們也在外國建立子公司，雇用當地人民製造貨品或提供服務給當地顧客（例如日本的IBM）。

惠普的例子正好可以說明規模遍及全世界的跨國公司。它在 40 個國家擁有 475 個營業處和 95,000 位員工，以及位於 15 個國家的 55 座工廠。營業處和工廠所在地藉由整合聲音、影像和訊息的電腦技術互相連接，每一天共產生 800 萬頁文件（National Public Radio 1990）。

批評者主張跨國公司是破壞的動力。也就是說，他們利用人員和資源製造便宜的產品。他們利用廉價、貧窮的勞動力，寬大的環境法規，以及有時根本欠缺的員工安全標準。根據這些批評，跨國公司代表另一種殖民主義。[3] 相反地，跨國公司的支持者認為，這些公司是進步的代理人。他們稱讚跨國公司能超越政治敵意、轉移技術和促進文化了解。

	國家	總公司	利潤（百萬美元）	員工（人數）
	表 7.3	1991 年全世界最大的跨國公司		
1	通用汽車	美國	（ 4,452.8 ）	756,300
2	皇家荷蘭／殼牌集團	英國／荷蘭	4,249.3	133,300
3	埃索	美國	5,600.0	101,000
4	福特汽車	美國	（2,258.0）	332,700
5	豐田汽車	日本	3,143.2	102,423
6	IBM	美國	（2,827.0）	344,553
7	IRI	義大利	（254.1）	407,169
8	通用電子	美國	2,636.0	284,000
9	英國燃料	英國	802.8	111,900
10	賓士汽車	德國	1,129.4	279,252
11	Mobil	美國	1,920.0	67,500
12	日立	日本	1,629.2	309,757
13	Matsushita 電子工業	日本	1,832.5	210,848
14	飛利浦摩里斯	美國	3,006.0	166,000
15	飛雅特	義大利	898.7	287,957
16	福斯	德國	665.5	265,566
17	西門子	德國	1,135.2	402,000
18	三星集團	南韓	347.3	187,377
19	日產汽車	日本	9	138,326
20	Unilever	英國／荷蘭	1,842.6	298,000
21	ENI	義大利	872.0	A.
22	杜邦	美國	1,403.0	133,000
23	德州	美國	1,294.0	40,181
24	Chevron	美國	1,293.0	55,123
25	億而富	法國	1,737.1	86,900

（來源：*The World's Largest Multinational Industrial Corporations*，Fortune。）

　　事實上，沒有任何簡單的評估適用於所有跨國公司（請參閱表7.4）。顯然，在某些層次上他們「將貨物、資本和技術散佈到世界各地。他們確實對整體經濟活動的上升有所幫助。他們的確雇用全世界數十萬名員工，通常給付的薪資高於普通工資」（Barnet and Muller 1974, p.151）。

Chevron 公司的董事長兼總經理 George Keller 解釋：

> 我不想說得太樂觀。但是我很驕傲的是美國公司對於海外地區的貢獻博得好評。他們不只是出於做好事的心理。他們這樣做是因為……如果他們想要有效經營，就必須改善當地經濟和社會基層組織。在某些開發中國家，跨國公司可以創造現代經濟的基礎。
>
> Chevron 在 30 年代中期也在沙烏地阿拉伯面臨相同的問題。我們的人必須到人跡罕至的沙漠中尋找石油。
>
> 為了經營公司，我們必須幫助他們創造必要的環境。我們鑿水井、修道路和發展電力。隨著我們的進展，當地社區擴大，而且發展成為繁榮的城市。學校和醫院都已成立，當地的工業也開始萌芽。（KELLER 1986, pp.125-26）

表 7.4　跨國公司的優點和缺點
跨國公司對宗主國的利益
提供新產品
引入和發展新技術
引入新的管理和組織技術
提昇就業率
提高生產力
提供打入國際市場的管道
提供更多國外交易
由母國供應宗　　　　目標和計畫
宗主國商人和母國官員的接觸點
鼓勵發展新的輔助工業或副產品
承擔他人無法接受的投資風險
使資本流向生產目的，而非其他收穫較少的用途

宗主國對跨國公司的批評
使文化認同和傳統隨著新消費品和需要而消失
被當成外國（尤其是美國）影響的管道
對地方工業造成競爭
造成通貨膨脹的壓力
誤用宗主國的資源
利用宗主國的資產為其他國家的公民謀利
導致宗主國無法控制本國經濟
不了解或不關心地方經濟、勞動條件以及國家安全需要
掌控關鍵工業
分散當地人民對國內公司的投資
將研究和發展設備集中在母國，以及任用母國人民擔任重要管理職位，以限制接觸現代技術的管道
來源：改編自U.S. General Accounting Office（1978）。

　　即使如此，使跨國公司得以為業主和股東創造最大利潤的方法，未必能解決宗主國的嚴重飢荒、失業和不平等的問題。批評者主張，跨國公司只是使這些問題更惡化，因為追求利潤與整體的社會和生態不平衡有密切關係，任何一個來到印度這個國家的人都會發現：

　　　貧困和富有之間有著奇特的矛盾。每一萬人中就有一人生活在有高牆、花園的皇宮裡，車道上停著凱迪拉克。幾條街道以外有數百人睡在街上，他們與乞丐、嚼著口香糖的小販、妓女和擦鞋童共處一地。在角落附近，數萬人擠在一起，但是沒有電或自來水。在城市以外，大多數人僅能餬口，其中有許多隸屬於少數住在高牆內的人。儘管當地的泥土肥沃、氣候宜人，大多數人卻經常挨餓入睡。股票市場十分熱鬧，但是處處可見嬰兒死亡，兒童腹部鼓脹但骨瘦如柴。那裡有豪華的餐廳和發出惡臭的排水溝。資本家有最現代的電腦，每天都買進

噴射機，但是一半以上的人不識字。（BARNET AND MULLER 1974,
pp.133-34）

　　如果跨國公司「不引入技術和資本，開發中國家就無法根除貧窮和
飢餓」（Union Carbride Annual Report, 1984, p.107），他們又怎麼會和這
種社會不平等連在一起？

遊客對印度的觀點

　　貧窮和人口稠密是我們通常想到印度時最常用到的兩個形容詞。在下面摘錄
的訊息中可以很清楚地看出，這只是印度社會中的一面。

Rajasthan的街景。

　　到印度旅遊是遊客難忘的經驗。這片廣大的次大陸上有 8 億以上的人口，
它共有 22 個州，由南到北 2,000 英哩，自東至西大約 1,700 英哩，包含多於世
界其他國家的語言、宗教、種族和文化。它也是最著名的古文化之一，可以追
溯到 5,000 年之前，在全盛時期被稱為「東方金鳥」。

　　無論你想要如何度假，都可以到印度。皇宮、沙漠中的城堡、海灘休閒
勝地、山莊、廟宇、高山和湖泊——這些你都可以找到，除此之外還有更多優
點。印度仍然是全世界最便宜的旅遊地點之一。還有什麼地方可以讓你住在每
夜不超過 40 馬克（22 美元）的五星級飯店，或是花費不到 10 馬克（5.5 美元）

享受最奢華的佳餚，或者在購物時討價還價——品質絕佳的絲綢和錦緞，家飾和圖畫，彫刻品和地毯，首飾和寶石？如果你想要從事運動和娛樂，許多城市都有很好的高爾夫、釣魚、騎馬、游泳、網球和迴力球等設備，你也可以到偏遠地區參觀有大象的野生公園，或是騎駱駝橫越遙遠的 Thar 沙漠。最後，不要忘了印度的豐富文化遺產。在這裡你可以享受東方最好的音樂、舞蹈和戲劇。

來自 Ahmedabad 清真寺的精美石屏風。

　　但是這只是印度的一面。這是個充滿異國魅力、宗教神祕色彩和自然美的地方。不過她也是個充滿難以置信的噪音、髒亂和貧窮的地方。有一位旅遊官員指出：「印度是一個有大問題的大國家。這裡的每一件事都是大規模的——不是很好就是很壞。」這種強烈的對比，豪華和貧窮、美麗和醜陋、效率和混亂之間的疏離，正是了解印度的關鍵。它會讓外國旅客產生非常矛盾的反應，許多人發展出「又愛又恨」的關係。就像一位遊客所說的：

　　　　在印度的這一週裡，我所看到的飢餓、貧窮和剝奪令我終生難忘。但是我也看到了充滿色彩和活動的一片土地，在那裡時間彷彿靜止了幾個世紀之久，人民的文化似乎比其他亞洲國家更少受到西方標準的腐化。

　　遊覽印度是一種非常個人的經驗，每一位遊客的印象都不相同。但是每個人離開時都有一些改變。她是個令人驚異又矛盾的地方——黑白分明，很少平靜，從無隱私……而且通常令人挫折。但是一旦她進入你的血液中，你就永遠無法擺脫她。你永遠無法完全了解她和看穿她，但是不斷嘗試的衝動可能一次又一次把你帶回來。

印度沙漠中心一座湖畔的廟宇。

　　或許印度最引人入勝的部分不是她的「景觀」，而是街道生活。典型的印度街道是一座生活戲院，人們刮鬍子、叫賣貨品、閒聊、做衣服和準備檳榔，祭祀的牛、駱駝和狗與計程車、腳踏車、黃包車和進香客擠在一起，還有堆積如山的各種調味料、水果、蔬菜和香。它似乎從不停止，如果你喜歡「行動」，你絕對不想離開。你所看到的每一個地方、你所轉過的每一個角落、你所遇見的每一個人，都會讓你留下難忘的印象。另一個人這樣說：「你接下來看見的事情可能是一生中最令你驚奇的景象。」如果你喜歡攝影，一定會愛上這個地方。即使不然，你還是會被她催眠。在印度，每一瞥都像是一幅畫。

（來源：*Cadogen Guides: India*，作者 Frank Kusy，pp.1-2。）

現代組織的特徵

社會學家韋伯（Max Weber）提供我們一個架構，用以了解組織兩種面貌——組織能夠（1）有效地管理全世界的人、訊息、貨品和服務以及（2）促成影響全球福祉的無效、不負責任和破壞性行動。韋伯對組織的想法，是基於對理性化及其在現代生活中之重要性的理解。

理性化作為現代組織的工具

在第一章裡談到，根據韋伯的看法，社會學家的任務是分析和解釋社會行動（受到其他人影響的行動，包括導致特定行動的想法和感受）的過程和結果。韋伯認為社會行動的種類眾多，並且主張：社會學家的任務是要了解它，而不只是觀察（Lengermann 1974）。按照上述任務，韋伯根據人們追求目標的理由，將社會行動分為四類：傳統、情感、價值——理性和工具。他也主張，自從工業革命之後，個人的行動較少受到傳統和情感所引導，反而比較可能受到價值——理性所領導。韋伯特別關心價值——理性的理由是，就像在第一章裡所談到的，有價值的目標可以變得無比重要的，因此會使人們忽略用來追求該目標的方法所產生的負面結果。

根據韋伯的看法，理性是人類在技術和組織上的才華和效能之產物，它與改革生產過程的專門化、分工和機械化是一致的。韋伯將**理性化**（rationalization）定義為：根植於情感（愛、恨、報復、愉快）、迷信、尊敬神祕力量和傳統的思想和行為，逐漸轉向奠基於對因果關係或達到特定結果之方法的邏輯評估之思想和行為的過程（Freund 1968）。

由傳統、迷信和情感所引導的思想和行動，不同於理性價值行動之手段——目的邏輯所引導的思想和行動。我們可以比較兩種對樹木的不同意義，以說明其中的差別。其中一種意義是科學和工業上的意義，另一種是生活在印度 Orissa 山上的小部落 Bonda 所抱持的意義。

Bonda 反映出根植出情感、迷信和尊重神祕力量的文化。Bonda 人相信：在地球、天空和水中都居住著精靈；他們相信：疾病、死亡和收成不好都起源於惡靈。他們特別尊敬住在樹木和植物上的精靈。Bonda 的祭司能夠指明那些樹木可以或不可以砍下。這些人不會碰觸神和守護神所在的樹木。如果祭司認為：除去某些樹會使幽靈或惡魔不悅，因此帶來收成不好、疾病和死亡，以報復對樹木的傷害，他們也會保留這些樹（Cheneviere 1987）。就本質上來說，樹木、植物和動物有靈魂的想法使人們感受到對自然的虔誠和敬意，並依此而行動。

理性化懷疑植物和樹木有精靈的想法。我們使用科學和技術將樹木和植物分解為各種成分，在製造過程中分別賦予它們不同的功能。例如，在現代社會中，樹木被認為是達到目的的一種手段——是食物、木材、橡膠、奎寧（用來治療瘧疾的藥物）、松脂（油漆稀釋劑和溶劑的成分）、纖維素（用來製造紙張、織品和炸藥）和樹脂（用於油漆、釉彩、墨水、黏著劑、塑膠和藥品）等物的來源。從價值－理性觀點來看，自然是要被利用的東西：「河流是要被堵住的；沼澤是要被抽乾的；橡樹是要被砍伐的；山是要被出售的；湖泊是共同廢物的排水溝」（Young 1975, p.29）。

並不是生活在「理性」環境中的人不重視自然；相反地，他們更重視利益、工作、便利和全球競爭等目標。例如《紐約時報》報導了頂尖科學雜誌「自然」上，一項為保存森林辯護的研究，其理由是「每 2 英畝的熱帶雨林所產生的可食水果、橡膠、石油和可可的價值，比回收木材或用來放牧牛群的土地多兩倍半」（1989, p.24Y）。假設回收木材的價值大於森林產品收成，他們便不會支持保存森林。

有人可能認為，理性化使人們免於迷信和傳統的束縛，給予人們控制自然的空前力量。不過，理性化的主要副作用之一就是韋伯所說的**世界的解除魔咒**（disenchantment of the world）——嚴重的精神空虛伴隨著意義危機。在第一章裡曾經談到，當達成目標的過程使人們精神空虛時（如大學生選擇最容易得到文憑的課程），就產生了幻滅。

韋伯針對價值－理性思想和行動，訂下幾項重要的限制。第一，他使用理性化這個詞，來形容生活中人們被大規模組織起來的方式，未必是個人實際思考的方式（Freund 1968）。例如，大型化學工業製造數十萬人可以使用的產品。製造殺蟲劑的公司認為該產品能夠迅速而有效的殺死房屋、花園或寵物身上害蟲。但是購買和使用這些產品的人大多不了解為何這些化學品會發揮功用、它們來自何處，以及除了殺蟲之外的其他結果。因此，在個人的層次上，人們認為殺蟲劑好像是魔法。

第二，理性化並不假定人們會更加了解或得到更多知識。生活在價值—理性環境中的人通常並不了解周遭的事物（自然、技術、經濟）。「消費者在雜貨店購買東西，卻不知道它們是用那些物質製造的。相反地，叢林中的『原始』人對於他生活的環境、使用的工具和消耗的食物卻了解得更多」（Freund 1968, p.20）。大多數人不會因為這種無知而感到困擾，反而樂意讓專家去了解這些事物的運作和如何修正它們。人們假定：只要他們需要這些訊息，就可以請教專家或者到圖書館找出答案。

最後，工具行動很罕見。當人們在決定目標和所要使用的方法（行動）時，他們很少考慮和評估其他目標以及更適當但較不快速的方法*。很少有人評估某種技術對地球上生活品質的整體影響。社會學家 Klaus-Heinrich 提供四個標準評估將來的技術：

那一種技術是「適當的」？有一組新想法嘗試擴大判斷未來技術的指標。根據這些想法，「最佳技術」是：

---

* 校訂者註：讀者在這裡對於本章中對「價值—理性」行動和「工具」行動的敘述可能有些困惑，事實上，作者有些誤解韋伯原本的分類，「價值—理性」行動因較不顧及手段選擇後的效果，是無法達成理性計算之要求。韋伯是用「目的—理性」行動來強調「理性化」的趨向，這一概念日後亦被改稱為「工具理性」行動。因此，本章中混淆了「價值—理性」與「目的—理性」，但未保持其敘述的一貫性，只建議讀者需只行參閱相關著作，減少被誤導的程度。

（1）朝向可能的最高人類目標；

（2）最有效地利用礦物和能源，且保存或改善環境；

（3）為最多人保存或增進其「良好工作」；

（4）使用最好的科學和技術訊息，並且結合智慧和最高的文化價
值。（STANDKE 1986, p.66）

　　人們通常在設定重要目標時，未能考慮達成目標的策略可能帶來破
壞性的社會結果。未能考慮上述結果是一般組織和跨國公司「破壞面」的
核心。

價值─理性行動：印度的化學公司

　　印度政府在 1960 和 1970 年代鼓勵 Union Carbide 公司等化學公司在
印度設廠。它們是綠色革命的一部分，其目的是要解除長期食物短缺，並
幫助該國透過農業技術——包括處理過的種子、殺蟲劑和肥料——達到食
物自給自足（Derdak 1988）。

　　除此之外，化學公司利用當地勞力和區域性原料，因此提供了就業
機會。製造的產品可以用來防止瘧疾和其他昆蟲導致的疾病，並保護農作
物和收成免於蟲害、鼠害和疾病。

　　短期的農業收益的確非常引人注目，但是用來達到這些目標的方法
具有長期的負面結果。例如，只有最富有的印度農民能夠購買化學藥品。
在結合機械化之後，化學藥品可以使最富有的農民更有效地耕作。結果他
們壓迫那些無法競爭、失去土地的窮困農民。最後，數百萬名貧窮農民遷
移到城市找工作，但是城市卻無法吸納他們。

　　另一種長期的負面結果更直接關聯到化學物質的使用。雖然殺蟲劑
可以成功地殺死大多數昆蟲，但是少數能忍受殺蟲劑的昆蟲卻存活下來，
繁殖更具有適應力的後代。科學家估計，現在有 504 種昆蟲或「超級昆蟲」
可以抵抗一種或多種殺蟲劑（Holmes 1992）。

或許證明化學物質具有長期負面結果的最鮮明例子是，印度東北部和鄰近的孟加拉的廣泛水災，這是過度砍伐喜馬拉雅山森林的後果。像是喜馬拉雅丘陵的 Tarai 森林過去因為傳播瘧疾的蒼蠅而無法居住。DDT 等殺蟲劑撲滅了蒼蠅，使森林可以開放伐木、耕種、放牧和挖鑿石灰石。現在雨水和融雪從光禿禿的喜馬拉雅山暢通無阻地流通，帶著充滿化學物質的泥土阻塞和汙染河流。1988 年 9 月的洪水使孟加拉 3/4 的土地陷入水中，造成 300 萬人無家可歸、1,300 人溺斃。除此之外，傳播瘧疾的蒼蠅對於預防瘧疾的化學藥品產生抗藥性，因此比以往更具威脅性，使得原本惡劣的處境雪上加霜。重要的是，長期大量使用化學物質雖然使化學公司大發利市，但是無法達到真正的發展目標，因為有問題的國家將會付出巨大的**外部成本**（externality cost）──即未包括在產品價格中，但是在使用或創造產品時付出的代價。在這個例子中，重新恢復被感染和惡劣環境、協助居民因應的代價就是外部成本。

這些Marlboro（上海，上圖右）和Lark（東京，上圖左）香煙廣告並未包含美國法律規定的健康警語。當營利組織不受法律限制而運作時，他們是否有義務保護消費者免於因其產品而受害？

　　跨國公司當然不是慈善機構，有人或許主張：他們不能為消費者的使用方式負責。儘管如此，許多人質疑：跨國公司和其他企業是否有權忽視其產品對於人和環境的長期影響。我們也可以追問：儘管跨國公司的經營者和股東增加「貧窮」國家國民生產毛額或出口，但是大多數社會指標卻顯示實際上世界的貧窮、失業和不平等更加惡化，這是否算是跨國公司造成進步的反證（Barner and Muller 1974）。

關於這一點，我們可以考慮世界上最大的香煙製造商 B.A.T 工業的公共事務主管 Keith Richardson 的說法[4]。當他被問到：

> 該公司對於他們是否有義務要在銷往第三世界的香煙包裝上標示和英、美等國一樣的健康警語時，他回答：「這些地方是獨立國家，他們聽到來自英、美國壓力團體的要求時並不熱心。我們的作法符合各國政府的要求。我們讓市場去決定。我們不想妥協。」（MOSKOWITZ 1987, pp.40-41）

以美國為例，我們可以考慮汽車製造商造成美國對外國石油的依賴（美國人口約佔全世界的 5%；但是他們消耗了全世界汽油的 40%，其中 2/3 用於交通工具的燃料）。試想美國消費者對汽車燃料效率的偏好。雪佛蘭在 1990 年提供兩款不同的 Corsica。其中一款由靜止加速到時速 60 英哩需要 14 秒鐘，另一款只需 10 秒鐘，但是每一英哩多消耗 5 加侖汽油（Wald 1990）。大多數消費者選擇較快、但是燃料效率較低的款式。在考慮世界石油危機時——最近一次是波斯灣危機——即便這些產品符合大眾的需要，公司是否應該製造和銷售燃料效率較低的產品？無論我們對這些問題的立場如何，如果了解組織運作的一般方式，我們的觀點將會更實際、更廣博。

許多商業組織的問題之一，在於它們顯然不願意為人們使用其產品的方式和銷售有害產品而負起責任。下面我們將轉向商業組織的另一個問題——他們以最有效（尤其是成本效率最高）的方式生產和分配貨物及服務時所依循的系統化程序，科層制是了解這些運作的關鍵概念。

科層制的概念

韋伯將**科層制**（bureaucracy）界定爲理論上完全理性的組織——使用最有效率的方法達成重要目標的組織，無論該目標是賺錢、招募士兵、計算人數或徵稅。下面的主要特徵使科層制得以協調人們的行動，以達成組織目標爲中心而採取行動。

- 分工明確：每一個職位都被指派完成組織目標所需的特殊任務。
- 階層式的權威：下層職位受到上層職位的控制和監督。
- 由書面規定和規則指明人員之間關係的性質，並描述執行任務的方式。
- 職位的出任是根據客觀標準（教育程度、年資、記功或測驗結果）決定其資格，而不是依循家人或朋友關係的情感考慮。
- 行政決策、規定、規則、程序和活動都要根據標準格式加以記錄，並且保存在永久檔案中。
- 權威屬於職位，而非佔有職位的特定個人。其涵意是，職位較高者在工作上擁有高於其他職位的權威，但是對於非工作的個人生活就沒有權威。
- 組織人事將當事人視爲「個案」而且「沒有愛恨，因此也沒有情感或熱誠」（Weber 1947, p.340）。這種取向是必要的，因爲情感和特殊環境會干擾提供貨品和服務的效率。

上述對科層制特徵的綜合描述即是**理念型**（ideal type）——理念不是可欲的意義，而是與真實個案不同的衡量標準。任何參與組織的人都明白，實際的行爲和理念型有所差別。因此有人也許會問：如果沒有任何組織作爲例證，列出這些重要特徵又有何用？上表列出重要的組織特徵，因此是有用的工具。（不過要注意的是，擁有這些特質並不保證一切都很順利；規定和政策本身也會造成問題。）相反地，在比較實際運作和理念型之後，我們可以決定組織偏離或固守這些特性的程度。

在 Bhopal 災難實例中，嚴重問題可能源自僵化固守或偏離正式規定、規則和程序。下表摘要說明部分嚴重問題：

- 保持 MIC 冷卻以及防止化學反應的冷凍單位在幾個月前就被關閉。
- 工廠三個主要安全系統中有兩個無法運作。
- 在災害發生前晚，一位未達到工廠訓練標準的員工被指派清理通往 MIC 貯存槽的密封不良導管（員工懷疑這是廢水進入貯存槽的原因）。
- 發生問題的 MIC 貯存槽容量為 73%，而不是建議的 50%。此限制是為了在反應時有較多時間可以改正，因為未滿的貯存槽會導致槽內壓力上升緩慢。
- 工廠操作員無法在必要時將貯存槽中的部分 MIC 移到備用貯存槽裡，因為他們說備用槽不是空的。
- Bhopal 工廠員工的訓練、經驗和教育資格在工廠開始虧損後便大幅度地減少。
- 監測化學物質的設備不可靠。
- Bhopal 工廠沒有美國姊妹廠用來監測化學物質和警告工人發生問題的電腦系統。
- 缺乏有效的化學意外潛在災害的公開警告。官方未提供意外事故計畫或避難所，也沒有發給工廠周圍民眾小冊子或其他資料。
- 大多數員工在逃離時相當驚慌。他們沒有採取公司巴士上協助居民撤離的建議方式（請參考 Everest 1986; Jasanoff 1988; Shabecoff 1988a, 1988b, 1989; Weir 1987 對這些問題的詳細說明）。[5]

住在西維吉尼亞州Union Carbide工廠附近的居民，對於工廠化學物質外洩的反應非常類似Bhopal的居民。

　　這張問題列表清楚地顯示：各層次的員工都沒有負起責任，包括從未雇用合格員工、檢查設備或規劃緊急狀況之意外事故計畫的主管，到經常違反標準作業程序的員工。根據這項事實，社會學家追問在這些問題背後藏有那些組織中的因素。

❧ 影響組織行為的因素

　　書面的工作敘述、人員關係和工作相關任務的程序都定義清楚且可以預測。不過組織的實際運作卻是不可預測的，因為參與組織的人遵守規定和規則的程度不一。有三個因素會影響人們如何行動：他們與他人形成的非正式關係、工作訓練的方式以及評量表現的方式。

組織的正式和非正式向度

　　社會學家區分組織的正式和非正式層面。**正式向度**（formal

dimensions）包括界定組織目標以及與其他組織和整合體（例如政府或股東）之間關係的正式、書面規定、規則和政策。這個詞也適用於角色、角色之間的關係性質以及執行任務以達成目標的方式。**非正式向度**（informal dimensions）包括沒有系統性納入正式決策、規定和規則，或由員工為逃避、忽視這些正式規則而產生的規範。以最廣義的說法來看，這個詞適用於書面計畫以外的所有行為（Sekulic 1978）。員工產生的規範包括有關互動標準、員工對不同階級者的適當對話內容，以及人們工作步調的非書面規定。

員工產生的規範是日常生活中人們很少想到的一部分。結果，只有在來自不同文化的人成為同一組織成員時才能說明它們（請參閱「重視文化歧異性」）。《雙子星時報》是一份涵蓋瑪克拉工業的雜誌，其中刊登了美國製造經理（Frank）和墨西哥人事主管（Pablo）的會面細節。它顯示出：「誤解彼此的方法和動機〔的規範〕可能干擾組織和諧」（McIntosh-Fletcher 1990, p.32）。在下面的敘述中，Frank 剛剛抵達墨西哥的工廠，並且初次會見 Pablo：

> Frank 希望 Pablo 認為他會是個有效率的雇主。他本能地採取最有把握、合乎邏輯和實際的作法，因為過去這麼做都很管用。他準備好談論改組型態、薪資、目前的人員問題和其他與墨西哥的運作有關、但在芝加哥也發生的問題。
>
> Pablo 希望預先知道 Frank 對他的職位有何期望，所以要求兩位助理參加，而且告訴所有員工他將介紹 Frank。當他們碰面時，Pablo 努力表現慇勤、維持眼神接觸，並且問到 Frank 的家人。他也將 Frank 的大多數問題交給助理，讓他們得到肯定，而且有機會與 Frank 建立關係。
>
> Frank 在一小時後離開，他決定要求工廠經理另外找一位他能信任的人事主管。Pablo 似乎對他的問題感到不自在，而且不停地仰賴助理給他答案。他也期望擔任 Pablo 職位的人英文說得更好〔Frank 不懂西班牙文不要緊〕。

當 Frank 離開後，Pablo 問他的助理，他們是否有人能和這個「老美」好好相處。他認為 Frank 很趕時間，對於介紹沒有耐性，對於和員工握手感到不愉快，甚至有點兒生氣。（MCINTOSH-FLETCHER 1990, p.32）

在非正式組織領域中，社會學家最廣泛研究的是控制產量或生理辛勞的員工規範。這些規範包括反對工作過於賣力（這樣的人通常被稱為「速度破壞者」）、工作太慢或者偷懶的規範，還有關於喝咖啡和午餐時間長度的規範。

重視文化的歧異性

1992 年，美國勞工部公佈有關工作場所之文化歧視性的自我指導全套課程。這套課程包括一系列含有場景的個案研究供讀者閱讀，然後要求他們回答相關問題，並且檢查自己的答案是否為「正確」答案。下面就是其中一個個案：

• 歧異性是什麼？

工作場所中的歧異性可能是令人震驚的經驗。歧異性表示不同文化背景的人未必總是如你所預期的那樣行動。如果你對此沒有準備，可能會造成：

● 誤解
● 挫折
● 不良決策

• 工作場所中的歧異性：個案研究

Tran 是越南人，他正要應徵一家大公司的監督職位。Marie 是人力資源主管，她負責進行面談。在檢查過 Tran 精心準備的履歷表之後，她對於他的資格相當感興趣，所以要求 Tran 詳細說明他的專業經歷。

當 Tran 說話的時候，Marie 很驚訝地發現他似乎沒有太多可說的，只是重複表示履歷表已表明一切。Marie 覺得有些困擾，她認為 Tran 一定缺乏自信，所以不願意談到他的專業能力。她也對他的明顯口音感到困擾，因此認定 Tran 不只是缺乏自信，而且沒有受過多少教育，所以英文不好。Marie 決定：儘管 Tran 的履歷表不錯，但是雇用他是不智的。

Marie 正好面臨目前公司常有的挑戰：正確地評量外國出生的應徵者和員工資格的困難。語言和文化的差異導致低估應徵者的能力，以及給予員工不良評價。

Tran 不願意稱讚自己，對美國主管來說，這是種挫敗行為。Tran 反映出亞洲的社會價值，與美國的主流價值有所不同。對於亞洲人（和大多數歐洲人）而言，在雇用面談時的適當行為是表現謙虛，讓履歷表來說話。應徵者將注意力引到自己身上是無禮的。相反地，美國人應徵時將注意力引到自己的專業成就上面，被認為是一種美德和自我尊重的象徵。

問題　請回答下面兩個問題（答案紙上寫著：沒有單一的正確答案。不過請考慮下面的重點）。

1.Marie 假設 Tran 缺乏自信和未接受教育是不是正確？

答案：她可能是不正確的。她忽略了 Tran 和她自己可能遵循不同的行為原則。

2.Marie 的行為會造成什麼結果？

答案：對這家公司的主要結果，是失去雇用努力工作和有價值員工的機會。對於 Tran 的結果甚至更嚴重。

（來源：U.S. Department of Labor（1992），pp.4-6。）

正面和負面結果都與非正式規範有關。例如，有些迴避規定、免除官樣文章（red tape）、彈性處理罕見個案或問題的非正式規範，可以增進組織效率和效能。至於下班後活動、友誼和非正式溝通管道的非正式規範，可能促進忠誠和工作滿意度。在負面的結果方面，讓員工和大眾安全遭遇危險的非正式規範，可能造成破壞性結果。

在 Bhopal 的工廠中，員工用來監測外洩的非正式方法部分地說明了，為何在 1984 年 12 月 3 日工廠會發生化學反應失去控制的情形。員工無法依靠監測壓力、溫度、高度、水流和成分的警告系統和儀表，因為這些監測設備相當不可靠，通常儀表會顯示不正確的讀數或者無法運作。即便可以運作，也無法充分反應讀數，因為儀表只限於極端危險的範圍。基於這些原因，管理者通常對員工關於工廠設備的抱怨無動於衷。結果員工認為這些設備是不正確的，因此根據自己的眼睛是否流淚或灼熱來判斷 MIC 和其他化學物質是否外洩。不過，他們的眼睛經常灼熱和流淚，以致於他們甚至忽略這個訊號。這種偵測外洩的方法直接地違反正式的工廠程序。Union Carbide 有關 MIC 的技術手冊寫著：「即使蒸氣引發的流淚令人非常不舒服，也不可以利用此特性警告人員。」員工用來偵測外洩的規範也出現在 Union Carbide 西維吉尼亞化學製造工廠的員工身上（Weir 1987）。

監測儀表的操作員在 Bhopal 危機發生的傍晚發現：連結到 MIC 貯存槽的壓力表在晚間 10:30 和 11:00 劇烈地上升，但是他並不擔心，也覺得沒有必要將這件事報告輪值督導。其他操作員聞到 MIC 的氣味，而且注意到眼睛刺痛，但是他們仍然認為無需緊張。當他們向工廠督導報告可能外洩的時候，他決定喝杯茶之後再進入瞧瞧（Kurzman 1987）。同樣地，這些問題並非 Bhopal 工廠所獨有的；根據調查顯示：它們也存在於三哩島和徹諾比爾等其他災害現場。

還有其他兩個因素也影響人們在組織中的行為——也就是他們的行為是有彈性或僵化的。其中一個因素是他們的工作訓練方式。另一個是組織如何評量員工表現的方式。

訓練成的無能

如果組織想要以安全、可靠、可預測和有效率的方法運作，其成員必須遵守規定、指導原則、規則和程序。組織訓練員工從事其工作，而且獎勵他們的優良表現。不過，如果員工被訓練成機械化地遵守工作指令，他們可能會發展出經濟學家和社會評論家 Thorstein Veblen（1933）所說之**訓練成的無能**（trained incapacity），也就是無法應付新環境和異常環境，或者無法辨認何時正式規定和程序已經過時或不再適用。換言之，員工只被訓練在正常狀況下以特定方式工作；他們沒有被訓練以想像和創意的方式做出反應，或者預期「假如」發生的情景，以便於在各種變動的環境中從事工作。

社會心理學家 Shoshana Zuboff 在 1988 年的著作「智慧機器的時代」中區分促進訓練無能和授權行為的環境。Zuboff 的結論來自十年以上的田野研究結果，其中包括紙漿廠、電話公司、齒科保險申請辦公室、大型製藥公司和全球性銀行的巴西辦公室等工作環境。這些工作場所有一個共同的特質：員工都正在學習使用電腦。我們將焦點集中在紙漿廠員工的經驗。

Zuboff 發現：紙漿廠員工從前在傳統的工廠工作，他們首次坐在電腦前運作工廠時，被這種新工作條件所壓倒。這些意見說明了他們的反應：

> 因為電腦化使我比以往更遠離我的工作。我習慣於聽著鍋爐的聲音，就可以知道它正在運轉。我可以看著火爐的火，由它的顏色來判斷燃燒的情況。我知道如何從火的形狀進行必要的調整。許多人也說，氣味可以告訴你有關運轉的不同事情。遠離這些景象和氣味讓我感到不舒服。現在我只能依靠數字。我很害怕鍋爐，我覺得應該更靠近它才可以控制它。（p.63）
>
> 當我外出碰觸某些東西的時候，我知道將會發生什麼事。我害怕不能到外面的地上看東西。就像是背向黑暗的巷道。你不知道後面有什麼；你不知道會發生什麼事。一切都遠離你，使你覺得很脆弱。現

在我按下按鈕，而不是打開浸漬器的活門。如果我按錯了鈕，我該扭緊它嗎？會發生什麼事？（p.63-64）

電腦所帶來的改變像是你在沒有燈光、由別人踩加速器的情況下在高速公路上開車。（p.64）

令我感到最陌生、最難習慣的部分就是，壓下按鈕然後讓馬達運轉的想法。這實在太遙遠了。我可以從這裡開始，但是實在難以想像。我可以在控制室這裡碰觸鍵盤，然後遠處的某個東西會在此過程中被影響。我要花一點時間才相信沒有問題，你透過終端機做的事情實際上會產生正確的效果……很難想像我坐在這座終端機前面，負責運轉外面的整個工廠。這些按鈕負責所有工作。（p.82）

Zuboff 相信：管理者可以選擇使用電腦作為自動化工具或資訊工具。自動化（automate）意指使用電腦增進員工的速度和一致性，像是監督的來源（例如檢查員工的表現或者每一分鐘記錄敲鍵的確實數目），也可以維持知識的分工和管理者與員工之間的階層排列。紙漿廠員工的意見顯示：這個選擇來自訓練成的無能：

目前管理者負責所有決策……操作員不希望聽到其他意見。他們被訓練去做事，而不是去思考。他們害怕因為思考而遭到懲罰。這一點導致對新科技的恐懼。（p.74）

有時候我訝異地了解到：我們一直瞪著螢幕，即使它已經靜止。你養成了這種習慣，即使沒有東西還是要一直盯著。（p.66）

我們對於注水幫浦——將水加入鍋爐中以產生蒸氣——有另一種經驗。有一個電源過時了。電腦取消了警告訊號。操作員有一大堆麻煩，所以沒有注意水面高度的讀數以及警告訊號未出現。貯存槽完全空了，幫浦鬆脫。幫浦完全被撕裂，因為沒有水注入其中。（p.69）

我們的電腦中有非常多資料……操作員不想去巡邏工廠。他們只是坐在電腦前，看著警告訊號。有一個週末我發現有個貯存槽在浸漬時滿溢出來。我告訴操作員，他說：「不可能；電腦說我的水位很好。」我擔心：如果我們過於信任電腦可能發生的事情。（p.69）

相反地，管理者可以選擇使用電腦做為通訊工具。**資訊**（informate）意指賦予員工整個生產過程的知識，期望他們可以針對生產任務做出重要的共同判斷。使用電腦做為資訊工具的紙漿廠員工與做為自動化工具的員工有著相當不同的經驗。下面引用的內容說明了這一點：

　　每一個數字都告訴你一些事情，你在自己腦中描繪一幅圖畫。每一個數字都有一幅圖畫，每一個數字都與另一個數字連在一起等等……然後你就得到一幅地圖。你看著數字，設備和所有零件都和它有關。（p.87）

　　現在要做好工作，需要了解工廠的這一部分以及它和其他部分的關聯。現在你不能只看自己的周圍，就知道發生了什麼事；你不能只看它。你必須檢查電腦中的所有資料才能看出效果。如果你不知道在資料中要尋找什麼，你就不知道發生了什麼事。（p.94）

　　在自動化之前，我們從未期望他們會了解工廠如何運作，只要操作就好。但是現在，如果他們不知道工廠運作背後的理論，我們如何期望他們了解新電腦系統中所有的變數，以及這些變數之間的交互作用？（p.95）

　　如果發生了什麼事，如果事情出錯了，你不用下去修理它。相反地，你可以留在這裡思考整個順序。……你從思考中完成它。但是處理訊息而非事物非常……好，非常引人好奇。我現在能感覺到心智參與的需要。我總是感到驚奇：我在那裡？現在它全都發生在你的腦中。（p.75）

　　現在發生在我身上的事情與以往不同。有了這些訊息在我面前，我開始思考如何把工作做得更好。還有，一旦你不用做任何手工活動，就有時間看看事情，思考它，設想它。（p.75）

電腦使你的工作更容易……但是它也讓事情更複雜。你必須知道如何讀取它的意義。這是最大的問題。那個數字的實際意義是什麼？你必須知道這件事，假如你希望真正學會如何信任這種技術。（p.81）

電腦可以成為有力的資訊工具，使飛航管制員在做決定時可以處理大量訊息。但是電腦也可能只是自動化工具——或者只是用來監督員工的表現。

幾乎所有 Bhopal 災害的調查報告都指出訓練成的無能是導致難以控制之化學反應的重要因素之一。他們特別注意在工廠開始虧損、準備出售時所提供的訓練。在運作初期，接受良好教育的印度督導在美國總公司接受訓練，他們經常提醒員工在處理化學物質時要穿戴面具、護目鏡和保護衣。不過，隨著時間過去，監督逐漸鬆懈，保護設備無法使用或是耗損後未能補充。員工訓練從密集的一年課程減少到四個月，後來只有 30 天。大多數員工後來說，訓練只讓他們控制特定步驟，而不是在各種狀況下處理化學物質。他們不知道整體的生產過程，或者許多規定和程序背後的理念，就像下面這幾位 Bhopal 操作員的說法：

我為了在特定地區從事特定工作而接受訓練，我不知道其他的工作。在訓練期間，他們只是說：「這是你要轉動的活門，這是你工作的系統。這裡是指導說明和它的指示。就是這些。」（DIAMOND 1985A, p.A7）

我接受三個月的設備訓練和兩週的理論講解，教導我運作其中一個 MIC 系統。如果另一個 MIC 系統有問題，我不知道如何處理。（DIAMOND 1985A, p.A7）

　　我知道通向 MIC 貯存槽的導管未密封，但是處理它「並不是我的工作」。（1985B, p.A6）

　　老闆說 MIC 可能讓你的皮膚發疹或刺痛眼睛。他們從沒說它會殺死人。

　　這座工廠裡沒有人認為 MIC 會殺死一、兩個人以上。（THE NEW YORK TIMES 1985A, p.A6）

　　更多證據顯示：接受訓練的員工以機械式的方式工作，許多各階層的工廠員工不了解他們所處理的化學物質，尤其是在不尋常條件之下化學物質的可能反應。Union Carbide 出版了一本有關 MIC 的手冊上面寫著：MIC「可能因接觸而導致皮膚和眼睛灼熱。其蒸氣極端地使人不適，而且會導致胸口疼痛、咳嗽和窒息。它也可能造成致命的肺水腫。重複接觸可能導致氣喘。」（The New York Times 1985a, p.46）。手冊中警告：這種化學物質有毒、易揮發和可燃燒。但是許多員工在聽說 MIC 如此危險時似乎感到很驚訝。事實上，許多人沒有拿到手冊，因為它是以英文技術術語寫成的，即使說英文的員工也很難閱讀和了解。

　　許多報紙、雜誌和電視網的新聞報導指出：訓練成的無能是印度這種未開發國家特有的問題，在 Bhopal 的例子裡，缺乏假設性思考根植於印度人的信念中。有些報導主張：低劣的印度勞工和資源隱藏在悲劇之後。許多 Bhopal 危機的敘述引用下列事實：印度法律要求 Union Carbide 在 Bhopal 化學工廠設計、監督、建造、運作和招募員工時都要使用當地的勞力、材料和機械，除非該公司可以證明沒有可用的當地資源。這些敘述暗示：印度法律准許 Union Carbide 在安全標準上妥協。同樣地，許多報導指出：外國公司被鼓勵要使用手動生產系統，為廣大的印度失業人口創造更多工作機會。

在接受上述結論之前，我們必須詢問：美國化學工廠員工如何獲得手冊以及了解自己所處理之化學物質的特性。環境保護署（EPA）近期的研究顯示：許多在美國處理化學物質的人不知道這些物質的危險或者應該如何在非正常狀況下處理它們。在 1980-1985 年之間，在美國共發生 6,928 件化學意外，總共造成 139 人死亡和 1,500 人受傷（Diamond 1985c）。美國的許多化學意外就像在其他地方一樣，反映出他們欠缺標準化訓練計畫和針對無法控制之化學反應的密集員工訓練。「最好的公司計畫……包括一個月的安全原則課程和每年兩週的補充課程。最差的計畫沒有任何補充課程。……他們說這就是你的安全鞋——事情不對時就穿上它」（Diamond 1985c, p.D11）。

環境保護署另一篇報告顯示：在 1961-1989 年之間在美國有 17 次工業意外，其中釋放之化學物質的數量和毒性都超過 Bhopal 事件。幸運的是，這些化學物質的釋出並未造成像 Bhopal 意外造成致命結果，因為它們發生在偏遠地區，風把化學物質吹向遠離人口密集地區的方向，或者外洩的化學物質是液態的。液態化學物質雖然也有劇毒，但是擴散得比較緩慢；所以員工有時間避免外漏或者撤出居民（Shabecoff 1989）。重點在於：如果美國人將 Bhopal 的危機視為所謂充滿文盲的國家特有的問題[6]，他們就不會想分析本國的工業和員工訓練的問題。

爆炸貫穿了路易斯安那的這座石化工廠，這是美國於1980年到1985年之間（大約在 Bhopal 意外前後）將近7,000件化學意外其中之一。

至此我們已經談到組織中的非正式人際關係，以及員工如何接受訓練以了解遵守組織規定和規則的決定因素。現在我們要轉向第三個因素：組織如何評估工作表現。

表現的統計記錄

在大型組織中，督導通常收集有關缺勤、利潤、損失、顧客滿意度、銷售總額和生產配額等統計數據，做爲評量個人、部門和整個組織表現的方式。這些指標是非常方便和有效的管理工具，因爲它們被認爲是客觀和明確的，而且它們可以系統化地比較不同時間和部門的個人。資方可以基於數字，給予表現優良者加薪和升級等獎賞，並且採取行動改善不良表現。不過，我們在第三章中曾經談到：像是表現等關鍵變項的操作性定義可能是不可靠或無效的。社會學家 Peter Blau 在 1974 年的著作《組織性質》中探討了管理者使用錯誤指標，而未考慮其缺點時所發生的問題。

表現統計數據的問題之一在於，被選中的指標可能無法有效地指出想要測量的內容，或是它只根據非常狹隘的標準來測量表現。例如，職業安全性通常是由該工作所發生的意外次數來衡量。基於這個指標，化學工業是所有工業中意外比率最低者之一。不過有人批評這個指標過於狹隘，缺乏效度：化學工廠員工較不可能在工作時遭到物理傷害，反而是與接觸化學物質有關的不明疾病症狀。更進一步來說，與接觸有關的疾病通常要好幾年才會發作。

另一種狹隘指標通常用來規定員工接觸化學物質的程度：這個指標是每千名員工中可接受的死亡人數。職業安全暨健康局（OSHA）界定：處理甲醛的員工每千人中患癌症的可接受人數是 6.2 人。處理砷和苯的員工每千人的可接受人數分別是 8 人和 1.52 人（Shabecoff 1985）。這種定義表示：當處理苯的員工每千人有 1.52 人死亡之後，風險就變得無法接受，工作環境也必須接受調查。這種指標的問題在於：必須有一定數目的死亡發生之後，才會達到不尋常的情境，並採取修正行動。

表現的統計數據的第二個問題是，它們鼓勵員工專心達到好成績，而忽略求好表現的動機所產生的問題。如果用每一季的利潤做為公司表現的指標，資方可能像在 Bhopal 一樣──削減 25%的員工和員工安全、工廠維修和員工訓練等重要成本（Wexler 1989）。在根據僵化指標來評量個人、部門或公司表現，以及對不符合目標之員工實施嚴厲處罰的組織中，這種單一思考經常出現。

表現的統計數據的第三個問題是，人們通常只注意所測量的部分，而忽略了沒有指標的部分。例如，生態經濟學家批評傳統的經濟學家，因為後者在計算利潤和生產力等結果時忽略了資源耗盡和人類技能損失（由於死亡、受傷或缺乏訓練）。生態經濟學家 Robert Respetto 引用印尼的例子證明，在考慮資源耗盡時，傳統的農業生產指標會受到怎樣的影響。根據 Respetto 的看法，土壤浸蝕的損失「使農作物生產的淨值減少 40%。森林資源的淨損失實際上超過木材收成。更進一步來說，由 1980-1984 年，油田的消耗使印尼的準備金價值每年減少了大約 100 億美金」（引自 Passell 1990, p.86）。如果將這些因素都列入生產力和淨利的計算，可以想見必須加入保護環境才能增加利潤和生產力。

在 Bhopal 的例子裡，沒有任何指標用來監督冷凍單元、安全系統和儀表等設備是否無法運作。因為沒有指標，所以操作安全的責任從未被指派給任何 Union Carbide 的職員或任何印度政府機構。[7] 結果，每一位接受面談的人──從 Union Carbide 的總裁到 Bhopal 警察──都堅持他們對操作安全沒有責任。下面引用的內容正好說明這一點：

> 但是安全是印度人員的責任。這是「當地問題」。〔Warren M. Anderson，Union Carbide 公司主席〕（ENGLER 1985, p.498）

> 我們預期 Union Carbide 公司會嘗試將過錯推給印度的 Union Carbide。但是 UCC 不能逃避責任。他們應該確保〔安全〕過失不會發生。〔Kamal K. Pareek，Bhopal Union Carbide 工廠資深計畫工程師〕（DIAMOND 1985C, p.A1）

工廠維修、員工雇用和訓練、設定訓練水準和決定適當人員水準都是資方的責任。〔Union Carbide 發言人〕（DIAMOND 1985C, p.A6）

我們不負責設計、維護和運作工廠。我們只檢查是否有足夠的防毒面具和安全警衛。〔印度勞工部工廠稽查員〕

公司的基本責任就是要使社區了解〔危險〕，到目前為止我沒有看出任何已經做到的事〔Arjun Singh，Madhya Pradesh 政府官員〕（REINHOLD 1985, p.A8）

正如我們所見到的，表現的統計數據有其潛在的問題。為了確保能監督操作安全等重要狀況，我們建議發展縝密和正確的測量指標，指定明確職位負起責任，而且將這些指標用來評量佔有這些職位的人。如果沒有上述系統，預防意外的責任永遠不會直接地落在某一群人身上。這種責任分散也會發生在決策者仰賴專家，或決策權集中在少數頂端者手中的時候。

❧ 優良決策的阻礙

韋伯在他的著作中強調：權力不在於個人，而是個人在分工時所佔有的職位。韋伯明確地指出：上位者對部屬下達命令，後者必須執行這些命令。上位者的權力因為處罰的威脅而得到支持，例如降職、停止工作和解僱。社會學家 Peter Blau 和 Richard Schoenherr 承認這種權力形式很重要，但是他們找出第二種更模糊的形式——專家權力——他們相信這種權力「似乎比民主更危險……無法被確認為權力」（1973 p.19）。

專業知識和責任

根據 Blau 和 Schoenherr 的看法，專家權力與組織逐漸專業化有關。

專業化（professionalization）是組織傾向於雇用曾接受達成組織目標必須之特定主題或活動正式訓練的專家（例如化學家、物理學家、會計師、律師、工程師、心理學家或社會學家）。不過專家並非組織所訓練；他們在大專院校接受訓練。理論上，他們可以自我指導，不需要受限於狹窄的工作描述或直接監督。專家利用自己的專業參考架構來分析情境、解決問題或發明新技術。從專家的觀點來看，他們所提供的訊息、服務或發明是技術性和中立的。他們不必思考或控制其訊息、服務或發明的應用。

Blau 和 Schoenherr 認為專家和組織之間的這種安排有問題，因為這樣沒有人能為強大公司的行動負責，而且很難發現「誰的判斷〔是〕某一行動的最終來源」（pp.20-21）。這種情況會認為兩個原因而更加複雜。第一，專家的建議和判斷依靠專業知識和訓練。專家可能了解會計、物理、生物學、化學或社會學的原理，但是他們的訓練大部分是區隔化的；他們對於某一主題非常了解，但是卻不了解其他主題。例如，化學家可能知道如何設計殺蟲劑，但是沒有考慮到使用者的限制。同樣地，社會學家了解殺蟲劑使用者的能力和限制，但是不了解這項技術。因為社會學家不了解化學，就無法設計教育消費者的詳細計畫。

除此之外，大型組織的決策本身就非常複雜，因為沒有一個人可以提供所有決策所需的訊息。決策是許多專家之訊息和判斷的共同產物。通常決策者並不了解專家的建議和判斷背後的原理。問題在於事情出錯的時候，專家宣稱他們只提供訊息和建議，資方宣稱他無法預測一項發明或服務的結果，因為只有專家才了解。

Blau 和 Schoenherr 強調：提供專業建議或基於專業建議而做決定的人都是普通人，只是他們的訓練和觀點使他們能夠預期和計畫預料之外的結果。製造殺蟲劑和肥料的化學家相信：他們的發明有助於餵飽全世界人口。很少有人知道：化學物質會被誤用和濫用到造成生態危機的程度。這使我們想到另一個與決策有關的主題——寡頭政治。

Michels相信：寡頭政治或少數統
治是大型組織不可避免的趨勢。
單單組織大小就使它不可能讓每
一個人參與組織決策。

寡頭政治的問題

寡頭政治（oligarchy）是指由少數人統治，或者決策權集中在少數階
層頂端職位的手中：

> 任何現代先進工業社會最怪異的特徵之一就是，重要的抉擇出自
> 少數人……這些人無法掌握相關抉擇基礎或結果的第一手知識……
> 我所謂「重要的抉擇」是指廣義而言決定生死的事情。例如，英
> 國和美國在 1940 年和 1941 年開始發展原子彈：在 1945 年決定使用這
> 種原子彈。（SNOW 1961, p.1）

政治分析家 Robert Michels 相信：大型正式組織不可避免地走向寡頭政治，其原因如下。第一，民主參與在大型組織中幾乎是不可能達到的。組織大小單一因素就使得「全體直接解決所有爭議是不可能的」（Michels 1962, p.66）。例如，Union Carbide（總公司設於康乃狄克州 Danbury）在世界 30 多個國家設有 700 座工廠，雇用 91,459 名員工（Derdak 1988; International Directory of Corporate Affiliation 1988/1989）。在 Bhopal 危機的同時，Union Carbide 單單在印度便有 14 座工廠、28 間銷售分公司和 9,000 名員工（Diamond 1985a; Leprowski 1992）。「顯然屬於同一組織的員工數目如此龐大，因此不可能從事實際的直接討論」（Michels 1962, p.65）。

第二，隨著世界變得更加互賴，以及技術逐漸複雜，許多組織特徵是員工無法了解的。因此，許多員工的工作方向是他們自己無法界定、控制、分享或了解的組織目標。欠缺知識使員工無法參與或評估行政部門的決策。

寡頭政治的危險之一在於，決策者可能沒有了解決策之充分涵意的必要背景。例如 Union Carbide 公司的主席 Warren Anderson 說：「我從沒想到 Bhopal 意外會發生」（Engler 1985, p.495）。除此之外，決策者可能沒有考慮更大的利益，只想到保有自己的領導地位。如果想要反抗寡頭政治的影響，一般員工和大眾都必須有興趣、注意和獲知訊息。當更多的人從事科技工作，而且日常生活逐漸依賴技術，人們就必須了解和負責周圍發生的事情。否則，技術決策只能交給其他人，他們只能被迫接受其結果。

Bhopal 居民對於氣體外洩的反應戲劇化地說明：在危機發生時，未接到預先通知以及疏忽的大眾無法接受保護自己的必要事先警告。雖然 Bhopal 工廠的緊急事件警報響起，但是大多數住在工廠附近的人不明白它的意義；他們習慣於聽到警報聲，因為平均每週會響起 20 次警報。許多人假定警報聲表示換班或訓練，或是訓練中發生意外：

　　我們習慣於聽到警笛聲……我們認為這只是例行公事——換班或者工廠失火。我們從來不驚慌……我們認為他們正在製造粉末，某種粉末……，無論是公司或政府從來沒有人告訴我們任何有關毒物的事。
〔Sabir Kahn, Bhopal 居民〕（REINHOLD 1985, p.A8）

　　只有少數 Bhopal 居民知道工廠所製造的化學物質、它的毒性、如何透過氣味或影像來偵測化學物質外洩，或是在化學物質外漏出時該如何應付：

　　有些 Bhopal 居民説：大多數住在工廠附近的人認為，它製造的是「Kheti Ki Dawai」，用印度語來説就是「農作物的藥」。因此，他們認為工廠生產的產品是健康的。〔Sabir Kahn, Bhopal 居民〕（THE NEW YORK TIMES 1985A, p.A6）

　　他們所知道的唯一反應就是逃跑。如果他們知道要靠近地面，並且用濕布料掩住臉，大多數受害者都可以免於受傷或死亡。
　　除了一般人缺乏知識以外，醫師、消防隊員、警察和市政府官員也不知道工廠造成的危險，或是意外事故時應當採取的預警措施：

　　「我們完全不知道（在那種情境中）該採取那一類緊急步驟」。
〔Nily Chaudburi，中央水與空氣汙染局主席〕（STEVENS 1984, p.A10）
　　令我震驚的是，我發現 Bhopal 市長完全不了解事件如何發生。
〔Steven Solarz，美國國會議員以及亞太事務附屬委員會主席〕
（HAZARIKA 1984, p.A3）

　　更複雜的是，兩家負責醫治患者的醫院醫師不知道 MIC 是什麼，或如何治療接觸它的民眾。這並非 Bhopal 的醫師能力不足。相反地，他們無法從 Union Carbide 或醫學期刊上獲得這些訊息。其中一家醫院——有 1,000 張病床的 Hemida 醫院——的醫師要面對 20,000 名病患，但是醫療供應短缺，也不了解該如何處理病患的症狀（Wexler 1989）。

許多美國新聞記者將這種問題歸因於貧窮、不識字的民眾認為自己無法了解複雜的技術（Everest 1986）。不過西維吉尼亞 Institute 居民對於 Union Carbide 工廠化學物質外洩的反應同樣地混亂。[8] 當他們注意到有一股強烈的氣味飄入房屋裡，他們並不知道該怎麼辦，下面這些居民的陳述就是很好的證據（Franklin 1985）：

> 「我不停地把頭埋進枕頭裡，想要擺脫那股氣味。然後我終於醒過來，迅速地穿上鞋子。如果真的發生什麼問題，那就太遲了。人們都會死在床上。」
>
> 「當我看到一片白雲上升、散開和擴散，我不知道那是什麼。我只是鎖上門，帶著我太太離去。」
>
> 「那裡有著喘氣聲和可怕的氣味。我們沒辦法從收音機或電視獲知任何消息，我丈夫堅持我們要離開。我們不知道它是什麼。通訊完全中斷。」

民眾——即使是最貧窮的民眾——也不應該在毫無準備的情況下，成為政府或大型跨國公司之決策的被動受害者。60 歲的 Sunderlal Bahuguna 領導生態運動，努力挽救印度北部的森林，他的舉動說明了個人的力量。Bahuguna 到各個村莊教導人民要保護森林，砍樹之後要重新種植，還要保護森林免於商業公司的砍伐。Bahuguna 教導兒童數目的化學成分，鼓勵他們擁抱樹木，並且唱一首跟樹有關的歌：「不要用斧頭碰我，我也會感到疼痛。我是你的朋友。我帶給你新鮮的空氣。我帶給你水。我永遠在你面前彎腰。為什麼你要砍下我？」（Hutchison 1989, p.185）。有些村莊的女性抱住樹木，想要阻止營造商砍倒它們，她們形成人牆擋在路上，不讓營造商接近林木區。

另一個例子是 Kishan Baburao 的成果。Hazare 曾經幫助 Ralegan Sidhi（印度西部的一個村莊）的人民將該地區轉型。過去那個地區因為砍伐森林而遭遇生態災害。現在村子裡生產的食物已經足以自給自足，而且還可以外銷其中的一半（Nikore and Leahy 1993）。Hazare 教導這些人對抗土壤侵蝕的便宜方法，像是築梯田以及在坡地種樹。

　　至此我們已經討論過許多重要概念，有助於了解組織特徵如何造成潛在的建設性和破壞性結果。現在我們要介紹馬克思（Karl Marx）及異化的概念，以了解員工如何被有力的生產力量所支配，對於自己在生產過程中的角色毫不知情或不加批評。

❧ 基層員工的異化

　　人類對自然的控制隨著更複雜之工具和技術的發展，以及協調人力和機械之科層制的成長而增加。機械和官僚組織的結合可以更迅速有效地收集世界上的原料，增加食物、衣服和避難所等必需品製造和分配的速度。

　　馬克思相信：對自然的控制增加伴隨著**異化**（alienation），也就是人類生活受到人類之發明所控制的狀態。化學物質就代表這樣的發明；它們減少了生產過程的體力要求。肥料、除草劑、殺蟲劑和化學處理的種子使人們得以控制自然，因為它們免除了用鋤頭與雜草戰鬥的必要，它們防止害蟲破壞農作物，它們幫助人們生產空前數量的食物。但是長期而言，人們卻被這些介入方法的影響所支配。大量依賴化學技術使泥土被浸蝕，因此降低生產力；它也導致昆蟲和病媒發展出對化學物質的抵抗性。化學技術也改變了農民耕種作物的方式：種植模式由多種作物共同種植改變為單一的現金作物。由於這些改變，農民無法在田中交互種植花卉、草本植物和蔬菜，而且沒有化學物質就無法控制害蟲和疾病。農民現在完全依靠單一作物以及化學工業。

　　雖然馬克思概略地談到異化，但是他更明確地談到工作場所的異化。他相信異化源於單一產品的生產過程由許多分別負責專門化任務的員工所組成。機械化、專門化和科層制組織使人們對生產有新的控制能力，因為這些技術減少體力，增加工作速率。但是同時，人們被這些相同的技術所控制，導致員工失去自我導向。由於這些技術的緣故，部分員工是可以取代的，就像機械零件可以互換。他們被視為經濟成分，而非主動、創造的社會生物（Young 1975）。馬克思認為，這樣的工作條件通常會損害個人「成為具有同情、反省、判斷和行動等人性特質之多層面、真實生物的能力」（Young 1975, p.27）。

馬克思相信：當生產過程被分割，而且員工被當成機器零件，而不是主動、創造的社會生物時，就產生了異化。

　　馬克思相信，員工的異化分為四種層次：（1）來自生產過程，（2）來自產品，（3）來自家庭與同事的社群，以及（4）來自自我。員工異化於生產過程是因為，他們不是為自己或已知的消費者而生產，而是抽象、非個人的市場。員工異化於產品是因為，他們的角色是機械化和受限的；沒有任何人可以宣稱一項產品是自己勞力獨一無二的結果。員工異化於家庭是因為家庭和工作環境是分離的。換句話說，家庭被連根拔起，因為大規模企業取代了它的地盤，或者迫使家庭移到有工作的地方。更進一步來說，員工異化於彼此是因為他們競爭有限的工作。當他們競爭的時候，就無法考慮結合成一股力量來控制他們的工作條件。最後，員工異化於自己是因為「個人的才華、技能和天份被要求私人利潤的資方利用或誤用。如果私人利潤需要再分工和消除技巧，就會犧牲個人技能」（p.28）。

上述四個層次的異化在印度是如此的情形，對於想要吸引外國企業的開發中國家特別明顯。[9] 外國公司擁有工廠的建築物、工具、機械、宗主國員工的勞力。他們的工作通常是重複、腦筋麻木和沉悶的。在最壞的情況下，員工對於所處理的化學物質是「除了會讓眼睛流淚、劇烈咳嗽以及反覆發疹和頭痛之外一無所知。」（Engler 1985, p.493）。雖然有關開發中國家之工作條件的研究並不明確，但是初步資料顯示：員工被利用但卻不顧其健康後果。有兩項研究發現：在 DDT 工廠的 1/3 印度員工和電池工廠的 1/4 員工都生病了（Engler 1985）。世界衛生組織發現，德里的數千家企業中許多都位於「侷促、照明不良、通風不佳的地方，那裡充滿了灰塵、氣體、蒸氣和毒氣」而且沒有衛生控制（Crossette 1989）。

開發中國家員工被利用並當成可棄置物的另一個象徵是，美國和其他西方國家禁止的有毒物質現在都被引入開發中國家。石綿生產就是典型的例子。[10] 石綿的負面影響眾所皆知：長期接觸與肺病和致命的癌症（mesothelioma）有關。在美國，石綿產品已經逐漸被取代或淘汰；例如，石綿不再用來隔絕房屋和其他建築物。但是有些產品——最著名的是 1990 年以前製造的汽車煞車器——仍然使用石綿。環境保護署限制員工接觸石綿的量，導致許多西方國家將生產移往台灣、墨西哥和印度，因為當地對於員工安全的規定落後美國數十年。在印度孟買的石綿塵像是「乾季骯髒路面在巴士過後」飛揚的塵土（Castleman 1986, p.62）。

每當印度設立一座工廠時，員工就會由農村遷居，聚集在工廠周圍的臨時居所或貧民窟。孟買的人口在 1961 年是 102,000 人。當 Union Carbide 和其他企業於 1960 年代在此地設廠之後，人口成長到 1971 年的 385,000 人，1981 年的 670,000 人，以及 1984 年的 800,000 人。

> 在所謂的未開發國家經常看到這樣的景象，在貧窮中……矗立著外國企業設立的閃亮、流線型工廠……在門外你立刻可以發現最簡陋的臨時房屋裡擠著數千個人，他們都失業，而且似乎沒有機會找到任何固定工作。（SCHUMACHER 1985, p.490）

孟買 80 萬居民中大約有 20%住在席地而眠的臨時居所。其中兩個臨時居所的位置——直接位於 Union Carbide 工廠對面——解釋了爲何貧窮居民的死亡特別高。這些人的薪資只有貧窮線的水準，因此無法獲得普通的住宅。在印度許多地方，人們被吸引到圍繞工業區的土地，因爲他們被大企業帶離自己的家。印度的 Kerala 村就是一個驚人的例子。Kerala 的 12,000 個家庭靠著在四周森林種植的竹子和蘆葦勉強維持生計，但是他們必須和大型紙業公司競爭。在森林被迅速徹底砍伐之後，公司可以離開尋找新的森林，但是留在那裡的印度家庭卻失去了賴以爲生的物質。結果許多人被迫遷移到都市的工廠去工作（Sharma 1987）。

工廠業主和股東賺得大量利潤，部分原因是他們可以找到最低工資和環境保護最少的地方，員工衛生與安全法規不能有系統地執行，或者執行較不嚴格。[11] 當公司虧損的時候，總公司的資方可以不顧工廠，任憑設備、員工技能，甚至原本就不適當的安全標準逐漸惡化。員工只要有工作便感激不已，因此不願團結在一起改善工作條件，畢竟上述行動可能讓他們失去工作和維持生計的來源。

有關員工不願意挺身而出這一點，使得經濟學家 Robert Reich 下結論說：人們必須以新的眼光來評量公司，尤其是跨國公司。根據 Reich 的看法，我們不能假定：位於某國的總公司繁榮、賺錢的時候，該國員工也會很富裕。我們也不能假定：來自外國企業的行政人員比本地出生的行政人員更可能做出危害宗主國經濟利益的決定。爲什麼呢？因爲「美國企業和股東到全世界每個成本最低——工資、規定和賦稅最低——的地方做生意都可以賺錢。的確，經營者有責任爲股東尋求這種企業氣氛」（Reich 1988, p.79）。Reich 建議人們多注意那些用貿易赤字來證明公司發展全球競爭規模時，需要薪資特許、貿易保護和其他誘因的商人。美國之所以出現許多對其他國家的貿易赤字，是因爲美國在這些國家製造產品，然後用自己的品牌在美國銷售。例如，墨西哥對美貿易的 40%來自美國公司在墨西哥的子公司（Clark 1993）。「我們這個時代最諷刺的事情之一就是，美國人購買福特汽車或 RCA 電視比豐田汽車或日立電視更可能減少美國的工作機會」（Reich 1988, p.78）。

從全球脈絡的觀點來看，Reich 主張人們不應該過度關心公司或貿易赤字屬於那個國家。相反地，他們應該側重於企業為社區帶來的工作性質：

地方貿易委員會和州政府經常犯的錯誤是，在募集生意時只注意到工作的數目，而非工作的性質。吸引福斯汽車或豐田汽車設立大約 5,000 人的生產線，大約要減少 50 萬美元的稅收，所以算不上是偉大的成就。

畢竟來到鎮上的英國、荷蘭或日本公司都未必勝過或輸給加州或麻州的公司。只要他們帶來好工作、建立勞工的能力，這種「外來」投資可能會賺大錢。但是如果是不需要技能或例行的工作，而且無法增加新技能，則這種投資最終會導致小鎮長期的損失。對於大多數城鎮來說，另一代的低技能、低工資生產線員工長期來說沒有特殊利益。（REICH 1990, p.84）

✿ 討論

組織是允許貨物和服務有效地製造和分配給數百萬人的有力協調機制。雖然組織有效地控制人、訊息、貨物和服務，但是它們也可能採取沒有效率、不負責任的行動。本章介紹社會學家用以了解組織中兩種層面的概念。我們將焦點集中在組織促成危險物質之過度使用、不當處理和棄置的層面，但是組織也能夠採取負責的行動（請參閱「丹麥的工業」）。

以負面行動為焦點並不表示組織全都是不好的（請參閱表 7.5）；我們需要組織。例如，如果我們想要保護環境和大眾健康，就必須由規定和程序明確的組織來監督規模遍及全世界的工業活動。如果員工想要在最低薪資、最佳稅負減免以及最低員工安全和環境規定的經濟環境中擁有協議的權力，就必須有強大的國際勞工組織（Faux 1990）。不過我們集中在組織的問題部分是因為，對這些問題的了解裨益檢查潛在的危險特性。

Bhopal 的災害顯示組織中有許多特性會造成對已知風險的疏忽、誤解和不負責。這些因素包括：（1）強調以最迅速、最高成本效率的方法達到組織目標，但是未考慮其他方法和目標之優點的理性決策，（2）偏離規定和規則，（3）過度堅守規定和規則，（4）過度依靠接受分隔化訓練的專家，（5）寡頭政治，以及（6）異化的勞動力。

我們也了解到組織和環境之間的複雜關係，尤其是對於在印度這種國家的跨國公司。Union Carbide 的例子顯示：組織不只會從環境中收集勞工和原料，也會透過它所製造的產品、提供的服務和棄置的廢物而影響環境。

丹麥的工業

在本章中我們較強調組織內部的機制，尤其是渴求利潤、對人們和環境造成問題的機制。不過，組織也能夠採取負責任的行動。例如，丹麥 Kalundborg 的工廠不但獲取利潤，同時也保護環境免於受到它們產生的廢物所害。

有關環境的著作非常多。許多書籍和文章告訴我們在日常生活中能夠（且應該）如何減緩破壞的速率——藉由回收、拒絕購買最具破壞性的產品、更有效地安排生活以減少所需。這些訊息當然非常重要，但是即使我們每一個人都做到這些事情，仍然是不夠的。現在開始拯救地球已經太晚。許多事情已經發生：農田變成沙漠、森林被砍伐成荒地、全球溫度將會上升、臭氧層持續破裂。

但是事情尚未完全絕望。我們還有時間去挽救或重新恢復維持我們生活的溫和、仁慈的環境。我們不可能輕易地做到。但是在事情出錯了之後，值得讓我們提醒自己：現在還有少數地方非常好。

其中一個非常好的地方是丹麥的 Kalundborg。Kalundborg 是一座小城，包含許多工廠，它們都會造成嚴重汙染和環境問題。

那裡有 Asnaes 電廠，也就是丹麥最大的電力供應設施。有 Gyproc 工廠，製造建築使用的大量塑膠板。有石油精煉廠和 Novo Nordisk 製藥廠，還有常見的政府和零售商、住宅，以及周圍的農田。

它們都有收集原料和其他資源的特殊需要，而且都產生各自的廢物。

　　Novo Nordisk 需要蒸汽才能製造酵素和藥品。直到十年前，它們還是像其他工業一樣，靠燃料和煮沸當地河流中取得的水來製造蒸汽。然後 Novo Nordisk 與 Asnaes 電廠達成協議，購買電廠用過的蒸汽——溫度仍然很高，但是不足以轉動渦輪。Asnaes 像大多數電廠一樣，從前只是將蒸汽冷卻，排放到相同的河流中，造成危害。

　　Asnaes 從這些河流中抽水，然後它又向 Statoil 精煉廠（有一些水來自石油處理塔的冷卻水）買水。Statoil 也有一些東西要出售。石油精煉的廢氣通常沒有經濟效益，一般來說用來燃燒永不熄滅的火炬。Statoil 將這些氣體首先賣給 Gyproc，以取代製造塑膠板的其他燃料，然後再賣給電廠。

　　Asnaes 電廠還有多餘的熱能，所以開始將它輸送到當地的加熱系統；使得 Kalundborg 的 1,500 個家庭可以關掉家中的暖爐。電廠還有多餘的熱能，也就是較低溫的熱水，可以用來供應附近的魚塭。

　　Novo Nordisk 靠著發酵作用來製造藥品，因此產生了許多濃度極高的糟粕。它沒有像世界上其他工廠那樣將它們排入河流中。相反地，它殺死糟粕中的微生物，然後賣給當地農民當作肥料。農民愛死它了。他們可以放心地使用它，而不必擔心有重金屬或工業毒性；裡面完全不含這些東西。同時，電廠的飛灰可以製造煤渣塊，電廠的新刷子可以提供 Gyproc 工廠便宜的石膏以製造塑膠板。

　　Kalundborg 並不是因為關心環境而開始邁向綠色之路。實際上每一家公司都在設法增加利潤。

　　Kalundborg 尚未解決所有的環境問題。它甚至尚未解決自己的問題。但是它顯示出：許多問題的解決方法實際上可以賺錢以及保住人們的工作，以及修補地球。

（來源：*Our Angry Earth: A Ticking Time Bomb*，作者 Issac Asimov 和 Frederick Pohl，pp.247-49。）

表 7.5　組織——批評者和支持者的說法	
批評者的說法	支持者的說法
1.組織強迫員工做簡化、無意義的工作，因此剝奪了他們的進取心、創造力和獨立。只要看看生產線就可以明白。	我們可以加入自主性和自由判斷以豐富工作。在瑞典，生產線就經過這種修正。無論如何，只有少數人實際在生產線工作。我們已經轉變為服務業社會。
2.組織不能為社會或消費者服務。汽車不安全，工廠汙染空氣，組織的大小也有危險。跨國公司控制公司所在城鎮的生活，甚至推翻政府。	我們可以控制污染，而且藉由品管圈以及日本和其他先進國家提供的建議製造出更好的產品。大型公司創造大規模的經濟。除此之外，只有大型組織可以支持新產品的研究。
3.組織甚至不能好好地工作。當你把汽車從展示中心開回家之前，它就已經解體了，監獄無法重新改造個人，學校一團混亂。我們需要其他機構。	你扯得太遠了。汽車之所以會出錯是因為你的要求太多——高速、不需要維修的零缺點駕駛。如果我們製造沒有特色的汽車，你就不會購買它。監獄可以改造個人，只要你負擔職業諮商和訓練的費用。學校做得很好——你找不到另一個國家有 1/3 以上的高中生繼續升學。
4.組織失去控制。一群自大的權力菁英互相勾結而控制組織，逐漸膨脹的官僚負責管理它們。當事人或市民沒有對抗組織的權力。	任何有關不容異議之權力菁英的證據都是誇張和充滿偏見的。當事人和公民的權力正在增加。你可以看看超級市場的標示內容。看看消費者行動團體的成長。

（來源：*Organizations in Society*，作者 Edward Gross 和 Amitai Etzioni，p.4。）

組織不能對環境的負面影響負全責。國家需要消息靈通的大眾，而不是隨意消費的大眾。這樣的大眾十分重要，因為他們可以強化資方和專家的有意識決策，後者會察覺到大眾正在監督他們的行動。除此之外，消息靈通的大眾在危機發生時可以明智地反應。科學家 Kenneth Prewitt 主張：如果大眾能夠明白，所有技術都有無法預測的結果，以及複雜的問題沒有簡單的答案，將會很有幫助：

> 有領悟力的羣眾贊成「修正」不實際的目標。很少有問題可以徹底解決；通常問題會改變形式。控制傳染病不能解決衛生問題。只是轉移了對癌症和心臟病的注意。當這些中年疾病被治癒之後，注意力將會轉向高齡者和老年人的相關疾病。社會因應問題；而不是解決問題。如果大眾想要主動參與引入重大技術——化學肥料、添加氯的水、核能、基因工程——的爭議，至少必須了解這一項事實。(PREWITT 1983, pp.62-63)

缺少充分了解的大眾不是印度這樣的國家所特有的。美國同樣也為群眾冷漠所苦。不過在印度和其他開發中地區的問題較大，因為那裡缺乏看守人，而且許多人過於貧窮，所以願意忍受任何有謀生機會的環境。

重點在於，資方、專家、員工和大眾都要承認：技術本身沒有好壞之分，它只有各種利益和代價。如果人們不了解這些利益和代價，他們會認為自己沒有權力和能力去判斷這些技術的價值。許多人相信：他們不能忍受這些技術，但是生活中又少不了它。如果他們必須選擇，他們寧可忍受技術。有一個印度民間故事顯示出這種無助的觀點：

> 在 Bhopal 的貧民窟的一位年長女性據說要拜訪從未聽過的房屋。她敲門要求食物。如果她得到食物，她就對著房子丟去，所有居民都會死去。如果她沒有得到食物，她就詛咒住在那裡的人，他們也會死亡。（ ALVARES 1987, p.182 ）

一位印度男孩在市場上販賣調味料。前景的秤只是一項技術——處理物理環境的工具——就像電廠一樣複雜。

人們相信他們不能沒有化學物質,因為化學物質確保豐收;但是他們也相信自己無法忍受它們,因為它們對於健康和環境有害。事實上,問題不是在於化學物質,而是在於誤用、過度使用和濫用化學物質。

Bhopal 的問題不是要不要技術的爭議。真正的問題需要靠組織機制來協調有害物質之誠實製造和使用、能夠了解此技術之充分涵意的專家,以及受過教育的消費者和充分明瞭的員工。跨國公司 Ciba-Geigy 與不知名的半撒哈拉種稻非洲國家共同贊助的計畫顯示:這些目標並非不切實際的,好的商業倫理造就好的商業知識,因為開發中國家的持續穩定發展對於公司長期而言更有利。根據 Ciba-Geigy 公司第三世界指導 Klaus M. Leisinger 的看法,公司進行一項計畫,在出售殺蟲劑至該國家之前評估其需要水準。一旦研究完成,公司便會建立組織的基層結構,以協調所有與殺蟲劑有關的公司內外人員之活動;他們將訓練 40,000 位農民使用殺蟲劑;而且監督殺蟲劑的安全應用(Leisinger 1988)。

➳ 焦點：價值—理性行動的問題

　　回想社會學家韋伯關心價值—理性行動,因為有價值的目標非常重要,使得人們忽略了用以達到該目標之方法的負面結果。我們在本章中主張,無法考慮上述結果是組織的「破壞面」之核心。許多潛伏在 Bhopal 災害背後的特定問題——例如訓練成的無能以及用狹隘的統計指標來評量表現——代表:員工彈性、對不尋常環境的反應能力和承擔責任的意願被更大的重要目標(生產化學物質以獲利)所犧牲。「漢弗特(Hanford)核能保護個案」顯示出:價值—理性行動的問題超越 Bhopal 的災害。

漢弗特核能保護個案*

Yvonne Dupont and Karen Meyer

　　Bhopal 災害不是印度這樣的國家才會有的意外。在美國,我們必須要先了解:我們的 Bhopal 就是全國各地的 17 座核能武器工廠。能源部承認,過去 50 年來製造炸彈的程序造成公共衛生的嚴重威脅。核能廢料處理不當,將使空氣、水和土壤帶有致癌的放射線和化學毒物。
　　雖然美國的 17 座核能電廠對於健康和生命造成嚴重威脅,但是我們只將焦點集中在位於華盛頓州 Richland,負責製造核子彈的漢弗特核能廠。在漢弗特開始生產的最初十年之內,總共有 470,000 居里的碘 131 外洩。相反地,三哩島——大多數美國人將這個地點聯想到美國最糟的商業核能意外——只釋出了 15 居里的碘 131。

---

　　* 來源:作者 Yvonne Dupont 和 Karen Meyers,北肯塔基大學,1990 年。

50 年之後我們要問，這樣的悲劇爲何會發生？就像社會學家馬克思、韋伯所警告的：「正確的理性行動很罕見」——只要人們設定了目標，他們就很少質疑此目標的道理、考慮達成目標的最安全方法，或者準備應付無法預見的結果。通常人們選擇最有效率和便利的方法去達成重要的目標。漢弗特核子武器工廠的科學家只有一個重要目標——在武器競賽中勝過蘇聯，以便毀滅共產主義。事實上，他們使用特殊的策略，以避免處理可能減緩武器生產的複雜問題。

同時，美國人——尤其是住在工廠周圍的人——對於工廠所生產的東西只有最模糊的了解。由於居民恐懼共產主義，他們認爲有必要製造核子彈。回想當時暢銷雜誌上刊登的文章，可以一瞥對共產主義的恐懼。在 1960 年代初期，民防是全國的首要目標。民防辦公室（OCD）計畫在 1962 年之前標示 250,000 座公眾原子塵避難所，裡面貯藏了食物和水，供 500 萬人避難（Newsweek 1961）。除此之外，美國政府製造的核子武器多到可以毀滅全世界好幾次（Nevin 1988）。它花費了 7,500 億美元製造 60,000 個核子彈頭，等於 40 年中平均每天製造 4 個彈頭。

大多數漢弗特居民都不了解核能是什麼（它如何製造、它在製造炸彈的過程中所扮演的角色、誰負責監督它的使用，以及它的生產對於人類族群的影響）。結果他們將這些事情交給專家，並且支持製造炸彈。這裡我們可以看到與波斯灣戰爭相似的地方，美國大眾通常接受政府監督美國在伊拉克之軍事活動，以便達成打倒海珊的重要目標。

由於核能是非常抽象的概念，人們必須依靠專家告訴他們它是否安全。專家定期檢驗工廠附近農田取得的樣本，以確定人們沒有暴露在有害的物質之下。這些科學家是否到輻射現場的農田去並不重要；人們通常不會質疑專家。「你在看什麼？」「哦，不要擔心」，專家會這樣說。「如果我們發現任何事情，就會告訴你」（Boly 1990）。在冷戰的氣氛之下，人們幾乎不需要解釋。大多數人對於專家抱持盲目的信任，假設他們關心國家利益。

Richland 公民不是唯一將信任交付在專家手中的人。數萬名員工搬到華盛頓州 Richland，幾乎徹夜不眠地建造漢弗特工廠。由於漢弗特計畫被歸類爲最高機密，處理危險物質的員工並不知道他們正在處理或建造什麼。多數員工不會因此感到困擾，這個秘密保守得非常嚴密，以致於個別的美國科學家無法監督工廠所發生的事。員工得到薪水支票，但卻歸因於圍堵共產主義（Boly 1990）。

漢弗特核能廠有一個目標：漢弗特的科學家和上級主管必須以迅速、高成本效率的方法製造核子彈（Boly 1990）。漢弗特官員認爲危險廢料的棄置是次於圍堵蘇聯威脅的目標，而且後來可以改正。由於這種單向的想法，大量核子廢料被傾倒在壕溝和沒有內襯的貯存槽裡。最後這些廢料滲流到地下水中，然後流入供應數十萬人食物、水和休閒活動的哥倫比亞河（Boly 1990）。住在漢弗特工廠順風處的人罹患癌症（尤其是甲狀腺癌）、心臟病以及子孫畸形的比例高於正常值（Boly 1990）。漢弗特官員不只將工廠程序和文件保密，而且沒有警告公民這些健康危險。我們現在知道，漢弗特官員有意釋放輻射線，然後利用順風處的居民當做追蹤輻射線效果的天竺鼠（Boly 1990）。即使到今天還有一些文件未公開。

價值—理性行動的另一個問題是，政府官員未考慮製造核子彈的長期效果。但是癌症和其他健康結果的檢查只限於短期。專家並未考慮到，未來 20 年之內將有上千人在兒童期接觸廢料，但是成年後開始組織家庭時才罹患癌症、出生缺陷和其他問題。直到 1989 年才開始長期健康影響的研究。

漢弗特工廠只是說明製造核子武器如何危害環境和周遭社區居民之生活的一個例子。現在和將來的人需要數萬年的時間和數十億元的金錢才能處理這樣的遺產。

1 美國消費者聯盟根據價格、品質和安全性來測試和評定產品，而且在消費者報告和購買指南上公佈這些訊息（Lydenberg, Marlin, Strub, and the Council on Economic Priorities 1986）。

2 印度人口 8 億 4400 萬，是世界上僅次於中國大陸的第二大國。平均每一平方英哩有 612 人（相較於美國的 66 人）。印度人口每年約增加 1800 萬人（Crossette 1991）。

3 在歷史上，跨國公司的興起與殖民地自治一致。

4 B.A.T 工業「固執地拒絕在 T 之後加上句點」（Moskowitz 1987, p.37）。

5 面對災難的驚慌也可能發生在核子戰爭，也就是進行防空疏散計畫時。例如，警察會外出指揮交通，或是回家照顧自己的家人？防空計畫假定一幅不實際的景象——由權威人物所控制的冷靜、有秩序疏散。

6 印度的 140 所大學每年有 170,000 位科學家和工程師畢業——是世界上第三大的數字（Ember 1985）。

7 許多印度機構和指定官員負責對 Bhopal 工廠進行不同層次的監督。包括石油和化學部、農業部、技術發展總理事會、財政部、科學技術處、進出口控制處、炸藥總檢查處、工廠保護顧問、工業成本和價格局、貿易部和工業局（Bleiberg 1987）。

8 Union Carbide 的報告顯示，1980 年到 1985 年之間，共有 134 次光氣、MIC 或兩者混合的外洩事件。

9 在 Bhopal 工廠的例子裡，Union Carbide 擁有 51％，印度大眾為 49％。

10 .另一個例子與砷有關，這種物質用於殺蟲劑、玻璃、木材防腐劑和半導體。這種物質可能致癌，在美國有極為嚴格的環境規定。1955
年，美國的砷有 35%靠進口；到了 1984 則完全是進口的。生產地由
美國轉移到祕魯、墨西哥和菲律賓（Shaikh 1986）。

[11] 1988 年，以美國為基地的前三大化學公司的利潤是杜邦公司的 21
億 9000 萬美元（比 1987 年增加 22.6%）、Dow 化學公司的 2 億 3980
萬美元（比 1987 年增加 93.4%）和 Union Carbide 的 6 億 6200 萬美
元（比 1987 年增加 185.3%）（*Fortune* 1989）。

偏差、順從與社會控制

——以中華人民共和國

為例

- ■　文化大革命及其影響
- ■　偏差：違反規範的行為
- ■　對偏差的界定
- ■　建構論取向
- ■　結構緊張理論
- ■　差別結合理論
- ■　中、美兩國的社會控制體系
- ■　討論
- ■　焦點：接受偏差的定義

當文化大革命爆發時……我家是城內最早被搜索的家庭之一。

後來我才知道，事情的發生肇始於母親的無知。我的祖父與父親都在銀行服務，是有名的資本家。事情發生的那段時間內，所有資本家存放在銀行的錢都遭到凍結，這些「剝削得來的錢」不得提領，而資本家的姓名也都被張貼公告在銀行門口，但是我的母親並不曉得這回事，當她到銀行領錢時，銀行職員馬上通知紅衛兵，過沒多久紅衛兵就出現在家裡，並開始搜查我們住的公寓。

當我回到家時，從走廊往房裡張望，發現到處都是正在搜查東西的紅衛兵，沒見到半個家人，許多物品都被砸成碎片。

後來爸媽搬到娘家，而娘家也遭紅衛兵搜查並查封，所以爸媽只好在走廊上用布圍成一個小小的空間，撿拾一些木板當床。當我去探視我母親時，她的頭髮已經被紅衛兵剪掉了。（FENG JICAI 1991, pp.158-60）

上述事件發生在長達十年的文化大革命時期（1966-1976），逾 50 萬名中國人在這段期間內遭到監禁、刑求、屈辱、甚至處死，任何人只要曾當過官、賺過錢、表現出喜歡外國文化的傾向、或是對學術研究有興趣，都會遭到審問、逮捕和懲罰，這些人包括科學家、教師、運動員、表演家、藝術家、作家、私人企業主、以及有親戚住在國外者、戴眼鏡、化妝、說外語、擁有照相機或收音機、或曾到海外旅遊的人（Mathews and Mathews 1983）。亞洲學者 Robert Oxman 描述 1993 年的中國情景，以此和文革時期的中國做對照：

所有中國人都競相從事商業來謀取利潤，這種資本主義的形式在過去是被嚴格禁止的。有些人存個小錢，買些工具，就在路邊幫人修理腳踏車；或是在人行道上開家補鞋店；或是趁上班前，趕在清晨五點半幫人理髮。在鄉間，一位主婦種植作物以便多賺點錢貼補家用，中國人賺錢的自然本能在此展露無遺。再加上大量外資的進入，使得中國經濟快速起飛。

在一些大城市中，建築物、住宅社區以及道路似乎在一夕之間全冒了出來，起重機在各都市中隨處可見。來自世界各地的船舶在繁榮的上海港口運輸商品和載客，過去中國人重視意識型態勝過一切，致使經濟發展緩慢，但現在的中國正快速地追求繁榮。（OXMAN 1993B, p.9）

本章的題目是偏差、順從與社會控制。在社會學研究中，這是屬於比較複雜的議題，因為幾乎任何行為或表現在某個特定環境下都可以被認定為偏差。**偏差**（deviance）係指因背離團體規範和期待，而遭致社會性挑戰與譴責的任何行為或表現。

另一方面，**順從**（conformity）則被界定為遵循和維繫團體標準的行為和表現。所有的團體都有一套**社會控制的機制**（mechanisms of social control），這是用來教導、說服或強迫成員遵從共有規範和期待的方法。

正如同本章開頭的短文所述，一些像是戴眼鏡、到銀行領錢等微不足道的行為，在特定的文化背景下會被認定為偏差。

在美國文化中，我們也可以看到相同情形。社會學家賽門斯（J. L. Simmons）曾針對 180 位不同年齡、教育水準、職業、宗教信仰的美國男女，請他們在列出的 1,154 個項目中「選出你認為的偏差類型」：

即使我們訪問的人不多，但他們卻已將 252 種不同的行為或人士視為「偏差」，其中包括一些我們料想得到的，比如同性戀、賣淫、吸毒者、披頭族和殺人犯，另外還包括說謊者、民主主義者、鹵莽的駕駛、無神論者、自憐者、退休人士、職業婦女、離婚者、電影明星、潔癖者、和平主義者、神職人員、自由主義者、保守主義者、年輕的管理人、化粧的少女以及自以為無所不知的的教授等等。（SIMMONS 1965, pp.223-24）

雖然這是一份 25 年前的研究，但賽門斯的結論仍具有參考價值：任何行為或表現在某特定環境下，都可能被認定為偏差。而所有偏差形式的唯一共同特徵是「某些社會閱聽大眾將之視為偏差並加以對待」（p.225）。

我們很難將所有的偏差行為加以精確表列，因為某些人界定的偏差行為，不見得其他人也會如此認定。同樣道理，在某個時空下被視為偏差的行為，在另一個時空可能不是如此。譬如現在的中國已不再將戴眼鏡視為偏差，而美國雅芳化妝品公司也已在中國雇用 18,000 名銷售員推銷產品（WuDunn 1993）。再譬如古柯鹼和其他非法藥品過去曾被美國認可為合法物質，事實上，「每次我們前往拜會世界最知名的可樂公司時，總會不經意地知道古柯鹼以前是合法的」（Gould 1990, p.74），可口可樂最初也被當成藥品來販賣。從古柯葉中提煉的原料可用來生產飲料，也可用來生產古柯鹼（Henriques 1993）。

每個人對於偏差內容的界定都不同，這點提醒我們一項事實：偏差僅存在於某特定時空中與規範有關的事項。社會學對於偏差行為的了解係超越個人層次，而強調偏差行為發生的脈絡。這種強調引出偏差本質的兩個普遍卻基本的問題。第一，為何在某特定環境下，某些行為或表現會被認為是偏差？若要回答該問題，我們得超越個人人格或基因組成的層次。譬如，要了解偏差行為的發生脈絡，才能幫助我們了解為什麼賺錢在中國

社會對偏差的定義隨時間的改變而有所不同。比如在數十年前的美國，抽煙不但為大眾接受，而且還被人們美化。

曾被視為犯罪行為。

　　第二個重要問題是：是誰界定什麼行為屬於偏差？意即，是誰決定那個人、那些團體、那種行為和表現是偏差？某活動或表現之所以在這個特定時空而不是那個時空被視為偏差，說明了偏差的界定必須經過某特定歷程。就以中國為例，是誰決定戴眼鏡、說洋話、到銀行領錢等行為構成偏差行為，並得接受嚴厲處罰？

北京的Chagan購物中心跟美國的購物中心非常相像。當你想到文化大革命時期人們因持有外國貨，或擁有多餘財富，或被認定為「布爾喬亞」階級而被批鬥，此情此景就更能張顯。

　　在本章中，我們將探討社會學家用來了解偏差的一些概念和理論，藉以回答偏差的社會本質這類基本而複雜的問題。我們以中華人民共和國[1]為例的主要理由是，中國現已進行 12-15 年的經濟改革，與 1960、1970年代的文革時期呈現極端對比。在文革時期，「獲利活動」是犯罪行為，且整個國家呈現鎖國狀態，拒絕外資與外國勢力的進入。文革時期的農夫假如超額種植多於自家需要的農作，並將多餘農作拿去賣錢的話，他會被抨擊為走資派。多賺點小錢在那個時代會遭致嚴厲批評，因此農夫寧可選擇貧窮生活，也不願被稱作布爾喬亞的同路人（T. Bernstein 1983）。與過去相較，現今中國境內有 70,000 家外資公司（Holley and Courtney

1993），單單在北京就有上百家的豪華旅館，提供外國人和中國富人投宿（Montalbano 1993）。1993 年國際貨幣基金稱中國是僅次美、日的世界第三大經濟強國。

　　儘管中國的經濟變遷與開放如此快速，被喻為世界上最大的經濟實驗之一（Broadfoot 1993），但中國在人權問題上仍倍受國外的攻擊與批評。自從 1989 年中共在北京天安門廣場以空前的殘忍手段鎮壓示威學生之後，世界目光的焦點就集中在中國的人權問題上[2]，一位年輕男子挺身站在坦克車前的景像讓我們印象深刻。在這次鎮壓行動中，據估計有數百人喪生，上千人受傷，但與文革時期的鎮壓行動相比，這次的死傷人數仍算輕微。六四天安門事件在媒體批露之後，即迅速引起全球關注（Fang 1990; Kristof 1992）。許多示威學生就和文革時期被整肅的人一樣，都被認定為偏差，被認為對共黨政權造成威脅，影響中國社會秩序的平穩運作。

　　也許有關中國最有趣的事中共當權者自 1949 年以來堅持的教條：

　　　　不論任何環境，不計任何代價，政治權力都必須保有其完整性。這條鐵則優於任何考量，必須徹底執行，絕不容許出現任何例外。黨的權威高於一切，一旦黨的權威瀕臨危險，像國家破產、海外信用淪喪、國家聲望墜落、停止所有現代化的努力等事件都不值一哂。（LEYS 1989, p.17）

　　這項教條現仍被遵循（見「意識型態效忠的重要性」一文），即使是今天，當中國歷經巨大的經濟成長與變遷，「即使在中國將要脫離經濟與社會生活被支配的時刻，中共領導人仍十分清楚地意圖保留其不容挑戰的共黨獨裁」（Holley 1993, p.H15），中國的情況清楚地說明當權者如何界定誰是偏差、什麼是偏差，並強化這些定義。我們將在稍後的段落中更完整地檢視中國體制，並以之和美國體制相較。在探討「規範」這個偏差主題的核心概念——違反規範即構成偏差——之前，我們得先看看中國在文革後的背景資料。

意識型態效忠的重要性

　　中國人看似可分成兩種：一種是擁護共產黨，意識型態健全的人；另一種人則是反對共產黨，缺乏效忠的意識型態者。現今的意識型態健全者會堅守四項政治原則：（1）中國是個社會主義國家，因此必須創造社會主義的市場經濟，而不是走資本主義的路子，（2）中國共產黨是權力與領導核心，（3）馬克思主義、列寧主義和毛澤東思想的結合是指導國家的意識型態，以及（4）國家是無產階級專政的國家。由於這些原則的意圖太過於模糊，所以黨或黨領導人可以恣意地認定哪些人違反這些原則（Personal Correspondence 1993），任何阻礙工作場所、地方或國家進步與平順運作的行為，即被視為違逆人民和國家的表現。中國最廣為使用的正式懲罰是勞改，經由再教育和勞動的手段來達成。

　　很明顯地，曾犯下搶劫、謀殺、強姦等罪的中國人即是視為破壞社會結構者。此外，那些私通、違犯工作指派任務、失業、沒有正當工作、游民、破壞團體紀律、輟學或被學校開除、參與反革命和反社會主義活動（這些人的行為和表現挑戰共黨的意識型態）等人因行為都具有破壞性，因而需要接受勞改。最近一項被界定為反革命的活動即是天安門廣場前的示威活動，天安門廣場上的學生支持民主，[1] 結果在 1989 年 6 月遭受武裝鎮壓，這些學生被控以「布爾喬亞自由化」（bourgeois liberalization）的罪名，該詞從未被清楚的界定，若依媒體的用法，該詞或許可以被解釋成威脅國家安定的個人自由（個人主義）的放縱，這種傾向得加以抑制。政府認為學生之所以會參與示威，是因為他們過著隱匿的生活，對改革的複雜性一無所知，他們的年輕氣盛也沒有考量較大的總體利益。（KWONG 1988, pp. 983-84）

　　政府採取數項措施說服學生相信生活的複雜性，以減少其顛覆概念，這些措施包括將他們送到「鄉下地區，教導他們忍受苦難、辛勤工作，並認識大多數鄉村人口面臨的日常生活困境」（Kristof 1989b, p.Y1）。這種作法的理論根據是：意識型態的效忠可經由接觸人民、以及體力勞動而逐步達成，[2] 其他方法包括限制學生接觸人文科學和社會科學。在六四事件後，幾乎沒有學生能夠選讀政府當局視為「可疑的意識型態」的學科，包括歷史、政治科學、社會學和國際研究（Goldman

1989）。

　　[1]事實上民主運動已被鎮壓過許多次。1979 年廣場上的民主運動被視為「動搖國本」，而 1983 年的民主運動則被貼上「心靈污染」的標籤（Link 1989）。[2]

　　「一位中國教授在文革結束後被送到安徽省……他描述那邊的生活情況。他回憶：所有的東西都是泥巴做成的，地板、牆壁、床、鄉下人坐的板凳等等都是。村民沒有柴薪可供升火，所有的樹木早已被砍光，所以婦女和小孩得蒐集牧草和麥桿，取走滋養大地的營養物。這位教授待在安徽這幾年內沒吃過肉，而他被分配到的家庭也沒有火柴、肥皂，大部分時間沒有烹調用食用油可供使用」（Butterfield 1982, p. 16）。

一個人冒著被坦克輾過的危險。而這些坦克都是被派來鎮壓1989年天安門廣場前的示威運動。

∂ 文化大革命及其影響

　　沒有親身經歷文化大革命的人不可能全然了解它對中國人生活造成的破壞（R. Bernstein 1982）。持續近十年的文革起始於 1966 年，它是由共產黨主席毛澤東興起的一個運動，目的是重建中國的革命精神，而它也是對抗修正主義份子以及打倒舊權威的一項運動。毛澤東粗略地將修正主義界定為「放棄中國共產黨的革命目標，以及擁有特權，並囤積世俗財貨」（Fairbank 1987, p.319）[3]，他將根深蒂固的權威定義為「四舊」：即舊思想、舊文化、舊習俗及舊習慣。一開始，毛澤東指派紅衛兵（他對 9-18 歲青少年的稱呼）揪出修正主義份子和舊權威者，並加以整肅。然而，紅衛兵在三年內將整個國家搞得紛擾不安，因此毛澤東以他們未能了解與實行該政策為名，將 1,700 萬名紅衛兵下放到鄉間，讓他們同農民住在一起，接受再教育，而把揪出修正主義份子的工作轉交給人民解放軍。

在文化大革命期間，許多具有相當歷史的中國器物（如墓碑、古代遺跡、手稿、藝術品、古藉、詩卷等）以及其他私人收藏的世俗物品都受

「我們對毛主席深信不疑」：持續十年的文化大革命企圖重燃中國的革命精神，並加強人民對毛澤東學說的奉從。

到破壞。正如先前提及的，凡握有權威，或有西方色彩的傾向，包括那些種植額外作物的農民，都會遭人懷疑。倘使有人認為國外產品優於中國產品，或是拿印有毛澤東肖像的報紙來包食物或垃圾，這些人也會遭到懷疑（Mathews and Mathews 1983）。

正如同 June Chang 在〈野鵝：中國的三個女兒〉（1991）一文中寫

道，這種情境讓許多人「根本不敢思考，怕自己的想法會不知不覺地表露」（1992, p.6）。即使是很微小的過失，也會成為眾人攻擊的對象：

> 這些人必須站在平台上，對底下的羣眾恭敬的鞠躬致歉，並坦承和重覆自己在意識型態上犯下的錯誤。照例，他們的雙手會被綁在背後呈機翼狀。在台下的朋友儘管眼眶裡含著同情的淚水，但是咀咒和嘲弄的揶揄仍得掛在嘴邊……
>
> 中國人很在乎同儕團體間的彼此敬重，但是在一羣包括同事與老友在內的大庭廣眾之下受到羞辱和責打，這種感覺簡直是痛不欲生。（FAIRBANK 1987, p.336）

在 Fox Butterfield 的著作《中國：苦海餘生》（1982）中，描述一位前紅衛兵在事發 15 年之後，回想他們對所謂修正主義份子及舊權威人物的逮捕與迫害的情形：

> 「當文化大革命開始時，我還非常年輕……我和同學都成為北京第一批紅衛兵，我們深深景仰毛主席，毛語錄我能倒背如流，我們還花了許多時間向師長喊口號。」
>
> 洪尤其記得，在一個溫度頗低的冬日，她和紅衛兵同志在手臂上綁著紅袖帶，命令三位未戴手套和穿外套的高中老師到戶外下跪，「我們進房搜查，找到一些可能是舊教科書之類的英文書，這對我們來說就是崇洋媚外的證明，所以拿把火把這些東西全燒了。」
>
> 事後，洪回憶她那組綽號叫「老狗」的組長（18 歲，某陸軍將官的兒子），命令她們用木棒毆打老師，「我們一直打到這些老師吐血，」洪說……「我們對自己的表現感到非常滿意，認為這一切頗具革命性。」（BUTTERFIELD 1982, p.183）

文化大革命背後的這股力量幫助我們更清楚地了解，為什麼賺錢會被視爲是反抗國家的罪行,爲什麼這些人會被視爲偏差。然而,我們很難看清導致革命發生的大環境,得至少回溯 185 年的時間來探察其起源。即使如此,我們可以說,由於文革之前的全國性計畫——大躍進——的失敗,讓毛澤東成爲眾矢之的,所以他企圖藉由文革來整肅共黨內部與群眾當中的反動勢力。

　　大躍進是毛澤東提出的計畫,目的是動員群眾在五年內將中國由窮國建設成農業富國,於是他動員數十萬人殺蝗蟲、用鏟子與手推車建大壩(Butterfield 1976)。這個認知錯誤的草率計畫將中國社會全面重組,對經濟造成很大的破壞。譬如爲了要增加肥料,就命令人民砍樹、燒樹並將灰燼灑在田野中,此舉讓農民沒有燒飯的燃料;比如共黨官員認爲某地孕藏豐富煤礦,便要求人民停採作物,開始在農地上掘地尋煤,結果沒尋著半點煤礦,卻讓原本該收成的作物因而腐壞。整個大躍進的結果,造成 3,000-5,000 萬名中國人死於人爲飢荒(Leys 1990; Liu Binyan 1993),也嚴重地破壞環境:農夫爲了取得耕地與燃材,破壞一半以上的草地以及 1/3 的森林(Leys 1990)。而毛澤東卻將大躍進的失敗歸罪於舊權威以及革命精神的喪失。

　　看過中國這一段歷史之後,我們不禁會想,爲什麼當今的中國能接受賺錢活動?爲什麼中國會極力爭取主辦西元 2000 年的奧運(雖最後未能如願)?要回答這些問題,還是得回到文化大革命的脈絡上。文革的發生犧牲中國的經濟、科技、科學、文化與農業的發展,同時也耗竭中國人的體力和心力。

　　當毛澤東於 1976 年死後,文革也告一段落,新的領導人便得面臨文革產生的許多問題。比如文革在技術人才的銜接上造成十年的斷層。「『我真的不敢讓年輕的醫生到醫院來替病人開刀,』一位外科主治醫生說:『他們進醫學院學的是毛澤東思想、種稻與製造曳引機零件,所以很多人沒考過試,連基本的解剖學都不懂』」(Butterfield 1980, p.32)。這種斷層的情況不只存在於醫學領域而已,許多人在文革時期的職位取得是基於對毛澤東的效忠,而非個人專業背景。

在鄧小平領導下的中國共產黨為了解決這些問題，便需要得到那些曾在文革時期受迫害的教師、技術員、藝術家及科學家等等的支持，為了彌補這段「空白的十年」，中共領導人將數幾千名學生送往西方資本主義國家留學，並允許農民及工廠工人在達到政府配額生產量之後，能保有剩餘的獲利與農作；另外還設立經濟特區，這是一塊設置在中華人民共和國境內，得以享受資本主義利益並吸引外資的特別區域，而外國投資者往往為當地的廉價勞工和 12 億廣大人口

一位中國婦女在販售毛澤東的紀念雕像。諷刺的是，這位禁止任何資本主義形式的人物，現在卻被當成可供販售謀利的物品。

的潛在市場所吸引（Jao and Leung 1986; Pannell 1987; Ross 1984; Stepanek 1982）。像雅芳、麥當勞及 Procter & Gamble 等外國公司便於 1992 年到中國投資近 110 億美元資金，而同年中國對美國的貿易順差達到 182 億 2,000 萬美元，導致兩國貿易呈現緊張關係（WuDunn 1993）。與 1976 年相比，當時一個人可能只因懂得幾個英文字而被勞改、監禁，但現在的情況的確與已往大為不同。

中國當局企盼能獲得國際的肯定，所以極力爭取西元 2000 年的奧運。如同一位中國體操教練 Wu Yimei 所說：

運動就像外交一樣……當我們得到好成績，就如同開了一扇窗，世界其他國家就能透過這扇窗更加了解中國，就可以看到我們的豐衣足食、政治穩定與快速發展，否則就不必訓練那麼多傑出的運動員。（1988, pp.31-31）

從 1966 年以降，中國人在界定偏差的觀念上已有重大轉變，這個事實說明導引社會學思考偏差本質的的兩項主要預設：

1. 幾乎任何的行為或表現都會在某特定環境下被視為偏差。
2. 關於何謂偏差的概念會隨時空的不同而有所改變。

我們已在第四章檢視過規範這個社會學概念，這個概念即強調這二項預設。規範是界定適當與不適當行為的成文與不成文規則，當我們討論偏差時，不能忽略規範這個重要概念，因為違反規範即構成偏差。

❧ 偏差：違反規範的行為

我們在第四章當中學到某些規範比其他規範來得重要。在本章當中，我們介紹社會學家孫末楠（William Graham Sumner）區分的兩種規範形式——民俗與民德。

民俗與民德

民俗（Folkways）是慣常的做事方法，可以應用到生活細節或常規事務——一個人應該怎麼看、怎麼吃、如何與他人打招呼、如何對同性或異性表達情感、甚至怎麼上洗手間等等。[4] 當葡萄牙人類學教授 Francisco Martins Ramos 造訪美國後，發現各國民俗會影響人們在公廁的行為。Romas

描述一位初到美國的葡萄牙人：

> 對美國的文化行為模式感到非常詫異，他做夢也沒想過：在公廁小便的美國人竟開始同站在隔壁的同伴聊了起來，即使他們互不認識！這種場合的對話主題不外是天氣、足球、政治等等。我們可以想得到，對於將小便視為必要身體功能的葡萄牙人來說，這個地方絕非社交場合，否則公廁不就成為酒吧的延伸？（RAMOS 1993, p.5）

民德（mores）係指人們認為對其團體或國家的福祉來說重要的規範。禁止蠻行或蓄意殺人均是民德的顯明實例。觸犯民德者通常會遭到嚴厲懲罰，這些人會被放逐、監禁到牢獄或精神病院，甚至遭到處決。然而，與民俗相較，人們會把民德視為「唯一道路」和「真理」，結果，人們認為民德是終極且不可改變的。

美國有許多保障個人隱私、財產、權利以及自由的民德，個人無需請示上級的批准，便有結婚、生小孩、選擇職業、換工作與遷徙的自由。國家做為一個整體，不管是缺乏科學家、教師、護士等人才，或是各地區的醫生比例不平均，這些都不重要，重要的個人的選擇。我們很難想像，當美國人不得隨意更換工作或遷徙，這會是什麼樣的光景。

中國有悠久的歷史，其民德反映出順從、集體主義和服從權威的傳統價值。事實上，在 1920 年代形成，於 1948 年由毛澤東出任領導的共產黨試圖保留這些傳統價值，不過作法卻是要求人民把對家庭的效忠轉移到對黨和黨務機構的效忠；同時，共產黨也想革除一些舊民德，比如對勞動的輕視、對家庭的效忠、宗教信仰以及對人際網絡的依賴等，改以熱愛勞動、效忠黨和黨領導人、以及無神論這類新價值替代之。共產黨的作法意圖創造出人的新形態〔「社會主義人」（socialist man）〕，試圖在某些舊民德和舊價值的基礎上，引入一組新價值和新民德，並以制裁來阻撓偏差的發生並強化其規則（Personal Correspondence 1993）。我們很難想像，中國人的結婚、生子與住宅取得都得經過共產黨的同意才行，通常是由工作單位或地區委員會控制（Oxman 1993c）。一直到最近，若沒有單位或委員會的批准，個人仍無法選擇職業、買火車票、買腳踏車或電視、旅館訂房、就業或者買食物。

人們通常會遵循既有的民德與民俗來行事，因為人們認為這樣做才是「好的、適當的，同時也是值得的」（Sumner 1907, p.60），對大部分人來說，「能滿足所有人的規則就是最適合的規則」。回想第五章所說的，社會化是多數人自然地學習和接受自身文化的歷程，因為社會化啟始於人們進入世界的那個當下，所以無可避免地會接觸到文化的民俗與民德。如果我們比較中、美兩國唸幼稚園四歲小孩的生活結構，便能了解相異但卻重要的文化經驗會被併入各自的日常活動中。雖然我們難以歸納兩國幼稚園的各種情況，但兩者確實有一些顯著的差異。中國幼童被教導要壓抑自己的情感、要和其他小朋友合作、改變自己以適應整個團體；相較之下，美國幼童被教導要培養自己的興趣、要同其他小朋友競爭，以獲得成功和老師的褒揚。

社會化作為社會控制的一種手段：例如中、美幼稚園的孩童。Joseph Tobin 與 Dana Davidson 兩位教授以及研究員 David Wu 將中、美兩國幼稚園孩童在校的日常生活作息拍成影片，希望藉此了解各別體系裡的老師如何對孩童進行社會化，使其能有效率地融入社會運作[5]（值得一提的是，這兩個國家的幼稚園孩童絕大部分看來都很快樂）。研究者在比較後發現：中國孩童的組織性較高，且具有社會性胸懷，中國老師訓練 4 歲學生「在還沒犯錯之前就禁止其行為」（Tobin, Wu, and Davidson 1989, p.94），並訓練他們效忠團體。舉個上廁所為例，便可了解中國孩童被教導要遵循師長指示，並調整自己適應團體的作息：

現在是早上十點鐘，是小孩上廁所的時間。26 位小孩排成一排，在王老師的帶領下越過操場，來到一間水泥建築前。在這間建築物內，只有一條延著三面牆開鑿的長溝。在王老師的指示與協助下，26 個小孩脫下褲子，跨蹲在水溝上，男孩一邊，女孩一邊。五分鐘後，王老

師發衛生紙給小孩自己擦拭。如廁之後，學生在幫浦前排成一排，二位值日生忙著提水給這些孩童洗手。（pp.78-79）

　　當研究者把這段影片播放給美國父母和老師觀看時，他們都深感疑惑，並質疑為何小孩被迫以此種方式如廁。[6] 一位中國教育家答稱：

　　　　這樣做有什麼不好？為什麼要讓年紀這麼小的孩子各自如廁？大家同時上廁所不是更省事？如果某位孩童很想上廁所，我們當然會讓他獨自前往。不過，若以常規來衡量，比較好的作法是讓孩子學習控制自己的身體，並配合團體的作息。（p.105）

規範美國及中國幼稚園學生行為的民德十分不同。中國幼稚園的老師強調結構性的活動和社會性的心胸，而美國幼稚園的老師則較可能教導學童自發性、自由選擇和個人的獨特性。

　　在美國，幼稚園的孩童同樣受到老師的管教，不過通常是在犯錯之後。相較於中國的情況，美國老師鼓勵學生自我管理、自由選擇、獨立與獨特性。例如繪畫中的美國小孩想拿多少張紙就拿多少張，一旦覺得不喜歡，就將紙揉掉；當他們辦家家酒、商家或救火隊員時，有各式各樣的服飾、塑膠盤和兒童專用的家具、塑膠食物可供挑選。美國老師也鼓勵學生自行挑選活動。這種師生之間的關係很難想像會在中國教室裡發生：

誰想上來畫畫？密歇爾、麻優美、尼可拉，好，你們三個上來畫，〔這時老師舉起木板〕還有誰？邁可，好，你第一個，斯圖，你第二個，比利第三個……這是一個謎題，誰想解這個謎題？〔老師舉起一個玩具煎鍋〕誰想辦家家酒？麗莎、蘿絲、德瑞克，你們到那個角落去。凱瑞，你想玩什麼呢？將來想到電台工作嗎？卡蘿，妳呢？有誰想要唸書的？這本書叫做石頭湯，想唸的人跟我來。（p.130）

反應其他文化裡的社會化 曾看過該影片的中、美人士均對對方的幼稚園教育體制感到疑惑，中國觀察者明顯偏好自己的教育方式，他們認為這種訓練方式表現出對學生的關心和照顧，並認為美國那套方式過於混亂、沒有紀律，會導致學生以自我為中心。正如一位中國觀察者所說的，「教室裡那麼多的玩具會把小孩寵壞，擁有太多東西會讓他們不懂得珍惜」（p.88）。相反地，美國人批評中國的幼童教育過於僵化、極權、太過團體導向、且過於嚴苛，「使孩童變得像機器人般單調、無趣」（p.138）。由此可見，每個人都對外國的制度感到不滿，這是因為外國的經驗與本國盛行的民德和觀念相牴觸。

早期的社會化經驗讓孩童得以融入既存體系。中國大概是世界上管制最強、最強調集體導向的國家之一，而美國則是世界上數一數二最講究自我管理、個人導向的國家。其實，每個社會都想讓其成員融入自身的環境當中，就以先前幼稚園孩童社會化的例子來說，大多數的中國孩童自幼稚園起，就已了解團體合作的需要，而多數美國孩童則知道別人會不斷地評估他，並依其表現給予酬賞。不過，人類基本的社會化經驗是不一樣的。幼稚園時期發生的社會化經驗顯示，不是所有的孩童都會讀幼稚園，而在那些上幼稚園的孩童之中，也未必全數學生都會將學校教授的價值、規範和期望予以內化。因此，所有社會都會建立某些社會控制的機制，用以確保人們會順從社會規範行事。

　　正如稍早學到的，順從可以被界定為遵從與維繫團體標準所作的行為和表現（Cooley [1902] 1964）。理想上，順從是自願性的，意即，人們有內在動機支持他們維持團體的標準，假如違反該標準，便會產生罪惡感。正如戴眼鏡、用化妝品、說外語或者打破印有毛澤東肖像的物品，這些行為在文化大革命時期都被認定為偏差，所以許多中國人就會自行遵守這些規定，倘若違反這些規定（即使是不小心），他們也會自我懲罰。一位中國人的回憶說明這一點：

　　　　當我還是個小孩，我不知道上帝長什麼模樣，但我知道毛澤東就是主宰我們生活的上帝。記得 6 歲那年不小心打破一個印有毛澤東肖像的瓷器，恐懼感立即將我吞噬，當時是有生以來最悲慘的時刻。我為了要隱藏罪行，就將打破的碎片丟入公廁的毛坑中，而且罪惡感持續了好幾個月。（AUTHOR X, 1992, p.22）

　　作者在這種情況下表現出來的罪惡感正是自願性順從的表徵。然而，假如順從無法以自願方式達成，人們便會使用種種方法來教導、說服或強制他人順從。

社會控制的機制

　　理想上，社會化能導致順從，而且是出自個人自願的順從，但是當人們不想自願順從時，就必須以一套社會控制的機制來維持和實施共同的規範和期待，這種機制即是**獎懲**（sanctions）——對行為與表現贊同或不贊同的反應。制裁可以是正向的或負向的，也可以是正式的或非正式的。**正向獎懲**（positive sanctions）係指對順從者表達贊同並給予酬賞，比如鼓掌、微笑或拍拍肩膀；而**負向獎懲**（negative sanctions）則是對不順從者表達不贊同並施予懲罰，比如嘲笑、放逐、禁錮、甚至處死。

非正式獎懲（informal sanctions）係人們私下、立即的贊同或不贊同的表達，背後並無法律的強制力。下列以知名心理學家 Sandra Bem 的兒子的故事為例，說明人們如何應用非正式獎懲。Bem 和先生都希望在教養孩子時，不要受到那些「文化刻板地界定為不適當的特質和行為」所框限（Monkerud 1990, p.83）。不過，當他們努力打破規範和期待時，卻經常遭致非正式獎懲的挑戰。

　　　　Bem 的兒子傑瑞米在 4 歲時穿裙子上托兒所。有一天，一位男孩對他說「只有女孩才穿裙子。」傑瑞米試著解釋，男女之別是因為生殖器的不同，而不是穿不穿裙子。最後，在無法解釋的情況下，他拉下褲子讓那位男孩看看他的陰莖，證明他是男孩，但是那位男孩卻回答：「陰莖每個人都有，只有女孩才穿裙子。」（p.83）

正式的獎懲包括規範適當行為的文字規則，就如同中國深圳大學
張貼的這兩張分別以中、英文寫成的標語。

　　這個事件顯示：規範的社會化很早就已開始運作。即使只是 4 歲的小孩，他們同樣也會使用獎懲手段來強化那些學習自大人、老師、電視等處的規範。

　　正式獎懲（formal sanctions）係載明（經常是成文的）在某情況下人們應該被獎賞或懲罰的明確的、系統性的法律、規則和政策。正式獎懲也

界定分配酬賞和施予處罰的程序，前者包括勳章、紅利和獎狀，後者包括罰款、監禁或死刑等等。社會學家使用**犯罪**（crime）一詞指涉破壞社會法律的偏差，並用正式獎懲加以懲罰。每個社會的成員對於犯罪的構成、起因以及如何處理罪犯等問題的見解都不同（見「中國的社會控制程度」一文）。

中國的社會控制程度

中國的「社會控制無所不在且影響每一個人」（Clark and Clark 1985, p.109），因此，「每個人都有參與團體活動的社會責任，且得在集體生活環境中『幫助』其他人，而這種『幫助』意謂每個人也有責任糾出並改正他人的過失」（Rojek 1985, p.119）。

理論上，每位中國人都隸屬於共產黨員領導的工作單位和地方委員會。直到最近，重要的生活領域仍受到單位或委員會的監督。工作單位處理的事項包括：決定個人薪資；配給糧食和日用品（電燈泡、避孕藥、腳踏車、電視機等）；核准旅遊通行證、換工作、遷居，還包括審查結婚與生育的申請，並能決定某工作者或其子女是否能夠參加大學入學考試。工作單位擁有一份機密文件[1]，內容包括每個人的教育程度、工作、祖先三代的階級背景、以及黨對這個人的評估（是活躍份子或是反革命份子），而工作單位還會依告密者所言向某些人提出政治控訴。工作單位鼓勵其成員通報他人犯下的過錯，然而美國人相信個人的生活有不受干擾的權利，所以他們對不當行為（如兒童虐待、婚姻暴力和藥物濫用等）的通報有所疑慮。中國人通常不吝於檢舉可疑者，因為他們害怕保持緘默的人可能會被視為共犯。

地方委員會則是監視人們在工作場所之外的生活。它負責執行節育政策、監督其成員與外人的接觸、處理家庭問題、監看各家戶的活動、調查鄰里間的紛爭、處理小型犯罪、以及教育成員新法律和新政策。委員會有權不經屋主同意而逕行搜屋，也和工作單位一樣鼓勵其成員告密。「當整個社會的結合如此緊密，一個違反法令者，不管是有意或是無意，他插翅也難飛了。」（Wu Han 1981, p.39）。

中國最為外界熟知的社會控制是一胎化政策。由於中國人口規模太過龐大，所以中共當局頒布政策，規定每對夫妻只能擁有一個小孩，希望藉此緩和人口成長，以便在西元 2000 年穩定維持 12 億人口（Tien 1990）。中央每年會分派生育數量的配額給各省市城鎮，而工作單位與地方委員會則決定那些夫妻涵括在配額數中、那一對夫妻可以懷孕生子，並監督避孕藥的使用，甚到記錄婦女的月經周期，女性官員還會檢查婦女的子宮內避孕裝置位置是否正確。假如婦女未經許可而懷孕，她會被說服接受墮胎（Ignatius 1988），正如一位中國官員告訴美國記者，「我們並不強迫她……我們只是反覆再三的跟她談，直到她同意為止」（Hareven 1987, p.73）。只有一位小孩的夫妻以及簽下切結書同意不再生育的夫妻則能獲得獎賞：特別津貼和其他財務報酬、教育機會、優先分配住宅以及擁有額外的生活空間。至於申請生第二胎的夫妻則被要求至少得等上四年；假如已有二位子女，就會被說服不要繼續生育，至於子女數超過一個以上的夫妻則會遭受各種經濟制裁或懲罰。[2]

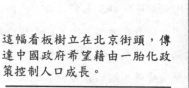

這幅看板樹立在北京街頭，傳達中國政府希望藉由一胎化政策控制人口成長。

[1] 在中國境內，美國生活等相關資訊的取得並不容易，像人口統計這類資料被視為機密情報，對此情報感興趣的中國學生和教授得提出正式申請，而這種申請會在個人終身檔案中留下記錄（Rorty 1982）。

[2] 一胎化政策在都市地區的實行較鄉村地區成功，因為鄉下人相信多子多福氣、養兒防老、以及男孩子可充作種田的勞力，所以他們拒絕中共當局的作法（當男孩子結婚時，他的妻子會搬來和公婆同住，這對夫妻就能在公婆老年時養活他們）。

👌 對偏差的界定

根據社會學家柯林斯（Randall Collins 1982）的說法，涂爾幹提出有關偏差的社會學理論非常複雜。涂爾幹（[1901] 1982）主張，雖然各地的偏差形式不同，但它卻普存於每個社會，他將偏差界定為違反集體規範與期望的行為。涂爾幹就各地都有人違反集體情感的這項事實推斷，只要偏差不是太過極端的話，它是一種正常的現象。「沒有偏差存在的社會是不可能的」（p.99），涂爾幹認為，即使在「一個由聖人組成的完美模範社區當中」也會出現偏差（p.100），縱使在一個看似完美的社會當中，被大多數人視為低劣的那些行動也會引起人們的反感，甚至將之視為犯罪。

涂爾幹對於所謂「完美和正直」的人作了一個類比。在一個由許多嚴以律己的個體組成的社會當中，有些人的某些行動或表現仍會犯錯，其原因單純只是「由於我們每個人無法站在同一立場，所以每個人不可能彼此相像，因而在這些差異當中，有些差異會被認為具有犯罪的特質」（p.100）。

一個行為或表現究竟是不是犯罪，與其說是行為或表現的特質或結果，倒不如說是團體對危及福祉的事物所作的界定。譬如，戴眼鏡的行為本身根本不會傷害他人，但是當我們知道這個行為被認定是有害的，人們便不會輕易地戴上眼鏡。

涂爾幹基於兩點理由，主張偏差對整個社會來說具有功能。首先，懲罰的儀式（犯罪、決定處罰和執行）是種情感經驗，它可以增加團體成員的團結，並建立共同情感。涂爾幹認為，一個團體若長期沒有出現吸引眾人注意的犯罪行為，則該團體成員可能會失去團體認同。

其次，偏差也可能促成必要的變遷，並讓人們有變遷的準備。假如沒有人率先引入新觀念和新做法，變遷通常不容易發生，不過這些人所作的嘗試和行為多半會受到某些團體的排拒。

對於為什麼幾乎所有事情都可被界定為偏差，涂爾幹的理論提供一個有趣的解釋。不過，他並未說明一個重要問題：究竟是誰決定哪種活動和表現是偏差？標籤理論或許可以提供答案。

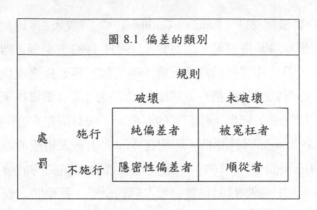

圖 8.1　偏差的類別

		規則	
		破壞	未破壞
處罰	施行	純偏差者	被冤枉者
	不施行	隱密性偏差者	順從者

標籤理論

　　Frank Tannenbaum（1938），列馬特（Edwin Lemert 1951），John Kitsuse（1962），艾瑞克森（Kai Erikson 1966）與貝克（Howard Becker 1963）這幾位社會學家都與傳統的標籤理論的發展有關，其中最富盛名者當屬貝克。在貝克的著作《局外人：偏差的社會學研究》（Outsiders: Studies in the Sociology of Deviance）一書中指出，標籤理論的中心主旨是：「所有的社會團體都會在某些時候和某些環境當中制定規則並加以執行……當規則實施之後，那些被認為違反規則的人會被視為異類，這些人不再獲得團體成員的信任，於是被視為局外人」（1963, p.1）。

　　正如貝克所指出的，標籤理論家的預設是：規則是社會性建構出來的，而規則的施行並不是統一的或一致的。支持這些預設的事實是，偏差的定義隨著時空的不同而有所更迭，有人違反規則卻沒被發現，有人什麼事都沒做卻被視為罪犯。標籤理論家主張，某項行動是否是偏差，取決於人們是否注意到它；假如注意到了，就看他們是否將此行動標籤為破壞規則，進而施予懲罰。這種偶然性點出破壞規則並不意謂個人偏差，意即，從社會學的觀點看來，破壞規則者並非偏差（就嚴格的意義來說），除非某些人注意到這種破壞，並裁決其得更正原先的行動。

標籤理論家認為，人們在面對社會團體創造的規則時會有不同的反應，這些反應可大致區分為四種類型：順從者、純偏差者、隱秘性偏差者與被冤枉者。一個人屬於哪一類，取決於他是否違反規則，以及懲罰是否實施。（見圖 8.1）

順從者（comformists）係指依團體規則行事，而團體也相應對待的那些人。而純偏差者（pure deviants）係指違反規則，且被逮捕、懲罰並被標籤為局外人的那些人，結果，偏差成為破壞規則者被他人認定的主要地

是偏差者還是善心天使？舊金山的「善心瑪麗」因為供應大麻給愛滋病患以減輕病痛，而多次被捕入獄。她的行為被認定有罪，是因為行為本身會產生可怕的後果？抑或只是因為社會將之界定為非法行為？

位，這是一種「自己比大多數人來得重要的證明。一個人在被確認為其他身份之前，先會被認定為偏差」（Becker 1963, p.33）。我們必須記得，雖然純偏差者的確破壞規則，但這些人是被規則執行者挑選出加以逮捕和懲罰的對象。譬如毒品管理局會因為懷疑有人涉及走私毒品，所以決定禁止某人在機場通關；例如高速公路巡邏隊決定在眾多超速車輛中攔檢哪輛車。一項針對新紐澤西州某段高速公路的車輛和駕駛人特徵所作的研究發現，在所有觀察的特徵當中，懸掛非本州車牌、由黑人男性駕駛的新款轎車所佔比例低於 5%，但因超速被逮捕的駕駛當中，有 80%都符合這類特徵（Belkin 1990）。因超速而被攔檢的駕駛被認定為偏差，但那些未被攔

檢的駕駛則是隱秘性偏差者。

表 8.1	犯罪受害者人數及其通報警方的百分比	
犯罪的類別	受害者人數	通報警方的受害者百分比
所有犯罪	34,730,370	38.0%
所有個人犯罪	18,956,060	35.3%
暴力犯罪	6,423,510	48.6%
竊案	12,532,550	28.5%
所有家庭犯罪	15,774,310	41.2%

　　隱秘性偏差者（secret deviants）係指那些違反規則卻未被他人察覺者，或者被他人察覺卻無人加以反應或執法。貝克認為「沒有人真正知道這種現象存在的數量，」但他堅信「該數量非常龐大，超乎我們想像」（1963, p.20）。例如美國司法部對犯罪受害人的調查檔案指出，只有 38%的犯罪受害人會報警（U.S. Bureau of Justice Statistics 1992; 見表 8.1）。另一個例子與酒醉駕車有關，美國的酒醉駕駛人在警方臨檢或出車禍前通常已在路上橫行 2,000 趟（Jacobs 1983）。

　　美國政府在1989年向毒品宣戰，這是隱秘性偏差的第三個顯著實例。統計數據顯示，2,500 萬名美國人每年花費 500 億美元購買毒品，其中僅古柯鹼一項就高達 200 億。古柯鹼是玻利維亞單一最重要出口品，亦佔秘魯出口量的 1/3，這兩個國家生產全球古柯鹼供應量的九成。政治科學家 Ethan Nadelmann（1989）估計，300 位古柯鹼出口商背後有 222,000 位種植古柯鹼的農夫、74,000 位製造者將古柯鹼製成漿、7,400 位運送者、1,333 名提煉者。由於使用者眾多，使得以古柯鹼為中心的經濟體系非常發達，但法律執行系統所能逮捕和懲罰對象，只是那些極少數的使用、生產、製造、銷售毒品者（Gorriti 1989）。

　　被冤枉者（falsely accused）係指沒有違反規則但卻被當成違反者處

理的那些人。被冤枉者也和純偏差者一樣被標籤為局外人。這些人也和隱密性偏差者一樣，沒有人知道這類人數有多少，但其存在的數量可能超乎想像。這些人即使事後洗刷所有的指控，但冤名仍會存在。譬如毒品管理局在三大機場（休士頓、紐約、邁阿密）的樣本記錄顯示，就平均值來說，所有被拘押和照 X 光的嫌疑犯中，有 50% 未發現有吞食毒品袋囊（走私者經常會將毒品塞入保險套內，用膠帶密封後加以吞食，此袋囊最後經由身體器官排泄後取出）。當然，各機場在這方面的數據並非相同，例如在休士頓國際機場，樣本記錄顯示 60 位接受 X 光檢查的人士中有 4 位證實夾帶毒品（Belkin 1990）。

被冤枉者通常不是因為他們真的做了什麼，而是他們看起就像做了什麼。一些符合毒品走私特徵的人士通常會被毒品管理局留置，這些特徵包括：膚色較黑、長得像外國人、行色匆匆、髮型奇特、身著豔麗服裝、只買單程票、付現金、在最後一刻更換班機、從底特律、邁阿密或其他大城市起降，或者來自加勒比海、奈及利亞、牙買加等其他知名毒品供應區（Belkin 1990）。

1989 年 10 月發生在波士頓的史都華謀殺案也是這種情形。史都華在謀殺有身孕的太太卡蘿之後，蓄意將自己弄傷，同時打了一通「緊急且心絞痛的電話」（Fox and Levin 1990, p.66）向警方求助。史都華告訴警方，他和太太被一位黑人男子搶劫、射殺，於是警方開始盤查鄰近地區的黑人，史都華指認其中一位是兇手。最後，當史都華獲悉警方將調查重點轉向自己之後，便以自殺了斷。史都華為了獲得太太的保險金而殺人，他將自己弄傷，杜撰一個能夠取信於人的故事，這樣的事件不禁讓我們想問：人們在什麼樣的情況下最可能成為被冤枉者？

被冤枉者的境遇

社會學家艾瑞克森（1966）認為，當國家或團體的福祉遭受威脅時，處於特定情境下的人比較可能成為犯罪的被冤枉者。這個威脅可能來自於經濟危機（經濟衰退或蕭條）、道德危機（如家庭解組）、健康危機（如愛滋病）、或是國家的安全危機（如戰爭）等，人們需要在這些時候界定出一個看似清楚的威脅來源。每當災難發生時，通常都得找個人來承擔責任，藉以確認威脅，並營造出控制的幻覺，而被找來承擔責任的人最好與該事件沒有直接關係，且最好看起來異於常人。例如一場發生在中國的意外事件中，一位下班的酒醉水手在一艘超載的渡船上跟人打架，由於眾人的圍觀致使渡船重心不穩而翻覆，導致 158 人死亡，這位酒醉的水手最後被判處死刑（Burns 1986）。

政治迫害（witch-hunt）也是被冤枉者形式之一，這種活動係用來對付損害團體或國家的破壞份子。事實上，由於問題的真正原因通常極為複雜，不是抓幾個特定份子就能了事，所以政治迫害難以達成其原先設定的目標。被認定有問題的人實際上經常不是威脅的導因，而是被有意地用來代表整個複雜的情勢。譬如在文化大革命時期，有時候某些最小、最不起眼的動作也會被視為反抗團體或國家的罪行，這麼做的目的是要轉移人民對執政當局疏失（比如廣大的失業率）的注意力。1993 年有關男同性戀者是否可以入伍服役的辯論則是另一實例，社會學家質疑：男同性戀之所以成為媒體的焦點，這跟柯林頓政府與國會正計畫大幅刪減國防預算一事該不會是個巧合？

另一個關於團體遭遇危機的事例發生在第二次大戰期間，住在美國西岸逾 110,000 名日裔美籍人士（其中 80%是美國公民）遭到拘禁的事件。這些日裔美籍人士被迫離開家園，遷入滿佈鐵絲網並有機槍守衛的監獄中（Kometani 1987）。沒有直接的證據顯示這些人有任何反美活動，然而由於戰時的狂熱，再加長期的偏見，終於導致這些日裔美籍人士被關入集中營。

還有一個被冤枉者的實例發生在戰後。數以百計的美國人在 1940 年代後期和 1950 年代被指控為共產黨員，他們遭到調查，甚至審判，但卻無充份證據足以支持該項指控。

被冤枉者的存在強調一項事實：研究偏差不能只檢視那些被認定、

或被貼標籤的規則破壞者，還得對規則制定者和執行者加以檢視。

衝突論者強調，不是所有的規則和規則破壞者都受到平等地對待。像Michael Milken這位頂尖的金融業者（左圖這位正從事社區服務者，社區服務是其刑罰當中的一部分）造成的危害可能遠甚於街頭竊犯（如右圖），但司法體系對白領重罪犯的處罰經常不會太過嚴苛。

規則制定者與執行者

　　社會學家貝克建議，研究者應當特別留意規則制定者和執行者，以及他們如何取得權力，並運用這些權力界定他人如何「被看待、了解和對待」（1973, p.204）。這種主題除了吸引標籤理論家的注意，也受到衝突論者的關注。根據衝突論者的看法，那些最有錢、最有勢和最有權威的人士有能力創造法律，並創造出打擊犯罪的監控機構，就此觀之，我們並不訝異執行法律所抓的罪犯都是一些無權的窮苦百姓，而不是那有錢有權的團體，這種不公平的待遇造成一種廣泛的印象，即窮人、教育程度低、弱勢團體成員的犯罪傾向高於中高階級、受過良好教育以及強勢團體的成員。事實上，犯罪行為普存於各社會階層中，但是犯罪類型、法律施行的範圍、能否取得合法援助、以及是否有權修改有利於己的法律，這些都因階級的不同而有所差異（Chambliss 1974）。譬如，美國警方打擊的犯罪對象通常是威脅個人身家性命與財產者（像搶劫、毆打、殺人和強姦），而不是白領犯罪和公司犯罪。

白領犯罪（white-collar crime）的組成分子「具有體面的高社會地位，藉由職務之便從事犯罪行為」（Sutherland and Cressey 1978, p.44）。公司犯罪（corporate crime）係指公司為了與其他公司競爭市場上的佔有或獲利而犯下的罪行。對於製造和銷售不安全產品、非法棄置有毒廢棄物、逃稅與洗錢等白領犯罪和公司犯罪，警方通常不會加以處理，而是由一個權力較小、人員較少的管轄機關管理之。由於白領犯罪者是體系的一部分，他們在組織中擔任的職位能供其審慎地從事非法勾當，因此比較容易逃避懲罰。此外，白領犯罪和公司犯罪「指的是非個人的實體，像稅制體系、物質環境、市場經濟中的競爭條件等等」（National Council for Crime Prevention in Sweden 1985, p.13）。就平常的意義來說，這些是沒有受害人的犯罪，因為它們「鮮能讓特定受害人向警方報案並出面指認犯罪」（p.13）。

偏差並不是特定行為或表現的結果，而是應用規則並對所謂犯罪者施予懲罰的結果（見「有罪或無罪的推斷」一文）。基於這些原因，社會學家較關注規則制定者與支持和施行這些規則的人，而非規則破壞者。從這個觀點看來，我們得多了解規則制定者在塑造偏差的過程中扮演的角色，以下將介紹解釋者取向，將焦點擺在規則制定者的一個特定類型——宣稱者。

有罪或無罪的推斷

美國司法體系認為被告在證明其罪行之前是無罪的，但被告在中國卻被假定是有罪的。被告在上法庭之前，會受到工作單位或地方委員會的查核，假如工作單位或地方委員會無法改變被告的觀點或行為，便會將之送到紀律委員會，該委員會對被告施予懲罰或逕行送付法院。他們假定被告是有罪的，且應對之略施薄懲，而法院出庭可能只是聆聽判決，實際證據顯示，99%的被告會被最高人民法院宣判有罪。理論上，中國的被告能有上訴的機會，但法院體系只准一次上訴（Chiu

1988）。

　　而美國的被告則是在判決確定有罪之前被視為無罪，再者，被告可藉由認罪求情、緩刑、或以精神異常或自衛的理由抗告，甚至以監獄人滿為患為由而減輕判決和懲罰。1990年單單在紐約市就有300,000名犯罪申請這種程序，但只有10%，也就是 30,000 位得服滿刑期，其餘 270,000 位被駁回、縮減刑期或取得認罪求情協議（Shipp, Baquet, and Gottlieb 1991）。最後，能高薪聘請好律師進行辯護的被告很有機會被證明為無罪，或者接受較輕的判刑。

　　關於被告應如何處置，中、美兩國社會中的律師角色反映出兩國人民不同的觀點。中國律師領的是國家的薪水，必須將報酬交回給政府。雖然中國律師被教導要保護客戶的合法權利，但這些權利卻都次於國家和人民的權利與利益。此外，中國律師也不興美國律師那一套，他們不能利用形象管理策略，在客戶確實犯罪的情況下卻在陪審團面前宣稱被告的清白（Lubman 1983）。假如中國律師也採行同樣的技巧，他們會被控以反政府的罪名。

一個被控以反革命罪行的男子在處決前交付審訊，該男子在交付審訊階段之前已被視為有罪。

❧ 建構論取向

建構論取向（constructionist approach）關注某特定團體（如非法移民或同性戀者）、活動（如虐待兒童、吞食毒藥）、情況（如未婚懷孕、不孕、污染）、或是人工製品（如抒情歌、槍枝、藝術、眼鏡）等被界定為問題的過程。建構論尤其檢視該過程的宣稱活動。[7] 宣稱活動包括「要求服務、填寫表格、提出不滿、提出訴訟、召開記者會、寫抗議信、通過決議、出版刊物、夾報、支持或反對某項政府政策與措施、設立底線或聯合杯葛」（Spector and Kitsuse 1977, p.79）。**宣稱者**（claim makers）係指提出並操縱宣稱的那些人，倘使閱聽眾都認為其宣稱為真，宣稱者的目的就達成了。

宣稱者

宣稱者並不限於遭人歧視的受害者、政府官員、專業人員（如醫生、科學家、教授）和壓力團體（即那些為了得到或保護一己利益，而向民意與政府決策者施壓的團體）。宣稱活動能否成功取決於一些因素，包括可否動用媒體和相關資源、宣稱者的地位及其資金募集、促銷與組織的技巧（Best 1989）。譬如天安門事件發生時，中共當局為了管制軍隊知悉示威相關的資訊，便禁止這些軍人一週不得閱報與收看電視；為了避免軍人和學生出現友善關係，當局更調派一些無法說標準中文的北方部隊進駐（Calhoun 1989），讓軍人和示威者之間無法溝通。很明顯的，對中共當局來說，控制軍人對情勢的了解比起控制學生來得容易。

根據社會學家 Joel Best 的說法，當建構論者研究一個團體或行為被界定為社會問題的過程時，他們注重是誰作宣稱、誰的宣稱被閱聽眾獲悉，而閱聽眾如何回應。下列問題導引建構論者：針對某問題該作何種宣稱？宣稱由誰提出？有那幾項宣稱為人所知？為什麼某宣稱會在某時機提出？

對宣稱的回應是什麼？有證據顯示宣稱者曲解或草率地敘述整個情勢嗎？建構論者在回答最後一個問題時，會檢視宣稱者如何敘述整個情況，特別的是，他們關注宣稱者如何為情況貼上標籤、他們用來說明問題本質時舉的例子、以及他們的問題導向（將問題描述為醫學的、道德的、遺傳的、或者是性格的問題）。

標籤、舉例和導向是重要的，因為它們能針對問題引出特別的原因和解決方法（Best 1989）。比如我們將愛滋病稱為道德問題，這就將其起因定位在人類行為的好壞，也暗示解決方法在於改變不道德的習性。如果我們將愛滋病稱為醫學問題，其成因就在身體或心理的生物性運作當中，得仰賴藥物、疫苗和診療來解決；同樣的，如果宣稱者以雜交的男同性戀來說明愛滋病問題的本質，這相較於以血友病患者或 HIV 病毒感染的兒童來說明問題的本質，前者傳達的訊息更為不同。正如我們在第六章當中學到的，像這種狹隘的概念並未闡明愛滋病問題的本質及其潛在的解決之道。

在下一段當中，我們將使用建構論取向來檢視宣稱的精確性——由於煙酒的危險性小於古柯鹼和其他非法毒品，所以煙酒是合法的。這是毒品管理局之所注意毒品走私者，而較不注意煙酒小販的理由。

對合法與非法毒品危險性的宣稱

生物學家顧德（Stephen Jay Gould）在其文章〈政治分類學：錯誤歸類的害處〉當中，描述兩位宣稱者之間的言詞爭辨——前公共衛生局局長庫伯（C. Everett Koop）和伊利諾州眾議員布魯斯（Terry Bruce），這個爭辨起始於庫伯宣稱尼古丁的毒癮效應不亞於海洛英或古柯鹼之後：

> 眾議員布魯斯挑戰庫伯的主張，庫伯認為癮君子不會「為了買包煙而在深夜潛入商家偷錢。」而庫伯認為，社會定義上的合法與非法其差別只是：「當香煙禁止在街上販售，人們將會潛入酒類專賣店，

我想許多人疑惑的事是：這些古柯鹼和海洛英吸毒者在無法取得毒品
的情況下展現的行為，這就是合法與非法毒品的不同，煙草完全是合
法的，你可以隨時得到它來滿足你的渴望。」（GOULD 1990, p.75）

　　庫伯假設，沒有煙抽的癮君子表現出來的行為就像海洛英與古柯鹼
吸毒者一樣，這個說法有事實的支持：義大利政府擁有香煙製造和配銷的
專賣權，1992 年由於配銷工人大罷工，致使約 1,300 萬名癮君子無煙可買，
這種被迫禁煙的情勢引發下列行為：（1）當罷工開始時，人們驚惶地採
購並囤積擺在架上的香煙，（2）尼古丁口香糖和貼片大為暢銷，（3）通
往瑞士的交通量暴增七倍，（4）香煙的地下市場出現，以及（5）持槍搶
劫香煙小販（Cowell 1992）。

　　顧德主張，像古柯鹼這類非法毒品應該像煙酒一樣加以合法化和控
制，且要大力節制人們的使用。他甚至主張，政策應將煙酒和古柯鹼這類
毒品同樣視為非法物品，然而，顧德並無法找出理論根據，支持「這種不
合理的二分法（合法與非法），讓我們將其中一類視為殘害生命的極端恐
怖物質……但煙酒這類亦具極度危險、摧殘生命的物質卻成為美國都市各
街角廣告霓虹燈裡的主角」（Gould 1990, p.74）。美國國家毒品濫用管理
局的資料佐證顧德的這項宣稱：1987 年的死因當中，死於古柯鹼、煙草
和酒精相關原因的比例是 1:300:100（Reinarman and Levine 1989）。

　　顧德認為剛才提到所有毒品都具有危險性，但他發現，某類毒品是
合法，另一類卻是非法的，這種區分「讓合法毒品充斥在大多數美國人的
生活周遭，卻讓少數人為了非法毒品而涉嫌謀殺和死亡」（p.75）。顧德
主張，將某些毒品界定為非法，這並沒有解決問題，反而會帶來更多的社
會、醫療問題和犯罪行為，就拿美國在 1920-1933 年間施行禁酒令來說，
人們的反應包括謀殺、賄賂、國際走私等等。這裡還有一項難以解決的爭
議，為了保持古柯鹼等毒品的非法地位：禁令會抑制古柯鹼問題影響層面
小於煙酒問題。

　　我們至今已檢視過數項社會學概念，包括社會化、規範（民俗與民

德）、社會控制的機制，以及這些概念如何關聯於偏差。此外，對於任何行為或表現如何被界定為偏差，涂爾幹的偏差理論提供卓越的洞見；對於規則制定者在形塑偏差的過程中扮演的角色，我們也詳察標籤理論和建構論取向的洞見。現在，我們轉向結構緊張理論，看看社會如何藉由它提供的重要目標與達成該目標的機會來創造偏差。

❧ 結構緊張理論

墨頓（Robert K. Merton）的結構緊張理論說明三大因素：（1）所有社會成員認為合法的文化性重要目標，（2）達成這些目標使用的合法手段，以及（3）人們達成這些目標的合法機會數量。根據墨頓的**結構緊張**（structural strain），或是**脫序**（anomie）的說法，偏差的比率會在下列情境中變得比較高：（1）重要目標沒有明確的範圍（意即人們不確定他們是否達成該目標），（2）人們不確定社會提供的合法手段是否能達成重要目標，以及（3）達成這些目標的合法機會侷限在一小撮人手裡。墨頓以上述三種情形皆存在的美國為例，說明結構緊張與偏差之間的關係。

多數美國人都相當重視經濟富裕和社會流動，也相信出身背景不會妨礙自己成為富翁的機會，這種觀點暗示，成敗取決於個人特質，失敗者只能怪自己。

墨頓不相信每個社會階級都有相同比率的人認可致富這項文化目標，但他確實察覺到有相當比例的人們抱持這種想法。他認為致富的可達成性「衝擊每個層面的美國人，即使遭遇重重阻礙亦是堅持不移」（1957, p.137）。

根據墨頓的說法，由於這種文化上的重要目標未有明確界限，所以許多的結構緊張便存在於美國。他相信沒有人敢說他們已然致富，「不同薪資水平的美國人都想讓自己的薪水增加 25%（當然，在『多一點點』之後還會繼續期待再增多一點點）」（p.136）。

墨頓也主張，結構緊張發生在美國國內的另一原因是，致富和流動的合法手段並不十分明確，個人只能選擇自認為可能成功的路徑，包括教育、辛勤工作與天賦才能，但這些東西並不必然是成功的保證。以教育為例，許多美國人相信文憑（尤其是大學文憑）是高薪工作的保證，但文憑事實上只是達到成功的所需要素之一。

　　結構緊張存在於美國的最後一個原因是：達成可欲目標的合法機會太少。雖然所有美國人都期待致富，但是並不是所有人都採行合法手段。成功的機會不是每個人都有，特別是低階層的人，譬如對很多生活貧苦的年輕非裔美籍人來說，藉由運動取得成功看來是條捷徑，但這種機會卻正快速縮減：不到 2%的運動員能打大學棒球隊，打專業球隊的機會更少。

　　墨頓相信，人們對結構緊張的反應方式相異，而人們的反應係某種接受和拒絕重要目標與手段的組合（見圖 8.2）。墨頓將之區分為下列五種反應：

- **順從**（comformity）不是偏差反應，它接受文化目標，並以合法的手段追求這些目標。

- **創新**（innovation）係指接受文化目標，但卻拒絕以合法手段達成該目標。對創新者來說，成功就等同於贏得比賽，不必然一定得按照比賽規則來玩，畢竟，金錢可用來購得貨品與服務，不管其過程合不合法。墨頓認為，將中上階級和低階級的生活環境相較，後者明顯的得承受較大的創新壓力，雖然沒有證據顯示他們這麼做。

- **儀式主義**（ritualism）係指拒絕接受文化目標，但卻堅持得依合法手段達成目標。這種反應與創新相反，這些人認為要比賽就得按照規則來玩，儘管輸了也不要緊。墨頓主張，焦慮會伴隨無止盡競爭而來，而儀式主義就是對這種焦慮狀態作出的反應，比如在陳腔爛調中可以發現「目標不要太高，否則失望會更大」以及「我不想招惹麻煩」等說詞，而缺乏就業機會者也可能有儀式主義的反應。假如某人質疑儀式主義者怎麼可能會被界定為偏差，不妨看看這個例子：一位大學畢業生只能找到時薪 4.5 美元的雜貨店工作，即使他是全職工作，但大多數人的反應會認為這個人真沒用。

- **退縮主義**（retreatism）同時拒絕文化目標和達成這些目標的手段。人們之所以會以這種方式反應，是因為他們過往以合法或非法的手段均未能成功，因此他們選擇退出社會。依墨頓的說法，退縮主義者是社會的異類，或被社會拋棄的一群，如流浪漢、游民、乞丐、醉鬼、吸毒者等等，他們「在社會中卻不屬於社會」。

- **反叛**（rebellion）係部分或全數拒絕既有的目標和手段，並引入新的目標和手段。當社會中只有一小群人出現這種反應，便會形成種種如街頭幫派這類的次團體；當社會大部分人都有此種反應，想要重塑整個社會結構時，出現革命的潛力就很大。

圖 8.2　墨頓提出結構緊張反應的類型學

墨頓相信，人們會對結構緊張作出反應，而其反應是接受與拒絕重要目標和手段的組合。

採行模式	目標	手段	
順從	＋	＋	＋：接受／達成重要目標或手段
創新	＋	－	－：拒絕／未能達成重要目標或手段
儀式主義	－	＋	
退縮主義	－	－	
反叛	＋／－	＋／－	

中國的已婚夫婦只能生育一名子女，這個文化上的重要目標是結構緊張的一個來源。正如「中國的社會控制程度」一文中所指出的，中國為了降低人口成長，故限制每對夫妻只能生育一名子女，這項一胎化政策卻

帶來許多問題。由於中國文化較重視男孩，鄉下地區尤甚，這與養兒防老的觀念極為有關，因此許多夫婦都會設法生個男孩來照顧他們的後半生。中國的已婚夫妻所能採取的合法手段包括：請求上級批准生小孩、接受小孩的性別（也就是不要墮胎或殺女嬰）、將小孩出生時的性別通報給有關單位、以及實施節育以避免再度受孕。

墨頓對結構緊張產生反應的分類可用來描述這些夫妻的動作。第一胎得男的夫婦、對小孩性別無特定偏好者、以及十分堅持必須遵守節育法律的人最有可能成為順從者，因為他們將此事視為維持中國生活品質的重要事件，而多數的中國人都可歸類為順從者。

創新者接受只能擁有一個小孩的文化目標，但卻拒絕使用合法手段達成該目標。當一位懷孕的婦女藉由超音波檢查而知到胎兒性別為女孩時，這對夫妻可能會決定墮胎，或是在女嬰出生後將之殺害，所以會有女嬰失蹤事件的出現。據 1990 年普查結果顯示，男嬰和女嬰的比率是 114：100（Oxman 1993d）。

儀式主義者拒絕只能擁有一個小孩這個文化目標，但他們卻會遵守規則。這些人並不同意政府的政策，但他們害怕不遵守規則會受到懲罰。至於退縮主義者則拒絕一胎化目標，也拒絕採用合法手段，這類型的偏差者拒絕一胎化政策，他們由於害怕第一胎不是男孩而恐懼懷孕。而那些不斷生小孩，直到生下男孩為止的夫妻也是退縮主義者，他們將所生的女嬰藏起來，以免被黨工知道。事實上，聯合國人口基金會的 Sterling Scruggs 主張，有明顯的證據顯示，許多所謂的失蹤女孩當中就包括這些未呈報的部分（Oxman 1993d）。就某種意義來說，這些身處社會中的父母因其保有的秘密而「不屬於社會」，如同墨頓所說一般。

反叛者拒絕一胎化的文化目標，也拒絕合法手段，取而代之的是引入新的目標和手段。中國境內有 55 個少數民族，佔總人口的 9%（9,120萬），這些少數民族不在一胎化政策的實施範圍內，中共當局允許這些少數民族可以生育 2-4 個小孩。對這些少數民族來說，文化目標是要增加少數民族的數量，故不適用於一胎化政策。但這種選擇性的政策卻促使許多夫妻宣稱他們是少數民族（Tien et al. 1992）。

　　面對結構緊張會產生偏差反應，但我們質疑：人們如何學習這些反應。提出差別結合理論的蘇薩蘭和克萊西可提供這項答案。

❧ 差別結合理論

　　社會學家蘇薩蘭（Edwin H. Sutherland）和克萊西（Donald R. Cressey）將社會化理論拓展成所謂的**差別結合**（differential association）理論，用來解釋偏差行為（特別是犯罪行為）如何經由學習得來。它指涉這麼一個觀念：「一個人之所以成為罪犯，是由於他接觸到犯罪模式，以及和反罪犯模式隔離」（1978, p.78），這些接觸發生在**偏差次文化**（deviant subcultures）——係指在較大社會中的某些團體，其成員所持的規範和價值會破壞較大社會的律法——之內，意即，人們同犯罪者接觸和互動之後學習到犯罪的技巧。

　　蘇薩蘭和克萊西主張，在犯罪行為的起源上，電視、電影、報紙這類非個人傳播形式的媒體扮演的角色並不大。假如我們接受犯罪行為是學習得來的這項前題，那犯罪者就構成一種特別的順從者形式，換言之，他們順從於相關團體裡的規範。不過，差別結合理論並未解釋一個人第一次是如何接觸偏差次文化（當然，除非這個人生下來就這種次文化當中）。然而，一旦接觸之後，個人會以學習次文化行為規則的方式來學習所有行為。

　　社會學家威廉斯（Terry Williams）研究一群在紐約市華盛頓高地賣古柯鹼的青少年，這群年約 14 歲的青少年多半受雇於毒品供應商，因為未成年人被捕之後也不會入獄。威廉斯認為，這些青少年沒有機會找到薪資優渥的工作，所以才從事販毒，他們認為透用毒品交易賺夠了錢，就能讓他們追尋新生活。

　　為了要成為一名成功的毒販，這些青少年必須學習一些技巧。威廉斯描述其中的一些技巧：

> 馬克斯每週都會把 3-5 公斤的毒品（1985 年市價高達 180,000-
> 350,000 美元）分配給這些青少年，每個人分配到的數量取決於先前的
> 銷售量、手邊的存貨、以及打算賣給夥伴和其他顧客的數量。
>
> 馬克斯及其供應者決定每個夥伴收到的古柯鹼品質、種類與數量，
> 一些孩子可能要求多一點供應量，但這得視其上回賣出的數量而定，
> 至於人情也是個影響因素。（WILLIAMS 1989, p.34）

威廉斯發現，青少年一旦涉入販毒網絡，他們便會學習一些足以勝任工作的技巧。成功對一個「偏差」工作來說，也和其他工作一樣，都得看能否贏得到老闆歡心、達成任務、並與夥伴愉快相處。

在中國，勞改的哲學基礎就是差別結合：一個偏差的個體，不論他是小偷或是修正主義份子，都是接受「壞的」教育或受到「壞的」影響才成為偏差（見「中國的早期介入與重返社會計畫」一文），而改正不良影響的方法是讓這些偏差個體進行政治再教育，鼓勵他們支持共產黨，並教導他們熱愛勞動。中共當局尤其重視 500 萬餘名大學或技術學院的學生，因為他們都是挑選過的精英份子（佔中高等學校學生人數的 3%）。如同一位北大教授接受亞洲學者和 MacNeil/Lehrer 新聞節目特派員 Robert Oxman（1994a）訪問時指出，「教書這項工作深具挑戰性，一方面要從外界學習先進的技術、有趣的觀念和價值體系，但同時又要保有自己的傳統」（p.7），換句話說，中國政府必須準備讓新的年輕一代認識全球性互賴，以及管理國家經濟與其他事務。在此過程中，學生會遭遇與中國傳統作法相異的觀念，為了中和這種衝擊，中共當局要求大學生修習馬克思主義，讓學生信奉共產主義的意識型態，同時也加強校園的安全措施（Oxman 1994a）。

中國的早期介入與重返社會計畫

　　中國人認為要對罪犯採取即早的干涉和明確的重返社會計畫，經由勞動達成再教育的目的：

　　　　中國人相信，在偏差變得極端或造成更大損害之前，即早的介入是重要的。由於疾病在證明有致命的可能之前，已發展有些時日，所以早期治療是必要的。同樣地，在發現有些微的偏差表現時，就得牴觸個人的公民權，給予偏差事先的禁絕。在一個會責難偏差的社會中，這種作法特別適合，社會因而有相應的職責去改正之。（BRACEY 1985, p. 142）

　　罪犯所在的工作單位、地方委員會、學校或雙親可以向地方「管理委員會」提出申請，這個管理委員會是由共產黨員組成，他們會評估申請書，也能在沒有司法覆審的狀況下判定某人接受長達四年的勞動再教育。

　　各個城市和省份都設有勞動營和監獄，而被告會進到這六項改造設施之一：（1）監獄，（2）鄉下的勞改營，（3）勞動再教育營，（4）前犯人所組成的強迫工作營，（5）未重返社會者的拘禁中心，以及（6）青少年感化院（Mosher 1991）。監禁的目的是為了「重新教化」罪犯，重返社會計畫的設計是要教導罪犯學習具有生產力的技術，並使其擁有社會性的心胸、愛國心和守法。而礦場、農場、工廠、或築路、灌溉這類的基礎建設都是罪犯勞動的場所。罪犯除了得生產相當數量的出口產品之外，還經歷「思想改造」，包括自我批判和研究共產主義。總之，「巨大的力量迫使受刑人陷入絕望和孤獨的深淵，其中唯一的出路便是徹底的『洗心革面』和全心全力地接受黨的政治路線」（Bonavia 1989, p. 164）。

　　中國對政治異議份子的處置引發相當多的批評。事實上，美國眾議院通過一項決議，要求國際奧委會拒絕北京成為西元 2000 年奧運主辦國（Oxman 1993a）。許多美國批評家相信，中國應排除在最惠國行列之外，除非她在人權記錄上獲得改善。

　　亞洲人權觀察團認為，因天安門事件被捕入獄者高達 1,300 人，但中國當局卻聲明只有 70 人被捕入獄。中國並不准許像國際紅十字會這類的監督團體接近監獄,說明有關刑求、單獨監禁、身心虐待這類的傳聞。[1] 中國當局否認有此種虐待情事,並進一步指出這種舉措是違法的。批評者也宣稱,中國利用勞動營中 1,000 萬名受刑人中多數人製造出口貨品,不過,美-中商業會議宣稱受刑人生產的出口品不可能佔總出口量的 1%,為了回應這種控訴,中國也開放五個遭到質疑的勞動營供人檢視(Oxman 1994c)。

另一方面,美國並沒有這種強調正式懲罰的道德改造,換句話說,美國並沒有類似這種以改正為目的的協議,也沒有一套哲學指導 1,185 個州立監獄和 61 個聯邦監獄的運作(Lilly 1991)。而美國的政治家和司法人員之間不斷爭辯的議題,不只是監獄的目的,還包括教育、職訓和治療計畫等方式的效力。

[1] 值得注意的是,死刑在中國算是教育方式之一,中國古諺「殺雞儆猴」,即反應出此目的。中國政府在 1983-1986 年間的反犯罪運動中處決 10,000 名人犯,「包括殺人犯、老鴇、縱火犯、娼妓、賭客、皮條客、強姦犯、白領犯罪者、小偷、強盜和黑社會人物。換句話說,就是破壞日常生活的人物。違反天性者即是極刑的施懲對象;一些非法集會或擾亂治安的罪行,就像 5、6 月間的天安門事件一樣,這些都是違反天性的行徑」(Theroux 1989, p.7)

在本章結束前,我們會討論影響中、美社會控制體系的因素,包括人口數量、兩國的歷史長短以及國內的混亂程度。

⚘ 中、美兩國的社會控制體系

中國之所以需要嚴密的社會控制體系,是因為人口實在過於龐大。中國人口在 1995 年超過 12 億──世界每五個人當中就有一個是中國人,這 12 億人口住在大小與美國面積相當的土地上,在扣掉沙漠和不適合居住的高山地區之後,中國的可居地大約是美國面積的一半。雖然世界總人口中有 21.3%住在中國，但中國卻只擁有世界可耕作面積的 7%（Han Xu 1989）。儘管中國設法餵飽大多數人民，但大約有 8%人口，也就是 8 億鄉村人口中有 6,000 萬人正處於營養不良的狀態（Oxman 1994b）。一般來說，中國每天有 18,000 人誕生、7,000 人死亡，若持續這種速度，總人口將在西元 2000 年將再增加 1 億。尤其過去 45 年來，人口已從 1949 年的 5 億激增到 1994 年 11 億 9,200 萬人（Haub and Yanagishita 1994）。

人口的快速成長影響中國當局處理食、衣、住、教育、就業等層面的能力，也爲工業和農業的發展蒙上一層陰影。全球近 10 億人口分散在南北美洲和歐洲 50 個獨立國家（Fairbank 1989），但單單是一個中國就超過 10 億人口，這顯示中國人口問題的重要性。這麼龐大人口部分解釋了爲何工作、住宅、稻米和其他穀物、食用油、肥皂、燈泡、腳踏車、電視機都得採用配給。就拿稻米來說，購買稻米得用配給糧票，即使在餐廳內買一碗米，都得算入個人每月的配額數量當中。但隨著中國快速的經濟成長以及伴隨而來物資與食物的豐裕，配給制度現已取消（Oxman 1993c）。

中國政府必須爲許多人創造工作機會，特別是那些龐大的待業人口。（理論上，中國沒有失業人口，只有待業人口。）中國現有生產力人口約 5 億 8,000 萬人（1 億 6,000 萬在都市，4 億 2,000 萬在鄉村），但約有 2 億鄉村工作人口（每年還以增加 2,000 萬人的速度成長）是多餘的勞動者，另外 1 億人口在新興鄉村工廠找到工作，但仍有 1 億 2,000 萬人找不到工作，其中許多人成爲流動人口，爲找尋工作而向都市遷移（Oxman 1993c），結果產生許多「沒有必要的工作」。譬如，「每個公園雇用數十名收票員，其中有些人收錢，有些人剪門票，有些人收票根」（Mathews and Mathews 1983, p.34）。

生存空間是另一個問題。中國境內的私有住宅大約只有 10%，其他通常是由政府或工作單位負責分配。房子的空間很小，家人共睡一房，大多數家戶都必須與其他家戶共用廚房和廁所（Butterfield 1982）。

第二個解釋中、美社會控制體系不同的原因是歷史因素。大多數美國人是過去 200 年間來自各國、各文化的移民及其後裔,這些移民由於地理上與母國分隔,故使其得以打破傳統,保留或拋棄原有文化的成分(Fairbank 1989)。此外,由於美國的物質環境豐富,讓來自不同文化的移民能在這片土地上開創自己的新生活。

另一方面,中國不只是世界人口最多的國家,而且還擁有約 3,700 年歷史悠久的文明,此一長期而複雜的歷史至少具有四項重要而持續的特質:

1. 儒家[8]的倫理體系——強調秩序、公正、和諧、個人美德、熱愛家庭(包括對祖先靈魂的熱愛),以及尊敬傳統、長輩和權威——指派每個社會成員一個不變的角色和位置。
2. 家庭的責任體系敦促每個成員必須為其他家庭成員的行為負責。
3. 帝制傳統給予統治者至高無上的權威管理眾生,這些當權者不受法律規範,其權力亦不受制度性的稽核與制衡。
4. 中國所有王朝的權力更迭都經過流血衝突(Fairbank 1987, 1989)。

第三個解釋嚴密的中國社會控制體系的議題也與歷史有關。自 20 世紀初以來,中國歷經數次外國侵略戰爭,以及四次革命性的內戰[9], 最近一次內戰——文化大革命(1966-1976)結束才不過 20 年,而美國最後一場內戰則已發生在 125 年前。美國人對於分裂、混亂以及戰爭和革命帶來的破壞已相當陌生。在一個充滿暴力敵對的社會中,為了保存秩序,並確保重建社會所需的穩定,嚴格的控制是唯一的手段。[10,11]

∂ 討論

　　偏差是一個複雜的概念，因為（1）偏差的定義會隨時空的不同而改變，（2）不是每個犯下偏差行為的人都會被逮到，被處罰的人也不盡然都是真的犯罪，有些人是被冤枉的，以及（3）規則制定者和執行者能將某些行為或表現界定為偏差。

　　基於這些原因，社會學家主張偏差並非特定行為或表現的結果，而是時空的產物，以及他人援用規則來懲罰「犯規者」。中國人對賺錢活動態度上的劇烈改變，說明了檢視行為或個人性格並不足以洞視偏差的本質。就拿史都華謀殺案來說，某些人因為長相而被貼上偏差的標籤，而不是他們的作為。檢視行為或表現的脈絡或歷史背景，比起研究個體的偏差更能讓我們透析偏差行為的起因。

　　對偏差研究來說，隱藏性偏差者和被冤枉者的存在具有重要意涵。首先，任何人若想了解偏差行為的起因，不能只是研究形式上被指控者（純偏差者和被冤枉者）的個人特徵。因此研究者必須比較被監禁者和未被監禁者，以發現究竟是什麼特徵導致這兩群人破壞規則。這種研究並未確認造成犯罪的特徵，僅確認導致某人入獄的特徵，這是因為所謂從未入獄的那些人當中，包括許多有犯罪事實卻未被察覺或判罪者。至於那些入獄者可能包括一些無辜的人，使得整個情況變得更為複雜。社會學研究偏差的貢獻在於提醒我們要考慮其他因素，不能只是將個體界定為偏差。藉由思考較大脈絡，我們將更能理解偏差的真正本質，並針對較大社會而非個人來制定政策謀求改善。

新中國的營利者：
北京的街頭小販。

❧ 焦點：接受偏差的定義

在本章當中，我們已經學到偏差的本質、順從和社會控制。當權者
能夠界定什麼是偏差，並確立用來改正這項行為的懲罰，此等事實使偏差
的解釋更為複雜。不過令我們感到疑惑的是，當權者如何能讓社會大眾接
受他們所作的界定，並利用其所建議的制裁方式？社會心理學家 Stanley
Milgram 的作品提供一個答案。

服從權威

Stanley Milgram 從事有關服從權威的研究，他想知道當權者如何讓
人們接受他們對偏差的定義，並讓人們順從其指示，將他人歸類為偏差。
對於大屠殺、文化大革命、士兵對婦女的輪暴事件究竟如何發生，他的研
究可供參卓。這種殘暴行為需要許多人的配合，這項事實引起一重要問題：
有關個人服從權威的容受力。

一個內在信念是厭惡偷竊、殺人和強暴的人，他可能會發現自己
會在權威的命令下較為安心地執行這行動。一個個體單獨行動時絕不
可能表現出來的行為，卻會在命令的要求下毫不猶豫地執行。
（MILGRAM 1974, p.X1）

　　Milgram 設計一項實驗，了解人們在拒絕遵從權威交付命令之前的忍
受程度。他的實驗結果有助於了解，在哪些情況下，大眾會執行當權者交
付的規則。

這兩幅照片分別是Milgram設計的服從權威古典實驗中看似真
實的「震憾箱」和「學習者」。

　　自願參與該實驗的人員招募自 Milgram 刊登在地方報紙上的廣告。
當每位參與者到達研究室之後，有位男士會前來招呼這群參與者和另一群
表面上的參與者，向他們解釋該實驗的目的：測試懲罰是否能改善學習能
力（另外這一群表面上的參與者其實是共謀者〔confederate〕，即與實驗
者合作的人員）。這些參與者和共謀者抽籤決定誰當老師、誰當學習者，
不過，實驗設計的抽籤結果總會讓共謀者當學習者，而自願者當老師。
　　學習者手腕上繫著電極，被綁在椅子上，老師的位置是在一個裝置
電流開關的儀表板前，這個位置並無法看到學習者。電擊的強度從 15-450
伏特，分別標示「輕度電擊」到「危險，強烈電擊」。實驗者向老師說明，

當學習者第一次犯錯，就給予 15 伏特的電擊，隨著犯錯數目的增加而增強伏特數。在每個情況中，當電擊的強度增加時，學習者逐漸顯露痛苦的表情，甚至有位學習者說心臟快承受不住，在講完這些話後，便完全的靜默。當老師表達出對學習者的關心，實驗者便會堅定地要求他繼續施予電擊，雖然許多自願者會抗拒繼續採用強烈電擊，但仍有為數不少的人會遵從指示施予電擊，「不論遭電擊者如何強烈的懇求，不論電擊看似多痛苦，也不管受害人如何懇求讓他們出去」（1987, p.567）。

　　Milgram 的實驗結果具有特別的意義，當參與者拒絕繼續執行電擊，他並未得到任何處罰，因此在該實驗情境中，服從單純只是基於權威下達的堅定命令。假如這種服從的程度在 Milgram 的實驗情境中是可能的話，吾人就能想像，在一個反抗會帶來嚴重懲罰的環境中，服從的程度將會很強烈。

[1] 本章出現的中國一詞係指首都座落在北京的中華人民共和國。中國一詞並未包括香港（過去是英國殖民地，在 1997 年 7 月 1 日回歸中共治理）或澳門（現今是葡萄牙殖民地，將於 1999 年回歸中共）。

[2] 在 1989 年 4 月 15 日至 6 月 4 日期間發生的一連串示威活動中，以天安門事件最為有名。總計有 84 個城市、多達 300 萬名的學生和工人、教師、甚至公安和解放軍都加入這場對抗當權者的示威運動。

[3] 「放棄革命的目標」這句話係指促成中華人民共和國得以建國的 1949 年革命。中國在這次革命之前非常窮困，中國人民在 1849-1949 年之間淪為外國勢力剝削下的受害者，許多中國人為了生存，不得不啃樹皮、吃青草，也有一部分人沉溺於鴉片。「一個由農民組成的團體，立誓要終結所有的貪污、侵略和屈辱；他們穿上草鞋，要告訴人民真相」（Wang Ruowang 1989, p.40），毛澤東就帶領這個團體，灌輸群眾革命精神，激勵中國人民站起來正視這些龐大的問題（Strebeigh 1989）。毛澤東的追隨者認為他是位傑出的領袖和英雄，中國的知識份子劉再復說道，「在 1950 年代『我們不相信我們自己，我們只相信萬能的毛主席』」（1989, p.40）。

[4] Fox Butterfield（1982）描述中、美不同民俗當中的許多人生面向，比如睡覺的安排、生活的安排和送客的方式。在睡覺方面，中國人習慣跟全家人一起睡覺，所以他們很訝異大多數的美國小孩都有自己的房間；另一個相關的中國民俗是，小孩會和父母同住到他們結婚為止。Butterfield 描述，當一位中國記者得知交談中的美國女士自己獨居時，連忙說了句「噢，非常對不起」，他以為這位女士獨居的原因是雙親去逝，或在離家很遠的地方工作。至於中國人在送客時，主人會步送他們上車，並揮手送別客人，直到看不見為止。

5 事實上，作者曾針對中國、美國和日本這三個國家的幼稚園做過調查。

6 從美國人的觀點看來，中國的制度似乎頗為嚴格，不過這套制度確實能讓孩童在如廁後將屁股擦拭乾淨，並洗手保持清潔。這種方式具有某種實際效用，因為許多疾病會經由唾液和排泄物的接觸而感染。

7 社會學家 Joel Best 在一本名為《印象中的議題：當代社會問題的象徵》（1989）的書籍中，集結 13 位社會學家撰寫的文章，傳達建構論取向的觀點。書內的標題包括「恐怖故事與兒童虐待的解釋」、「黑暗人物與兒童受害者：失蹤兒童的統計資料」、「愛滋病與媒體：社會問題的創造者與轉換者」以及「抽煙問題再起」。這些標題儘管多樣，但這 13 位作者卻都採取解釋者取向，這種方法強烈根植於符號互動論，但也與衝突論有某種投合。

8 孔子生活在西元前 551-479 年，那是一段正值戰爭、混亂的時期，所以他的學說特別強調支持社會秩序與和諧的規則。

9 這四次內戰包括：1911 年革命推翻滿清，1925-28 年的北伐，1945-49 年國共內戰以及 1966-76 年的無產階級文化大革命。

10 毛澤東是位極具魅力的中國領袖，他動員群眾發動兩次內戰：國共內戰和文化大革命。他曾說：「革命不是請客吃飯、寫文章、繪畫或刺繡，不能高雅、優閒、溫和、仁慈、禮貌、克制與寬宏大量。革命是一種暴動，是某階級採取暴力的行動推翻另一個階級」（Mao Tse-Tung 1965, p.28）。

11 共產黨在政治上整肅異己，這種行徑不是文化大革命才有。當中國面臨嚴重的經濟問題，或中共高層的權威遭到質疑時，都會採用這個整肅行動來壓制異己。

9 社會階層化

──以南非為例

- 分類架構
- 種族類別
- 「開放」和「封閉」的階層體系
- 混合體系：階級與喀斯特
- 功能論對階層化的看法
- 社會階級的分析
- 討論
- 焦點：美國社會中的流動

我們將這一天獻給海內外所有犧牲生命讓我們重獲自由的英雄們。

他們的夢想現已成真，自由就是報酬。

由於南非子民贈予的榮譽與權力，我們得更爲謙卑。身爲統一、民主、沒有種族歧視和性別歧視的南非首任總統，我將領導這個國家走出暗巷。

我們了解，通往自由的路仍不平坦。

我們知悉，單憑個人的力量無法獲致成功。

爲了民族的調和、國家的重建與新世界的誕生，我們必須團結一致。

讓這裡充滿正義。

讓這裡充滿和平。

讓這裡充滿工作、麵包、水和食鹽。

讓每個人都知道，唯有釋放的心靈和精神才得以實現自我。

絕不要讓這塊美地再度承受壓迫和遭致世人唾棄。

陽光此刻普照人類成就的榮耀！讓自由重現。天佑南非！

MANDELA 1994

1964 年 6 月 11 日，一位南非黑人尼爾森‧曼德拉（Nelson Mandela）因叛逆罪而被判處無期徒刑。曼德拉曾協助 Umkhonto 的建立，這是非洲國家會議（African National Congress）中的一個組織，該南非政黨因主張反對種族歧視法而於 1960 年被強制解散，之後便投入破壞（意即破壞社會運作）**種族隔離制度**（apartheid）——即南非嚴密的種族分類體系——的運動。曼德拉在受審時，解釋爲何破壞是必要的行動：

> 我們在審慎分析我國的政經情勢後，認為南非大量依賴外資與外貿，倘使我們能有計畫的破壞發電廠、鐵道和電話傳訊的運作，將可嚇走外資，讓工業區的貨品不能依照時程送達海港。如此長期下來，將使南非經濟命脈枯竭，這樣才能迫使白人投票者重新考量其立場。（MANDELA 1990, pp.26-27）[1]

種族隔離制度所指的體系是：每個南非人都被置入一個種族類別中，並領有一張種族身份證。在這樣的體系裡，「當你出生時，你就具有黑人或有色人種、印度人或白人的身份，這個標籤將深遠地影響你生活中的各個面向」，包括職業、收入、財富、教育、食物、衣飾、寓所和投票（Mabuza 1990, p.A15）。

雖然南非以種族隔離制度聞名於世，但這不是世界上唯一會分類人們的社會。在所有社會中，人們都會被歸類，不論是政府或其他機構的正式歸類，或者是非正式的被社會地位歸類。這些歸類的判準很多，像智力、職業、家庭背景、體重、膚色、國籍、性別、年齡等等均是。佔據最高階層（類別）的人擁有取得稀少且珍貴資源的能力，並享有多數資源；而那些位居較低階層的人們則鮮能取得。

社會學家特別關注**社會階層化**（social stratification），即社會中的人們依其社會價值的等級而被系統性的歸類。此外，他們還研究人們所處的類別如何影響其**生活機會**（life chances）。所謂生活機會，係指重要的一組潛在社會利益，包括「從出生後一年內存活的機會到得以審視美術品的機會、保持健康和成長的機會、生病時得以儘快痊癒的機會、避免淪為青少年罪犯的機會等等，其中相當重要的是得以完成中、高等教育的機會」（Gerth and Mills 1954, p.313）。

　　本章檢視社會階層化數個重要且相互關聯的特質，包括分類人們的符號（如膚色、擁有的車款、職業）、階層化系統的類型、階層化體系的成因、以及階層化對生活機會的影響。我們將密切檢視種族隔離制度，這是南非的社會階層化體系，在該體系中，膚色決定每個人的生活機會，這個體系讓南非總人口約 14-17%的白人得以控制其餘 83-86%人口的命運。

　　我們以南非為例的理由有二。首先，南非是世界眾多實施民主制度的國家之一。就廣義而言，民主制度是所有人在決策制定時都有平等的發言權，所謂「平等的發言權」是經由自由選舉和「一人一票」的政策達成的。以非洲大陸來說，南非是 52 個舉辦自由選舉的政府之一（Bratton and van de Walle 1993），這個國家正從一個只能由白人進行投票的體系轉向多種族的民主制。

集南非民族議會領袖、反種族隔離活動份子、現任南非總統於一身的曼德拉，在1964年年輕時期被捕入獄（左圖），終於在27年後重見天日（右圖）。

其次，嘗試分解種族隔離制度這個體系及其影響，將有助於我們了解：自由選舉是邁向完全民主的第一步。除了自由選舉之外，非洲國家議會的「自由憲章」（1990）當中至少還羅列民主的其他九項特徵，包括分享國家財富、公平審判、無限制的旅遊、擁有像樣的居所，以及不因膚色、種族或民族背景、性別或政治信仰之別而均能獲得教育的自由，所有這些特徵都與國家的社會階層化體系有關。為了達成真正的民主，一個國家的社會階層化體系必須是「民主的」，畢竟政府若只依據民主原則設立，這並不是充分的民主。現在我們將焦點轉向階層化體系中的主要特質——社會用來分類人們的判準。

❧ 分類架構

幾乎任何東西都可當作歸類人們的判準：髮色與髮質、眼珠的顏色、身體的吸引力、體重、身高、職業、年齡、在校成績、測驗分數等等。但其中有兩項主要判準，即歸屬特徵和成就特徵。

歸屬特徵（ascribed characteristics）是人們（1）出生時即具有的特質（像膚色、性別或者髮色），（2）與時發展的特質（像禿頭、灰白髮、皺紋、退休或生殖力），或（3）不需經由努力，或者非自身過失而擁有的特質（像國籍、或非「遺傳」自父母的宗教歸屬）。

另一方面，**成就特徵**（achieved characteristics）係指經由結合某種選擇、努力與能力而獲得的特質，意即，人們必須經由某種行動才能得到這些特質，比如職業、婚姻、教育水平和收入。歸屬地位和成就地位看似甚為不同，但情況並不總是如此。譬如，同性戀究竟是歸屬特徵抑或是成就特徵，這個問題存在許多爭議，某些人主張同性戀是遺傳上的行為，人們並無法加以控制，但另一些人卻支持同性戀是經由學習而來，它最終只是個選擇的問題。

社會學家關注呈顯社會意義與**地位價值**（status value）的歸屬特質與

成就特質：當事情發生時，擁有某項特徵者會被認定的價值高於擁有其他特徵者，且得到不同的對待（如白人和黑人、金髮和黑髮、醫生和清道夫）（Ridgeway 1991）。由於人們無法控制歸屬特徵，故使社會學家特別對此感到興趣。

1970 年伊莉亞特（Jane Elliot）老師針對愛荷華州 Riceville 的三年級學生作了一項實驗，說明歸屬特徵如何影響人們取得重要資源。她根據眼珠顏色這項身體特質將班上學生分為兩組，並依此特質給予酬賞，這麼做的目的是要顯示人們如何輕易的（1）指派社會價值，（2）以歸屬特質（如眼珠顏色）來解釋行為，以及（3）用外表上並不重要的身體特質來建構一套酬賞體系。下列摘錄自該計畫的副本「一個分隔的班級」（FRONTINE 1985），顯示伊莉亞特如何為教室實驗建立基本規則：

伊莉亞特：用同學的眼珠顏色來判斷他人可能挺有趣哦……你們要
　　　　　不要試看看？

孩童：好啊！

伊莉亞特：這聽起來是蠻有趣的，不是嗎？因為老師的眼珠是藍色
　　　　　的，所以我想藍眼珠的人可能比較棒……我的意思是說，在
　　　　　這間教室內，藍眼珠的人是比較棒的……的確，藍眼珠的人
　　　　　比棕眼珠的人來得聰明。

布萊恩：那我爹地不就是……笨蛋。

伊莉亞特：你爸爸是棕眼珠嗎？

布萊恩：是啊！

伊莉亞特：你記不記得有一天你上學時說你爸爸踢你？

布萊恩：他是踢過我。

伊莉亞特：你想藍眼珠的父親會踢他的小孩嗎？我爸爸是藍眼珠，
　　　　　他從沒踢過我。雷的父親是藍眼珠，他也沒被踢過，雷克斯
　　　　　的爸爸也是藍眼珠，他也沒被踢過，這就是事實。藍眼珠的
　　　　　人的確比棕眼珠的人來得好，你們是藍眼珠還是棕眼珠？

孩童：藍眼珠。

伊莉亞特：你為什麼搖頭呢？

布萊恩：我不知道。

伊莉亞特：你還好吧？什麼事讓你覺得不安呢？

布萊恩：我不知道。

伊莉亞特：藍眼珠的人下課時間多五分鐘，但棕眼珠的人必須留
下⋯⋯棕眼珠的人只能用紙杯，不能用飲水器。你們這些棕
眼珠的人不能在操場上和藍眼珠的人一起玩，因為你們的表
現比不上他們。棕眼珠的人今天得在教室內戴上項圈，好讓
我們能在遠處分辨出你的眼珠顏色。現在，翻到 127 頁，每
個人都準備好了嗎？勞瑞，妳準備好了嗎？

孩童：她是棕眼珠。

伊莉亞特：她是棕眼珠，你們注意到今天我們已經浪費太多時間在
這些人身上。（FRONTINE 1985, pp.3-5）

伊莉亞特一旦訂出規則，藍眼珠的孩童便熱切地接受並加以實施。
在下課時，孩童便以眼珠顏色來稱呼別人，於是某些棕眼珠孩童便和那些
叫他們「棕眼珠」的學生打架。老師觀察到，那些「很棒的、合群的、有
思想的兒童」卻在「短短 15 分鐘內變成卑鄙、惡毒、表現差勁的三年級
小學生」（p.7）。

這個小規模實驗說明：人們的類別和地位價值如何反映在重要資源
的分配上。因為類別決定地位及其相關的生活機會，所以我們得檢視分類
架構的缺點。

任何分類架構都會出現缺失：不是社會中所有人都能適切地歸於某
個重要類別。例如，老師在實驗中將三年級學生分為藍眼珠和棕眼珠兩類，
但這種分類架構卻無法涵括那些綠眼珠、淡褐眼珠、灰眼珠或混雜者（一
邊藍一邊棕），這種缺點使我們無法處理那些不符合分類指標者。當人們
無法歸入類別時，其他人經常會設法將之歸類。在三年級這班學生當中，

棕眼珠的人便被要求得戴上項圈以明確地區分出類別。

　　像教室實驗這樣的分類策略並不特別，它僅是所有分類架構中的一部分，其他的分類架構還包括性別、年齡和種族。比如以「男性」和「女性」作為性別的分界線，這方法不算頂好，因為有一小部分嬰孩在出生時同時擁有男、女兩性生殖器，也就是陰陽人。在美國，這些孩子的父母親得確認孩子在出生證明書上的性別，在確定其類別歸屬之後，醫生會建議雙親讓孩子接受性別釐清手術。正因為社會上多數人都對分類系統不加質疑地接受（見第十一章性相與性別），所以我們很難清楚地了解，為何每個人都得歸入作為社會建構的那些類別，而大多數都想將他人歸入類別當中。為了說明與分類架構有關的缺點，我們將批判「種族」這項分類人們的主要形式。

❧ 種族類別

　　純粹就生物學的意義來說，**種族**（race）係擁有清楚顯明身體特徵的一群人，但若想以不同的身體特質來分辨種族之別，便會產生問題。傳統上，我們將人類分為三大種族類別——高加索人、蒙古人和黑人，不過，假如用這種體系來分類世上 56 餘億人口時，我們立刻會發現這種分類架構的缺失。首先，將會出現許多人無法歸類，因為並沒有明確界線可資區分黑、白膚色或鬈髮、波浪髮這類的特質，然而這種缺乏明確區分的事實並未阻礙人們嘗試去創造分類架構。

　　100 多年前，美國的教堂「屋外有塊松木板……細齒梳子掛在繩子上……」（Angelou 1987, p.2），膚色比松木顏色淺、梳子能夠順髮而下的人便可進教堂。在南非，政府部會監督所有國民的種族分類，過去用來判斷個人種族的方式看似理性，比如有項測驗是：把鉛筆放在某人的頭髮上，假如鉛筆掉得下來，這個人便被歸類為白人（Finnegan 1986）。一位歸類為有色人種的南非女士解釋 1989 年末的種族分類方式：

依據南非法律，我被官方認定為有色人種，我的棕髮、膚色較淡的妹妹，以及鬈髮、膚色較黑的弟弟也都被如此判定。我們在 16 歲那年得填寫一些表格，貼上照片並寄到政府管理單位，政府會決定你的膚色，也會細分出不同的膚色，譬如我是歐非混血的南非人，但我妹妹卻是印地安混血，當然，祖先是黑白混血者自然被歸為有色人種。事實上，假如你能證明有位白人的祖父母或者雙親，而你的膚色又較淡的話，你就能申請將你所屬的類別從有色人種改為白人。（CHAPKIS 1986, p.69）

　　這段引述顯示，人們經常不同意南非官方的分類方式，有時甚至還會重新申請種族分類。即使當正式的分類系統消失之後，分類的效應還是持續好一段時間（見「當代美女」一文）。

當代美女

　　在參加南非小姐選拔之前，我便暗自發誓不再以膚色的角度看待事情。當 Jacqui Mofokeng 小姐當選新任南非小姐時，似乎一切均陷入混亂之中。首先，有人在黑人廣播電台說這是頭一位「黑人」南非小姐，「等等，」另一些人說話了，「那即將卸任的南非小姐是怎麼回事？」他們指的是 Amy Kleynhaas 小姐，人們認為這位去年度的南非小姐才是第一位黑人南非小姐，結果 Jacqui Mofokeng 成為一名「所謂的有色人種。」

　　這並不是一個選擇性的用詞，你也了解這一點，但「有色人種」字前總會加上「所謂的」這個字，以展示反對種族隔離者不認同這種黑白區分……問題是，對我這個沒經驗的人來說，許多被歸類為有色人種的人長得卻像白人，Kleynhaas 小姐即是一例……我不曾和她碰過面，只有在電視裡看過她。

　　同樣的，Mofokeng 小姐也沒有這種模糊性，即使許多白人覺得她之所以能夠榮膺后冠，只是因為政治上考量到南非需要有位黑人美后，但她的的確確是位黑人。

當 Mofokeng 小姐上廣播節目接受訪問和 call-in，會接到許多很難聽的電話。有位白種女人打電話給這位新任南非小姐：「……妳長得真醜，臀部太大，牙齒也該回去刷一刷！」……其他人沒有講得那麼露骨，但傳達的訊息基本上都是一樣的：「這項比賽有人搞鬼，所以黑人女性才會當選。」

21 歲的 Jacqui Mofokeng 表現出超齡的沉著，「我想我不是這兒最美的女孩，」她說：「這項比賽也不光是揀選容貌，而我正努力想用微笑贏得所有南非人的心……」她所說的努力是嘗試為這個國家帶來和平。「當我今晚冠冕加身，」她在歡迎會中說道：「我會非常關注這個城市裡即將死去的人們，我們必須盡所有的努力來終止暴力。」

這位女士真是能言擅道，不過南非白人較能接受的南非小姐還是擁有乳白膚色，最好還是金髮、長腿的美女。正如一位惱怒的白人對我說：「這肯定是項厚顏無恥的騙局……」有位黑人打電話進電台說：「不能忍受南非小姐是黑人的人大可從這塊土地移民出去……」

1993 年南非小姐
Jacqui Mofokeng。

種族分類架構具有高度爭議性，原因之一是世界上許多人的祖先早已
經過混血。

　　採用種族架構會碰上的第二個問題：全球有上百萬人的祖先已混過
血，擁有的身體特徵不只一種。此外，某人在某社會中可能歸於這個種族，
但在其他地方卻又被歸為另一種族，譬如南非的種族分類便不同於美國的
種族分類。南非官方認定的四大種族是白人、非洲人、有色人種和亞洲人，
白人由兩個不同的團體組成，包括在南非出生的白人（早期荷蘭人和德國
人的後裔，以及 1600 年代晚期遷移至南非、操南非式荷蘭語的胡格諾教
農夫）以及講英語的英國移民後代，約佔總人口的 14%，其中在南非出生
的白人佔總白人人口的 60%，而講英文者佔總白人人口的 40%。
　　其他三類被白人視為「黑人」的團體則包括有色人種、亞洲人和非
洲人。有色人種指的是那些血統混雜身份者，比如白人移民和南非土著、
或和來自印度和馬來傭工後代混血者。亞洲人（主要是印度人的後代）
的祖先在 19 世紀末定居於南非，在 Natal 省的甘蔗園幫傭。非洲人可進
一步區分為十類種族，其中最大者當屬祖魯族、Xhosa 和 Sotho。
　　實際上，南非的「有色人種」充滿各式各樣的類別，很難簡單地歸

為三大類（Sparks 1990），然而，在美國並無相似的類別。根據次世系（hypodescent）規則，黑白混血或者白人與非白人混血的後代常被歸為次團體，而不是被指派為某特殊類別。但在美國，假使人們擁有 1/32 的黑人血統，他便會被視為黑人，所以在美國「黑色代表一種污名……而膚色淺的人較能擁有高等的地位」（Poussaint 1987, p.7）。

表 9.1 每隔十年普查所使用的種族和民族的類別

普查	1860	1890	1990	1970	1990	
種族	白人	白人	白人	白人	白人	其他亞洲和
	黑人	黑人	黑人	黑人	黑人	太平洋諸島
	黑白第一	黑白第一代	中國人	日本人	美國印地安人	島民
	代混血兒*	混血兒*	日本人	中國人	愛斯基摩人	越南人
		有 1/4 黑人血	印度人	菲律賓人	阿留特族人	日本人
		統的混血兒+		夏威夷人	中國人	亞洲印地安
		有 1/8 黑人血		韓國人	菲律賓人	人
		統的混血兒++		印地安人	夏威夷人	薩摩亞人
		中國人		其他	韓國人	關島人
		日本人			拉丁美洲裔:	其他種族
		印度人		拉丁美洲裔:	墨西哥人或墨	
				墨西哥人	裔美國人或美	
				波多黎各人	墨混血兒	
				古巴人	波多黎各人	
				中美洲人	古巴人	
				其他西班牙人	其他西班牙人	

* 指具有 3/8-5/8 黑人血統的黑人。

+ 指具有 1/4 黑人血統的黑人。

++ 指具有 1/8 黑人血統的黑人。

註：1970 年以前，普查只列舉個別的種族團體，但在 1970 年及往後的普查中，受訪者和列舉者就得詳細說明其所填寫的類別，比如選擇「其他種族」或「印地安人」的受訪者就被要求得填寫出其種族或所屬的印地安部落。

種族分類體系的第三個問題是，種族的定義通常是模糊、矛盾且易變的。例如美國普查局以往採用過數項相當模糊的判準（見表 9.1）。1980年的普查指出，「假如某人具有混血血統而無法判定其種族歸屬，便可依當事人的母親來判定」（U.S. Bureau of the Census 1990, p.4），但在 1970年的普查中，無法判定種族歸屬者則得依其父親的種族來加以判定。南非的官方判準跟美國一樣矛盾、模糊與混淆，表面上，白人「外表上明顯是位白人，或普遍被當成白人，而不是外表明顯是白人，但卻被當成有色人種」（Lelyveld 1985, p.85）。

最後，在嘗試歸類人種時，我們發現，即使具有許多相同特徵，足以符合某種分類架構的人當中，也存在許多的變異。例如，中國人、日本人、馬來人、蒙古人、西伯利亞人、愛斯基摩人和美國土著等都被歸類為蒙古人種，換句話說，種族分類的方式忽略那些所謂同種族者彼此間身體與文化上的重大差異。

由於社會學家注重分類架構對社會和人際關係造成的巨大影響，所以他們特別關注這幾種分類架構：依據重要能力（如運動才能或智力）、社會特徵（如犯罪傾向或攻擊性）與文化風俗（衣著、語言）是經由遺傳而來的分類架構，以及那些認為某些類別的人因遺傳特徵較差而得接受較差的財富、收入和社會重要酬賞的分類架構。

對社會學家來說，階層化體系的重要面向在於人們「不論其個人長短處而被視為是某類別成員」的程度（Wirth[1945] 1985, p.310）。在此脈絡中，他們檢視「開放」和「封閉」的階層化體系。

❧ 「開放」和「封閉」的階層體系

儘管階層化體系的形式很多，但總是會落在兩個極端之間：**喀斯特體系**（caste system）（或稱「封閉」體系，即其成員以個人無法掌控的特質來進行分類）與**階級體系**（class system）（或稱「開放」體系，即其成員以其長處、才能、能力或過去表現來進行分類)。沒有一種階層化形式是純粹的,但有三種特徵可用來區別這兩者:(1)體系的嚴密性(人們改變其類別的困難度),(2)歸屬特徵和成就特徵在決定人們生活機會時的相對重要性,以及(3)不同類別的人們之間對社會互動的限制程度。喀斯特體系由於深具嚴密性,歸屬特徵決定生活機會,分屬不同類別的成員之間的社會互動受限,故被視為封閉;相較之下,階級體系是開放的,因為成就特徵決定生活機會,而分屬不同類別的成員彼此間並無社會互動的障礙存在。

階級體系和喀斯特體系都是理念類型。我們在第七章學到,理念類型僅是理想上的,並不具有可欲的特徵,而是一項標準,以便同「真實的」個案作比較。實際上的階層化體系在某些方面和理念類型是不同的。

喀斯特體系

當人們聽到喀斯特一詞時,經常浮現的想法是印度及其喀斯特體系,尤其是第二次大戰前的體系(印度憲法現已廢止該體系)。喀斯特具有的嚴密本質可以某些規則加以說明,這些規則載明分屬不同喀斯特的成員彼此間應予維持的身體距離:「Nayar 必須與 Nambudiri Brahmin 保持 7 呎(2.13 公尺)距離,Iravan 則必須保持 32 呎(9.75 公尺),Cheruman 保持 64 呎(19.5 公尺),而 Nyadi 則是 74-124 呎(22.6-37.8 公尺)」(Eiseley 1990, p.896)。

多數社會學家使用喀斯特一詞並非意指某特定體系,而是指人們以其無法掌控、且無法加以改變的身體或文化特質當作基礎所作的社會分類架構。當人們以這種特質進行分類時,他們便是階層化喀斯特體系的一部分。

喀斯特體系中的層級會反映在一些現象上,比如大眾給予不同類別的尊敬程度,比如不同類別的成員擁有的權力及其獲得財富和重要酬賞的機會。處於喀斯特底層者常在智力、個性、道德、能力、抱負等特質上被看成較爲差勁，相反的，處於喀斯特上層者則自視優越。此外，喀斯特的分類也被視爲絕對，其重要性是無庸置疑的（尤其位居喀斯特上層者更是如此認爲），它們被認爲是截然分明且不可替換的（儼然每個人都得歸於某類別）。最後，喀斯特不同位階的成員之間有很多社會互動上的限制，譬如不同階層的成員間禁止通婚。

種族隔離制度：階層化的喀斯特體系　種族隔離制度（南非用的荷蘭語叫作「apartness」）在南非已實施數百年之久，但直到 1848 年才成爲官方政策，當 D. F. Malan 領導的保守白人民族主義政黨執政時，民族主義份子便通過數百條法令，在所有地區實施種族分隔，並嚴格限制黑人的權利與機會，最後導致白人對非白人在政治、社會與經濟面向上進行合法的統治。

要全面檢視種族隔離制度的影響是不可能的，該體系輕蔑南非非白人人口，並對其持續施加經濟性傷害（Wilson and Ramphele 1989）。雖然種族隔離制度可在理論上加以拆解，但難題在於分解它對白人與非白人關係，以及對非白人生活機會造成的影響。爲了周全地掌握種族隔離制度如何決定生活機會，我們轉向檢視這些政策。在檢視的過程中，可別嘗試去牢記名字、日期和法案的特定目的，而應當思索南非生活的各個面向如何受制於膚色，並想想在拆解種族隔離制度的過程中遭遇的問題。

在南非於1953年施行設備分隔條例的同時，美國也出現相同的法案版本，即「歧視黑人」（Jim Crow）法規。南部許多州均將所有公共設備的種族分隔加以合法化。

種族隔離政策 種族隔離政策的目標是：維持黑人（即包括混血者、亞洲人和非洲人）與白人的分隔區域。1922 年特蘭斯瓦省法令（第 267 段）陳述，非白人「只有在有利於白人並在許可的情況下才得以進入都市地區，因為都市地區基本上是由白人創建，即至他們無益於白人時則得離開」（Wilson and Ramphele 1989, p.192）。其他的法令如設備分隔條例（Separate Amenities Act）、團體區域條例（Group Areas Act）、土地條例（Land Acts）與人口註冊條例（Population Registration Act）等，均代表白人統治的政府在達成該目的時使用的各種手段。

1953 年的設備分隔條例批准將公共設施在質、量上進行不公平的區隔，包括公園、車站、游泳池、圖書館、旅館、餐廳、醫院、候廳室、公用電話、海灘、公墓等在內的許多地區，都有地方政府樹立「只准白人進入」的告示，禁止黑人使用其他所有施備（例如公園和圖書館），只留給黑人一些最基本的公共設施（如廁所和巴士站），而該條例明令黑人不得在「滿足白人需求」之外的情況下進入社區，藉此達成種族隔離的目標。

設備分隔條例於 1990 年 10 月 16 日正式廢止，不過某些大城市在此之前已開放公共設施予所有人種使用，並通過某些法案廢除這項慣習。例如海灘在 1989 年已經開放，但地方公告直到 1990 年 10 月 16 日才撤除設備分隔（Wren 1990b）。儘管有 1990 年這項廢除禁令，但許多當權人士卻另行創設某些方式來避免公共設施的合法開放，比如白人居民會將非白人視為「非本地居民」，每年課以高達 200 美金的公共設施（如圖書館）使用費。另外，白人學校也未逕行開放予所有種族，除非在 80% 的家長投票表決的情況下，有72% 同意的話才能開放（Wren 1991）。[2]

1913 和 1936 年的土地條例將 85%的土地保留給 500 萬名白人（佔總人口的 14%），其餘 15%土地留給各色人種，該條例廢除於 1991 年 6 月 5 日。土地條例在南非東半部劃出十塊土地，分屬各非洲主要種族團體（這是南非白人界定的）的家鄉（homelands）。這些土地大多是貧瘠、低度發展並缺乏天然資源的不毛之地，此地居民中超過 80%生活在極端貧困的環境中（Willson and Ramphele 1989）。當然，非洲人無力決定家鄉的土地位置和形式，譬如，某一家鄉可能由白人的種植場、農田和工廠分隔的 24 筆土地構成。

在南非，不管非洲人生長在何處，他都不是南非公民，而被歸為這十處家鄉的公民。這十處當中現已有四處宣佈獨立（Bophuthatswana, Transkei, Ciskei 與 Venda），而南非政府希望其餘六處也能比照辦理宣佈獨立。然而，這世上沒有國家會承認這些地區的獨立，因為南非白人建立這些地區的目的，只是想把南非黑人趕離白人生活區，卻又想利用黑人來滿足其低薪的雇用需求。

土地條例的邏輯強調，假如所有的非洲人都成為這十處家鄉的住民，他們就無法在其家鄉之外宣稱擁有經濟和政治上的權力，因此南非政府可以拒絕他們的選舉權，並以外來工作者和非公民的身份加以對待：

> 這些家鄉有其邪惡的一面。它們不但是工業的勞力來源，也是那些沒有工業用處者（老人、殘疾者和幼童）的廢物堆。法律上明訂，假如你不再工作，就得回到家鄉，那兒就是你被拋棄的所在。有時候，這些地方是政府遣送回鄉者搭篷或小居的「再殖民營」（resettlement camps）。有時候，人們才剛離開家鄉，就得被迫和親人分離。學校的狀況一向很差，或者根本就沒有任何設備，而醫療設施也是如此。有些人活了下來，更多人卻因此死亡。這種土地政策根本是種文雅的滅絕政策，不用毒氣室就可讓人活活餓死。（SEIDMAN 1978, p.111）

> 許多在城市出生的黑人也被遣送至此，在這裡他們並沒有什麼親屬，也沒有任何設施可供使用或滿足需求。（WEEKEND WORLD 1977）

1950 年的團體區域條例也在 1991 年 6 月 5 日廢止，該條例指派給白人和非白人不同的生活區域，並允許非洲人在白人區域中工作，不過必須住在毗鄰工作地點的市鎮或稱作會館的單身（通常是男性）封閉圍場。每天會有巴士接送這些黑人到白人區上下工，多數黑人每天的通勤時間得超過三小時：

嗯，就以一個住在距離工作地點 30 哩遠的中年黑人來說吧，他在毫無選擇的情況下被迫住在這兒。每天清晨四點就得起床，準備搭二小時的巴士或火車到都市，那種讓我們覺得難受的尖峰時間在他看來卻是稀鬆平常。

　　當一天的工作結束後，他得在工地關門前離開，再花兩小時時間搭車回家。

　　再就另一位礦工來說，當白人礦工住在免租金的房舍，每年賺進 20,000 美元時，從事同樣工作的他卻得擠在大通舖，每年僅有 5,000 美元的收入。而法令明訂黑人礦工不准攜妻兒同住，也不准探視，所以每年除了有兩次短期回家探親的機會之外，其他時間都得留在工作崗位從事危險的工作。

　　他的妻子境遇又如何？嗯，如果她的丈夫在礦區工作的話，夫妻是不能住在一起的。假如她在白人家庭裡幫傭，也不能與家人同住，必須住在房子後頭的傭人房，她的小孩就得送回家鄉由祖母或阿姨幫忙照顧，倘若想回家探親，就得經過許可才行。（LAMBERT 1988, pp.29-30）

　　團體區隔條例將所有土地劃分爲白人、有色人種、亞洲人和非洲人這四類，任何住錯地方的人都會被驅離，此外，政府也有權力改變某區域的類別。據估計，在 1960-1983 年間，超過 350 萬名非白人在沒有選擇的情況下被南非政府「再安頓」到新區域（Wilson and Ramphele 1989）。

　　南非也通過法律限制黑人的移動自由（該法律廢止於 1986 年），這些法律要求黑人必須隨身攜帶一張身分證，上頭載明其種族與居住、就業狀況，沒有這張身分證就不能出現在白人區域內（達總土地範圍的 85%）。在 1916 年（這是有違反通行法數據記錄的第一年）和 1986 年之間，1,700 萬名非洲人被控違反通行法。一位白人雇主說明：

　　我們也反對通行法，這項法令實在太可怕了。當我們的園丁離開花園到樹籬的另一端澆水，倘若他沒有把通行證帶在身上，就可能會被強行帶到附近的警局，而我們根本無法知道他在哪裡，也不曉得發生什麼事，只有打電話到警局略施小惠，才能知其下落，這種事常在郊區發生，真的會讓我們抓狂。每天傍晚你就會看到一排上了手銬的人一個個被帶到警局，幸虧這種事沒有發生在我們身上。當然，這種通行證制度現在還存在，不過它帶來的困擾已不像從前那麼多。

　　每當我想到這件事，總會憶起寫紙條的苦惱。在政府核發通行證之前，我們有位服務逾 25 年的非洲僕人，我們都很喜歡他，並為他搭建了一間非常美麗的傭人房。這位男士行事高尚，他的年紀也足夠當我父親，但每次外出時都得向我請求一張字條，寫著「請放行阿摩斯到今晚 6-8 點。」（CRAPANZANO 1985, pp.131-32）

　　1950 年的人口註冊條例要求南非所有人都得進行種族分類，並核發身分證明載明其種族，該條例於 1991 年 6 月 18 日廢止。正如之前提到的，南非人的種族歸屬會影響個人生活，但是種族分類委員會成員卻都是白人社工人員。該委員會裁決那些有問題的個案，並接受改變種族歸屬者的申請，至於有多少人申請改變種族歸屬則不得而知：

　　由於委員會極重視膚色、外表特徵與髮質等特質，故決定期得拖上好幾個月，甚至幾年。通常在一年當中，會有 150 位有色人種會重新歸類為白人；十位白人變成有色人種；六位印度人變成馬來人；二位馬來人變成印度人；二位有色人種變成中國人；十位印度人變成有色人種；一位印度人變成白人；一位白人變成馬來人；四位黑人變成印度人；三位白人變成中國人。

　　中國人被官方歸類為白人的次團體，而多數從事商業的日本人則被賦予「名譽」白人的地位，這豈不荒謬？假如這一切都是一部反烏托邦的小說也就罷了，但在真實生活中，它卻是世界上最複雜的人治系統當中最令人不快的部分。（LAMB 1987, pp.320-21）

從這種對種族隔離制度的描述可以明顯看出，只有禁止種族隔離法律，並無法反轉過去 300 年來在系統性因素作用下造成巨大的經濟不均（見表 9.2）。正如南非民族議會領袖曼德拉所問的，「當政府廢止團體區隔條例和土地條例，卻又不給我們資源來利用這些情勢，那廢止這些條例究竟有何用處？」（Mandela 1991, p.4E）。

表 9.2　南非的生活機會和種族分類

	白人	亞洲人	有色人種	非洲人
總人口所佔百分比	15.0	3.0	9.0	73.0
各階層年收入百分比	64.4	3.0	7.2	19.7
嬰兒死亡率	12/1,000	18/1,000	52/1,000	110/1,000
重量不足的新生兒所佔百分比				
都市	16.0	35.0	49.0	28.0
鄉村	—	—	—	43.0
每名老師教授的學生數	18	25	29	42
政府花費在每名學童身上的支出	$1,700	$1,100	$600	$220
識字率	99/100	69/100	62/100	50/100
平均餘命	70	65	—	59

在廢止種族隔離法律之外，必須採行的下一個步驟是修正經濟不均。為了達成該目標，曼德拉在總統選戰中應允，假如他當上南非總統的話，將設定計畫建造 100 萬棟低收入戶住宅，大量投資於衛生和教育，在執政前五年重分配 30%的農地以及不定量的住宅用地，限制礦產的數量，讓地下財富回歸予南非人民，並打破白人團塊（conglomerates）（Keller 1994）。

　　種族隔離制度是階層化喀斯特體系中的一種典型範例：人們根據膚色這類身體特質而被分類，歸屬特徵決定生活機會，而被歸為不同種族的成員彼此間存在許多社會互動的障礙。現在我們轉向階層化的另一個系統

——階級體系。

階級體系

在階層化的階級體系中,「人們依其能力的高低而起落」(Yeutter 1992, p.A13)。階層化的階級體系雖包括經濟與職業上的不平等,但卻不是系統性的不平等,換句話說,這種不平等無關於人們的性別、種族、年齡、歸屬地位與其生活機會。階級體系不同於喀斯特體系,因為階級體系中的生活機會與功績、才智、能力和過往的表現有關,而與膚色這類人們無法控制的特徵無關。在階級體系中,人們認為自己可藉由辛勤工作來達成某種可欲的教育、收入與生活水準,進一步可在一生中將自己的階級地位往上提升,而其子女的地位也將不同於自己的地位(理想上會更高)。

所謂社會流動係指由某個階級移動到另一階級,而階級體系中的社會流動有許多種。假如階級地位的改變反映出層級或聲望的高低,這就是**垂直流動**(vertical mobility),比如一位大學生變成醫生,或者一位上班族成為失業族。階層的降低是**向下流動**(downward mobility),而階層的上升則是**向上流動**(upward mobility)。**代內流動**(intragenerational mobility)是個體一生中的流動(向上或向下),而**代際流動**(intergenerational mobility)則是二個(或更多)世代間階層的改變。[3]

南非白人和黑人之間在過去300年來發展形成的巨大經濟懸殊,這種局勢已非解除種族隔離法律所能單純加以翻轉。

相較於喀斯特體系，階級體系中的階級區分並不很清楚。原則上，人們可以從某階級轉換成另一個階級，不過，我們很難單憑外表上的觀察就判定某人的階級，比如某人開部 BMW 轎車、穿名牌服飾，這是中產階級的象徵，但他可能住在廉價的公寓，收入也不多。另外，某人也可以藉由婚姻、完成學業、取得遺產或升官等方式改變地位，但這並無法立即表現出那個階級的生活風格。

在印度出生、現在定居於美國的小說家 Bharati Mukherjee 被問道，「在觀念上，美國對妳的意義是什麼？」她的答案表現出階層化的階級體系和喀斯特體系之間的差異：

> 美國帶給我的印象是浪漫和希望。我來自一個像鐵籠般絕望的、充滿犬儒主義的國度，這個傳統社會就像泥淖般，一個人在出生時，家族便註定了你的一切，包括階級和性別。當我來到美國之後，我突然發現自己能一展長才，能選擇性的拋棄自己不想要的過往，並開展屬於我的全新歷史……
>
> 美國代表的是夢想及其實踐的追求，像我一樣出生在傳統社會中的人是不容許有夢想的。（MUKHERJEE 1990, pp.3-4）

Mukherjee 對美國的憧憬是正確的嗎？美國是一個階級體系嗎？

美國有沒有一個階級體系？

在回答這個問題之前，我們先回想，一個真正的階級體系係指歸屬特徵並不決定社會階級。雖然可能會有許多經濟不平等出現，但機會均等總是存在著。理論上，美國是一個階級體系，憲法序文的獨立宣言與人權法案（Bill of Rights）都斷言，所有人類生而平等，不是內在特質（如智力或身體稟賦）的平等，而是人們有權追求充份平等：「不因性別、種族、宗教或民族之別，都有平等的權利取得正義、自由與機會」（Merton 1958, p.189），假如個人的先天稟賦相異，「他們因此成為不同的個體，但卻不是靠著團體的力量所致」（p.190）。然而，支持「美國信念」的這些文件卻涵意模糊，可作多種的正當詮釋，這種特質雖使其更為顯著，但卻有損這些自由的文件——在歷史上，許多的不公正都被詮釋成在精神上迎合它們。[4]雖然多數美國人相信自己生活在一個真正的階級體系之中，但證據顯示實情並非如此，經濟和職業上的成功機會泰半與人們無法掌握的力量有關——社會背景、歸屬特徵與大量的經濟重組。不客氣地說，美國的經濟不平等正是其中一種顯著的類型，某些團體比其他團體更容易遭受經濟變遷的影響。雖然美國的不平等類型異於南非系統性的種族隔離制度，但它確實頗為顯著。

美國的收入不平等　美國普查局（1992b）依 21 種收入類別（每年收入在 5,000 美元以下、5,000-9,999 美元、到超過 100,000 美元）將人們分類。我們可依多少類別被併入，來歸納美國人各種不同的收入情況（Hacker 1991）。每一個都清楚的提供美國 9,570 萬個家庭中的收入分配狀況，其中某些類別確實比其他類別來得好。

光是只有列舉收入不平等，並無法駁斥美國是階層化的階層體系這項宣稱，但是當我們檢視白人、黑人與拉丁美洲人的家庭經濟情況，則可清楚發現，在低收入類別中，黑人與拉丁美洲人家庭佔的比例頗多，這種差別暗示：美國並非一個真正的階級體系，假如她是的話，那麼在這三個團體當中，各團體收入類別中的家庭百分比應該都是相同的。

當我們比較男性戶長、女性戶長或雙親三種家庭類型時，這種收入分佈會呈現更不平等。在女性戶長家庭中，尤其是黑人和拉丁美洲人的女性戶長家庭，普遍都集中在最低收入類別。在檢視這些發現時，我們並不驚訝某些團體較其他團體更密集集中在最低薪資與最低聲望的職業類別。

美國的職業不平等　當某些職位（圖書館員、秘書、醫生、律師、總裁）主要為某特定種族、民族、性別或年齡的成員所佔，則職業常被視為是依據歸屬特徵所作的區隔。表 9.3 和 9.4 的職業類別顯示種族和性別高度集中的例證。

表 9.3 黑人與拉丁美洲裔任職比例過低 或過高的情況*			表 9.4　1991 年女性任職比例過低 或過高的實例*	
所佔比例過低(1991)			**所佔比例過低**	
職業	佔所有雇用者的百分比		職業	
	黑人	拉丁美洲裔	工程師	8.2
經理與專家	6.3	3.7	牙醫	10.1
科學家	3.3	3.6	神職人員	9.3
醫生	3.2	4.4	救火員	2.3
牙醫	1.5	2.7	機械員和修護工	3.7
藥劑師	3.4	3.2	建築業	1.8
大學教授	4.8	2.9	交通和運輸業	9.0
律師和法官	2.8	1.6	林業和伐木業	5.6
作家	1.4	1.0	飛機駕駛員和領航員	3.4
專業寫作人	5.3	1.8		
藝術家	2.7	3.2	**所佔比例過高**	
牙齒衛生學家	1.1	3.3	職業護士	94.8
飛機駕駛員和領航員	1.5	2.9	語言治療專家	88.2
銷售員	6.6	5.5	托兒所和幼稚園老師	98.7
侍者	4.2	7.1	牙齒衛生學家	99.8
所佔比例過高(1991)			實習護士	95.0
職業	佔所有雇用者的百分比		秘書、速記員和打字員	98.5
	黑人	拉丁美洲裔	櫃檯人員	97.1
女僕和男傭	27.2	19.7	簿記員	91.5
助理護士和管理員	31.2	6.9	社會福利人員	90.5
清潔工和家庭傭人	29.3	23.3	資料建檔人員	86.0
郵務人員（郵差除外）	27.7	6.3	助教	93.1
機械操作員	25.8	23.5	私家兒童看護	96.7
快餐服務員	23.3	11.7	私人清潔人員和傭人	95.8
縫紉機操作員	20.0	22.7	牙醫助理	98.2
農場工人	8.6	26.8	裁縫師	89.2
* 1990 年的普查資料顯示，黑人佔美國總人口的 12.1%，拉丁美洲裔人口佔 9.0%，而白人佔 80.3%。			* 1990 年的普查資料顯示，女性佔美國總人口的51%。	

當某特定團體集中在低薪、低階層的工作時，職業區隔也變成一項問題。當我們比較全年、全職的黑人男人、黑人女人、白人女人和白人男人的年收入時，職業區隔的影響變得更為明顯（見表 9.5）。收入和職業關聯於種族（此為歸屬特徵）的這項事實讓我們不得不承認，美國頂多也只是階級體系與喀斯特體系的混合體系而已。

表 9.5　美國不同種族和性別的全年全職工作者的收入狀況比較

種族／性別	年收入	佔男性白人收入的百分比
男性白人	$30,186	100.0
男性黑人	21,540	71.3
男性拉丁美洲裔	19,314	64.0
女性白人	20,840	69.0
女性黑人	18,518	61.3
女性拉丁美洲裔	16,186	54.0

❧ 混合體系：階級與喀斯特

階層化的體系經常結合階級與喀斯特。在美國，每一個職業實際上都包含不同民族、種族、年齡與性別等團體成員，然而在某些時候，某些團體（比如女人和黑人）在某些職業中會過多或過少。此外，一個人的歸屬特徵可能使其成就相形見絀，「階級流動的意義總無法擺脫其與個人出身的重要關聯」（Berreman 1972, p.399）。譬如，倘使一位黑人或女性位居高位，他（她）總是會受到他人的質疑，他人或許只望見其黝黑膚色或女性生殖器官這類特質，而忽略其個人才能、功績與成就。關於喀斯特和階級的內在關係：

　　我們立即聯想到西方階級體系中產生的相對優劣勢，造就了法官、清潔隊員、速記員、飛行員、工廠工人、牧師、農夫、醫生、護士、大商人、乞丐等職業地位。假如我們想像遇見兩位美國人，一位白人，一位黑人，當下就能清楚地釐清階級與喀斯特之間的區別，完全地改變事情的複雜度……在這些例子中，某些重要因素很明顯的被加添到階級化的圖像當中，而完全忽視個人無法控制的因素，這些因素在出生時就已決定，且無法改變。

這對社會認同來說是重要的，因為它實際上會影響一個人的機會、酬賞和社會角色。新的因素則包括種族（膚色）、喀斯特、民族（宗教、語言、國籍）或性別（BERREMAN 1972, pp.385-86）。

對於種族如何影響人們界定其行為，製片家 Spike Lee、歷史學者 John Hope Franklin、電視播報員 Carole Simpson 和職業籃球手 Isaiah Thomas 都對此表達個人意見。

我想成為知名的年輕製片家，但現今的事實告訴我，不管我做得再怎麼成功，別人最先看到卻是：你是黑人。（LEE 1989, p.92）

外界經常認為我是研究美國黑人歷史的學者，但我只有教授美國黑人歷史 30 多年的經驗而已。他們說我撰述 12 本關於黑人歷史的書，但我的著作中卻有好幾本在描寫白人。我被稱為黑人歷史學者的領袖，但這些人卻忽略我曾擔任過美國歷史協會、美國歷史學家協會、南方歷史學會主席等。

悲劇……是黑人學者經常受制於專長。我的專長是南方歷史，意即白人與黑人歷史均是我的授課範圍。（FRANKLIN 1990, p.13）

一位檀香山的電台經理看完我的名牌後說，「Carole Simpson, ABC. 這代表什麼意思呢？是非洲廣播公司（African Broadcasting Company）嗎？」

當勞瑞．勃德在球場上的表現傑出，人們會說他是技術嫻熟的思考型球員，將功勞歸於其個人努力；不過當黑人球員打得好，人們卻說我們只會跑、跳，似乎我們欠缺紮實的練習或思考，好像我們打從娘胎起就會運球一樣，就好像說魔術強森、麥可喬丹和我儼若獅子、老虎這類的動物，只靠著天賦在打球，但勞瑞的成功卻歸因於他的聰明與努力。（THOMAS 1987, p.D27）[5]

　　Lee, Franklin, Simpson 與 Thomas 的經驗顯示，種族的因素如何影響人們評估成就的方式。

　　有二個例子可說明美國社會的階層和喀斯特階層化交混的情況。就拿男女合校的壘球隊為例，守備位置的分配與球員之間的關係可反映出這種情況。女球員經常被指派到邊陲位置（這些位置在整場比賽中無足輕重），當打者擊出的球飛向女球員時，至少會有一位男隊友跑來「幫她」，但女球員鮮少會跑去幫助男隊友。當女球員進打擊區時，外野的四位守備都會往內野移動，但是當男球員打擊時，他們仍停留在外野（女性可能是位不錯的打擊者，但在九位內野手的守備下卻很難擊出一壘安打）。

　　我們可以從此例中了解，女性因為缺乏技巧與經驗，無法適當地丟球、擊球，所以得在球賽中守備邊陲位置，並接受其他男隊友的協助。當才能和技巧是指派男、女守備位置的唯一判準，就是階層化階級體系的運作。但是當歸屬特徵（如性別）和成就特徵（如擔任游擊手）之間具有可預測的關係時，這種模式就值得社會學家關注。該模式的成因經常可追溯到兩性在才能和能力上的顯著差異，而此差異是外在作用下的結果，也就是說，是男女兩性被社會化之後造成的結果。

　　從幼年開始，父母便為子女篩選適合其性別的運動，希望男孩子從事較為積極、有許多身體接觸的行為，比如需要舉拋抓跑之類的活動，而女孩則從事那些不具身體接觸的活動，像是體操、網球和游泳這類具有高雅、流暢移動、彈性與藝術的個人運動。正由於男、女孩各自參與不同的體育活動，所以他們自然發展出不同的技巧和風格。最後，就運動的發展來說，從分屬於兩性的球隊數量（從業餘到專業）便可看出，男性球隊比女性球隊能吸引更多的人氣和金錢投入。

在男女合校壘球隊的例子中，階層化的階級體系只在某個層次起作用，因為那些最有能力與最具經驗者才能被指派到核心位置，但喀斯特體系卻在另一個層次產生影響，因為社會習俗造成兩性在才能和能力上的差異。

階層化喀斯特和階級體系的交混也展現在專業球員身上。長期以來，社會學家注意到，黑人運動員多出現於那些需要體力、速度與靈活性的位置，但白人卻多出現在那些具有領導性、需要「思考」的位置（Loy and Elvogue 1971; Medoff 1977）。在專業球隊中，白人傾向在內野守備（包括投手和補手），但黑人卻傾向在外野守備，由於專業球賽中並未完全把黑人球員排除在外，所以某些階層化階級體系的要素還是起著作用。另一方面，由於教練絕大部分由白人擔綱，所以常將黑人球員擺到邊陲位置，而把白人球員放到中心位置。支持這項假設的事實是：大多數中、小學的球隊組成都是純白人或純黑人，所以黑人球員都有打過任何位置的經驗。運動社會學家相信，當這些黑人球員從高中進到大學再到專業球隊之後，他們便被有系統地移出領導位置，而被指派到邊陲位置，這種慣例會一直持續到球場生涯結束。與其他白人球員相較，鮮少黑人能成為總教頭或球隊經理。

從社會學的觀點看來，所有的詮釋者都將這些差異歸因於生物性差異，比如男女兩性、不同種族、不同民族團體，就像社會心理學家 E.A. Ross（[1908] 1929）所說的，他們「懶得」將這些差異追溯到社會環境與歷史條件。

很清楚地，社會階層化是社會的重要特徵，是生活機會（不論優缺）的重要結果。我們將在本章稍後檢視解釋階層化成因及其形式的各個理論，像功能主義試圖解釋社會中的資源為何呈現不平等分配，而另一組理論則涉及社會中種種階層的判定。

❧ 功能論對階層化的看法

　　功能論社會學家戴維斯與莫爾（Kingsley Davis & Wilbert Moore 1945）在其古典作品「階層化的數項原則」中問道，階層化——社會酬賞的不平等分配——如何對維持社會秩序和穩定作出貢獻。他們主張，藉由社會不平等這項機制，社會才能確保那些最具功能性的重要職業由最有資格的人出任，尤其是那些需要高度才能與受過嚴密訓練的職業。

職業具有的功能重要性

　　戴維斯和莫爾承認，要證明職業的功能重要性有其困難，但他們指出兩個模糊的指標：（1）職業具有功能獨特性的程度（意即，僅有少數職業能夠充分地執行相同功能），以及（2）其他職業必須依賴該職業的程度。就這些指標來看，雖然垃圾搬運夫對衛生具有其功能重要性，但所得酬賞卻不高，因爲這份工作無需太多的訓練和才能，即使我們得仰賴他們來維持環境衛生，但這份工作的可取代性畢竟太高。

　　戴維斯和莫爾主張，社會必須提供額外的酬賞，誘使最有才能者接受長期且艱難的訓練，以便適任最具功能重要性的職業。他們認爲，酬賞必須夠多，才能吸引最有資格和最有能力的人。

　　他們也承認，階層化體系在吸引符合資格者的效能上出現瑕疵。譬如，當有能力者受到忽視，無法取得接受訓練的機會，當菁英團體控制訓練的方式（控制許可配額），當父母的財富或影響力（而非子女的能力）可以決定子女的地位取得，這些都會使其效能大打折扣。但是，戴維斯和莫爾相信，體系會對這種瑕疵進行調適，當擔任重要職業的人員出現缺點時，社會必定會增加其他人進入該職業的機會，否則這個社會勢必無法與其他社會競爭。

　　功能論者認爲，南非白人最近著手修正的工作保留制度便反應出這種調適，該項修正限定各種族的特定工作類型，並禁止同一職業中非白人的職位比白人高。南非經濟為了要有效運作（尤以 1993 年國際反種族隔離制裁停止後），便需要增加許多技術性工作力，但這勢必無法由白人單獨完成。事實上，1994 年 2 月出刊的世界貿易期刊上，已有文章指出南非將近 50% 的失業率，加上中級管理人員與技術人才短缺，已構成外國公司在南非進行投資的不利因素（Jones 1994），即使南非政府撤銷施加在非白人工作者身上的長期性工作和流動限制，但總得花上數年時間，才能訓練那些從未曾接受教育的人來擔任這些職位。因而功能論者主張，社會終將在接受批評之後才進行調適並獲解決，而這就引入了道德問題：社會中非白人的生活機會就應該和支配團體（白人）的需求產生關聯嗎？另一個問題是：最有能力者擔任最重要職業，這難道是社會不平等的方式？

對功能論觀點的批評

社會不平等是社會中必要與普遍的機制，用來確保最有資格者擔任最重要職位，這是「階層化的數項原則」這篇作品的基本預設。但戴維斯和莫爾的作品在發表後，便遭受許多對立文章的批評，其中較知名的批評是涂民（Melvin M. Tumin）發表的「階層化的一些原則：一個批評的分析」（1953），以及辛普森（Richard L. Simpson）撰寫的「一項對社會階層化功能理論的修正」（1956）。

涂民與辛普森都不相信，某職位需要許多的社會酬賞僅因該職位具有功能重要性，或者難以取得適任人員。許多領有高薪和其他重要酬賞的職位究竟對社會的貢獻有多大，這存在著許多爭議，就以運動員的薪水來說，1993 年球季職業大聯盟球員的平均薪資是 1,116,946 美元，26 支為大聯盟隊伍效力的 650 位球員中，有 40% 球員領到 100 萬美元，甚至更多（Class 1992, 1993），但是初等和中等教育的老師平均年薪卻只有 34,098 美元（The World Almanac and Book of Facts 1994, 1993）。這種薪資差異呈顯的問題是：職業球員與演藝人員具有的社會重要性是否高過教師，或者，是否有其他同樣重要的力量影響職業酬賞和地位的界定。

批評功能論的學者也質疑：爲什麼從事同樣工作的工人會因種族、年齡、性別和國籍的差異而得到不同的薪水。畢竟，所有工人都從事相同工作，理應功能重要性都一樣，但問題就在於「比較價值」的爭論。主張從事類似工作者的薪資應當相近的人常質疑，在一個主要由女性組成的職業中（護士、秘書、托兒看護）工作的女性，其所得應否近似於價值相似、主要由男性組成的職業中（職業教育教師、油漆工、木匠、機械維修師）工作的男性。譬如，在教育水準和資歷都相等的情況下，爲什麼在明尼蘇達州工作的護士月薪是 1,723 美元，而同等級的男性職業教育師卻得到 2,260 美元（Johnson 1989）？爲什麼女性托兒看護每年賺不到 8,000 美元，而男性機械維修師卻可掙得 16,000 美元？

此外，涂民和辛普森還主張，決定職業的功能重要性是相當困難的，一個複雜分工的社會尤其如此。伴隨複雜分工而來的是專業化和互賴，這暗示每個個體都對整體運作有所貢獻，就以互賴的觀點來說，吾人可以主張每個個體都有其基本貢獻，「因此要判斷工程師對工廠的功能重要性高過於無技術工人，這便涉及一個觀念，即無技能工人的非必要性，以及他們相對於工程師的可替換性」（Tumin 1953, p.388），即使工程師、主管和總裁都位居要職，但薪資究竟要怎樣呈現出不平等，才能確保人們會選擇這些職位而不是選擇當無技術工人？就以美國來說，財星調查前 500 大公司的總裁平均年薪是 2,025,485 美元，是工人平均年薪的 93 倍，這麼高的薪資真是確保某人會選擇當總裁而非工人的必然因素嗎？答案或許不是。但這種高薪一直被正當化爲全球經濟中徵募最有能力經營公司者的必要條件。相對於工人而言，這種薪水是否精確地反映總裁對社會的貢獻，我們並不清楚。比起工程師或總裁，無技術工人可能更容易被替換，一個工業化社會總得依賴適任成員擔當所有職位。

最後，涂民與辛普森主張，階層化的功能理論暗指階層化體系是爲了滿足社會的需求而演進。在評估這項宣稱時，吾人必須檢視究竟體系滿足了誰的需求。以種族隔離制度爲例，無疑的，白人需求的滿足建立在黑人需求的犧牲上，就拿南非的供電來說，南非生產整個非洲大陸所有電力的 60%，但 66%的南非人（幾乎是非白人）與 80%的非洲人卻無法取得該能源。這些人在沒有電力的情況下，難以燒飯、取暖或照明，結果便得求助於木材：

> 例如，在 KwaZulu（十個非洲故鄉之一）的高地牧場上，蒐集一車的能源所需的平均路程超過 5 哩（8.3 公里），平均得花 4.5 個鐘頭。
>
> 蒐集柴薪不僅累人、浪費時間且危險，還會造成嚴重的生態災害，每個家庭每年得耗費 3-4 噸的木材……過去這短短的 50 年已讓KwaZulu250 座森林中消失了 200 座。（WILSON AND RAMHELE 1989, p.44）

從這個例子可以清楚得知，俾益白人的供電卻造成長期的環境災害，這並未滿足社會整體或整個地球的需要。所以，在評估一個體系是否具有功能時，得考量誰的利益應予列入。

社會階級的分析

雖然社會學家使用階級一詞指涉階層化的一種形式，但該詞也代表某人在社會上的地位類別。社會學家認為社會階級是決定生活機會的重要因素，然而社會學卻也關注這兩個問題：（1）有多少社會階級存在著？以及（2）什麼東西構成社會階級？為了回答這些問題，我們得轉向馬克思和韋伯的著作。

馬克思與社會階級

馬克思將生產系統視為是每個歷史時期的特徵，而每個生產系統都會導致社會上剝削階級與被剝削階級之間的鬥爭，結果，馬克思關切構成社會的種種社會階級之間的關係。對於存在多少社會階級的問題，他在〈共產黨宣言〉中答到：布爾喬亞和普羅；在《資本論：政治經濟的批判》中則提及三個社會階級：受薪勞工、資本家和地主；在《法蘭西 1848-1850 的階級鬥爭》中，他至少提到六個：財政貴族、布爾喬亞、小布爾喬亞、普羅、地主與佃農。根據法國社會學家 Raymond Boudon 與 Francois Bourricaud 的說法，在審慎閱讀馬克思的作品之後，他們相信「想界定階層的數量，有賴於我們為什麼想界定它們的原因」（1989, p.341）。馬克思相當關心階級與社會中的階級區分，這項事實強調其信念：階級鬥爭是變遷最重要的動力。我們將簡短地檢視這些作品來加以佐證。

馬克思在 1848 年與恩格斯合寫的〈共產黨宣言〉中，描寫兩個不同階級之間的衝突如何將某歷史時期推向另一個歷史時期，自由人和奴隸、貴族與庶民、領主與農奴、行會與工人之間彼此對抗。馬克思觀察到，工廠的興起與機械化的生產方式創造兩個現代階級：布爾喬亞（生產工具的擁有者）與普羅（出賣勞力給布爾喬亞的人），從這種歷史主題的觀點看來，在〈共產黨宣言〉中，馬克思相信這兩個階級將把社會從資本主義帶到另一個時期。

在《資本論：政治經濟的批判》（1909）中，馬克思提到三個階級：受薪工人、資本家和地主。每個階級是由那些「來自相同來源的」（p.1032）收益或收入者所組成。對受薪工人來說，其收入是工資，對資本家來說是利潤，而對地主來說則是土地租金。馬克思承認，區分地主與資本家的界線並不明確，例如福特汽車公司的創始者亨利福特，他是地主（因為他在巴西擁有橡膠園），也是資本家（因為他擁有工廠和機器，並購買勞力）。而馬克思也認為這三個階級可再作進一步細分，比如地主這個類別便可再分為葡萄園、農場、森林、礦產與漁場等等的擁有者。由於馬克思認為人們可依收入來源作區分，所以這三類社會階級架構有其道理。

《法蘭西 1848-1850 的階級鬥爭》（[1895] 1976）係針對 1848 年反抗數個歐洲政府（德國、奧地利、法蘭西、義大利與比利時）的革命事件所作的歷史研究，特別是法蘭西。在這本書中，馬克思試圖描述並解釋「在複雜性當中的具體情勢」（Boudon and Bourricaud 1989, p.341），他認為 1848 年的革命是為了生活需要而進行的鬥爭，是「一場保衛或消滅布爾喬亞秩序的征戰」（Marx [1895] 1976, p.56），這裡所提的布爾喬亞是指那些財政貴族，他們在多數人忍受飢餓、低薪與失業情況下卻坐擁奢華生活。

馬克思指出引發 1848 年革命的主因，並解釋為何他相信該革命是失敗的。當時有兩項世界經濟事件引發廣大群眾的不滿，一項是蕃茄的病蟲害與 1845、1846 年的農作欠收，引起人們的高度挫折，而生活成本的增加便在法蘭西各處引發流血衝突；另一項事件是，商業與工業危機導致經濟蕭條與國際信用破產，於是革命便在工業革命洗禮過的城市中發生，這些城市曾吸引大量找尋工作的普羅大眾。普遍來說，工人的薪資極低，生活悲慘，也缺乏充份的生活必需品。

雖然 1848 年的革命表面上改變了法蘭西政府的統治者，但剝削結構仍在，最後，工人被「空前的暴行」鎮壓下來（Marx [1985] 1976, p.57）。馬克思相信，暴動失敗的原因是：雖然工人們展現空前的勇敢和才能，但他們「沒有領導人、沒有周全的計畫、沒有方法，重要的是缺乏武器」（p.56），也因為「其他的」階級並未支持普羅階級一起反抗財政貴族。

馬克思的社會階級觀很難完整的加以應用，因為他在《法蘭西 1848-1850 的階級鬥爭》當中清楚的說明，階級的實體是非常複雜的。然而，我們可以使用他創造的某些與社會階級有關的有用概念，第一個概念是，不同階級間的衝突可將我們從某個歷史時期推動到另一個歷史時期。南非明顯地存在白人和非白人這兩個階級，而美國則有技術工人和非技術工人的階級區分，由於資本主義的經濟企業已將低技術工作移出（現仍在移出當中）美國，所以美國的非技術工人相當脆弱。階級衝突是社會變遷的動因，不論在南非或美國都是如此。

馬克思遺留的第二項重要概念是：以收入來源來檢視社會階級的概念。這種探討社會階級的方式讓我們理解，社會階級不單純指的是職業（或與生產工具的關係），但有關收入方面的資料卻很難取得，我們得不到南非的資料，而美國的資料也不完整。雖然美國聯邦儲備局贊助每六年一次的消費財調查，但不幸的是，他們僅將各種收入來源分成五類，比如家庭年收入超過 50,000 美元者便歸於同一類，因此我們無法檢視美國最富者的收入來源。

最後，馬克思的觀念提醒我們，導致被剝削者以革命手段反抗剝削者的條件是複雜而多面向的，他雖然承認剝削情況可能會引發叛亂，但他也觀察到，革命成敗還得取決於良好的計畫、有效的領導、其他階級的支持與武器取得等因素。

我們以 1960 和 1976 年的反種族隔離示威來說明這一點。1960 年非洲城鎮 Sharville 的居民遊行到警局抗議通行法，警察朝人群開槍，造成 69 人死亡，180 多人受傷。雖然警方對南非各地的暴動作出反應，但最後白人政府還是宣布所有反種族隔離組織是非法的。1976 年 Soweto 20,000 名學童為反對將南非用荷蘭語納入課堂教材而上街遊行，警察開火造成數百名學童死亡、數千人受傷，這種暴行立刻引發全國暴動。南非非白人已反對種族隔離制度多年，但該體系的終結還是等到 1980 年代中期當其他階級（即白人）採取行動時才有成效出現。

除了抗議之外，被剝削階級還有什麼方式可用來終止種族隔離制度呢？首先，當 1976 年南非境內反抗情勢升高時，美國和歐洲各國便對南非施行更強大的新經濟制裁。隨著共產主義的崩潰與美蘇冷戰時期的結束，非洲大陸和南非已失去其戰略重要性，結果，美國不需要再支持南非白人政府來對抗南非內部及其鄰近國家的共產勢力。

韋伯和社會階級

雖然馬克思並未一貫地確認社會中階級的精確數目，但他卻已清楚指出，一個人的社會階級立基於其與生產工具的關係。韋伯也像馬克思一樣，並未確認社會階級的存在數量，然而對韋伯來說，社會階級的基礎不是生產工具，而是市場。根據韋伯的說法，階級情況就是市場情況，其基礎在於取得貨品和服務、在市場上取得高薪工作、以及尋求內在滿足的機會。

　　韋伯（[1947] 1985）認為，人們的階級地位取決於他們適合市場的能力（工作經驗和資歷）、取得消費品和服務、控制生產工具、及其投資於財富和其他收入來源的能力（見「你有什麼價值？」一文）。那些完全沒有技術、財產，靠零工維生者便構成階級體系的最下層，他們形成「負向聲望的」財產階級，而位居頂端的「正向聲望的」階級則獨佔最高價值消費品的追求權，他們能取得最有利的教育類別，控制最高的管理職位，擁有生產工具，並以財產和其他投資的收入過活。在階梯的頂層和底層之間則有許多階層的連續體。

你有什麼價值？

根據韋伯的說法，一個人的階級取決於許多因素，包括各種收入資源的取得。

個人財務報告書（姓名）：_____

用途：_____

資產	負債
估計現值	數額
銀行現款和金融市場存款 _____	抵押 _____
他人欠債數額 _____	Broker Loans/ Margin Accounts _____
股票／債券 _____	銀行貸款／期票 _____
其他投資 _____	終身保險貸款 _____
終身保險（退保金額）_____	記帳戶頭 _____
個人退休帳戶 _____	慈善捐款 _____
退休金和利益分配（既得利益）_____	離婚贈予 _____

不動產：	住宅 _____	贍養費	_____
	其他 _____	生活費	_____
商業獲利	_____	稅金： 收入	_____
個人資產*	_____	不動產	_____
		其他	_____
		其他負債	_____
總資產	_____	總負債	_____
淨值	_____	（資產扣除負債後所得即為淨值）

* 包括傢俱、汽車、珠寶、個人蒐集等等。你的個人財務報告書也應包括資產價值
增加所應預備的特別稅。你應該多閱讀個人財務報告書，特別是當財務狀況有重大
變化時更該閱讀。

　　韋伯指出，由於地位團體與政黨的種類繁多，使得階級分層顯得更
複雜。他將**地位團體**（status group）界定為藉由日常生活型態、正式教育、
家庭背景、職業以及「受他人尊敬的程度」而聚在一起的一群人（Coser 1977,
p.229）。該定義指出，財富、收入與職位並非決定個人地位團體的唯一
因素，「官員、公僕或學生的階級位置可能依其財富的不同而有很大的變
異，不過這並不會導致不同的地位，因為教養和教育會創造出相同的生活
型態」（Weber 1982, p.73）。在南非，講英語的白人跟在南非出生、講
南非荷蘭語的白人便是兩個不同的地位團體，這兩個團體的習慣會構成社
會學家 Diana Russell 所稱的自發性種族隔離：「講不同語言，住在不同地
區，投票給不同政黨」（Russell 1989, p.4）。

　　至於政黨是「計畫性的獲得社會權力，並試圖影響各種社會行動」
的組織（Weber 1982, p.68）。政黨被組織起來代表階級、地位和其他利
益，這些都存在於各層次當中（在組織、城市、國家裡），這意謂可以使
用包括暴力、選舉時的拉票、捐款、有力的演說、暗示和欺騙來取得權力。
南非為人熟知的反種族隔離組織是創設於 1912 年的非洲民族議會（African

National Congress），另一個知名團體是 1959 年自非洲民族議會脫離的泛非洲主義議會（Pan-Africanist Congress）。而稍早提到的印卡塔自由黨，是由 Mangosuthu Buthelezi 主席領導的祖魯族組織；1983 年創立的聯合民主陣線（United Democratic Front）則聯合逾 800 個反種族隔離團體。[6]

韋伯提出的社會階級概念豐富了馬克思的洞見，韋伯將階級視為社會階梯狀的階層連續體，最高和最低的階層分別代表正向和負向聲望的階級。韋伯主張，「只有當完全無技術、無財富的人們依賴不規則的工作時，相同的階級情勢才能盛行」（1982, p.69），我們不能談及關於其他階級的相同情勢，因為職業、教育、收入、人們歸屬的階級團體、財產和消費類型上的差異等等，這些成分都會使階級地位變得複雜。

韋伯的階層觀讓我們得以比較最富者與最貧者所處的情勢。表 9.6 列出聯合國所稱高收入國家當中各個人口群體的家庭收入百分比，數據顯示，社會中最富者（佔總人口 10-20%）的年收入均是最貧者（佔總人口 20%）的 4-9 倍。

韋伯的社會階級觀也讓我們注意到負向聲望階級——這個部分透露出社會中不平等的兩個極端。雖然南非的總收入頗高，但其分配卻因種族而異，表 9.7 列出在不同收入類別中，不同種族每人每年的平均收入。有 50% 的白人家庭收入超過 8,000 蘭德（約等於 25,000 美元），相較之下，亞洲人、有色人種與黑人家庭有這等收入者不超過 5%，而在黑人家鄉中，這種不平等更是嚴重，這些地方有 80%的家庭處於悲慘的貧窮狀態（Wison and Ramphele 1989），南非這種負向聲望的處境可直接追溯至種族隔離制度。

表 9.6 高收入國家當中部分家庭收入百分比

聯合國每年都會發布世界各國的最近統計資料，其中一項測量不平等的概略方式是檢視特定年度的總家庭收入的分佈。下列這張表比較最貧窮的 20% 人口、最富有的 20% 人口和最富有的 10% 人口三者賺的錢佔總家庭收入的百分比。

	人口中最低的 20%	人口中最高的 20%	人口中最高的 10%
沙烏地阿拉伯			
西班牙	6.9	40.0	24.5
愛爾蘭			
以色列	6.0	39.6	23.5
新加坡	5.1	48.9	33.5
香港	5.4	47.0	31.3
紐西蘭	5.1	44.7	28.7
澳大利亞	4.4	42.2	25.8
英國	5.8	39.5	23.3
義大利	6.8	41.0	25.3
科威特			
比利時	7.9	36.0	21.5
荷蘭	6.9	38.3	23.0
奧地利			
阿拉伯聯合大公國			
法國	6.3	40.8	25.5
加拿大	5.7	40.2	24.1
丹麥	5.4	38.6	22.3
德國	6.8	38.7	23.4
芬蘭	6.3	37.6	21.7
瑞典	8.0	36.9	20.8
美國	4.7	41.9	25.0
挪威	6.2	36.7	21.2
日本	8.7	37.5	22.4
瑞士	5.2	44.6	29.8

表 9.7 南非各種族每人每年的收入比較					
	每個收入類別所佔百分比				
	平均每人的收入	小於 500 蘭德*	500-1,500 蘭德	1,501-3,000 蘭德	3,001-8,000 蘭德	高於 8,000 蘭德
白人	6,242	2	2	7	39	50
亞洲人	2,289	12	3	34	25	4
有色人種	1,630	25	29	24	20	2
非洲人						
一都市	1,366	31	43	21	5	0.01
一鄉村	388	—	—	—	—	—
全部人口		24	32	18	14	12
* 一蘭德約等於 3.18 美金。						

在美國，負向聲望的貧窮階級的存在也可以追溯至結構性因素，特別是職業結構的改變，這種說法在某些美國人聽來可能會覺得詫異，因為他們將流動（包括向上、向下流動）歸諸個人努力，並不認為職業結構的改變會是導因，許多美國人可能沒有認知到某些團體較其他團體易受職業結構改變的影響。社會學家威爾森（William Julius Wilson）在〈真正的缺點〉（1987）和其他相關文章與書籍當中，描述美國經濟的結構變遷如何協助創造出「赤貧」（ghetto poor），這是他在 1990 年美國社會學協會主席致詞時所用的語彙。美國國內已發生一些經濟轉變，包括經濟基礎由製造業轉向服務和資訊業、起源於 1970 年代的勞動力（尤以婦女和嬰兒潮）進入勞力市場、大量工作由城市移往郊區、以及低技術製造工作從國內移轉到海外（見第二章），這些改變都導致赤貧或**都市下層階級**（urban underclass）的出現，所謂都市下層下階級係指一個「都市中位居美國主流職業體系之外的家庭和個人所屬的異質性分類，他們代表經濟階層的最底層」（Wilson 1983, p.80）

威爾森（與社會學家 Loic J. D. Wacquant 合作）對芝加哥進行研究（這種研究適用於美國其他各大城市，如洛杉磯、紐約、底特律等。）1954年的芝加哥是工業力量極盛地，但在 1954-1982 年間，在此設立的製造業家數從 10,000 多家降到 5,000 家，而工作數額也從 616,000 掉到 277,000個，就業勞工階級和黑人中產階級家庭也持續外移，加上城外居住機會的增加，這些情景都對人們的日常生活產生深遠影響。就業人口持續外移的結果，導致數百家本地企業、服務公司和商家關閉。根據 Wacquant（1989）的說法，這些歷史事件和經濟事件的單一顯著影響是「對於個人進出工作來說相當重要的職業接觸網絡產生斷裂……因爲赤貧住民失去那些原本有穩定正職的親朋好友，這些人由於保有與公司間的種種連帶，所以能告訴他們那裡有工作機會，並可協助他們申請或保留工作」（Wacquant 1989, pp.515-16）。

窮人是美國社會最顯著的下層階級，據人口統計學家 William P. O'Hare 和 Brenda Curry-White（1992）估計，大約有 736,000 名鄉村居民可被歸類爲下層階級。就像都市中的下層階級一樣，鄉村的下層階級多集中在高度貧窮的地區，他們也一直受到經濟重建的影響，包括農業、礦業和木材產業的沒落，以及製造業移往海外。

鄉村和都市的下層階級代表兩個生活於貧窮界線之下的不同人口部分，這條界線設定在每個家庭 12,675 美元，就此定義觀之，幾乎有 320 萬名美國人（約佔總人口的 13%）的生活低於貧窮線，其中更有 120 萬人的收入不到貧窮線的一半。然而，對貧窮的定義會隨人群的不同而改變，某些貧窮可能並不是真的貧窮（像剛畢業的學生，以及擁有資產但卻靠固定低收入過活的退休人士）。不過必須指出的是，每三個貧窮家庭中有二個是女性戶長家庭，這些婦女「唯一表現出的『行爲偏差』是被丈夫或男友遺棄」（Jencks 1990, p.42）。很多年長的婦女會碰到丈夫過世的情況，但對大部分女性來說，造成婦女貧窮的兩個原因是：（1）養育子女的經濟負擔，以及（2）婦女在勞動市場中的不利位置。這些議題都留待第十一章進一步探索。

雖然個人努力是影響向上和向下流動的一個重要變數，但這張擁擠的職業介紹所圖片說明一項事實：經濟結構的變遷顯著地影響個人發現並保有待遇優渥工作的能力。

❧ 討論

　　在本章當中，我們檢視社會階層化（將人們系統性地區分為幾個類別）的研究成果，更重要的是，我們了解分類架構對人們生活機會的深遠影響。在喀斯特體系中，生活機會被人們無法掌握的特質所決定。雖然階級體系並不是一個平等模型，但其中的生活機會卻可因個人的努力而有所提昇。而階級體系和喀斯特體系分別位居階層化體系的兩端。

　　南非社會仍是個喀斯特體系，因南非人民的生活機會、以及稀少且重要資源的取得仍與種族有關。事實證據告訴我們，美國各職業中都包括不同的民族、種族、年齡和性別，這是階級體系的表徵，但某些民族、種族、年齡和性別等團體集中在某些低地位的職業中，這無疑是喀斯特體系的表徵。

　　大體來說，階層化體系最有趣和最具爭議的特徵，是那些用來分類人們的判準，特別是當歸屬特徵充當重要判準時更饒富爭議。以歸屬特徵（如膚色或眼珠顏色）作為分別人們所屬類別的階層體系，如何較其他分類更具價值？伊莉亞特這位三年級老師的實驗便提供了答案。她依據眼珠的顏色將學生作分類，並依此給予不同酬賞，認為「這不是件單獨靠我就能完成的事」（Frontline 1985, p.20）。伊莉亞特的陳述暗示，倘若沒有人們彼此的成功協調，實驗是不可能執行的。她的觀察指出，人們會彼此合作以維持階層化體系，但為什麼人們要合作？現在已成年的當年課堂上的藍眼珠學生回憶，「是的，那時候我的感覺儼若國王，好像我統治所有的棕眼人，好像我比他們更棒、更快樂」（p.13），這種更棒的感覺會轉變成非預期的結果。伊莉亞特解釋：

> 第二年我在這項實驗前、中、後（兩週後）各實施小小的拼字、數學與閱讀測驗，幾乎毫無意外地，位居上層的學生其成績表現與日增進，而位居下層的學生則逐漸退步，一直要到實驗結束後數年間才恢復較高水平。我們將這些測驗送到史丹佛大學心理學系，經過某種非正式檢查，他們說學童的學業能力在 24 小時內不斷變化，這聽起來似乎不可能，但卻真的發生了。在這些兒童身上發現更奇怪的事是，因為他們驟然間發覺自己變得很棒，於是他們會對自己知道能夠做的所有事予以回應。這些就是三年級學生發生的一切。（p.17）

由於位居上層者獲利自（不論自知與否）階層化體系及其酬賞分配方式，所以他們會彼此合作以維繫階層化體系。在三年級這班學生當中，藍眼珠孩童獲利自以眼珠顏色為基礎的酬賞分配體系。在南非，白人明顯獲利自以種族為基礎的酬賞分配體系。不過，我們很難讓那些成功的美國人承認自己階層化體系中獲利。也許我們相信美國是機會均等的典範國度，因為（1）我們可以發現各種族、民族、性別與年齡團體均能獲致酬賞；（2）我們沒有明顯的法律規定歸屬特徵和生活機會；以及（3）我們相信每個人都可經由努力工作而超越其所處環境。

南非的例子顯示，我們難以讓既得利益者放棄手中的特權，難以將之歸入新的階級與酬賞體系當中。1990 年南非總統戴克拉克（F. W. de

Klerk）前往美國會見布希總統和其他政府領袖，試圖說服美國人相信南非過去數年來在政治上的變革，代表在解除種族隔離制度上所作的真誠努力。他在訪美期間反覆強調，美國政治體系的原則（像人權法案與憲法）值得學習（Wren 1990a）。而我們在本章稍早曾提到，當這些著名文件遭受許多不公正的詮釋時，它們也無計可施。這種事在美國歷史上就發生過數百回，某一團體的成員一直被界定為次等人類，或根本不被當成人類看待，結果，他們一直未能公平地取得正義、自由、健康照顧、居住、工作和教育。此外，有些個案還證實某些團體為維護自身權利而犧牲弱勢團體，這顯示採納這些原則並不保證會實施這些原則。Gunnar Myrdal 在其同名著作（1944）中稱此情勢為「美國的兩難」（an American dilemma），這個兩難是指產生於所謂的美國信念與實際行為之間的鴻溝。除此之外，即使即刻實行這些原則，但過去處於不利地位的人仍會持續處於不利位置。

南非朝多種族民主方向發展的確值得慶幸，但改變整個社會階層化體系將會是相當艱難的任務。

對於這方面的現象和問題，社會學觀點能讓我們了解社會階層化體系與生活機會有關。當我們知悉事情的情況，就有義務做些改變，不過人們並不總是那麼敏銳。南非的例子顯示，來自外部的壓力（經濟制裁和文化隔離）以及內部的壓力（群眾示威、罷工與流血衝突）都促使南非白人開始拆解種族隔離制度，創造一個多種族的民主。南非之所以能夠成功的嘗試拆解種族隔離制度，取決於是否能拆解政策的合法性，因為巨大的社會與經濟不平等現仍區隔著南非。

ᕦ 焦點：美國社會中的流動

我們在本章當中學到，流動這項特徵區別出階層化的階級體系與喀斯特體系。在喀斯特體系中，地位與機會的流動都和歸屬特徵有關，而在階級體系中，生活機會理論上與才能、優點、能力和過往表現有關，不是歸因於膚色、性別或父母的社會階級這類人們無法控制的因素。在〈研究顯示：富者恒富、貧者恒貧〉文章中，Sylvia Nasar 對美國社會中的流動特徵進行評估。

研究顯示：富者恒富、貧者恒貧

Sylvia Nasar

在財富和收入的分配問題上有一項持續的爭辯。某思想學派聲稱，他們發現美國前 1% 最富有的家庭控制的財富比底層 90% 的家庭還要多，然而，這並不代表一個真實的圖像。

就保守的觀點來說，這些資料是有缺陷的，因為它們僅擷取單一時間點上的面貌，這種作法並未反映財富的持續增減。

這些經濟學家會說，即使原始數據是精確的，但這種描繪卻未能掌握到美國社會令人驚訝的流動性。從巴比‧波尼拉到羅斯‧裴洛，許多百萬富翁都是窮困起家，當今全美首富不是洛克斐勒或杜邦，而是微軟公司創始者威廉‧蓋茲。

最近一波研究顯示，由貧致富仍是經濟上的異例，並非法則。雖然憑藉才能仍可得到許多酬賞和出路，但成為貧者或富者不可能代代延續，以及年年延續。

經濟學家說，過去 10-20 年裡想脫離貧窮變得更為困難。美國經濟已變得逐漸不再適合年輕人、非技術性與教育程度不高的國民，而今年的富人更不可能成為明年的窮人，反之亦然。

「平均說來，雙親較貧窮的子女在期望收入上會低於雙親較富的子女，這千真萬確，」密西根大學經濟學者梭羅（Gary Solon）說：「你不能繼承相同的地位，但卻能有實質的關聯。」

例如，梭羅教授在美國經濟評論即將發表的文章指出，當父親位居收入最低的 5%當中，其子女只有 1/20 的機會進入前 20%高所得家庭，有 1/4 的機會超過中等財富，2/5 的機會仍維持貧窮或接近貧窮。

「你所能做的只是看看洛杉磯，了解許多人抱持的永久期待只不過微不足道。」哈佛大學經濟學家 David M. Cutler 說。

再者，收入和財富的改變除了反映退休前增長的薪資和儲蓄這類常態生活之外，一般來說還是會逐漸減少的。許多美國人終其一生沒有往上或往下更動過太多個階層，這種改變傾向是往前一步或往後一步，而非由低處驟然爬上高處。

從托克維爾（Alexis de Tocqueville）到最近來自拉丁美洲和亞洲的訪客，都對美國人能夠靈活地在經濟階梯上攀上爬下感到驚歎。

「我們的不平等尤甚於其他國家，」西那庫斯大學 Maxwell 學院的經濟學家 Timothy M. Smeeding 說，「但是我們的流動率可能也比較大。」

包括財政部副助理部長 Bruce R. Bartlett 和聯邦儲備局長 Lawrence B. Lindsey 在內的某些保守經濟學家主張，近 15 年來不平等明顯的增加，該統計數據反映更多的向上流動。

一點運氣加辛勤工作　「頂層 1%的人控制愈來愈多的財富，這意謂美國在 1980 年代有更多的收入流動，」Lindsey 先生說。

　　同樣地，Bartlett 先生說：「今天那些處在頂峰者會很容易在明天往下掉並被判出局，而只要有一點運氣加辛勤工作的人便能將今日的貧窮轉化爲明日的財富。」

　　對於人們所處位置的高低無關於流動率的這種說法，最近對財富所作的追蹤調查研究並不支持這種觀點。

　　「在頂層和底層有許多的翻騰，」哈佛大學經濟學家 Lawrence F. Katz 說，「但重要的是頂層團體已經凌駕每個人之上。」

　　經濟學家檢視三種流動類型，這些類型的差別在於在界定收入的基數是一年、數年的平均或是一生收入的平均。

　　「較長的時間容許更多的事情發生——不論好的還是壞的。」密西根州立大學經濟學家 Paul Menchik 說。

　　有兩份研究報告——來自收入調查與參與計畫的普查局資料，以及密西根大學經濟學家 Joel Slemrod 所作的納稅人研究報告——指出，大約有 1/4-1/5 位居收入頂層人士，不論是最高的百分之一，還是 10%或 20%，他們會在下個年度掉到頂層之外。

　　但很多這種短暫的更動可能只是個幻像。正如 Slemrod 先生在即將於國家經濟研究局刊中發表的研究「課稅政策與經濟」中指出的，在每年的變動當中，尤其是最頂層人士的收入，大部分反映出報導不實的劇情，像資本增加這類的收入安排、或生病或失業，以及其他與真正流動無關的短暫效果。

　　「一般而言，假如某人在某年的收入頗高，那麼他數年的平均收入也會很高。」Slemrod 先生說。

　　譬如 1983 年平均收入超過 100,000 美元的人在該年度的收入是 175,707 美元，而這些人從 1979-1985 這七年之間的平均收入是 153,381 美元。

　　Slemrod 先生發現，沒有證據顯示 1980 年代的流動率高過 1960 年代，他發現這七年的平均與單一年度之間的關係，十分相似於 1960 和 1980 年代之間的關係。

正如 Slemrod 先生所建議的，檢視流動較合理的方式是考量 5-10 年的平均變遷，這也就是 Greg J. Duncan, Timothy M. Smeeding 和 Willard Rogers 在 Levy 機構即將出版的〈二十世紀末的不平等〉一文中所作的研究。

他們的主要發現是：在 1980 年代期間，對那些中產階級來說，想要富有的機會將更為容易，但富人要掉出頂層 10%範圍之外的可能性就更低了。

這個時代的高階經理人和專家在薪資上的爆炸性成長，將俾益許多中產階級晉昇到富有階級。

貧窮難以逃脫　就同樣這份資料看來，比較麻煩的發現是：由於年輕人和教育水準較低的國民實得薪資停滯或下降，使得要脫離貧窮會變得愈來愈困難。

譬如，密西根大學經濟學者 Sheldon Danziger 說，高中畢業生賺錢的比例可能稍高於貧窮收入水準（1989 年的貧窮收入水準是 11,662 美元），白人男性從 1970 年代的 93% 掉到 1980 年代的 88%，而黑人男性則從 84% 掉到 75%。

或許美國人最關心子女有沒有比父母做得更好，那些生長在貧窮家庭裡的小孩並不必然就無法致富。

有證據顯示，在代代傳承之間，富人和窮人的小孩均有約 40%的機會停留原處，而有 60%的機會上升趨近於中間等級。

同時，由貧致富或由富致貧的情況是少見的。

「多數人比父母做得更好或更差，」哈佛大學的 Katz 先生說。「不過兒女能做多好的測量指標還是關係到你的父母做得有多好。」

梭羅先生對代際流動所作的研究顯示，假如父親收入位於第 95 百分位，兒子有 42% 的機會進入頂層 20%，而進入底層 20% 的機會不到 0.5%。

「中層的流動遠多於底層或頂層的流動，」研究父子薪資的威廉學院經濟學家 David J. Zimmerman 說,「2/3 從底層開始往上爬的人,終究只不過爬到底層的一半。」

這裡沒有樂透贏家 財富的起落遠較收入的起落來得慢,搖滾明星、球員和樂透贏家的收入可能列名前 1%,但卻不可能名列富士比雜誌前 400 位首富,因為該排名是以淨值為計算基礎。

Menchik 教授與柯羅拉多州立大學經濟學家 Nancy A. Jianokotlos 合作的研究顯示,1966 年財產列名前 10% 的人當中,有 75% 在 5 年之後仍列名前 10%,有 62% 在 15 年後還名列前 10%。

「這不像樂透一樣,只有高中學歷或雙親貧窮的人,跟擁有大學學歷或有錢父母的人一樣,都有相同的機會成為樂透贏家,躋身高收入行列,」Katz 教授說,「沒有受過良好教育者總是遠遠地被拋在後頭。」

[1] 下列摘錄自曼德拉演講的片段:

我們身為非洲國家會議的成員,一直支持非種族之分的民主,不會採取可能造成種族進一步分裂的任何舉動,但我們碰到的困難是:過去 50 年來採行的非暴力運動已帶給非洲人民更多的壓抑性立法和更少的權利。會議可能難以理解這一點,但長久以來人民不斷談論動用暴力,卻是項不爭的事實——有一天人民會揭竿推翻白人政府。身為非洲國家會議領袖的我們,儘管總是說服民眾避免使用暴力手段而改採和平方式,但是當我們在 1961 年 5、6 月間對此進行討論時,不容否認的,我們無法藉由非暴力政策謀求一個沒有種族歧視的政府,而我們的追隨者也漸漸對和平政策失去信心,並開始蘊釀顛覆性的恐怖主義觀念。從 1961 年 6 月開始,在對南非情勢進行長期和憂心的評估之後,我和一些同事達成一項結論:在這個國家採行暴力手段是不可避免的。當政府動用武力來壓制我們的和平訴求時,設若非洲領導人再繼續宣揚和平與非暴力手段來應對,這無異是種不切實際與錯誤的作法。要作出這種結論並不容易,只有當其他方式都失效,所有和平抗議的管道都堵塞,方能決定著手從事暴力的政治抗爭。我們之所以這麼做,單純的是因為政府讓我們沒有其他的選擇。在 1961 年 12 月 16 日發佈的 Umkhonto 宣言中,我們說道:每個國家都會遭逢這種時刻,只能選擇順從,或者反抗。南非此刻正面臨相同的情況,我們不應服從,應憑藉己力,動用所有可能的方式來保衛我們的人民、我們的未來和我們的自由。

(MANDELA 1990, pp.22-24)

[2] 1992 年 5 月,2,100 所純白人的學校中有 700 所開放給 6,000 名非白人學生入學,對南非 700 萬名非白人學生來說,這種開放名額是

相當少的（每所學校平均約有 9 名非白人學生）（J. Berger 1992）。

3 大多數研究流動的社會學家都關注父子間在職業和收入上的代際流動，在這種研究基礎上，美國的流動狀況看似遵循這種類型：在職業上出現許多向上流動，不過這種流動大多數都是中等程度的，且發生在階層和聲望相近的職業類別之間（教授的兒子變成律師，或建築工人的兒子變成餐廳經理）。然而，大部分的流動（向上或向下）可歸因於職業結構上的改變，像最近許多人丟掉製造業飯碗，卻得到資訊與服務業工作（Berger and Berger 1983）。

4 例如，最高法院的史考特（Dred Scott）判決（1857）宣稱，在憲法之下，黑人「沒有權利要求白人有義務予以尊敬。」最高法院也宣布密蘇里協議（該協議禁止在特定區域雇用奴隸）違憲，因為該協定剝奪人們擁有並管理其「財產」的權利。

5 關於籃球員勞瑞・勃德在 1987 年東區決賽第五場比賽延長賽中的傑出表現，湯瑪士說：「這真是一場好球，我沒有太專注運球，而 Laimbeer 也沒有前來接應，但另一隊的白人球員原本猜想他的動作不快、協調力不佳、應該跳不起來，卻一瞬間飛身截走了球，迅速躍起在空中停留 2 或 3 秒，再以漂亮姿勢投球入籃，贏得這場比賽。你能說勃德這個白人傢伙沒有天份嗎？」（THOMAS 1987, p.D27）

6 南非是國家黨和保守黨的大本營，這兩大黨都在南非白人的控制之下。國家黨是種族隔離制度的始作俑者，最近仍舊當權，並監督隔離制度的瓦解。保守黨與南非白人反抗組織中某些新納粹組織都反對種族隔離制度的終止。Sebastian Mallaby 在《種族隔離制度之後：南非的未來》提到，記者最愛採訪「頭髮斑白的南非白人，這些人經歷過戰火和屠殺，一身新納粹的打扮……」

「他們拍的膠卷相當長，這些野孩子瞪著鏡頭看，誓言最後一定要打倒戴克拉克」（1992, p.96-97）。不幸地，正如 Mallaby 所指出的，這種媒體只吸引那些想誇大他們對南非政局影響力的團體。

10 種族與民族性

——以德國為例

- 德國外勞與種族或民族性的問題
- 種族與民族性
- 少數團體
- 對同化的看法
- 社會認同與污名
- 討論
- 焦點：種族作為一種社會建構

巴薩蘭（Ender Bsaran）今年 25 歲，看起來和其他德國街頭的年輕人沒什麼不同。他蓄著最新的德國髮型——前半尖而短，後半留長——以他的髮型、德國口音、牛仔裝扮以及襯衫口袋裡的萬寶路香煙，很難想像他是個「外國人」……

　　他喜歡說他的家庭是「比較歐式的家庭」，雖然他的父親每天都上清真寺，在祝禱後和其他的信徒閒話家常……但他希望你了解，他的母親完全不像你在 Hemshof 街頭見到那些矮胖而面色紅潤，裹著土耳其笨重外套和軋別丁（gabardine）頭巾的土耳其婦人。他喜歡土耳其，但是他並不認為他或他的母親屬於土耳其……

　　他的父親從沒打算要到德國來，是一位叔父取得一份在 Halberg 的工作和德國工作證件，父親「借」了他的名字，代替他來到德國……

　　他的父親是位矮小、幽默，又溫文儒雅的家庭型男人——如果在德國居住工作 30 年的人可以稱為公民，你會說他是個優良的德國公民。（KRAMAR 1993, p.56）

　　在 1989 年 12 月 31 日，柏林圍牆拆除後的兩個月，兩個小太保將巴薩蘭撞倒在人行道上，還用前端加了鐵片的鞋子攻擊他的頭部，直到他們聽到骨骼碎裂聲。（KRAMER 1993, p.52）

　　我花了一個小時多的時間，和一名人物雜誌的記者在家裡的辦公室對談。她的編輯派她來採訪我，以及關於我如何感染愛滋病的故事。這名記者的問題相當深入，同時也尊重我的隱私權。訪談結束後，我送她到門口，她在穿外套時陷入沉默。我看得出來，她想在離去前找出適當的話，表達對我的同情。

　　最後她開口問：「艾希先生，我猜這一定是你所承受過的最沉重的負擔吧！對不對？」

　　我思索了一會兒，但僅僅是一會兒。「不是的。它是個負擔沒錯，但愛滋病實在不是我所承受過的最沉重的負擔。」

　　「還有更糟的嗎？你的心臟病？」

我並不想挽留她，但是當我們仍在房間裡時，還是把房門關著。我告訴她：「你永遠也不會相信，身為黑人才是我最沉重的負擔。」

　　「你不能這麼說。」

　　「不必懷疑。種族一直是我最大的負擔。我必須以少數民族的身份在美國生活，即使到現在，我仍覺得它像是包袱限制著我。」（ASHE AND RAMPERSAD 1993, p.126）

巴薩蘭是國際勞工移民（international labor migrant）——為了就業而暫時或永久移居他國的一群人——的子嗣。1961-1973 年間有 260 萬人到西德擔任臨時工，他的父親便是其中一位。巴薩蘭的父親來自土耳其，這個地方是許多赴德的勞工移民的家鄉。

　　美國網壇名將艾希（Arthur Ashe）也是國際勞工移民的後裔，這些國際勞工移民被迫從非洲前往美國農場工作，艾希的祖先是 1619-1800 年間輸往美國的 5,000 萬名奴隸之一（Zinn 1980）。[1]

　　數以百計的書本和文章描寫在德國生活近 40 年的土耳其人，至於滯美已逾數百年的美國黑人，相關描寫的書籍和文章更以千計。許多作者討論到：為什麼土耳其人和美國黑人未能適應、整合或同化到當地社會？我們將在本章當中討論該問題，特別是對種族、民族性、同化等概念的探討，以及人們對這些主題的看法如何在人際層次和制度層次上影響種族和民族關係。我們以土耳其人和美國黑人為例，是因為他們是這個國家內最顯著的少數團體。基於同樣理由，我們也關注德國黑人，「多數人不是聽到這個詞彙即可明瞭，事實上，

雖然許多土耳其人在德國生活已長達40年，但他們一直未能被德國社會同化。

沒有美國人曾經聽過該詞，也鮮少德國人曾經耳聞」（Adams 1992, p.234），該詞不只應用在「佔領區嬰兒」（occupation babies）（白種德國母親和第二次世界大戰來自美國或非洲國家的黑人士兵生育的嬰兒），也應用到

歐洲對非洲大陸的殖民產物。本章提及的概念和理論均關聯於不同種族或民族的國際勞工移民，及其與當地社會的優勢團體間的緊張關係（見「國際勞工移民」）。

國際勞工移民

　　國際勞工移民的種類很多，比如專案雇用的合約勞工移民，中間階段雇用的個人合約工，短期任務或合資案簽定的高級技術專員、經理和技師，季節性工人，家庭打工留學生，家事傭人，吧檯女侍，以及演藝人員等。有的起先不是工作取向的移民，最後卻進入勞動市場，成為移民工作力量的一部分，像投入工作的家庭成員，在修課滯留期間打工，或在畢業後繼續工作的外國學生，在官方接受前便進入勞動市場，或者申請庇護被拒後仍非法停留和工作的尋求庇護者，合法進入勞動市場的難民，以及那些以觀光名義進入，卻非法居留就業的觀光客。

　　德國和美國是全世界兩大勞力進口國，[2] 即使當失業率高漲，這兩個國家仍然招募許多技術性和非技術性工人。兩國人民持續爭辯勞工移民的角色，尤其在蕭條和高失業率的年代，人們認為勞工移民奪走原有的工作，帶給各機構（醫院、學校、福利體系、監獄）沉重的負荷，並涉及許多犯罪活動，這使得不同種族和民族的勞工移民成為眾矢之的。譬如，美國一些有關移民的新故事均將移民描寫成恐怖份子（回教移民是世界商業大樓爆炸案的主謀）、不法之徒（中國移民每人花費 30,000 美元雇船偷渡到美國）以及經濟難民或政治難民（如海地的船民）。媒體沒有喚醒大眾關注 300,000 名憑非移民簽證入境美國，居留時間不定的技術性工人（經理、科學家、管理人），也沒有注意到 1990 年載入移民法案裡的條款，該條款准許每年有 40,000 個名額得赴美居留三年，而這 40,000 個名額來自於 34 個國家（大部分是歐洲國家[3]）（Keely 1993; Mydans 1991）。

　　許多新故事強調的訊息已成為標題：美國無法管制國界，以及美國已被來自各種族和民族的移民所淹沒。不是只有美國人關心國界管制，並禁止不同種族或民族進入，世界各國都制定相關政策處理人員進出問題，沒有管制這類事項的國家會面臨文化遭到吞噬，公民數少於流入人口等等問題（M. Weiner 1990）。

　　所有的勞力輸入國都得決定要招募多少外國工作者及允其入境，但卻沒有國家設立系統性的計畫，幫助這些外國人適應新環境的生活，以致勞工移民只能作單向調適，仰賴自己的力量適應社會（Opitz 1992a）。也許在探索土耳其人和德國黑人的經驗之後，我們能洞察到阻礙勞工移民適應、整合與同化到當地社會的障礙。也許這種後見之明俾益我們制定相關政策，幫助他們調適（Hopkins 1993）。

　　我們特別關注德國，因爲雖然她是歐盟的經濟強國，但也得仰仗外勞。這種需求在未來也不會縮減，因爲德國的出生率低，卻有大量的老年人口（Hoffmann 1992）。雖然德國依賴外勞，但她卻不是一個移民國家，她的人口組成「並不倚仗移入外國人來增加國內人口數」（Holzner 1982, p.67）。住在德國的外國人，即便已在同一個城鎮生活與工作逾 20 年，或在此地出生而只會講德語的人，都被視爲外國人（Thränhardt 1989）。德國法律對公民權的認定係採生物學判準，人們若能證明自己的祖先是德國人，他們便能擁有公民權，不論他們的出生國爲何，不論會不會講德文，知不知道德國文化。這項法律讓許多人的生活倍感艱難，包括那些世代久居德國，但生物學判準上不符合者，或是那些看起來不像德國人（比如德國黑人即屬此類）的人。

　　一方面，德國黑人被認定具有公民資格，因爲他們是德國先祖的後裔；但另一方面，他們卻又被視爲外國人，因爲他們的膚色黝黑，身體特徵迥異於德國人的祖先。一些德國黑人婦女的批評足以說明這種邊緣地位：

　　　　我是德國人，也是黑人。我常攬鏡自照，自忖在別人眼中，我究竟和其他人有何區別。就內在來說，我是德國人，因為我身處德國環境，上德國學校，住在德式家庭，就像德國人一樣。但現在有個訊息清楚地告訴我，我不是德國人。為什麼會這樣呢？全是靠外貌在評判。
（WIEDENROTH 1992, p.165）

　　無論在職場，或是在找尋生活住所的過程中，都得經歷同樣這件事——我總是得一而再，再而三的證明自己是德國人，證明自己有生存的權利。「噢，我們以為你是外國人。」外國人有什麼不一樣，他們是被挑出來的，套句我的話說，外國人「也是人。」（p.167）

　　人們心中若有一個黑人——白人的矩陣，你會被放在非白人那一邊。當然，你會被歸類為人，畢竟，黑人「也」是人。（p.166）

　　我因為膚色黑而被視為外國人——非洲人或美國人。人們總是問我為何德文講得那麼好，我從那裡來等等。這些小問題常讓我焦慮不安，而我的回答泰半具有煽動性——我是德國人。儘管這個答案夠坦白，他們仍舊會問：怎麼會這樣？為什麼會這樣？（ADOMAKO 1992, p.199）

　　在我們檢視俾益了解勞工移民和種族或民族關係間連結的相關社會學概念和理論之前，我們得先行檢視德國在第二次大戰結束後成為勞力輸入國的歷史。

❧ 德國外勞與種族或民族性的問題

　　第二次世界大戰結束後，德國的經濟、產業、道路、城市、公共設施以及房舍均遭摧毀。勝利的同盟國（美、蘇、英、法）將德國分成數個佔領區，蘇聯佔領區變成日後的東德，而英、美、法佔領區則變成西德。位在德國東部的主要城市——柏林，也被瓜分為數個佔領區。

　　在大戰結束後的 1945-1961 年間，來自東德的 300 萬難民，以及來自前德國領土的 900 萬難民湧入西德。[4] 這些移民彌補戰爭耗損的勞力，並協助戰後經濟重建。1961 年，當東、西德的移民流到達平均每天 3,000

人時，蘇聯共產國家便建造長達 103 哩、10 呎高的柏林圍牆，這座鋼筋強化的混凝土結構分隔東、西柏林，阻隔人們從東柏林穿越到西柏林（McFadden 1989）。此外，蘇聯還協助建造一條長達 860 哩的邊界圍牆，以分隔東、西德。

當邊界封閉後，西德雇主便失去大量勞工群。為了彌補勞工短缺，德國政府便在土耳其、南斯拉夫、義大利、希臘、葡萄牙和西班牙等地成立勞工招募所，德國官方人員在這些招募所內進行甄選，符合職業技術需要，沒有前科記錄且身體健康的應徵者便被送到西德擔任外勞，而雇主會為其安排居所。1961-1973 年間，260 萬名同意工作結束後便返回母國的外勞進駐西德（Castle 1986），勞力輸出國官方也同意這項安排，因為這有助於減少國內的高失業率，且外勞會把部分薪資寄回母國，俾於創造收益，至於獲得技術與訓練的工人則可在回國後貢獻所學（Sayari 1986）。這些外勞相信，只要在西德工作數年，便能儲存相當的積蓄，返鄉開創事業或買地，所以願意接受這種身份（Castles 1986）。不過，這些工人終究會發現，工作後的財務狀況和當初離開時相較，情況並沒有顯著好轉。當雇主向外勞遊說之後，短期停留就會變成長期居留，雇主認為企業的競爭力需要穩定的勞動力，而不是臨時的和不斷替換的形式。

在 1973 年發生所謂的石油危機之後[5]，德國政府停止招募外勞，並制定相關政策，比如提供財務誘因，鼓勵外勞返國。不過，當外勞的家庭成員加入工作行列，便使得西德的外國人口數增加。隨著外勞體系的終止，外來者遷移到西德的唯一合法方式便只有宣稱自己的祖先是德國人，或是來此尋求庇護。[6] 雖然尋求庇護成功者的比例不高，但他們都被安置在國家提供的庇護所內，享有免費的住宿和飲食，並給予些許津貼，以支應其他生活支出，這些案例通常在數年後才會曝光。結果，德國政府基於人道主義的理由，讓許多人無限期居留（譬如直到案主母國的戰事結束後），即使他們提出的庇護申請一直未被接受。

戈巴契夫在 1988 年被任命為蘇聯總統，他制定「開放」和「經濟重建」政策，宣稱不介入東歐政局。他也宣佈相關計畫，在兩年內從東歐撤回 50 萬名部隊以及 10,000 輛坦克，這些政策導致波蘭、東德、捷克、保加利亞、羅馬尼亞強硬派共黨政權被推翻（除此之外，這些政策也導致蘇聯瓦解成數個分裂而獨立的國家）。1989 年 11 月 9 日，柏林圍牆拆除，隨後不到一年時間，東德（人口 1,700 萬）和西德（人口 6,300 萬）在 1990 年 10 月 3 日完成統一。統一大業所費不貲，至少花費 1,000 億美元，而預計每年還得投入 650 億美元。

共產政權在1961年建造柏林圍牆，以終止人們從東德逃往西德（左圖）。將近30年之後，憤怒的示威者拆毀這座聲名狼藉的圍牆，而東德邊境守衛在一旁平靜地觀看（右圖）。

從 1988 年以來，前蘇聯和東歐境內發生的政治變遷已深遠地影響到尋求庇護者，以及德國民族（ethnic Germans）回德國定居。在 1988-1992 年間，上百萬人申請庇護（Kinzer 1993; Rogers 1992），而 1990-1991 年間，逾 600,000 名德國民族從波蘭、羅馬尼亞、前蘇聯等國回到德國定居

（U.S. Bureau for Refugee Programs 1992），這些德國民族即使大多數未曾接觸過德國文化，也不會講德文，他們總是自動地被賦予公民權（Thränhardt 1989）。

在 1989 年柏林圍牆倒塌與東西德統一之前，東德和非德國人互動並不頻繁。住在東德的唯一外國人是來自其他共產國家的學生，以及約 190,000 萬名被徵召的工人，他們就職於重工業和不吸引東德人的工作。這些工人住在工作據點附近的宿舍，接受嚴格的限制：懷孕的工人會被驅逐出境，只有單身才有工作資格，而工人每五年才能返鄉探親（Heilig, Büttner, and Lutz 1990）。在統一之後，德國東半部也必須共同收容等候聽證會的尋求庇護者。關於外國人在這個地區受到的待遇，目前的研究不多，不過有項研究發現，有 70% 外國人聲稱他們曾被德國公民侮辱，40% 曾在職場中遭到歧視，20% 一直受到身體上的傷害（Wilpert 1991）。

統一的德國現今有 8,000 萬人口，其中包括 530 萬名外國人，而大部分外國人住在大城市中（Strasser 1993）。而人數最多、最貧窮且差別最顯著的外國人是土耳其人（包括 400,000 名庫德族人），佔了外國人口的 1/3（Jones and Pope 1993; Martin and Miller 1990）。土耳其人、北非人、撒哈拉沙漠南邊的非洲人、巴基斯坦人和波斯人（實際上這些全是回教徒）都被視為「被排斥的外國人」，他們也是偏見和歧視的對象（Safran 1986; 見表 10.1）。

由於統一的財政支出，以及東歐和前蘇聯的政局變遷，許多德國公民（55%）相信有太多外國人想要或已經住在德國（Protzman 1993; Riding 1991）。德國政治家最近開始緊縮庇護法律，讓申請政治庇護的經濟難民更難入境。此外，德國政府與其他國家協議接回難民，好讓德國民族留在德國，並加強邊界管制（Shearer 1993）。譬如，德國經援俄國境內的德國民族社區，讓住在該地的德國民族有更好的生活（Erlanger 1993），給付羅馬尼亞政府 2,100 萬美元，以接回 43,000 萬名羅馬尼亞人，其中 60% 是吉普塞人（Green 1992），另外還付款給波蘭和捷克，要求其強化邊界管制。

表 10.1	對各個生活在德國的外來民族團體的態度	

Erwin Scheuch 將德國人對外國人的觀點分為四類，他並未提及奧地利人、瑞士人和荷蘭人，因為這三個國家赴德的人民相當多，在大眾心目中，這些人可被歸類為「半外國人」。

　　來自各領域的資料顯示同樣的情況，比如在媒體處理中，土耳其人一直處於不利地位，當然也有一種「善意的」新聞，說明土耳其人如何與德國人不同，以及他們並未處於西方文明的層次。不同的移民團體在職業、居住、集中度和教育成就上會呈現系統性的差異，在移民團體中，「土耳其人最想要和德國人有更密切的接觸，但卻遭遇德國人最大的排拒。」

類別	外國人的國籍	對外國人的態度
1.高貴的外國人	英國、法國、美國、瑞典	正面
2.外國人	西班牙、南斯拉夫、希臘	中立
3.陌生的外國人	葡萄牙、義大利、越南	中立，傾向負面
4.被排拒的外國人	北非、巴基斯坦、波斯、土耳其	為大多數人口排拒

　　德國對控制移民所做的努力必須在歐洲共同體（現稱歐盟）的脈絡下檢視，歐盟會對會員國的移民政策進行協調。1992 年 12 月，12 個歐盟政府決定撤除邊界管制，讓 3 億 2,000 萬公民得以在各國之間自由進出，例如無需護照便可從德國逕行進入法國。因為人員可以自由進出邊界，所以一個國家的移民政策便會影響其他所有國家（Marshall 1992a; M. Weiner 1992）。

　　德國公民與移民的身份均以種族或民族作基礎。如正稍早提到的，土耳其人和其他非德籍人士，即使是那些世居德國的土耳其人，都被視為外勞或臨時工，只有承繼德國血統者，不論他們生長於何處，講什麼語言，都自動被歸為德國公民，但此規則仍有異例出現。譬如，德國資訊中心出版物指出：「假如父母之一是德國公民，其婚生子女就是德國公民。假如母親是德國人，婚生子女就是德國人，不論這個孩子是生在德國還是外國」

（German Information Center 1993, p.1）。表面上，公民與移民身份的判準看似清晰，但實際上種族與民族卻不是那麼清晰的類別。

❧ 種族與民族性

我們在第九章裡學到，種族是一種生物學詞彙，指涉擁有獨特且明顯身體特徵的一群人。**民族性**（ethnicity）則指承受共同國籍、祖先、獨特且明顯的文化特質（宗教習俗、飲食習慣、衣著風格、身體裝飾或語言等）的一群人。一個人的種族立基於生物性特質，民族性則立基於幾無止盡的特質，包括歷史、姓氏、出生地、祖先、語言、食物偏好、社會化、居住地、自我意象、獨特品味、身體特徵、共享的傳統與文化習俗等（Waters 1991）。

社會學家布雷敦（Raymond Breton）及其同僚研究多倫多的民族性，向受訪者提出 167 個問題，以測出其民族性（Breton, Isajiw, Kalbach, and Reitz 1990）。調查當中的一小部分問題樣本顯示，沒有單一的指標可當成民族性的跡證（見「決定民族性的幾個問題範例」一文）。例如，假如我們知道某人來自土耳其，我們不會追問土耳其指的是民族、語言抑或是宗教上的意涵。土耳其人口中有 300-1,000 萬名庫德族、阿拉伯人（1930年代從埃及和北非遷移至此）、亞美尼亞人、希臘人和猶太人，甚至連所謂土耳其族的人口也至少包括三大類區域性團體（安那托利亞土耳其人、盧曼利亞土耳其人以及中亞土耳其人）。[7]

決定民族性的幾個問題範例
1. 在男、女兩性上，你或你的先祖是屬於那一類的民族團體或文化團體？假如父母親來自不同民族，你認為那一個民族背景或文化背景比較重要？
2. 哪一種語言是你在兒童期最先學習而現在仍能理解的？
3. 父母的民族背景或文化背景在你成長過程是否極為重要？你的民族背景和文

化背景對你而言也是很重要嗎？

4. 你會怎樣描述你的鄰居？他們的民族背景或文化背景是否泰半與你相似？

5. 你是否曾經因為自己的民族背景或文化背景而遭到歧視？請舉例說明。

6. 你多久才做下列諸事──（1）頻繁，（2）經常，（3）有時候，（4）鮮少，

   （5）從不：

   a. 參加民族團體的舞會、派對和非正式的社會交際？

   b. 參加非民族團體的舞會、派對和非正式的社會交際？

   c. 到種族團體的假期休閒勝地，參加夏令營活動等等？

   d. 品嚐你的民族團體的特產？

   e. 聆聽以民族語言發聲的廣播電台節目？

   f. 閱讀民族團體辦的報紙、雜誌或其他期刊？

7. 對於與你的民族團體無關的地方性議題或事件，你的興趣會有多高？

　　在第九章中，我們也學到種族分類架構有許多缺點，特別是當我們想用這些架構將全世界 56 億人口作分類時，更加突顯這些缺點。首先，許多人不能只歸為某個類別，因為區辨各項特徵的分界線並不存在，比如區別膚色黑、白，區別鬈髮和波浪髮。其次，全世界數百萬人的祖先都已混血過，擁有超過一個以上的種族身體特徵。

　　立基於單一指標──高度明顯的生物性特質──的種族分類架構是有問題的，就拿民族分類架構至少要考量 167 項指標來說，就知道單一指標是有問題的。在布雷敦的調查中，一個人要怎麼回答這 167 個問題，才能將其歸入某個民族類別？假如吾人考量在德國世居數代的土耳其巴薩蘭家族，以及居住異邦的德國人世家對此問題的回答，便能推論前者比後者更像德國人。事實上，比起東德人來說，住在西德的土耳其人可能更像西德人（見「東方遇見西方」一文）。

東方遇見西方

　　下列文章摘錄自紐約時報雜誌，描述東、西德在分隔 45 年後產生不可避免的緊張關係，該文也提出一個問題：比起東德人來說，已世居西德的土耳其人是否更像西德人一樣：

　　40 年過去了，我想此刻是我站出來，提出我對分裂德國所作的社會實驗，並評估其結果。

　　我對這項實驗印象非常深刻，當我的同僚贊成沿著邊界轉赴中歐，我稱它為無意識的實驗，然後，由於勝利的壓力，我的同僚擔任主要的研究者工作，而德國人便能為實驗中的白老鼠。

　　假如我提出一個相關的科學領域，或許有助於澄清這些事。其中也摻有我部分的業餘專業知識。我要講的是一個尋找雙胞胎的故事。

　　讓我們先假定，我們面對兩個犯案累累的雙胞胎，雖然他們倆努力想在一起，最後卻被迫分開，並分送到兩個極為不同的寄宿學校。其中一位在西方價值體系中長大，起初的成長有些困難，但後來變得頗為熱忱，他學到基本民主價值、資本主義和個人自由，並對西方主要研究者頗為尊崇。

　　另外一位雙胞胎則面臨相當不同的命運，他經常被毆打和虐待，最後從東方研究人員那兒，學到的東方文化勤勉的基本價值：「團結」、「社會奉獻」、「熱衷社會主義」以及「永恒的友誼」。

　　讓我們再進一步假定，一道牆的建立阻隔了這一對雙胞胎，並有一奇特的探視權制度。住在西方的雙胞胎可以前往各地，包括東方在內，他可以拜訪住在另一邊的兄弟，跟他聊天，比較彼此的經驗，帶禮物給他，然後再返回西方在法國餐廳享用晚餐。

　　另一方面，東方的這位雙胞胎雖然能不受限制地前往南、北、東方各娛樂區（不過這僅是最近被視為值得觀光的地區），但往西方的路卻是封閉的，那兒有一座長達 1,400 公哩的高牆，它只為少數個案開放，但也得等上兩年以上才有機會。受不了等待的人就會冒險爬牆或鑿地道穿越。

我們再進一步推想，西方的這位雙胞胎得助於馬歇爾計畫與西方市場經濟，因而逐漸變得富有。他的學生兄弟不但得償還戰爭債務給更窮的東德研究人員，也得採納研究人員無用的經濟體系。

　　至少我們能穩當地預測一個結論——東德的雙胞胎將成為精神法律（psychological law）的受害者。世界上每一道牆，不論是德國人或中國人，都想將它克服。也因為他發現自己身處棘手的情勢，必須等他在西德的手足來看他，他以責備的態度說：「那邊的那個傢伙實在是該多來看看我。」東德的這位雙胞胎這麼想，「至少他可以常寫信或打電話來，他也可以慷慨一點，因為他在那邊的待遇不錯。順帶一提的是，他能在適當的時間住在易北河東岸，這純粹是運氣。」

　　「但他現在的成功讓他自傲，他覺得自己很有才華，說自己是個勤奮的工作者。他別想騙我，我對他太了解了。我們來自同一個屋簷下，他沒有比我勤勞，我也沒有比他懶惰。他變得自大，甚至自以為是。實際上，他還不是靠著剝削世界悲慘的窮苦地區來過活，但他從不想聽這些東西。」

　　「嗯，假如他沒有意識，沒有半點親情，對東德的親屬有些關心，至少也應該聽聽我們的話吧，這樣是太過份的要求嗎？看他體重多了幾公斤，順帶一提，即使他成為富人，我看他也不怎麼快樂。」

　　在此同時，西德這邊的雙生子開始虛構一個自己的長篇大論，他覺得親兄弟的「永恒的期待姿態」讓他備感壓力。

　　「我可以了解那個可憐的傢伙未曾有過安逸的時光，」西德的雙胞胎這麼想。「但這些要求，這些無言的責備真的為我們的關係蒙上陰影。我在給他東西時真的很快樂，但是當帶禮物變成別人期望我該這麼做時，這件事本身就變得毫無樂處可言。那邊的人好像都將汽車、彩色電視機想成是長在樹上的，但我們不是生出來就有 Mercedes 的，還是得賺錢、借款、付利息錢才能擁有，但我那位兄弟卻道聽塗說只知道些錯誤的概念……」

　　「我想要對此事做出解釋，但是他不想聽，他只是不斷地講。當然，他連買橘子都得排隊，這事不是他的錯，但至少他應承認他是下錯注，承認社會主義經濟體系是場災難，沒有人會對他進行人身攻擊，但他卻認為這些批評是在攻詰他。他非但不認為我的成功，反而加以糟蹋，他說自己是個理想主義者——我很高興他自己這麼說，因為這個可憐的傢伙有太多東西得彌補……不過他指控我是個擺闊的消費者和『盲從者』，對於這般恭維，我也要回敬他——他所謂的『社會主義份子』，或者是『革命的』美德也全都是裝模作樣。」

「在訪問結束後，我總覺得身心鬆弛，兩者間不愉快的緊張就留到下一次的訪問吧。」

當東德的雙胞胎到西德去之後，又會發生什麼事呢？當然，人們期待每位移民都能歸順西方的生活方式，但我很難想像越過邊界的人不會帶來文化衝擊。共同的語言不見得能減緩這個效應，反而會使之更加惡化，因為它刺激了一種日常經驗無法支撐的共同性。

西德的雙胞胎發現他難以理解東德孿生兄弟的怨言，現在他安全「返家」了，卻仍感到不舒服，他總是發現某些東西值得批判。這些牢騷不外是西德怎麼會這麼「寒冷」，怎麼會缺乏「真誠的友誼」以及「融洽」？突然間，西德的雙胞胎開始懷疑他的兄弟已採納大量的官方社會主義價值，甚至自稱是反共產主義者。在三杯啤酒下肚後，這對不合的兄弟開始夢想在這道圍牆之外的某個承諾「我會給你一通電話」真實的意涵。

即使種族和民族的分類架構充滿問題，但許多人仍認為當他們看見某人之後，便能判別他是白人、黑人、亞洲人或是阿拉伯人。假如人們遇見一個不符合印象的個體，他們會說：「不過你看起來不像是（非洲人、亞洲人或阿拉伯人）的後代。」這是因為他們對人類多樣性的洞察力受限於雜誌廣告、海報和電視劇營造出的形象（Houston 1991）[8]。人們有時候會走上極端，創造出一個符合理想印象中的種族與民族團體。

社會學家史塔（Paul D. Starr, 1978）發現，如果沒有不同的膚色和其他的身體特徵，人們也會以其他不正確的特質作基礎，來決定民族性，諸如語言、服飾、穿戴的珠寶、刺青、表達方式和居住處所。在決定他人的種族和民族性時，人們思考到的只是最顯明的特徵，大多數人未能考慮到他人生活中種種的支節細末（見「拉丁美洲裔作為一種社會類別」一文）。

拉丁美洲裔作為一種社會類別

宣稱自己或祖先出生於西班牙或拉丁美洲國家的這群人即是拉丁美洲裔，直到最近，「拉丁美洲裔」這個標題才成為自我指涉的標籤，而這個詞彙對行政當局和研究學者來說也較為方便。因此，關於該人口組成第一件要說的事是，這不是一個已然鞏固的少數團體，而是還在成形中，自我界定與界線仍處於波動情況下的團體。到目前為止，拉丁美洲裔「少數團體」的出現取決於政府的行動，以及對英美社會的共同認知，而不是個人指派下的產物。

這類群體之所以會獲得愈來愈多的注意，主因是他們在過去 20 年內成長迅速。一些民族團體的高生育率固然是人口增加的原因，但更重要的是人口遷移的盛行。此外，這些人口高度集中在某特定地區，也增加其能見度。1990 年對拉丁美洲裔人口所作的普查資料顯示，有 70%（即 2,240 萬名）拉丁美洲裔人口集中在加州、紐約、德州和弗羅里達四處，而加州一地就吸納近 1/3 的人口（U.S. Bureau of the Census [1993]）。

儘管這些人具有語言和文化上的顯著「共同性」，但由於他們具有相當大的歧異性，故缺乏堅定的集體自我認同。在同樣的標籤下，我們發現這些歧異性包括：有些人的祖先遠在美國獨立年代就來此定居，有些人則是去年才來；其中有教授和商人，也有農工和非技術的工廠工人；他們之中有白人、黑人和混血兒；有具備資格的移民，也有偷渡入境者；而在移民之中，有的人來此找尋就業機會和更好的經濟待遇，有的則是來此躲避暗殺或尋求政府庇護。

先撇開外國人與本國人之間的差異不談，西班牙裔人口比起本國人口並無較顯著的差異。國籍不是只代表不同的出生地，而是充當一個符碼，用以指涉不同歷史時期中的主要移民潮，這段歷史會形塑他們進入並適應美國社會的類型。基於這個原因，最近才會有「拉丁美洲裔」的學者撰寫相關文章，將焦點擺在他們自身民族團體的起源和演變，而不是無所不包地將官方標題下的所有民族歷史均包括在內。

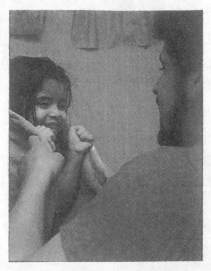

一位薩爾瓦多移民和他的女兒

　　至少 60% 的西班牙裔人口來自墨西哥，他們分成許多土生土長的美國人和移民。另外 12% 來自波多黎各，現在是美國公民，不論他們是在海島或大陸上出生。第三個團體則由約佔 5% 的古巴人組成，他們絕大部分是古巴共黨政權上台後才遷移此地。在這些主要團體外，還有許多團體，包括多明尼加人、哥倫比亞人、薩爾瓦多人、瓜地馬拉人以及其他的中南美洲人，每個族群都有自己獨特的歷史、特徵和適應模式（Nelson & Tienda 1985, U.S. Bureau of the Census 1983, U.S. Immigration and Naturalization Service 1984, [U.S. Bureau of the Census 1993]）。

　　由於國籍的不同，造成拉丁美洲裔複雜的民族性，讓這些團體的歧異性大多相似性。將這些人總括起來所將遭遇的困難，就像 20 世紀之交以奧匈帝國的分支為理由，嘗試把北義大利人、匈牙利人、塞爾維亞人和波希米亞移民結合成一個單位。第二個困難是，大部分的西班牙裔團體至今並未「穩定」，而是持續在擴增和改變之中，以容納更多的移民，並和母國發生的事件具有密切連帶。這種美國移民社群與母國之間人事物的密切往來，提供了一個更具挑戰性的前景，譬如，歐洲民族團體的界線是普遍界定好的，而其與母國之間的連結愈來愈遙遠（Glazer 1981, Alba 1985）。

假如種族和民族性是這樣模糊的類別，也許最適合的定義是：種族和民族的成員（或局外人）相信他們分享一種共同的國籍、文化特質或獨特的身體特徵。這種信念是否基於現實並不重要，重要的是種族或民族團體中的成員關係是種社會定義，是自我界定和他人界定之間的交互作用。

社會學家關注的種族和民族分類架構具有這般預設：特定能力（運動長才、智力）、社會特質（犯罪傾向、侵略性）和文化習俗（服飾、語言）的傳遞是基因性的。該預設強調，人類某些類別因種族或民族性之故，而比其他類別來得差，較差的類別便沒有同樣的權力取得稀少且重要的資源，諸如公民權、不錯的薪資、財富、收入、健康照顧以及教育等等。換句話說，社會學家關注少數團體的經驗。

❧ 少數團體

少數團體（minority groups）是社會中的次團體，它們在可見且可鑑別的特徵（如身體和文化上的特徵）上異於優勢團體。人們認為這些次團體成員在本質上異於優勢團體成員，基於數項原因，他們被系統性地排除在外，不論這種排除是有意識或無意識，他們總會被拒於參與之列，且無法得到平等權力以取得職位、聲望和財富。因此，少數團體的成員傾向集中於政、經地位較差的那些人身上，以及在社會和空間上被優勢團體隔離的那一群人。

許多團體在數項特徵的基礎上被歸類為少數團體，包括某些種族、民族和宗教團體、婦女、老人、幼童，以及身體異常者（比如視障者或胖子）。雖然種族與民族的少數團體是本章的焦點，但是接下來討論的這些概念卻可應用到任何的少數團體身上。

社會學家沃斯（Louis Wirth, 1945）對少數團體作了一個古典的陳述，指出所有少數團體都共有的一些基本特質。首先，少數團體的成員都不是自願的，只要人們是自由地加入或離開團體，無論這個團體再怎麼不受歡迎,他們不會靠成員身份去建構一個少數團體。這個特質相當具有爭議性,因為「自由地加入或離開」的說法並不明確,譬如,假如一位淺膚色的非洲人和德國世系子弟都成為德國人,難道他能夠在生活中「自由地」離開其與非洲的連帶嗎?其次,少數團體的地位並不必然基於人數多寡,意即,少數團體也可能是社會上的大多數人。這種對少數團體的詮釋說法不在於人數多少,而在於取得重要資源的能力,南非便是個顯例:佔人口 14% 的白人控制近 85% 的人口(亞洲人、黑人和混種人)。第三個特徵,也是最重要的特徵是,少數團體未能參與較大社會的生活,意即,少數團體未能像優勢團體的成員那樣,有自由或特權得以在社會中移動。社會學家麥金塔(Peggy McIntosh)指出大部分的優勢團體成員認為理所當然的一些特權,包括:

- 如果我想可以的話,我就將自己種族(或民族團體)的成員安排到公司內。
- 假如我必須移居,我相當篤定能在自己花費得起的地方租屋或購屋。
- 大多數時間我能單獨出外購物,我十分篤定不會被商店警衛跟蹤或侵害。
- 不論我使用支票、信用卡、或現金,我可憑藉我的膚色讓別人認為我在財政上值得信賴。(1992, pp.73-75)

少數團體最具決定性且最麻煩的特徵是:屬於某團體的人「會被當成某類別成員來對待,個人的長處因而遭到抹煞」(Wirth 1945, p.349),且人們經常忽視事情發生的脈絡。換句話說,置身於少數團體之外的人們關注的是某人是否具有屬於某少數團體的明顯特徵,這個明顯特徵因而變成互動的焦點:

> 「這種事困擾每個人,」我那位熱情的朋友滔滔不絕地說,「即

使那些自認未受困擾的人也是如此。以我太太為例。有一次她開車經過黑人區，見到街角的黑人不斷地向她作手勢，她感到非常驚怕，於是搖上車窗，斷然地駛離該地。一直到經過數個街區之後，她才發現她違規地開在一條單行道上，而那些打手勢的黑人只不過是想嘗試幫她。我太太是個文明人，沒有種族歧視，但她的反應卻認為這些人具有危險性。」（TERKEL 1992, p.3）

沃斯確認的特徵關聯於少數團體的地位，這指出少數團體離優勢文化很遠，某些人認為這是因為少數團體不希望被主流文化同化。為了評估這項宣稱，我們轉向社會學家高登（Milton M. Gordon）的作品，他對同化問題著墨甚多。

❧ 對同化的看法

同化（assimilation）係指民族團體或種族團體之間的區分消失的過程。同化有兩種類型，一種是合併式同化，另一種是熔爐式同化。

合併式同化

在合併式同化類型中，少數民族或種族團體的成員會依照優勢團體設定的標準行事（Gordon 1978）。根據高登的說法，這種同化的類型至少具有七個層次，意即，一個民族或種族團體經過下列各層次之後，會完全「併入」優勢團體：

1. 該團體會為了優勢團體的文化而放棄自己的文化（語言、服飾、食物、宗教等等），這個行動即是涵化。
2. 該團體會進入優勢團體的社會網絡和制度當中（即結構同化）。

3. 該團體成員會與優勢團體的成員通婚和生育（即婚姻同化）。
4. 該團體認同優勢團體（即認同同化）。
5. 該團體不再受到優勢團體成員的偏見（即態度接納同化）。
6. 該團體不再受到優勢團體成員的歧視（即行為接納同化）。
7. 該團體成員與優勢團體成員沒有價值衝突（即公民同化）。

關於各種同化的層次如何關係到個人，高登作了一些假設。首先，他主張涵化較可能在其他六個同化層次之前發生，不過高登也主張，即使有全然的涵化（像巴薩蘭和一些德國黑人一般），也不代表一定會進展到其他層次。

高登提出結構同化和婚姻同化之間一個明顯的連結，意即，假如優勢團體准許民族和種族的少數團體大規模地加入其社會派系、俱樂部和機構當中，相當數量的種族間和民族間的通婚便會發生：

> 假如具有不同民族背景的孩童都在同一個遊戲托兒所上學，之後同屬於某個青少年朋黨，大學時也都隸屬於同一個兄弟會和姐妹會；假如各家長都屬於同一個鄉村俱樂部，彼此還會邀約到家中作客，這無疑可以期待這些兒童長大成人之後，彼此都能相愛而結婚。
> （pp.177-78）

在同化的這七個層次中，高登相信結構層次尤其重要，因為假如這個層次發生的話，其他層次的同化將一定會跟著發生。不過，即使結構層次這麼重要，但實際上卻難達成，像土耳其人、德國黑人和美國黑人這類種族和民族少數團體，經常無法容易或平順地接近優勢團體的網絡和機構。事實上，所有重要且有意義的基礎關係都和個性中心與自我本位有密切相關，而這些大部分會被限制在同一個種族或民族團體當中：

> 從待在宗派醫院的幼年期起，到兒童時的托兒所，高中的社會朋

黨，大學時期的兄弟會和宗教中心，在約會團體中尋找配偶，在居住地附近，教堂俱樂部，男女的社會和服務性組織，「已婚」成年人的朋黨，假日休閒勝地，以及生命周期接近完結時的老人安養所，最後是宗派的公墓。所有這些活動和關係，均與個性中心和自我本位相當有關。民族團體的成員只有走出不同的路，才能穿越既有的民族結構網絡界線。（p.204）

　　這種場景特別是**非自願性少數團體**（involuntary minorities）基本團體關係的特徵，所謂非自願性少數團體，指的是被迫成為國家一部分的民族和種族團體。這些團體被他人以奴隸、征服或殖民方式迫使其成為某個領域的一部分。美國原住民、美國黑人、墨西哥裔美國人和夏威夷土著，都是非自願性少數團體的實例。至於**自願性的少數團體**（voluntary minorities）則是期望改善生活方式而來到這個領域，而非自願性少數團體則沒有類似期望，他們是喪失自由與地位而被迫加入（Ogbu 1990）。

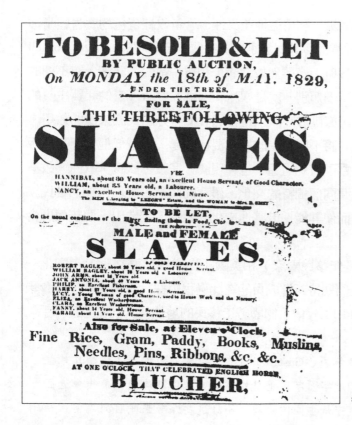

綜觀歷史，民族或種族團體的成員都因征服、吞併或奴隸等方式而成為少數團體。

熔爐式同化

同化不需要是單向過程，像種族和民族的少數團體消失，或是被優勢團體合併。民族和種族的分界也會以熔爐式的同化方式（melting pot assimilation）消失（Gordon 1978），在這個過程中，相關團體會接受其他團體許多新的行為和價值，這種交換會產生一種新的混合文化體系。當某群民族和種族團體採行其他團體的文化模式，進入其他團體的社會網絡，彼此通婚和生育，並贊成混合文化，這就是全然的熔爐式同化。

熔爐概念可以應用到被賣到美國當奴隸的各個非洲民族團體身上，他們「不是一個人，而是一群人」（Cornell 1990, p.376），講著不同語言，來自不同的文化。奴隸販子利用這種差異性：「新奴隸貨色的廣告經常涉及民族的來歷，奴商經常會以其民族別及其特質決定購買的奴隸」（Cornell 1990, p.376; Rawley 1981）。雖然奴隸販子和買主都知道非洲人有不同的民族，但只將其視為單一類別，就是奴隸。因為奴隸販子賣的和買主買的是人類個體，而不是民族團體，所以這種處置便有分散民族來源的效用。此外，奴隸所有者傾向將不同民族的奴隸混在一起，以減低他們圖謀反叛的可能。而這些奴隸為了彼此溝通，也在親屬、宗教、飲食、歌曲、故事和其他特徵上發展出共同而獨特的文化。嚴苛的奴隸制度，再加上各民族團體成員的混雜，反而使其能採借其他文化的觀點，創造出一個新而融合的文化。

在德國（自稱是無移民國家）和美國（自稱為熔爐文化），同化一直是單向的過程，人們期待新進成員能在此過程中採行優勢文化。社會學家曼德爾（Ruth Mandel）相信，德國勞工移民的地位使其同化頗為棘手：

> 這些人通常被稱為「Gastarbeiter」，即客工之意，以強調其地位的模糊性……客工就字面字義上是短暫的，人們期待他們最後會返回母國，且有義務遵守地主國的法規。不論這些外勞來此目的為何，身處異邦的他們鮮有「賓至如歸」的感覺。該字的後半部「arbeiter」，即工作者之意，指的是移民的經濟和使用價值單獨取決於其與勞力間的關係。（1989, p.28）

德國政治領袖已嘗試不用「客工」一詞，而稱之為國際勞工移民，類似的語詞如 auslaendische Mitbuerger，「外國籍的公民們」。不過，社會學家威爾伯特（Czarina Wilpert）認為，「在其他語言形式中，這會是個矛盾的語詞，即使在德文用法中，它強調屬於移民德國的外國人集體的模糊性」（1991, p.53）。

不管是在美國還是德國，鮮少人會把同化視為相互交換的過程，其中優勢團體的成員會形塑並認同混合文化（Opitz 1992d），這也不是說優勢文化會一直受到種族和民族少數團體的影響，而是優勢團體大半未能認識社會中其他人作出的貢獻。

階層化理論與同化

　　如果想了解優勢團體與少數團體之間對抗同化（合併式的與熔爐式的）的力量，階層化理論是個重要取向。該理論有兩個預設。首先，民族和種族團體呈現階層排列，位在頂端的團體即是**優勢團體**（dominant group），而在底層者則以**少數**（minorities）稱之；其次，種族和民族團體會和其他種族與民族團體相互競爭，以爭取稀少且重要的資源。優勢團體會維繫其利益，因爲該團體成員所處的職位俾益保存對其有利的體系。階層化理論家關注優勢團體的成員用來維持不平等的機制（Alba 1992），這些機制包括種族優越主義的意識型態、偏見和刻板印象、歧視以及制度歧視。

　　種族主義的意識型態　意識型態（ideology）是不被持有它們的人挑戰或詳密檢視的一組信念，因此常被用來說明和解釋事情發生的原因。不過，若對意識型態詳加分析，它充其量只有部分的真實，立基於易引起誤解的主張，是個不完全的分析和未經證實的斷言，且其前提令人難以置信。它們「隱瞞了清明的思緒，讓不平等得以續存」（Carver 1987, pp.89-90）。**種族主義**（racism）便是這類意識型態，具有這種意識型態的人們相信，一個民族或種族團體的生物組成足以解釋並合理化其優等或劣等的地位。

　　種族主義者的意識型態由三個觀念組合起來：（1）人們可依身體特質的基礎劃分爲數個類別；（2）身體特質和語言、服飾、個性、智力與運動長才這類特徵是一致的；以及（3）像膚色這類身體特質足以解釋和決定社會、經濟與政治的不平等。任何種族或民族團體都可能使用種族主義的意識型態，解釋自身或其他團體的行爲。（見「有黑人種族優越主義這種東西嗎？」一文）前洛杉磯警長蓋茲（Daryl Gates）提出的假設即是種族主義意識型態的明證，他解釋為什麼那麼多黑人會在羈押中窒息死亡：因為他們的「靜脈和動脈的舒張並不像常人那麼快」（Dunne 1991, p.26）。在統計數據背後的事實是，許多警官，不論是白人或黑人，均傾向以較嚴苛的方式對待黑人嫌疑犯。

有黑人種族優越主義這種東西嗎？

黑人種族優越主義，該詞對許多黑人來說，是個可笑的矛盾修飾法。（「種族優越主義的受害者怎麼可能是種族優越主義者呢？」）對許多白人來說，它可用作一個藉口，減少彌補不平等所作的努力。（「瞧，這些黑人這麼說我，他們真壞。」）

伊斯蘭國（Nation of Islam）成員 Khalid Abdul Muhammad 最近誹謗天主教徒、猶太人和同性戀者，將焦點擺在這個令人不安的問題上：美國黑人的觀念中已滲入多少種族優越主義？的確，大眾會被伊斯蘭國所迷惑的部分原因是，白人恐懼黑人會持有種族優越主義。看著清潔婦、銀行出納員、法律事務所的夥伴，有些白人會問，「你們同意法蘭克漢（Louis Farrakhan）的說法嗎？」

黑人如何看待白人的問題，一直是學者和社會學家所未探索的領域。為什麼社會學家沒有探索黑人的智慧，以了解他們心裡藏有多少種族敵意？也許是因為他們害怕他們可能發現的東西，也許因為他們覺得白人就是優勢團體，其觀點自然比較重要，也許因他們覺得黑人根本不值得白人尊敬。

但民意測驗專家、社會學家和政治科學家最近的作品顯示，黑人對白人（尤其是猶太人）持有的特定負面態度已獲得證據支持。他們找出黑人對各種說法（如猶太人傾向彼此凝聚在一起，猶太人對華爾街握有太大的影響力，猶太人比其他人更有可能不計一切代價取得所欲之物）的反應，而 1992 年由反誹訪聯盟調查的資料顯示，黑人對猶太人的刻板觀點是非猶太白人的兩倍。

該研究的初步結果旋及被全國基督教徒與猶太人會議發佈，內容指出黑人覺得白人自視優越，他們不想和非白人共享權力與財富。這份調查發現，黑人對白人的反感遠大於對其他少數團體的反感，像拉丁美洲裔和亞裔美國人。

「當然，的確有黑人種族優越主義的存在，」喬治馬森大學的黑人歷史教授威爾金斯（Roger Wilkins）說，「當你用來形容某群人的用詞全都是負面形容詞，你會繼續說出一些故事支持這般結論，這就是種族優越主義。」

　　但是另一位黑人作家寇茲（Ellis Cose）在 1993 年的著作《特權階級的憤怒》（HarperCollins）中指出，抱持負面態度的黑人並不會說出整個故事。對黑人的調查也發現，許多美國白人，包括猶太人和非猶太人，都具有高度智力能夠創造出一個民主社會，從這個觀點看來，調查結果可能不是確信一個種族優越主義，而是表達出對權力共享的欽羨與請求。

　　不論黑人的種族優越主義到達什麼樣的程度，它就像黑人民族主義般的沸騰。就像其他的民族主義運動一樣——錫安主義者、加拿大魁北克的自決、塞爾維亞人追求一個「大塞爾維亞」等等，一些懷抱這些觀念的黑人使用民族團結作為政治組織工具。

　　對某些主流的黑人政治家來說，黑人怨懟白人的機會和誘惑。正如白人政治家經常利用白人的種族優越主義態度（有些人謹慎地利用，有些人較為憤世嫉俗），所以黑人政治家意識到這些選民之間的敵意。他們經常面對這種良心問題：他們何時要跨線來煽動群眾？

　　呼籲統一也就意涵呼籲排拒。對許多黑人來說，維繫團體的願望讓人難以指責黑人種族優越主義。但許多人對 Muhammad 的非難，包括 Jesse Jackson、全國有色人種促進會執行長 Benjamin Chavis、馬里蘭州代表兼國會黑人協調會議主席 Kweisi Mfume 等人，顯示處理的困難不代表不可能。的確，黑人官員相當有意願改善這種情況，而不是像參議員 Ernest F. Hollings 的冷嘲熱諷，比如他開玩笑的說非洲各國首領都是食人族，而其助理稍後出面說明參議員絕無冒犯之意。

　　有人主張，即使黑人信奉種族優越主義觀點也無妨，因為他們缺乏權力將觀念付諸行動。法蘭克漢在最近的記者會中即提出這般原理：「真的，種族優越主義必須結合真實的力量方為可行。」

　　法蘭克漢可能認為，對於伊斯蘭國和其他黑人民族主義者發出的種族優越主義豪語，美國並沒有經歷過黑人大規模的攻擊白人事件，僅有零星的事件，像洛杉磯暴動中駕駛員 Reginald O. Denny 被毆，這說明黑人的偏狹可能危害整個社會氣氛。

我們並不否認黑人的偏狹是社會與經濟環境縱容的結果，由於某些白人的忽視，這個國家的奴隸制、隔離和歧視，都使得黑人對白人的憤恨難以在短時間內消除，而黑人領袖也會在不滿群眾中找到志同道合之士。

黑人貧窮率一向很高，根據普查資料顯示，從 1975 年以來，種族間收入的差距已經加大（譬如，1971 年進入職場的黑人男性大學畢業生賺得的薪資平均略高於同儕白人 2%，但 1989 年的黑人男性大學畢業生的薪資平均低於同儕白人 25%）。

根據普查資料顯示，黑人仍然是個被隔離的團體。不論這個結果是白人讓他們感到不受歡迎，或者某些黑人的整合信念已日趨下降，我們仍可見到一撮撮美國黑人聚集在街角，害怕他們嘗試對外人的接觸會被貼上標籤：屈服於白人的黑人，或過度地表示同情。「我們無需化鄰而居，」法律學校的教授，被任命為公民權助理律師的 Lani Guinier 說，她從投票權理論的爭論中抽身，「沒有人會跟其他人講，種族刻板印象在隔離中獨自苦惱。」

德國納粹也用種族主義的意識型態，認為亞利安種族最優秀，以此合理化他們滅絕和迫害猶太人、吉普賽人、波蘭人、俄國人、黑人和其他「不適合培育」的人種（包括無能者、同性戀或心智障礙者）。根據這種意識型態的說法，猶太人得為德國在第一次世界大戰的敗戰負責，他們甚至認為猶太人「不是人，是冷血動物、寄生蟲、跳蚤……是必須以化學方式滅絕的生物體」（Fein 1978, p.283）。

某團體在支配其他團體時，也會使用種族優越性的前提作為合理化的本質。社會學家雷諾（Larry T. Reynolds, 1992）觀察到，種族作為分類的概念是 1700 年代的產物，這段期間正值歐洲對外探險、征戰與殖民時期，這股熱潮至到第二次世界大戰結束後才減褪[9]。種族主義者的意識型態也支持日本對韓國、台灣、Karafuto（前蘇聯領地庫頁島南端）、以及第二次世界大戰前太平洋諸島的吞併和支配。日本人和歐洲人都使用種族架構對人們做分類，於是種族差異的觀念變成「自以為是的意識型態的基石」，正當化他們以種族優越性支持的權利，剝削、支配甚至滅絕被征服者及其文化（Lieberman 1968）。

這些吉普賽人被囚禁在波蘭 Belzec 集中營，他們是納粹「純種」意識型態下的受害者。歷史學家估計，有20-50%歐洲的吉普賽人死於「吉普賽大屠殺」。

　　顧德（Stephen Jay Could）在〈對人的錯誤評價〉一文中描述到，所謂的科學家已在某些場合中使用科學方法，驗證種族主義者的意識型態的精確性（Could 1981b），他努力印證數百萬生命被虛假相關、或者草率的科學糟蹋了（見第三章）。顧德在〈普查的策略〉一文作了一個相當麻煩的說明，解釋 1840 年美國的普查數據用來正當化奴隸制度。1840 年的普查首次將精神病列入，當醫療統計權威加維士（Edward Jarvis）醫生檢視依種族和州別區分出的精神病患普查表，他發現「在不承認奴隸制的州當中，有 1/162 比例的黑人精神異常，但在承認奴隸制的州裡，這項比例只有 1/1,558。」此外，黑人罹患精神病的數量與地理位置有關，從最北部到最南部依次遞減，但白人罹患精神病的比率與地理位置無關。以這些發現的基礎上，加維士「下了一個許多白人都會支持的結論」：奴隸制對黑人有益。但實際上奴隸無法「自由、自我思考和自動的享受和維持希望與責任，所以束縛反而能拯救他脫離不利因素與主動自發的危險」（Could 1981a, p.20）。

　　然而加維士對此結論深感困擾，並質疑奴隸制是否對心智穩定具有顯著影響。他在重新調查後發現，資料的蒐集和製表的過程中發生很多問題，譬如普查資料顯示，麻薩諸塞州烏斯特地區的 151 名黑人人口中有 133 人罹患精神病，但加維士發現這 133 人事實上是烏斯特州立精神病院的白人病患，他嘗試宣稱這份普查資料無效，但卻遭到以美國國務院領袖卡爾宏（John C. Calhoun）為首的人士強烈反對。結果，這份資料儘管錯誤百出，但卻代表事實。這種所謂的科學資料便支持種族主義者的意識型態，認為黑人自奴隸制當中獲益，因為他們無法處理得到自由之後伴隨而來的壓力與責任。

　　偏見與刻板印象　偏見（prejudice）是對外團體作一種嚴厲且經常是不利的判斷（見第五章），這種判斷並未因為對立證據的出現而改變，且能應用到團體裡具有該顯明特徵的任何人身上。偏見的基礎是**刻板印象**（stereotypes）——對外團體成員誇大而不精確的推論。許多德國人對土耳其人的刻板印象是落後民族，是來自「茅草屋、石頭路的村莊……屋外養著山羊、綿羊和雞，田裡種著玉米、小麥和甜瓜」（Teraoka 1989, p.111）。

　　刻板印象「給人一種幻覺，以為我們知道其他人的一切」以及「確認人們自我心中的圖像」（Crapanzano 1985, pp.271-72）。抱持土耳其人是落後民族的這種刻板印象，讓德國人未能將德國的土耳其人視為一個高度異質性的團體，無論是在社會出身、文化規範以及在德國居留的長度（Teraoka 1989）。

　　刻板印象能以一些方法加以支持和增強，有個方法是經由**選擇性認知**（selective perception），讓具有偏見者在面對外團體時，只看到某些支持其刻板印象的行為或事件，換句話說，人們經歷的「這些信念不是偏見，而是其自身觀察下的產物。個案展露的事實由不得他們下其他結論」（Merton 1957, p.424）。

專欄作家佩菊（Clarence Page）在最近一篇社論中，提及黑人青少年具有暴力這類的刻板印象，讓人們恐懼接觸黑人青少年：

> 每個人都說我們的小寶貝多可愛多英俊（他們說得對極了！），我也知道小寶貝將來會長成青少年，且是許多成人深感恐懼的黑人男性青少年。
>
> 這已經快變成老故事了。當你在街道上見到一群黑人孩童朝你走來，你會想給他們一個擁抱，但幾年後當他們成為青少年，你再看到同樣這群腳著運動鞋，頭頂個時髦的髮雕的他們朝你走來，你會巴不得趕快穿越街道，自忖自己得小心點。
>
> 我有一位朋友試著撫育他七年級的兒子從童年成長到青少年，不過以前看到他臉上都還掛著笑意，現在的他總是滿臉憂慮，我真是害怕這樣的經驗。
>
> 雖然我很樂觀，但還是忍不住用負面角度思考，只是因為某些人犯罪，我們就傳達給年輕黑人男性負面的恐懼訊息，對他們造成傷害？（PAGE 1990, p.A10）

刻板印象也以另一種方式繼續存在：當帶有偏見的人遇到不符合既有刻板印象的少數團體成員時，他們會將此人視為異例，這種處理方式只會加強原有的刻板印象。

另外，具有偏見的人會利用各種事實支持其刻板印象。一個具有偏見的人可能舉證少數的黑人四分衛、投手和棒球隊經理的才能較差。前洛杉磯道奇隊總經理坎潘尼斯（Al Campanis）使用這項事實支持其觀點，認為黑人不具備成為教練和經理的能力。在下述坎潘尼斯和新聞記者寇培爾（Ted Koppel）談話顯示，白人教練和經理的偏見與歧視可以解釋——為什麼鮮少黑人能出掌棒球隊的領導職位，而坎潘尼斯從未想過這些：

寇培爾：當今的棒球運動中仍存在著偏見嗎？

坎潘尼斯：沒有，我不認爲有偏見存在。我堅信球隊也沒有必要這
　　　　麼做，不管是球隊經理或是總經理都是如此。

寇培爾：你真的這麼相信嗎？

坎潘尼斯：嗯，我不是說所有人都如此，不過總是有些缺失的。要
　　　　靠你究竟有幾位黑人四分衛？有幾位黑人投手？
　　　　（"NIGHTLINE", 1987, p.22）

　　在同樣的脈絡中，黑人青年比白人同儕更爲暴力地持有這個刻板印
象，且支持聯邦調查局的統計數據。這份數據顯示，黑人因攻擊罪行而被
逮捕的數量是白人的三倍。不過，以訪談受害者爲基礎所建構的國家犯罪
調查資料顯示，黑人和白人同樣都可能犯下攻擊罪（每千名黑人中有 32
位，而每千名白人中有 31 位。）這兩份數據資料的差異，指出黑人比白
人較可能被捕和判罪，但這並不是說他們較可能從事暴力活動（Stark
1990）。

　　最後，具有偏見的個體在不同時間點對同一行爲的評估會有差異，
這取決於展現該行爲的個人，好讓原有的刻板印象可繼續維持（Merton
1957）。譬如，倘若種族和民族的少數團體中出現無行爲能力者，人們經
常將之歸因爲該團體生物性組成上的先天缺陷，但這種情況若發生在優勢
團體當中，人們則會將之視爲個案。同樣的，當少數團體成員和優勢團體
成員均表達同一觀念，有偏見的人會認爲前者的觀念更具威脅性。[10]

　　卡斯托（Stephen Castles）和高薩克（Godula Kosack）兩人（1985）
在〈西歐的移民工人與階級結構〉一文中指出，種族主義者的意識型態與
偏見的基礎不是「純粹嫌惡相關團體的身體外觀，這些身體外觀與低劣的
說法只是被用來當成藉口」，以正當化社會中少數團體的從屬地位
（p.456）。「被剝削的團體被污名化爲本質上較劣等，以便正當化其地
位」（p.458），附屬地位而後被指稱爲團體低劣性的明證。

　　偏見和種族主義指引出國際勞工移民的另一項功能：他們轉移人們
對資本主義體系缺陷的注意力。資本主義體系由獲利驅動，採行數項措施

以降低生產成本，包括雇用低薪工人，引進省力裝置，並將生產由高薪資區移往低薪資區，這些措施會創造出失業人口，而人們會把失業問題的砲口指向移民，而不是經濟體系，但後者才是讓工人彼此競爭，並創造出失業人口的元兇（Bustamante 1993）。正因偏見和種族主義排拒國際勞工移民，轉移人們對資本主義體系的注意力，使得勞力被當成商品一樣看待，減損了工人能夠改善薪資、工作條件和安全的機會。

歧視　相較於偏見，**歧視**（discrimination）不是一種態度，而是一種行為。它是在與能力、長處和過往表現無關的特質基礎上，無意識或有意識地不公平對待其他的個體或團體。歧視行為的目標是要排拒少數團體成員有公平取得重要社會標的（教育、健康照顧、長壽）的機會，並阻礙他們取得重要的貨品和服務。美國民權委員會提供一些常見的歧視實例：

- 人事幹部對女性和少數團體的刻板印象，讓他們以低薪和低職級雇用這些人，無視於其資格和經驗足以謀取職級較高的工作。
- 老師會將語言上和文化上的差異解釋成部分少數團體的學生缺乏學術興趣，或潛能較低。
- 輔導員和老師對女性與民族少數團體的期望不高，安排他們少接觸像科學和數學這類較難的科目，而提供一些將來謀不到高薪的相關科目。
- 假釋委員會認定，少數團體的罪犯比起白人罪犯更具危險性，且更不值得信賴，所以當這兩種罪犯提出假釋時，他們經常拒絕少數團體罪犯的申請（1981, p.10）

墨頓探索偏見（態度）和歧視（行為）間的關係，他區分出兩種類型的個體：無偏見者（指相信機會平等的人）與有偏見者（指不相信機會平等的人）。墨頓斷言，持機會平等觀念的人在行為表現上未必如此，如同他在四種類型中所作的陳述（見圖 10.1）。

圖 10.1　　民族偏見與歧視的類型*		
	態度面向： 偏見和無偏見	行為面向： 歧視和無歧視
類型一：非偏見的無歧視者	＋	＋
類型二：非偏見的歧視者	＋	－
類型三：有偏見的無歧視者	－	＋
類型四：有偏見的歧視者	－	－
*　　＋態度／行為支持機會平等 　　　－態度／行為不支持機會平等		

　　無偏見的無歧視者（nonprejudiced nondiscriminators）（全天候的無偏見者）接受機會平等的信念，其行為也會恪遵該信念，這些人代表一種「文化上合法化善意的寶庫」（Merton 1976, p.193）。在德國，某些宗教、產業和政治團體會彼此合作，發起勇氣行動（Action Courage），這種全國運動是要鼓勵德國人挑戰反外國和反民族的評論，要介入並防止外國人遭到歧視。他們身上別著一個徽章，上頭寫著「鼓勵」一字，象徵他們對這些目標的承諾（Marshall 1992b）。在墨頓的分類中，以行動實現這些目標的人即是無偏見的無歧視者。

　　非偏見的歧視者（unprejudiced discriminator）（片面的無偏見者）相信機會平等，但卻展現歧視行為，因為這攸關利益，或因為他們未能考量到某些行動的歧視後果。舉例來說，非偏見者會因為某黑人家庭搬入社區，讓地產價值可能減損，故決定遷出。再譬如一位白人人事幹部把工作出缺的消息，透露給同為白人的朋友或鄰居，但這種口語相傳的招募方式，將減低少數團體成員出任新職的機會。

　　德國人特有的非偏見的歧視行為包括：未能制止高喊「猶太人滾回Auschwitz」的年輕狂熱份子，或唱和一些諸如聖誕節是「焚燒土耳其人」的好時節這類歌曲（Marshall 1992b, A13）。片面的無偏見者也可能包括：

老師因為沒有適當的輔助教材，就不向學生介紹不同種族和民族團體對國家作出的貢獻。在德國，只有少數想幫助少數團體學生了解教材與自身生活間的關聯，不是每個老師都這麼做（Opitz 1992a）。同樣的情況也發生於美國：老師典型地會在每年特別的日子或月份（如德國的外國人節）中，介紹與種族或民族團體相關的教材，或者列進某學科的特別主題內。譬如，教科書作者會把種族和民族性放入同一個章節，以及將所有相關的參考文獻列進該章節裡，好像該主題與適合非偏見的歧視者的普通科目無關。

美國的三K黨成員（左圖）和德國的新納粹黨（右圖）均立基於種族優越主義意識型態，兩者均是行動的頑固份子。

有偏見的非歧視者（prejudiced nondiscriminators）（膽小的頑固份子）並不接受機會平等的教條，但卻禁止一些歧視行動，因為他們害怕這麼做會遭到制裁。膽小的頑固份子經常不會對種族和民族團體表達出真正意見，他們只會以代號稱之。德卡爾（Studs Terkel）在〈種族：黑人和白人如何思索和感覺美國人的固執觀〉，引述數個以代號交談的實例：

- 在芝加哥頭一次有黑人參與市長選舉的選戰中，他的白人對手陣營提出一個標語「在一切太遲之前」。

- 這真是無聊的一天。我和一位女侍閒聊……她是一位豪放、親切又慈祥的女性。我的鄰居中有中產階級,也有藍領階級,社區周邊則是黑人家庭區。當我將離開時,她說,「我們也要離開,你知道箇中原因。」這麼隨口一句,就像「再見」一樣尋常。(1992, p.3)

有偏見的歧視者(prejudiced discriminators)(行動的頑固份子)拒絕機會平等的說法,自稱歧視是項權利,甚至是責任。他們「堅信任何白人(即使是白痴)都比這些令人憎惡的團體優秀,並從該信念中得到大量社會與精神上的報酬」(Merton 1976, p.198)。該團體成員最可能相信自己「擁有道德權利」,摧毀威脅其生活與價值的人。在墨頓的四種類別中,有偏見的歧視者最可能犯下**騷擾犯罪**(hate crimes),這種行動的目標是要傷害少數團體成員的自尊,並摧毀其財產或生命。

社會學家列文(Jack Levin)和麥克德維特(Jack McDevitt)(1993)在 1983-1987 年間,研究波士頓 450 起以上的騷擾犯罪案例。他們發現幾乎有 60% 的作案地點不定,意即,攻擊者的加害對象是路過、開車經過、或在附近工作的人,他們也發現有 2/3 的加害人年紀在 29 歲以下,其中有 108 宗犯罪是白人攻擊黑人,95 宗涉及黑人攻擊白人,而有 30% 的受害人是女性。社會學家萊特(Ivan Light)相信,雖然騷擾犯罪的動機經常是對某種族或民族團體懷有深沉的偏見,但是「團體間的衝突根源於經濟競爭,以及負面的刻板印象」(1990, p.B7)。譬如在經濟困厄時期,一些白人可能將失業歸咎於確認行動政策,他們認為這項政策偏袒少數團體,而黑人則譴責白人的偏見與歧視是經濟問題的來源。

薩克森政府(德國 15 州之一)公佈一份資料,內容側寫 1991-1992 年間 1,244 名騷擾嫌疑犯,其中 96% 是男性,2/3 的年紀在 18 歲或 18 歲以下,50% 嫌疑犯在出事前有飲酒,而 90%的騷擾犯罪發生於嫌犯住家附近(附近 12 哩內),逾 98% 嫌犯的教育程度在十年級以下。令人吃驚的是,只有 20% 嫌犯是失業或輟學生,近 80%都是初犯,約 30% 嫌犯以保守意識型態觀點正當化其犯行（Marshall 1993）。最後這項數據牴觸被指控的騷擾犯純然由意識型態驅使的說法，故而涉入的因素更為複雜。

制度化的歧視 社會學家區分出個人歧視和制度化歧視。**個人歧視**（individual discrimination）是個人輕視少數團體成員，拒絕他們的參與機會，並做出傷害他們生命與財產的公然行為。而**制度化歧視**（institutionalized discrimination）則是社會中既有且慣常的行事——阻礙或限制少數團體成員成功的各種規則、政策和日常習俗，並使其處於弱勢的不利地位，也就是「經由社會制度的常規運作，進行系統性的歧視」（Davis 1978, p.30）。

有兩則實例可說明制度化歧視。德國法律限制外國兒童在教室中所佔的比例得在 20-30% 之間，並限制外國人在各區居住的比例在 9%以下（Wlpert 1991）。另一個例子是，在逮捕和處罰罪犯的過程中，某一種族或民族團體總會比其他團體受到更嚴苛的待遇，這種情況在美國和德國皆然。

美國的相關調查也呈現一致性，比如黑人和白人濫用毒品的比例相同，但黑人因此被捕的比例是白人的四倍，因為警察較可能攔阻和盤查黑人，故使得官方的犯罪統計資料支持種族和毒品罪犯之間的相關性（Meddis

美國海岸防衛隊對來自古巴（左圖）和海地（右圖）的難民處置方式極為不同，為制度性歧視的好例證。

1993）。這是制度化歧視的例證，因為它涉及這些問題：「有色人種頭一次如何被帶進體系當中，以及這個體系如何決定誰是原告，誰是被告」（De Witt 1993, p.E9）。

在歧視的這兩種層次中，制度化歧視比較難以認定、譴責、抑制和懲罰，因為即使大多數人不是偏見者，社會中還是會存在這類制度化歧視。制度化歧視無法追溯到特定個人的動機和行動，歧視行動單純只是源自於表面上看似公平的既定習俗，畢竟，人們認為相同的規則可應用到每個人身上。就拿聯合國對**難民**（refugee）的定義來說，難民是「有充份證據支持因種族、宗教、國籍、政治意見、或特定社團成員身份而遭致迫害的人」（Walsh 1993, p.A6），這個定義排除了性別迫害作為申請庇護的原因，許多迫害女性的作法，如強暴、殺嬰、女性割禮、強迫結婚、墮胎或絕育等等，典型地都被視為私事，或是該國的法定習俗。

另一項制度化歧視的實例是，美國在 1990 年移民法中增列條款，允許 34 國（大部分是歐洲國家）移民得以參加每年的「抽獎」。在每年 10 月 14 日午夜過後最先被接受的 40,000 份申請，其申請人將可獲得綠卡，取得美國的合法永久居留權。目前來自愛爾蘭共和國（不是北愛爾蘭）的申請分配到 40% 額度，即 40,000 張綠卡中的 16,000 張。雖然抽獎的目的是要分散進入美國的移民來源，但從 1965 年起已規定放棄原國籍者才能拿美國綠卡，於是來自歐洲的移民數量就一直多於來自拉丁美洲、亞洲和加勒比海等地的移民數量。事實上，歐洲移民佔移民總數的比例已從 50% 掉到 8%，1990 年來自中南美、加勒比海地區和亞洲的移民佔了總數的 80%（Keely 1993; Lacayo 1991; Mydans 1991）。

制度化歧視的最後一個實例是尋求庇護者的際遇。在第二次世界大戰結束後，逃離共產國家者自動被認定是尋求庇護，但若逃離美國支持的非共產極權政府，則會被判入獄和驅逐（T. Wener 1993）。譬如，美國海岸巡防隊經常在外海截獲古巴與海地難民，當局會將古巴船民送到邁阿密，讓他們在此自由生活和工作，但卻把海地難民遣送回國（Feen 1993），兩套不同的處理方式背後有個原理：古巴人是為了逃離共產政權，但海地人則被視爲經濟難民。[11]

　　制度化歧視也可以歸因於法律或習俗，因爲這些法律或習俗會以過往的偏見與歧視來處罰少數團體。這類歧視可以是外顯的，也可以是內隱的。倘若法律和習俗本身的設計即將少數團體壓制在附屬地位，像 1831年禁止教導奴隸閱讀的法案，這就是外顯的歧視。[12]

　　當習俗本身造成的歧視後果是未經計畫且無意圖，這種制度化歧視便是內隱的。吾人甚至可以主張，優勢團體實施確認行動計畫便內隱著制度化歧視，正如兼具小品文作家與英文教授身份的史提爾（Shelby Steele）觀察到，在確認行動計畫執行的過程中，會出現令人困擾的副作用，因爲：

　　　　少數團體獲得優惠待遇本身即意含著自身的劣勢，不論這種劣勢怎麼解釋，它始終還是劣勢。

　　　　優惠待遇的效果——降低平常的水準以增加黑人的代表席次，讓黑人重新擴增原本已逐漸減少的懷疑。（1990, pp.48-49）

　　假使黑人也以應徵大學球隊的方式應徵工作和大學教職，我們想知道這種副作用是否還會存在。鮮少人會因爲有黑人運動員在大學中以白人爲主的球隊而備感心煩，原因可能是學校當局、教練和學生均認爲黑人球員的表現對學校有益。假如同樣的精力與正面態度能應用到徵募黑人大學生或工作申請，那麼確認行動計畫中某些不易處理的事項就能舒緩。對確認行動計畫來說，美國職棒聯盟的現場整合方式即爲模式之一。專欄作家羅斯貝瑞（William Raspberry）在「MacNeil/Lehrer 新聞時間」節目中指出：

　　　　在 1948 年以前，美國職棒聯盟全然是由白人所組成，但在此之後也開始有黑人球員加入，這些黑人球員的表現絲毫不比打大聯盟的白人球員遜色。雖然有規定指出黑人不能成為職棒聯盟的球員，但瑞奇（Branch Rickey）聘用羅賓森（Jackie Robinson），已破壞原有的規則……

一旦原有規制被破壞，一些事情也跟著發生。我們得改變球隊招募球
員的方式，不能只到沒有黑人球員的二流聯盟找人，而得到從前沒去
過的、用過去不習慣的技巧，發現一批希望之星。我絕對接受某意義
下的確認行動，但它還有另一面意涵。沒有人認為我們應該給這些過
去沒有機會打大聯盟的黑人球員許多特別的機會，或者將他們帶到比
白人技術差的大聯盟來打球。我接受的假設是，不管黑人或白人，假
如有機會施展並發展自己的技能，你就不需要裁減我們的機會
（RASPBERRY 1991）。

羅斯貝瑞的論點指出，人們忘記了確認行動政策的真正目的：去「破
壞」一個具有缺陷的雇用體制，讓每個符合資格者都有出線的機會，而不
是只關注受雇者是否具有資格。似乎沒有人記得確認行動取代的雇用體制
有利於當權者的朋友。

現階段我們已經考察過社會中阻礙種族和民族少數團體（特別是與
優勢團體不同民族和種族的勞工移民）進行適應或同化的障礙，這些障礙
包括種族主義的意識型態、依賴外勞、偏見和（個人和制度化的）歧視。
雖然我們已用概略方式檢視過這些障礙，但卻未詳察它們如何在日常互動
中運作。社會學家高夫曼（Erving Goffman）在〈污名：對管理受損認同
的註解〉一文中，給予我們這樣一個架構。

❧ 社會認同與污名

當人們見到陌生人，他們會為對方是個什麼樣的人作出許多預設，
像外表、特殊習慣、姿態、行為和口音等等，都是人們下判斷的線索，人
們會預期陌生人的**社會認同**（social identity）——人們所屬的類別（如男
性或女性、黑人或白人、白領或藍領、40 歲以上或以下、本國人或外國
人），以及他們相信的特性，對該類別成員來說，這些特性不論對錯，都

是「普通而自然的」（Goffman 1963, p.2）。

　　高夫曼特別關注持有污名的團體遭受的社會際遇。我們在第六章當中學到，污名被界定為對社會高度不信任的一種特質。污名之所以不為人們信任，是因為它會掩蓋個人可能擁有的其他特質。高夫曼認為，污名有三大類：（1）身體殘障；（2）歸因於性導向、精神治療、或入獄等因素的性格缺陷；以及（3）有關種族、民族性、國籍、或宗教等等的污名，反映在膚色、服飾、語言、職業上。

　　那些擁有污名的人不會被他人視為多面向、複雜的一群人，而會被歸類為單面向群體，這是污名的重要特質之一。譬如，當許多德國人遇見一位戴著頭巾的土耳其婦女，他們不會了解頭巾背後具有的複雜意涵——它表明了「穿用者和男性親戚、個人的宗教政治觀、財務工具、出身地等等事物之間的關係」（Mandel 1989, p.30），反而將之視為外國人，並指稱頭巾是土耳其人未整合到德國社會的明證，也將之當成證據證明為何土耳其人必須得送回國。換句話說，這位婦女可能擁有的許多特質都被單一特質給掩蓋掉了。

　　同樣的動力可應用到大多數德國人如何看待德國黑人的祖先。許多德國人只看到他們的唯一特質——黑皮膚，未能認識到像他們的祖先是德國人，以及有能力說德文等等其他特質。兩位德國黑人婦女解釋她們的黑膚色如何支配著互動的歷程：

　　　　我是黑人，也是德國人。若沒有再進一步解釋，恐怕沒有人會相信。我以前都說我來自象牙海岸，藉此規避其他人提出更多問題。我對象牙海岸這個國家一無所悉，但她聽起來很遙遠、很棒。若我這般回答，就不會再聽到其他問題。德國人真無知，我可以瞎故事告訴他們，只要聽起來有奇特的異國風味就行，不過就是沒人相信我是德國人。當我在回應意見時，他們會說「噢，妳講得一口好德文」，而我說「你們也是」，乍時讓他們啞口無言。（EMDE 1992, pp.109-10）

　　　　人們會有自己的期待，並忽略我所說的話，這種事我經常碰到。

當我告訴他們我在德國長大，一生都耗在這裡，接著就會聽到這種問
題：「是唷，那妳幾時回去？」瘋了，此刻心裡浮現不知歸鄉何處之
感。另一方面，我在這裡長大，說德文，在這裡獲得安全感，也能自
我表達，我跟這裡的人共享同樣的背景，即使他們不接受我。「是的，
我是德國人，」我說。也許有些出自於惡意的，以刺激他們對黑人和
白人的思考。（OPTTZ 1992B, p.150）

　　根據高夫曼的說法，不信任特質本身不是污名。相反地，污名是由
一組有關特質的信念所組成。進一步從社會學觀點看來，擁有該特質者不
是問題，問題是其他人如何對此特質作出反應。因此，高夫曼主張，社會
學家不應該將焦點擺在被界定爲污名的特質上，反而應該關照互動——特
別是污名者與**常人**（normals）的互動。高夫曼使用常人一字並未指涉「適
應良好」或「健康的」意義，反而用來指涉多數團體的成員，以及未持有
不信任特質的那群人。高夫曼不幸的選擇該字，因爲一些讀者會忘記高夫
曼使用該字的意圖。

污名者與多數團體成員間的混合接觸

　　高夫曼持續關注這個焦點，提出**混合接觸**（mixed contacts），「當
污名者與常人處於相同的『社會情境』中，也就是兩者同時在場，不論是
在對話式的邂逅中，或者只是共處於沒有焦點的聚會中」（Goffman 1963,
p.12）。高夫曼認爲，當常人和被污名者彼此互動，污名會開始支配整個
互動歷程。首先，對接觸的預期會讓彼此嘗試避免碰頭，因爲互動會威脅
他們對種族和民族「純粹性」或忠誠性的感覺。

　　污名者和常人有時會相互躲避，以便逃離對方的端詳。同種族的人
較喜好和自己人互動，以避免發生與外人互動時出現的不舒服、排擠和質
疑（「我有一個安全空間，無需自我防衛或隱藏自己，也不會因外表而被
別人評判」[Atkins 1991, B8]）。

污名者和常人會有意識地避免碰頭的另一個原因是，他們相信普遍的社會非難會損害關係。關於種族間的互動關係，某些人相信種族優越主義者的態度「會摧毀任何種族間的關係，因為種族優越主義就像癌症一樣，準備好在任何時間內耗弱並消費這種關係」（Walton 1989, p.77）。

時代雜誌曾刊出一篇文章，描寫兩位 6 歲女孩（珍妮弗是白人，鳳蓓是黑人）之間的友誼，說明社會壓力如何介入種族間關係的發展。每當珍妮弗伴隨鳳蓓全家出遊時，她總是擔心別人會認為她是這個家的養女（Buckley 1991），結果，珍妮弗無法放心地享受和鳳蓓全家出遊的時光，因為她在覺得有壓力。這個實例足以說明，對 6 歲兒童來說，種族間的關係是如此稀罕，讓她無法想像人們會怎麼看待她是鳳蓓的朋友。

高夫曼觀察到混合接觸的第二種類型：在雙方碰面後，一方不確定另一方會如何看待自己，或者將會對自己做出什麼舉動，因此，雙方會自我意識到自己該說什麼，以及該如何行為：

> 我必須像所有人類一樣奮戰不懈來了解自己。因為我是黑人，所以我得奮戰以了解他人眼中的自己，甚至是我的生活。我可能會在地下鐵和 Bernhard Goetz 碰面，我的車可能在霍華德海灘故障，我家大樓的安全警衛可能誤會我是竊賊。而他們將不會見舉止溫和的市長正要回家，他們將會見到 Willie Horton。（WALTON 1989, p.77）

> 我如何才能知道什麼樣的白人才是好人，什麼樣的白人會是壞人？

> 我應當設計出什麼樣的石蕊試劑？我保持自己與其他白人之間的距離，以免看到、聽到任何潛藏的偏見暗示，不過還是沒有一套作法可供依循。（MCCLAIN 1986, p.36）

> 你若是位黑人，你不得不對任何事放馬後砲。這個人喜歡我是因為我是黑人，或者因為我是我？這個人恨我是因為我是黑人，或者因為我是笨瓜？你們總是在放馬後砲，除非我碰上另一位黑人。（KING 1992, p.401）

對於污名者而言，不確定的來源不是他人以負面觀點對待他，而是他們有太多機會碰上偏見和歧視，迫使他們不得不留意每次的遭遇。寇爾茲報告（Kolts Report）（這份報告是由退休的高等法院推事寇爾茲〔James C. Kolts〕及其同事所發表，目的是要回應 Rodney King 的說法）指出，8,000名洛杉磯郡保安官當中，有 62 位副警長「有些問題」，調查人員發現「幾乎所有的副警長在處理案件時，都至少有最低限度可令人接受的禮遇和尊嚴」（Los Angeles Times 1992, p.A18），雖然只有少部分（不到 1%）的副警長被認定「有問題」，但虐待的情況「次數很多，也極為殘暴，足以危害某些社區的福祉」（p.A18）。

同樣地，大多數德國人不會以公然或有意識的方式歧視土耳其人和黑人，但德國有將近 6,000 名人士認同納粹意識型態，而德國政府相信，這些人必須為每日 5 起以上的暴力攻擊外國人事件負責（Kramer 1993），這群人已對德國境內少數團體成員的生命構成威脅。

混合接觸的第三類特徵是，常人經常將污名者的成就（即使其成就不高）界定為「顯著能力的標記」（Goffman 1963, p.14），或者將之界定為少數團體中的異例。漢克（Andrew Hacker）在〈兩個國度：黑人與白人，分離、敵意與不平等〉一文中寫到，參加專業會議或座談會的白人，在大會介紹黑人出席者，或是在其評論結束之後，都會給予較熱切且為時較長的掌聲。漢克知道，雖然在某些場合中的掌聲是應得的，但他也主張，許多白人這麼做，是要讓黑人演講者知道他們「和友善的白人是一道的」（Hacker 1992, p.56）。

如同認定污名者的成就是不尋常一樣，人們傾向將污名者的小缺點（像會議遲到、開錯支票）解釋成與污名有關。

混合接觸的第四類特徵是，污名者可能經歷隱私受到侵害，特別是別人對他們的盯視：

> 我厭倦去餐館，特別是跟一羣黑人前去時，餐館的顧客和老闆總是做作得儼然火星人即將來訪。

我厭倦跟我 8 歲的外甥和他最好的同學出門，每次總是不得安寧，
因為我知道他們會野得跟小男孩一樣。他們的好奇心會被別人看成犯
罪行為。（SMOKES 1992, p.14A）

　　假如污名者對這種待遇表達不滿，常人經常會把這些抱怨當成誇大
的、不理性的，或者是小題大作。常人所持的論點是，每一個遭受歧視的
人以及污名者，都沒有擁有壓迫感的獨佔權。他們宣稱自己已厭惡抱怨，
也許污名者自助的努力並不夠（Smokes 1992）。他們傾向這麼回應：

　　　　我已經厭煩他們了。（SMOKES 1992, p14A）
　　　　為什麼他們不能把過去遭受過的歧視拋諸腦後？
　　　　我認為他們的牢騷太多了，讓我覺得厭惡。（O'CONNOR 1992,
　　p.12Y）
　　　　當我的祖父母遠從義大利來，不要要求任何人跟他們講義大利文。
　　他們會變成美國人，而他們絕不會要求任何事。（BARRINS 1992,
　　p.12Y）

　　這類反應指出，常人不了解形塑互動的社會脈絡與歷史力量（見「1993
年 7 月 10 日日誌」一文）。討論至今，可能你會認為少數團體成員是任
由優勢團體擺佈的被動受害者，但事實並非如此。少數團體成員不滿被歸
為同一類，他們也會以各種方式加以回應。

1993 年 7 月 10 日日誌

　　下列日誌由一位大學生撰寫，它強調許多學生經常缺乏對種族關係作歷史性
的理解，這方面知識的不足也影響到他們思考種族的方式。

　　我們在過去兩週內觀賞過三部處理種族議題的影片：Master Harold and the

Boys、The Sky Is Grey 以及 Black Hair Blues。頭一部片子將重心擺在南非年輕白人 Master Harold 和兩位南非黑人（在白人母親的茶館裡幫傭）之間的關係。The Sky Is Grey 描寫一位美國黑人青少年在歧視黑人時期的生活。Black Hair Blues 的焦點則是美國黑人婦女在面對燙直頭髮上碰到的兩難。

雖然這些片子都相當有趣且富有教育性，但我發現更有趣的是我的同學（六位白人女性，一位白人男性以及一位黑人男性）對這些影片的反應。特別的是，有四、五個人總是在討論的過程中保持沉默，所以我很難知道他們對這些影片有何感覺。而那些提問題的同學似乎只以粗淺的觀點看待種族問題，我想沉默和粗淺的觀點可以用這麼一個事實加以解釋：本班大部分同學對於種族議題的背景和經驗沒有什麼認識。我試著解釋我的同學如何對這些電影作出反應。

關於 Master Harold and the Boys 這部片子，我的同學似乎是在這樣的預設下思考：南非的黑、白人之間的關係無關乎較大的社會脈絡。例如，學生會問這樣的問題，「在十年之間，你在那裡見過這些角色（Master Harold, Willie 和 Sam）？」答案是這些角色都會成為朋友，而 Master Harold 會在重要事情上繼續請教 Sam 的建議。假如這些同學稍微了解種族隔離制度的話，就不會給個這麼「單純的」答案。甚至當教授要求同學思考：種族隔離制度如何對角色間的互動產生影響，只見每位學生保持緘默，因為沒有人知道什麼是種族隔離制度。

在班上看完 The Sky Is Grey 這部片子後，教授問道，假如我們有機會面見導演的話，會想問他什麼問題。同學們提出這些問題：（1）母親為什麼打小孩？（2）父親為什麼不在了？以及（3）在姑媽旁邊閒盪的「傢伙」究竟是誰？這樣的問題點出人們難以了解較大的社會脈絡，也未能了解種族歧視對影片中各角色生活的影響（是否符合史實並不重要）。

Black Hair Blues 是一部記錄短片，內容描寫黑人婦女對弄直頭髮的反應。這一次令我驚訝的是，我的同學似乎沒有人對這項習俗產生好奇，「對此讓我頗感失望，因為我來上課時已經準備好答案了。」我期待同學會問道：「白人的鬈髮和黑人的直髮有何差異？」而我會這樣解釋：差異在於鬈髮是用化學製劑銨硫化甘油，而直髮是用化學鹼液製劑。在知道這些之後，我期待有人問：「感覺起來如何？」我會回答，「感覺起來有炙熱感，特別是處理後的 24 小時內有搔頭皮的話。」在那種情況下，鹼液會「腐蝕」頭皮，有時候會留下一些腫瘤。而不適當的使用鹼液，則會損害頭皮。班上有位同學說她與本片有關，因為她過去也燙過頭髮。她的評論讓我想起 Rashida Oji 唱的「The Right Life」這首歌中的數行歌詞：

> 你們不知道當一名黑人的滋味是什麼
>
> 只感覺什麼東西都是白人對
>
> （試著讓自己適應偉大的白人生活）
>
> 你們不可能知道
>
> 你們如何能夠知道
>
> 除非你們對它已感到厭倦？
>
> 當我梳直了我的髮，我總是在這兒……

請不要誤解我嘗試說出的論點，我只是想指出，不同種族間要進行公開且建設性的對話是困難的，因為人們對於對方的背景與經驗的了解不夠。譬如，在班上的討論中，有位同學就無法找出「黑人」一詞的答案。這件事讓我最憂慮是：班上同學都是主修社會工作、心理學和人力服務，這些人應當更有意識到較大的社會議題。但我質疑，他們對真實現象的這般反應，如何能在將來的工作生涯中處理種族議題。

對污名化的回應

高夫曼在〈污名：對管理受損認同的註解〉一文中，描述污名者採取五種方式，回應那些未給予尊敬、或將之歸為一類的那些人。第一種方式是嘗試改正被認定的缺點，以及那些可能成為取得地位與歸屬障礙的顯明文化特徵。人們可能藉由整型手術，或以其他方式改變眼、鼻、唇等容貌，或者上發音矯正課程。

> 在我 13 歲那年，我開始將滿頭亂髮燙直，好讓它看起來像白人的頭髮，我確信直髮能讓我不再那麼顯眼。我也得緊抿雙唇，好讓它們看來不那麼「肥厚」。我努力讓自己變得漂亮，不要那麼顯眼。（EMDI 1992, p.103）

> 為了「矯正手術」，他們到加州伯克萊的美語語音訓練學校上課，學習發音矯正……學生若想改善口音問題，則得先脫離原來認同的講話方式，他們實際上得用白人中產階級的口音表達。（NATIONAL PUBLIC RADIO 1990）

許多土耳其人為了融入德國社會，將宗教信仰由回教改成基督教，將名字改成德國姓氏，或放棄戴頭巾的傳統，這些都代表改善污名的直接嘗試。不過這類嘗試並不容易，因為這些人會被自己的種族或民族團體視為叛徒（Safran 1986）。嘗試作顯著改變的人也可能會經歷許多衝突性的回應：

> 我太太現年 25 歲，她正開始穿起德國服飾，變得愈來愈漂亮……我的朋友不滿我太太的穿著那麼現代，他們希望她至少能戴上頭巾和穿長裙。為什麼每個人都要我太太成為古早的土耳其人？（TERAOKA 1989, p.110）

污名者也可以第二種方式回應。他們大可不必採取直接動作，改變常人界定為缺點的「顯明」特徵，而改採間接回應。意即，他們可以投入大量時光和精力，試著克服刻板印象，或者以全盤掌握周遭事物的姿態出現。他們可以保持好心情，自認比他人優越，或者精通一項活動，讓擁有類似特質的人們望塵莫及。下列頭二段是美國黑人的陳述，後二段是德國黑人的陳述：

> 你必須全天候警戒，你是無法逃脫得開。因為假如你做了某些像關房門這類的事，人們會開始問，「她在生氣嗎？她是不是很好強？」你甚至不能表現出抑鬱的樣子。白人女孩可以看起來古怪，人們會說，「噢，她是多麼具有創造力。」但是當你走在校園裡頭，臉上掛著微笑，人們便會猜想，「為什麼她這麼具有敵意？」（ANSON 1987, p.92）

> 絕對不要錯事，因為人們總是在看著你做壞事。你不只要表現得很好，還要更為完美。假如你做壞事，這個污點就不單只是你的而已，整個種族都會因此受到玷污。（p.129）

> 就那件事來說，我也有個偽裝。我對過往的生活經歷能夠全盤掌控，事際上我有時候可以自我領悟，就當我要踏出家門的當下，雙肩往後一挺，挺直地保持完美的儀態。但走在街上，我卻根本無法放鬆，整個人變得冷淡。（WIEDENROTH 1992, p.176）

> 實際上，我會有暫時性熟練的筆挺直走姿，那是因為在我學校生活中，當我覺得不被接受，或者把數個不同面向的東西看得嚴重時，我就會建立起「沒人敢對我怎麼樣」的姿態。（OPITZ 1992C, pp.176-77）

在間接反應的另一類型中，污名者對立於常人界定特定情勢的方式，或者採取行動，改變常人回應他們的方式。1955 年在羅莎公園，一位來自阿拉巴馬州蒙哥馬利的女裁縫拒絕在公車上讓坐給白人，她的行為挑戰當時的法律，引發蒙哥馬利公車的聯合抵制，最後革命性地引起公民權運動。

另一個例子是美國黑人行銷暨媒體協會公開宣布的目標。該組織的總裁宣佈，組織目標是要對抗廣告中的刻板印象（The New York Times 1990）。雖然這類行動訴求直接變常人的回應方式，但在高夫曼的歸類中，這類行動卻屬於間接的回應，因為污名者並沒有試著改變自己的特質，而是嘗試改變常人對其特質的回應方式。

抗議污名化：這位土耳其移民在胸前別上一只黃星，以鑑別自己是土耳其人。這個星狀是要喚起德國人回憶在納粹時期，德國猶太人被迫要戴上大衛之星。

　　污名者有時候會以第三種方式回應：他們使用附屬地位取得從屬利益（secondary gains），包括個人獲利，或者「因為其他原因而失敗的替代藉口」（Goffman 1963, p.10）。譬如，倘使一位黑人控告種族主義，並以在工作、學業和其他表現遭到箝制的情況威脅提出控訴，他便能利用其地位取得從屬利益。第四種回應是將歧視爲一種僞裝的恩惠，特別是它塑造性格的能力，以及教導人們有關生活與人性的事物。最後，污名者可以譴責所有常人，以及負面看待他們的人：

　　　你們建立這些對白人的認知，這些白人既下流又卑劣，根本不值得信任。（ANSON 1987, p.127）

寒冷的德國讓我生病，我到今天還是想家，這股情緒甚至比五年前還強烈。思鄉病只有回到土耳其才能治癒，但在安那托利亞這裡，我沒有工作，沒有報酬，一生中沒有向上流動的可能性，像個人一樣的有房子和穩定的收入：我現在必須待在德國，必須忍受這種思鄉病，在這裡寒冷的不只是天氣而已，還有人也一樣。（TERAOKA 1989, p.107）

❧ 討論

　　1993 年 8 月，全國公共廣播網（National Public Radio）播出了一系列廣播節目，以美國及一些歐洲國家的移民為主題。有一段引述自該節目的說明十分引人注目：

　　沿著加利福尼亞灣的公路南下，距離墨西哥約一小時車程處，你可以見到全美最令人痛心的路標。這是個警告標誌，橙色長方形中央有個黑色輪廓，你可能會預期那是隻鹿的圖樣，但這個標誌上的輪廓卻是一個家庭低著頭，頭髮飛揚──一個男人，在他身後站著一個女人，而一個孩子則緊緊地抓著母親的手臂。

　　這個標誌是在警告汽車駕駛，留意那些為了避開邊境巡邏人員而橫越公路的非法移民（見第二章第 63 頁照片）。這個標誌只是大多數美國人在想到移民時，閃進腦海的圖像之一。德國對於勞工移民也有可與之相比擬的意象。在最近發行的《鏡報》（Der Spiegel）雜誌中，一張圖表顯示德國被許多大型黑色箭頭包圍，每個箭頭代表不同難民來自的國家。「這看起來像一張作戰計畫圖，德國儼然即將遭到侵略」（National Public Radio 1993）。這些圖形喚起勞工移民的心理意象，其實只考慮這些國家一小部分的實際勞工移民而已。

幾乎沒有人注意到，其實這兩個國家即使在高失業率期間，也吸收許多技術性及非技術性勞工。美國發出了 300,000 份非移民而無居留期限的簽證給高級技術性勞工（Keely, 1993），此外也沒有人注意到，德國與美國的企業和政府機關將工作機會輸出到其他國家（連美國郵政局都在海外印製郵票）。

爲何這樣冷酷的命運只集中在膚色深或其他外型十分明顯的移民身上呢？在最具說服力的眾多答案中，其中一項由 Castles 和 Kosack（1985）所提出，他們相信將焦點集中於最明顯的國際勞工移民，視之爲國家經濟和社會問題的肇因，便可轉移人們對缺乏效率且利益導向的資本主義體系的注意力。資本主義體系爲了降低製造成本，透過引用各種節省勞力的裝置，將製造過程由高度勞力密集轉變爲低度勞力，並僱用願意接受低薪者。人們責難勞工移民，而不埋怨真正縮減勞力並創造失業的經濟體系（Bustaman 1993）。這種側重勞工移民的作法，損害他們改善薪資、工作環境與工作安全的機會。

當我們把「種族」這樣的人種分類概念視爲歐洲人剝削、征服、殖民的產物時，就能了解這個論點的意義。歐洲人以種族模式將人們作分類：種族差異的意念合理化了他們的權利，使其透過自我宣示種族優越，來剝削、支配、奴役，甚至殲滅被征服的民族及其文化（Lieberman 1968）。

Castles 和 Kosack 的論點也解釋了爲何有些民族和種族的弱勢——非志願的弱勢團體——並沒有被主流社會同化。這些團體受到資本主義經濟體系的嚴重剝削。優勢團體的成員有能力維持這個既得利益體系（即使在某些案例中，這些利益非常微小）。他們運作各種不同的機制——種族主義意識形態、偏見、個人歧視與制度化歧視，確保資本主義體系創造的不平等。

從德國的德國黑人和土耳其人，以及美國黑人身上，我們可以學到什麼樣的移民政策？首先，我們得將腦海中最明顯的移民意象，放在國際勞工移民的脈絡作整體檢視。我們生活的時代中，企業是以全球性的架構吸納勞工。檢視較大的脈絡，才能了解這群遭到嚴重剝削的工人不是國家經濟問題的肇因，才能打消人們對他們的責難。第二，我們必須制定更文明的移民政策。政府官員 W. R. Bohning（1992）認為得基於三項原則：無歧視性（尤其是在制度層次）、尊重移民本身的文化及語言，以及無疆界性。最後一項原則的實踐，必須伴隨消除促使移民進入社會邊緣（種族貧民窟、下層階級、低學業成就）的種種歧視行為。

蠟燭所象徵的希望點綴了德國青年反仇外、反恐外的遊行。

❧ 焦點：種族作為一種社會建構

　　本章先前已經指出，種族和民族的分類模式具有嚴重缺陷，甚至可以據此質疑種族或民族是否具有生物學上的效度。在接下來焦點討論中，社會學家布朗（Prince Brown, Jr.）提出，倘若我們單純地考慮這樣的事實：「以演化生物學的觀點看來，我們都是非洲人——起源於非洲的同一個祖先」，誰還能聲稱自己是某特定種族的成員？非洲人及美洲原住民的案例即是該觀念的強力例證——種族是一種社會建構。在下列段落中，社會一般慣稱的美洲原住民被歸為蒙古人種，而非洲人則被歸類為黑人。請想想在布朗發表的資料中，這樣的分類可有何意義？

爲何「種族」不具科學意義：非洲人與美洲原住民的案例

Prince Brown, Jr.

　　創造「種族」分類架構是徒勞的努力，因爲這種作法一直忽視非洲人與美洲原住民結合後的混血種。綜合生物與文化觀點檢視這個特殊個案，俾盆我們了解人類的變異，並釐清這些穩定、明確的（種族）類別，從過去到現在從未真正存在。

　　在美洲、非洲、亞洲及各島嶼，任何讓船舶停靠的地方都是交換及分享人類基因的中介。在非洲人與美洲原住民的案例中，這樣的過程在 500 年前就已啓動，而且歷久不衰。因此，許多美國黑人具有美洲原住民的血源，反之亦然。根據美國黑人歷史學家武德森（Carter G. Woodson）所言，非洲人與美洲原住民之間的關係是長久、深遠、交纏的，而且大部分都缺乏記載。（Woodson 1920, p.45）

　　美洲原住民在本文中係指北美、中美、南美洲及加勒比海群島的原始居民，非洲人指的則是血統承繼自非洲大陸的民族。同樣地，歐洲人指的是來自歐洲的人們。

　　一般歷史告訴我們，美洲原住民與非洲人的接觸，起源於 1492 年哥倫布抵達美洲。我們留意到參與這趟發現之旅（1492-1520）的西班牙和葡萄牙水手具有的生理特徵，他們當中有許多人被稱爲「mulatto」，根據富爾比（Forbes 1993, p.140）的說法，這個字擷取自阿拉伯文，應譯爲「混血兒」、「雜種」（即指雙親中一人爲阿拉伯人，而另一人不是）等等。撒哈拉沙漠南端的北非民族摩爾人，征服西班牙和葡萄牙的歐洲居民已逾 800 年。因此，美洲原住民與部分非洲血統（西班牙與葡萄牙水手）的初次接觸，是發生於哥倫布的船隊抵達加勒比海。我們可以安心的假定，許多水手並沒有與 1440 年之後被帶到西班牙與葡萄牙的非洲奴隸混血。

　　當西班牙船隻到達加勒比海，便立即展開對美洲原住民的奴役。哥倫布鄙視原住民，輕忽人性，將原住民的存在及其能力當成物品，準備擴張他進一步的野心，為此他贏得「美洲原住民奴役之父」的封號。他向西班牙君王建議，那些歡迎其船隊到來的溫順美洲原住民會是理想的奴隸（Forbes 1993, pp.21-25）。不為人知的是，數以千計的美洲原住民被送到歐洲為奴，並在接下來的幾年中，為西班牙和葡萄牙打仗，投入兩國爭奪西非奴隸交易控制權的戰爭（Forbes 1993）。因此，非洲人與美洲原住民的混血，同時發生於歐洲、非洲與美洲。

另一方面，與哥倫布同時期的拉卡薩斯（Bartolome de la Casas）考量到美洲原住民奴隸的高死亡率，便建議以非洲人代替。拉卡薩斯是位教士，他親眼目睹美洲原住民所受的可怕待遇。

我們知道，非洲人幾乎一抵達就逃跑，並加入美洲原住民（Forbes 1993），建立聯合社群（Katz 1986, Forbes 1993）和獨立社群（Campbell 1990）。他們顯然寧可面對不可知的未來，而不願為奴。這些逃亡者在南美稱為「Cimarrons」，在加勒比海地區則稱為「Maroons」。由於沒有歐洲婦女，非洲女性也只佔少數，所以美洲原住民血統的女性成了歐非混血小孩的第一母體。隨著奴隸交易的興盛，帶來越來越多的非洲婦女（Rogers 1984），而歐洲人也一直要到有能力建立定居的安全地區之後，才有相當數量的歐洲婦女加入。

富爾比認為，由於初期沒有歐洲婦女，且奴隸的進口數量持續成長，非洲人及美洲原住民的後裔造就殖民地的大多數人口（Forbes 1993）。這個情況與美國相差幾希。相較於美洲的其他地方，美國的開發晚了許多，而歐洲婦女也在早期的殖民者之列。

請記住，第一批到達殖民地（也就是後來的美國）的非洲奴隸，原先已在加勒比海地區為奴。因此，有許多人已帶有美洲原住民的血統。隨著非洲奴隸人數的持續增加，人口比率快速改變。事實上，1765 年的麻薩諸塞州人口普查顯示，某些鄉村中非洲人的人數多於美洲原住民。而奴隸人口的增加，製造更多的逃亡者，結果也促使非洲人吸納美洲原住民。

當非洲人決定逃離雇主時，他們會以附近的美洲原住民部落作為主要去處。這個過程很早就已開始，並持續到奴隸制的終結。美洲原住民看來並未強力執行遣返奴隸，而歐洲人也因忙於建立殖民政權，以致無法投資太多時間取回奴隸。麻薩諸塞州在逼迫美洲原住民為奴失敗後，在1639-1661年間通過第一批法令，強迫非洲人（他們原先是自由人）為奴。在這批法令通過之前，非洲人（其中男性佔大多數）有機會加入美洲原住民社群，在邏輯上可以假定他們會取美洲原住民為妻，因為歐洲婦女對他們來說是不可得的。

美洲原住民與非洲人有著許多共同的社會特徵與價值，加速他們併入彼此的文化。雙方均有母系血統關係的認知，以及一夫多妻的習俗建構了共同的社會組織形式。其他的共同觀點集中於讚頌人與動物相互依賴的精神，比如以動物畫像做代表的派系這種社會結構，即是明證。非洲人和美洲原住民對大地懷有崇敬之情，他們視之為神聖。這些共享的特質讓兩個團體之間的彼此接納更為容易，而美國東南部的亞熱帶環境也是另一項助因，因為兩者都熟悉這種環境。

非洲人為美洲原住民帶來歐洲人的知識、擔任奴隸時習得的耕作技術、以及反抗統制的精神，他們的逃亡身份即為明證。他們在落角的社群成為重要的政治與軍事領袖（Katz 1986），對於有美洲原住民支持的非洲人叛變，歐洲人經常甚表恐懼（Porter 1932, Forbes 1993, Mullin 1992），這些混合的社群是成功抵禦歐洲人入侵的據點，弗羅里達的塞米諾族提供一個成功自治的顯例。這個團體的非洲人和美洲原住民與美軍展開長期軍事交戰，雖然人數與軍備上處於劣勢，但他們頑強地防衛社群，避免外人進駐印地安領地（即後來所稱的奧克拉荷馬）。在內戰之後，許多塞米諾族人出任墨西哥邊境警衛和偵察兵，這群人即是之前在弗羅里達打戰的那批人馬。

美洲原住民和非洲人之間普遍的雜交，讓作者和立法者得努力發展出一些名詞，用來指涉不同的生物組合。事實上，像混血兒，mustee 和有色人種（該詞是社會科學家晚近使用的語詞）等語的使用在各社會和社會之間並不一致，但其中「有色人種」的表達較具明確性，它可應用至美洲原住民——非洲人、歐洲人——非洲人、歐洲人——美洲原住民，以及亞洲人身上。在美國成長的 Mustee 則指涉擁有非洲人——美洲原住民祖先的那群人（Johnston 1929）。

請注意這個塞米諾家庭成員具有混血的身體特徵。

Mulatto、Zambo、Zambaigo 這些語詞在南美一直在不同的年代中具有同樣指涉（Forbes 1993）。同樣地，黑人一詞並不總是用來單純指涉非洲祖先，比如為人熟知的「自由的有色人種」庫非（Paul Cuffee），他經常被認為是非洲血統的代表，但事實上，他的祖先是非洲人——美洲原住民。在保留區之外，祖先是非洲人——美洲原住民的人一般被視為非洲人，而在保留區之內，這群人則是美洲原住民。

決定有色人種合法地位的分類法律每年會變，端視歐洲人把那種情況界定為威脅。某人的母親若是美洲原住民，或某奴隸的母親若是非洲人，他們都可能合法地變為自由身，這種轉變取決於居住地和時間。因此，對於母親是美洲原住民的人來說，這無異是個有利條件。

在 1869-1902 年間，麻薩諸塞政府將指派給美洲原住民的土地進行重分配，美洲原住民獲得的補助金多於非洲人（Woodson 1920, p.57）。卡茲（Katz）指出，在美國革命和內戰這段期間，大部分沿海各州都存在著「黑色印度安人」社會（1986, p.129）。

在維吉尼亞金威廉郡的歐洲人向州議會陳請，希望取走當初立約讓予 Pamunkies 的土地，因為「這些人已經變成黑人，因而不再擁有印度安人具有的權利」（Johnston 1929, p.29）。該控訴也將矛頭指向另一美洲原住民團體——Gingaskin，他們的土地在 1784 年「是專為自由黑人與其他妨害治安者開闢的庇護區，這些人在此處搭建茅屋，肆無忌憚地掠奪林地，造成鄰近居民相當大的麻煩，故一度被認為是竊賊的巢穴，有害鄰近地區」（p.32），因而 1812 年法院判決 Gingaskin 得離開他們的土地。

立法行動說明了「種族」分類架構被用來控制弱勢團體，利用協定將美洲原住民從原先讓渡給他們的土地上移出，這種模式在美國不斷反覆發生。

以奴隸為基礎的殖民文化促使非洲人和美洲原住民結合。事實上，某些美洲原住民團體採行歐洲人奴役非洲人的策略，但假如美國曾經出現過仁慈的奴隸制，它定然出現於東南方的五個文化部落（因為他們採取歐洲習俗而被如此標定），即集中在佛羅里達、喬治亞、阿拉巴馬和密西西比的卻洛奇族、契卡索族、巧克陶族、克里克族以及塞米諾族。前二者對非洲人有較深的種族偏見，不過在大多數情況下，研究人員同意：當奴隸和雇主面對共同敵人時，他們之間的監督情況會降低，且經常出現平等關係。

在 1830 年通過印度安遷移法之後，歐洲人奴隸制策略的競爭並未阻止這些團體遷入印地安領地（後來變成奧克拉荷馬州）。隨著這項法案的施行（其間逾 60% 不同的美洲原住民團體被迫移遷），奧克拉荷馬已變成一個「印地安」州（Strickland, 1980），也許更精確的描述是「印地安和非洲」州。而西北方（明尼蘇達州）的第一批拓荒者中，有些和美洲原住民結婚的人即是非洲人後裔（Katz 1987）。

非洲人和美洲原住民在生物性上的大規模混血，清楚地說明不同團體或個體的人類基因具有相容性，雖然他們在某些身體外表面向上出現差異。美洲原住民併入非洲人口的過程，解釋了美國東岸僅有少數人口被標籤為美洲原住民。富爾比主張這樣的觀點是錯誤的：美洲的原住民被取代（殺害或滅絕），以及該地區被歐洲人和非洲人再殖民。他進一步指出：

> 存活的美洲原住民與非洲人（因為大量非洲人也在該過程中死亡）已彼此合併，創造出大加勒比海與鄰近大陸地區許多基本的現代人口。
> （1993, p.270）

非洲人和美洲原住民的個案清楚地說明了，當種族這個標籤被指派到一組特別的可觀察的人類特徵時，它就是一種社會性建構。由於他們並未掌握住「真正的」生物性特質，所以這些廣泛用來指涉「種族」的類別並不合適（Levin, 1991），不過這倒反映出社會和文化上的習慣。也就是單純想藉由指明身體特徵而來鑑別祖先是不可能的，的確，從演化生物學的觀點看來，我們都是非洲人——起源於非洲的同一個祖先。

≈ 註解

<hr />

[1] 估計在 5,000 萬名奴隸中,有 3,500 萬人在前往美國的途中因船上的非人待遇而死亡。根據航海日誌的記載:

有時甲板與艙面間的高度僅 18 英吋,這些不幸的人根本無法翻身,甚至不能側臥……他們的頸部及腳都被鎖鍊縶錮於甲板。在苦難與折磨如此不堪的地方,這些黑人……幾乎要發狂。(ZINN, 1980, p.28)所以許多俘虜一有機會便跳進海裡,尋求一死以求解脫。

[2] 其他類似的國家包括阿根廷、澳洲、奧地利、巴林、比利時、加拿大、法國、伊拉克、象牙海岸、科威特、利比亞、馬來西亞、紐西蘭、荷蘭、奈及利亞、阿曼、秘魯、卡達、沙烏地阿拉伯、南非、瑞典、瑞士、阿拉伯聯合大公國、英國以及委內瑞拉。在德國,勞工移民造就了 10%的勞動力,在美國則佔 9%(Miller and Ostrow 1993)。在某些國家中百分比甚至高出許多。例如在瑞士,勞工移民佔了勞動力的 25%。在波斯灣國家(科威特、卡達、巴林、阿曼以及阿拉伯聯合大公國),移民則佔了勞動力的 2/3。

[3] 這 34 個國家為:阿爾巴尼亞、阿爾及利亞、阿根廷、奧地利、比利時、百慕達、捷克、丹麥、愛沙尼亞、芬蘭、法國、德國、直布羅陀、瓜德洛普、匈牙利、冰島、印尼、愛爾蘭、義大利、日本、拉脫維亞、列支敦斯登、立陶宛、盧森堡、摩納哥、新蘇格蘭、荷蘭、挪威、波蘭、聖馬利諾、瑞典、瑞士、突尼西亞以及英國。

[4] 波茨坦會議乃為二次大戰後,盟軍為規劃原德軍佔領區,以及將德國領土讓渡給波蘭、蘇聯、捷克和匈牙利所舉行的會議。波茨坦會議後,數以百萬居住在上述地區的德國人被遷回德國本土。

[5] 1973 年所謂的石油危機導因於埃及與以色列間的軍事衝突。以色列在埃及發動的第三次攻擊中予以反擊,並獲得勝利。阿拉伯國家

認為以色列的軍事優勢來自於美國的支持，便開始禁運石油以對抗西方國家。導致每桶原油價格由 3 塊美金躍昇至 12 美元。

6 所謂自由德國庇護條文，部分是用以補償在二次世界大戰期間遭受集體迫害與屠殺的猶太人和其他外國人。

7 雖然土耳其政府官方宣稱土耳其是一個均質社會，亦明訂土耳其語為其國語。（Pitman, 1988）

8 廣告、海報、電視或電影角色的設計者，會選擇看起來可以代表該種族或民族團體的演員。因此，一些淺膚色的美國黑人便可飾演黑人角色（Profitt, 1993）。事實上，並沒有「種族外貌」這種東西。例如，「從歷史觀點來看，『亞裔長相』包含的範圍很大：從比高加索人還蒼白的相貌，……到密克羅尼西亞人棕色的亞非裔臉龐。」（Houston 1991, p.55）

9 當（包含了社會學家和人類學家在內的）社會科學家以技術發展作基礎，把世界各地的社會作分類，並以歐洲白人的技術作標準來評判其他文化時，便不自覺地支持種族優越主義的意識型態。基於這種定義，大部份的非歐人民都是「自然民族」，更進一步引申，「和歐洲人相較，他們是『未開發的』、『原始的』、『不文明的』或『落後的』。」（Opitz 1992d, p.229）

10 Spike Lee 在他的電影「Do the Right Thing」中引用了兩句話，深刻批判將暴力當成解決問題的手段——一句是由馬丁路德・金恩（Martin Luther King）所說，拒絕邪惡的暴力，它終將無效；另一句則是 Malcolm X 所說：「我甚至不將它稱為暴力；若是為了自衛，我稱它為機智。」從史派克李的觀點來說，此一批判所指即為「我們不被允許去做其他人都可以做的事。自衛的觀念應該是美國精神之所在，但若是黑人提到自衛，會被視為好戰；白人提到自衛，他們就是自由的鬥士。」（McDowell 1989, p.92）

11 海地這個國家有 90% 的文盲人口，以及 90% 的失業人口。在政治部份，歷史上的統治菁英迫害所有反對人士。海地目前由一位軍事將領統治，他是在一場血腥政變中，推翻民主選舉之後產生的領袖。1994 年由於龐大的難民潮數量引起爭議，故柯林頓政府便在 Guantanamo 海灘設立難民處理中心。

12 關於禁止奴隸學習閱讀的法律規定如下：

凡教導奴隸讀寫，即具煽動其心智不滿，以及製造暴動和叛變，造成本州公民明顯傷害之意圖。

因此，北卡羅萊納州大會規定……任何自由人士，此後於本州境內除圖形使用以外，教導或企圖教導奴隸讀寫，或給予或販售奴隸任何書籍手冊，應予以起訴……於法庭審理下予以判刑，白人男性或女性應處以 100 以上、200 元以下的罰金或監禁；有色人種自由身份則應處以罰金、監禁或鞭笞之刑，由法庭判定不得多於 39 鞭，亦不得少於 20 鞭。（GENERAL ASSEMBLY OF THE STATE OF NORTH CAROLINA 1831）

11 性別——以前南斯拉夫爲例

- 前南斯拉夫的性別問題
- 區分生理性別和社會性別
- 性別極化
- 性別階層化
- 延續性別期望的機制
- 性別、族羣、種族和國家
- 性別與約會強暴
- 討論
- 焦點：性別特有的溝通風格

克羅埃西亞作家 Slavenka Drakulic 在《巴爾幹特快車：戰爭另一面的碎片》一書中收入〈給女兒的一封信〉這篇文章。在信中，Drakulic 告訴女兒當地報紙上的一則消息。這封信出現在克羅埃西亞宣佈自南斯拉夫獨立，以及賽爾維亞控制的南斯拉夫軍隊入侵克羅埃西亞之後不久：

它的標題是「你會來參加我的葬禮嗎？」這是年輕一代對於戰爭的想法。我記得有一個受訪者是來自 Zagreb 的一位學生 Pero M.。

「或許我對正在進行的事了解不到一半，但是畢竟這是因為有 50 個不知道好好利用腦袋的笨蛋，忙著賺大錢和駕駛直升機。我今年 17 歲，我想要有真正的生活，我想要看電影，到海灘自由自在地旅行、工作。我想要打電話給賽爾維亞的朋友，問他近況如何，但是所有電話線都被切斷了。聽起來我很年輕但悲慘，但是我不要像歇斯底里的哥哥那樣喝個爛醉，或者像姊姊那樣吞鎮靜劑。這樣無濟於事。我想要創造一些東西，但是現在我做不到。」

然後他對採訪的記者說了一些令我震驚的話：

「妳真幸運，妳是個女人，妳只要協助傷兵，我卻必須參加戰鬥。妳會來參加我的葬禮嗎？」

這是他在 1991 年初秋說的話。我幾乎無法想像他，來自 Zagreb 郊區的街頭孩子，說話條理分明，聰明，可能戴著一個耳環、穿著上面有無聊文字的 T 恤，在酒吧點了一杯可樂就可以消磨整個晚上，談論著某個搖滾團體。這個男孩聰明得足以了解自己可能會死，而且對此無能力。但是我們——你、我、這位女記者——我們都是女性，而且我們都沒有被徵召。他們被殺死，但是他們沒有預料到要戰鬥。畢竟有人忙著埋葬死者，哀悼和繼續過日子，但是這卻使我們在戰爭中位於不同的位置。（1993A, pp.133-34）

本章的主題是**性別**（gender），社會學家的定義是：基於文化所具有和學習的想法，對兩性之適當行為和外表所作的的社會區分。「適當的」

男性和女性行為隨著時間和地點而有所差異。例如，在 1950 年代，男性不能在旁觀看自己的孩子出生。不過現在父親在場已經被認為是理所當然的事。再舉另外一個例子，美國女性經常會除去臉上、腿上和腋下的毛（即使非常少量的毛）。相反地，許多歐洲和其他國家的人並未預期女性的這些部位應該是無毛的。

　　如果我們簡單地想想每天遇到的男男女女，很快就可以了解到：同性別者符合社會之性別預期的程度各有不同。有些人符合性別預期；有些人則否。不過這種變異性，無法阻止人們繼續使用社會的性別預期，去衡量自己和他人幾乎所有層面的行為和外表，「包括穿著、社會角色，甚至表達情緒和體驗性慾的方式」（Bem 1993, p.192）。

Ila Borders和她
的隊友。

　　社會學家發現性別是一種有用的概念，其原因不是所有同性別者的外表和行為都一樣，而是社會的性別預期是人們生活的中心，無論他們嚴格地遵守它或抵抗它。對許多人來說，不符合性別預期會造成強烈的困惑、痛苦或愉快，即使他們有意如此或只是勉強遵循它（Segal 1990）。Pero M.

感到困惑和痛苦，因為身為男性的他被預期（要求）為國服務。從他的觀點來看，女性很幸運，因為性別使她們居於較安全的地位。相反地，我們推測：NAIA 大學棒球賽首位女投手 Ila Borders 相當高興自己可以超越性別預期。她投出一次三振，讓對方七局未能得分，幫助自己的球隊（南加大）擊敗 Claremont 大學。但是 Borders 同時也發現，她必須不斷用唇膏和女性化服裝來提醒別人：她「不是個好鬥的人」，她喜歡當一個女孩（Stevenson 1994, p.B10）。

我們在探討性別的概念時，將焦點集中在前南斯拉夫，在本書寫作期間，它分裂為五個獨立國家。前南斯拉夫之六個共和國當中的四個——克羅埃西亞、斯洛伐尼亞、波士尼亞——赫茲高維納和馬其頓——在柏林圍牆倒塌後大約兩年開始宣佈獨立。另外兩個共和國——賽爾維亞和蒙提尼格羅——宣佈成立新的南斯拉夫聯邦共和國（請參閱「南斯拉夫的瓦解」）。雖然前南斯拉夫現在成為五個國家，但是我們不可能單獨討論其中一國而不考慮其他四國。基於這些實際的理由，他們的命運彼此糾纏在一起。

我們特別注意前南斯拉夫的原因是，它提供了與美國不同的有趣對比。美國的性別差異問題——特別是女性在社會中相對於男性的地位——經常是分析和爭議的主題。從前南斯拉夫過去十年以來嚴重的經濟變動，以及 1991 年開始的戰爭來看，性別並非當地的急迫問題。事實上，性別在南斯拉夫造成的問題絕對不同於在美國。至少就官方來說，兩性之間的不平等已經在共產主義之下得到解決。但是這並不表示，在前南斯拉夫，性別和生活機會之間沒有關聯。

在本章中我們將探討社會學家用來分析性別與生活機會之間關聯的概念。社會學家在闡述此關聯時區分了生理性別（基於生物基礎的分類架構）和社會性別（社會建構的現象）。他們也集中在社會之性別極化——也就是根據男女區別加以組織——的程度。除此之外，社會學家希望解釋性別階層化，以及人們如何學習和延續該社會對於兩性之適當行為和外觀等預期的機制。最後，社會學家探討性別與種族和民族等變項之間的交互作用。在討論這些概念之前，我們將探討：為何性別在前南斯拉夫不是急迫的問題。

✌ 前南斯拉夫的性別問題

性別在前南斯拉夫的意義與美國不同，其原因之一是當地幾乎沒有女性主義的聲音。以最廣義的角度來看，**女性主義者**（feminist）是指主動地對抗性別腳本（習得的兩性行為模式預期），並且相信兩性的自我形象、志向和生活機會不因為這些腳本而受限的男性或女性（Bem 1993）。例如，男性應該可以自由地選擇待在家裡照顧孩子，或是追求全職的生涯；女運動員應該發展自己的體格，超出一般所謂的女性化程度。不幸的是，對於許多人來說，女性主義者喚起了憎恨男人、認為母親和妻子的角色既壓迫又沒有回報的負面女性形象和刻板印象。在南斯拉夫比美國更少有人自稱是女性主義者，即使他們的生活是根據女性主義的基本原則（Drakulic 1993b）。

在前南斯拉夫（以及東歐），只有少數女性主義者談論性別議題。非官方的女性主義組織集中在三個城市——貝爾格勒、札格瑞和盧布拉納——而且「規模小，又缺乏金錢或機構的支持」（Drakulic 1993b, p.127; Ramet 1991）。前南斯拉夫的大學並沒有提供女性研究或性別研究的計畫。直到 1979 年，Slavenka Drakulic（該國著名的女性主義者）以及其他 30 個人——包括男性新聞記者和學者——組成了南斯拉夫第一個女性主義團體（Drakulic 1993b; Kinzer 1993），但是女性主義仍然不足以變成一項運動。事實上，Drakulic 的著作《女性主義的死罪》——也是南斯拉夫第一次出現的女性主義書籍——直到 1984 年才出版（Drakulic 1990）。

南斯拉夫的瓦解

我們可以說，南斯拉夫在 1990 年代初期的瓦解，始於 1980 年南斯拉夫「終生總統」Marshal Josip Tito 的死亡。Tito 在 1945 年統一了在對抗德國時共同合作的各民族（賽爾維亞、克羅埃西亞、馬其頓等等），建立共產主義政府。*

當 Tito 掌權時，他謹慎但殘忍地平衡獎賞和壓制，以實現多文化社會中的民族容忍的理想（C. Williams 1993）。原先屬於賽爾維亞、克羅埃西亞或其他民族，後來屬於南斯拉夫的人可能因為主張民族主義而遭到逮捕（Ignatieff 1993）。除此之外，Tito 將政治權力分配給各民族，使得各民族團體得以統治特定的共和或自治地區。

在這種安排之下，賽爾維亞、克羅埃西亞、斯洛伐尼亞、蒙提尼格羅和回教徒被視為國家。值得一提的是 Tito 在 1970 年代後期給予回教徒國家地位，以便平息賽爾維亞和克羅埃西亞為了回教徒屬於哪一方所發生的衝突。最後的答案留待何者能在波士尼亞達到多數地位而決定（Curtis 1992）。

Tito 的死導致權力真空，尤其在 1989 年柏林圍牆倒塌時更為嚴重。在此之前，南斯拉夫的經濟已經惡化到崩潰的地步。++隨著冷戰時代的結束以及東歐共產政府被推翻，南斯拉夫無法再扮演在美蘇之間遊走，以謀取經濟援助的角色（Borden 1992）。這種經濟和政治氣氛強化了南斯拉夫內部分裂的力量。

1990 年，斯洛伐尼亞、波士尼亞、馬其頓和克羅埃西亞選出偏好市場改革的非共產主義領導人。相反地，賽爾維亞和蒙提格尼羅以些微差距選出共產主義領導人。特別有趣的是，賽爾維亞選出的 Slobodan Milosevic 是一位民族主義者，他宣稱南斯拉夫政府自從 Tito 掌權之後就突然改變了賽爾維亞人的利益。他利用政府控制的媒體鼓吹南斯拉夫境內所有賽爾維亞人統一在一個國家之下。在 1990 年的選舉前後，Milosevic 將焦點集中在賽爾維亞境內的自治區 Kosovo，其中 90% 的人口是阿爾巴尼亞人，8% 到 10% 是賽爾維亞人。Milosevic 派遣軍隊進入該地區，阻止 Kosovo 宣佈自賽爾維亞獨立，後來更廢止其自治地位。

在這個事件過後不久，最富有的斯洛伐尼亞和克羅埃西亞兩個共和國宣佈獨立。由於賽爾維亞人控制聯邦總統的投票，Milosenvic 能夠利用南斯拉夫人民軍

——除去克羅埃西亞和斯洛伐尼亞的部隊——強制保留南斯拉夫的領土完整性。賽爾維亞與斯洛伐尼亞的戰爭持續了 10 天。與克羅埃西亞的戰爭大約有 6 個月之久，直到雙方在聯合國監督之下宣佈停火。那時賽爾維亞控制的武力已經掌管了克羅埃西亞 25% 的領土。

前南斯拉夫三個最大的共和國於 1991 年的民族組成+

波士尼亞—赫茲高維納	4,365,639	%
回教徒	1,900,000	44
賽爾維亞人	1,450,000	33
克羅埃西亞人	750,000	17
南斯拉夫人	250,000	6
其他	15,369	0.4
克羅埃西亞	4,703,941	
克羅埃西亞人	3,500,000	74
賽爾維亞人	700,000	15
南斯拉夫人	400,000	9
其他	103,941	2
賽爾維亞	9,721,177	
賽爾維亞本身	5,753,825	
賽爾維亞人	5,500,000	96
回教徒	125,000	2.2
吉普賽人	50,000	0.9
克羅埃西亞人	40,000	0.7
其他	38,825	0.6
Kosovo	1,954,747	
阿爾巴尼亞人	1,630,000	83
賽爾維亞人	250,000	12.8
回教徒	40,000	2.0
吉普賽人	30,000	1.5
其他	4,747	0.2
Vojvodina	2,012,605	
賽爾維亞人	1,400,000	70
匈牙利人	450,000	22
克羅埃西亞人	100,000	5
羅馬尼亞人	50,000	2.5
其他	12,605	0.6

賽拉耶佛的一
位婦女在停火
期間探視愛人
的墳墓。

　　在波士尼亞，多民族議會不希望成為賽爾維亞統治之「新」南斯拉夫的一部
分，因此宣佈其主權。波士尼亞人民的公民投票以 99% 的比例通過。不過，許多
波士尼亞的賽爾維亞人和克羅埃西亞人聯合抵制投票。賽爾維亞人威脅，如果波
士尼亞政府宣佈獨立，就要加入賽爾維亞，同時克羅埃西亞人（佔總人口的 17%）
也警告：如果波士尼亞政府不宣佈獨立，就要加入克羅埃西亞。

　　在公民投票通過之後，歐洲各國和美國承認波士尼亞是新國家。反對獨立的
賽爾維亞控制了進入波士尼亞首都賽拉耶佛的道路，使得任何人都無法進出。這
個已有 600 年之久的城市由 60 萬名不同種族和文化的人民所組成。所謂的南斯拉
夫國家軍隊進入波士尼亞，控制了接近賽爾維亞邊界的城市和鄉鎮。

　　最初克羅埃西亞人和波士尼亞人（包括部分波士尼亞的賽爾維亞人）結成聯
盟，共同對抗賽爾維亞為主的軍隊。不過，波士尼亞—克羅埃西亞聯盟後來分裂，
因為民族主義的克羅埃西亞人（來自克羅埃西亞和波士尼亞）宣稱擁有波士尼亞
領土。

　　波士尼亞的賽爾維亞和克羅埃西亞民族主義者宣稱，在波士尼亞境內建立賽
爾維亞和克羅埃西亞人的國家。雙方都自誇擁有武力和金錢支持的軍事單位，並
且分別向賽爾維亞和克羅埃西亞徵兵。賽爾維亞人和克羅埃西亞人掠奪或包圍了
大多數波士尼亞領土，因此夾在他們之間的波士尼亞回教徒實際上是沒有國家的。
這個沒有軍隊、武器或軍事傳統的新國家波士尼亞完全無法抵抗克羅埃西亞和賽
爾維亞的武力。波士尼亞軍隊——主要是回教徒，但是也有相當多克羅埃西亞人、
賽爾維亞人和其他反對組成民族國家的民族成員——特別容易受到聯合國任命的

軍隊禁止出入該地區所影響。

　　在 1994 年中，包圍賽拉耶佛的賽爾維亞武裝部隊緩慢地壓制這個城市，以達到使它納入大賽爾維亞的目標。儘管遭到賽爾維亞軍隊的攻擊，大約有 9 萬名賽爾維亞人和回教徒、「南斯拉夫人」、克羅埃西亞人，以及其他不願成為民族主義政策一部分的民族團體在一起（Glenny 1992）。

　　「賽爾維亞領導人致力於殺死受過教育的回教徒，即使戰爭結束後有獨立的波士尼亞和赫茲高維納，所留下的這個國家也失去可以使它運作的人民」（Rieff 1992, p.84）。

---

*在 1974 年，Tito 任命在他死後繼任的政府結構。行政權由代表六個共和國和賽爾維亞境內兩個自治區的代表所組成的委員會掌握。主席由成員輪流擔任。不過這卻形成權力真空，因為沒有人負責，也沒有人願意繼續促進 Tito 的多文化社會中民族容忍的理想。

++同時至少有 100 萬人失業，三分之一的勞工生活在「貧窮線以下」。通貨膨脹達到四位數，生活水準退化到 30 年前。

+來自《南斯拉夫調查》XXXII（March, 1990-91），p.5。各共和國和自治省的數據是確實數字；人口團體的數字為估計值。

「南斯拉夫人」意指未宣稱自己之民族認同的人。也就是他們不認同自己是克羅埃西亞人、回教徒、賽爾維亞人等等，反而認同國家。

　　相反地，美國的女性主義文學已經有相當長的歷史。頒發給男性和女性的女性主義獎學金從 1960 年開始就十分普遍（Komarovsky 1991）。Drakulic 在美國相當受歡迎；她出現在脫口秀節目中，她的兩本短文集：《我們如何在共產主義之下生存和歡笑》以及《巴爾幹特快車》也非常暢銷。但是在克羅埃西亞卻看不到這些書，當地的評論家認為她是個「沒有價值、有缺陷的」作者，以女性主義作為「強暴克羅埃西亞的方式」（Kinzer 1993, p.4Y）。在某些新聞社論中，Drakulic 和其他女性主義者被稱為「女

巫」（Kirla 1993）。

有組織的女性主義之所以未能在南斯拉夫和東歐蓬勃發展的另一個原因是，實施共產主義無法滿足人們的基本需求，使每個人的日子都很難過。因此，人們很難相信男性佔有優勢或者能夠達到他們的抱負：「我們很難將他們視為相反的力量，或者將男性視為某一種性別的人或許是因為每個人的認同都被否定了」（Drakulic 1992, p.109）。

克羅埃西亞作家Slavenka Drakulic在1979年協助成立南斯拉夫的第一個女性主義團體。

相較於前南斯拉夫，美國有良好的人口和資源比例、充足的工作機會以及各種服務和貨品的選擇。因為美國的流動機會相當豐富，流動性以及促進或抑制流動性的因素成為重要的因素。

最後，前南斯拉夫幾乎沒有女性主義聲音的原因是，如前所述，官方立場是：在第二次世界大戰之後「女性問題」就不存在了。戰爭的結束也代表南斯拉夫民族解放者對抗法西斯德國的戰爭結束。在戰爭期間，南斯拉夫共產黨組織和協調南斯拉夫反法西斯女性陣線的活動，支持以男性為主的反抗團體。這個組織「在戰爭期間共匯集了大約 200 萬名婦女；大約有 10 萬人參與定期游擊戰的軍事單位，其中 25,000 人死亡，4 萬人受重傷」（Milic 1993, p.111）。其他婦女透過老兵和政治活動，擔任政黨、地方行政團體的領導者，或是成為國家英雄。

許多參與國家爭取自由之戰的婦女，發現它也是解放的經驗。她們有機會掙脫將她們限制在婚姻或家務的傳統父權家庭，體驗這個封閉世界以外的事情。在戰爭之後，她們無法再回到那個世界。

當戰爭之後組成新共產主義政府時，領導者將婦女權利列入正式信條，但是加以扭曲。政府領導者的立場是：因為在追求更高目標——國家解放——時已經達成了婦女解放，她們的平等將伴隨著追求其他更重要的目標，例如階級鬥爭和經濟穩定。這項假設構成「女性問題」的基礎。共產主義者透過解放給予婦女投票權、同工同酬、參與薪資勞動力、官方資助的托兒所、墮胎權、產假薪資。共產黨設定 30% 的配額鼓勵婦女參與政治舞台。

但是儘管有這種解放，「婦女仍然在生活的各方面中居於從屬和隔離的狀態」（Milic 1993, p.111）。Drakulic 主張，儘管有參政配額，但是婦女從未在政治層面達到獨立、安全的地位（Drakulic 1993）。為了證明上述說法，她指出：在 1990 年的選舉之後，女性在政府中所佔的比例由 30% 減少到 5% 至 10%（視各共和國而定）。

批評者主張：共產主義之下的整體經濟和社會獲益自從 Tito 於 1980 年去世之後已經逐步地被侵蝕。這些利益使得南斯拉夫成為最自由和經濟富裕的共產主義國家。它們使人民感到：共產主義計畫發揮效用。這些獲益之所以能夠實現，是因為第二次世界大戰之後的南斯拉夫在東歐國家中相當獨特。它反對與蘇聯合作，而且與美國維持友善但疏遠的關係。南斯拉夫的獨特性在於，共產政府允許人民到國外旅遊和工作。[1] 南斯拉夫因為人民在外國（例如西德和奧地利）工作而寄回家的錢而獲益。南斯拉夫的經濟也非常依靠觀光事業，這種服務業對於季節變動和政經事件相當敏感（Curtis 1992）。[2]

南斯拉夫的蓬勃發展——建立在南斯拉夫人在外國工作的匯款、觀光事業和國際金融基金上——在 1977 年開始減退，當時世界的經濟蕭條迫使許多外勞返回家鄉。生活水準的下降，以及通貨膨脹和失業使得某些團體更容易受害，而且也可以看出那些人在共產主義系統之下獲益最多。在 Tito 的統治之下獲益的婦女尤其容易受害，例如女性從政治生活中消聲匿跡。除此之外，各共和國新選出的領導人非常保守。在迅速轉變及嚴重經濟混亂的氣氛，以及共產主義崩潰、嚴重經濟困難、戰爭等相關問題之下，性別議題被認為與必須首先解決的國家重點無關。

基於這樣的歷史，在南斯拉夫或東歐很少有關於性別議題的文獻。東歐第一本談到婦女地位的文集於 1993 年才在美國出版（Katzarova 1993）。

❧ 區分生理性別和社會性別

雖然許多人交替地使用生理性別和社會性別這兩個詞語，但是它們的意義並不相同。生理性別是生物學概念，社會性別則是社會建構。在這一節中我們將更進一步區分這兩者，以說明兩性之間如何發展出社會性差異。

生理性別是生物學概念

個人的生理性別主要決定於**主要性徵**（primary sex characteristics），也就是與繁殖有關的構造特質。大多數文化將人分為兩個類別——男性和女性——其主要依據是大多數人考慮的明顯構造區分。不過就像種族（請參閱第十章）一樣，即使生理性別也不是截然劃分的類別，因為許多（但實際數目未知）的嬰兒是**兩性人**（intersexed）。這個詞廣泛地被醫學界用以區別同時具有男性和女性之生理特徵的人。同性人包括三種類型：真正的陰陽人，也就是擁有卵巢和睪丸的人；男性假陰陽人，也就是有睪丸、沒有卵巢，但是有部分女性外生殖器的人；以及女性假陰陽人，也就是有卵巢、沒有睪丸，但是有部分男性外生殖器的人。

為什麼沒有兩性人這個類別？相反地，兩性人的雙親與醫師共同指定孩子為已知兩種性別之一。兩性嬰兒接受手術或荷爾蒙治療。醫學介入背後的理念是相信：這種狀況「是一樁悲劇事件，使人立刻想到無助的心理不適應者，註定終生都是寂寞和挫折的性畸形」（Dewhurst and Gordon 1993, p.A15）。

即使加上第三個類別也無法辯明生理性別的複雜性。法國內分泌學者 Paul Guinet 和 Jacques Descourt 估計，單單根據外生殖器的外觀爲基礎的變異，「真正的陰陽人」就可以分爲 98 個次類別（Fausto-Sterling 1993）。兩性人其中一個類別的變異顯示出：「任何分類架構都不可能超過臨床實務上的性別構造變異」（p.A15）。

當我們考慮到：個人的主要性徵未必符合性染色體，這個問題會變得更加複雜。理論上個人的生理性別決定於兩個染色體：X 染色體（女性）和 Y 染色體（男性）。父母各提供一個性染色體：母親提供一個 X 染色體，父親提供一個 X 或 Y 染色體──視受精的精子所攜帶的染色體而定。如果這個染色體是 Y 染色體，則嬰兒便是男孩。雖然我們不可能知道有多少人的性染色體與其構造不符，但是過去 25 年以來，女運動員的強制「性別檢驗」結果顯示這樣的例子確實存在，而且有些女性因爲「未能通過」上述檢驗而失去參加奧運和其他重要國際競賽的資格（Grady 1992）。或許最著名的事後發現案例是西班牙障礙馬術選手 Maria Jose Martinez Patino，雖然「由構造上明顯地是女性，但是在基因的層次上卻是男性」（Lemonick 1992, p.65）。競賽官員在得到結果之後，建議她爲比賽熱身，但是假裝受傷，好讓媒體注意到她的處境（Grady 1992）。Patino 失去了參加業餘比賽和奧運的權利，但是後來花了三年時間挑戰這項決定。IAAF（國際業餘運動聯盟）在確定她的 X 和 Y 染色體並未使她具有勝過兩個 X 染色體之女選手的優勢之後，恢復了她的資格（Kolata 1992; Lemonick 1992）。[3,4]

除了主要性徵和染色體的生理性別之外，**次要性徵**（secondary sex characteristics）也可以用來區分兩性。這些生理特質與繁殖無關（乳房發育、聲音、臉和身體的毛髮分佈和骨骼形狀）來自所謂的男性荷爾蒙（睪固酮）和女性荷爾蒙（動情激素）的作用。我們使用「所謂的」是因爲，雖然睪丸製造睪固酮、卵巢製造動情激素，但是兩性體內的腎上腺皮質卻會製造兩種荷爾蒙（Garb 1991）。就像主要性徵一樣，這些生理特徵無法明確地畫出一條線，區分男性和女性。例如，生理上的女性也可能具有如同生理上男性一樣的毛髮分佈——生成鬍鬚和體毛的毛囊。除此之外，女性除了製造動情激素之外還有睪固酮，後者也會刺激毛髮生長。

根據上述訊息，我們必須問：為什麼女性的臉部和身體毛髮生長模式異於男性？在我們回答這個問題之前，我們必須考慮生理和繁殖上的生理性別和社會性別的概念。

視性別為一種社會結構

雖然生理性別是生物學上的區別，但是社會性別卻是根據文化所具有的和學會的，關於兩性之適當外表、行為以及心理或情緒特徵，所作的社會區分（Tierney 1991）。**男性化**（masculinity）和**女性化**（femininity）表示男性和女性被認為應有的生理、行為以及生理或情緒特徵（Morawski 1991）。

為了掌握生理性別和社會性別之間的分別，我們必須指出：兩性沒有任何固定的分別。[5] 畫家高更（Paul Gauguin）在他對 Maori 男人和女人的觀察中指出這種模糊，他在日記中記錄了 1891 年在大溪地的繪圖。這些觀察受到該世紀對於女性化的規範所影響：

> 那些裸體的人就和動物一樣，他們之間的性別差異不會像在我們的氣氛中那麼明顯。感謝胸罩和束腹，使我們成功地塑造女性成為人工動物。我們小心地讓她維持神經脆弱和肌肉不發達的狀態，而且藉著保護她免於疲憊，剝奪了她的發展機會。因此在模仿瘦削的瘋狂理想時女性沒有任何地方和我們〔男性〕相同，這未必沒有重大的道德和社會損失。
>
> 在大溪地，森林和海洋的氣息使肺部強壯，因此使肩、臀變寬。男性和女性都不會逃避陽光或海岸的鵝卵石。他們一起參與同樣的活動，那裡有女性的男子氣概和男性的女人味。（GAUGUIN [1919] 1985, pp.19-20）

通常將兩性之間的差異歸因於生物因素，事實上它們更可能是社會塑造的。例如，在美國，有明確的規範指明女性的臉部和身體毛髮的適當數量和部位；女性可以有睫毛、修眉毛，也可以將陰毛修成三角形，但是嘴唇上、手臂下或大腿內側（比基尼泳裝以外），或下顎、肩、背、胸部、乳房、腹部、小腿或腳趾上都不可以有毛髮。大多數男性，甚至女性，都不了解：女性努力達成這些文化標準，結果使得女性在這一方面與男性的區別超過了實際上的情況。我們忽視了，重大但並不完美的生理事件——青春期、懷孕、月經、壓力——可能改變睪固酮和動情激素之間的平衡。這些荷爾蒙比例的改變會刺激毛髮生長，以致於偏離女性毛髮數量和質地的適當規範。當女性因為這些事件而長出毛髮時，她們認為自己有些不正常，而不是將它視為自然。睪固酮和動情激素之間的「女性平衡」，是使得女性毛髮與這些規範一致的因素之一。[6]

某些婦女對臉部和身體毛髮的極端標準，反映在她們接受美容治療後受傷，因此向醫師求助的例子。這些治療會導致嚴重的副作用，包括起皺紋、結疤、變色，以及 X 光治療所導致的癌細胞增長[7]，以及用劇毒的醋酸鉈進行脫毛所造成的麻痺（Ferrante 1988）。

就像女性努力符合臉部和身體毛髮的標準一樣，她們也想要達到雜誌和電視上描繪的女性美理想標準。Drakulic（1992）在〈我們如何在共產主義下生存和歡笑〉中有力地描述了時尚等雜誌對於讀者的深遠影響，儘管這些雜誌在冷戰結束之前很少出現在大多數東歐國家。只要擁有這些雜誌，「幾乎就像是擁有火星來的鵝卵石或意外落在你家院子的一塊隕石」（p.27）。布達佩斯的一位科學雜誌女編輯在訪問中告訴 Drakulic：時尚雜誌「使我感到如此悲慘，幾乎欲哭無淚。看看這張紙——平滑、光亮，就像絲一樣。你在這裡不會找到這樣的東西。一旦你看過它，它立刻設定了新的標準，還有可見的界限。有時候我想，真正的鐵幕[8] 來自女性雜誌中，美麗的女子穿著極佳服裝的平滑、閃亮景象」（p.27）。

Drakulic 觀察到，即使西方女性不斷受到這些影像的轟擊，她們仍然注意到它們的存在。她認為，「一般的西方婦女在看到這些影像時仍然有種混合了嫉妒、挫折和渴望的感受」（p.28），而且購買那些保證塑造上述影像的產品。對於一般東歐婦女來說，她們研究「各種訊息，因為其他訊息來源無法告訴她們外面世界的事情」（p.28），這些影像使她們憎恨圍繞在自己身邊的現實世界。

至此我們已經區分生理性別和社會性別。雖然社會學家承認，沒有明顯的生理標記可以區分兩性，但是他們並不認為生理差異不存在。社會學家對於社會引發性別差異的程度很感興趣。換言之，他們想知道兩性的行為如何擴大彼此之間的差異。在下一節中我們將會談到這些導致性別極化的行為。

❧ 性別極化

Sandra Lipsitz Bem 在《性別濾鏡》一書中將性別極化（gender polarization）界定為「以男女分別為中心的社會生活組織」，所以人們的生理性別幾乎與「人類經驗的所有層面，包括穿著、社會角色，甚至情緒表達和性經驗的方式」（1993, p.192）都有關。為了了解生活的各個層面如何圍繞著這種區別而組織，我們將探討 Alice Baumgartner-Papageorgiou 的研究。

Baumgartner-Papageorgiou（1982）在「教育平等研究所」發表的論文中，摘要地說明一項小學和中學生研究的結果。在研究中，她詢問學生：如果他們是另一種性別的人，他們的生活會有何不同。他們的反應表現出文化中具有和學會的有關性別適當的行為和外表的想法。男孩通常相信，他們變成女孩之後生活會變得比較差。此外，他們會變得比較不主動，受到更多限制。而且他們會更加注意到自己的外表、找一個丈夫，以及在面對暴力攻擊時缺乏防禦能力：

● 「我會從上高中起盡快開始找一個丈夫。」

- 「我會玩女孩的遊戲，而且白天沒有什麼事情可做。」
- 「我要用一大堆化妝品讓自己看來很美麗我要把全身的毛剃光。」
- 「我要知道如何應付喝醉酒的男人和強暴者。」
- 「我不能帶小刀。」
- 「我不能幫爸爸修理汽車和卡車，還有他的兩輛摩托車。」（pp.2-9）

相反地，女孩相信：如果她們變成男孩，她們會比較不情緒化，她們的生活會更積極、限制更少，她們會更接近父親，而且不會被當成性玩物：

- 「無論發生什麼事，我都會保持冷靜。」
- 「我可以睡到很晚才起床，因為我不用花很多時間準備上學。」
- 「我會和父親更接近，因為我要變成他始終渴望的兒子。」
- 「我不會擔心被強暴。」
- 「人們會更認真地看待我的決定和想法。」（pp.5-13）

這些有關個人生活特徵如何由生理性別決定的信念，似乎也出現在我的普通社會學班級的學生身上。[9] 在 1993 年秋季，我要求學生花幾分鐘寫下他們身為異性的生活改變。班上的男生相信他們會更情緒化，而且更注意自己的外表，他們的生涯選擇也非常狹窄。下面是他們的部分反應：

- 「我會對別人的需求，以及他們對我的期望更敏感。」
- 「我不用永遠控制每一個情境。我會被人安慰而不是永遠安慰別人。」
- 「人們會因為我的外表而拋棄我。」
- 「我會更情緒化。」
- 「我會更關心減輕體重，而不是增加體重。」
- 「我可能不會感到有什麼不同，但是人們會把我當成女性，並且根據這一點來對待我。如果我待在建築計畫中，我必須努力對抗只有男人才是真正建築工人的想法。」

- 「我的生涯選擇將會變得狹窄。現在我有很多生涯途徑可以選擇，但是身為女性時，我的選擇比較少。」
- 「我會更加注意我的坐姿。」

請注意，前兩位學生的反應顯示：「女性化」特質（「對別人更敏感」和「被人安慰而不是永遠安慰別人」）可能是好處。重要的是，男性和女性都被自己的性別角色所限制。

班上的女生相信：身為男性時，她們會擔心邀請女性外出，以及主修科目是否恰當。不過她們也相信，她們會賺更多錢、更不情緒化，而且被更認真地對待。下面是她們的部分反應：

- 「我會擔心，如果邀請一位女士外出，她是否會答應。」
- 「我會比同一行的女性賺更多錢。」
- 「人們會更認真地對待我，不會把我的情緒歸因於經前症候群。」
- 「我父親會期望我當運動員。」
- 「我在壓力之下還是可以保持冷靜，不會顯露我的情緒。」
- 「我想我會將主修科目從『未定』改成建築技術。」

這些高中生和大學生的反應顯示出，生活圍繞著男女區別而組織的程度。它們也顯示出，這些學生關於早上何時起床、主修那些科目、是否要表現情緒、坐姿如何、是否鼓勵孩子朝運動方面發展等決定都是**性別基模化決定**（gender-schematic decisions）。任何有關生活的決定或觀點，若是受到社會上對男性化和女性化的極化定義所影響，而不是基於自我實踐、興趣、能力或個人滿足等其他標準，就是性別基模化的決定。例如，大學生如果下意識地以主修科目的「性別」是否符合自身的生理性別來決定可能的主修科目，那就是性別基模化的決定（Bem 1993）。Natasha

Josefowitz（1980）在《邁向權力之路》一書中舉出性別基模化評估的例子，她描述了工作場所中的意外和行為，因為涉及人的性別而產生不同的觀點。

即使兩性之間的情慾，也圍繞著無關繁殖的男女特徵而組織。Bem主張：「美國社會中的女性和男性都不喜歡在異性戀關係中，女性比男性更壯、更高、更老、更聰明、地位更高、更有經驗、教育程度更高、更有才幹、更有自信或薪水更高，他們較喜歡男性比女性更壯、更高、更強的異性戀關係」（1993 p.163）。

性慾之年齡差異的負面結果相當明顯，只要我們考慮到：一般美國婦女比配偶多活 9 年，前南斯拉夫婦女則是 7 年。在美國，女性的預期生命比男性長 7 年；在前南斯拉夫，戰爭前女性的預期生命比男性長 6 年。（這些預期生命的差異部分是由於男性較常從事社會中最危險的工作。）在兩個國家裡，男性都傾向於與年紀較輕的女性結婚（請參閱表 11.1）。上述實際情況，加上預期生命的差異，表示女性有很長一段時間要守寡。

表 11.1　美國和南斯拉夫的相關性別統計值		
	美國	南斯拉夫
60 歲以上人口的女男比例	138/100	141/100
預期生命（女性對男性）	+7.1 歲	+5.9 歲
首次婚姻時的年齡		
男性	25.2	26.2
女性	23.3	22.2
部分職業團體的女男比例		
行政／管理	61/100	15/100
文書／銷售／服務	183/100	138/100
製造／運輸	23/100	23/100
農業	19/100	88/100
吸菸成年人的百分比		
男性	30	57
女性	24	10

（來源：改編自 United Nations（1991），pp.22, 26, 67, 104。）

不只兩性之間的情慾受到性別極化想法的影響，對同性的情感也是如此。在第四章中我們談到，**社會情緒**（social emotion）是我們在與他人的關係中所體會的內在身體感受，**情感規則**（feeling rules）則是指明這些感覺之適當表達方式的規範。當我要求班上的學生談談他們對同性的社會情緒或「內在身體感受」，大多數人都說：其他人使他們對上述感受覺得不舒服或有所防備（請參閱「對同性朋友的情感表達」）。

社會的情感規則非常有力，甚至會影響人們解決問題的方式。例如，當人類進化論者發現可能是 350 萬年前的足印化石，他們推測該足印屬於一男一女，而不是兩女、兩男或者成人和兒童。美國自然歷史博物館管理員 Ian Tattersal 解釋此結論背後的邏輯：

> 我們知道留下足印的人並肩而行，因為儘管他們的身高不同——由於他們的足印大小不一——但是步伐卻是相符的。他們必然一起步行。如果他們走在一起，而且足印又如此接近，他們必然有身體上的接觸。我們並不知道接觸的性質。我們認為是男性將手臂放在女性的肩膀上。這有一點擬人化，但是我們無法想像出其他不帶情感性的姿勢。（1993, p.13）

對同性朋友的情感表達

選修普通社會學之學生的評論顯示出，他們與同性朋友的關係，尤其是情感表達，受到指明上述情感之適當表達方式的規範所影響。

我注意到，有些人掙扎於如何表達情感。我負責指導六年級男孩的排球隊。在這個球隊裡，恰好有一位非常有觸感的小男孩。當他跟我說話時總是拉著我的手或手臂，並且根據他感受到的事情強度搖動或擺動我的手。如果隊員做得很好，我想他希望給他們一個大大的擁抱，但是最後他卻掌摑了他們。

我最要好的朋友和我真的非常接近。有時候我們很久沒有看到對方，就會奔向對方，彼此親吻和擁抱。我們的男朋友把我們當成瘋子一樣看待。我對男朋友

解釋：她就像是我的姊妹，這就是我愛她的方式，與我愛他的方式不同。令人難過的是，兩個好朋友的親近會讓旁觀者認為他們很古怪。

我不想碰觸任何好朋友。大多數情況下，如果我這樣做，他們會認為我是同性戀者。兩個男孩可以成為朋友，但是我無法想像：兩個男孩手牽手，但是對彼此沒有性的感受。因為我是運動員，人們總是問我為什麼同性戀者會拍對方的屁股，我的回答是：「我不知道」。

有關「情感規則」的討論使我了解自己早已擁有的想法。我的朋友不多，但是都非常親近。我毫不猶豫地表達情感，儘管有時採取壓抑的方式。有時候我覺得，如果我擁抱某個人或者拍他們的背，就會造成緊張，但是通常只有第一次會如此。我覺得情感是最容易表達正向能量的方式。我樂於付出和回收情感。

美國的情感規則限制同性之間的身體接觸只能在某些特定場合之下，特別是男性。即使男運動員彼此擁抱非常普遍，許多人還是認為這是男同性戀者之間的情感行為，而且是不適當的。

不幸的是，在我們的社會中，人們認為：如果兩個男孩彼此碰觸，而且又不是運動員，那麼他們就是同性戀者。當你在課堂上問我們向同性表達正向情感的方式，我注意到有些人（大多數是男生）的反應是，你說的話似乎是下流和不道德的。在其他文化中，男性可以手牽手，即使是在公開場合：擁抱和碰觸是可以接受，而且幾乎是預料中的。許多和我同年齡的人害怕在同性朋友面前展現真正的自我。這是病態的。

我不知道我愛誰比較多,我媽媽、爸爸、姊姊或丈夫。我知道我姊姊 Marcia
是我最希望在身邊的人,因為她最喜歡我。我們在理念、怪癖和思考上都是一拍
即合。我對她有非常強烈的感受,每次見到她,我都想要讓她知道我多麼愛她。
當我們分開時,我會擁抱她,親吻她的臉頰。但是自從我哥哥 David 問我們是不
是女同性戀者之後,她就開始逃避我的情感。

我的朋友和我都遵守一個不成文的規則:男人不應該彼此碰觸。我們說:「如
果你要碰我——就把我弄疼。」

(來源:普通社會學課程,1993 年秋季,北肯塔基大學。)

重點在於,Tattersal 無法想像一個人把手放在同性的肩膀上。在美國,
同性之間的身體接觸只限於特殊場合。男性在運動競賽時可以彼此擁抱,
但是走在街上卻不可以牽手或者將手放在對方的肩上。就像 1993 年的時
候,與同性牽手的男女軍人都要接受調查(Lewin 1993)。這些禁止碰觸
同性的規範非常有力,因此有些博物館管理員認為 350 萬年前就已經出現
這種現象,因此根據上述規範來解釋其展覽品。

有關社會性別和性別極化的資料顯示:個人的生理性別對於生活改
變——決定個人的預期壽命、大學中的主修科目以及約會對象比自己更高
或更矮——有著深遠的影響。因此個人的生理性別是決定自己在社會階層
化系統之位置的重要因素。

☙ 性別階層化

回想在第九章中我們曾經探討:社會階層化是社會用以決定人們類
別的系統。當社會學家研究階層化時,他們會探討被置於不同類別的人們
如何影響主觀的社會價值和生活機會。他們特別感興趣的是,擁有某一類
型特徵(男性的生殖器官 v.s.女性的生殖器官)的人如何被認定比擁有另

一類型特徵的人更容易受害。社會學家 Randall Collins（1971）提出性別階層化理論以分析上述現象。

經濟安排

社會學家 Randall Collins（1971）基於下列三個假設提出性別階層化理論：（1）人們利用他們的經濟、政治、生理和其他資源以支配他人；（2）社會中任何資源分配方式的改變都會改變支配結構；以及（3）意識型態是用來為某一團體對另一團體的支配所辯護。在男性和女性的例子中，通常男性在生理上比女性更強壯。Collins 主張，由於男女力氣的差異，在每一次兩性遭遇時都存在男性強制的可能。他認為**性財產**（sexual property）——他界定為「獨佔對某個人之性權力的永久宣稱」——的意識型態是性別階層化的核心，在歷史上女性大多被視為男性的性財產（請參閱「印度的 Khasi 社會」列舉的反例）。

Collins 相信，女性被視為性財產和附屬於男性的程度，由下列兩個重要的互賴因素所決定：（1）女性接近暴力控制代理人（例如警察）的程度，以及（2）女性在勞動市場中相對於男性的地位。基於這些因素，Collins 列出 4 種歷史上的經濟安排：低技術的部落社會、強化家族、私人家族和進步的市場經濟。

Collins 提出的 4 種經濟安排是理念型；實際上通常是兩種以上類型的混合（請注意：他的理論不包含南斯拉夫或一般共產主義國家的共產自足安排），我們從第一種低技術的部落社會開始。

低技術的部落社會（low-technology tribal societies）其技術不允許創造剩餘價值，或者財富超過基本需求（食物和避難所）的漁獵和採集社會。在這樣的社會中，以生理性別為基礎的勞動分工很少，因為所有成員都必須有所貢獻，團體才能生存。不過有些證據顯示：在漁獵和採集社會中，女性從事較多低賤的工作，而且工作時間較長。例如，男性獵捕大型動物，而女性採集大部分食物和獵捕小型動物。由於幾乎沒有剩餘價值，不同家庭的男女結婚時不會增加家庭的財富的政治權力。結果，女兒不會成為性財產，因為她們不會被當做達成上述目標的談判籌碼。

印度的 Khasi 社會

雖然在歷史上女性大多被視為男性的性財產，但是仍有一些例外。印度時報的記者 Syed Zubair Ahmed 報導情況相反的印度母系社會：

印度東北部的母系 Khasi 社會是世界上少數殘存的女性堡壘，而且正在努力讓男人保持安分。

雖然有一個純男性組織正在對抗幾個世紀之久的母系統，仍然未見成效，但是反對者聲稱得到部分 Khasi 著名婦女的支持。他們聲稱不會間斷戰鬥，而且已經獲得小規模勝利；有些人開始對家務事，甚至繼承財產等事務擁有發言權。但是他們在 Khasi 社會中只有區區 80 萬人。

男人說 Khasi 女人蠻橫獨斷。「我們已經厭倦於扮演種牛和褓母的角色，」領導不服從之男性組織的 A. Swer 先生抱怨。另一位成員感嘆：「我們空有土地，卻沒有生意。我們這一代就此結束。」

重新建構父系 Khasi 社會的要求在女性逐漸與外族通婚的情況下，變得微不足道。根據男性的觀點，這是出於 Khasi 社會中的私生子認定。

根據習俗，最年輕的女兒繼承財產，婚後丈夫要搬進岳家。外族人據稱為了財產才與 Khasi 族女子結婚，但是女性卻說：她們寧願與外族人結婚，因為同族的男性對家庭不夠負責。

許多 Khasi 反駁說，外族人仗勢么女的不成熟、年輕和弱點，迂迴地搶走他們的土地和生意。結果許多 Khasi 男性變成乞丐。反對者主張，即使年輕男人懶惰、不顧家，也是母系制度造成的。

這類婚姻的另一個問題是家庭的分裂。最近大約有 27,000 名婦女與非 Khasi 族的丈夫離婚，在印度東北部各部落中是最高的。

認同危機使得 Khasi 學生聯盟嚴重警告 Khasi 女性不得與「外族」結婚，

否則她們可能被放逐。不過學生聯盟也反對轉變為父系社會。著名的 Khasi 學者 H. W. Sten 提出警告：父系的轉變「會導致不同氏族的通婚，這是 Khasi 的禁忌」，還有，「最終將會造成後代的基因缺陷。」

他指出，Khasi 兒女繼承母親的姓。如果在父系制度下，如果兩個姊妹與不同氏族的男性結婚，她們的子女會有不同的姓，而且表親之間的婚姻是有效的。「這一點違反 Khasi 習俗的基本原則，」他說。

同時，Sten 先生譴責那些反對 Khasi 女子與外族結婚的人。「Khasi 文化非常有彈性，」他說。「如果非本族人想要跟 Khasi 女孩結婚也沒有問題，只要他準備好與她共同生活和遵守 Khasi 習俗。這樣只會使 Khasi 社會更多元化。」

但是領導男性社會改革組織的 Swer 先生說，這種自由主義是導致私生子認定的根源。「今天，我們有 2,000 多個氏族，但是卻很少有血統純正的 Khasi 人，」他觀察到。他對改變的要求將會阻止外族人追逐年輕的 Khasi 女孩，因為在父系制度下，他們的妻子不能繼承財產。但是與外族結婚的男性又如何？「那些女孩必須融入 Khasi 風俗，」他回答。婚生子女自動成為 Khasi 人。

雖然有些男性想要結束女性支配的局面，但是他們並不支持 Swer 先生的放棄傳統運動。「我們 Khasi 人低估了父親對家庭的貢獻，」Sten 的表親 H. T. Wells 先生說。「我們的父親做了許多事，但是功勞歸於母親。我喜歡父系制度，但仍然尊重傳統。」

Swer 先生承認，Khasi 男性對父系社會的要求仍是遙遠的夢想。但是像 Wells 先生這樣部分贊成其主張的人維持了他的夢想。

（來源：*What Do Men Want？*，作者 Syed Zubair Ahmed。）

強化家戶（fortified household）包括前工業時代的型態，其中沒有警力、國民軍、國家警備或其他維持和平的組織。因此，家戶就是武裝單位，家戶首領就是軍事指揮官。強化家戶的「大小、財富和權力可能非常懸殊，上至國王或君主的朝臣下至小工匠和平民的家戶」（Collins 1971, p.11）。但是所有強化家戶都有一個共同特徵：由沒有財產的勞工和僕人組成**非家戶階級**（nonhouseholder class）。在強化家戶中，「有一位崇高的男性支配其他人，他保護和控制自己的財產，並且征服他人的財產」（p.12）。男性在各方面都將女性視為性財產：女兒是與其他家戶建立經濟和政治聯盟的談判籌碼；男性家戶首領可以要求女僕提供性服務；而且女性（尤其是在較貧窮的家族中）生育許多孩子，他們最終成為重要的勞力來源。在這種系統中，女性的權力依靠她們與優勢男性的關係而定。家戶中的僕人由於其地位，很少有機會形成穩定的婚姻或家庭生活。

私人家戶（private household）源自市場經濟、中央集權的官僚國家，以及建立減輕人民自行執法之需要的社會控制代理人。因此，當勞動市場與家庭分離時便產生私人家戶，男性仍然是家戶首領，並且扮演負擔生計者的角色（與軍事指揮官相反），女性仍要負擔家務和育兒的責任。身為家長的男性控制了財產；例如，在美國很少見到將房屋或貸款置於夫妻雙方的名下。除此之外，男性獨佔大部分被渴望和最重要的政經地位。Collins描述，強化家戶的減少、工作與家庭的分離、家庭人數減少、當女性遭遇家庭暴力時可以求助的警力，這些因素都促使浪漫愛成為婚姻中的重要成分。在婚姻市場中，男性提供女性經濟安定，因為他們掌握重要的高薪地位。女性提供男性陪伴和情緒支持，而且努力使自己具有吸引力——也就是達到女性化的理想，包括腰圍 18 英吋，或是除去大部分臉上和身體的體毛。在此同時，她們嘗試拒絕男性的求歡，因為這是她們用來交換經濟安定的東西。

進步的的市場經濟（advanced market economies）提供女性廣泛的就業機會。雖然女性在經濟上仍然無法與男性平等，但是現在有些女性不只是因為外表吸引力而與男性建立關係；現在她們可以提供收入和其他個人成就。由於女性可提供的資源增多，她們也可以要求男性具有外表吸引力，以及符合男性化標準。這種情況或許可以解釋，為何在過去十年中，男性的外表——塑身、髮型、男性皮膚保養品和化妝品——引發較多商機。

Collins 的性別階層化理論主張，男性和女性在關係中不可能真正地平等，除非女性和男性在經濟上達到平等。為了達到這個目標——目前尚未實現——父親必須平等地分擔家務和育兒的責任。

家務和育兒責任

美國的研究一致顯示：即使夫妻雙方的收入相同，而且都具有性別平等的理念，丈夫花在煮飯、照顧孩子、購物和其他家務事的時間仍然比妻子更少（Almquist 1992）。在戰爭前的南斯拉夫和其他東歐國家也是如此（United Nations 1991）。相反地，在 1990 年，南斯拉夫允許男性和女性分別擁有 105 天和 210 天的帶薪育兒假（Drakulic 1990）。美國直到 1993 年 8 月才允許為雇主工作一年以上的勞工享有最多 60 天的不付薪育兒假，而不必擔心失去工作和其他福利。[10] 除了在勞動市場中的平等之外，女性也必須能夠接近控制暴力的代理人。

接近控制暴力的代理人

Collins（1971）認為，如果女性想要和男性達到平等地位，就必須有接近控制暴力之代理人的途徑。即使在今天的美國，當女性遭到強暴或身體虐待時，她們還是必須向警察、社工、法警、檢察官、法官，甚至家庭成員解釋：她們並沒有煽動施暴者。在美國，各州的強暴法不盡相同；最嚴格的法律規定要求被告作證男方使用暴力，最寬大的法律則認定女方不同意之下的性交就是犯罪（Burns 1992）。雖然過去 20 年以來的法律改革使強暴案更容易起訴，但是裁定案件的陪審員「仍然傾向於責怪受害者，尤其是飲酒或服藥、深夜未歸、流連在酒吧、性生活活躍，或是在他們眼中品行不端的女性」（Jones 1994, p.14）。除此之外，陪審員會受到被告的外表所影響：他必須「看起來像強暴犯」（Jones 1994）。女性接近暴力控制的途徑在戰時尤其重要。為了說明這一點，我們要考慮波士尼亞的例子。

在任何國家，通常都由男性參與戰爭。在大多數衝突中，強暴婦女並非偶然——而是戰時野蠻行爲的副產品或戰鬥的計畫性工具。這些觀察使我們懷疑戰時強暴與性別角色之間的關係。波士尼亞正好提供了一個例子。

雖然波士尼亞交戰各方的士兵都曾強暴婦女，不過賽爾維亞士兵奉命強暴非賽爾維亞婦女，甚至反對建立單一民族之大賽爾維亞的同民族婦女。系統化大規模強暴[11] 是賽爾維亞之民族淨化政策——強迫不同民族離開其領土的委婉說法——其中的一部分。研究波士尼亞和克羅埃西亞在戰時針對女性之犯罪的 Jeri Laber（1993）認爲，強暴似乎有幾種不同的模式。其中一種模式發生在賽爾維亞軍隊入侵回教徒或克羅埃西亞人爲主的村莊或鄉鎮時。此時強暴是威嚇非賽爾維亞人的武器，使他們逃離家園或簽署自願離開的文件。其他的強暴發生在賽爾維亞人控制、收容數百名或數千名婦女的拘留中心或集中營。還有一些強暴事件發生在賽爾維亞人控制的房屋、學校或飯店裡。

賽爾維亞士兵對婦女的強暴類似於其他與戰爭有關的強暴。第一，強暴通常是公開事件：它發生在目擊者面前。目擊者可能是村民、鄰居或這位婦女的家人。由於它是公開的，所以羞辱了敵人——尤其是這位婦女的男性家人（Swiss and Giller 1993）。強暴也用來象徵最終的控制，而且手法極端殘酷。「戰勝的士兵用強暴來毀滅戰敗一方男性對權力和財產所殘存的錯覺」（Brownmiller 1975, p.38）。第二，參與的士兵不只一人，甚至多達 20 人；各種年齡的婦女都可能受害。第三，強暴的士兵通常會殺死受害者，因爲他們厭惡這些女性。有一位賽爾維亞士兵說：「我只記得我是第二十個人，她的頭髮亂成一團，她滿是精液、令人厭惡，還有我最後殺了她」（Mladjenovic 1993, p.14）。在波士尼亞的戰爭中，有些女性認識強暴她們的男性。

賽爾維亞的士兵奉命讓非賽爾維亞女性受孕，以製造 chetnicks（嬰兒）。[12] 有些婦女留在集中營裡，直到墮胎有危險爲止（Mladjenovic 1993）。

有一位接受聯合國人權工作者訪問的婦女描述集中營裡的恐怖：

> 這是一場無法訴說、描述或了解的夢魘。
>
> 有時候我認為我要瘋了，而且這場夢魘永遠不會結束。每天晚上我都在夢中看見集中營守衛 Stojen 的臉。他是其中最粗魯的。他甚至強暴 10 歲的女孩，彷彿在品嚐佳餚。大多數女孩都沒有活下來。他們謀殺了許多女孩，像牛羣一樣屠殺她們。（MIRSADA 1993, p.32）

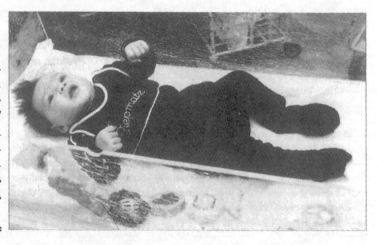

戰爭造成許多強暴「敵對」婦女所生下的孤兒。這個嬰兒的母親是一個17歲波士尼亞回教徒，在賽爾維亞人控制的拘留中心裡被輪暴。母親在她出生後拒絕探視她。

我們很難確定有多少婦女在這場戰爭中被強暴。官方統計數字不包括因為戰時強暴而死亡或受傷的婦女人數；在前南斯拉夫的戰爭也不例外。

前南斯拉夫各民族在戰時被強暴的婦女都欠缺接近暴力控制者的管道。直到 1993 年在波士尼亞發生有系統的大規模強暴之後，聯合國才通過將強暴視為戰爭犯罪，並要求國際法庭起訴這些奉命、執行或未曾阻止強暴的人（Swiss and Giller 1993）。法庭至今尚未開庭。問題在於：除非能明確地證明高階軍官下令強暴，很難將強暴視為戰爭犯罪。否則強暴只是個人行動（Brew 1994）。Shana Swiss 和 Joan Giller 在 1993 年美國醫學協會期刊的一篇文章中指出，當許多被強暴婦女不認識攻擊者時，用以認定強暴犯身分的醫學技術。這些技術包括收集和貯存陰道裡的精液、（在墮胎或生產時）採集胎盤組織，以及抽取母親和孩子的血液樣本。這些樣本的 DNA 可以和來自嫌疑犯的血液與毛囊的 DNA 進行比對。重點在於，如果強暴犯知道可以追蹤到他身上，就可以使用這種醫學技術來控制暴力。

我們已經看到許多性別不平等的來源和表現方式。即使這些不平等有生理基礎（例如體力），它們仍是社會事實而非生理事實。即使在戰爭強暴的例子裡，士兵也並非遵循生理的必然結果。他們的行為反映出重新界定社會現實的方式，因此將婦女視為合適的攻擊對象，而且在這種狀況下，強暴被認為是可以接受的。

巴基斯坦總理 Benazir Bhuto 檢閱該國第一批女警。社會學家 Randall Collins 的理論認為，使婦女接近暴力控制者是消除兩性地位不平等的重要步驟。

❧ 延續性別期望的機制

在本章開頭曾經談到，人們順從於社會之性別預期的程度各不相同。不過這一點並不能阻止我們使用性別預期來評價自己和他人的行為。對於許多人而言，無法順從這些預期（無論是故意或非自願）會帶來強烈的困惑、痛苦和愉悅。這一點使得社會學家探索能夠解釋我們如何學習和延續社會之性別預期的機制。爲了回答這個問題，我們將探討三個重要因素：社會化、情境限制和意識型態。

社會化

在第五章裡我們談到，**社會化**（socialization）是出生後立刻開始，且持續終生的學習歷程。「新來者」藉由這種過程發展人類的能力、學得獨特的性格和認同，並且內化和接受參與較大群體所需的規範、價值觀、信念及語言。社會化理論家主張，兩性差異大部分出自於對待男性和女性的方式。

兒童發展專家 Beverly Fagot 和她的同事觀察到幼兒在玩耍的團體中如何彼此互動和溝通，以及教師在 12 個月和 24 個月的幼兒想要溝通時有何反應（Fagot et al. 1985）。Fagot 發現 12 個月大的男孩和女孩沒有任何溝通風格的差異。不過教師與幼兒的互動卻是性別極化的。當女孩用溫和的「女性化」方式、男孩用獨斷的「男性化」方式進行溝通時，他們比較可能有所回應。也就是說，教師傾向於忽視女孩的獨斷行動，但是對男孩會有所回應。因此，這些幼兒滿 2 歲的時候，他們的溝通風格就有顯著的差異。

Fagot 的發現有助於解釋兩性控制肢體語言的不同規範。根據女性研究專家 Janet Lee Mills 的看法，控制男性肢體語言的規範強調權力、支配和高地位，而控制女性肢體語言的規範主張順從、附屬、弱點和低地位。Mills 主張，這些規範是學來的，人們不會意識到它們的存在，除非有人打破規範。當女性處於需要安定和控制的職位——例如律師、政治家或醫師——時，上述規範阻止她們傳達這樣的感受。Mills 認爲，女性面臨兩難處境：「如果要以女性化來衡量成功，則女性必須是被動、隨和、親切、從屬、順從和柔弱的。如果以管理或專業角色來衡量成功，她必須是主動、支配、積極、有自信、能勝任和強悍的」（Mills 1985, p.9；在本章最後的「焦點」中，我們將再度回到這個主題）。

兒童的玩具在社會化過程以及成人對待兒童的方式中非常突出。例如，芭比娃娃問市已經超過 30 年，行銷 67 個國家。創造芭比的 Mattel 公司目前正在研究東歐的潛在市場。公司認為芭比是人人渴望的娃娃——也就是孩子的角色楷模。芭比大約佔 Mattell 玩具銷售額的一半（Boroughs 1990; Cordes 1992; Morgenson 1991; Pion 1993）。3 歲到 11 歲的女孩有 95%都擁有芭比，她共有七種不同的膚色。市場分析家將 Mattell 的成功歸因於：「他們正確地評估小女孩心目中長大成人的意義」（Morgenson 1991, p.66）。[13]

Slavenka Drakulic（1992）在《我們如何在共產主義下生存和歡笑》一書中敘述，南斯拉夫的美麗標準至少從第二次世界大戰開始就源自好萊塢。她描述，在雙親禁止她們閱讀的時尚雜誌中出現的好萊塢女性——像是 Rita Hayworth、Ava Gardner 和 Brigitte Bardot——的臉孔和身體，正是她和朋友製作紙娃娃、紙服飾和裝飾品的模型。Drakulic 回憶她和朋友「在娃娃的嘴唇和指甲塗上鮮紅色，而且幫她們穿上緊身的性感洋裝」（p.61）。Drakulic 回想兒時的這些舉動：「有時候我想，從前我從這些紙娃娃身上學會有關性別的每一件事後來，我——以及我那一代的女性——花了許多年努力工作，使自己脫離這些紙玩偶；穿過另一個向度，遠離童年的娃娃，到不斷貶低我們的地方」（pp.61-62）。

Drakulic 努力使女兒 Rujana 克服好萊塢的美麗觀念，所以給她填充動物。在 Rujana 22 歲生日的前幾天，Drakulic 問她想要什麼，她女兒想要芭比娃娃，也就是 Drakulic 眼中「漂亮而沒大腦（bimbodom）的象徵」（p.63）。起初，Drakulic 認為她不會給 Rujana 芭比娃娃，因為它違反她的女性主義原則。但是在 Rujana 提醒她一件已經遺忘的意外時，她又改變心意：當 Rujana「大約 10 歲時，她從朋友那裡偷來一個芭比娃娃，然後藏在房間床舖下和它玩了兩個禮拜」（p.63），直到祖母發現，並且告訴 Drakulic 為止。Rujana 問她母親：「妳不記得自己的娃娃，自己的渴望嗎？」（p.64）。然後 Drakulic 決定給她芭比娃娃，她的結論是：「娃娃是重要的——我們曾經擁有、未曾擁有、渴望、背叛和遺忘的娃娃」（p.64）。

特徵	阿爾巴尼亞人	克羅埃西亞人	匈牙利人	馬其頓人
性別比率	109	93	90	102
出生率（%）	36.4	16.2	12.4	18.5
高等教育人口比例	1.2	3.3	1.7	3.7
高等教育男性比例	1.8	4.4	2.2	4.9
高等教育女性比例	0.5	2.3	1.2	2.5
女性佔高等教育人口比例	21.4	36.6	38.7	33.7
勞動參與率（百分比）				
女性	15.3	40.7	35.0	48.5
男性	66.8	66.6	37.9	70.2
公司主管（百分比）				
女性	0.3	0.5	0.4	0.4
男性	10.9	2.5	1.6	2.8
女性佔主管比例	4.2	12.6	13.0	9.5

表 11.2　各國以及各民族之特徵*

特徵	蒙提納格羅人	回教徒	賽爾維亞人	斯洛伐尼亞人
性別比率	102	101	98	92
出生率（%）	17.6	23.1	15.4	15.7
高等教育人口比例	5.0	1.6	3.1	3.4
高等教育男性比例	8.5	2.3	4.2	4.7
高等教育女性比例	2.1	0.9	2.0	2.3
女性佔高等教育人口比例	23.4	29.0	33.5	35.3
勞動參與率（百分比）				
女性	35.8	25.9	47.7	58.8
男性	65.7	69.3	73.2	69.6
公司主管（百分比）				
女性	0.7	0.4	0.5	1.0
男性	4.5	1.6	2.2	3.5
女性佔主管比例	7.9	9.1	11.6	20.7

*數據來自 1981 年人口普查，也就是最後一次普查的資料。

（來源：改寫自 Darville and Reeves（1992），p.281。）

結構或情境限制

情境理論家與社會化理論家都同意：社會和經濟的性別差異，不能用生理構造來解釋。根據他們的觀點，這些差異起源於結構或情境因素。例如，其中一種結構限制就是性別區隔的職業，使得女性集中在低薪資、低地位、沒有前景的工作（回想在第九章關於職業的討論中曾經談到，女性在男性和女性工作裡所佔的比例偏低和偏高的情形。同時請參閱表11.2）。即使女性擔任專業和管理職位，她們也集中在處理孩子和少年的專長和領域，包括監督其他婦女，或者其他女性化的工作（例如社工教授對數學和電腦教授）。

照片裡的海報是為了招募克羅埃西亞的武裝部隊，充滿了描述「男性化」想法和刻板印象的符號。

這些結構差異影響有關性別的預期。各種工作的不同社會和生理要求與技能使得兩性「的動機和能力分別朝向刻板印象的男性或女性方向」

（Bem 1993, p.135）。這一點並不排除兩性可能只尋找「性別適當」之職位的事實。相反地，許多證據支持：一旦雇用女性之後，資方會將男性和女性員工指派不同的任務，並且提供他們不同的訓練以及升到薪資較佳職位的機會。

其中一個例子是在加州北部擁有 188 間店舖的 Lucky Stores 公司。公司在一場性別歧視的集體訴訟中敗訴，因為他們沒有公佈職位空缺，而是由資方自行判斷。Lucky Stores 的律師主張，女性之所以湧入兼職、低薪資和沒有前景的速食店和麵包店，而不是採購和接待工作，是因為她們喜歡那些工作。當公司開始公佈職位空缺之後，登記管理職位的女性由 12% 增加到 58%（Gross 1993）。

Lucky Stores 的案例說明：女性在工作場所追求升遷的動機並不低於男性。許多其他案例也支持這個觀點。其涵意十分明確：如果我們去除升遷的結構障礙，女性將會努力改善她們的地位。

社會學家 Renee R. Anspach 的研究鮮活地說明：個人在社會結構中的地位如何將行為導向刻板印象的男性或女性方向。Anspach 花費 16 個月的時間在兩個新生兒加護病房（NICU）進行田野研究。她發現，護士（幾乎完全是女性）和醫師（通常是男性）使用不同的標準回答下列問題：「你如何分辨嬰兒的狀況是好或壞？」醫師傾向於依靠例行檢查中獲得的所謂客觀（技術或測量）訊息和立即的知覺線索（膚色、活動水準）：

> 嗯，我們有自己的想法。如果電解質平衡沒有問題，而且嬰兒可以移動呼吸設備，你可以說他可能情況不錯。如果嬰兒膚色灰白、體重沒有增加、沒有移動，你可以說他的狀況不好。
>
> 最重要的是整體型態。在 NICU 當中，你可以測量主靜脈壓、左心房飽和度、溫度穩定性、TC（穿透皮膚）氧分壓、灌流（組織的氧化）——把這些加在一起。當嬰兒看起來不好的時候，你想到灌流的問題。活動的數量也很重要——四肢無力的嬰兒比活潑的嬰兒更糟。
>
> （ANSPACH 1987, pp.219-20）

雖然護士也認為立即的知覺和測量徵兆很重要，但是 Anspach 發現：護士也會考慮嬰兒的警覺水準、視線接觸能力以及對碰觸的反應等互動線索：

> 我想，如果他們的情況不錯，他們就會以嬰兒的方式回應你。……如果你愛憐地抱起他們，他們應該會貼向你，而不是僵硬與退縮。你抱起他們時，他們是安靜或繼續哭？他們安躺在床上或持續哭，或在被抱起並餵食之後是否安靜？……他們的睡眠型態正常嗎？他們是一直醒著，但未與任何東西互動，或與周圍的玩具互動，或在你講話時有回應的跡象？

Anspach 的結論是：護士與醫師對話道：「你如何分辨嬰兒的狀況是好或壞？」這個問題的不同反應可以追溯到他們平日的工作經驗。根據醫院裡的分工，護士與病患的互動多於醫師。而且醫師和護士了解嬰兒狀況的管道，正好對應於有關女性和男性如何控制和觀察世界的刻板印象。因為醫師和嬰兒的互動與接觸很有限，他們只好依靠知覺和技術（測量）的線索。相反地，護士和嬰兒整天的接觸都很密切；因此她們較可能在知覺和技術線索之外考慮互動線索。

Anspach（1987）主張，個人的分工職位「扮演著類似解釋透鏡的角色，使成員透過它來知覺病患和預測未來」（p.217）。她的發現顯示出，當醫師面臨是否要放棄或繼續醫療的生死決定時，他們會與 NICU 的護士合作，因此可以考慮互動以及技術和立即知覺線索。Anspach 的發現也顯示，如果在診斷時多加考慮護士的經驗和意見，則這種女性為主的職位在聲望和薪資上也會增加。

Anspach 有關醫師和護士經驗之相對比重的研究指出另外一個影響兩性生活機會的問題：制度化的歧視。在第九章和第十章裡，我們談到**制度化歧視**（ institutionalzed discrimination ）是社會中已建立和習慣性的做事方式——無法挑戰的規定、政策和日常生活實務之綜合，它們妨礙或限制

人們的成就，並且基於賦予特徵使他們停留在從屬和不利的地位上。這種
狀況是「經由社會制度的定期運作的系統化歧視」（Davis 1979, p.30）。
例如孩子支持父親的程度在於他們對孩子的照顧。目前父親的需求比孩子
的需求更為重要：法官和律師通常認為假定男性收入的 80% 供自己所用，
因此只有 20% 用來供養孩子。這個假設以及大多數男性（多達 75%）沒
有盡到撫養孩子之義務的事實，可能是解釋男性在離婚後生活水準提高
42%，而女性卻減少 73% 的重要原因（Weitzman 1985, 見圖 11.1）。

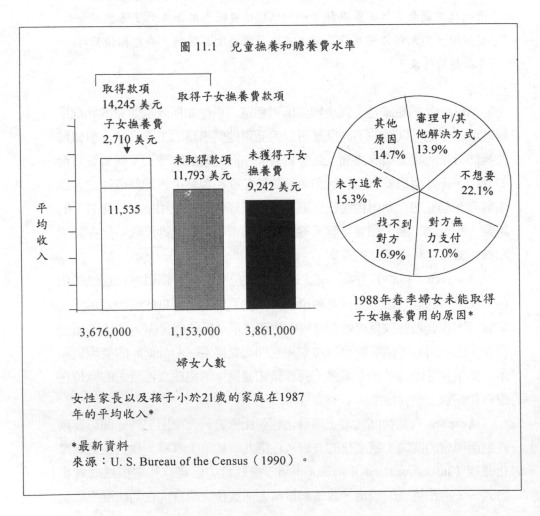

圖 11.1　兒童撫養和贍養費水準

取得款項
14,245 美元　取得子女撫養費款項

子女撫養費
2,710 美元

未取得款項
11,793 美元　未獲得子女撫養費
9,242 美元

平均收入

11,535

其他原因
14.7%

審理中/其他解決方式
13.9%

未予追索
15.3%

不想要
22.1%

找不到對方
16.9%

對方無力支付
17.0%

1988年春季婦女未能取得子女撫養費用的原因*

3,676,000　　1,153,000　　3,861,000

婦女人數

女性家長以及孩子小於21歲的家庭在1987
年的平均收入*

*最新資料
來源：U. S. Bureau of the Census（1990）。

性別歧視的意識型態

在第二章和第十章裡我們曾經談到，意識型態是支持主要團體、但是經不起科學調查的想法。它們被當成說明既成事實的正確原因和解釋。不過，經過更進一步的分析之後，我們發現：意識型態只能說是以誤導的論點、不完整的分析、未獲支持的主張和難以相信的前提為基礎的部分事實。

性別歧視的意識型態（sexist ideologies）圍繞著下列三個概念：

1. 人可以分為兩類，男性和女性。
2. 個人的主要性徵以及情緒活動、肢體語言、性格、智力、性慾表達和運動能力之間有對應關係。
3. 主要性徵非常重要，它們可以決定兩性的行為以及社會、經濟和政治上的不平等。

性別歧視的意識型態非常有力，「幾乎每個人都難以相信：他們以為與行為『人類天性』有關的行為其實只是學來的」（Hall 1959, p.67）。性別歧視之意識型態的例子之一是相信：男性受到荷爾蒙所奴役，所以面對女性的裸體或帶有性暗示的服裝或行為時便無力抵抗。另一個例子是，男性無法像女性一樣，和同性建立有意義的關係。自從 1980 年代以來，許多書籍都以男性對這些刻板印象的反應為主題（Shweder 1994）。

我們還可以加上性別歧視之意識型態的第四個特徵：行為偏離男性化或女性化概念的人被認為是有偏差的，需要被修正，而且遭到從嘲笑到身體暴力不等的負面處罰。

意識型態反映在社會機構中。軍隊就是一個很好的例子。自從第二次世界大戰之後，美國軍事政策中的意識型態可以用國防部的這道指令加以說明：

同性戀者不適合服役。這樣的人嚴重地影響軍隊是否能夠維持紀律、良好秩序和士氣；促進同僚之間的相互信任和信心；確保整個位階和命令系統的整合；在幾乎沒有隱私的生活和工作條件下，促進同僚的調職和全球佈署；招募和留住軍隊成員；維持軍隊在公眾心中的可接受性；以及在某些狀況下，阻止妨害治安。（1990, p.25）

軍人性取向的問題涉及意識型態和政策。

　　不過沒有任何科學證據支持這道指令。事實上，似乎每當五角大廈的研究者（與同性戀社群無關，而且沒有私心）發現與上述指令相反的證據時，高階軍官就拒絕透露訊息，或者發現此訊息無法接受，並且命令研究者重新撰寫報告。例如，當研究者發現性取向與軍事表現無關，而且同性戀者在軍中的適合性與異性戀者一樣好時，美國國防部副次長 Craig Alderman, Jr.卻通知研究者：「基本工作完全被誤導」（Alderman 1990, p.108）。他解釋，研究者應該要確定同性戀者與安全風險之間是否有關聯，而不是同性戀者是否適合服役。雖然研究者未發現支持性取向和安全風險之間關聯的證據，Alderman 卻堅持這些發現是無關、無效或不合時宜的[14]（請參閱「支持軍事政策的意識型態」）。如果不是國會議員 Gerry Studds 和軍事附屬委員會主席 Patricia Schroeder 堅持公開這份報告，

Alderman 駁回的這項研究便無疾而終。

　　這個例子說明了，意識型態在政策制定時所扮演的角色。在這個例子裡的意識型態是，同性戀者不適合服役，還有同性戀代表美國的安全風險。軍方的例子也警告我們：個人的性取向、種族、族群和社會階級等變項，與性別產生交互作用，共同使得兩性的經驗有所不同。為了說明這種交互作用，我們將探討社會學家 Floya Anthias 和 Nira Yuval-Davis 對於性別、種族、族群和國家之間相互關聯的看法。

支持軍事政策的意識型態

　　反對軍中同性戀者的人千篇一律地將同性戀者想像成，在淋浴、脫衣服或睡覺時撲向異性戀者的性侵略者。反對者似乎相信，任何同性的人都可以吸引同性戀者。但是有一位男同性戀前海軍士兵說：「異性戀男人有過度高估自己吸引力的壞習慣」（Schmalz 1993, p.B1）。下面這篇來自五角大廈的報告顯示，沒有任何證據可以支持上述刻板印象：

　　反對改變傳統政策的人總是以對於紀律、士氣和其他軍中生活之抽象價值的負面影響當做支持的證據。其實在支持的概念結構中深藏著，同性戀者不受拘束和淫蕩的性慾表達汙染了社會環境的恐怖影像。似乎性取向令人不悅的人總是積極地發洩性慾。所有關於同性戀者之心理適應的研究都指向相反的推論。他們花在性幻想或性活動的時間因人而異，而且與性別偏好無關。在其中一個謹慎的研究裡，同性戀者的性趣事實上比異性戀者更低。

　　同性戀者就像異性戀者一樣，會挑選他們的伴侶、重視隱私規則、考慮適當的時空、把性和情感連在一起等等。當然，有些同性戀者就像異性戀者一樣，不顧隱私權和所有權。事實上，支配性趣的條件在同性戀者和異性戀者身上同樣五花八門，只有一個標準例外：性伴侶的性別。

　　年齡、性別、血源、階級、婚姻狀況、身材、社會角色、態度、禮節、言談、服裝、興趣／中性的手勢，以及其他生理和行為標準都是區分的線索。

它們是篩選不喜歡或不適合之性伴侶的過濾器。有了這一連串的線索,許多(有時甚至是所有的)可能目標都被拒絕。對許多人而言,只有少部分的伴侶符合所有標準。無論在軍團或經紀人的辦公室裡,人們通常都會選擇親密的伴侶以及性行為的表達方式。異性戀者和同性戀者都希望運用所有的標準來選擇伴侶,唯一的差別是後者將同性列為標準之一,前者則是異性。

(來源:Sarbin and Karols(1990),p.37.)

性別、族羣、種族和國家

族群性別(ethgender)是指(自認或他人認定)具有相同性別、種族和民族的人。這個概念承認性別、種族和族群對於生活機會的結合(但並非加成)影響。族群性別將兩種歸屬地位融合成單一社會類別。換句話說,某人不是克羅埃西亞人加上女性,而是克羅埃西亞女性;某人不是非裔美籍加上男性,而是非裔美籍男性(Geschwender 1992)。更複雜的是,特定族群性別者所居住的國家(以及他們與該國家的法律關係——公民、難民或暫時工作者)對於他們的生活機會也有顯著的影響。我們在此處使用國家(state)一詞表示管理或控制在特定領土上生活者的特定活動之政體。

每個人與國家都有某種法律關係,無論是出生或歸化的公民、難民、暫時工作者、移民、永久居住者或非法外國人。社會學家 Floya Anthias 和 Nira Yuval-Davis(1989)特別注意女性的性別、族群和國家。他們主張:「女性與國家的關聯很複雜」,而且女性「是扮演國家特別關心之特定角色(尤其是人類生殖)的社會類別」(p.6)。廣義而言,生殖包括生理上的繁殖,尤其與關係到將來國家公民和勞力的出生。Anthias 和 Yuval-Davis 主張,國家政策和談話反映出對嬰兒種類(也就是族群)和社會化方式的關心。他們確認五種國家控制女性生活的領域。不過我們不能認定：女性毫無抵抗地就接受國家指示她們的政策和計畫。事實上，女性經常修改這些政策。

1. 女性是特定族群或種族繁殖後代的工具

　　Anthias 和 Yuval-Davis 將潛藏在國家人口政策之下的因素稱爲「害怕被不同種族和族群所『壓倒』」，或是害怕「人口大屠殺」（意指特定種族或族群的滅絕或減少，使他們難以抵抗其他族群）。上述政策從限制註定不受歡迎之種族或族群的人數，到主動地鼓勵「品種純正」之婦女多多生育。限制人數的政策包括限制移入（限制或排除特定民族的成員進入某一國家以及生育孩子）、驅逐（包括種族淨化）、根絕、強迫節育和普遍的節育集中營。鼓勵「品種純正」婦女生育的政策包括意識型態的鼓動（訴諸婦女對國家的責任）、稅賦誘因、產假和其他福利。

　　即使在戰爭和分裂之前的南斯拉夫，不同民族和政治目標的領導人都提出「害怕被其他族群壓倒」作爲鼓勵婦女生育的理由。最著名的是賽爾維亞領導人——例如 Slobodan Milosevic——指出：阿爾巴尼亞人和回教徒的高生育率將會嚴重地威脅賽爾維亞的自主和生活品質。同樣地，有些克羅埃西亞組織——例如克羅埃西亞民主聯盟——的領導人要求墮胎權屬於非法，還有克羅埃西亞婦女至少要生育三個孩子，最好能生五個（Drakulic 1990; Enloe 1993）。

2. 女性是族群或國家團體界限的製造者

　　除了實施鼓勵或抑制「國內不同族群之婦女的生育」（Anthias and Yuval-Davis 1989, p.9）之外，國家也界定生育後代的「適當方法」。其實例如包括禁止與其他種族或族群成員發生性關係、承認子女合法之合法婚姻，以及用母親或父親的族群地位來決定子女之族群和法律地位的法律。

　　雖然法律同時適用於兩性，但是在違反法律時，女性通常要付出較大的社會成本。例如，Rickie Solinger（1992）在「叫醒小蘇西：Roe 控告 Wade 案之前的單身懷孕和種族問題」中考證 1945 年到 1965 年之間，未婚婦女懷孕後的可能選擇。這些作法包括：「徒勞地求助於醫院的墮胎委員會〔當時他們並不關心何時生命開始的問題，只想要成懲罰單親媽媽〕；被精神醫學專家診斷為神經質，甚至精神病；遭到退學（在 1972 年之前是合法的）；被解僱；被送到救世軍或其他產婦之家；而且變得貧窮、孤獨、可恥，並受到法律威脅」（p.4）。Solinger 主張，這些政策和計畫鼓勵白人婦女在墮胎後領養嬰兒，但是希望黑人婦女留住自己的嬰兒，而且阻止她們繼續生育。

今天，美國許多學區提供懷孕少女現場日間育嬰、私人家教和特殊課程。但是，關於單身媽媽懷了第二個孩子之後是否可以獲得救濟，以及喚回過去的烙印是否對社會有利，仍然是相當大的政治爭議（L. William 1993）。對於大多數人而言，這些爭議很少集中在責怪孩子的父親身上。雖然聯邦和各州都有向所謂的欠債父親追討撫養費用的計畫，但是只有大約 25% 的婦女獲得全額費用（Brownstein 1993）。

3. 女性是社會和文化價值的傳遞者

國家可以制定政策鼓勵婦女成為主要社會化代理人，或是將社會化交給國家。這類實例包括：只給予無工作者社會救濟，迫使婦女留在家中照顧孩子，制定表面上或嚴格的產假政策，以及補助日間托兒中心，提供兒童進入幼稚園的機會。有時候國家領袖非常關心特定族群或種族的兒童無法學會在主要文化中追求成功所必需的文化價值或語言。這種關切促使他們贊助那些提供兒童必要個人、社會和學習技能的計畫。

4. 女性是族群和種族差異的象徵

政治領袖通常使用婦女的各種形象以象徵當前國家面臨的迫切問

題。在戰時，國家的象徵是「心愛的女人陷入危險或者在戰鬥中失去兒子的母親」（Anthias and Yuval-Davis 1989, pp.9-10）。男性被要求爲保護婦女和兒童而戰。通常領袖呈現出符合文化中女性化理想、屬於主要民族的婦女形象。有時候政治領袖以隱藏的語言喚起特定民族或種族的婦女的影像，把她們當成國家的問題來源（例如，生下太多孩子的阿爾巴尼亞婦女；接受救濟的非裔美國婦女欠缺節育的經濟誘因）。通常在檢驗這些形象後會發現：沒有任何證據支持這種推論。Mark R. Rank（1989）在「接受救濟之婦女的多產：影響和決定因素」中主張：「我們不可能精確地計算接受公共救助之婦女的生育率」（p.296），因爲現有的資料有嚴重的缺失。「沒有任何方法可以判斷接受救濟之婦女的生育率（相對於其他婦女而言）是高或低」（p.296）。

5. 女性是國家、經濟和軍事戰鬥的參與者

國家實施的政策控制兩性在危機中擔負的角色，最明顯的例子是在戰爭中。在歷史上，婦女總是扮演著支援和撫助的角色，即使在接觸高風險的情境中。在大多數國家裡，婦女並未被徵召；她們自願服役。如果她們被徵召，國家也會界定可接受的軍事角色。如果女性參與戰鬥，她們通常屬於特殊單位或者沒有正式資格。在 1994 年 2 月，波士尼亞的賽爾維亞領袖宣佈：「所有身體健全的人都要被動員，無論是參加軍事單位或勞動單位，而且我們會組成特殊的婦女單位」（Kifner 1994, p.A4）。

無論女性在戰爭中的正式角色爲何，她們都會受到戰爭所影響。根據估計，從第二次世界大戰起，共有 80% 的平民在戰爭中死亡或受傷（Schaller and Nightingale 1992）。婦女被殺死、入獄、折磨和強暴。即使如此，她們通常未接受正式和有系統的戰鬥訓練。結果，婦女在戰時的職位與男性完全不同。

女性的戰鬥角色受限並不表示她們無法戰鬥。少數賽爾維亞女性部隊在波士尼亞參與戰鬥，我們偶而會聽到女「戰士」的事蹟，像是加拿大

廣播公司（CBC）在 1993 年報導的賽拉耶佛女狙擊手：

　　他們說沒有人像賽拉耶佛的人那樣愛著自己的城市，當我看到了
一切，他們毀滅城市和居民的方式，我知道必須要這樣做。我射殺的
第一個人是個士兵；他也是一個狙擊手。我到了最後一秒鐘才射殺他，
因為他也在瞄準我，所以如果我再等一秒鐘，恐怕現在就不可能坐在
這裡和你談話。我沒有任何時間思考……

　　如果我計算所有的受害者，我懷疑自己是否仍然頭腦清晰。按下
扳機並不容易，但是當我這樣做的時候，我至少挽救了十條性命。其
他人射殺遊戲中的兒童、排隊買麵包的男女，或者走在街上的平民。
我不認為我殺了人；我嘗試盡可能拯救人命，平民的性命、無辜者的
性 命 、 一 般 人 的 性 命 。 （ CANADADIAN BROADCASTING
CORPORATION 1994）

　　國家藉由軍事機構建立其政策，以控制軍人接近基地以外婦女的管
道，無論在平時或戰時。例如，賽爾維亞人抓到一些婦女，然後把她們送
進集中營——許多人在那裡遭到強暴，但是他們也把其他婦女留在像是妓
院的房屋和旅館裡。我們都知道：在第二次世界大戰期間，日本軍官強制
徵召[15] 6 萬到 20 萬名韓國、中國、台灣、菲律賓和印尼婦女擔任戰區的
性俘虜（Doherty 1993; Hoon 1992）。她們被稱爲「慰安婦」。

　　Saundra Pollock Sturdevant 和 Brenda Stoltzfus（1992）在〈重回黃金
歲月：賣淫和駐亞洲美軍〉中談到「在美國軍事基地以外的女性出賣色相」
（p.vii）。她們證明美軍協助定期賣淫；退休軍官擁有部分俱樂部、按摩
院、妓院、舞廳和旅館；軍隊提供這些女性的醫療照顧，防止性病的傳染。
在 1993 年，數千名住在蘇比克灣空軍基地附近的菲律賓婦女發起對美軍
的集體訴訟，控告美國應當爲蘇比克灣駐紮之美國軍人所生下的 8,600 位
兒童負起道德和法律責任。[16] 她們的控訴更進一步證明：美軍涉及船上
婦女的生活。它也證明軍方不顧或忽略平民的生命，尤其是婦女和兒童。

Anthias 和 Yuval-Davis 在確認國家控制兩性——尤其是女性——生活的領域時，強調種族和民族與性別共同影響人們的生活機會。在本章中我們已經探討兩性之社會差異的起源、生成和結果。關鍵主題之一在於，這些差異是社會建構而非生理事實。我們現在要將這些想法應用在許多美國大學生非常關心的問題——約會強暴。

❧ 性別與約會強暴

　　在 1987 年，Mary P. Koss, Christine A. Gidycz 和 Nadine Wisniewski 公佈有關大學生之性經驗的全國調查結果。[17] 研究者發現：57% 的女學生在上一學年度曾經經歷過某種形式的性傷害（從愛撫到強迫口交或肛交）。15% 的女學生曾被強暴，12% 的人是強暴未遂的受害者。[18] 研究者也發現：大多數女性認識加害者。因為多於 1/4 的女學生曾經遭遇強暴或強暴未遂，所以研究者下結論說：強暴發生的比例高出「制服犯罪報導」或「全國犯罪調查」的正式統計數字。

　　Koss 和她的同事使用隱性強暴（hidden rape）一詞稱呼未報案的強暴。媒體在報導此一研究時發明了一些較不明確的新詞彙，像是約會強暴、熟人強暴和校園強暴。最後一個說法尤其不明確，因為 Koss 並未詢問強暴犯是否也是大學生或者和被害人屬於同一機構。時代或時尚等流行雜誌中的許多文章認為校園中正在流行「約會強暴」，尤其是大學校園。

　　社會學家 G. David Johnson、Gloria J. Pahileo 和 Norma B. Gray（1992）觀察到，當 Koss 的研究在 1987 年公佈後到 1991 年之間，媒體的注意力由發現和標示校園中的社會問題，轉變為辯論所謂的約會強暴實際上並非女性在「不良性經驗」之後，或是她們失去伴侶音訊時的說法。在 1991 年 1 月，這些研究者重複 Koss 的調查。他們調查一所南方大學的 1,177 名男女學生。他們希望澄清籠罩此爭議的許多未回答的問題，包括下列這些問題：

1. 美國校園中是否有約會強暴的流行現象？

2. 女性受訪者或研究者界定「強迫的」性經驗究竟是否為強暴？例如，在 Koss 的研究中，女學生被問到：「你是否曾有過自己不願意，但是男性威脅你或使用暴力（扭轉妳的手臂、壓住妳等等）的性交？」批評者指出，對這個問題回答是的女性並未說明她們是否認為這種性經驗就是強暴，即使其字面意義構成強暴的法律定義。

3. 所謂的約會強暴是否出於誤解而非性攻擊？批評 Koss 之發現的人通常集中在這個問題上。「這個批評強調性語言和非語文溝通的曖昧性：何時『不』確實表示不要，何時它表示或許，甚至要？」（Johnson, Palileo, and Gray 1992, p.38）。

Johnson 和他的同事在研究中發現，強暴的普遍性與 Koss 的 1987 年全國性研究非常相似。這個事實顯示，嚴格說來，約會強暴不是研究的校園當中流行的現象。

關於第二個問題，該研究中的 149 名女生大約有一半（51%）曾經被迫發生性關係，但卻不認為是強暴；12% 的人認為這是強暴；37%的人說：「有人可能認為這很接近強暴」或是「許多人稱它是強暴」。

研究者也發現許多兩性之間的誤解。圖 11.2 表示女性受訪者回答：她們在性交時說「不」其實表示「是」的比例。大約三分之一的女性說：她們表示「是」就絕不會說「不」，66% 的人說她們曾經說「不」其實表示「是」。此一發現顯示：

> 許多大學女生錯誤地傳達她們的性意圖。我們預料到有這種結果，但是意外的是錯誤傳達的幅度。現在每六位大學女生中就有一位總是說「不」而表示「是」，這個事實正好說明重要問題的確存在。很明顯地，性溝通的曖昧性是兩性之間非剝削性關係的主要障礙。（JOHNSON, PALILEO, AND GRAY 1992, p.41）

在解讀資料時，我們必須仔細地下結論。一方面，Johnson 和他的同事並未詢問女性：當她們說「不」卻表示「是」的時候是否曾經遭到暴力。同樣地，我們不能確定：女性說「不」卻表示「是」的時候，是否會界定為強暴。最後，根據 Koss 和 Johnson 在研究中所

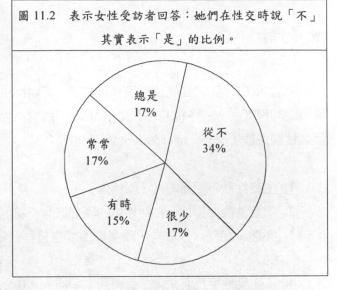

圖 11.2　表示女性受訪者回答：她們在性交時說「不」其實表示「是」的比例。

總是 17%

從不 34%

常常 17%

有時 15%

很少 17%

詢問的問題，我們無法確定女性在「不良性經驗」之後是否會在清晨哭訴被「強暴」。

有些社會評論家——例如 Katie Roiphe（1993）——主張，媒體宣傳和所謂的女性主義者對約會強暴的注意，創造了大學校園中的集體歇斯底里症，使得女性對於何謂強暴感到困惑。上述結論超出我們所提供的資料。Linda A. Fairstein（1993）採取另一種不同的觀點，她沒有看見校園中的歇斯底里症，也不認為女性對於何者是強暴與何者不是感到困惑。Fairstein 相信，Roiphe 的結論沒有根據，而且淡化了強暴經驗。

撇開這些爭議不談，我們仍然未能回答：為何有 66% 的女性受訪者對約會對象傳達錯誤的意圖。我們可以從 Jules Henry 對美國高中生所進行的民族誌研究中得到答案。雖然這個研究已經距今 30 年以上，但是 Henry 的觀察仍然有密切的關聯。Henry 主張：傳達混合訊息是女性用來溝通性意圖，同時又能維持「聲譽」而不會顯得太「隨便」的方法。女性傳達雙重訊息（口中說「不」，但是以其他微妙的方式表達「是」），因為根據

情感規則，她直接表達其慾望可能被認為「放蕩」或是「落翅仔」。

∞ 討論

在本章中，我們強調使性別預期成為生活中心——無論個人符合此種預期的程度——的各種社會和文化力量。我們從性別失調中學到那些東西？**性別失調**（gender noncomformity）包括：

1. 主要性徵不明顯的人（兩性人）。
2. 次要性徵與男性化和女性化的理想概念不符的人。
3. 興趣、感受、性取向、職業選擇或主修科目不符合性別極化腳本的人。
4. 「主動地反抗該文化之性別腳本」的人（Bem 1993, p.167）。

Bem 主張：性別失調者的存在促使我們精細地檢驗主要性徵和其他特質之間的關聯。更明確地說，它促使我們追問：是否有理由預期個人的某一項特徵——例如主要性徵——是否可以將性慾、企圖心、情緒組成、興趣導向性別極化的方向。Bem 主張，因為有太多的「錯誤配對」，以致於無法支持：同性別者的變異是我們應該改正的錯亂。

在本章中，我們精細地檢驗了主要性徵和外表之間的關聯，還有將上述關聯用來解釋人們的生活機會和經驗所造成的結果。社會學家不否認兩性之間的生理差異。他們也不認為生育和養育孩子是女性不希望做的事情。不過，他們卻質疑：社會和文化上的兩性適當行為和外表如何引導影響生活機會的行為。

這些波士尼亞男孩的穿著像士兵，而且揮舞著玩具機關槍，他們經由社會化了解到：戰爭中的戰鬥是成為男人的一部分。

∂ 焦點：性別特有的溝通風格

我們在結束本章時要回到性別極化的問題，也就是「以兩性區分為中心而組織社會生活」，所以個人的生理性別連接到「人類經驗的幾乎所有層面」（Bem 1993, p.192）。在本節中我們提出溝通專家 Janet Mills 對於控制兩性肢體語言的研究成果。

肢體語言勝過言語

Janet Lee Mills

我是一位專業的肢體觀察者，也喜歡教別人做個肢體觀察者。這就是我在大學課堂和行政訓練研討會中所做的。

身為兩性溝通的專家。我假定：在我們的文化中，兩性說著不同的肢體語言。為了說明這一點，我邀請辛辛那堤大學校長的助理 Richard Friedman 擔任模特兒，與我共同拍攝下列照片。Friedman 和我分別擔任一般的男性和女性角色是非常容易的。但是困難的部分剛好證明我的論點。我們擺出異性的典型姿勢。照片中的結果證明了古老諺語：「一張照片勝過千言萬語！」

　　照片中包含兩組基本的行為線索——情感線索和權力線索。男性的非語文行為通常很少包含情感表達，像是微笑和歪頭，但是卻有很多權力線索，像是伸展肢體姿勢和嚴肅的臉部表情。不過女性的非語文行為通常恰好相反，包含許多情感表達和很少的權力線索。男性塑造的整體形象是權力、支配、高地位和主動，尤其是相對於女性之順從、附屬、低地位和被動的整體形象。

　　我的工作就是使學生和專業團體更敏於察覺這些性別角色的差異，以及它們在社會和商業脈絡中的功能。在研討會中，我說明了男性如何伸展四肢以佔據空間；他們如何放鬆地坐和站；他們如何做大動作、高聲說話，以及直接或分散的視線接觸。這些行為都傳達權力和高地位的意義，尤其是當男性與部屬溝通的時候。我也說明了女性如何縮緊手腳；專注、挺直地坐著；動作輕微；說話輕聲細語；而且經常垂下視線。這些行為表示放棄權力和低地位。

　　除此之外，我對聽眾指出：女性經常微笑、歪著頭、點頭、睜大眼睛，而且不會維持穩定的姿勢。男性隨自己的意思而微笑，較少歪頭和點頭，眼神較輕鬆，而且維持穩定的姿勢。

　　這些性別差異是在社會中學會而且公開表現的，但是傳送和接收的人都很少意識到——除非有人打破規則或規範。但是規則被打破時，所有的注意力都集中在違反規定的人身上。

　　我特別關心位居管理職位的女性。擔任管理和專業工作的女性同時扮演兩種角色，就是「女性」和「管理者」（或教授、醫師、會計師等等）。女性與管理者或專業人士的角色有不同的規則——互相矛盾的規則。性別角色社會化的深度要求「女性化」，但是管理工作的脈絡要求「權力」。

這些都表現在肢體語言中，透過潛意識的訊息來表達。

　　為了成功地表現女性化，女性必須被動、隨和、親切、附屬、順從和柔弱。為了成功地表現扮演管理或專業角色，她必須是主動、支配、積極、自信、能幹和強悍的。女性在日常溝通時面臨兩難的困境。表示傳統女性化的行為被他人認為是女性無法因應專業角色之要求的證明；符合專業角色的行為被認為是缺乏女性化的證明。這種必輸的情境構成雙重束縛：如果她做得到就要被責難，做不到也要被責難。

　　經過數年的研究以及與管理者的諮商之後，我發展出一個模型，以描述女性如何在非語文行為中回應「女性化」和「權力」的矛盾指令。在每一個階段中，非語文行為都是表達內在的角色衝突和雙重束縛之外顯行為（雖然本文中並未強調，但是我的模型也描述了男性面對專業女性時所經歷的發展階段）。

Mills 的這個姿勢非常出名，她加的標題是「你能對這位女士說不嗎？」她違反了許多傳統的女性行為，例如放鬆的姿勢；四肢的位置遠離身體；直接面對的眼神接觸；沒有親切的微笑。

Mills展示「權力伸張」，另一種典型的高地位男性姿勢，手臂放在頭的後面，手肘向外伸出，腳岔開成4的形狀，以及不親切的臉部表情。準備成功的女性擺出這種姿勢似乎會把人嚇壞了。

Friedman 擺出同樣的姿勢並不會把別人嚇壞，因為許多男性主管談生意時也會擺出類似的姿勢。

但是Mills擺出這種女性化姿勢，偏著頭、親切地微笑、腳踝交叉、雙手交疊，是否看起來很女性化呢？

Friedman 擺出同樣姿勢是否很可笑呢？

權力通常決定於指定的姿勢，以及物品使用。Mills擁有權力以及注意力焦點的文件；Friedman的順從表現於較低的凝視以及緊縮的身體。

現在Friedman擁有權力以及文件，他的四肢遠離身體；而Mills的順從表現於專注的姿勢、順從地垂著頭，以及手放在嘴上的不確定手勢。

在典型的辦公室場景中，Friedman以權威式的站姿、手放在口袋和腹部、直立的姿勢和高高抬起的頭表示權力；Mills是順從、從屬的，她偏著頭、微笑、手臂和手掌靠近身體。注意Friedman的寬廣、穩定站姿；Mills的不穩定站姿。許多女性與較矮的男性權威人物說話時經常採取類似的姿勢。

現在情況有所改變。Friedman順服於女性權威，脊椎骨緊縮、四肢侷促、偏著頭和專注地微笑。

在階段一「性別角色扮演」時，進入專業工作場所的女性表現出傳統的性別角色行為。她的非語文行爲顯示出從屬、順從、親切和低地位。她的社會自我使他人覺得軟弱、無效率和不重要。微笑、歪頭、注視、厭惡凝視、點頭和注意的姿勢引發工作場所中的惡作劇瞪視或懷疑反應。讓她在社交生活中贏得喜愛、約會和讚美的相同行爲現在卻使她在工作場所的信用減低。基本的問題在於，她的溝通是情感性，而非權力性的。

在階段二「性別角色反轉」時，女性開始意識到她在工作場所的人際領域中欠缺權力。畢竟負面回饋相當多。她有意或無意中決定：「演什麼就要像什麼」，而且模仿其他角色模範。當然大多數來自男性。她所傳達的非語文訊息開始變得自主和積極——如果你喜歡的話，也可以稱爲男性化。她開始採取放鬆的姿勢，佔據較大空間，做出大動作，高聲談話，打斷他人較少微笑，分散的視線接觸，在衝突時聳肩膀。其他人的反應不一。有些人認爲她很有趣，是個仿製的男人，塑膠人；另外有些人認爲她很粗俗，是個能幹的賤女人，閹割男人的女人。許多人想要激怒她回到女性化角色。她的溝通問題與前一階段相反；此時，她傳達權力，但是很少或根本沒有情感、溫暖或友善。

第三個階段「往返」的行爲實際上在第一、第二階段之間變換。雖然乍看之下，這是解決「權力／女性化」矛盾的理想方法，其實不然。簡單地說，在階段三的女性使用「女性化」或「權力」模式來回應情境。雖然她認爲自己能夠符合不同情境的要求，其他人卻認爲她不穩定、反覆無常、不可靠和不確定。她的彈性使她贏得輕浮或不一致的名聲。階段三的失敗行爲在於，她同時只能遵守一種角色要求。在這裡是女性化的，到那裡是有權力的。

但是女性可以使自己脫離這種雙重束縛，爬上企業階梯頂端，卻又不失去女性氣質。爲了達到最後的成功，她必須同時表達女性化和權力

階段四「整合」涉及將兩種不一致的角色結合成爲整體。在此階段，女性的非語文行爲同時傳達情感和權力訊息。任何一種訊息都不會錯失，所以沒有人會誤認她是企業中的啦啦隊長或吉祥物，或是冷酷、沒有感情、

過於強硬。她伸展手臂、歪頭、思考時皺眉，而且說話時措詞明確、聲音渾厚宏亮。她可能是充滿活力的；她可能很莊嚴——但是非語文表現是自己所發展出的整合性格。簡言之，她是財富雜誌前五百大企業所渴求的女性主管：有權力又女性化。

不幸的是，溝通專家可以幫助當事人縮短個人／專業演進的時間。在工作坊裡，兩性不只看出性別差異，而且可以練習，使他們感覺自己體內的非語文性別角色行為之差異。我曾經發現，觀看模特兒扮演已知性別的非語文行為可以產生非常有力的學習經驗。扮演女性侷促的姿勢讓男性更了解女性同伴。對於女性而言，以非語文方式表達權力通常引起能幹和自信的新形象和新感受，還有對男性的新認識。

對我而言每次研討會最棒的部分就是，許多聽眾承認性別角色的社會化表現在行為上是真實、重要和無法否認的。那時候，每個人都會跳出遊戲之外，以新的有利觀點來看待它。

這是給你的挑戰：如果你是女性，扮演照片中的男性化姿勢；如果你是男性，扮演前頁的女性姿勢。在實際經驗異性的典型姿勢之後，你可能對自己的性別角色訓練有了新的領悟——並且學會從反面來了解事物。

[1] Slavenka Drakulic 描述南斯拉夫人如何夾在東歐和西歐之間:

西方人總是忘記了有關南斯拉夫的一個關鍵,那就是我們有一些不同於東歐集團人民的東西:我們有護照,可以出國旅行。而且我們有足夠的閒錢,卻沒有投資機會(在 60 年代中期,每個人都可以投資興建度假屋),只好在黑市換錢去購物。是的,到奧地利或義大利最近的城市去購物。我們購買每一種東西——衣服、鞋子、化妝品、糖果、咖啡,甚至水果和衛生紙。我記得有幾次,住在距離 Trieste 不遠之城市的母親每週都到商店裡購買當地買不到的東西。數百萬人每年越過邊界只為了欣賞西方或者買東西,或許只是擺個樣子而已。但是這種自由,只要你願意就可以自由離開的感受,對我們非常重要。對我來說,它似乎是與政府之間的某種契約:我們知道你永遠會留在這裡,我們根本不喜歡你,但是如果你讓我們過日子,不要施加過大壓力,我們就可以妥協。(1993A, P.135)

[2] 1988 年,有 900 萬名觀光客訪問南斯拉夫。其中兩個共和國——斯洛伐尼亞和克羅埃西亞——由觀光業獲益最多。政府將這兩個共和國的 25% 收入轉交其他較不富裕的國家。

[3] 醫學研究者假設:生理結構為女性者(就基因來說是男性)的 Y 染色體突變,或是生理結構為男性者(就基因來說是女性)的 X 染色體突變,分別抑制或無法抑制過多的睪固酮生成。

[4] 在奧運史上只有一件男性參加女性競賽的事件。在 1936 年,納粹官員強迫一位德國男運動員加入女子跳高競賽,結果有三位女選手跳得比他更高(Grady 1992)。

[5] 欲知更詳細的內容,請參閱 Denise Grady 的文章〈優勝者的性別測驗〉,出處為《發現》雜誌 1992 年 1 月號,78-82 頁。

6 雖然「過多」毛髮有時候會造成醫師警告檢驗是否有卵巢腫瘤等內分泌失調的可能性，但是 99% 的情況下，毛髮與病理無關。

7 由於 X 光治療所導致的嚴重傷害可以用 A. E. C. 女士的例子加以說明。她的故事是《美國醫學協會》期刊報導的其中一個例子：

A. E. C. 女士年齡 32 歲，5 年前曾經接受波士頓毛髮〔X 光〕系統的治療。她接受 15 次的下顎治療〔以除去多餘的毛髮〕。她每兩週接受一次治療，每一次治療下顎的三個區域之一。有兩次護士不在場時由記帳員替她治療。三年前，她開始出現紅色斑點，但是他們仍然繼續為她治療。她出現 telaniectasis〔血管長期擴張導致紅斑〕，以及下顎邊緣下方直徑三英吋的萎縮。（AMERICAN MEDICAL ASSOCIATION BUREAU OF INVESTIGATION 1929, p.286）

8 「鐵幕」一詞被英國首相邱吉爾用來描述，共產主義的東歐和非共產主義的西歐在第二次世界大戰之後的分界。

9 北肯塔基大學主要是電腦校區，許多學生都因為工作和家庭責任而無法離家太遠或者必須留在當地。

10 育嬰假條例並不像表面上那麼直接。例如，它排除了員工少於 50 人之工作場所。而且雇主可以禁止薪水最高的 10% 員工請假。

11 在 1993 年 4 月號的仕女雜誌社論中，Robin Morgan 提出，集體的系統化強暴並非史無前例的：

脫軌？「強暴和掠奪戰利品」是戰爭的古老座右銘。單一的意外？後來賽賓婦女又發生了什麼事？亞歷山大的部隊做了什麼？凱撒的軍隊呢？征服者和其他殖民者呢？Chaka 的祖魯族部隊呢？在第二次世界大戰期間，比利時和法國婦女被德國部隊強暴——俄羅斯部隊又如何「報復」德國婦女呢？那麼強迫猶太婦女供給納粹「義務娛樂」的制度化集中營妓院呢？數千名中國、韓國和菲律賓婦女被徵召擔任日本軍隊的「慰安婦」？這些軍隊在中國城市的暴行被歷史學家稱為「南京強暴」？在 1971 年的巴格達——巴基斯坦戰爭中，孟加拉婦女遭到集體強暴（據估計高達 40 萬人）幾乎完全被忽視？那麼越南呢？伊拉克人強暴科威特婦女——和他們的亞洲僕人呢？（p.1）

[12] Chetnik 是第二次世界大戰中的賽爾維亞游擊隊隊員。

[13] 對於 Barbie 是「bimbo」或「女性主義者」仍有爭議。有些批評者認為，在現實生活裡，Barbie 的身材是 36-18-33，而且她是唯物主義的。她的配件從「腳趾甲亮光劑到搬運永不嫌大之衣櫃的粉紅色 RV 露營者」（Cordes 1992, p.46）。其他人認為 Barbie 的履歷表令人印象深刻，她能讓小女孩夢想自己的未來。多年以來 Barbie 曾扮演流行模特兒、舞蹈家、空中小姐、教師、流行雜誌編輯、醫師、奧運選手、電視新聞播報者、企業主管和保護動物的義工（Harpers 1990）。

[14] Alderman（1990）告訴研究者：「似乎消費者報導委託進行有關 Suzuki Sammurai 之經營特徵的研究，但是卻得到一份主張日本汽車沒有理由得到非正式進口配額的報告」（p.108）

[15] 徵召是日本用來描述他們將韓國婦女帶到戰區的方法。根據文件顯示，日本人經由人口販子、突襲村莊，以及對韓國學校施壓而得到婦女。

[16] 在目前的美國移民法之下，軍人的菲律賓孩子不能經由任何美國人的贊助而移居美國，不同於來自南韓、泰國、柬埔寨和寮國的孩子。

[17] 研究者調查了 32 個系所的 6,159 名男女大學生。

[18] 在 Koss、Gidycz 和 Wisniewski 的研究中，「性壓迫或性犧牲的數據」一節解釋了如何解讀調查資料表。

12 人口與家庭生活

——以巴西為例

- 家庭是由哪種人組成？
- 工業革命與家庭
- 工業化與巴西：形塑家庭生活的脈絡
- 人口轉型理論
- 勞力密集窮國的人口轉型
- 工業化與家庭生活
- 討論
- 焦點：廣闊的家庭定義

下列兩段文章分別是 Christy Brown 和 Robert Sayre 對家庭生活的描述，另外三段則陳述家庭生活的各個面向。我們可以想想這些家庭究竟有何相似之處？

1932 年 6 月 5 日，我在愛爾蘭都柏林的 Rotunda 醫院出生。我有 9 位兄姐和 12 位弟妹……22 位小孩中有 4 位在嬰兒期夭折，至今仍有 13 人活著。

我母親生我時難產，當時母子都很危險，一大群親戚朋友在醫院外守候，焦急地禱告母子平安直到翌日凌晨。

在我出生之後，母親被送到他處休養數個禮拜，而我則被留在醫院裡，那段時間的我是沒有名字的，直到母親身體復原後才帶我到教會受洗，我才被正式命名。（C. Brown 1992, p.85）

年紀在四十出頭的人都有一個共同經驗：父母親大約都是六、七十歲。這種情況本身是生物和統計上的必然性，至少在當代美國文化中是如此。但是我一直很訝異的是，我周遭一些人討論父母親的頻率愈來愈高。十年前當我們還是三十歲出頭時，子女是我們掛在嘴邊的話題，如懷孕、小孩出生、餵母奶好還是餵牛奶好、如何讓小孩能夠睡整晚的覺、以及訓練小孩如廁和上學。當我們為人父母之初，雙親成為次要的關心對象，他們剛升格為祖父母和姻親，不曉得自己能幫上家人什麼忙，不曉得是不是該去探視子女或出外旅遊。直到過去四、五年來，我才聽到愈來愈多跟我同年紀的人談論關於父母的問題。（Sayre 1983, p.124）

在肯亞的鄉村家庭中，幾乎有半數的戶長是女性。這是因為家庭人口增加與擁有土地縮減之後，愈來愈多比例的男性便得遷移到都市中尋找工作，留下妻子〔像 Rachel Mwangene 一樣〕照顧農地和家庭。

Rachel 的一天非常忙碌。「當天剛亮時」就得起床準備早餐、送小孩上學、打掃住家，然後步行兩哩顛簸的路程去放養動物吃草、耕作自家的玉米田，並在田中吃飯。在回程途中順便撿拾柴火，回到家之後還得走半小時路程去取水。當太陽下山時，她必須準備晚餐玉米麥片粥，將之置於三塊石頭架起的火爐上烹煮，直到食物糊到像生麵糰一樣：「這得熬到一個鐘頭以上，」她抱怨，「愈到後來愈難熬。」除了到玉米田幫忙是另一項雜務外，每兩個禮拜她就得移居到兩哩外的鄰居家中幫忙。（Harrison 1987, pp.438-439）

里約熱內盧的 Aratanha 家庭住在一間設施完善（有足球場、網球場、健身房等），有高牆、警衛的房子內。家庭成員包括同為醫生的父母親，以及二位小孩（一位 3 歲，一位 18 個月）。家裡僱用一名女傭幫忙照顧小孩。「父親常在太太尚在夢酣之際就已匆匆出門……以避開交通擁塞……而母親則很高興能有輛新車，她每天早上可靠這輛車節省半小時的車程。」（TREMBLAY 1988, p.31）

McCall 在 1954 年清楚的指出，在美國，團結（togetherness）是五十歲的婦人所努力追求的理想。一個家庭作為一個整體，必須有兩種抱負。其中丈夫是家庭的領導者和英雄，每天出外到險惡的世界中奮鬥，為家人爭取更好的生活；妻子是丈夫在家中的依靠，犧牲一己照顧小孩，兩者之間沒有對立。家庭是一個單純的完美世界，不是複雜、脆弱的政治與情緒衝突機制的角力場。在女性雜誌中，家庭展現的不是衝突和矛盾，或許這得歸功於團結的趨力，所有的新家庭看似都擁有所謂的家庭空間（family room）。（HALBERSTAM 1993, p.591）

廣義來說，一個家庭（family）是由二個或二個以上基於血緣、婚姻、收養或某些社會認可的成員所組成。當我們看過上述各式各樣不同的家庭生活情景，可能會質疑社會學架構能否用來考量這麼廣大的經驗與議題。Christy Brown、Robert Sayre、Rachel Mwangene 的家庭究竟與 1950 年代的理想家庭之間有何共同點？由於各家庭生活情景相異，顯見所有家庭生活都會遭遇某些共同的重要經歷。不論人們生長在什麼樣的家庭，他們的生活都會受到下列因素的形塑：

1. 出生，包括兒童出生的數量以及出生時的間隔年數。
2. 死亡，包括家庭成員（從嬰兒到老人）如何以及何時死亡。

3. 每個家庭成員的工作型態與工作數量，以及家庭成員維持家計的工作地方。

最關注這些因素的社會學家是那些研究人口（populations）的學者，人口研究係研究社會分類（指那些生活在一國、一州、一省或其他地理區域內的人）的人口數量及人口組成（不同年齡、男女比例、不同種族與民族的人數百分比等等），以及影響社會分類的數量與組成的因素（Pullman 1992）。很明顯的，出生數和死亡數，以及人們移入或移出某地理區的數目都會影響該地區的人口數量和組成。

本章將人口與家庭生活一併討論，因為影響人口數量與組成的因素同樣會影響家庭生活。我們將在本章當中探討社會學家對下列現象秉持的理論和概念：生小孩的經驗（子女數及子女出生的年齡間隔）、死亡的類型和時間、以及遷移，特別是為了找尋工作所做的遷移。

工業革命是形塑家庭生活的重要事件，這股影響仍持續至今。傳統上，我們將工業革命視為 18 世紀末起源於英國的事件，而後擴及西歐與美國等地。事實上，工業革命將全球各地納入勞力分工體系當中，而全球各地，甚至同一個國家內的不同地區受到工業革命的影響程度並非相同。

我們基於下述各項原因而以巴西為例：巴西總人口數排名世界第五，生活水準位居拉丁美洲國家第二，世界銀行將巴西經濟歸於中低至中等的收入層次，不過卻有高達 60% 的巴西人民生活在極度貧窮中。巴西前 20% 富裕人口擁有全國家庭收入的 63%，但最窮的 40% 人口卻只擁有全國財富的 8% 而已，這項事實反映出不平等的財富分配（The World Bank 1990）。在巴西的例子中，我們可以了解工業化對境內五大區域的影響各不相同：

- 北部（即涵蓋全國半數面積的亞馬遜盆地，該區大部分是無人居住的熱帶森林）
- 東北部（常遭遇周期性乾旱與洪水的半乾燥灌木叢地，居住此地

者絕大多數是窮人）

- 南部（有肥沃的草原和牧場，以及擁有大量且較富裕人口的現代都市）
- 東南部（廣大、人口稠密的都市中心，首都聖保羅的所在地）[1]
- 中西部（為全球主要的生態邊界地帶，其中有些南美最大養牛牧場，而此地人口稀少）[2]

由於巴西各區域具有這種多樣性，能讓我們以更多元的脈絡來考量生小孩的經驗、死亡的類型與時間、以及遷移等等事件：工業化直接對環境造成影響、處於工業化的邊緣，以及被工業化剝削和放棄。

我們先行探討在界定家庭組成成員時會遭遇的問題，及為何關注家庭生活情景會比關注家庭定義有用。我們探索為什麼工業革命（及其形式）是形塑家庭生活的重要因素，然後我們再行考量工業化如何影響巴西。下一段我們將檢視人口轉型理論，這個模式指出西歐和美國在出生與死亡上的歷史變遷，而後我們討論該理論在非西歐國家（如巴西）的適用性。最後，我們會探索出生、死亡與工作本質的大規模改變帶給家庭的重大挑戰。

❧ 家庭是由哪種人組成？

1977 年 8 月 20 日和 9 月 5 日，美國發射探險家一號和探險家二號進入外太空，對木星、土星、天王星和海王星進行探測和拍照，太空船直到 1990 年才離開太陽系。在太空船外部鑲製一部鍍金的銅製留聲機，內容包括 118 張地球及其住民的相片、90 分鐘的各國音樂以及 60 種不同語言的問候語，這份地球「文件夾」的製作目的是要「將地球及其住民的訊息傳送予任何可能接收到的外星聽眾」（Sagan 1978, p.33）。在 118 幅畫當中，有一幅名為「家庭相片」的照片（見圖 12.1）。

圖 12.1　　家庭相片

單獨一幅圖像能代表所有我們對「家庭」的指稱嗎？這些照片傳達什麼樣的「家庭」
概念呢？這裡列出的例子只是許多家庭類型當中的少數類型而已。

在探險家一號跟二號太空船攜載的
118幅照片之中，以「家庭相片」
為名的就是這幅。

一位非洲母親和她的子女（爸爸因
在都市中工作而缺席）。

一戶墨西哥家庭正在慶祝生日。

一位父親與他收養的小孩。

女同性戀父母與她
們的小孩。

表 12.1	控制家庭生活的各種規範

婚姻制度

一夫一妻制（一位丈夫、一位妻子）

多婚制（很多個配偶）

      一夫多妻制（一位丈夫、數位妻子）

      一妻多夫制（一位妻子、數位丈夫）

選擇配偶的方式

相親（由父母替子女選擇結婚對象）

羅曼蒂克式（一個人以愛情為基礎而選擇某人結婚）

內婚制（跟同屬自己社會團體的成員結婚）

外婚制（跟不同於自己所屬團體的成員結婚）

同類婚（跟和自己相似同社會階級、宗教、教育程度的人結婚）

權威體系

父權（由男性掌權）

母權（由女性掌權）

平權（男、女兩性都有同等權力）

家世體系

父系（以父親血統往上追溯）

母系（以母親血統往上追溯）

雙系（同時以雙親血統往上追溯）

家庭類別

核心家庭（丈夫、妻子和未成年子女）

擴大家庭（有三代或三代以上的家庭成員同堂）

單親家庭（家中只有父親或母親）

家族（同住於一個屋簷下的所有人）

居住方式

父宅居住（妻子住在丈夫的家庭中，或住在丈夫的村落中）

母宅居住（丈夫住在妻子的家庭中，或住在妻子的村落中）

新宅（與父母親分開居住）

想像一下，倘使要你選出一幅可以代表地球上所有家庭面貌的照片，不用說整個地球，就單獨從美國本身來挑這幅照片，就會遭遇很大的挑戰。這項困難在於：即使每個人都是家庭的一份子（單純就生物學意義來說），「也沒有任何一個明確的團體可以被普遍地界定為『家庭』」（Zelditch 1964, p.681）。全世界的家庭形態何其多，這種多樣性反映在家庭規範上，這些規範包括管理一個人能夠擁有的配偶數、選擇配偶的方式、理想的子女數目及其出生間隔、在什麼情況下生育的後代才會被視為合法（或非法）、人們追溯家世的方式、以及親子關係的本質（見表 12.1）。根據這種變異性的觀點，我們了解家庭定義很難建構，且「不可能形成任何有關家庭的一般理論和普遍模式」（Behnam 1990, p.549）。

家庭的大部分官方定義強調以血緣、婚姻、收養作為判斷家庭成員的標準，以及生殖子孫和社會化的功能。美國普查局（1993）使用家庭一詞，意指「二個或二個以上與出生、婚姻或收養有關的團體，並同住在一個屋簷下」（p.5），這個定義從 1950 年開始生效。不過，在 1930-1950 年的美國許多農村地區，家庭的定義環繞在戶長及其相應的生活環境上：

> 個人家庭的組成成員包括戶長（family head）和所有屋內與血緣、婚姻或收養有關者，彼此生活在一起，並分受同樣的家務。「個人的家庭」一詞包括相關的家庭成員（構成個人家庭者）以及寄宿者、僕人、雇用工人等經常住在家中的那些人。（U.S. BUREAU OF THE CENSUS 1947, p.2）

而巴西的家庭官方定義直到 1970 年代中期才列入下列標準：

> （1）家庭是合法婚姻的同義詞；（2）當配偶一方死亡時婚姻關係自動結束；（3）丈夫是家庭生計的唯一負擔者；（4）妻子是全職的家庭主婦，她的工作不具有正式的經濟價值；（5）丈夫是家庭中的法定戶長。（GOLDANI 1990, p.525）

過去 25 年來，巴西政府對家庭組成的官方定義已有多次更迭，像上述的家庭定義便已在憲法上廢止。譬如憲法在 1988 年承認男女之間的「穩定結合」就是一個家庭，而小孩與父母某方同住亦可稱為家庭。這種改變意謂官方定義承認：「看似家庭的」組成也可以存在於合法婚姻之外（Goldani 1990）。

表 12.2　　美國的家庭和非家庭的分布百分比		
所有的家庭	1960	1992
	53,021,000	95,669,000
I.　家庭種類		
A.核心家庭		
已婚夫婦有小孩	52.18	26.46
已婚夫婦沒有小孩	22.00	21.64
父親和小孩	2.33	3.16
母親和小孩	8.48	12.22
B.擴大家庭[+]		
祖父母、父母和小孩	N/A	0.52
祖父母、母親和小孩	N/A	1.82
祖父母、父親和小孩	N/A	0.15
祖父母、小孩	N/A	0.91
II.　非家庭種類		
獨居	14.88	25.06
隔離居住[±]	3.61	3.48
III.　其他生活環境[ξ]	6.71	3.46

* 百分比總計未達到 100%，因為美國普查局界定的類別出現重覆和不連續性。
[+] 美國普查局只採用這些擴大家庭的類別。
[±] 隔離居住者包括那些生活在懲戒機構、感化院和青少年中心裡的人員。
ξ 其他生活環境包括大學宿舍、軍事營區、緊急庇護中心、以及和相關的人住在一起。

　　巴西和美國過去 20、30 年來在官方定義上所作的改變，反映家庭人口數與組成的劇烈改變（見表 12.2 與 12.3）。這種定義上的改變也顯示，若只側重家庭成員的判準與特定功能的話，將會排除許多擁有類似家庭特質的團體，包括頂客族、孩子不再同住一起的夫妻、與成人子女住在一起的老年人、以及未婚的異性戀夫妻和有小孩的同性戀夫妻。

表 12.3　　巴西的家庭與非家庭的分布百分比		
家庭與非家庭	1960*	1984+
I 家庭種類	92.8	93.2
A.核心家庭	68.9	70.3
已婚夫婦有小孩	54.1	46.5
已婚夫婦沒有小孩	8.5	12.8
父親與小孩或母親與小孩	6.3	11.0
B.擴大家庭	22.6	14.1
已婚夫婦和小孩、未婚者和親戚	13.1	6.6
已婚夫婦和其他親戚，沒有小孩	2.9	1.6
其他擴大家庭（未婚夫婦、父子或 　母子家庭以及親戚）	6.6	5.9
C.複雜家庭	1.5	8.7
已婚夫婦與未婚子女以及非親戚關係者	1.5	8.7
II. 非家庭種類	7.2	6.8
獨居	5.3	5.5
其他非家庭種類	1.9	1.3
百分比總計	100	100
絕對值（以千人）計算	13,532	31,075

* 1960 年對家戶分類的普查資料並未包括女僕和房客。而其他的年代則只有沒有將女僕涵括在內。

+ 1984 年是資料記載的最後一年，1976 年並未考慮到中西部的鄉村人口，1984 年也沒有考慮到北部地區。

家庭定義的另一項問題是，對那些不適用家庭定義的人來說，這些定義可用來拒絕不符合家庭定義者獲得利益，包括保險範圍、住宅、工作外的居家照顧權、遺產繼承（特別是那些未立遺囑者）以及小孩的監護權。在這個脈絡中，美國法院最近的一些判決不再以社會性認可的血緣、婚姻或收養為判準，而考量某人是否歸屬於某家庭，才來判決其能否享有與家庭有關的好處。至於其他影響家庭關係的因素還包括壽命、情緒支持和財務承諾（Gutis 1989a, 1989b）。[3][4]

　　經過上述討論之後，家庭的操作性定義比起稍早的定義涵括更廣：二個或二個以上的人彼此基於血緣、婚姻、收養、或其他社會認可的標準所組成團體。巴西和美國不斷改變家庭定義的這項事實說明，根據特定成員或單一功能（比如生殖或社會化的功能）來思考家庭並非特別有用，較為高瞻遠矚的方式是思考那些影響家庭人口數與組成的主要因素，以及思考以非常普遍但卻基本的方式改變家庭生活特質的事件，這個事件就是工業革命。

ᴥ 工業革命與家庭

　　工業革命切斷數世紀以來人們與家庭和家族導向生活方式間的連帶（Riesman 1977），「家庭與家族導向」這個說法指涉這樣一個環境：變遷是緩慢的（雖然不是完全沒有變遷）、家庭影響生活的各個面向（包括個人的工作、婚姻、行事），以及人們數世紀以來遵循的傳統。在家族導向的社會中，人們出生的**平均餘命**（life expectancy）很短，食物供給不穩定，而分工也是簡單的：大多數人從事勞力密集與生存導向[5]的工作，而工作分配是以年齡、性別和身體狀況作基礎。在這樣的環境中，代際之間的成人角色轉換非常緩慢，因此父母認定小孩的日常生活不會與自己經歷者有太大差別，生活中面臨的困難與挑戰也大致相同，這使父母傳給小孩的角色、規則和儀式的目的都在促進團體生存（參考第六章對有機連帶的討論）。由於平均餘命不長，所以小孩很早就認定這些成人角色（Riesman

1977）。

正如我們在本章稍早學到的，工業革命並非侷限於西歐和美國，全球各地的人們都被工業革命納入世界分工體系中，而各地受到工業革命的影響程度相異。一般而言，西方社會中的工業化與婦女生育經驗、死亡的年齡與原因、以及大多數人從事的工作等事件的劇烈變遷有關。具體地說，變遷包括下列各項：

- 婦女生育的子女數及其生育年齡的比例已實質降低。
- 退化性疾病與生活型態引起的疾病（如心臟病和癌症）取代傳染性和寄生性疾病（如天花、黃熱病、小兒麻痺症、流行性感冒、傷寒、猩紅熱和麻疹）成為主要死因。由於傳染性與寄生性疾病的減少，使新生兒第一年的存活率急速增加，也增加婦女在生育後的存活率。
- 過去的天然資源動力來源（如人力、獸力、風力和水力）已被創造性動力（如石油、天然瓦斯、煤礦、核能、天然氣、石油）和機器所取代（Bell 1989），故造成體力勞動（榨取和轉換原料的活動）的從事人口比例下降，而較大比例的人口則投入專業性服務（社會工作、教育、健康看護、娛樂、出版、銷售、行銷等等）。

當我們第一眼看到這張變遷表，可能不會產生什麼感覺，但不妨試著想像這些變遷對家庭生活帶來的深遠影響。為了了解控制生育數目和生育間隔究竟對婦女有何意義，我們就以二位生活在不同年代，但社會地位類似的婦女的生產經驗為例。這二位女士分別是 17 世紀的 Alice Wandesworth Thorton，以及 20 世紀的 Jane Metzroth，後者是一家投資銀行的副總裁：

在他人的遊說之下，Alice 最後接受 William Thorton 先生的求婚。William 的財富雖然比不上其他追求者，但是他對宗教相當虔敬。婚後的 Alice 很快懷孕，在接下來的 15 年間生了九個小孩，但只有三個存活下來。這種存活率在當時是很平常的。她記得自己在懷孕期間常常感冒、冒冷汗、流鼻血、暈眩，而生產過程更是險象環生，生產後經常得休息好幾個月。至於新生寶寶則易有腹瀉、痙攣的症狀，時常被奶媽裹在毯子裡。（SOREL 1984, pp.318-19）

這幾年來我一直在想，是不是要再生個小孩，雖然我們有一個已達就學年齡的兒子艾瑞克，而且我過去也認為有一個小孩就已足夠，畢竟工作、養家是件累人的差事，但是當艾瑞克上小學後，我就在想這該是我決定是否再懷個孩子的時候……我想，假如我們家想多個成員的話，現在正是個適合的時機，金錢考量以及小孩的托育安排都沒問題，我們聘請了四年的褓姆也能勝任，這些因素都有益於我們作成決定……所以，在考慮這些因素之後，我們認為「就是現在。」畢竟現在的我已經 30 歲，如果再不把握的話，再晚個幾年恐怕也就不容易了。（SOREL 1984, pp.60-61）

這兩位女性的生活反映出工業化帶來的變遷：「過去數十年間，存在數世紀之久的社會秩序崩解，而新的社會秩序，一個類似於 20 世紀晚期我們熟悉的新社會秩序便繼而出現」（Lengermann 1974, p.28）。

關於工業化，我們將世界各國區分為兩大類，分別是機械化富國（the mechanized rich）與勞力密集窮國（the labor-intensive poor）。像已開發和開發中、已工業化和正在工業化、第一世界和第三世界這種二分法是可以比較的，但卻有誤導之嫌，因為它們指涉一個國家工業化與否。這種二分法意涵一種說法，認為未能工業化是導致國家貧窮的主因。這種說法掩蓋這種事實：正當歐洲、北美投入工業化的熱潮時，他們佔領亞洲、非洲及南美地區，並創建滿足自身所需的經濟體系，就此論點來說，勞力密集窮國一開始就是工業化的一部分。

世界銀行、聯合國及其他國際組織使用一些指標來區分機械化富國與勞力密集窮國，這些指標包括加倍時間（doubling time）（即某國人口增加一倍所需的時間）、**嬰兒死亡率**（infant mortality）（每千名新生兒第一年的死亡數）、**總生育率**（total fertility）（平均每位婦女一生中生產的子女數）、**平均國民所得**（per capita income）（將全國國民生產毛額[6]均分之後，每人平均得到的平均收入）、投入農業人口的比例、以及**每人每年的能源消耗量**（annual per capita consumption of energy）（平均每個人在一年當中的消費）。當每人消費的能源量很低，這意謂該國大多數人都從事勞力密集而非機械密集的工作。勞力密集的工作需要花費大量體力才能生產食物與貨品。當我們用勞力密集窮國一詞來描繪一個國家，便意謂這些國家在上述指標上與工業化國家有很顯著的差距（Stockwell and Laidlaw 1981）。根據表 12.4 的數據，世界上有 163 個勞力密集窮國，以及 45 個機械化富國（U.S. Bureau of the Census 1989）。

表 12.4　　勞力密集窮國與機械化富國的差異

在國際組織用來分類國家的指標上，勞力密集窮國和機械化富國之間存在著顯著的差異。全球人口最稠密的前十個國家相關數據陳列如下：

	人口增長一倍所需時間	嬰兒死亡率（每千人計）	總出生率（每名婦女生育子女）	每人國民生產毛額(美元)	每人每年的能源消耗量（石油等價物以公斤計）
	1992	1992	1992	1990	1990
勞力密集窮國					
奈及利亞	23	114	6.5	370	138
孟加拉	29	120	4.9	200	57
巴基斯坦	23	109	6.1	380	233
巴西	37	69	3.1	2,680	286
印度	34	91	3.9	350	231
印尼	40	70	3.0	560	272
中國大陸	53	34	2.2	370	598
機械化富國					
美國	89	9	2.0	21,700	7,822
德國	（一）	7.5	1.4	16,200(1989)	3,491
日本	217	4.6	1.5	25,430	3,563

❧ 工業化與巴西：形塑家庭生活的脈絡

　　1990 年代的巴西擁有強大的經濟實力，可能凌駕於加拿大、義大利與英國之上。此外，巴西是僅次於美國的全球第二大農產品出口國，主要出口品包括黃豆、咖啡、運輸設備、鞋子、柳橙汁、鐵礦與鋼製品。然而，大多數巴西人卻未享受到工業化帶來的相關好處，這些人仍生活於一般水準以下。在巴西，貧窮是廣泛且長期累積的現象（不是某一災難的結果），巴西人口中有 60% 可歸為貧窮人口（Calsing 1985）。

　　巴西約有 25% 人口住在東南部，聖保羅和里約日內盧這兩座列名全球前二十大的城市便座落在此，這裡也是多國籍公司的商業、工業和農業活動中心。在這兩座城市當中，高達 30% 的居民生活在都市的新闢地（稱作 favelas）上，用紙板、金屬或木板搭建住所，而下水道、自來水與電力等設備亦不完備。許多新闢地的居住者原本在農場工作，但農場改採機械化之後，迫使他們不得不到都市來謀生。研究拉丁美洲的學者 Thomas G. Sanders 主張，一般人對都市新闢地有刻板印象，認為這裡是犯罪、賣淫的中心，並出現嚴重的家庭解組。但許多研究結果卻指出，大多數新闢地的住民都是「誠實、有職業、工作勤奮，且對自己小孩的冀望很高。他們因為新闢地的成本較低，地近工作地點，加上政府沒有計畫實施住宅解決方案，所以他們選擇在此居住」（Sanders 1988, p.5）。

　　將近有 1/3 的巴西人住在該國貧瘠的東北部，這些人大多是奴隸後裔，他們的祖先曾在 16-19 世紀在葡萄牙人的甘蔗園幫工。奴隸制度雖在 1888 年廢除，但是出口導向的種植農業仍然存續。今天東北部最富地力的土地仍然用來種植甘蔗、黃豆與其他出口作物，使得佃農無法栽種自食性的農作物。

　　過去幾年來，來自東南部與東北部的無土地佃農為了找尋工作，便向過度擁擠的城市遷移，或往人煙稀少的內陸地區（包括亞馬遜森林——世界最大的熱帶叢林和雨林）尋求發展。當巴西政府在 1960 年代興築高速公路與網狀道路之後，便將亞馬遜區域同其他地區連結起來，造成遷移亞馬遜區域的人口加速成長。便捷的交通網吸引國內外的投資者、住在城市外緣的居民、以及那些來自東北部的無土地佃農。移民為了將森林轉變成農場和牧地，便大肆砍伐樹木和其他植物，經過曝曬後，在旱季放火將之燒為灰燼以充當肥料，這種程序多在 6-10 月間進行（美國和巴西的科學家經由衛星監測，發現 1987 年此地共有 170,000 場火災），這些灰燼肥料只能讓地力維持幾年時間，之後這片土地便無法再種植作物，只能開放給牧場放牧牛群等牲畜，直到數年後地力完全枯竭為止（Simons 1988）。7

雖然亞馬遜地區在地理上與外界隔絕，但並非無人居住，而原住民包括長期居住該地的原住民、採集橡膠與堅果的工人、以及受到湧入移民影響的依賴森林為生者。開採雨林地底礦產的礦業公司、尋找稀有樹木的木材公司、到砍伐殆盡的森林土地放牧的牧場、政府的發展計畫、以及對土地頗為饑渴的農民，這些人都在文化上和物質上滅絕森林內的住民，尤其是那些原住民。雖然巴西政府已為這些人保留一些土地，但雨林內的住民仍得被迫放棄自己的語言和文化，並被迫進入主流社會。但是很不幸地，假如他們一旦進入主流社會之後，他們仍會像那些無土地佃農一樣，成為低薪的勞工，甚至淪為乞丐（Caufield 1985）。

巴西相關的背景資訊為我們舖陳一條脈絡，讓我們思考各種工業化的劇情如何影響家庭生活。本章稍後我們將學到，家庭居住地（如都市新闢地、郊區、農場、亞馬遜城鎮、雨林等等）、家庭成員從事的工作型態、以及他們的工作場所都會影響生育經驗與平均餘命。

我們現在轉向人口轉型理論，這個模式描述西歐和美國出生率和死亡率的歷史變遷，特別是那些受到工業革命影響的變遷。在我們描述這個模式之後，再討論它如何應用到非西方國家（如巴西）。

❧ 人口轉型理論

　　若想研究社會力對家庭生活的影響，人口學是各種研究方法之一。作為研究人口趨向的人口學（demography）是社會學科當中的專門領域，人口學者研究出生、死亡和遷移等問題，對人口數量變遷的研究貢獻卓著（見「人口學家如何測量變遷」一文）。在 1920 年代和 1930 年代早期，人口學家觀察各國的出生率和死亡率，發現一種模式：非洲、亞洲和南美洲的出生率和死亡率皆高；而東歐與南歐的死亡率開始下降，但出生率仍高；西歐和北美地區的出生率正在降低，而死亡率不高。人口學家觀察西歐與北美各國之後，發現這些地區都依次經歷三種情況：

1.　在 18 世紀中葉之前，出生率和死亡率都很高，但死亡率自此之後便開始下降。

2.　當死亡率開始下降，使得出生數大於死亡數，導致人口快速增加。而出生率一直要到 1800 年左右才開始下降。

3.　到 1920 年時，出生率和死亡率都已低於 20/1000（見圖 12.2）。

人口學家如何測量變遷

　　人口學家在探討變遷時，會先確定出一段時間（一年、十年或一世紀），以便掌握該時段中各事件（出生、死亡和遷移）的發生次數。下表顯示巴西和美國在 1991 年 7 月 1 日到 1992 年 6 月 30 日整年內的出生數和死亡數。

　　表現變遷最簡單的方法是陳述某事件的發生次數，（比如巴西在 1991 年有 3,955,000 人出生，美國則有 3,553,000 人出生。）然而，這種方式並不十分有用，因為這無法比較兩個人口數量不同的國家，所以人口學家為了從事比較，便採用出生率、死亡率和遷移率，且經常是以千人為單位。比率的較算方式是將事件的發生次數除以某年的人口總數，再乘上 1,000。1991 年巴西的死亡率計算如下：（1,107,000÷158,202,000）×1000＝7。

以人口總數當作分母計算出來的比率稱為粗比率（crude rates），有時候人口學家希望知道某特定人口群（在年約 15-44 歲的男、女兩性當中）有多少出生、死亡和遷移人口，這些情況下的分母就是這群人的總數。譬如，15-44 歲年紀的巴西婦女共有 35,356,000 人，這些婦女的出生率計算如下：（3,955,000÷35,356,000）×1000＝112。

	1992 年中期的人口數	出生數	死亡數	每千人出生數	每千人死亡數
巴西	158,202,000	3,955,000	1,107,000	25	70
美國	254,521,000	3,553,000	2,291,000	14	90

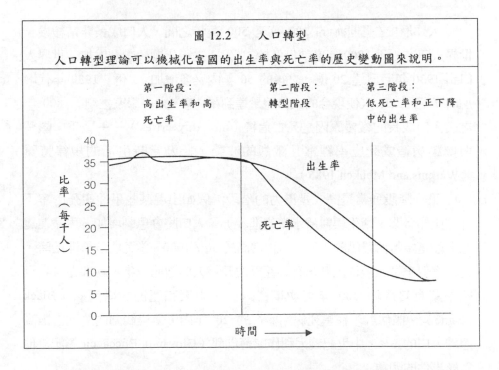

圖 12.2　　人口轉型

人口轉型理論可以機械化富國的出生率與死亡率的歷史變動圖來說明。

第一階段：
高出生率和高死亡率

第二階段：
轉型階段

第三階段：
低死亡率和正下降中的出生率

基於這些觀察，人口學家提出**人口轉型理論**(theory of the demographic transition)：一個國家的出生率和死亡率與其工業化程度和經濟發展有關。

這個模型記錄的是一般的情況,並不能用來解釋某特定國家的人口轉變經驗,即使如此,我們仍能說所有國家都已經經歷,或正經歷該人口轉變的基本模型,雖然各國在死亡率開始下降之後的人口增加速度不同。人口轉型理論不只是個模型而已,它還能解釋導致機械化富國出生率和死亡率下降的原因(日本除外)。然而,導致勞力密集窮國出生率和死亡率變化的因素基本上迥異於已開發國家的變化因素。在更詳細地檢視人口轉型的每個階段之後,我們再來思考巴西這類勞力密集窮國的人口轉型方式究竟與機械化富國的經驗有何不同。

第一階段:高出生率與高死亡率

人類歷史在剛開始的 200 萬至 500 萬年之間,人口成長非常緩慢,世界人口在西元 1800 年之前仍低於 10 億,之後才開始劇烈增加。世界人口到 1930 年時已達 20 億,之後的 50 年內又多增加 25 億,1980 年代增加的 7 億 5,000 人使現今的人口總量達到 54 億。人口學家推測,1800 年之前人口成長的緩慢原因是**死亡危機**(mortality crises)──戰爭、饑荒與傳染病造成死亡率經常且激烈的波動,此乃當時生活的規律特質(Watkins and Menken 1985)。

第一階段通常是高成長潛力的階段:假如出現某些事件使死亡率下降(比如農業、衛生與醫療水準的進步),人口將會急劇增加。生命在這個階段是短暫而殘酷的,死亡率經常高於 50 / 1000。當死亡危機開始時,死亡率似乎是無限地上升,有時甚至波及總人口數的一半,就像在 14 世紀中葉及其後約 300 年再次橫掃歐洲、中東和亞洲的黑死病(Black Plague)。據估計,在黑死病剛盛行的 20 年內,傳染範圍內的死亡數高達總人口的 3/4。中世紀義大利作家薄伽邱(Giovanni Boccaccio)記錄他對該事件的印象:

當人們受到感染之後,鼠蹊部和腋下會出現雞蛋般大小的腫大,有些甚至像蘋果那樣大，人們管它叫作 gavoccioli……它會在短期間內散佈到身體各處；之後的疾病癥狀是，手和大腿以及全身各處出現許多黑色與青黑色的斑點，其中有些斑點看起來比較大。這個疾病鮮能治癒，受感染者幾乎在癥狀出現後第三天就會發病身亡。（BOCCACCIO [1353] 1984, p.728）

另一個死亡危機並沒有像黑死病那麼受人注意。15 世紀當歐洲人到達北美洲之後，將肺結核、麻疹、天花、流行性感冒等疾病傳入當地，由於當地土著並沒有抵禦能力，故造成大量土著死亡，至於土著死亡的另一個原因是他們不願成為歐洲殖民者的農奴。歷史學家至今仍在探討歐洲殖民者究竟造成多少當地土著的死亡，估計值約是 50% - 90% 。

第一階段的平均餘命很短，大概只有 20-35 歲，當時最脆弱的團體是時值生產年紀的婦女、嬰兒、與不滿 5 歲的幼兒（嬰兒與幼童的高死率將平均餘命的平均值拉低，約是 30 歲左右）。一般相信，此時期的婦女生育率頗高，生 10-12 個是常有的事，但由於三個新生兒當中有一個在一歲前就會死亡，另一個在成年之前也會死亡，所以家庭人數不會很多。假如出生率再不提高的話，整個社會就有絕種的可能。人口學家 Abdel R. Omran（1971）估計，在一個平均餘命是 30 歲的社會中，每位婦女平均得生出七名活嬰，才能確保有二位可以長大成人；而她得養六個男孩，才能確保 65 歲的父親（如果父親活得夠久的話）還有個孩子仍健在。

西歐在西元 1650 年前的高死亡率與食物短缺極為有關，人們即使不是直接死於饑餓，就是飽受疾病的摧殘而死亡。曾任英國國教牧師的英國經濟學家馬爾薩斯（Thomas Malthus）據此認為，「人口的生殖力遠超過土地的生產力，以致於死亡必須以某種形式造訪人類」（Malthus [1798] 1965, p.140）。根據馬爾薩斯的說法，積極的抑制可以讓人口數量與食物供給維持調和，他將積極抑制（positive checks）界定為提高死亡率的事件，包括傳染病和寄生疾病的盛行、戰爭與饑荒等等。馬爾薩斯相信，為了避免食物的供給無法負荷過度的成長人口，唯一的道德方式是晚婚與獨身，他認為殺嬰、同性戀、或者性傳染病導致的不孕等其他方法都是不道德的。

然而，在多數的情況中，饑荒的發生不只是因為人口太多而食物不足，人為因素事實上也扮演著重要角色。就以巴西東北部遭受旱災侵襲的區域來說，許多當地人種的是出口導向的經濟作物（如甘蔗），而不是一些自食性的作物，加上這些經濟作物掌握在少數地主手中，實際的工作者卻是沒有土地的佃農，所以許多人長期忍受饑餓與營養不良（見「自體供食」一文）。

自體供食

饑餓與饑荒現仍在世界許多地方出現。人們在食物供給不足以及長期饑餓的環境下過活，人體會經歷什麼樣的情況？下列的文章將會解釋。

1. 人體在未進食時，會將貯存在肝臟內稱作肝醣的澱粉質釋出，以供給身體養份。

2. 身體的能量會隨著進食的減少而下降，比如心跳、脈搏和血壓都會降低。

3. 身體會開始脫水，並消化脂肪和肌肉來提供熱量。人們失去的體重中包括 50% 的水份、25%的肌肉和 25%的脂肪。當細胞內的水份喪失時，人體會縮水，整個人看來相當憔悴、雙頰削瘦。

4. 水份喪失會導致體內流質不均衡，由於流質集中在細胞裡，便會產生浮腫的現象，所以腹部膨脹、腫大是饑餓者的典型特徵。

5. 人體可以承受喪失正常體重的 25%，若體重若繼續失去的話，人體器官將會開始損壞，平均餘命將只有 30-50 天。譬如，健康成人的心臟重量約有 11-14 盎司，但饑餓者的心臟重量卻縮減到 5-6 盎司；而腸子的萎縮會使身體無法消化食物。

6. 疾病會加速饑餓，比如腸裡的寄生蟲（這正是衛生條件不佳的索馬利亞難民營內猖獗的病症）會導致腹瀉，進一步造成身體無法吸收外界

養份。此時免疫系統也開始衰退，讓人體無法抵禦其他疾病。

7. 饑餓也會破壞心理健康，長期的饑荒會讓人們逐漸失去希望，自我人格也開始消失，人會變得混亂、頭腦模糊、暴躁，此時自衛本能就會讓饑餓的母親搶食孩子的食物。

饑荒襲捲非洲境內慘遭戰火蹂躪的索馬利亞。

第二階段：轉型階段

西元 1650 年左右，西歐的死亡危機較少發生，死亡率在 1750 年之後便開始緩慢下降。死亡率的下降與工業革命諸多複雜因素有關，最重要的兩項因素是（1）食物供給量增加，改善人們的營養狀況，也增加人們抵禦疾病的能力，以及（2）公共衛生措施的改善，包括使用棉織服與烹食新方法。下列節錄的文章說明：

冬天餵牛飼料的發展是很重要的，飼主能利用這些飼料讓牛羣熬過冬天，因而能製造半年生活所需的醃肉⋯⋯罐頭製造業發軔於 19 世紀初期，這種改良式的食物新保存法奠定工業化世界的飲食基礎。最後，廉價棉質服的製造在 19 世紀中葉出現，在此之前，人們很少清洗衣服，特別是窮人，而商賈太太通常將皮製的胸衣與羽毛襯裙穿到損壞才丟棄。新生產的廉價棉質服不但容易清洗，且能增進清潔，促進更好的健康。（STUB 1982, p.33）

與一般人信念相反的是，醫療技術的進步直到 20 世紀之交，才對死亡率產生重大影響，營養和衛生設備的改善，抑制傳染性疾病的蔓延，而使死亡率驟降。

過去 100 年來，死亡率由 50/1000 降到低於 20/1000，而平均餘命也增加到 50 歲。當死亡率下降而生育率仍高，或者由於衛生設備和營養的改善，婦女多產會導致出生率上揚。隨著死亡率的下降，**人口間距**（demographic gap）——即出生率與死亡率之間的差距——會增大，人口數量會愈來愈多，而**都市化**（urbanization）——即城市數目增加以及在城市中生活的人口增加——亦伴隨著人口數量的增加而達到空前的規模（1850 年全球人口中只有 2% 住在人口超過 100,000 人的城市中）。

生育率大約在 1880 年左右開始下降，導致生育率下降的因素並不清楚，仍是人口學家爭論的議題。不過倒是有一點很確定：生育率的下降並非源自於節育技術的創新，因為該技術早在 1880 年前就已存在。生育率的下降似乎與其他因素有關。首先，在工業和都市環境中，兒童不再是廉價勞力的來源，反倒成為父母的經濟責任，故其經濟價值降低；其次，由於嬰兒與兒童死亡率的下降，每個新生兒幾乎都能存活，故婦女無需生育太多子女；第三，婦女地位的改變使其較能掌控生殖生活，不再以生育子女做為生活的重心。然而，學者並不同意婦女可在特定情況下控制自己的生殖生活。

第三階段：低死亡率與下降中的出生率

　　大約在 1730 年的西方工業化國家當中，出生率與死亡率都低於 20 / 1000，人口成長率相當緩慢，而平均餘命已逾 70 歲。嬰兒、兒童與母親死亡率極低，反倒是意外事件、殺人和自殺成爲年輕人的死亡主因。由於死於傳染病的風險降低，因此人們都能順利地活到中、老年，此時他們的可評估風險是那些退化性與環境引起的疾病（心臟病、癌症、中風等等）。每年的死亡人口中有 70% 是 50 歲以上的人，這種情形是史上頭一遭。在此階段之前，死亡人口中絕大部分是嬰兒、兒童與年輕婦女（Olshansky and Ault 1986）。

　　當死亡率下降時，疾病預防成爲一個重要議題。生活的目標不但是要活得夠久，且得兼顧生活品質（Olshansky and Ault 1986; Omran 1971）。結果，人們開始意識到健康與生活型態（像睡眠、營養、運動、飲食以及抽煙習慣）之間的關係。除了低出生率和低死亡率之外，第三階段還特別強調消費（這是由於製造與食物生產技術的進步使之可能）。[8]

　　理論上，所有的機械化富國都處於人口轉型的第三階段。[9] 曾經有些社會學家和人口學家主張，當所謂的第三世界國家開始進行工業化時，也會遵循此種發展模式，然而，由於勞力密集窮國在工業化的本質上迥異於機械化富國，所以這些窮國不太可能遵循相同的發展途徑。

❧ 勞力密集窮國的人口轉型

　　勞力密集窮國在工業化的本質上迥異於機械化富國，原因之一是大多數的勞力密集窮國都曾是機械化富國的殖民地。機械化富國建立的殖民地經濟不是在滿足殖民地本身的需求，而是以滿足殖民母國工業需求爲導向。以巴西爲例，葡萄牙人強迫當地土著種植作物、採集礦產，然後出口到殖民母國，但卻不容許當地人發展本土產業。巴西在 1882 年脫離葡萄牙獨立以來已逾一世紀,但卻仍然維持單一作物、出口導向的經濟型態,先是甘蔗,後是橡膠,然後是咖啡。正如單一作物出口的經濟型態常會發生的,巴西經濟也經歷興衰的周期,橡膠的景氣可資明證。在 1900-1925 年間,位於亞馬遜地區的 Manaus 城是全世界的橡膠中心,供應全球需求的 90%,少數坐擁大片種植場的橡膠大王攫取豐厚的利潤,來自巴西東北部的印地安人和佃農則像奴隸似的賣命工作。但是當英裔 Henry Wickham 將 70,000 株橡膠樹苗從巴西偷運到新加坡去種植以後,巴西橡膠業的榮景便告結束。低價的亞洲橡膠最後取代巴西橡膠在全球市場中的地位 (Nolty 1990; U.S. Department of the Army 1983; Revkin 1990)。多國公司仍在當今雇用開發中國家的工人,從事低薪、低技術且勞力密集的工作,他們生產的產品仍然出口到已開發國家。

殖民的事實有助於解釋為什麼人口轉型模式無法應用於勞力密集窮國。與機械化富國相較,勞力密集窮國的特徵的確不同:死亡率下降相當快,但出生率仍高,致使人口數量急速成長,而都市到鄉村、與鄉村到鄉村的遷移程度也較高。

死亡率

死亡率在勞力密集窮國的下降時間遠比機械化富國來得快,後者得花 100 年才能將死亡率從 50 / 1000 降到 10 / 1000,但前者卻只用了 20-25 年。人口學家將此種相對快速的下降率歸因於文化擴散(見第四章),意即,勞力密集的窮國進口某些西方國家的科技——如殺蟲劑、肥料、預防針、抗生素、衛生設備和高收成的作物,這些都導致死亡率迅速下降。以巴西為例,該國進口 DDT 消滅帶有黃熱病和瘧疾病原的蚊子,此外,巴西政府還發展各種解毒劑(蛇、蜘蛛、毒蠍),並將之分配到鄉下診所。而巴西政府也正試努力抑制寄生蟲病和血吸蟲病,這些都是血液中的寄生蟲導致的嚴重疾病(Nolty 1990)。

死亡率的迅速下降已造成開發中國家的人口快速成長,有些人口學家甚至相信，開發中國家將可能陷入人口陷阱（demographic trap）——即人口數量的成長超出環境負載力：

> 一旦人口擴增到一定程度，人們的需求開始會超出森林、牧場、農田的可頁荷範圍，於是人們會開始直接或間接地消耗資源自身的基礎，最後，森林、牧地都會消失，地力被侵蝕，土地生產力下降，井水枯竭甚至乾涸。這些都會降低食物的生產及其收入，此種窘境將不斷惡化。（L. BROWN 1987, p.28）

尼泊爾（位於中國和印度之間）和哥斯大黎加（位於中美洲）分別代表兩種人口陷阱的實例。由於人口的壓力，尼泊爾農夫被迫到陡峻的山坡上耕種，而婦女則得在這些地點蒐集餵食家畜的食物與煮飯升火所需的柴薪。當森林被砍伐殆盡時，這種例行性的蒐集工作所需時間愈來愈長，而耕種也變得更困難，結果使得家庭收入減少，而飲食也呈現惡化跡象。事實上，尼泊爾鄉下地區營養不良的比例與砍伐森林的比例有強烈關係（Durning 1990）。

哥期大黎加過去曾被熱帶森林覆蓋，由於過去 20 年的人口成長和土地政策的施行，已使人口間距擴大，不過土地政策僅偏袒一小撮牧場主人（為數約 2,000 人），無視政策造成的無土地農民的需求。全國近一半的可耕地用來養牛，這個行業並不需要太多勞力，農民的就業機會因此受限。「這群沒有土地的農人湧入人口激增的城市、脆弱的山坡和森林當中，這些家庭在沒有選擇的情況下加速濫伐的進行」（Druning 1990, p.146）。

值得注意的是，人口壓力不是造成人口成長超過環境負載力的單一原因。巴西政府在 1980 年興建一條連結聖保羅與亞馬遜地區 Rondônia 的高速公路 BR364，使相當多的農民免費得到亞馬遜森林中 100 多畝的土地。這些農民清除地上物並建造房舍，造成許多土地化為一片黃沙，無法再種植任何作物，於是在沒有抒緩土地問題的情況下，百萬畝的雨林地因此被摧毀。就技術層面來說，亞馬遜地區的人口成長已超出該地地力的負荷，而批評者認為政府官員並未考量農民在此謀生頗為困難，就一味盲目地將之送到叢林當中。此外，這 100 畝土地竟然在未考慮地形因素的情況下（有些土地由岩石組成，而許多土地缺乏水源涵養）進行劃分。更重要的是，土地分配制度造就這些長期無地可耕的農夫，這不是缺乏土地的結果：巴西有 50%的可耕地被不到 1%的地主所把持，而其土地泰半都是閒置的狀態。因此，將農民送往山坡、森林和牧地工作的原因，不是由於人口壓力等因素，而是土地分配政策（Sanders 1986）。

以巴西的鄉下地區為例，就能了解人口成長的問題不單只是人口數量的問題，還涉及土地的負載力。

出生率

大多數開發中國家的出生率雖然還是很高，但已有下降的跡象，不過這些地區的人口間距仍然很大。（見圖 12.3）關於導致開發中國家總生育力降低的因素還不甚清楚，社會學家 Bernald Berelson（1978）認為有些重要的「門檻」（threshold）與工業化及生育率的下降有關，包括下列諸條件：

1.　農業活動雇用的勞動力低於 50%。

2. 5-19 歲年紀的國民至少有 50%入學。

3. 平均餘命至少要超過 60 歲。

4. 嬰兒死亡率低於 65/1000。

5. 15-19 歲年紀的女性中有八成未婚。

　　巴西的情況大多能滿足上述條件。雖然巴西的總生育率仍高，但每名婦女生育子女數在過去 20 年來已由 5.75 降至 3.0（Brooke 1989; U.S. Bureau of the Census 1991）。Berelson 提出的因素、政府的家庭政策、以及幾乎全面普及的電視等等因素都能解釋生育率的下降。譬如巴西政府在 1960 年代制定的鼓勵生育政策，規定生育小孩就能享有減稅及產婦津貼，目的是增加人口成長，特別是亞馬遜地區的人口成長（U.S. Department of the Army 1983）。然而，巴西政府最後不得不放棄該政策，因爲它只讓原本已經人口稠密的區域人數更多而已。

　　人們觀看電視亦是巴西生育率下降的原因之一。自 1960 年以來，家戶擁有電視的百分比已從 5%上升到 72%，許多巴西人都能收看到鼓勵新規範的節目，譬如，受歡迎的巴西肥皂劇偏好注重消費的小家庭，劇中出現的大家庭通常是貧窮與悲慘的象徵（Brooke 1989）。

　　在開發中國家內，死亡率下降的速度與出生率之間的關係僅是勞力密集窮國與機械化富國的諸多不同點之一。其中還有兩項重大差異：（1）人口增加的速率，以及（2）**遷移**（migration），即人們由一地移居到另一地。

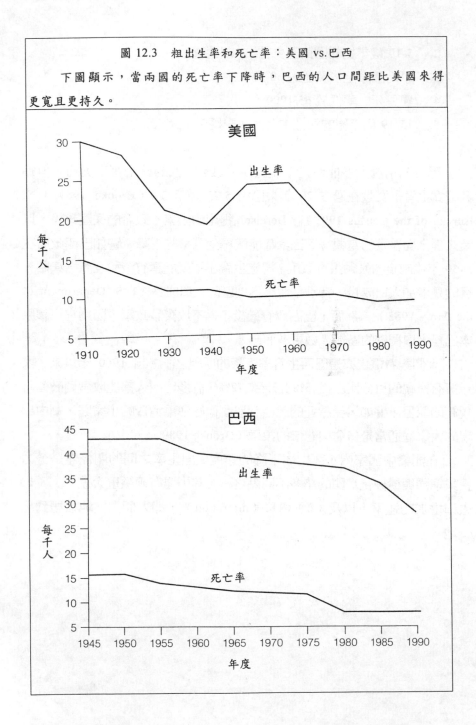

圖 12.3　粗出生率和死亡率：美國 vs.巴西

下圖顯示，當兩國的死亡率下降時，巴西的人口間距比美國來得更寬且更持久。

美國

出生率

死亡率

每千人

30
25
20
15
10
5

1910　1920　1930　1940　1950　1960　1970　1980　1990

年度

巴西

出生率

死亡率

每千人

45
40
35
30
25
20
15
10
5

1945　1950　1955　1960　1965　1970　1975　1980　1985　1990

年度

人口成長

　　人口增加率與性別和年齡組成等因素有關。一般而言，年輕成人（兩性都正值生育期）占多數的國家，在人口數量的增長上會比中老年人佔多數的國家來得快。

　　人口的性別與年齡組成一般是以**人口金字塔**（population pyramid）來呈現，這是一組水平長條圖的組合，各個長條都代表 5 年的年齡世代（所謂**世代**〔cohort〕係指一群分享同樣特徵與生活事件的團體；此處該詞亦包括特定某五年內的所有人口）。每一個世代由兩條分別代表兩性的長條圖所組成，長條圖頭尾相連，中間由一條代表零值的縱軸將之分隔兩半，金字塔的左半面通常代表不同男性世代的數目和百分比，右側代表不同女性世代的數目和百分比。金字塔圖形依據世代來堆砌，0-4 歲的世代構成金字塔底部，而 80 歲以上的世代則居頂層（見圖 12.4）。人口金字塔讓我們得以檢視各年齡世代的相對人數，並比較每個年輪男女兩性的相對數目。

　　人口金字塔清楚說明某特定時期內各年輪的兩性數量。一般來說，人口金字塔大致可分爲三種形狀──擴張型、壓縮型和停滯型。三角形狀的**擴張型金字塔**（expansive pyramids）是勞力密集窮國的特徵，其底部最寬，而依次往上的長條會愈來愈短（見圖 12.4a）。在擴張型人口金字塔當中，各年齡世代的相對數量顯示人口仍在持續增加，且其組成大部分是年輕人。

　　壓縮型金字塔（constrictive pyramids）是某些歐洲社會的特徵，以瑞士和西德最爲顯著，這種形狀的底部比中間部份來得窄（見圖 12.4b），顯示人口大多由中老年人組成。至於**停滯型金字塔**（stationary pyramids）則是大多數已開發國家的特徵，停滯型與壓縮型金字塔類似，不同之處在於此型各年齡世代的人口數量大致都差不多，而生育率正處於替代水準（replacement level）（見圖 12.4c）。

　　人口學家之所以研究性別與年齡組成，是爲了把出生率與死亡率放到一個更廣的脈絡中。舉例來說，從 1990-1991 年中葉，世界人口量估計增加 9,000 萬人，其中相當大的比例來自中國和印度。雖然出生率高於印度的國家有 90 個，高過中國的有 134 個（U.S. Bureau of Census 1991），但這兩個國家佔了總增量的 1/3（約 3 千 300 萬人）。中國人口增加 1,600 萬，印度人口增加 1,700 萬，這種大量的成長得歸因於這兩個國家的人口原本就很多（中國有 11 億 5,000 萬人口，而印度有 8 億 7,000 萬人口），而兩國人口當中正值生育年齡者——介於 15-49 歲——超過 50%（U.S. Bureau of Census 1991）。

性別與年齡組俾益我們部分了解為何勞力密集窮國的死亡率與機械化富國的死亡率相近（有些甚至更低）。巴西官方統計的死亡率是 7／1000，美國則是 9／1000。然而美國人口中有 13% 超過 65 歲，但巴西卻只有 5%，假如這兩個國家的存活機會真的都相等的話，那機械化富國的死亡率實際上會比較高，因為人口當中老年人占較大比例，其死亡風險較高。

美國的死亡率高過巴西的另一原因是：在勞力密集窮國當中，許多死亡數目並未確實登記，特別是鄉下地區，這導致官方資料與實際情況有相當的落差。根據研究員 Marilyn K. Nationas 和 Mara Lucia Amaral 的說法，「巴西官方統計的死亡數往往只涵括家屬登記的部分」（1991, p.207）。參考「巴西官方對死亡的統計方式」一文。

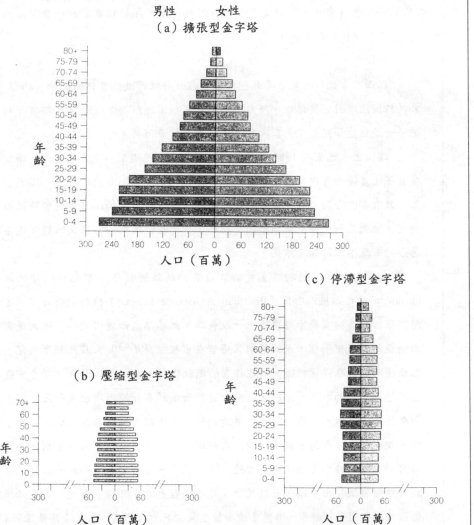

圖 12.4　人口金字塔

　　下列三圖顯示（a）擴張型金字塔是勞力密集窮國的特徵，（b）壓縮型金字塔是
某些歐洲國家（如瑞士）的特徵，以及（c）停滯型金字塔是大多數發展中國家的特徵。

男性　　　女性
（a）擴張型金字塔

年齡

80+
75-79
70-74
65-69
60-64
55-59
50-54
45-49
40-44
35-39
30-34
25-29
20-24
15-19
10-14
5-9
0-4

300 240 180 120 60　0　60 120 180 240 300

人口（百萬）

（c）停滯型金字塔

（b）壓縮型金字塔

年齡

70+
60
50
40
30
20
10
0

300　60　0　60　300

人口（百萬）

年齡

80+
75-79
70-74
65-69
60-64
55-59
50-54
45-49
40-44
35-39
30-34
25-29
20-24
15-19
10-14
5-9
0-4

300　60　0　60　300

人口（百萬）

巴西官方對死亡的統計方式

　　勞力密集窮國的人口統計數據總是不太可靠，以巴西為例，官方的出生登記就較死亡登記來得常見。下列文章告訴我們為什麼，並解釋貧窮和社會習俗如何影響不可靠人口統計數據。

　　巴西官方統計的死亡率只包括家屬向政府註冊機構登記的部分。1973 年公共註冊法 6015 號保證，所有巴西市民不論家庭財務狀況如何，都有權利登記子女的出生和死亡（而窮人家庭無需再支付費用）。

　　理論上，巴西在 1988 年採用的新聯邦憲法已明載一套註冊程序，讓父親在妻子生產後七天內能辦理嬰兒的註冊登記，以及協助孕後的妻子。不過實際上，只有那些合約工人才能執行這項權利，大多數窮人的工作都是暫時性而不穩定，他們並無法擁有這項權利。此外，註冊登記所需的官樣文章經常讓這些悲慘的家庭不能打零工維生。

　　貧窮的父母若想利用免費的政府資助的註冊程序，首先得取得座落在 Fortaleza 的巴西援助聯盟（Brazilian Assistance League）核發的財力證明書。想辦理證明書的貧窮家庭得走上一段長路，到不熟悉如迷宮般的高樓大廈與嘈雜街道的城市中辦理。而媽媽經常得留在家裡坐月子 40 天或照顧新生兒。在巴西援助聯盟取得資料後，辦理作業的流程得花上 2-5 個工作天。當手中握有巴西援助聯盟的許可，家庭才能到政府註冊機構各分部辦理出生和死亡的申請和文件簽發，假如產後 15 天的申請期一過，申請者就得向法院的律師提出請願，說明新生兒為何未在法定期限內辦理申請。之後，這些人才能到巴西援助聯盟辦公室申請財力證明書（當然，這得花上一段時間），而此一程序也能在政府註冊機構提出申請。至於死亡登記的過程也非常類似：首先，家庭必須跟巴西援助聯盟取得連繫，聯盟會請求醫生開立死亡證明書。在申請醫療證明（這可能得花上好幾天，因為從事該服務的醫生是無給職，且在簽署證明時會擔負數項責任風險）後，父母親必須將之攜至政府註冊機構，以領取實質的死亡證明書。雖然窮人在生出和死亡登記上並不用付出直接的成本，但間接的成本卻需要考量：耗時、費力、沒錢可賺及一些現金支出。某些父母連到醫院認領自己死去的小孩的時間和金錢都沒有，更不可能辦理整個死亡登記過程。

　　不過費力完成出生註冊過程的父母才能獲得國家的社會救濟金，大多數的基本服務——如食物補助、學校就學、投票以及接受健康照顧——都有賴於兒童的出生註冊。相反地，辦理兒童死亡登記卻沒有獲得任何的社會救濟金，因而人們前往辦理登記的意願也就大為降低。雖然巴西法律規定只有獲得死亡證明的屍體才能葬在公墓，但這也非一成不變的規則，由於兒童死亡在官方判定之後，家庭的相關福利（如牛奶和食物的補助）會因而失去，所以拒絕呈報兒童死亡而被懲處的家庭比比皆是。

　　出生和死亡之間這種不平衡的處理情況進一步扭曲了生育率，官方註冊體系的失衡造成這種情況：相較於以「總活嬰數」作為分母，作為分子的死亡率被刻意地壓低，因而官方的死亡率呈現極度偏誤的情況。

遷移

　　遷移是兩個因素作用下的結果：**推動因素**（push factors），即促使人們移出某地的情況；以及**拉動因素**（pull factors），即促使人們移入某地的情況。「就最單純的層次來說，〔以及在沒有其他力量介入的情況之下，〕人們的遷移可以說是他們相信遷移到另一地可以讓生活變得更好」（Stockwell and Groat 1984, p.291）。常見的推動因素包括宗教或政治迫害、歧視、天然資源耗竭、缺乏就業機會以及天然災害（旱災、水災、地震等等），而吸引人們到某地方的常見因素包括就業機會、舒適的氣候等。遷移可分為兩大類別：國際遷移與國內遷移。

　　國際遷移　國際遷移（international imgration）係指人們在國與國之間移動。人口學家使用**移出**（emigration）一詞指涉個體離開某國，而**移入**（immigration）一詞則指個體進入新的國家。大多數政府都會限制外國人口移入的數量，除非這個國家人口太過稀少。譬如美國在 1822 年以前採取開放的移民政策，此後即對移民數量有所限制。就拿 1822-1943 年美國主要的移民站——艾利斯島——來說，醫生會對移民進行篩檢，然後給予每個人一個代碼：

> 那些被貼上 E、H、Pg、X 或 X 外頭再畫上圓圈的人就得離開隊伍，並等候進一步檢查。
>
> 這些字母都有具有意義。E 代表眼疾，H 代表心臟有問題，Pg 表示懷孕，X 代表智障，而 X 外頭再畫上圓圈則代表精神疾病，具有這些毛病的申請者都得加以排除。而醫生執行的「六秒鐘身體檢查」指的是觀察申請者的上樓動作，即可剔除掉跛足者，這個檢查是很迅速的！（BASS 1990, p.89）

現今想移民美國的人都得到美國大使館接受檢覈，其中有 38 種情況不准外國人移民美國。這些情況包括從事犯罪、顛覆活動或行為不端的人士、身心障礙者、可能在經濟上消耗美國福利制度的人、以及可能對美國人的工作權產生威脅、形成不公平競爭的人士。

在 1600 到 20 世紀早期這段時間內，有三股跨洲（就定義而言是跨國的）遷移的移民流發生：（1）歐洲人大量在北美、南美、亞洲和非洲等地建立殖民地，並進行商業投機，甚至在某些地方取代當地人民，建立獨立國家（如美國、巴西、阿根廷、加拿大、紐西蘭、澳洲和南非）；（2）少量的亞洲人移民到東非、美國（包括夏威夷，該地在 1959 年之前尚未成為美國的一州）和巴西，他們來此提供廉價勞力，參與交通和農業計畫；以及（3）西班牙、葡萄牙、法國、荷蘭及英國的奴隸販子將 1,100 萬名非洲人販賣到美國、南美、加勒比海及西印度群島，這些奴隸均屬於被迫移民者，而巴西是所有美洲地區當中進口非洲奴隸最多的國家（Skidmore 1993）。

這三股移民流造就巴西的種族組成：「世界上鮮有一個國家能有這麼多的膚色，從純白、黃色、古銅色到深黑應有盡有」（Nolty 1990, p.6），這源自於在巴西殖民的葡萄牙水手與當地女子，或與非洲女奴混血的（經常是強迫性的）結果。在 1888 年奴隸制廢除之後，巴西政府鼓勵歐洲人和亞洲人移民巴西，以彌補原有奴隸制度生產的勞動力。在 1884-1914 年之間，大量的日本及義大利人移民巴西，他們一直在大農場工作，盼能賺取足夠的錢來另行謀生。

國內遷移　相較於國際遷移，國內遷移（internal migration）係指在單一國家疆域之內的移動——從某一州、某地區或某城市移往另一州、地區或城市。人口學家使用**遷入**（in-migration）一詞指涉人們遷移到某一指定地區，而**遷出**（out-migration）一詞則是指人口遷移出某一指定地區。

伴隨工業化而來的鄉村到都市的移動（即都市化）是國內遷移的主要類型之一。[10] 不過，勞力密集窮國與機械化富國的都市化存在著實質上的差異：

> 世界上從未出現那麼快的都市成長。城市問題（特別是開發中國家的城市）就像許多舊問題一樣，會以新而顯明的形式帶給人類新的經驗，比如都市的基礎設施、食物、住宅、就業、建康、教育等等。現今已工業化國家從未思考過的都市計畫，將是許多發展中國家必須考量的課題，因為發展中國家的高度人口成長與此現象是分不開的，不論其過程中是否有其他因素介入。（RUSINOW 1986, p.9）

一些因素造成都市地區人口空前的成長。首先，在一個半世紀之前，機械化富國的工業化創造許多就業機會，這與城市的發展極為相稱，而那些被迫離開家園的歐洲人便遷移到地廣人稀的地方，像北美、南美、南非、紐西蘭和澳洲，如果這些 18、19 世紀的移民者當初被迫留在歐洲城市謀生，那他們的情況實際上可能更糟：

> 愛爾蘭可當作一極端例證。1846-1849 年間的馬鈴薯饑荒，毀損數百萬名農民的主要作物，饑荒與遷移的結果造成愛爾蘭人口在 1845-

1851 年間減少 30%。移民流向英國的工業城鎮，但英國並未吸納所有的愛爾蘭人，而北美和澳洲也接受部分的愛爾蘭移民。對於這些一窮二白的移民來說，新大陸供應的生計是英國無法提供的。

……再也沒有任何新世界可再吸納低度工業化國家裡增長的人口。（LIGHT 1983, pp.130-31）

由於遷入城市的移民多來自經濟不穩定的地區，使得巴西的都市化問題更形嚴重。事實上，許多來自鄉下的移民沒有選擇的被迫來到都市，以巴西東北部地區來說，農人之所以被迫離開，實因乾旱和洪水、林地被砍伐殆盡、以及土地集中在少數人手裡。當這些人來到都市，不僅面臨失業問題，還得處理無屋可住、各項設施匱乏（電力、自來水、垃圾處理）等問題。在勞力密集窮國的城市中，最顯明的特徵是隨處可見的貧民窟和違章建築，比機械化富國最糟的貧民窟還爛。都市裡的違章建築並非巴西獨有的問題，幾乎所有開發中國家都會面臨這種現象。

另一種型態的國內移民是鄉村之間的移民，這常發生在許多勞力密集窮國當中。我們鮮能知悉此種遷移的程度（除了知道這種遷移人口全球可能多達 3,700 萬人之外），也難以得知這種型態的移民會對移入地、移出地造成什麼樣的影響。然而我們確實知道，在這種遷移型態中，農夫會往愈偏僻的土地移動。一般來說，這種遷移並不會改善其社經地位，換言之，農夫的遷移目的並不是為了找尋更好的工作，而是為了找份工作或找尋可耕地（Feder 1971）。

巴西有 1,050 萬名工作者沒有土地可從事耕種，他們「在全國四處遷移……找尋看似無人的耕地」（Cowell 1990, p.137）。有些拚命的傢伙甚至遷移到亞馬遜地區，但這些農夫並未進駐荒山野地，清除地面的樹木岩石，最後成為富裕的農場主人，反而是只能種些作物勉強過活，而這種情況也並非巴西獨有。社會學家 Alfredo Molano 估計，在哥倫比亞的移民當中，「那些逃離暴力、政治迫害與經濟貧困的人，到森林裡找尋另一種維生方式」（Molano 1993, p.43）。但這些移民從事的各項活動，如找尋升火的柴薪、耕種的土地、以及伐木造舍等等,對森林的為害遠比伐木公司還要大(Semana 1993)。

工業化不論以什麼方式呈現,都一直對家庭生活產生重大影響。我們在本段當中已指出影響家庭人數與組成的各種趨勢,如死亡率相對快速的下降,以及出生率相對緩慢地下降。很明顯地,平均餘命的增加會影響兒童養育經驗等相關事件(譬如嬰兒和兒童死亡率的降低),也讓父母得以望見子女長大成人。同樣地,人口為土地帶來的壓力,以及人口間距、有問題的資源分配政策、大量的生產年齡人口、以及鄉村移往都市與鄉村間的高比率遷移等其他因素,亦影響家庭的生活水準、收入與謀生機會。

✣ 工業化與家庭生活

社會學家已確認工業革命如何影響機械化富國的家庭生活(見表12.5),但卻未確認工業化對勞力密集窮國的家庭生活造成什麼的影響。我們已經知道,不是每個人都有相同的工業化經驗,例如沒有耕地的巴西農夫、墨西哥的瑪克拉多拉工人、薩伊的 Mbuti、被解雇的美國工廠工人、白領階段以及其他數不盡的團體,這些人都受到工業化的不同影響。

表 12.5	工業化對家庭生活的影響	
主要情節	工業化之前	工業化的成熟階段
生產經驗		
出生率(每年)	30-50/1000	低於 20/1000
總出生率	9	2
生產間隔	整個生殖生活(15-49 歲)	生殖生活中的短暫時期
母親的死亡率(每年)	超過 600/100000	30/100000
分娩相關原因造成的死亡機會	1/21	1/10000
存活機會		
死亡率	50+/1000	低於 10/1000
平均餘命	20-30	70+
死因的主要成因	傳染病	退化病和人為因素
	營養失調	
	寄生蟲疾病	
勞動本質		
生計依靠	勞力密集的農業	資訊業和服務業
動力來源	人力和其他自然動力	機械和人類創造的動力
經濟型態	生存導向	消費導向
居住地	鄉村	都市

　　這種迥異的經驗使我們無法全面陳述工業化對家庭生活的影響。社會學家 Helene Tremblay 在周遊 60 國,巡迴研究 118 個家庭之後,了解世界上諸多家庭的生活。以下文章摘錄自她的日記,內容陳述每個家庭如何展開新的一天,讓我們洞悉家庭生活不可能加以概化:

　　亞馬遜流域的 Yanomami 家庭住在公共棚屋中,該棚屋有 15 間隔間,每戶使用一個隔間。這戶人家的成員包括母親(她是三位妻子之一,其他兩位住在他處)、父親和三位小孩(分別為 18 個月、4 歲和 7 歲)。「母親摘了幾串香蕉掛在頭上帶回,將其連同塞有堅果核仁的棕櫚葉一起丟到煤火上,早餐馬上就快準備好了。

　　母親把孩子餵飽之後,便和其他婦女一起去捉魚;而父親則是利

用乾季的最末幾天同一些男人去打獵。」（TREMBLAY 1988, p.3）

位於 Guriri 的 Mariano de Souza Caldas 家庭住在政府核准的泥造屋中，此處距離城市垃圾場只有 50 公尺，所以不時有惡臭傳來。家庭成員包括父親、懷孕的母親以及從 11 個月到 17 歲不等的小孩 10 位。父親「輕輕地推開沉睡中的兒子，起床後再推開擋在門口的嬰兒床……往庭院後頭的水井走去……在一陣梳洗後……他到牧場擠牛奶……並耗費整個早上的時間在垃圾堆中找尋一些可以賣錢的可回收垃圾。」（p.23）

里約熱內盧的 Aratanha 家庭住在一間設施完善（有足球場、網球場、健身房等），有高牆、警衛的房子內。家庭成員包括同為醫生的父母親，以及二位小孩（一位 3 歲，一位 18 個月）。家裡僱用一名女傭幫忙照顧小孩。「父親常在太太尚在夢酣之際就已匆匆出門……以避開交通擁塞……而母親則很高興能有輛新車，她每天早上可靠這輛車節省半小時的車程。」（p.31）

工業化對家庭生活的影響太過複雜，無法概括性地加以掌握。譬如在巴西境內某些非機械化經濟區內，小孩仍然是廉價勞力的來源，但巴西也有中產階級的城市兒童，就像美國的小孩一樣，同樣扮演機械化富國中的消費角色。

我們難以概化工業化對家庭生活的影響的另一原因是：工業化及其伴隨而來的變遷會遭遇某些政治、文化與歷史的阻礙。譬如，人們認為出生率的下降與工業化和都市化有關，但社會學家和人口學家卻仍在試著了解，美國夫妻為何會在第二次世界大戰之後決定多生小孩（1946-1963 年是快速工業化時期，嬰兒潮出現在這段期間）。

此外，政府政策也會對出生率產生深遠影響。譬如羅馬尼亞政府在 1957 年將墮胎合法化之後，懷孕婦女當中約有 80% 以墮胎收場，出生率大約是 15 / 1000。總統 Nicolai Ceausescu 為了增加人口和未來的工作者人數，便在 1967 年下令嚴格禁賣避孕藥，同時嚴禁墮胎。在 Ceausescu 的政策下，羅馬尼亞婦女都得接受定期的懷孕檢驗，以確信這些懷孕婦女會把小孩生下，至於能夠避孕和墮胎者，只限那些超過 45 歲的懷孕婦女，或者已經擁有 4 個孩子的婦女，而非法執行墮胎的醫生會被判刑 25 年，甚至處死。在這些政策之下，出生率攀升至 27.4 / 1000（Burke 1989; van de Kaa 1987），但出生率在 1983 年卻滑落到 14 / 1000，因此 Ceausescu 宣稱要採取更嚴格的監督行動。

我們難以概化工業化對家庭生活的影響的最後一個原因是：每個家庭都是獨一無二的，且是由不同個性的成員所組成。家庭的獨特性使我們難以預測遷移（以及其他與工業化有關的事件）對家庭生活造成的影響。譬如遷移的增加無疑伴隨工業化而來，但是任何對遷移影響的陳述，都得考慮遷移的種類（鄉村到鄉村、都市到都市、國際遷移等等），以及人們遷移的原因。即使我們因某種理由而將分析縮小到特定遷移類型，我們還是得了解：每個家庭的反應方式還是不一樣。

這些複雜的發現是一般家庭研究的特徵，所以在後續段落中，我們將考量地理上的流動、平均餘命的改變、居住地、以及工作本質等因素如何帶給家庭生活新的壓力，且可能導致家庭功能、組成與兒童地位的改變。我們也將考慮這些因素如何影響兩性間的分工以及人們結婚的理由。

地理流動對家庭生活的影響

工業化帶來地理流動的增加亦會間接影響到家庭生活。一些社會學家已經發現：地理上的區隔實際上會影響家庭成員的碰面頻度，住得近的比住得遠的有更多的碰面機會，這種空間距離日久會導致情感的疏離（Bernardo 1967; Parsons 1966）。其他社會學家發現，雖然地理上的分隔阻礙人們面對面的互動，但這並不必然會破壞親屬關係，因為家庭成員可藉由電話和信件來保持連絡。事實上，這群社會學家發現，實質互動可能因地理上的分隔和距離而增加，更能促進家庭成員間的關係，換言之，這種距離使家庭成員領悟到：不要將對方視為理所當然，而要享受和感激有限的互動時間（Adams 1968; Allan 1977; Leigh 1982; Litwak 1960）。

然而，有些研究者發現：分離未久的人們較可能有實質的互動，而分開已久的人則否。其他研究者則認為要考慮那些可能產生距離效應的因素，特別是人們離開家人的原因，以及家庭成員在地理空間上的分佈程度。不過在某些情況當中，我們不能把成員間的缺乏連繫完全歸因於距離，譬如離開一個問題家庭而獲得解放。在地理分佈上，假如大多數家庭成員都住在同一地，只有一、二成員在外居住，這種分佈的最適程度較容易讓成員彼此探視；假如每位成員居住在不同城市，便很難拜訪所有的家人。根據定義，某些家庭成員的連繫將會比其他成員來得少（Allan 1977）。

長壽的後果

自步入 20 世紀以來，機械化富國的平均餘命已增加 28 歲，而勞力密集窮國則增加 20 歲（甚至更多）。社會學家 Holger R. Stub（1982）在〈長壽的社會後果〉（The Social Consequences of Long Life）文中描述，從 1900 年以來，平均餘命至少依循四種途徑進行延長，改變了家庭組成。第一，小孩在 16 歲之前失去雙親或單親的機會已大幅降低，這種情形在1900 年的發生機會有 24%，但在現今低於 1%。在此同時，父母親也能期待子女順利走過嬰兒期和童年，1900 年美國的每千名新生兒中有 250 位在 1 歲前死亡，有 33% 活不到 18 歲。但現今每千名嬰兒中只有 10 位會在 1 歲前死亡，在 18 歲之前死亡的比例也少於 5%。

第二，婚姻的潛在長度增長。就以 1900 年的死亡類型來說，新婚夫妻可以期待婚姻長度在配偶死亡前能維持 23 年（假定他們沒有離婚的話）。但現今在沒有離婚的情況下，新婚夫妻能夠期待在配偶死亡前能維續 53 年的婚姻長度，這種結構性的改變可能是現今離婚率居高不下的原因之一。在 20 世紀之交：

> 死亡幾乎總是會介入婚姻的自然歷程。但現今許多的婚姻的結束，卻是人們不願再浪費力氣於維持原有的配偶關係。當人們只有幾個月或幾年可活時，他們經常會順從於既有不滿意的生活關係，但倘使人們還有 20, 30 甚至 50 年的時間得身處不滿意的關係中，他們便會在任何年齡階段採取離婚的舉動。（DYCHTWALD AND FLOWER 1989, p.213）

根據 Holger Stub 的說法，當今的離婚率與 100 年前的死亡率一樣高。就此訊息看來　我們懷疑中國最近離婚率的暴增是否和過去 10 年來平均餘命的增加有關，我們也懷疑，生活水準的改善是否會改變人們結婚的理由。

第三，人們現在有較多的時間來選擇和認識自己的伴侶、職業、學校、以及決定是不是要生小孩，而人們在這些事件上起初作成的決定都不代表會持續到最終。由於生活時間的拉長，使個人能改變伴侶、職業、教育計畫和家庭計畫，這些都是 20 世紀之前的人們無法享受到的。Stub 主張中年危機與長壽有關，因為許多人「認為他們還有時間可以嘗試改變，並作出適當的二次就業計畫，或者改變生活型態」（Stub 1982, p.12）。

最後，能夠活到老年的人數已經增加（在那些生育率較低或下降的國家當中，老年人口的數量及其佔總人口的比例正在增加當中），在 1970

年，有 25% 近 60 歲的人其父母之一尚健在，在 1980 年則有 40%，令人更驚訝的是，在 1990 年 60 歲初頭的人當中有 20% 雙親之一健在，70 歲初頭的人當中則有 3%（Lewin 1990）。雖然說只有一小部分人能活到 80 或 90 歲，但是「人口的老化情況前所未見，我們正處於這個新現象當中」（Soldo and Agree 1988, p.5）。

許多作品對世界上超過 65 歲的人口漸增現象多所著墨，特別是照顧殘障、老人的議題。但是，對老年人口的強調應注意這項事實：老人是一個變化快速且異質性高的團體，他們在性別、年齡（從 65-90 多歲之間有 30 年的差距）、社會階級和健康狀況上有所差異。現今大多數老人的健康情況較好，在美國 65 歲以上的老年人口只有 5% 住在療養院（Eckholm 1990）。

包括美國在內的大多數國家當中，大部分殘障人士與孱弱老人的看護人都是女性（Stone, Cafferata, and Sangl 1987; Targ 1989）。美國國內的看護人有 72% 是女性，其中 22.7% 是配偶，28.9% 是女兒，19.9% 是媳婦、姐妹、祖母等等（Stone, Cafferata, and Sangl 1987）。即使是很親近的家庭成員，也得面對這種重要問題：如何滿足殘障與孱弱老人的需求，以免「強迫對孩童進行投資、損害年輕一輩的健康與營養、阻礙流動」，或者為看護人帶來太大的身心壓力。這個問題在開發中國家可能比較嚴重，因為這些地區的老年依賴人口「可能改變其他家庭成員的生活水準」（United Nations 1983, p.570）。即使在那些相當崇敬老者的地區，「孱弱的老人可能在窮困時期被視為沉重負擔，因而遭致遺棄甚至殺害」（Glascock 1982, p.55）。雖然社會上存在許多計畫支持看護人，並處理與殘障與孱弱老人看顧有關的議題，但大多數這類計畫仍在試驗階段，「大概還得等 15-20 年的時間才能挑出有用的計畫」（Lewin 1990, p.A11）。

兒童的地位

與工業革命相關的科技進步減少人們的體力付出量，也降低生產食物與其他商品的時間。當體力與時間在產品製造過程中變得不再那麼重要時，兒童便失去其經濟價值。在一個未機械化的經濟體系中，孩童是家庭裡廉價的非技術勞動來源，這項事實可以部分解釋，為什麼全世界最高的總出生率會出現在巴西亞馬遜地區（Butts and Bogue 1989）。在 Acre 這個鄉下地方的總出生率是 8.03，這個程度接近人口學家界定的人類生殖能力。（見「勞力密集窮國中兒童的經濟角色」一文）

勞力密集窮國中兒童的經濟角色

兒童經常是廉價勞力的重要來源，對非機械化工業國來說尤其如此。Chico Mendes 是亞馬遜河橡膠工的兒子，他的童年經歷說明兒童在橡膠園從事這類勞力密集工作所扮演的經濟角色。

對 Chico Mendes 來說，童年多半充斥著沉重的工作……假如所有的手足都能長大成人的話，那他現在應該有 17 位兄弟姐妹。但成長的過程的確困苦，現在他只是 3 位弟弟和 2 位妹妹的兄長。

在 Chico 5 歲時，他開始從事撿柴和提水的工作，白天時間他得拖著煮飯鍋到最近的河邊提水。……另一項雜務是把新收成的穀物搗碎以去其外殼，先將穀物放到鏤空的樹幹中，再用木質棍棒用力敲搗，宛若特大號的杵臼一般，通常是由兩位小孩一起輪流敲搗。

當 Chico 9 歲時，便跟著父親進森林學習如何採取樹液……在天亮之前，Chico 和家人就得起床……備妥包括獵槍、開山刀、腰袋等工具，準備沿著山路蒐集有用的水果和藥草。他們必須天亮前出發，因為據信此刻橡膠乳液流量最大……

當他們到達橡膠樹時，老 Mendes 雙手握持割刀的本質把柄，姿勢就像高爾夫推球模樣一般，……切割適當的深度是重要的……太深的話會損壞橡膠樹的形成層，會危害樹木的生長，但太淺的話便無法讓乳液流出，形成一種浪費……

Chico 學到如何在新切的割口下方放置錫罐的位置，用小樹枝將之撐起，好讓白色的乳液能在切割後立即沿割口開始滴入錫罐中……

　　Chico 迅速地學會這種獨特的橡膠工作……橡膠園的長寬約有 150 和 200 株橡樹的距離，雖然處理每株橡樹所費時間不多，但樹和樹之間將近有 100 碼距離，因此橡膠工人早上繞一圈可能得走上 8-11 哩，而這只不過是早上的部分。許多橡膠工會在下午尋原路蒐集整個早上累積的乳液。

　　當 Chico 和父親繞過橡膠園一圈後返回家中，這是日已近午，是吃中餐的時間……進餐後，他們再尋原路，開始蒐集早上積累的乳液，直到下午五點方能返家。他們會將在這段期間內蒐集到的數加侖乳液放置在金屬罐中，或自製的橡膠袋內。

　　經由煙燻方法加以處理的純乳液則是最佳的橡膠。

　　煙燻乳液的程序是先在一間開放式的小屋中升火，讓室內充滿濃煙，若把棕櫚果加入火燄中燃燒，通常能讓煙霧更為渾厚。Chico 把乳液舀到圓錐型烤爐上方的木桿上，當乳液量增加後，橡膠會開始變成特大號的英式橄欖球形狀。這種煙燻製程通常會持續到下午，而在一天工作 15 小時之後，通常只能生產 6-8 磅的橡膠，而橡膠工由於長期處在這種濃密的有毒煙霧中，故容易得到慢性肺病。

　　在十二月雨季來臨前，橡膠工會停止採收乳液，開始收集巴西堅果。

　　在雨季期間，Mendes 一家人經常圍在一堆巴西堅果旁，用開山刀把堅果頭部劈開，再將這些碎掉的堅果丟在一堆，這些堅果可以提供這些家庭將近一半的收入。每一棵樹在旺季時能生產 250-500 磅的堅果，某些橡樛工甚至能在一季內收成 3 噸的堅果。雖然這看來挺有賺頭，不過橡膠工並沒有賺到。1989 年出口堅果每磅售價超過 1 美元，但橡膠工卻只得到 3 或 4 分。

　　當 Mendes 全家人沒有在收集乳液或堅果時，他們會種植一些玉米、豆類和木薯根莖作物。

在機械化富裕經濟體系裡的中上階層的小孩，較不需要對家庭經濟作出貢獻（Johansson 1987），在這種經濟體系下，家庭的活力由生產食物及其他必須品轉向消費貨品與服務（見「打進小市場中的卡通」一文）。

打進小市場中的卡通

在機械化富國當中，家庭活力已從生產食物等必須品轉向消費貨品和服務。事實上，市場商人將這些國家裡的幼兒視為潛在顧客，因為他們能對其父母展現無比的影響力，迫使父母不得不購買各種品牌的食品、玩具和衣服。下列這篇 1992 年辛辛那堤行銷與廣告新聞稿支持該論點。

歡迎來到卡通城，在這個神奇的國度中，「任何事都可能發生，自然法則不適用於此，而想像是此處唯一存在的有價貨幣，」新聞週刊這樣描述。卡通城裡有著無與倫比的吸引力，特別是這裡還有許多的卡通劇中人物，比如魔鬼剋星、忍者龜等等，這個活生生的卡通城專為孩子設計。

準備……

變遷中的家庭結構讓孩童成為產品銷售者的明顯目標。隨著更多的父母投入工作行列，愈來愈多的兒童會變得愈孤獨，結果，這些兒童便得自行做出更多的決定，且變得更獨立。現在許多兒童不僅在家裡扮演決定性的角色，更將之延伸到市場，這些兒童就是〈行銷與媒體策略〉一文指稱的家庭的「品牌經理」，而他們也能「做決策——花自己的錢……並影響整個家庭的決策。」這意謂著從早餐的品牌到車子的款示，這些孩童已有自己的發言權。

目標……

市場人員開始用廣告來迎合這群獨立且深具影響力的年幼閱聽眾，經常以生動的卡通角色來吸引他們。有趣和天真是這波產品廣告的兩大秘訣，所有東西都是市場人員促銷的對象，從牙刷到「爆米花這類微波爐食品等產品設計，

都讓兒童能自食其力。」

　　不論兒童走到哪兒，卡通城總是保持相當高的曝光率，電視卡通或廣告是主要的曝光媒體，其他媒體還包括雜貨店、商店、玩具店、電影院和速食店等等。

　　卡通人物在週末早晨的電視節目中曝光率相當高，為的不只是娛樂兒童而已，它們還銷售各種產品。在電視節目中，雀巢的 Quik bunny 繪出一幅令人垂涎的圖畫，東尼老虎告訴孩子：喜瑞爾食品味道嚐起來「棒極了！」

　　從超市的上櫃架到學校的販賣部，到處都有各式的產品誘惑學生掏出口袋中的零錢。在雜貨店裡，從芝多司食品、Froot Loops、Flintstones Franks、乃至「任天堂玩具」等等都可供購物者選擇。

　　各位，玩具店裡陳列的不只是這些東西而已，還有堆到天花板的卡通人物造型玩偶、棋盤遊戲、填充娃娃和附件等等，所有的陳列品幾乎都是卡通城愛好者無法想像的。從傳統的米老鼠手錶到魔鬼剋星水中遙控器，商家提供購物者各式各樣小孩肯定會喜歡的玩具，玩具商製造出的一些無法滿足消費者需求的特定商品，總能在市場人員手中傾銷出去。

　　玩具城的市場人員經常搭配最新的動畫廣告，在百貨公司和餐廳裡販賣商品。在 1988 年，J. C. Penney 和必勝客組成一個團隊，向家庭促銷兒童服飾和食物等商品。同樣地，在希爾斯和麥當勞大力促銷之下，美國鼠壇也成為一項熱門商品。卡通人物的市場潛力是很驚人的，譬如忍者龜的相關配備從 T 恤到繫鞋帶用具等就賣了 6 億美元。

　　卡通城的賣點不只是電影明星和突變爬蟲類動物而已，像辛普森這類的新造型也常在各式運動休閒服上出現。

開火！

　　在神奇的卡通城中，用鮮明、活躍的色彩，配合奔放的想像力，再把高揚的聲調、機智的語詞加到動作之中，這就是讓孩子渾然忘我的最好方式。有誰會把忍者龜這個孩童心目中的英雄說成「極端可怕的東西」？在產品促銷員

　　美國農業部估計，在年所得 50,000 美元以上的家庭中，將一位小孩養到 22 歲，包括食（61,000）、衣（19,000）、住（84,000）、行（40,000）及醫療費用（18,000，不包括保險）在內，總共得花費 270,000 美元（Rock 1990）。除此之外，農業部估計這種規模經濟極小——兩個小孩花 419,000，三個小孩花 569,000，四個小孩花 759,000。這些數據只表現出基本數，如果再考量額外的活動（夏令營、補習、運動、音樂課），數額還會往上增。即使當小孩長大到達青少年階段能外出工作時，他們賺得的錢經常花在自己身上，不會拿回家貼補家用。人口學家 S. Ryan Johansson 主張，在已開發國家的經濟體系當中，選擇生小孩的夫婦能夠提供無形的、「感情的」服務，比如愛、友誼、養育情感的渲洩途徑、並提升成人認同（Johansson 1987）。

都市化與家庭生活

　　都市化包含兩種現象：（1）人口由鄉村遷移到都市，使得都市人口比例增加，以及（2）人們彼此間的連結關係有所改變（參考第六章對機械連帶與有機連帶的討論）。在機械化富國當中，住在都市中的家庭通常不是一個自給自足的經濟體，他們必須與家庭網絡以外的人保持接觸，依賴家庭外的人和機構（工作場所、醫院、諮商服務、學校、日托中心、媒體等等）來滿足各種需求。人們在一天當中與大多數人的關係都是短暫、有限而匿名的，然而這並不意謂家庭對於個人生活的重要性不再，反而是以不同方式展現其重要性：經濟單位的意涵漸減，而漸成為個人支持的資源。許多以美國家庭為對象的社會學研究顯示，大多數人都有某些家庭成員住在附近，彼此間保持規律性的互動，他們認為這些互動是有意義且重要的（Goldenberg 1987）。

　　然而，都市化本身並不必然會降低家庭的經濟功能。Janice Perlman（1967）研究巴西的都市貧民，發現大部分遷移到里約熱內盧的人（67%）都有親戚結伴同行，或住到里約的親戚家中，而許多人都儘可能想找個距離親戚不遠的住所，Perlman 因此發現，有些社區被龐大的親戚網絡所佔據。這項研究也顯示，對生活在財務不穩定環境中的人們來說，家庭網絡非常有用，Perlman 發現有 63% 的受訪者是透過親友介紹而找到第一份工作。

　　人類學家 Claudia Fonseca（1986）研究 68 位來自巴西南部貧民窟的的婦女，也發現家庭關係在巴西的重要性。這個容納 750 人的貧民窟位於一塊空地上，緊鄰中產階級的住所。她發現，當這些婦女生病或出現經濟困難時，有一半的母親通常會將孩子託付別人照料，而這些照料者大多數是親戚。

　　Judith Goode（1987）已針對哥倫比亞街童作過廣泛的撰寫，而 Thomas Sanders（1987a, 1987b）也對巴西街童進行描寫。政府官員和中產階級對這群兒童的認知經常是錯誤的，認為這些兒童是被父母遺棄，是青少年罪犯，是家庭病理學的寫照。但這兩位作者均主張，街童（經常年約 10-15 歲）來自赤貧家庭，這些家庭「利用兒童的賺錢能力來增加家庭收入，比如擦鞋、搬運行李、看車和乞討等活動」（Sanders 1987b, p.1）。Goode 寫道：

　　　　嘗試分類街童的收入類型時，經常得區分哪些活動是合法，哪些是非法和反社會的。前者包括鞋童、街頭小販、看車這類的服務提供者，或者是比較邊緣性的活動，如行乞或在公車上賣唱之類；後者像搶皮包、扒手與小偷等形式。（GOODE 1987, p.6）

婦女與工作

　　社會學家戴維斯（Kingsley Davis）在 1984 年發表〈妻子與工作：性別角色的革命及其後果〉（Wives and Work: The Sex Role Revolution and Its Consequences）一文，他在文章中認定的「清楚而明確的社會變遷」（p.401）：從 1890 年（可靠資料存在的第一年）到 1980 年之間，已婚婦女的勞動參與率從不到 5% 提升到 50% 以上。戴維斯發現，除了日本之外，這種類型實際上適用於每個工業化國家。他將這種變遷歸因於工業革命及其對兩性分工的影響（見圖 12.5）。不過得注意的是，戴維斯的理論意圖解釋機

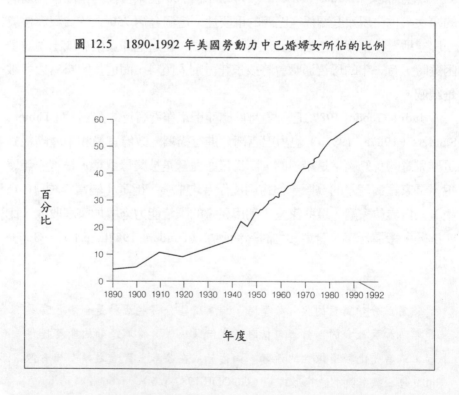

圖 12.5　1890-1992 年美國勞動力中已婚婦女所佔的比例

械化富國的工業化如何影響兩性分工，卻未系統性的指出工業化如何影響勞力密集窮國的兩性分工。

分工與謀生體系　在工業化之前，人們在家庭及附近土地上工作，性別是分工的依據。在非工業化社會中（包括採集狩獵社會和農業社會兩類），[11] 男性靠狩獵和農耕以獲取原始材料，女性則處理這些材料，而女性也投入農耕，並以蒐集食物和狩獵小動物來謀取些許原始材料，此外她們還得照顧小孩。

工業革命分隔開工作場所和家庭，也改變兩性的分工。它將經濟生產移出家庭，並奪走女性的經濟生產權，藉此摧毀家庭經濟：

> 男人的工作場所不再限於住家或住家附近，他必須到與自己沒有親屬關係的工廠、商店和公司上班。就某方面來說，男性的經濟角色對家庭來說更形重要，因為他是家庭與外在市場經濟的連結，但他參與家庭事物的機會卻因而減少。在這種情況下，家庭事務移轉到太太身上，而妻子仍然負擔照料家庭的責任，包括生育小孩、煮飯、洗衣、照顧先生的需要。不過妻子的經濟角色也受到空前的侷限，她無法生產家庭所需的物品，因為生產現已經不在家庭當中執行。（DAVIS 1984, p.403）

戴維斯稱這種經濟安排為「**謀生體系**」（breadwinner system）。從歷史的觀點來說，這種體系並非是典型的，反而專屬中上層階級所有，且與工業化的特定階段有關——從農業失勢開始只剩 25% 人口在從事農業。美國「謀生體系的全盛時期大約在 1860-1920 年間」（p.404）。經過一段時日之後，這套體系在美國和其他工業化國家便一直衰退，但會在正經歷發展特定階段的國家當中重現。

戴維斯問道，「為什麼工作場所與家庭的分隔會〔在機械化富國〕導致這套體系的出現呢？」他認為主因是婦女得照顧太多小孩，使得她們無法出外工作。家庭人口從 1800 年代中葉到 1900 年代初期達到高峰的這項事實，足以支持戴維斯的答案。這種事之所以發生，實因偏好大家庭的舊規範仍存在時，嬰兒和孩童的死亡率便已下降所致。

謀生體系的式微 謀生體系的存在並無法持久，因為它帶給夫妻太大的壓力，且與工業化有關的人口數量轉變也侵蝕著謀生體系。壓力的來源包括：丈夫與妻子的角色從未如此清楚、婦女在生產家庭消費事物當中扮演的角色重要性從未如此之低、男人從未如此遠離家庭工作與從未必須獨自擔負養家的責任，戴維斯將這些事件視為謀生體系中的結構性弱點。就這些弱點看來，體系需要強烈的規範控制方能存活：「養家是丈夫的義務，即使在他死後，法律與公意仍會如此主張；非法的性關係與生育會受到譴責，離婚必須受到懲罰，而把『老處女』說成可憐人的論調則是在鼓勵結婚」（p.406）。

戴維斯主張，規範性的控制方法仍會瓦解，因為壓力內在於謀生體系，而伴隨工業化而來的人口和社會變遷亦是原因之一。這些變遷包括總生育率下降、平均餘命增加、離婚率提高以及適合婦女的工作機會增加。

總生育力的下降 總出育力的下降在已婚婦女進入就業市場之前就已開始，這個事實讓戴維斯作成這樣的結論：總生育力的下降讓婦女有時間出外工作，特別是在小孩入學後，這種現象改變婦女的生活。白人婦女在 1880 年代的總生育力大約是 5.0，在 1930 年代則降至 2.4，在 1970 年代的平均值是 1.8。不只是子女數減少而已，婦女生育末胎的時間還提前，且生育期較集中在年輕時期（1850 年婦女生育末胎的年齡中位數是 40 歲，但在 1940 年掉到 27.3 歲），戴維斯將這種生育類型的改變歸因於工業化力量──該力量使兒童由過去的資產變成今日的負債，以及歸因於「在急速演變的工業社會中，想要維持或增加個人及其子女的地位」（p.408）。

平均餘命的增加 1860 年婦女的平均餘命相對較低，懷末胎時常已瀕 40 歲，所以當最小的孩子離家時，母親通常已不在人世。但到 1980 年時，家庭人數、子女年齡的間隔、懷末胎的年紀都有很大的改變，在最小的孩子離家之後，母親預期平均還能活上 33 年，這使得照顧小孩成為婦女生活的一小部分。此外，雖然兩性的平均餘命都增加，但女性的壽命平均高於男性。1900 年女性平均較男性多活 1.6 歲，至 1980 年更高達 7 歲。但因為新娘平均較新郎小 3 歲，因此就平均值來說，已婚婦女可望在丈夫死後可再多活 10 年。另外，男性較女性早逝會導致性別比率不均，降低了再婚率。雖然鮮少婦女直接把丈夫的過逝歸諸於工作原因，但兩性間死亡率的差異仍有相當的遐想空間。

離婚率的增加　戴維斯從謀生體系當中探查離婚率增加的原因，特別是家庭外經濟生產的轉變：

> 由於這種轉變，使得夫妻、父母和兒女不再能親近地面對面共同工作，丈夫得出外賺錢，妻子得持家和照顧小孩，家人之間的相互關係變得愈來愈弱，也愈來愈間接。丈夫在外的工作經常需要接觸許多人，包括年輕未婚的工作婦女，於是婚外情便很容易產生。由於沒有鄉村或小城鎮的社會控制規範，所以許多丈夫就訴求離婚，或迫使太太以離婚收場。（pp.410-11）

戴維斯指出，離婚率的增加早於已婚婦女進入就業市場之前。他主張，一旦離婚率到達某一特定門檻時（大約是 20%），就會有更多的已婚婦女認真考量進入就業市場，以保護自己可能面臨的離婚情況。當夫妻同時在外就業，離婚的機會增加得更多，現在男女雙方都有在外結識異性的機會。

婦女就業機會的增加　戴維斯相信，許多因素刺激已婚婦女走出家庭，出外找尋工作，這些因素包括生產經驗的改變、平均餘命的增加、離婚率激增、以及謀生體系內在的弱點。隨著機械技術的進步與生產力的增加，生產貨品與服務所需的體力減少，工業化社會中的薪資增加（第二章解釋工業化如何在勞力密集窮國中進行）。當工業化成熟時，許多適合女性擔綱的工作也就增加（如傳統的看護、秘書和教學工作）。

然而，雙薪系統並非毫無問題。首先，目前的雙薪系統「缺乏常規的導引，沒有明確指出夫妻該對對方有何期望，前妻或前夫應該有何期望，對子女、同居人、朋友和鄰居該如何期望。每一對夫妻都得忙於自己的事業，這實際上意謂著許多的實驗和失敗」（Davis 1984, p.413）。其次，雖然雙薪系統賦予妻子一個經濟生產的角色，但這種情境需要婦女走出家庭，會造成兒童照顧上的不便。第三，即使在雙薪系統中，女性仍是家事的主要負責人。戴維斯認為，兩性在勞動力上的不平等，（就平均值來說，男性每賺一塊錢，女性只賺得 66 分錢），導致女性必須擔負家事之責。只要女性對家庭經濟的貢獻仍低，她們做的家事也就會愈多。

相當高比例（約 40%）的已婚婦女並未在外工作，這項事實進一步強調新體系的問題。戴維斯相信，對已婚婦女來說，這種參與缺乏反映出社會上和心理上的就業成本。婦女遭遇的兩難可以總結如下：假如已婚而沒有孩子的婦女出外工作，她們會被認為是自私的；假如她們留在家裡持家，會被視為未充分就業；假如她們同時工作又兼顧家庭，人們會懷疑她們如何能同時做好兩件事。

正如 Foundation 女士發起「帶女兒上班」活動所反映的，在工業化社會中，就業和職業對婦女的重要性與日俱增，這代表一種重要的社會變遷和經濟變遷。這幅圖片是一位任職於高等法院的婦女帶著 9 歲的女兒上班。

✌ 討論

我們以五種家庭生活的景象做為本章的開場，部分說明了建構家庭定義的困難。儘管家庭生活景象各異，但我們可以說，每個家庭成員都受到出生、死亡以及維持生計的工作種類（包括遷移和找尋工作）的影響。工業革命這個重大事件影響全球各地許多的家庭生活，我們以巴西為例，是要從中了解：工業化會以不同的方式，持續影響各種環境下的家庭生活。

人口轉型理論係用來勾勒西歐和美國的出生率、死亡率歷史變遷的模型，該理論認為，一國的出生率和死亡率與其工業和經濟發展有關。然而，關於殖民國家的工業化進程如何形塑家庭生活，這個模型著墨不多。從全球觀點看來，工業化是一種不平等的過程，它對不同國家，甚是是同一國家內不同地區造成的影響均不同。也許本章當中最重要的是：工業化不論以何種形式展現，都會對家庭生活產生強大的影響，但這些影響卻不是一致的。

回想本章當中介紹過各種與家庭有關的情勢：本章開頭對五個家庭生活的描述；比較兩位婦女的生育歷史；讀到巴西鄉下地區的人們如何登錄出生數和死亡數；瞥見亞馬遜地區的 Yanomami 家庭、Guriri 的 Mariano de Souza Caldas 家庭、里約熱內盧的 Aratanha 家庭如何展開他們的一天；探索 Chico Mendes 的童年；也檢視謀生體系。這些景象的共同因素是家庭與生產工具間的關係。

假如家庭與生產工具間的關係如此重要，為何關注的焦點卻是家庭的人口組成呢？以美國為例，許多媒體和決策者在面對生

在一個變遷的經濟環境裡，找尋工作可能意謂著學習新技巧（比如學習如何閱讀），不過這意謂，當工作者到外地上班時，傳統的家庭生活型態會遭致破壞。

活挑戰時，常將家庭問題關聯於家庭的人口組成或形式。媒體提供的窮國家庭生活圖像都是些女性戶長的家庭、高生育力、父親經常在外工作而不在家，這種化約的圖像讓我們單純地認為，只要家庭能變得更穩定，夫妻生少一點孩子，便能改善整個問題。但問題是，人們未能正視不穩定的來源，意即在許多情況下（不是全部情況皆如此），不穩定源自於家庭與生產工具間的關係。

✌ 焦點：廣闊的家庭定義

　　本章一開始我們對家庭的界定是：二個或二個以上與血緣、婚姻、收養或其他社會認可的判準有關的結合。據此定義，凡符合家庭定義條件的基本團體，若獲得政府或教會這類正式機構的認可，便可以家庭稱之。不過，家庭的官方定義卻可用來排拒某些不符合家庭定義者得到相關的好處。在下列文章當中，社會學家 Teresa Marciano 和 Marvin B. Sussman 主張，我們需要為家庭下一個更廣泛的定義，他們認為照顧家人的責任也應和血緣、婚姻和收養一樣，成為家庭成員的判準。

擴張中的家庭定義

Teresa Marciano and Marvin B. Sussman

　　雖然人類學家花費幾十年時間了解家庭的類型，但「家庭」的適當定義並不存在。任何文本或專論都會有自己的家庭定義，或者根據作者的偏好，或依據主題的需要而採藉別人的定義。但研究家庭的學者最好是描述家庭具有的特徵……

　　這些特徵包括：兒童在過去、現在和未來展現的觀念，以此來執行生殖功能；合法的婚姻未來仍將持續，以維繫責任的規則和規律的血統；

親戚關係將是家庭的基礎；這種關係與繼承的轉移將會影響代際間的連續性：暗示終身承諾會提供時間和場所來表現親密、教養、照顧和愛；在父母或祖先的社經地位基礎上，家庭中的核心單位會共享同一生活方式。不論每個人的生活怎麼過，家庭總有其起源。

較廣家庭的定義 較廣家庭（wider family）的概念並不是忽視這些家庭實體，而是主張家庭作為一種社會脈絡，可與傳統的家庭定義並存，而且在表達類似的家庭行為時，較廣家庭的概念經常會與傳統的家庭定義有所重覆。較廣家庭的特徵包括：

- 較廣家庭的形式並不像傳統定義那樣限制於年齡的分佈，世代之間的關係並非必要，因為年齡實際上混合了所有家庭形成的原因……

- 合法的婚姻無需將較大家庭的成員彼此連結在一起，它是一種志願性的結合，其中沒有合法的義務可供遵循，個人可自由離開。但假如有財產所有權、和解之類的合約存在的話，那就得按照契約法來行事。

- 較廣家庭可以包括親戚在內，不過親戚連帶附屬於較廣家庭。

- 對家庭而言，永恒性會改變，且不是客觀的規範。譬如對較廣家庭的連續性來說，就沒有合法的契約基礎，也沒有代際間永恒的必然性，雖然它可能會發生。較廣家庭容易改變，具有變化的永恒性，而且可能全部或部分消失，然後再由原較廣家庭的次團體或新成員用不同的方式加以重構……

- 較廣家庭會自發地產生自計畫性活動，或從中分離開來，對那些因需求、活動和興趣而相連結的人們來說，較廣家庭是邏輯上和情緒上的「下一步」。

- 較廣家庭是自動的、自由的、非強制性的家庭類型，強調自由選擇而非限制人們的生活。

- 對許多人來說，較廣家庭可能變成初級團體，其中的密集互動會

導致內團體的形成，這些內團體成員會創造「我群」和「他群」，
並將他人視爲局外人……

家庭都作些什麼　較廣家庭爲了經濟與情緒事物而存在。當傳統家
庭不利於人們的生活型態，或人們無法自傳統家庭裡取得相關資源時，服
務、交換、協助、照顧、建議和情感支持都可以在較廣家庭中發現……教
育、健康、工作、兒童等等都需要服務和支持，壽命的延長也深化這些需
求，這些經常造成傳統家庭的負擔。較廣家庭經常且可能不是今日與此處
的產物，而是早就存在於某個時空當中。

在 60 和 70 年代顯赫一時的公社社員（communards）從許多經濟和
社會的選擇（比如可能性的加大、主張受迫團體與污名化團體的權力、發
現他們在集體行爲中的動力、族群、婦女、同性戀的公民權與解放運動等）
當中，他們形成了較廣家庭。他們聲言個人在追求幸福的過程中有非暴力
的自由，女同性戀的母親形成支持團體等成果……當那些新定義出現時，
對於變遷中的當代「家庭」觀念的重新定義會變得更有力量。

較廣的家庭已變得愈來愈明顯，發展也愈發快速，愈來愈受到人們
的熱情歡迎……

不論合法的或較大的社會系統是否將較廣家庭視爲一種家庭，較廣
家庭皆能自成員間的情愛、回憶、養育和支持等關係中汲取其社會動力。
當有重要改變發生時，不論是離婚、結婚，或是當傳承的生物性家庭各世
代生活在不同的階級和文化範疇中，較廣家可能是唯一能滿足人們深層需
求的唯一團體……

持續的變遷　較廣家庭的概今遠較既有概念來得更爲敏感，這提供
我們一種研究的路徑。敏感性的概念較能容受激烈的或細微的經驗上的改
變，它們能夠較快地命名，讓我們得以理解我們創造出來卻回過頭來影響
我們的那些過程。

當我們觀察那些未婚、沒有小孩、或沒有接觸親戚的成年人，就更
能發現這個觀點的重要性。那些對較廣家庭的獨立成員作出反應的那些人

會取代以往的傳統家庭成員，提供需要的照顧、養育和情感支持，並顯露連續的交互作用類型，因而，家庭是由其他情感性的和提供服務的團體（即較廣家庭）所組成，平等的地位在各世代間傳遞，財務和階級的整條新界線成為可能。譬如子女和孫子女也是如此，朋友的子女儼若是「大家的」子女，有一堆非生物性的「姑姑」和「舅舅」。

無疑的，由於較廣家庭不會受限於傳統家庭的結構、常規類型和合法義務，所以較廣家庭有較自由的創造力，因而可能專注於以往生物性家庭所無法達成的目標，且在時間運用上較為充裕，比如假期、生日、服喪日等都可以自發地加以重排，不再受限於傳統。由於較廣家庭富有創造力，所以人們會有許多的期待，不再依過去既定的性格發展。

儘管如此，慣常的行動還是會模塑成形，較廣家庭長久下來可能會導致新的傳統類型，這個問題值得研究。較廣家庭可能是暫時的、互補的或隱性的團體，暫時性指的是經由立即的形塑，它們滿足了當下的需求，或解決令人苦惱的問題，而後消失。互補性指的是與傳統的團體（如生物性家庭）保持協調合作，以提升和支持其成員的生活方式。隱性的較廣家庭會維持其原有的非正式網絡，在經歷數次的蟄伏後，當其成員受到刺激，便會再度活動起來。

較廣家庭沒有隔離與獨立的問題，人們能自由的選擇進入或離開較廣家庭，可以選擇最佳的時機、最好的環境，以及最適的人選……

知識隨定義而來　當今我們聽過太多人說社會學似乎無助於社會理解，雖然說社會學、心理學、經濟學等科學術語並未融入到人們的日常論述當中，但人們在研究中學到什麼，以及他們有沒有意識到這些東西，這兩件事是分開的，表示社會學對豐富論述的助益並不夠。人們想理解生活之外的事物，宗教傳統上就扮演這類角色，但追求理解的管道不只有宗教而已。事實上，若要理解生活之外的事物，我們必須能認識正在發生的事，並對我們創造的這個現象命名，畢竟命名過的事物較不會引起人們無謂的恐慌。

「較廣家庭」這個概念是經由觀察後擬定的一個理論設計。對於找尋生活裡的意圖和定義的那些人來說，假如較廣家庭能被觀察、探索和解釋的話，就應能用來滿足他們的需要。例如，狹隘的社會定義可能使得狹隘的法律定義得以存續，這兩者皆會帶來許多痛苦和剝奪。

　　同性戀夫妻已經嚐過這種苦楚，他們說他們是夫妻，彼此相愛，關懷對方，但是一方死於疾病，未亡人必須在法庭奮戰，爭取其權益。保護未亡人權益的「民法親屬篇」中的法律，對此仍然存在著有效期限及解除婚姻關係的條件等問題。或許透過更多實證研究，在考量當今社會中關係的動態變化之後，未來的法律對於家庭的合法定義不會像目前這般僵化。

❧ 註解

1　根據拉丁美洲研究專家 Warren Dean 的說法,「聖保羅這個城市值得研究,但巴西其他地方和拉丁美洲其他各處都沒能像聖保羅這樣,能以多樣化和技術複雜的工業生產為基礎,突破一貫的經濟發展。」(1991, p.649)

2　Cuiaba 是巴西中西部的主要城市,該地是美國太空總署設置的衛星追蹤站之所在(Beresky 1991)。

3　美國的 9,100 萬家戶中有 73%不適用於家庭的傳統定義——即父母親與小孩同住。

4　在加州柏克萊有個例子:Michele G.和 Nancy S.這一對女同性戀者已同居 11 年,並育有一女(乃 S 小姐和一位捐精者人工受孕的結晶)。G 小姐的律師主張,「同性戀父母的地位也能和生物性與收養形式一樣為公眾所接受」(Margolick 1990, p.Y10)。

撇開性的因素不談,這對同性戀夫妻的處境確實引發了家庭定義的一些重要問題。雖然生物性和收養均為具體的判準,但卻沒有告訴我們兩人關係該具備何種特質。正如 G 小姐所說的,「當她整晚照顧女兒、用棉花棒擦拭她的水痘、看著小孩每天的成長而感到開心、在她跌倒時扶她一把、或者唱安眠曲給她聽,卻要我坐在這裡一本正經的說她不是個『母親』,這豈不荒唐」(引用自 Margolick 1990, p.Y10)。另一方面,「關係的特質」不能當作家庭關係的唯一判準,否則,像褓姆、老師和朋友等等都有構成家庭的資格。

5　生存導向意謂家庭成員必須努力工作,以生產足夠食物來滿足其需求,而不是將所種的作物拿來賣。

6　國民生產毛額是特定時段內(通常是一年)生產所有貨品與服務的貨幣價值。

7　亞馬遜雨林深受美國等其他工業化國家媒體的廣泛注意，對於燃燒亞馬遜雨林植物的作法，一般大眾的反對聲浪很大。不過巴西人卻認為，媒體的關注只不過是個障眼法，事實上工業化國家製造的酸雨和核廢料對環境的破壞更大，所以他們主張，批評家不能只光看亞馬遜區域，而要縱覽整個工業模式（Simon 1989）。

8　典型的美國超市清楚地說明了對消費的強調，在超市中，一般庫存的包裝食物近 18,000 種，1990 年的庫存量較 1980 年多 80%。當購物者走過每一條通道時，他們眼中平均每秒掃過 10 項貨品，而 1980年只有 5.5 項（Ramirez 1990）。由於有太多東西可供選擇，所以商品名、包裝設計和上架位置便和產品品質一樣重要，結果，公司在生產之外，還投入大量人力從事行銷。

9　日本人口呈現一種加速模型：日本在經歷死亡率迅速下降之際，緊跟著出生率亦快速下降。而高墮胎率是導致出生率快速下降的原因。

10　世界上有 94 個城市的人口超過 200 萬，其中有 39 個位在機械化富國，55 個位在勞力密集窮國。在 2000 年之前，這張名單會再增加 34 個城市，這些新增城市中有 30 個將位在發展中國家。居住在大城市（人口超過 200 萬）裡的人口比率各國不同，譬如近 25%的墨西哥人住在墨西哥城，約 20%的巴西人口會住在聖保羅與里約熱內盧。相較之下，美國人口中只有9%住在美國第一大城──紐約。

11　大約在 10,000 年以前，在種植作物和馴養動物之前，所有人類都屬於打獵與採集社會。這些小型的、遊牧的、平等主義的社會主要仰賴打獵、釣魚、撿野果和拔野菜為生，某些打獵與採集社會現今仍存在於偏遠地區。在這種社會當中，分工的基礎主要是依據性別和年齡：男性捕獵大型野獸；女性照顧小孩、捕獵小型動物，以及撿拾水果、堅果和漿果。

隨著農業的發展，人們有意識且有計畫的耕作土地生產食物，並畜養動物供作食物，農業社會也隨之出現。這個體系能夠生產較為大量的食物，讓人們得以擇地而棲，無需再四處遷移尋找食物。男人、女人和小孩經常都是經濟單位。此外，食物供給的增加造成人口數量的增加：

穩定的社區可能出現，開始步入都市生活形式。政治領袖經常以某個支配他人的親戚團體形態出現。貨品、勞力和服務在市場上的貿易量大增，且成為分配的一個主要機制。貨幣開始被當成工具，用以決定貨品、勞力和服務的價值。當某些人貯藏的資源比其他人多，不平等和階層化就容易出現。當各穩定社區為獲取他人的領土、資源和權力，交戰情況便屢見不鮮。（TURNER 1978, p.453）

13 教育——以美國為例

22 USA

Public Education

- 教育是什麼？
- 美國大眾教育的發展
- 當代美國教育的基本特徵
- 對教室環境的特寫
- 教育的社會脈絡
- 討論
- 焦點：教育的「美國化」功能

致紐約時報編輯：

　　我現在就讀於美國大學，過去曾在歐洲受過中等教育。我了解美國學生和歐洲學生在求知上的差異。

　　美國公私立中學的學生總是被迫背誦，但歐洲學生在某些科目上卻特別注重理解。這個現象看來雖不起眼，但卻是教學差異造成的結果。比起光會背誦的美國學生，對各學科有較佳理解的歐洲學生更能牢記事實，因為就記憶而言，背誦較理解能持續得更久。

　　歐洲學校也傾向教導學生有用的技巧，這是在美國學校裡沒有的現象。我和其他歐洲學生早在中學已學過批判性思考、深度的學科分析和研究技術，但這些卻得在美國大學中再學過一遍。

MARIA A. DEICAZA （1991）

雷根政府在1981年成立國家教育委員會，對美國教育現狀進行研究。該委員會於兩年前在《在危險狀態下的國家》（A Nation at Risk）裡報告結論，其中最有名的行句是：

> 我們社會的教育基礎目前正逐漸為一股庸才之流所侵噬，威脅國家和人民的未來……
>
> 若有任何不友善的外國勢力想將庸才教育強加於美國，我們會將此舉視為戰端……事實上，我們一直在承諾一項輕率的、單方的教育裁軍行動（THE NATIONAL COMMISSION ON EXCELLENCE IN EDUCATION 1983, p.5）

這份報告中的激烈指控，如同上述摘錄的行句一般，發動了一波橫跨 50 州、超過 1,500 個校區的改革活動，改革項目包括加長學年時間、對不遵守入學法的父母科以罰鍰、增加上課天數、加強師生能力測驗以及增加數學、英文、外語和科學等必修課程的數量（Gisi 1985; White 1989）。

不過，儘管許多的改革業已施行，但是改革採取的多種措施（如要求較多的測驗、較多的課堂時間、家庭作業和課程等）並未能改善教育經驗的內容和品質。批評者主張，《在危險狀態下的國家》裡的緊急論調，以及改革要求的表面本質這兩者之間是顯著不對稱的（Danner 1986）。

從表面上看來，這些改革確能改善效率不彰的問題，因為 1989 年布希政府宣稱要在西元 2000 年前達成新教育目標，而 1994 年 4 月柯林頓總統簽署 2000 年目標法案，將 7 億美元的聯邦基金保留給各州和各學區，用來執行各計畫，包括 90% 中學畢業率和 100% 識字率等目標。其他的目標包括：

- 每一位美國兒童都必須入學唸書，並保持身心健全。
- 為了追求進步，四年級、八年級和十二年級的所有學生都必須接受某些重要科目的測驗。

- 美國學生必須在數學和科學成就上排名全球第一。
- 每一位成人都得受過良好的技術訓練，成為具有識字能力的工作者和公民，以便能在全球經濟中具有競爭力。
- 每一所學校都得提供一個有益於學習的訓練環境（Time 1990, p.54）。

學校教學的不足威脅到國家福祉，這項信念不是 1980、1990 年代才有，呼籲重建美國教育體系的呼聲也不是這幾年才出現。的確，遠在 1800 年代中期，就已出現教育體系應廣納一切的忠告，當時教育界領袖爭辯是否要設立普遍的公眾教育。雖然這些問題和建議在過去 200 年來基本上未曾改變，但這段時間內發生的種種事件已將之置入於不同的脈絡，並賦予它們新的緊急感。譬如在 1880-1920 年間，大眾關心學校有沒有教育出夠資格的工作者，以應付與日俱增的工廠和企業的需求，關心有沒有對不同種族的學生灌輸國家認同的觀念（也就是愛國心）。當美國捲入第一、二次世界大戰、韓戰、越戰時，大眾關心學校是否教導出身心健全、足以堪任捍衛美國重責的大兵。當蘇聯在 1950 年代中期發射史普尼克號衛星，美國人便被迫思考自己的中小學訓練出來的學生，是否在數學和科學方面較蘇聯差勁。發生在 1960 年代的公民權事件，促使美國人質疑學校是否提供弱勢種族團體和社會階層的學生較差的知識和技巧訓練，使之無法同強勢團體競爭。在 1970 年代末期以及 1980 年代，甚至到 1990 年代，當多國公司需求的勞動力汲取自全球各地時，美國人便關心學校教出來的學生是否具有足夠的工作力，能在全球勞動市場中佔有一席之地。

美國所謂教育危機的本質與相應的批判，目標都指向美國教育體系，認為學校極其脆弱，「許多文化危機在這個舞台上演著」（Lightfoot 1988, p.3）。不平等、貧窮、家庭瓦解、失業、文盲、吸毒、兒童虐待以及種族中心主義等等，這些危機雖然都超出學校環境的範圍，但是當我們一旦涉入學校環境，就得面臨這些問題（Lightfoot 1988）。結果，學校看似是問題的來源，同時也是解決問題的來源。

印地安納波里某所
高中的學生正在觀
看搜尋櫥櫃暗藏毒
品的過程，這種情
景反應出一個事
實：學校是「許多
文化危機刻正上演
的舞台。」

　　在本章當中，我們將特別強調學校教育。全美有 89% 學生在學校體
系中註冊。強調學校教育的理由有二：第一，許多海內外的批評者都主張，
美國教育體系培育出來的學生能力並不足以應付全球性互賴，很多雇主宣
稱他們找到的工作者並沒有充份的讀寫能力，數學和批判思考的技能也不
夠，使其難以勝任各項工作，這種人力資本的短缺削弱美國在全球市場中
的競爭力（U.S. Department of Education 1993a）。第二，比較美國和外國
（特別是歐、亞諸國）學生的表現，即指出兩股明顯的趨勢。「相較於歐、
亞各國的學生，美國學生表現得並不好」（Barrett 1990, p.80）。

❧ 教育是什麼？

　　就廣義而言，教育包含那些刺激思考與詮釋的經驗，或發展成熟個
體身心潛能的訓練。教育經驗可以相當尋常，比如辨別毛線衣的標籤，看
看是否是台灣製；教育經驗也可以具有特殊意圖，比如操作科學實驗以獲
知如何計畫性的使用病毒改變基因組成。正因為教育包含的經驗範圍相當

廣泛,所以我們可說教育啓始於人們出生之時,而終止於死亡之刻。

不過,社會學家區分出正式教育與非正式教育。**非正式教育**(informal education)係以一自發的、未經計畫的方式發生。非正式教育的發生是相當自然的,不是由某人爲了刺激特定思考、詮釋,或爲了授予特定技巧而刻意設計的。譬如小孩子把手伸進玩偶裡,對著玩偶講話後,再假扮自己是玩偶回話,這段期間就是非正式教育的發生歷程。**正式教育**(formal education)係以一有目的、有計畫的方式,意圖授予他人特定的技術或思考模式。正式教育是一種系統性的過程(譬如軍隊中的新兵訓練營、在職訓練、禁煙計畫、克服飛行恐懼課程),在此過程中的教育經驗是人爲設計的。我們傾向將正式教育想成是豐富的、解放的或正向的經驗組成,但它也可能是類似灌輸和洗腦這類的經驗。無論如何,當人們在接受指導後,將他人設計的技術和思考模式加以吸收,正式教育即被視爲成功。本章關注正式教育中的特定類型——學校教育。

學校教育(schooling)係指主要在教室內發生的正式且具有系統性指導的計畫,而課外活動和室外作業也包括在內。就最理想的意義來說:「教育必須讓兒童在數年內遨遊過人類數世紀以來的漫漫長路」(Durkheim 1961, p.862)。更現實地說,學校教育指的是設計與實施指導計畫的那些人,試圖將其認定重要的價值、知識與技巧傳遞予他人的工具。這個概念說明學校教導的東西只不過是人類歷史積累和貯藏知識當中的一部分,當然,這個論點會引出一個問題:究竟誰有權力可在大量資料中進行篩選?決定學生應該研讀哪些內容?此外,理想教育的組成成分(包括應達成的目標、應包含的資料、指導的最佳技術等)都是無從捉摸而充滿爭辯的。概念會隨著時空而有所改變,人們對學校抱持的觀點不同——學校是用來滿足社會需求的機制(見第八章對中、美幼稚園的比較),抑或是學生學習獨立思考的工具——這些概念就會改變,因而擺脫家庭、文化和國家在思想上的既有限制。

教育的社會功能

社會學家涂爾幹相信，教育具有滿足社會需求的作用，尤其學校能教導兒童適應環境的所需事項。為了確保這項目的，國家（或其他集團）便得不斷地要老師提醒學生「一些觀念，以及應予銘記的情操」，好讓他們能適應生存的環境，否則，「整個國家將瓦解分裂成數個彼此不連貫、相互衝突的片斷。」教育家必須達成充分的「共享的觀念和情操，否則社會無法存在」（Durkheim, 1968, pp.79, 81）。這種邏輯強調把學校當作滿足社會需要的機制，比如為了灌輸共同的國家認同而除去民族認同與社會起源，為了傳遞價值，為了訓練勞動力，為了照顧父母出外工作的兒童，或者為了教導年輕人如何駕駛等等都行。

學校教育可以滿足各種不同的目的。比如訓練學生使用電腦，可以培養其適應社會所需的技能，但它也可用來擴展學生的智識，並鼓勵學生發揮創造力和獨立思考。

至於另一種十分不同的概念認為，教育是一種解放的經驗，它將學生從特定的家庭、文化、宗教、社會或歷史時段釋離開來，因此學校的設計必須擴展學生的視野，好讓他們能意識到環境的限制，並學習不受權威影響的獨立思考。當學校被設計成達成這些目標時，他們便可充當變遷與進步的作用者。

假如有利於團體的東西亦能解放個體，那這些目標就不必然是矛盾的。譬如，民主與自由市場體系需要有獨立思考能力的智識大眾，然而大多數的社會學研究指出，學校較可能被設計來滿足社會上可察覺的需求，而不是設計來解放個人心智（這個論點引發一個問題：究竟誰界定社會的需求為何）。然而，儘管有此意圖，但每個社會中都還會有相當比例的人口看似是功能性文盲，意即，這些人沒有適應社會的讀寫能力和計算技巧。事實上，對許多抨擊美國教育體系的批評者來說，美國的文盲比例已達危險程度，為了要消解這種「文盲危機」，我們需要對文盲加以界定，區辨出文盲的各種類型，並拿美國和他國比較，好讓美國學生得以成為受教良好的工作者和公民。

美國的文盲

就最普遍和最基本的意義來說，文盲（illiteracy）係指無法理解和使用符號系統的那些人，不論該符號系統是以聲音、字彙、數字、圖片或其他類型特徵作基礎。雖然文盲一詞的傳統用法指涉無法理解字彙與使用讀寫，但文盲還存在其他的類型——如電腦文盲、數學文盲、科學文盲、文化文盲等等。

假如我們只將焦點擺在語言上，包括各地方言在內的語言總數約3,500-9,000 種，數量相當可觀（Ouane 1990），故人們不可能熟知各個符號體系。倘使某人只用其中一種語言說讀寫，在定義上他是其他 8,999 種語言中的文盲，不過，這種問題鮮少出現，因為人們通常僅需知道周遭生活環境中的一種語言即可。

這個論點指出，文盲是吾人生活環境的產物，也說是說，當人們無法理解或使用周遭環境的符號體系時，他們便會被視為文盲。這種例子屢見不鮮，包括不懂得使用電腦、取得資訊、看地圖找目標、為顧客找零、辨視交通號誌、依照指導手冊組裝零件、填寫工作申請書、或了解生活周遭的語言。

文盲的脈絡性本質指出，文盲不是「像病毒感染般的疾病，會使其他身體器官衰弱。……文盲是一種社會現象，不是自然現象」。每當舊有的識字技巧不再足夠時，環境的變遷便會改變文盲的形式（Csikszentmihalyi 1990, p.119）。

　　所有國家都存在某種程度的文盲問題，但人們需要知道什麼樣的概念才不會被視為文盲，這隨著時空的不同而有所變異。比如在某段時期內，不懂簽名或閱讀聖經的人會被視為文盲，但在另一段時期內，沒有唸畢四年級的人就會被當成文盲。1991 年國家識字法案將識字界定為「個體有能力說讀寫英文，並計算和解決社會或工作上的問題，以達成個人目標，並發展個人的知識與潛能」（U.S. Department of Education 1993b, p.3）。現今的各種估計數據顯示，美國仍存在許多功能性文盲。據美國普查局（1982）估計，約有 13% 的成年人口（即 2,600 萬名成人）是文盲；而國家商業聯盟估計，近 30% 的高中生無法寫出申請就業或找尋資料有關的字彙，甚至還有一名 17 歲的八年級學生看不懂五年級程度的文章（Remlinger and Vance 1989）。

　　許多低技術但酬勞相對甚高的製造業工作從 1970 年代開始移至海外，這股風潮現仍在持續發生（見第二章），使得構成識字的觀念變得更為複雜。先前被雇用的工作者突然間被界定為功能性文盲，他們欠缺新興的服務和資訊經濟體系中所需的相關讀寫和計算技巧（Limage 1990）。這類功能性文盲具有的顯著特質之一是：他們是：

> 　　曾上過學，也接觸過讀寫，他們可能懂得字母，甚至有能力解讀一些單字，或許也能提筆稍微寫些東西。他們可能認得數據，並能做些簡單的加總動作，但他們在該領域上的知識是初淺的，不足以讓他們充足地應付日常生活。（VELIS 1990, p.31）

　　美國國會在 1988 年請求教育部在新經濟秩序的脈絡下對識字作出新的界定，並嘗試估計美國的文盲人口數。這個計畫調查 26,091 個成人代表性樣本（其中有 13,600 人接受訪談，在 11 州當中各州調查 1,000 人[1]。）

此外還有 1,100 位聯邦監獄和州立監獄的囚犯接受訪談，該計畫完成於 1993 年。研究者發現，有 21-23% 的受訪者「具有最低程度的讀寫散文、文件與數據的能力（程度一）」（U.S. Department of Education 1993b, p.xiv），大約有 25-28% 的受訪者位居次高的識字程度。[2] （見「讀寫能力的定義與程度」一文）

讀寫能力的定義與程度		
一個社會對讀寫能力的定義會隨著環境的變遷而有所改變，讀寫能力的舊定義已無法滿足新環境對讀寫、批判性思考和數據處理技巧的要求。美國最近將讀寫能力界定為三類，而每一種文盲類型都可再進一步區分為六個層次。		
讀寫散文的能力	讀寫文件的能力	讀寫數據的能力
係指從一些文本當中（如社論、新聞故事、詩和小說）理解和使用資訊所需的知識和技巧，例如從新聞中發現資訊、了解保證書的說明、推測一首詩的主題、或者對照社論中傳達的觀點。 1. 在一則短文中確認所指國家 2. 在政府發行的手冊上劃出與額外安全收入（supplemental security income）相關意義的字詞 3. 寫一封簡短信函解釋信用卡帳單上的錯誤 4. 寫出一則冗長新聞文章所欲表達的論點 5. 比較成長故事中陳述的不同取向 6. 比較詩中使用的兩個隱喻	係指從一些文件當中（比如工作申請表、交通時刻表、地圖、圖表等等）取得資訊所需的知識和技巧，譬如在一張街道圖上標示特定的十字路口、使用時刻表選擇一班適合的公車、或者在申請表格上登錄資料。 1. 簽署自己的姓名 2. 在街道圖上標示出十字路口 3. 從有關能源的柱狀統計圖表中確認訊息 4. 從訊息圖表中確認滿足某特定條件的正確百分比 5. 使用圖表中的資訊完成包括軸線標定在內的圖形 6. 使用圖表資訊判別跨年度石油出口的類形	係指算術運用，使用印刷資料等數據的相關知識和技巧，譬如支票簿的均衡、計算出小費的數額、填寫訂貨單、或從一則貸款廣告中判別利息的數量。 1. 加總銀行的存放款 2. 計算郵件的郵資和費用 3. 使用計算機計算一則廣告中一般價和特價之間的差額 4. 使用菜單上的資訊測定正確的零錢數 5. 測定型錄當中各項目訂貨單上的運輸成本和總成本 6. 使用合格的手冊，計算一對夫妻每年度會收到的基本額外安全收入

文盲與學校

　　美國社會中近 1/4 的成人只具有義務教育的低程度，這個事實讓許多社會評論家、大多數政府官員和商業界領袖將學校視為問題的來源。就周密的分析顯示，單獨從學校方面下手並無法解決文盲問題。大多數美國人似乎相信，假如「學校能夠將其份內工作做得更有技巧、更堅決一些，文盲問題終將獲得解決」（L. Resnick 1990, p.169）。但匹茲堡大學學習研究與發展中心主任 Lauren B. Resnick 卻不這麼認為，她主張，終止文盲的政策設計必須考量人們使用或評估書寫資料的情況。

　　Resnick 區別出六種讀寫能力的情況（Resnick and Resnick 1989）。其中有一項她命名為「有用的情況」——應用在人們使用印刷資料執行實際活動的環境，比如依據指導手冊設計機器、諮詢公車時刻表、填寫工作申請表格、看收據以及使用電腦套裝軟體等等。Resnick 主張，這種「讀與做」（read-do）的讀寫能力主要是因應課堂外的需求。兒童在能夠閱讀之前，就已能觀察成人如何使用文本（texts）來執行工作，因此他們了解與文本互動的一般類型。讀與做的讀寫能力是工作場所需要的重要能力，是課堂外的需求，那麼改善工作場所的讀寫能力便應是政策設定的目標。

　　儘管解決文盲問題有其複雜性，但大多數人仍備感困擾的事是：高中文憑不再是個人獲得當今經濟所需技巧的保證。對於文盲比率的高估(每三位當中有一位)，不禁讓人想問，在學校待過 12 年，甚至是已完成高中學業的人為何沒學到足夠的讀寫與解決問題的技巧，也無法有效地處理工作上相關的困難。研究發現，美國學童幾乎各門科目都落後歐亞諸國學童（特別是科學和數學兩門科目），這項事實使該問題變得更為複雜（Lapointe, Mead and Phillips 1989）。這項研究結果指出，與各國學生相較，即使分數列名全美前 5-15% 的學生也都是普遍落後（Cetron 1988; Thomson 1989）。「普遍說來，在各項國際性的調查當中，美國的『好學生』表現得比其他國家的『好學生』來得差」（U.S. Department of Education 1992b, p.viii）。這些研究結果已促使許多評論家檢視歐洲、太平洋邊緣各國的學校教育與美國本土教育的差異。

洞察國外的教育體系

我們在本章開頭就已指出，相較於歐洲、太平洋邊緣諸國的學生，美國學生的學科表現較差勁，與學校相關的作業也做得較少，即使是最好的學生也是如此。

> 例如，在精挑細選的美國 17 歲學生團體當中，只有 13%在代數學
> 上的分數和 50%匈牙利 17 歲的學生相同……在美國高中修完第二年高
> 等化學課程的高年級學生當中，只有 1%在化學知識上的造詣等同於加
> 拿大 18 歲學生裡的 25%……而相較於 30%的南韓 13 歲學生能夠應用
> 「高等的科學知識」，美國同年紀學生只有 10%具有這種能力。
> （THOMSON 1989, pp.52-53）

1993 年美國教育部對天資優異兒童（在成績和 IQ 測驗分數上高居前 3-5% 的兒童）所作的研究指出，大多數資優學生說他們每天唸書不到一小時，覺得上課很無聊，很多授課內容都是他們早已知悉的事情，這解釋了美國資優生為何表現得這麼差（Los Angeles Times 1993）。該研究結果並不意謂歐洲和太平洋邊緣諸國的學校運作得比較好，或者暗示美國應盡力趕上這些國家。不過，重要的是得了解為什麼美國人會在國際競技場上表現得這麼差勁。

花在學校教育上的時間量　巴瑞特（Michael Barrett）在〈更多授課日的情況〉一文中，描述「相較於許多歐洲和亞洲兒童，美國兒童接受學校教育的時間不到數百小時，這種情況造成的傷害具有累積性和持續性」（1990, p.87）。這種推論似乎未考量如何使用時間測量學校教育：學年、學週或是學日的長度、花在作業上的時間、父母親協助子女作功課的時間、老師的指導時間、或者是曠課率、輟學率。巴瑞特主張，大多數

美國人不考慮增加投入與學校相關的學習時間量（尤其授課日數量），反而主張我們應學習更有效率地使用已分配好的時間配置。雖然巴瑞特承認，單獨將學習時間拉長並不能改善美國人的國際競爭力，但他建議，美國人必需將其花在學習上的時間加以均等化。巴瑞特也指出，美國人自大地自認能在 180 天內完成歐洲人和亞洲人得花 200-235 天才完成的事，特別是一學年 180 天當中還包括田野旅遊、放下雪假以及教師在職日（在職日是官方的授課日，不過只有老師需要上學）。

　　史蒂芬生（Harold W. Stevenson）, Shin-ying Lee 以及 James W. Stigler（1986）針對三個國家的學業活動時間進行比較，這是相關研究中設計得最完善、最有系統的研究之一。他們針對明尼阿波里斯（美國）、仙臺（日本）和台北（台灣）三地的幼稚園、一年級學生、五年級學生，比較他們的數學成績、課堂環境和家居環境。他們發現，台灣和日本學生表現普遍優於美國學生，尤其日本更是顯著。其中五年級學生的測驗分數差異最為明顯：

> 美國五年級各班的最高平均分數仍低於日本五年級各班的最低平均分數，台灣班級當中只有一班的平均分數低於美國各班的最高平均分數。同樣顯著的是，美國五年級各班的最低平均分數僅稍高於台灣一年級的最高平均分數。（p.694）

　　史蒂芬生和同事經過數千小時的課堂觀察，並訪問過老師和學生母親之後，得出幾項結論：美國人花費在學業活動上的時間明顯不足，而家長也不太幫忙小孩作功課。不過在學校教育的品質滿意度上，美國家長的滿意度（91%）明顯高於台灣家長（42%）和日本家長（39%）的滿意度（見表 13.1）。史蒂芬生（1992）主張，美國家長之所以感到滿意的一項原因是，對於各年級學生應當擁有什麼樣的學業技巧，美國的學校體系並沒有給予明確指標，因而沒有用來衡量兒童表現的基準線。

表 13.1　台灣、日本和美國的幼稚園、一年級和五年級學生之比較			
家庭作業	美國人	台灣人	日本人
每天作作業的時間*			
一年級學生	14 分鐘	77 分鐘	37 分鐘
五年級學生	46 分鐘	114 分鐘	57 分鐘
週末作業的時間*			
一年級學生	7 分鐘	83 分鐘	37 分鐘
五年級學生	11 分鐘	73 分鐘	29 分鐘
父母協助子女作作業的時間			
五年級學生	14 分鐘	27 分鐘	19 分鐘
家中擁有個人書桌的百分比			
五年級學生	63%	95%	98%
父母為子女購買習題簿以增加練習的百分比			
五年級學生（數學）	28%	56%	58%
五年級學生（科學）	1%	51%	29%
教室			
投入學業活動所佔時間百分比			
一年級學生	69.8%	85.1%	79.2%
五年級學生	64.5%	91.5%	87.4%
每週投入學術興趣的時數			
一年級學生	19.6 小時	40.4 小時	32.6%
五年級學生	19.6 小時	40.4 小時	32.6%
每週花費在學校的總時數			
一年級學生	30.4 小時	44.1 小時	37.3%
五年級學生	30.4 小時	44.1 小時	37.3%
學生在校卻不在教室內的時間比率			
五年級學生	18.4%	<0.2%	<0.2%
老師授課時間的比率（所有年級）	21%或 6 小時	58%或 26 小時	33%或 12 小時
母親的認知			
以 1-9 等級評估子女數學科的成績	5.9	5.2	5.8
評估子女的智力	6.3	6.1	5.5
認為學校教育做得不錯或很好的百分比[+]	91%	42%	39%
非常滿意子女學業表現的百分比[+]	40%	<6%	<6%
認為孰為成功的要件——能力或是努力？	能力	努力	努力
協助子女作數學的百分比	8%	2%	7%

* 媽媽作的評估。

[+] 1 代表最低，9 代表最高。

文化動機與經濟動機　全美中等學校校長協會執行督導湯姆森（Scott Thomson 1989）主張，美國人差勁的國際表現，反映出缺乏把事情做好的文化動機與經濟動機。他舉南韓和德國爲例，在文化動機部分，相較於南韓和德國學生，美國家長較少協助學生作家庭作業，家庭價值結構也較不支持教育，此外，美國的電視節目鮮少把教育年輕人當成經營目標，節目內容和電視網上播送的廣告多半鼓勵學生進行消費，而非鼓勵其發展個人長才。當學生成爲電視節目或商業廣告的背景時，「學校校長多半被形容成光會抱怨的環境不適應者，老師是嘮叨不休的不能勝任者，學生對課業的興趣不高，常常被描寫成一群軟弱無能者，至於那些膽敢搞砸整個體系的人，則被捧爲英雄」（O'Connor 1990, p.B1）。

　　經濟動機是教育品質的另一項因素。相較於南韓人和德國人，美國人的教育投入佔國民生產毛額的比例甚少，老師的薪資不高，高中的學業成績和未來的就業品質之間的關聯也不直接。湯姆森相信，「這種忽視高中課業成就的傾向似乎成爲一種特別的美國現象」（1989, p.56），而這有助於解釋美國勞工部部長 Robert Reich 所宣稱「所有先進工業國家的學校與工作（school-to-work）轉換系統當中，美國可能是做得最差的一個。沒有大學文憑的人不可能向雇主聲稱其擁有世界級的工作技能」（1993, E1）。歐洲和太平洋邊緣各國的雇主在聘請員工時，即使是雇用辦事員或藍領工人，還是明顯看重申請表上的學業成績表現。事實上，在許多歐洲國家當中，成績和測驗分數只是就業履歷表上的一部分（U.S. Department of Education 1992c）。在南韓，「學校對學生來說太過重要⋯⋯使得學生無法於在學時期工作，他們所有的時間和精力都投入學習之中」（Thomson 1989, p.57）。在日本，「對就業、升遷和一般社會地位來說，教育資格和受訓技巧是重要的」（Rohlen 1986, pp.29-30）。

　　對美國來說，這些跨國研究的結果無疑令人氣餒，但重要的是要知道，像愛荷華、北達科塔和明尼蘇達各州學生的數學成績，都和數學分數最高的日本、瑞士學生不相上下（Sanchez 1993）。倘若不將各州獨立來看，而考量全美中小學學生的平均，每年將會少估了 20 個學日（Schlack

1992）。此外，相較於優勢團體，弱勢的社會階層和團體的輟學率較高，[3] 曠課率也較高，且標準測驗的分數較低（Horn 1987）。下列事實與輟學率有關：

- 每年大約有 4,231,000 名美國學生自高中輟學。
- 公立高中的畢業率是 71.2%，這個數據各州不同，最高的是明尼蘇達州 89.5%，最低的是密西西比州 54.3%。
- 美國白人的輟學率是 17%，非裔美國人、拉丁美洲裔和美國原住民的輟學率分別是 28%、35%、45%。[4]
- 家庭年收入不到 15,000 美元的年輕人，高中輟學率是 60%。[5]

相較於外國學生，美國學生投入學業活動的時間較少，再加上比例甚高的輟學率（尤以那些弱勢團體），顯現美國教育體系已轉移許多人對學業的追求。我們將在下個段落先行檢視當代美國教育的歷史背景，而後考量一些讓美國人在教育和學習上產生矛盾情緒的特質。

❧ 美國大眾教育的發展

美國是世界上第一個採用大眾教育概念的國家，這種做法打破歐洲的傳統教育觀，認為只有少數菁英才有受教的權利（譬如前 5% 的頂尖人才方能受教）。1852 年麻薩諸塞州國會議員通過一項法案，強制所有兒童必須上學，而全美各州在六年內全數通過義務教育法。不過，鼓勵父母遵守該法的原因不是強制性的法條，而是另有其因。首先，當工業化的步調加快時，工作已由家庭或鄰近地區轉移至工廠或辦公大樓中；而機械化的增加，也促使學徒制逐漸消失；當家庭農場和家庭企業消逝時，父母也不再能自行訓練小孩，這些常見的技巧已逐漸落伍，因此，隨著家庭和工作環境的分離，父母不再能自行看管小孩。其次，1880-1920 年湧入的大量移民為美國創造大量的，甚至是過剩的勞動人口，使得工廠工人供給豐沛，對童工的需求因而降低。上述這些事件造成這麼一個環境：兒童除了學校之外已無處可去。

早期的美國教育至少有兩項重要特質持續至今：（1）教科書繼教義問答本之後成為範本，以及（2）單語教學。

教科書

早期大力倡導教育改革的學者，諸如 Benjamin Rush, Thomas Jefferson 和 Noah Webster 等人咸信學校乃一重要機制，不同的人可藉由學校獲致共同的文化。他們相信，那些所謂新「完全同質的」（perfectly homogeneous）美國人係指在美國國內（非海外）求學並使用本土教科書的人，採用舊世界的教科書，「將會把老朽的皺紋刻劃在年輕人身上」（Webster 1966, p.32）。

美國初期的教科書仿效**教義問答教本**（catechisms），這是以問答形式撰寫與宗教教義有關的小書，每個問題都只有一個答案，而在覆述答案的過程中，問題的措辭會變得更為精確（Potter and Sheard 1918）。這種形式妨礙讀者成為主動的學習者，使其無法「形塑問題、詮釋內容並對此文章的意義作出反應……沒有產生或發明觀念的誘因，或與其他著作論辯真理或價值」（D. Resnick 1990, p.18）。讀者的工作就是牢記每個問題的「正確」答案。由於教科書的寫作方式採用這種範本，故使閱讀教科書的主因是為了獲得問題的「正確」答案。

教義問答教本對當今學習的影響，可以從學生被指派閱讀某章節或回答問題的過程中看出。許多學生發現，他們不必閱讀通篇文章就能回答問題，只要他們能瀏覽文本，發現一些符合問題所需的關鍵字，然後抄些相關詞句就行了。

過去數年內，教育家不斷質疑教科書作為一種學習工具的價值，雖然我們知道有些學校（特別是小學）已經停用教科書，但我們並不知道這股趨勢的範圍，似乎基礎閱讀領域裡的教育家正逐漸放棄師法教義問答教本的傳統教科書，而選擇兒童文學書籍和日常寫作計畫（Richardson 1994）。歷史小說以及包含論文和各觀點在內的合輯，以及所謂的「真實的」或有根據的著述均可替代教科書。

單語教學

「美國的人口組成是所有人類歷史中偉大的作品之一」（Sowell 1981, p.3），包含對當地土著的征服、併吞墨西哥領土及其內住民（即現在生活在新墨西哥、猶他、內華達、亞利桑那、加州與部分科羅拉多和德州等地的人民）以及來自世界各地數百萬的移民。學校改革者（主要是新教徒和具有英國背景者）認為國民教育是不同文化、語言人口「美國化」的機制，目的是為了灌輸國家認同的觀念，並訓練具有競爭力的勞動力。正如 Benjamin Rush 所主張，「教導我們的學生熱愛自己的家庭，同時也教導他們：為了國家福祉所需，他必須放棄，甚至忘卻自己的家庭」（1966, p.34）。為了符合國家發展的目標，人們得學習使用共同的語言——英語。早期的改革者相信，國家福祉有賴一個共同的文化，而此文化需要人們忘記自己的母語。

雖然美國鮮少壓迫人民放棄母語而改用英語，但她大概也是世界上唯一一個不重視第二外國語的國家。教育評論家 Daniel Resnick 相信，缺乏外語教學的結果，使得美國教育的本質出現偏狹，這種近乎排他性的單語教學，剝奪學生認識語言與文化間連結的機會，也無法使其了解語言是項思索世界的工具。Resnick 指出，對單語的關注「已切斷學生和多元世界文化的連結，使學生無法獲得未來世界中的強勢能力」（1990, p.25），也剝奪學生學習其他文化遺產的機會。

在美國，想進入主流社會或取得向上流動機會就得學習英語，就這一點，英語代表的不只是一種語言和地方口音，而「成為一種工具，人們可透過它隱藏和假冒原有的民族和地區來歷……將某人的原有民族轉換成後天的美國性格……」（Botstein 1990, p.63）。早期頗具影響力的教育改革者 Noah Webster，他在拼寫教本的序言當中提到，美國必須促進「語言的統一性和純淨性」以及「粉碎那些引發各州相互訕笑的地方性方言之間的可憎區別」（Webster 1966, p.33）。全民對於學習英語以及斷絕與過往連帶的記憶，仍然留在後代的矛盾態度中，這種態度不是語言上的收穫，而是學習的意義（Botstein 1990）。

❧ 當代美國教育的基本特徵

美國教育異於其他教育體系的特徵包括大學的近便性（availability）、沒有統一的課程、接受各州或各社區的資助、認為學校是解決許多社會問題的機制、以及目標與價值的模糊性。本段將討論這些特徵。

大學的近便性

美國最明顯的特徵之一是：取得 GED 或高中畢業生理論上都可以進大學，結果使得美國擁有全世界最高的大學入學率。1992 年的高中畢業生當中，有 63% 進入大學秋季班（The World Almanac and Book of Facts 1994 1993, p.195）。事實上，有 20% 四年制學院和大學在接受學生時並不考量學生在高中的成績、選修課程、或其 ACT 或 SAT 測驗分數，有 74% 的大學與學院為那些缺乏大學程度的學生提供讀寫、算術方面的補修課程，1989 年便有 30% 的大學新鮮人選修至少一門的補修課程（U.S. Bureau of the Census 1993）。

在其他多數國家當中，只有少數人能接受高中以上的教育。在英格蘭和威爾斯兩處，16 歲的學生若無法在中等教育一般證書測驗（General Certificate of Secondary Education Test）取得高分，就無法選修大學開設的高級課程。同樣的，法國的學士測驗（baccalaureate examination）分數也決定一個人能否上大學（Chira 1991）。從這個觀點看來，美國的教育機會是值得稱許的，大學教育開放給每個人（只要付得起學費），不論先前的學業是否挫敗，也不會保留給某些特殊人士，這種政策反映出美國人的信念——不論在人生的那個階段，只要希望加入競爭行列，每個人都有平等的競爭機會：「俗諺說，我們也許不能支支揮出全壘打，但每個人都有上場打擊的機會」（Gardner 1984, p.28）。

然而，人人都有上大學的權利似乎與中學教育的價值式微有關，以及致力達成教育程度有關。當中學入學人數不斷增加，中產階級乃至於窮人和少數團體都能唸中學時，中學文憑的價值便趨式微，而對大學學歷的要求則與日俱增。當大學入學人數增加，大學學歷開始被界定為成功的重要因素時，高中便不再是年輕人加入主流勞動力的最後一站。如此一來，中學不必非得確保畢業生有足夠的讀寫技巧應付工作所需，結果高中課程變得愈來愈不重要，也愈來愈不嚴格（Cohen and Neufeld 1981）。

為美國公立中小學辯護的人則主張，嘗試教育所有市民的必然結果，就是課程較不嚴格：假如要讓每個人都能通過課程的要求，就得降低標準。即使我們接受這種邏輯，這種政策清楚地導致高中文憑的價值不再，而欲藉由義務與免費教育達成的平等理想也被破壞。倘若大眾教育的完成是藉由**社會晉昇**（social promotion）（學生從某年級升到另一年級的基礎是年齡而非學業能力），藉由授予高中文憑給具有第五級閱讀能力的人，而頒發成績證書給那些未能通過最低能力測驗，這種方式並不是真正的平等。只有在每個人都有機會得到重要的學位時，教育裡頭的真正平等才能達成。

課程的差異

美國並未實施統一課程，各州對幼稚園到高中的課程規劃不同，而各校則自行詮釋與施行這些課程規劃，故使得各校的教科書、作業、教學方法、教師資格與教材等差異很大。除了各州的課程不同之外，同一所學校的學生也經常以測驗或過去表現進行分組或「分流」，例如以普通文憑（不同於大學預科、優等或高等文憑）入學的學生修讀的數學課程通常較少，類別也不同（普通數學取代代數），以符合各州對數學課程要求，而這些學生也以修讀英文寫作課來取代創作寫作課，以符合各州對英文課程的要求（The Book of the States 1992）。

雖然大多數國家也都有分流的措施，但所有學生仍需修讀核心課程，即使不是每個人都能了解這些內容。例如日本人相信，為了確保每個人都有公平的機會享有教育帶來的好處，標準化課程是唯一的方式（Lynn 1988），「幾乎全國人口都受過 12 年嚴苛的基本訓練」（Rohlen 1986, p.38）。雖然日本人將中學分為三類——升學類、專業技術類和綜合類，但所有的日本學生仍得修習外語、社會研究、數學、科學、健康教育、體育與美術等課程。日本學校並沒有資優生或跳級生這種學習計畫（Rohlen 1986），老師教代數，全部學生就學代數，不會出現某些學生還停留在普通數學的階段。所有日本小學生都得學會看懂樂譜，並能演奏一項管樂器和鍵盤樂器（Rohlen 1986）。西德的學生也是一樣，都得學習外語、德語、物理、化學、生物、數學和體育。

美國課程出現差異的另一個來源是：某少數團體的成員較可能就讀要求較少的班級。譬如 17 歲的白人學生當中，有 46%修讀代數 II 這門最高程度的數學課，但卻只有 41%同年紀的黑人學生和 17% 西班牙裔學生修讀這門課（National Science Board 1991）。

E. D. Hirsch 是具有爭議性的《文化的認識能力》（Cultural Literacy）這本暢銷書的作者。他主張，美國課程的不一致與分歧的本質已使其成為：

> 已發展國家當中最不公平與且最不平等的學校體系之一。
> 最平等的小學教育體系正好也是最好的……
> 獲致這些成果的國家傾向在低年級教導標準化課程，像匈牙利、
> 日本和瑞典的學童就具有相似的系統性知識背景，這些學童直到三年
> 級才學到什麼是三年級學生該知道的事，沒有一個學童可以自此知識

網中脫離。（HIRSCH 1989, p.32）

令人訝異的是，事實上並無證據顯示，將學生分到補修班或基礎班，就能促成其智識成長、學業進步、學習興趣增加或者勝任較佳的組別，這種特別的課程設計反而擴大且加深學生之間的差距，也使得這個信念繼續存在：智識能力隨著社會階級與種族團體的不同而異（Oakes 1986a, 1986b）。

資金的差異

1993 年設在巴黎的經濟合作與發展組織（OECD）贊助的 24 國教育報告指出，美國是全世界貧富之間教育差距最懸殊的國家（Sanchez 1993）。美國學校不僅在課程要求上出現差異，在資金上亦有所不同。中小學的資金約有 6% 來自於聯邦政府，48% 來自州政府，其餘則仰賴地方籌措，主要是來自財產稅（U.S. Bureau of the Census 1993）。過度依賴州政府收入是個問題，因為較貧窮的州收到的稅收自然比較富有的州來得少。在 24 個國家當中，美國對每個中學生的支出排名第三，對小學生的支出則排名第一（Celis 1993a）。另一方面，美國的窮州和富州之間的資金差異幅度遠大於其他工業化國家，譬如 12 個加拿大省份對每個學生的支出是不同的，每年每人約 6,500-3,000 美元不等，中間 3,500 美元的差額就是富州與窮州的差距。而美國各州的的支出約 8,645-2,960 美元不等，富州與窮州的差距高達 5,685 美元（The World Almanac and Book of Facts 1994, 1993）。

同樣地，過度依賴地方收入也是項問題，因為這也會造成各州學校之間經費不均。在這方面，至少有 28 個州立法院正在審理提供資金的方式是否造成不公平的學校體制，或已裁決學校資助方式構成違憲（Celis 1992, 1993b）。肯塔基州就有一則案例。1986 年有 66 個學區（大部分是鄉下學區）共同提出訴訟，指控州立教育資金系統，而肯塔基最高法院在 1989 年元月 8 日宣判：

本州的公立教育系統確有缺陷和違憲之處。本庭宣判公立教育系統各面向應再行斟酌，新系統應於 1990 年 4 月 15 日之前確定。

本庭認為，許多孩童在學校系統中若受到不適當的教育，或者根本未施予基本教育，這在本質上是不公平且違憲的。（FOSTER 1991, p.34）

為了補救這種不平等，法院判決所有學生的學業成績是憲法上的義務，各州需要立法規劃一個系統，以確保每個學生都能「在各自能力所及的範圍內學習最高程度的知識」（Foster 1991, p.36），譬如 1990 年通過的肯塔基教育改革條例（KERA），這項立法將教育的規則、角色以及關係加以重構。肯塔基教育改革條例具有的社會學意義是：該州認知到，惟有教導學生周全的反思，並徹底改善教育方式，不平等的問題才能加以改善。

儘管最貧與最富的學校之間存在顯著的不平等，但花費在學生身上的經費並不是助長學校整體學術表現的唯一原因。藉由檢視底特律兩個校區，這種推論的邏輯即能獲得支持（見「兩個校區的簡介」一文）。這兩個校區在學生身上的支出均約 3,400 美元，但就輟學率、平均每日的出席率、通過全州數學和閱讀測驗的學生比率、以及休學和退學的學生數而言，這兩個校區便出現實質上的差異。就此現象可以看出，雖然經費是重要的，愈有錢的學校所能提供的資源就愈多，但單靠錢並無法解決輟學、出席、行為與表現等問題。

兩個校區的簡介

底特律的兩個學區相關統計資料顯示，各學區每年花費相同的經費教育學生，但這兩個學區卻在輟學率、出席率、與有效學習環境有關的其他變項上出現實質差異。

底特律 Wayne-Westland 學區 統計簡介	數據	底特律 Highland Park 學區 統計簡介	數據
年級數：K-12*		年級數：K-12*	
1955 年以前學校的建造率	20%	1955 年以前學校的建造率	56%
學生總數	17,682	學生總數	6,854
平均每日出席率	95%	平均每日出席率	88%
每位兒童的支出	$3,350	每位兒童的支出	$3,402
輟學率	15%	輟學率	40%
參加 ACT 測驗的學生合格率	80%	參加 SAT 測驗的學生合格率	35%
ACT 測驗的平均總分	20.5	SAT 測驗的平均總分	695
進入二年制或四年制大學就讀的畢業生百分比	32%	進入二年制或四年制大學就讀的畢業生百分比	66%
通過州立閱讀測驗的學生百分比	85%	通過州立閱讀測驗的學生百分比	66%
通過州立數學測驗的學生百分比	80%	通過州立數學測驗的學生百分比	46%
小學的師生比	1:28	小學的師生比	1:28
中學的師生比	1:29	中學的師生比	1:24
中學內輔導員與學生的比例	1:300	中學內輔導員與學生的比例	1:320
小學裡主修音樂的人數	800	小學裡主修音樂的人數	無
小學裡主修藝術的人數	800	小學裡主修藝術的人數	無
高中圖書館平均藏書量	13,345	高中圖書館平均藏書量	19,500
老師的初薪	$18,967	老師的初薪	$15,656[+]
老師的最高薪資	$38,073	老師的最高薪資	$34,666[+]
教師的平均年資	15	教師的平均年資	12
休學與退學的學生數	未知	休學與退學的學生數	1,638
是否提供進修課程	無	是否提供進修課程	無

* 該學區誤解此統計資料。
[+] 1986-87 年的統計資料。

解決社會問題的教育基礎計畫

美國採用教育基礎計畫處理各種社會問題，包括父母離家、種族不平等、毒品與酒精濫用、營養失調、青少年懷孕、性病以及文盲等問題。雖然各國都有解決社會問題的教育基礎計畫，但美國特別將其視爲解決許多問題的基本方法。在美國：

> 這個過程變得很常見：發現社會問題，加以命名，再與教授設計一門改善課程。酒精中毒？就在每個學校教導如何戒酒；性病？就開設社會衛生的課程；年青人失業？就改善專業訓練與指導；車禍？就開設教育年輕駕駛人的課程；許多人在第一次世界大戰徵兵時體檢不合格？就設計一些保健與體育教育的方案……實際上，把真實的問題（如車禍、感染梅毒、沮喪的待業者）轉化成課堂內的議題，這種方式只不過讓市民感到心安，覺得好像解決了某些真正的問題（即使僅是象徵性的）。（TYACK AND HANSOT 1981, p.13）

縱使這些計畫有其重要性，但複雜的問題並不能單靠學校來解決，也必須有其他計畫和教育基礎計畫配合實施才行。譬如每年約有 350,000 名嬰兒出生時就帶有毒品或酒精等問題，這些嬰兒絕大部分是那些無法獲得產前照顧的貧窮婦女所生育（Blakeslee 1989; Dorfman 1989），當這些孩童到達就學年齡時，他們將會在學校體系中造成特別的問題。Michael Dorris 在「The Broken Cord」一書中指出，對於那些在出生之前就已受到酒精侵害的兒童來說，老師必須關心他們各方面的行爲，包括「對課業難以專注、妨礙其他兒童上課、不善使用語言、無法規劃自己的工作時間、並需要持續的監控和注意」（1989, p.241）。[6]

這個可以全然避免的問題可部分訴諸於保健體系，保健體系可以採取冒險的作法[7]，拯救酒精或藥物中毒的母親生下的體重過輕的嬰兒，但該體系並沒有提供適當的產前照顧。在其他國家當中，像法國就制定許多適當的政策,避免體重過輕的嬰兒,並照顧一般的嬰兒(Hechinger 1990; 見「為何法國在兒童教養方面優於美國」一文),長期施行這些政策便能降低學校的重擔。

為何法國在兒童教養方面優於美國

若拿法國和美國的兒童照顧相較,美國明顯是輸家。

「你們為什麼不做些改變呢?一個富裕的大國竟能接受這麼可怕的嬰兒死亡率,真是令人難以置信。真是件怪事。」

這是一位在法國從事兒童照顧和學前教育督導的女士對美國對待嬰孩和兒童之道作出的反應。Solange Passaris 是健康與社會保護部裡的官員,擔任童年早期和母親方面的特別顧問。她在一次訪談中表示,由於歐洲不再處於經濟危濟當中,因而此刻得以處理兒童福利問題,以作為國家經濟福利的一部分。

她說,當法國在避免嬰兒死亡方面的舉措上位居全球第 4 時,她不了解美國何以能坐視自己排名全球第 19 名。

國家的承諾也許是事件的主要動力。姑且不論法國人熱情的行事風格,密特朗總統在發言中透露些許政治意涵:「法國將在兒童身上興盛起來。」或者如法—美基金會董事長 Edward H. Tuck 最近在基金會中較為平實的言論:「歡迎每一位兒童,」法國的成功歸因於「國家政策的重心在兒童身上、高度訓練的人員、政府各層級盡心盡力的領導、以及職責分明的各局處。」

法國的兒童照顧擁有工商業相當強大的支持。「我們試圖在商業界、工會和政府之間建立合夥關係,」Passaris 女士說道。

母親可以在生產前 6 週和產後 14 週停職但薪水照領,公司主管並不會在意這種可能為生產力和收益帶來負面影響的事情。

相反地,美國的商業利益遊說團卻成功地阻撓這項立法:育兒母親有 10 週的留職停薪期,而布希總統也否決這項法案。

法國父母為了鞏固家庭,他們會在小孩出生後兩年內辦理留職停薪,其工作得以獲得充分保障。

下列各主要議題是美、法兩國的寫照。

在美國，許多貧窮的母親及其嬰兒缺乏產前和產後的健康照顧，但法國在這方面的問題已由國家政策加以妥善處理。美國在預防注射方面也出現這種情形，由於注射措施愈來愈反覆無常，故使得已被視為絕跡的兒童疫病再度肆虐。

法國的教育家、健康專家和政治家均一致肯定，預防性的健康照顧和兒童未來在校與生活上的成功具有緊密連結。

在美國數以百萬計的兒童身處不合格的日間托育環境中。由於高品質托兒中心的收費相當昂貴，故使富人和貧人的兒童生活出現懸殊差異。

法國鄉下的公立幼稚園。

在法國 3 歲以下的幼兒托育花費最少是 195 美元，最高是 4,700 美元。

法國近 98%的 3-5 歲幼兒到免費的托兒所就學，這個數量是美國的三倍多。父母在工作的幼兒可以一整天待在安全的教養處所。

在美國，低薪和低階層會嚴重影響兒童照顧中心中成員的素質。根據通用會計事務所最近的報告指出，美國每年有 40% 的兒童照顧中心職員離職。

法國的托兒所師資和幼兒、小學的師資一樣，都需要碩士文憑。托兒所的主管為小兒科護士，他們必須接受額外的公共衛生與兒童發展等相關訓練。托兒所職員則得具有二年大學學歷，外加二年兒童發展與幼童教育課程方面的訓練。

法國政府為延攬托兒教育的人才，故擬出一套政策：願意畢業後為托兒教育服務五年以上的大學生，享有免大學學費外加津貼的優待，以此作為誘因。

　　同樣也需要執照的家庭照顧讓許多家庭除了照顧自己的小孩之外，還能照顧三位幼童。家庭照顧者除了享有每日的補助之外，還適用於社會安全、殘疾和失業保險。

　　這種家庭照顧體系隨著小團體中心的增加而擴大，使兒童每週都能和其他兒童聚在一起。

　　檢視工業社會中的兒童照顧，可以發現在一個像法國一樣的規制化資本主義底下，或者像北歐諸國的社會民主底下，兒童福利均受到保護，因為兒童是國家未來的保障。

　　相反地，像英國和美國卻將兒童照顧放任到自由市場當中，這已造成 Passaris 女士所說的怪事。這種作法讓許多兒童受到不當照顧，並造成永久性傷害，也讓社會付出極大的成本。

模糊的目的與價值

　　正如我們稍早提到的，相較於其他國家的人民，美國人對教育目的和價值的看法較為矛盾。一般來說，美國人無異議地支持大眾教育與上大學的權利，但對許多美國人來說，小學、中學乃至於大學都只是某種必須忍受的過程，學生們數日子等待「畢業」。Ernest Boyer 訪問數百位來自全美各地的公立學校學生，發現沒有人能明確地說出他們為何要上學：

　　　　最常見的答案是：「我必須在這裡。」他們知道這是法律的規定，或者，「假如我完成學業的話，我就能找到更好的工作。」但是「它」究竟意指為何，這些學生卻答不出來。或者，「為了要上大學，我必須完成它，」或是「這裡是我交友的地方。」在訪談當中，沒有學生提及他們在學些什麼，或者他們為什麼要學這些東西。（1986, p.43）

自 1960 年代末、1970 年代初以來，大多數美國人傾向將教育等同於工作機會的增加，不過大學畢業生的速度卻遠快於經濟市場的吸收度，至少就大學畢業生期待的那些工作是如此（Guzzardi 1976）。1990 年（能獲得數據的最近一年）約有 1 億 2,260 萬名工作者投入勞動市場，在這些人當中，9,930 萬個工作並不需要大學學歷，不到 20% 的美國工作者受雇於需要大學文憑的工作（Shelley 1992）。由於約 2,900 萬名工作者讀過大學，但僅有 2,320 萬個工作需要大學學歷，故五個大學畢業生當中有一個是低度就業。一項針對大學生（1989-1990）所作的調查，反映出大學畢業生的數量與需要大學文憑的工作數量之間的落差：1991 年有 44% 受訪者不相信他們高文憑低就的情況，而這項數據在 1985 年只有 37%（U.S. Department of Education 1993a; 見圖 13.1）。

這些發現並不意謂教育程度與職業或收入無關。他們更進一步的指出，因為市場上並沒有充足的高技術工作可以吸納這些逐年增多的畢業生，所以有相當比例的大學生是未充份就業的。從此趨勢看來，「工作」似乎是評價教育的一個狹隘判準；但高中生和大學生普遍認為課程（特是一般必修課）是無用的，因為「我在現實世界用不到它」，特別是在工作上用不著。

美國幾乎完全將教育關聯於工作的升遷，低估了教育的其他好處，包括個人的賦能（personal empowerment）與公民的投入（civil engagement）：

> 個人的賦能需要人們能夠分析性地思考，批判性地檢視資訊，並能夠創造性地思索，以超越一般的分析，挑戰既有的假設，跳脫既存的現實，進行不受既有束縛的想像；而他們也要能表達出清楚的正直感。至於公民的投入則是當人們完全參與較大社區的生活時，學習如何使用這些技巧。（BOYER 1986, p.43）

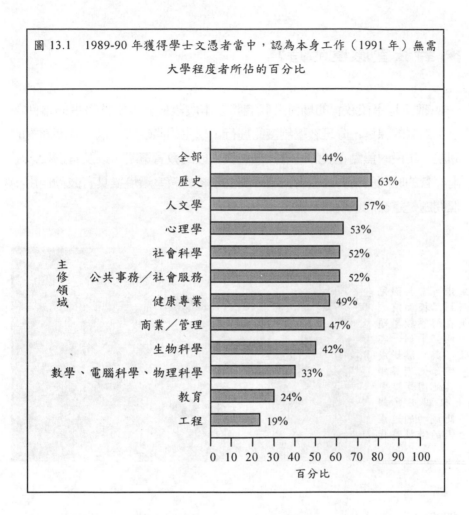

圖 13.1　1989-90 年獲得學士文憑者當中，認為本身工作（1991 年）無需大學程度者所佔的百分比

主修領域	百分比
全部	44%
歷史	63%
人文學	57%
心理學	53%
社會科學	52%
公共事務／社會服務	52%
健康專業	49%
商業／管理	47%
生物科學	42%
數學、電腦科學、物理科學	33%
教育	24%
工程	19%

百分比

　　相較於歐洲與太平洋邊緣各國，美國學術表現的不足，以及輟學率和大量的功能性文盲等現象，都可由這些因素部分加以解釋：開放大學入學制度、多樣與個殊的課程、經費的不平等、解決問題的職責以及國家在面對教育時的矛盾情結。我們將在下個段落更詳盡地檢視教室環境扮演的角色。

對教室環境的特寫

　　教室是學校教育的場所。我們將在本段落檢視教室裡發生的事件：學生面對的課程、分班教學制度的施行、學生的測驗方式以及老師面對的問題。本段的焦點在於那些導致無趣與失敗的教育策略，以及有損投入學術經營的時間與精力的教育策略。美國學校的教室環境雖具有鼓勵作用，但問題是這樣的環境還不充足。

亨利主張，當美國兒童被叫到黑板面前，尤其是在解答數學題目時，他們學到「害怕失敗」與「嫉妒成功。」假如他們答錯問題，其他同學就會被叫上來糾正其錯誤，因此成功的達成是以他人的犧牲為代價。

課程

　　全美各地的老師教授的課程有兩套，即正式課程和潛在課程。像數學、科學、英文、閱讀、體育等種種學科屬於**正式課程**（ foraml curriculum ）。不過，學生並不是在真空中學習，當老師在教導學生、學生在完全作業的同時，其他周圍的活動仍在進行著，社會人類學家亨利（Jules Henry, 1965）主張，這些其他活動──即所謂的**潛在課程**（ hidden curriculum ）是重要的，這些課程係指學生伴隨學科的學習而學到的一切事物，比如教學方法、作業和測驗的類型、老師授課的語調、同學的態度、學生缺席人數、老師請假的次數等等，這些都是學生在正式課程中所能同時學到的事例。這些所謂的無關事件正告訴學生：學科的價值固然重要，但社會價值、生活周遭的學習場所，以及他們在社會中的角色也都同樣很重要。

藉由潛在課程傳達的社會訊息：以拼字棒球遊戲為例

亨利使用典型的教室場景（經由數千小時的參與觀察得悉），像「拼字棒球遊戲」這類看似普通過程的活動，來說明潛在課程的傳遞，以及顯示學生如何同時接觸這兩套課程。雖然亨利觀察的是 1963 年的情況，但他的觀察結果歷經 30 餘年卻仍舊鮮明：

> 學童在教室後頭排成一列，他們正要玩「拼字棒球遊戲」。他們排隊準備挑選球員組成兩支球隊。老師讓原本吵雜的教室回復安靜後，挑選男、女學生各一位到講台上擔任球隊隊長，並開始挑選各隊的球員，被挑中的學童就依次坐到位置上。還沒被挑上的湯姆試著引起別人的注意，以增加被選上的機會，而迪克似乎顯得頗為焦急，他將位置移近隊長的視線，好讓自己不會受到忽視。珍、湯姆、迪克以及另一位不知名的女孩這四位是最後的待選者，老師甚至得提醒隊長說迪克和珍還沒被選上。

> 此刻老師唸出字彙，學童就在黑板上拼寫出該字彙。每個字代表投手投出的球，而每個正確的拼字就代表一支安打。當自己的隊友正確的拼出字彙時，孩童們就在教室中從一壘移到另一壘。

> 當兩隊接棒的人數愈多，出局的人數也就愈來愈多。「August」這個字對兒童來說很難拼，當他們拼錯時，坐在位置上的同學會說：「錯了！」老師便會說：「下一個。」當某位孩童站在黑板前思考時，老師會說：「時間有限，敬請把握。」最後，拼出大家都不會的「August」這個字的孩童便會露齒而笑，高興地回到位置上……這種遊戲引發的

動機似乎十分驚人，所有的孩童都專注的望著黑板，以了解每個字的對錯，而且顯得十分興奮。至於壘和壘之間的移動則未間斷。現在正在拼「Thursday」的兒童寫了第一個字母後就停了下來，其他同學見狀暗自竊笑，當他拼出第二個字母後又停止，竊笑的人更多了，當他最後拼錯這個字而另一隊拼對時，該隊立刻爆出歡樂的聲響。（HENRY 1963, pp.297-98）

亨利認為，學習拼字不是這個活動最重要的工作，而是要讓學生從中學習重要的文化價值：學習害怕失敗和嫉妒成功。在拼字棒球遊戲這類的活動當中，「失敗總是不斷地發生」（p.300），他人的失敗才能造就自己的成功。「因為幾乎聰明的孩子都共同體驗到：他人的成功奠基於自己的犧牲，所以他們不得不發展出厭惡他人成功的傾向」（p.296）。

在拼字棒球遊戲活動中，學生也學到何謂不合理。亨利將不合理界定為不相關的事情彼此關聯在一起，不管這種關聯恰當與否。在亨利的觀點中，拼字棒球遊戲能教導學生何謂不合理，因為學習拼字與棒球之間根本沒有邏輯上的關聯，「假如我們認為棒球遊戲不能轉變成拼字課，便能明白棒球與拼字之間是毫不相干的」（p.300）。不過，大多數參與活動的學生並不會質疑該活動的目的，雖然一些兒童可能會問，「為什麼我們要這樣做？重點是什麼？」然而他們可能被告知，「這麼做可以讓你學拼字」或者「讓拼字變得有趣些。」鮮少孩子會更進一步地挑戰該活動的目的，學生總是照著老師的要求來玩遊戲，就好像拼字跟棒球有著某種關聯一般，亨利認為，他們害怕失敗，所以極想成功。

亨利更進一步主張，像拼字棒球遊戲這種課堂活動，能讓學生在進入競爭性與消費取向的文化之前，就已做好相關準備。因為美國的經濟相當依賴消費，國家利益來自於人民購買非必要的產品與服務，所以經過學校作業訓練出來的兒童不會質疑廣告商所作的錯誤與模糊的陳述，而學校也沒有準備要求學生「堅持這個世界經得起考驗，且要證明其為真實」（p.49）。亨利主張，潛在課程的訓練使許多原本不可能發生的銷售成為可能：

> 為了讓本國經濟得以目前的形式繼續發展，人們必須學會頭腦不清和衝動行事。假如人們的頭腦清晰而行事慎慮，他們就不會掏出腰包……假如我們都善於推理，那經濟將無法持續運作，故在此存在一個可怕的弔詭：為了讓既有的經濟持續存在，我們必須……保持愚蠢。（P.48）

閱讀作業 教導學生閱讀的方式亦是潛在課程的另一個實例。老師、父母等大人們都告訴小孩，假如他們想在社會中出人頭地的話，閱讀是有用且重要的。不過，孩子通常會拿到這樣的乏味讀物：

> 浣熊和土撥鼠想戲弄兔子，於是他們跑進一棟老房子躲起來。
> 「他絕對不會發現我們在這兒。」浣熊說。
> 「這根繩子是幹什麼用的？」土撥鼠問。於是浣熊攀上繩子，突然間鈴聲大作，嗡嗡作響直到浣熊跳下來才停止。兔子從門口探頭進來，「是你在拉鈴叫我嗎？」他問。（EARLY 1987, p.97）

在讀完這個故事後，學生得辛苦地回答如下的問題：

> 「是你在拉鈴叫我嗎？」他＿＿＿＿＿＿。
> □哭　　□問　　□大叫
> 「他絕對不會發現我們在這兒。」＿＿＿＿＿＿說。
> □兔子　　□土撥鼠　　□浣熊

學生一直被灌輸這個觀念：書本是資訊與知識的重要來源，但他們的作業並不支持這種觀念。一個精神正常的人從事閱讀絕不會只為了回答這些問題（Bettelheim and Zeland 1982）。在這個潛在課程當中（即故事內容）傳達的訊息是：閱讀並非是有意義的經驗，且無益於人生。長期不斷地從事這類閱讀作業和習作，只能教會小孩厭惡閱讀，這也難怪許多學生（即使大學生也一樣）會出現下列症狀：

- 無法體會閱讀的樂趣。
- 無法在正常的速度下閱讀超過 20 分鐘。
- 一遍遍閱讀同一個句子，卻無法掌握其意義。
- 閱讀時無時無刻不在懷疑自己是否有患有注意力缺乏徵候群。（改寫自 Clements 1992, p.A11）

乏味的閱讀作業具有深遠的含意，因為「閱讀能力對小孩的學校生活來說相當重要，故其學習經驗多半決定其命運，最終決定其學術生涯」（Bettelheim and Zeland 1981, p.5）。

當我們拿美國學生的閱讀內容同其他國家做比較時，正如 Bruno Bettelheim 和 Karen Zeland 在〈學習閱讀之路：被意義迷惑的兒童〉（On Learning to Read: The Child's Fascination with Meaning）一文中所指出的，我們完全了解為何學生會討厭閱讀（見「兩則一年級學生的故事」一文）。Bettelheim 和 Zeland 主張，由於奧地利兒童閱讀的故事內容與自身生活相關（例如：為什麼媽媽總是不在身邊），因此在閱讀上的學習速度比美國兒童來得快，因為奧地利兒童較能把閱讀視為俾益生活之事。一般而言，Bettelheim 和 Zeland 發現國外的初級讀本的設計考量到初學者的理解力、對較重要的生活面向的關心，並認知到初學者很早就對真實的著作價值有積極反應」（p.303）。[8][9]

亨利相信，那些具有足夠智識能洞徹此類荒謬作業（像拼字棒球遊戲）的學生，以及那些發現自己無法接受這類作業的學生都可能起而反抗該體系，拒絕依章行事，或以輟學相應，或者開始認為自己很笨。究竟有多少學生的差勁表現肇始於不能接受這種教學方式，我們無法知道。美國有不同的公眾學校體系，不同的學校以不同的方式教授閱讀，不過，大多數的美國人，特別是中、下階級的美國人通常是以剛才描述的方式學習閱讀和完成這些作業。此外，學生們（特別是年幼學生）無法清楚地說出他們不喜歡學校的那個部分。許多學生開始相信學校不適合他們，認為失敗是自己造成的，而不是學校辜負他們。

兩則一年級學生的故事

〈城市四周〉典型地代表美國一年級學生閱讀的故事。〈拜託，媽咪〉則是典型的奧地利一年級學生唸的故事。這則美國故事並未告訴讀者為何男孩和女孩會在街上跑來跑去；但奧地利的故事卻告訴小讀者：為什麼他們的媽媽並不能總是專心一意地照顧他們。

城市四周
> 在城市的四周，
> 在小鎮的四周，
> 男孩和女孩從街上跑過來，
> 男孩和女孩從街上跑過去。
> 男孩跑到太陽底下。
> 男孩跑出來遊戲和奔跑。
> 女孩跑出來奔跑和遊戲，
> 在城市的四周，從早到晚。
> 在城市的四周，
> 在小鎮的四周，
> 男孩和女孩從街上跑過來，
> 男孩和女孩從街上跑過去。

拜託，媽咪
「拜託，媽咪，給我一片麵包！」小孩說。

「好的，」媽媽說，並切了一片麵包給小孩。

「媽咪，拜託唸一則故事給我聽！」小孩說。

「等等，」媽媽說。

「為什麼要等一會兒？」小孩問。

「注意聽！」媽媽說，「你有沒有聽到什麼聲音？」

此刻小孩變得很安靜，專心聆聽。

「拜託，媽咪，清洗我們！」盤子叫著。

「拜託，媽咪，擦亮我們！」鞋子叫著。

「拜託，媽咪，修補我們！」長襪叫著。

「拜託，媽咪，打掃我！」地板叫著。

「拜託，媽咪，把牛奶拿來！」牛奶罐叫著。

「拜託，媽咪，熨燙我們！」籃子裡的衣服叫著。

噢，這是多麼可怕的吵嘈聲！

小孩摀住了耳朵。

這時媽媽說：「這就是每天發生的事情。」

此刻小孩說：「走吧，罐子，讓我們來幫幫媽媽。我們一起去把牛奶拿來。」

（來源：*From On Learning to Read* ，Bruno Bettelheim & Karen Zeland 著，pp.250, 283-84, 1981。）

教室道德　持續接受不合理的作業和問題也會影響教道德。以色列的社會科學家 Braha Alpert 觀察三個中上層階級的中學教室，在這個以美國白人學生為主的教室中，最讓他印象深刻的是學生對老師的反應。Alpert 描述某節課堂上老師和學生之間的典型交換行為：

在課堂上，老師提出一些問題試圖刺激學生的討論，但學生並沒有回應。

偶爾會有位學生小聲的簡短應答，但只不過是「喃喃自語」罷了。由於全班的反應很少，所以老師經常得大聲的重覆問題。下一段摘錄自典型的上課情況，其中充滿著沉默與嘀咕的結合。

　　老師：……現在，啊，前四節肯定會為讀者創造出一種情緒。此刻你們覺得什麼樣的形容詞可用來描述這種心情？

　　學生：（沉默）

　　老師：稍微想想，然後試著把它想出來。我們如何來描述情緒？愉快的？光明的？關懷的？

　　學生：（沉默）

　　老師：你會用什麼樣的形容詞來描述這種情緒？

　　學生：（沉默，然後有學生開始喃喃自語）穩重的。

　　老師：穩重的？很好。我可以某種程度地接受這個形容詞，還有沒有其他的？

　　學生：（喃喃自語）嚴肅的。

　　老師：好的。莎拉說「嚴肅的」這個詞，這是個好答案嗎？

　　學生：（喃喃自語）不是。（ALPERT 1991, p.354）

　　Alpert 主張，當老師強調的是事實與明確的答案，學生的反應可能就比較少。當 Alpert 問學生為何「不願意參與」，學生的回應是：老師的教學風格是一種「具有特別目的的行為模式」。

對老師來說，學生感到無聊的原因可能緣自於個人動機，或者根本就是懶惰使然。不過另外有一種可能，即教室的社會環境，比如教導風格等等，這些因素可能導致學生缺乏反應。

分流

　　大多數的美國學校都會根據過去成績或標準化測驗分數進行分班，這種措施在小學稱做**能力分班**（ability grouping），在國、高中稱作**分班**（streaming）或**分流**（tracking）。在這種篩選和分配的體系下，同一個班級的學生可能被分派到不同的教導團體，而篩選的標準是根據學生個人選擇的學科（如數學、科學或英文），或是跨學科的考量。

　　這種能力分班或分流的原理是：

1.　將學習速度相近的學生編在同班級內，學生學習的效果比較好：聰明的學生不會被學習緩慢的同學牽制住，而老師也能針對學習緩慢的學生，給予額外的時間和特別的關注，以改善其學業上的不足。
2.　學習遲緩的學生若無法與學業表現較佳的同學競爭，可以發展較為正向的態度。
3.　能力編班讓老師的課程講授較為容易。

分流的效應　社會學家 Jeannie Oakes 調查分流如何影響學業經驗，他針對美國 25 所中學、297 個班級共計 13,719 名學生進行調查。

學校本身具有差異性：有些是大型學校，有些是小型學校；有些位於城內，有些鄰近郊區；地理上有西部、南部、北部和中西部之分。不過，這些學校的學生每天經驗事物的差異，並非來自於生活環境或學校之別，而是來自於每個學校本身具有的差異性。（OAKES 1985, p.2）

Oakes 的發現和數百份探討學生如何進行分流、如何接受教導、如何看待自己、以及表現如何等問題的研究結論一致。

- **配置**：貧窮和少數族群的學生大部分被安排在較差的班級。
- **待遇**：不同的分流得到的待遇是不平等的，授課的質量和內容會出現明顯的差別，而課堂氣氛也會反映在老師的態度以及學生與學生、學生與老師之間的關係。後段班學生一直接受較差的指導——灌水的課程與無盡的反覆，並處於一個較死板、情緒較緊張的課堂氣氛中。
- **自我印象**：後段班的學生並未發展正面的自我印象，因為他們被公認為教育的棄物、瑕疵品、或不可雕之朽材。總之，在那些後段班當中，分流看似助長低度自尊、不當行為、較高的輟學率和低度的學業動機。至於那些準備大學考試的前段班，則在學業成績、成績、標準化測驗分數、動機和成就上表現較佳——「即使控制家庭背景和能力差異的條件，這種正向關係還是存在」（Hallinan 1988, p.260）。
- **成就**：較聰明的學生傾向有較佳的學業成績。

這些研究結果反映在老師和學生回覆 Oakes 及其同事的書面答案中。例如，當老師被問到有關課堂氣氛的問題時，前段班的老師傾向以正向的詞彙來回答：

我跟學生的關係很好，本班是要幫助學生接納並嫻熟大一英文作文。這一班的氣氛不錯，我想他們對我的教學能力有信心，但由於這班學生人數多達 32 名，所以他們覺得個別獲得的關注不夠。（OAKES 1985, p.122）

　　後段班的老師則用較負面的字眼回答：

　　這個班級真可怕，孩子們的成就動機極低，對學業一點也不在乎。我對他們的要求相當嚴格，所以他們都怕靠近我。對於數學等任何學科，他們根本提不起半點勁。（p.123）

　　你在課堂上曾經學過或做過的最重要事情是什麼？後段班與前段班學生對該問題的回答明顯不同。前段班學生的回答集中在批判性思考、自發與獨立思想等主題上：

　　寫作時要放鬆心情，這是我在英文課當中學到的最重要事情，我也學到要有更多的想像力。（p.87）
　　我在數學課當中學到的最重要事情是邏輯思考與組織思考的好處，當我能掌握組織性思考的基本過程時，學習變得容易多了。（p.88）

　　後段班學生的回答則較可能集中在無聊與順從的主題上：

　　上數學課時蹺課到外頭打工，我想這是最重要的事。（p.89）
　　就是誠實，無它。（p.71）
　　我沒有學到什麼東西能在往後生活中用得上；到外頭做事總比我光待在學校唸書來得強。（p.71）

　　除了這些影響之外，分流還能透過教師對學生學業潛力的期望來創造自我實現的預言。

　　老師的期望與自我實現的預言　分流可以成為一種自我實現的預言（self-fulfilling prophecy），所謂自我實現的預言是一種強而有力卻也單純容易讓人誤解的概念，這個概念源自於 William I.和 Dorothy Swain Thomas 的洞見：「假如人們將情境定義為真實，其結果就會變成真實」（[1928] 1970, p.572）。自我實現的預言起始於對情勢的錯誤界定，然而，這個錯誤界定會被認為是正確的，而人們就依此正確的的界定來行事。這種誤導的行為結果會產生確認錯誤界定的回應（Merton 1957）。

　　假使老師和管理人員認為某些小孩是「敏捷的」、「普通的」或「緩慢的」，並將之置於「敏捷的」、「普通的」和「緩慢的」環境當中，那自我實現的預言就會發生。長期在授課質量與內容上的差異，將使許多學生實際上變成（以及相信自己變成）「敏捷的」、「普通的」和「緩慢的」，換句話說，對學業能力的預測或預言會成為決定學業成績的重要因素：

　　　　這種悲劇性的，經常是惡性循環的自我實現預言可以被打破。情勢的原初定義是起動循環之源，這必須加以揚棄。只有當原初預設受到質疑，而引入情勢的新定義時，事件的後續發展才會顯示原初預設是錯誤的。（MERTON 1957, p.424）

　　在符號互動論的傳統當中，羅森塞（Robert Rosenthal）和賈可生（Lenore Jacobson）設計一項實驗，用來測驗老師對學生智識成長的正向期待可能成為自我實現的預言，並導致學生智能的增長。羅森塞和賈可生的設計受到動物實驗的影響。在動物實驗中，訓練師相信動物的遺傳特質會影響動物的表現，所以當旁人告訴訓練師某動物的基因較差，動物的表現也就較差；但是當別人說某動物的基因優良，訓練師的表現也就較為卓越。儘管事實上動物之間並沒有這種基因上的優劣，但這種事情確實會發生。

　　羅森塞和賈可生在一所名為橡樹學校的小學裡進行實驗，以橡樹學校為名的用意是要保護該當事學校。這所學校的學生大多數來自白人為主的低收入家庭（84%），另外 16% 是墨西哥裔美國人。橡樹學校以老師的判斷和閱讀能力作基礎，將學生分為不同的團體。

在學年結束時，羅森塞和賈可生向學生施測，以作為其學業表現的指標。在秋季班開始上課之前，所有老師拿到一張白人和拉丁美洲裔學生的名單，這些學生都是三個能力分班中名列前 20% 的學生。老師們被告知，這些學生「在下一年度當中將在學習上出現相當顯著的進步，仍將大幅領先其餘 80% 的學生」（Rosenthal and Jacobson 1968, p.66），同時，老師也被告知不得跟學生或家長討論分數。實際上，老師拿到的名單都是隨機取樣得來的，學生在智力成長上的差異只不過是老師心底的想法。學生在一學期、一學年、二學年之後接受再測。

總之，經由連續幾次測驗分數出現的差異看來，那些被認定為「有作為者」的學生在智識增長上優於其他學生。雖然「有作為者」普遍獲益，但某些學生的獲益多於其他學生：一、二年級的學生、拉丁美洲裔的兒童、以及中段班的兒童，這些人在測驗分數上有極大的進步。重要的是，我們得指出，「有作為者」並未接受老師的特別指導或額外關注，他們和那些未被認為是「有作為者」的學生之間唯一的差別是這個信念：這些人值得期待。羅森塞和賈可生推測，這個信念會以非常微妙和複雜的方式傳達給「有作為者」，但他們並不易察覺：

> 總結我們的推論，我們可以說，藉由老師所說的內容、時間與方式，以及他的臉部表情、姿勢，或許是他的碰觸，老師可能已向「有作為者」傳達他期待他們的學業表現能有所進步。
>
> 不證自明的是，未來的研究需要縮小可能技巧的範圍，藉此將老師的期待轉變成學童的智力成長。（p.180）

對於分流和老師期望的研究顯示，學習環境會影響學業成績。而分流與期待是美國公民知識不平等分布的兩項機制，因為老師根據測驗成果，形成他們對學生潛力的期望，也由於學校行政人員依據測驗成績（連同老師的評量）將學生分成不同的能力團體，使得測驗代表知識和技術不平等分布的另一項機制。

測驗

　　測驗是老師用來衡量學業成績的基本工具。美國和日本這兩大機械化富國（見第十二章）經常使用多重選擇測驗，其他大多數國家多使用論文測驗、口試或技術展示。美國是唯一一個有營利性測驗卷出版商發展評量工具（SAT, ACT 和其他種種成就測驗），並界定測驗內容的國家（National Endowment for the Humanities 1991）。

　　幾乎所有人都同意，使用測驗（尤其是多重選擇或是非題）來測量學生的學業表現，不僅會降低其學習動機，還會鼓勵他們採用機械式的背誦方法。單就這些原因來說，我們得考量測驗實際上在測量什麼內容。Frederick Erickson（1984）主張，當今設計和執行的測驗並未能測量出整體的認知實力，反而是在測量受測者有沒有能力答出施測者定出的標準答案。此外，施測者設計的問題只需要一個簡單的正確答案，不允許複雜的答案。也由於測驗經常是限時作答，藉此測量學生不拘泥於題意的能力。Erickson 主張，文化差異可能影響測驗題的詮釋，使得某些學生看起來不那麼聰明。Erickson 指出，老師經常從教科書供應商提供的題庫中出題，有些老師甚至不易判定施測者究竟在問些什麼。Erickson 訝異於老師「無法解釋學生在特定項目上遭遇的簡單疑惑，因而感到挫折……兒童的推理正確，正是兒童在『理解』項目的線索上遇到困難」（p.534），在這種情況下，我們才能說測驗測量的是學生回答疑惑問題的能力。

　　A. R. Luria（1979）提供的例子說明：假如學生無法「了解」施測者想做什麼，或者施測者所想的事情沒有意義，這些都會引發各種問題。以一個大多數美國一年級學生都會碰到的簡單習作為例：選擇四個物體中哪個東西不同類。當 Luria 把這種測驗拿給沒上過學的蘇俄農夫回答，他可能無法了解這種習作的意義。從這位農夫的觀點可以看出，他所找尋的答案並沒有意義。

Rakmat 是位來自偏僻地區的文盲農夫，在他看到一幅繪有鐵槌、鋸子、原木和斧頭的畫之後，「它們都很像，」他說。「我想這四者都是必要的，你看，假如你想鋸東西的話，你就需要鋸子，假如你想劈開東西的話，就需要一把斧頭，所以這些東西都是需要的。」

我們試著口頭解釋這項測驗，「瞧，這裡有三位大人和一個小孩，很明顯的，這個小孩就不屬於該團體。」

Rakmat 回答：「噢，但是這位男孩跟其他人是一道的！你看，這三位大人都在工作，假如他們想回來拿一些東西，卻苦於無法分身，這位小孩就能派上用場……這位男孩可以學習，整個情況會變得更好，然後他們就能夠在一起工作。」

「你看，」我們說，「現在你有三個輪胎和一把鉗子，當然，這把鉗子總是和輪胎不一樣嘛，不是嗎？」

「不，它們是彼此搭配的。我知道鉗子長得不像輪子，但假如你需要將輪胎鎖緊一點的話，你就需要鉗子。」

「但是輪子這個字總是和鉗子這個字不一樣，不是嗎？」

「是呀，這個我知道。但是你必須有這把鉗子，才能將此重物舉起。」

「難道你能用同一個字來同時形容輪子和鉗子嗎？」

「當然沒辦法。」

我們回到最開始的那個問題，鐵槌、鋸子、斧頭這三個字，「其中哪一個詞彙能夠用一個字說出？」

「這是怎麼搞的？假如你稱這三者為『鐵槌』，就不是正確的答案。」

「但是鐵槌、鋸子和斧頭這三個長得都很像呀。」

「鋸子、鐵槌和斧頭都得在一起工作，但原木也得在這兒！」

「你為什麼想挑這三件而不挑原木呢？」

「或許他已經有一堆柴薪了，但假如我們沒有柴薪的話，我們將什麼事情都做不成。」

「沒錯，不過鐵槌、鋸子和斧頭不都是工具嗎？」

「是呀，但即使我有這些工具，我們仍然需要木柴呀，否則我們無法蓋任何東西。」（LURIA 1979, pp.69-70）

當學生做著無意義的作業，在有限時間內接受字彙方面的考試，這些學生根本沒有機會向老師解釋答案的內涵邏輯，所以老師也不可能知道為何某些學生會答錯一些看似簡單的問題，結果老師可能為某些學生貼張標籤，認為他們是測驗表現不佳的「遲鈍學習者」。

Joy Hakim 為五年級學生寫了十本系列著作《我們的歷史》（A History for Us）（1993），她發現成年作者無法預料十歲孩童可能混淆的語詞。她回想在一次意外中，一位小孩讀到一句「格蘭特（Ulysses S. Grant）拍了封電報給林肯總統，請總統造訪他停泊於詹姆士河的船隻，」小孩問道，「為什麼格蘭特要拍這封電報給林肯呢？」由於說明並不具意義，或者由於學生無法了解施測者想要的東西，所以學生反覆在測驗與作業當中遭遇挫敗，結果使其自我放棄。這些發現並不意謂我們應該停止對學生施測，不過，這些發現確實暗示：老師除了問這些問題之外，應該對學生多付出些關懷。

我們已經檢視學校當中造成知識與技能不公平分布的各種措施，然而，我們不能就此完全責備老師或其他的學校行政人員。老師並無法完全地掌控整個課堂氣氛，他們無法獨立地創造學生學習上的興趣。對許多老師來說，他們的工作環境可能讓教學充滿問題。

老師面臨的問題

老師的工作甚為複雜，人們期待他們能將社會中不平等產生的學習劣勢予以回復，並處理一堆學問上的問題。最近一項蓋洛普調查發現，逾

50% 的中小學教師回答，學校的管教十分或非常有問題，比如沒有完成家庭作業、欺騙、偷竊、吸毒和飲酒、蹺課和長期缺席。這類廣泛的問題解釋了為何有 40% 的初次執教者會在 5 年內會離開教職（Elam 1989）。

除了面對這種管教問題之外，美國老師面臨的環境還包括不理想的戶外系統教學以及老師間的合作。心理學家史帝芬生（Harold Stevenson, 1992）發現，亞洲學校在放學後設立課外活動，在不動用課堂時間的課外活動中，老師教導學生學習電腦技能。史帝芬生還發現，準備上課計畫中的亞洲老師都會彼此緊密合作，而合作程度則視課程的需要而定，相較之下，美國老師都是獨自備課。由於亞洲老師的教課時間只有授課日的 60%，所以他們有較多的時間合作，但是美國老師待在教室的時間卻高達授課日的 85%。

教育的社會脈絡會使教職在未來變得更複雜。美國國內的老師不僅得面對來自不同家庭、種族背景的學生，還必須處理那些犧牲學業成績，重視運動成績、社會活動和工作等等次文化的學生。我們會在下個段落檢視社會脈絡的這些面向。

❧ 教育的社會脈絡

我們轉向社會學家柯爾曼（1991 年美國社會學社主席）的作品，他研究家庭背景和青少年學生次文化這兩個因素對課堂氣氛與學習經驗的影響。

家庭背景

柯爾曼（James S. Coleman, 1966）是教育機會均等調查研究的負責人，此份眾所周知的柯爾曼報告（Coleman Report），是由美國政府於 1964 年通過的公民權條例資助的計畫，這項條例禁止在公共場所（餐廳、旅館和戲院）出現膚色、種族、宗教或國籍等因素造成的歧視，指示要處理公立學校的隔離問題，並禁止就業歧視（公立學校的種族隔離在 1954 年被最高法院判決違憲）。柯爾曼意圖檢視公眾教育的隔離程度，並探討美國教育機會的不平等。柯爾曼和六位同事調查全國 4,000 所學校當中 570,000 位學生和 60,000 位老師、校長和學校主管，請這些受訪者填寫問卷。學生填答有關家庭背景和教育願望的問卷，並參加語言能力、非語言能力、閱讀理解力、數學能力和常識等標準化成就測驗，而老師、校長和行政主管則填答背景、訓練、態度、學校設備和課程等相關問卷。

柯爾曼發現，1954 年最高法院著名的隔離判決——Brown v. Board of Education——經過十年之後，大部分的學校仍是隔離狀態：80% 的白人兒童上的學校當中，白人所佔比例還是 90-100%；而 65% 的美國黑人上的學校當中，黑人所佔比例超過 90%。幾乎所有南部和西南部學校的學生都處於隔離狀態，雖然墨裔美國人、原住民、波多黎各人和亞裔美國人上的學校基本上也是隔離狀態，但他們被隔離的程度卻不如美國黑人。柯爾曼報告也發現，白人教師會教黑人兒童，但黑人教師卻不教白人小孩：教導黑人學生的教師當中近 60% 是黑人，但是教導白人學生的教師當中有 97% 是白人。但若拿教導白人學生和教導黑人學生的這兩群老師做比較，其專業資格（如教育程度、主修、以及教學經驗）並無顯著差異。

柯爾曼發現，不同種族團體在語言能力、非語言能力、閱讀理解力、數學成就和常識等標準化測驗方面的表現差異頗大，其中白人學生的成績最高，接下來依次是亞裔美國人、原住民、墨裔美國人、波多黎各人，最後則是黑人學生。

與柯爾曼的期望相反的是，他發現由各種族團體混合組成的學校與純白人學校之間在品質上並無顯著差異（此處用來衡量品質的指標包括建築物的年數、圖書館設備、實驗室設備、藏書量、班級人數、每位學童的支出、課外活動的規劃以及老師、校長和行政人員的特質等等）。令人驚訝的是，學校品質上的變異竟未對學生的測驗成績造成太多影響。

不過家庭背景和其他學生的特質還是會影響測驗分數。一般少數團體的成員來自經濟與教育條件較差的家庭，這些背景相似的學生通常會上同樣的學校，但其中只有少數人能完成高中學業，得到好成績上大學預備課程，或對未來保持樂觀。柯爾曼也發現，有些人支持這種觀念：「學校裡的所有種族和民族團體當中，成就較高者大部分是白人學生，也許全部都是白人學生，這和學生個人的教育背景與願望有關」（1966, pp.307, 310），這項發現並不意謂白人的環境有多神奇。柯爾曼報告還檢視曾參加學校整合性計畫的黑人是否有進步的表現，結果發現他們的分數高於同一社會階級的同伴。由此可以看出，重要的變項是同學的社會階級而不是民族之別：

> 將所有的結果放在一起考量，便有項意涵浮現出來：若不考慮家庭背景和一般社會脈絡的話，學校對孩童成就的影響並不大。這種獨立效果的極度缺乏意謂家庭、鄰居及同儕環境會把不平等施加在兒童身上，這種不平等會一直持續到學校畢業後面對成人世界。學校的教育機會均等必須意涵：學校的強烈影響力得獨立於孩童當前的社會環境，而這種強烈的獨立效果卻未展現在美國學校當中。（1966, p.325）

一些研究指出，家庭環境雖然不是解釋學業成就的唯一變數，但卻是重要變數。

柯爾曼的結論指出，學校支出並不是預測教育成就的精確指標（如同以標準化測驗所作的測量），這項結論可用來反駁分配額外經費予公立學校體系的主張。不過，學校沒有造成影響並不意謂學校不能有影響。對此發現較爲精確的詮釋是：當今的學校結構對測驗成績並無顯著影響，這種結論意謂教育系統需要重構。

針對學生團體組成，以及中產階級學校裡處於經濟劣勢的黑人得到較高的測驗分數，柯爾曼的研究發現可用來支持校車通學作爲達到教育平等的手段。雖然柯爾曼最初也支持該政策，但稍後他表示反對，因爲校車通學會加速「白人通勤」，許多城市裡的白人中產階級會把子女送到郊區學校，這種遷移只會強化城市與市郊學校之間的區隔。當白人與黑人學生的輟學率加劇時，取消種族隔離正向效果被證明是短命的，結果，在經濟上和教育上均處於劣勢的黑人便從一個有缺陷的學校被送到另一個有同樣缺陷的低階級白人學校。柯爾曼堅決主張，單靠校車通學並無法達到整合的目的：

> 由於家庭所在的住宅區會依經濟和種族界線而有所不同，而學校與住宅之間也愈來愈緊密，結果導致容納各經濟水平兒童的共同學校終止，取而代之的是菁英薈聚的郊區學校……中等收入的郊區學校、低收入的郊區學校、以及數種類型的市中心學校——低收入的白人學校、中等收入的白人學校、以及中等或低收入的黑人學校。（1977, pp.3-4）。

柯爾曼的研究結論並沒有意指人們會受累於家庭背景，他從未宣稱家庭背景因素能解釋測驗分數中的所有變異，不過他認爲，家庭背景是研究當中最重要的因素。

柯爾曼對學校隔離的研究結論在過去 30 年來沒什麼改變。1968 年聯邦政府的報告中指出，76% 的黑人學生和 55% 的拉丁美洲裔學生上的學校多以少數民族爲主（即學校中逾半數的學生都是黑人、亞洲人、原住民和拉丁美洲裔學生）。1991 年哈佛學校隔離計畫中，黑人佔了 66%，拉丁美洲裔學生高達 74.3%，在某些像伊利諾、密西根、紐約和紐澤西等州當中，逾半數學校裡 90-100% 的學生都是少數民族。在 1960 年代，黑人和少數民族的學生明顯地較能發現自己的整體學業成績較低。哈佛計畫也推薦校車通學，認為這是整合學校的最廣泛策略，不過尚需其他策略的配合，比如整合鄰居和加強反隔離法等（Celis 1993b）。

　　許多後續研究都支持家庭背景具有的重要性（Hallinan 1988）。譬如國際教育成績評量協會就針對 22 個國家的學生進行六項主題的測驗，該協會發現，「家庭環境是影響學生的學業成績水準、學習興趣與受教年數等變項的最有力因素」（Bloom 1981, p.89; Ramirez and Meyer 1980）。不過，在這項國際性研究、柯爾曼研究和其他研究當中，家庭背景（以父母的民族、收入、教育和職業進行測量）只解釋學生成績變項中 30% 的變異而已。這項發現暗示，除了社經地位之外，還有其他因素會影響學業表現：

> 　　幾乎在所有社會中，兒童和青少年對積極參與社會的行為學習多來自於校外而非校內，這項事實並未減低學校的重要性，而是強調：為了成功地將兒童引入社會，便需要家庭、工作場所、社區機構、同儕團體與其他非正式經驗等都發揮教育的功能。只有藉由認識到學校具有的特別責任，方能使學校在教導學生上獲致高度效力。（TYLER 1974, p.74C）

　　就這些結論看來，學校負有的特別責任不是複製校外的不平等。過去 30 年來，研究者已經發現「學校對於個人的成功機會有一定的影響，而這有賴於學校提供平等學習機會的程度」（Hallinan 1988, pp.257-58）。但是不幸地，美國學校教育與施行過程中的幾個特質——潛在課程、測驗偏誤、自我實現預言和分流——都有利於社會和經濟不平等的續存。現在我們轉向老師面臨的另一個問題——不強調學業成績的學生價值系統。

青少年次文化

在本世紀之交，也就是在工業化晚期開始的十幾年內，美國 14-18 歲上高中的青少年不到 10%，年輕人在上過小學之後，便已從父母或鄰居那兒學到謀生技能。當工業化的步調增快後，工作場所已與家庭和附近區域分離，轉入工廠和辦公大樓中。父母也不再訓練自己的兒女，因為他們所知的技能早已過時或根本無法使用，所以兒童不再被期望能和父母一樣採用同樣的謀生方式。簡言之，當美國的經濟焦點從農場和小鎮的工作環境轉向工廠和辦公室時，家庭就與兒童訓練，甚至與兒童的生活愈來愈無關。工作由家庭及其鄰近地區轉移出去，改變了親子共同工作的機會。在這種新情勢之下，家庭得有意識地安排許多活動來符合每個人的工作時間表。

柯爾曼主張，由於教育從家庭轉向學校，這種改變將會切斷青少年與其他社會之間的連帶，並迫使其花費許多時間和同年齡的團體相處。於是青少年開始「建構一個小社會，其中多數的重要互動均發生於其內，僅與外在成人社會維繫少數的連結」（Coleman, Johnstone, and Jonassohn 1961, p.3）。

柯爾曼調查中西部十所高中的學生以了解青少年社會。他選擇的學校具有各種環境的代表性：五所學校位於小城鎮內，一所位在工作階級的郊區，一所位於富裕的市郊，三所位於規模相異的城市裡，其中還有一所是天主教男校。柯爾曼關注青少年的**地位體系**（status system），這種成就分類造成的是名望、尊重、被團體接受、稱讚、敬畏和支持，而不是被隔離、譏笑、被團體排拒在外、蔑視和反對。為了了解這個體系，柯爾曼以下列問題詢問學生：

你印象最深刻的人是運動家、聰明的學生、課外活動的領袖或者是名人？

誰是最佳運動員？誰是最棒的學生？誰是最知名的人？誰是最受

女孩喜歡的男孩？誰是最受男孩喜歡的女孩？

學校中哪個人是你最想約會的對象？

學校中哪個人是你最想成為朋友的對象？

結交學校中的領導羣需要做些什麼工夫？

　　柯爾曼分析學生對這些題目的回答，認為這十個學校有一個清楚的共同類型，「運動家對男孩子來說極為重要；對女孩子來說，最重要的是能成功地和男孩子交往〔以及成為啦啦隊隊長，或擁有個好臉蛋〕」（1961, p.314）。柯爾曼發現，女孩尤其不想被別人認為是好學生，「因為各學校各年級被稱作好學生的女孩，她們的朋友都很少，比起那些被稱為好學生的男孩子來說，這些女孩也不常處於領導團體中」（Coleman 1960, p.338）。一個男孩子要成為青睐的對象，不只是當個好學生，或穿著帥氣，或有足夠的社交經費而已，重要的是他還必須是個傑出的運動員。柯爾曼發現，同儕團體對青少年的影響力和壓力遠甚於老師帶來的影響力和壓力，而他也發現，有相當數目的青少年受到同儕團體的影響大於父母的影響力。

　　相較於運動員和其他成就，為什麼學業成績在青少年社會中如此不受重視？柯爾曼認為，學生之所以缺乏學業興趣，是因在學習環境中：「師長要求他們完成『練習』、『作業』和『測驗』，並在老師規定的期限內繳交」（1961, p.315）。這是一種只需順從，無需創造力的學業，而學生選擇表達不滿的方式便是將注意力轉移到運動、約會、服飾和課外活動。柯爾曼、Johnstone 和 Jonassohn 指出，這種反應不可避免的會造成學生在課堂上扮演被動的角色。[10]

　　青少年這種被動的角色反應將會助長無責任感，假如團體沒有權威可以作決定和採取行動，領導者也無需對較大機構負什麼責任。缺乏權威會附帶產生責任的缺乏，而強求順從也會產生反抗。不過當個人或團體的自身行動能帶有權威，便能產生相應的責任。就政治領域

來說，未掌權的在野黨對政治體系負擔的責任較少，而執政黨就不能
表現出這種無責任感……青少年社會跟這些基本上是相同的。（p.316）

成為運動員是青少年自認成功的主要途徑，對男性尤其如此，因為
這能使其行為「像是周遭眾人的表率」（1961, p.319）。而他人認同運動
員的成功，以及安慰失敗的運動員等事情也都支持這種努力。校際間的運
動競賽最能產生學生之間的內在凝聚，這種功能是其他活動比不上的。「運
動員為了學校和社群，奮力爭取好名次」（p.260）。

柯爾曼指出，由於運動成就受到廣大青睞，使每個擁有這方面才能
的人都會嘗試發展個人能力。至於在相對報酬甚低的學術生活領域裡，「那
些最有能力的人可能沒有競爭的動機」（p.260）。這種報酬結構可以解
釋為何美國頂尖的學生難和他國頂尖學生競爭：因為美國並未慫恿具有學
術潛力的人加入競爭。

柯爾曼的結論指出同儕團體對學習的影響力很大，但這並不意謂同
儕團體的世界與家庭或教室沒有重疊。事實上，較恰當的想法是考量學生
生活的多元脈絡是彼此相關聯的。教育家 Patricia Phelan, Ann Locke
Davidson 和 Hanh Cao Yu（1991, 1993, 1994）曾在加州地區四所都市非隔
離高中裡，挑選 54 名不同民族與學業表現的青少年進行訪察，在所得資
料當中，可以歸納出學生的家庭、同儕與學校世界之間的內在關係模式。
學生多元世界模式（Students' Multiple World Model）描述的是：學生世
界的各個社會文化面向（例如規範、價值、信念、期望和行動）會影響他
們對學校和學習的思維與行動。這些研究者特別想了解學生對不同世界之
間的邊界抱持的認知態度，以及學生從某個脈絡轉至另一脈絡所使用的策
略。他們發現，學生對其世界的描述以及對界線的認知存在著許多變異，
他們也發現學生用來適應不同脈絡與環境並居間移動的四種類型（見「學
生多元世界模式與類型學」一文）。

學生多元世界模式和類型學

　　影響學生學業表現的因素很多，包括同儕團體、教室氣氛和家庭背景。教育研究員 Patricia Phelan, Ann Locke Davidson 和 Hanh Cao Yu 嘗試理解學生世界裡的內在關聯性，他們除了區分出學生生活的各種面向之外，還提供一種較具歷史性的方法，檢視年輕人在各種脈絡間的轉換過程。

- 　　一致的世界／平順的轉換

　　這個類型的學生認為不同世界的價值、信念、期待與行為規範方式彼此相似，在各脈絡之間的移動是和諧且單純的，而邊界是容易跨越的，不過這並不意謂學生只依相同的方式行事，或只跟老師、朋友和家人討論同樣的事情，而是不同世界之間的共通性會忽略差異性。這個類型的學生認為各世界依其共同的社會文化成分而彼此融合，而非依顯見的差異而交融。雖然這類型的年輕人大多數是白人、高階的中產階級和高成就者，不過情況並不總是如此。某些少數民族的學生在跨越自身世界和經歷轉換時仍然頗為平順。同樣就理論上來說，一般學生仍可符合這個類型。

- 　　不同的世界／設法跨越邊界

　　對某些青少年來說，當他們在不同脈絡間移動，便需要在家庭、同儕和學校世界之間的差異上自行調適和再定位。譬如某學生的家庭世界可能被無所不包的宗教戒律所支配，而這些價值和信念與其學校和同儕世界的價值和信念截然相反。對其他學生來說，家庭與鄰居迥異於學校環境，對有色人種的學生尤其如此。再就其他學生而言，同儕與家庭世界之間的差異是重要的主題。不過，這個類別的學生不管有何差異，他們總能利用策略，設法成功地跨越邊界，但這並不意謂跨越總是容易的，或是不會導致身心的不良後果。對高成就的少數民族年輕人來說，他們並不容易展露這種類型。

- 不同的世界／困難的邊界跨越

　　在這個類別當中，學生就像上一個類別一樣，將其家庭、同儕和學校世界界定為不同類，他們認為當自己跨越不同世界和脈絡時，必須進行調適和再定位。然而，這些學生不像那些轉換成功的學生，他們既沒有學到，也沒精通，甚至沒有意願採行成功轉換所需的策略。譬如學生在課堂上表現不佳，可能由於學生角色、學習活動、與老師的互動等均與其家庭世界、同儕世界有所扞格，同樣地，有些學生在學校或與同儕間能和睦相處，但卻和父母有所疏離。在這些情況下，父母的價值和信念經常較小孩所持者來得傳統、嚴謹和侷限，使小孩在適應家庭世界時常充滿困難和衝突。其他年輕人認為家庭的社經環境與其學校活動相悖，對這類型的年輕人來說，跨越界線會出現許多摩擦和不適，有時候只能在特殊條件下才能跨越。這種類型經常還包括瀕臨成敗關頭的青少年，在輟學與留校之間徘徊徬徨的就是這些學生。

- 不同的世界／拒絕跨越邊界

　　在這個類型當中，各個學生世界的價值、信念和期待很不協調，使學生認為邊界是難以跨越的，致使其主動或被動的拒絕轉換。當他們稍微嘗試跨越邊界，經常會遭遇許多痛苦，因而這些學生發展合理化的原因來避免遇上另一次的挫折。在這些情況下，邊界被視為是無法克服的，學生會主動或被動地拒絕擁抱其他世界。譬如，當其他學生完全沉浸於同儕世界時，某些學生認為學校無關乎其日常生活，這些學生不願從自己的世界裡移開，或調和各世界的成分，而一味地將自身侷限在自認為僵化與無法穿透的邊界中。雖然低成就的學生（即表面上無法自學校或課堂環境中獲利的那些人）典型是這類型的組成分子，但不和同儕或家庭維持連繫的高成就學生同樣會展露此種類型。

　　正如 Phelan 及其同事指出的，學生描述的模式「對個別學生來說不必然是穩定的，而可能受到外在條件的影響，比如課堂或學校氣氛、家庭環境或同儕團體關係的改變」（1991，p.228）。類型學也不能依民族、成績或性別的界線來區分學生,反而得將焦點擺在學生世界的調合性及其面對的邊界。換句話說,有同樣程度的同民族年輕人或學生都可在這四類型裡頭發現。

迄今我們業已檢視一些因素,有助於解釋為何美國學生學到的東西少於太平洋邊緣和歐洲諸國的學生,這些因素也有助於解釋知識和技能如何不公平地傳佈到不同的社會階級和民族團體,不過美國的教育問題不只這樣而已。大部分的學生變得漠不關心,不是他們不能學,而是他們不想學(Csikszentmihalyi 1990)。教育評論家 Mihaly Csikszentmihalyi 認為,很少學生在受教時會專心,即使是最優秀的學生也是如此:

> 在一系列的研究當中,老師手頭上會有一部電子儀器,每當儀器發出信號(信號設定在 50 分鐘內隨機發出嗶聲),老師和學生就得填答一份簡短的問卷。在某堂高中歷史課當中,當信號響起時,老師正在描述西元 1234 年成吉思汗如何入侵中國,在此同時,27 位學生當中只有 2 位腦海裡想的東西跟中國有關。一位在回想她最近和家人上中國餐館,另一位則在猜想為什麼中國人習慣綁個馬尾。(p.134)

✌ 討論

在唸完本章之後,你是否發現自身的教育經驗和內文所述有何同異之處?你相信社會學的觀點能捕捉美國公眾教育的實體嗎?如果你對本章任何部分有所回應的話,可以寫信給我,請寄到 c/o Northern Kentucky University, Sociology Program, Highland Heights, Kentucky 41099。

本章陳述的內容,特別是美國學生的表現遜於歐洲和太平洋邊緣諸國的學生,不禁讓我們想問,假如美國人研究外國教育的成功經驗,是否可以採借一些策略來改善自身的教育體系?這是值得一試的。首先,美國人必須簡明地界定所欲解決問題的本質和起源,如果問題界定得太過膚淺

（比如測驗分數低於外國），能利用的相關線索就不太多，因而難以從外國教育系統中獲致有用的模式來改善美國教育體系。譬如日本和台灣學生在科學和數學上的表現優於美國學生，某些研究者相信這種差異與上學天數有關——美國學生全年上學天數有 178 天，日本和台灣學生卻高達 240 天。雖然美國學生每週花費在教室裡的時間有 30.4 小時，但他們花費在學業活動上的時數卻只有其中的 64.5%，其他時間都耗費在聚會、上洗手間等等。相反地，台灣學生花在課堂上 40.4 小時，其中 90% 時間都致力於學業活動，而日本學生花在課堂上 37.3 小時，其中 80% 投入學業活動。在這些發現的基礎上，美國人可以將整年的上學天數調高到 240 天，並增加上課時數到每週 44 小時。但這種改變並無法處理課程的內容和品質，以及國家對教育抱持的矛盾情結等問題。

上述論點指出，美國人不能期待增長學年來改善測驗分數。假如我們同意課程設計和教授方式是高輟學率、文盲和被動性的主因，我們接著便得檢視他國如何設計和教授課程。假如我們認為外國的技術可能有助於解決美國的問題，那我們也得問道：這個國家當中究竟有什麼因素（該國的歷史、家庭結構、經濟原動力、文化價值、青少年的休閒方式等等）支持該項策略，並執行得那麼順利。

在〈日本的教育：假如他們可以，我們為什麼不行？〉一文中，日本研究的教授 Thomas Rohlen（1986）提供一些建議，指出應如何利用外國的教育模式來改善美國教育。就日本這個例子，Rohlen 認為：

> 假使我們認為日本的教育模式值得追隨，那可就大錯特錯。不過，倒是可以日本為鏡，藉以顯示我們的弱點，並為我們的努力提供一把測量尺度，這對我們來說還是頗具價值。我們不允許自己忽視或者模仿他人的取向，但是，當我們在自身文化和社會脈絡中著手改善學校與體制時，倒是可以定期參考這面「日本鏡」。（ROHLEN 1986, pp.42-43）

另一方面，不要過度強調教育體系間的差異是重要的，而且要相信一個經過修正的體系才有未來，但這種觀點會導致我們誇大這些差異，並拒斥所有的不適當的觀念（Cummings 1989）。不過，正如美國教育首長William Bennett在一項教育部的研究中所指出的，「日本在教育領域上的良好成效與美國甚為相像，好的教育就是好的教育」（Bennett 1987, p.71; 見「日本教育的一些精彩片段」一文）。

日本教育的一些精彩片段

下列段落摘錄自今日日本教育（1987）裡的一些精彩片斷，這項研究係由美國教育部贊助。這些精彩片斷涵蓋日本教育體系的優劣勢、進行中的改革，以及對美國教育的含意。

優劣勢

- 熱心教育的日本社會：正式教育上的成功被視為生活上的成功，對大多數學生來說，正式教育的成功幾乎是通往社經地位的唯一途徑。
- 艱難的教育得靠父母、學生、老師的通力合作才能完成，日本的歷史和文化遺產並不會對這些努力有太多束縛，雇主和教育之間的關係緊密，而幼稚園、小學和中等教育當中有許多非正式和補充性的教育。
- 在 9 年的義務教育當中，所有的兒童均能在科學、音樂和藝術方面接受高品質、均衡的基礎教育。
- 學生成績的平均水平和就學率一直到高中都維持相當高的水準。
- 日本教育也刺激學生追求學業的成功、教導他們有效的研究習慣、充分地運用時間、維持有效率的學習環境、認真地促使個體發展、以及提供中等學校畢業生就業服務。
- 日本教育並非完美，其問題包括僵化、一致性過高、缺乏選擇、個人需要和差異被忽視、以及學生出現異化的警訊。就業中出現的相關問題是過度強調個人的正式教育背景。

日本的教育改革

- 日本相當關心自身的教育體系，並盡一切努力想改善它。改革活動包括變革的支持者和現狀擁護者之間的公開爭辯。

- 改革者具有國家利益方面的遠見：當他們設法解決一些複雜議題，比如找尋日本教育中團體和諧與個體創造力之間的新均衡時，會和 21 世紀的社會需求相妥協。

在日本教育中，藝術是學校教育裡的重要成分。

對美國教育的含意

日本實現了某些美國教育的理想，故對日本教育詳加細查，可讓美國人在重新檢視自身體系的標準、表現和潛力時有不錯的參卓。某些值得思考的事項包括：

- 從幼稚園教育開始，強調父母親介入所具有的價值；

- 需要清楚的目標、強烈的動機、高標準、並將焦點擺在教育優先事項；

- 極大化學習時間和有效運用的重要性；

- 充足和奉獻的專業教職的重要性；以及對所有兒童抱持高度的期待，並堅持發展一個強烈的工作倫理和好的研究習慣，體認辛勤工作與不屈不撓的精神是好教育的基本要素。

在本章當中，我們藉由國家間的比較來洞察美國體系，清楚地透視是進行有意義改善的第一步。我們也獲知美國教育的問題並不限定在教室之內：在教育這個舞台上，所有的文化危機都可能發生。清楚的是，在需要立即改善的項目裡，課程的內容和品質是個主要領域。而好消息是，課程內容的改善是容易處理的，許多國內外教室裡的情景便提供許多品質教育的例證，下列這個模式描述其中一個：

在一個多元且變化快速的社會之中，教育的未來是項重要的議題。

角落擺著一些書，有些是已出版的，被小孩綁在一堆……有一幅世界大地圖，上頭標著小孩的、父母的、祖父母的出生地。二位兒童正在算術，另兩位則專心地為罐裝蕃茄上色，並仔細地測量和調拌顏料。

整面牆貼滿了兒童撰寫的報告。在牆角還擺設一台電腦，提供數學遊戲、謎題和其他形式的自助說明內容。一項兒童上學路線的交通調查正在進行中，並繪有一張含括學校與附近地區的地圖，調查者還借了支滾輪給學童測量住家與學校之間的距離。（HAWKINS 1990, p.7）

焦點：教育的「美國化」功能

　　回想本章稍早我們所指出的，像 Benjamin Rush, Thomas Jefferson 和 Noah Webster 等早期的教育改革者都堅信，不同的人群可藉由學校這個重要機制來獲得同樣的文化，他們相信國家的福祉有賴於一個共同的文化，而在此共同文化中，人們需要忘卻自己家族語言和自身文化。Richard Rodriguez 在〈成爲一名墨裔美國人〉一文中，描述他放棄自己家族的語言和文化的微妙過程，以及他對此種損失抱持的矛盾情緒。

成爲一名墨裔美國人

Richard Rodriguez

　　今天惟有在技術層次上，我才感覺得到自己是個墨西哥裔美國人，因爲除了這種技術層次之外，我沒有其他方法可以了解自己的種族認同，我放棄長久以來作一名墨裔美國人的文化重要性。

　　這種改變的發生是漸進的，不過卻也早已發生。當我上小學時，我注意到教室環境的形態和預設不同於我自身的環境，我需要在這兩個世界裡作選擇。當我成爲學生之後，我完全被「重構」了，我和老師想的東西全都跟我過往熟知的東西無關，我必須忘記原有文化提供的大多數東西，因爲記得這些並無益於我。對我來說，過去及其文化價值變成是可分離的，就像暖天裡穿著的厚衣終會脫掉一般。

　　奇怪的是，我發現其他人（學生、同事和教授）會觸動過去我一直不在乎的文化價值，他們會認定我是一名墨裔美國人。這種預設這麼輕易的出現，使得我不得不懷疑這個標籤並非意指文化認同，而是種族認同。儘管如此，作爲一名小學生以及未來的大學教員，人們慣例會期待我成爲少數種族的知識領導人，譬如，最近在一場座談會中聽到主持人以「Richard

Rodriguez，一位墨裔知識份子」介紹我，我想更正他的說法，因為我已欣然放棄原有的學術文化傳統，現在若要我來代表它，我心底會浮現罪惡感。所以我只能猜想，當我進到教室內，我若還保留原有的文化，這究竟意謂什麼，而墨裔知識份子的稱號對我來說又意謂什麼。

我在九歲之前鮮少講英文，童年時若有小朋友揶揄我的種族，總會觸動我的憎恨，而皮膚每到夏天總被曬得黑黑的。我所有的觀念，或者我有能力擁有的觀念是被這一件件事實所形塑的嗎？今天，我懷疑主持人叫我「墨裔知識份子」的用意何在。這種成為「墨裔知識份子」的奇怪地位讓我油然升起一股浮躁的想法：我失去的東西遠多於過去所受的教育。

我記得 20 年前，二位初中的修女到家裡拜訪。由於雙親相當擁護教堂權威，所以他們接受修女的提議——在家裡儘可能的講英文。修女們了解我和弟弟過著孤獨的生活，因為全校只有我們講西班牙語，因而難以理解英文。父母依照修女的建議，開始改口和我們講破英文，放棄慣用的西班牙語——這是我們身處異地時形塑家庭親密關係的母語，因而一種新的、困難而不友善的聲音便取代原有的西班牙語聲。更重要的是，這種情況鼓勵我多用英語回應。

語言上的轉折明顯地標示我不再像學齡前世界裡那些講西班牙語的親戚，而像一位「外國佬」（該詞在家鄉的用法敘述性意義多過蔑視）。西班牙語漸成為一種載有感情意義的聲音，就好像在姑姑家整晚聽到的床頭鐘滴答聲一樣，而英文也因為在新世界裡每天不斷使用而愈來愈不陌生，但是對西班牙語持續的記憶也就成為舊社會的殘餘。我仍然記得這個場景：當我進到屋內，父母親正用西班牙語彼此交談，當他們看到我時，便改用英文繼續交談。聽著他們用英文與我交談，不禁讓我感到困惑，他們的語音裡曾包含的關係如今已被新語言所鬆綁。

這種說法並非意指自己被迫放棄原有的過去。在作了笨拙的轉換之後，我對自己教室文化有所承諾。我在學校學到的東西與父母的所知所為大相逕庭，以致於我得在晚餐時間謹慎地談論學校方面的事。不過，偶爾會出現一些幼稚的光景：孩子謙遜地指導父母某個「簡單的」英文字的發音或文法。

社會科學家經常強調，當兒童從其工作階級的認同和模式移出，就像我這般的情勢，常會讓人出現失落感，這的確是我的親身經驗。我還知道其他像波蘭裔或以色列裔的兒童在唸完美國大學後返鄉，在和家人交換過相關訊息，以及共同興趣漸少之後，沉默的窘境會接著發生。

除此之外，教育似乎不僅意謂著一種消融家族連帶與階級連帶的漸進過程，而且還改變了種族認同。我說新語言的主要目的是爲了和教室裡的「外國佬」社會建立關係，我知道這個社會裡的墨裔人士只懂得那麼一點英文或西班牙語，且不耐於長期的反省或抽象，故在學術環境上就可發現此種鮮明對照。墨西哥人智能較低的刻板印象加劇這種對照（我最近對這種刻板印象深感恐懼，使我最近一直想聽 D. H. Lawrence 等人的講話，這些人讚頌的對象不是理性、科學的歐洲人，而是「不值得讚頌的」墨西哥人）。由於我不知道如何區辨健全的非理性墨裔文化與墨裔美國人智能不足這兩者之別，因而遭致的不公平指控，所以我想放棄我非智能上的技能，以便駁斥種族主義者的刻板印象。

我不會以個人過往受過的教育爲榮，這是我聰明的地方。我知道教育讓我斷絕與自身種族間的關係，我常被標籤爲矯揉造作的墨西哥外國佬，不只是因爲我不講西班牙語，還因爲我能用精確和審慎的英文句子回應。雖然叔叔們對我和善地微笑，但我從他們的聲音中偵側到輕蔑的成分。對我祖母來說，他的孫子進學校後所作的改變令她感到困擾，在我現今的記憶裡，她仍舊是那副冷峻而沉默的批判形象，提醒我在教育上的成就已褻瀆墨西哥——印地安祖先。

儘管如此，比起向一屋子的聽眾演講，我還是較習於獨自閱讀和寫作。離開人多的場合爲的是仔細考慮其重要性，而不是想抓住該場景的意義。我記得某八月天傍晚，我悄悄地從叔叔嬸嬸聚會的後院溜回自己的臥房，此時夕陽餘暉透過窗口溫存地散滿整個房間，我打開一本描寫 19 世紀英國生活的小說靜靜地閱讀，幾乎聽不到外頭的喧嘩笑聲。

由於大學內的墨裔美國人很少，我沒有機會發展另一種自覺，只能偶爾在周末教導一些來自低階級的墨裔青少年，或和校園內墨裔管理員或女僕聊天，他們讓我心底私下產生某種同情感，但我還是將他們視爲自己和過往的連帶。女僕讓我想起姑姑，而那些青少年讓我想起堂兄弟。

當我還年輕時，旁人告訴我說我的祖先是墨裔美國人，親戚或朋友常使用墨裔美國人這個字，意謂一種基於共享經驗的親密性，但太常講這個字反而會變成一種傷害。1968 年墨裔美國人這個字差點變成政治用詞，我聽到來自第三世界的團體透過麥克風大聲疾呼，要增加高等教育中的墨裔學生和教員的人數。在不久之前，我成爲學生和同僚眼中的墨裔美國人，我的膚色和我的姓，這兩個最簡單的因素預設我的種族認同。

有時候人們要我解釋爲何我會對文藝復興時期的英國文學感到興趣，當我說明這是因應校園內文化同化的需要時，我的聽眾多表不贊同，我尤其察覺到課堂中部分少數民族學生對我的質疑。當我無法模仿西班牙方言的發言，當我對種族服飾不感興趣，當我不擅於這些少數團體的學生特殊的握手方式，他們認爲我跟他們不同，而我的確跟他們不一樣，我已同化到英語研究所的文化裡頭，結果，幾乎每個認識的研究生接連在五年內陸續輟學，主要還是文化上的原因。他們經常無法以他人早已慣用的專業術語來分析文學，也不懂提升抽象的高度，所以經常遭受批評，因而感到氣餒。「這根本沒啥用處，」當我和一位少數民族學生坐在教室裡聆聽課堂上對文藝復興史詩標點的討論時，我依然聽到她的喃喃自語。

感謝自己過去的長期適應，使我至今得以存活下來。事實上，這部分得歸功於政治運動，因爲這些政治運動訴求增加少數民族學生在高等教育的入學率，因而我才有機會謀得豐沛的獎助學金和教職。

1972 年我申請傅爾伯萊特獎學金赴英深造，希望幾個月來對種族認同的憂思能遠遠拋在腦後，能全神貫住於論文寫作上，不再受擾於從前那個令人心煩意亂的美國校園，不過這種自由的氣息並未持續太久。當我在大英博物館的閱讀室展開規律工作的一個月後，我驚訝的發現自己竟無法舒坦地投入崇高的學術生涯。隨著研究檔案卡愈堆愈高、次級資料和意見愈來愈多，讓我愈難對自己所學說出個所以然來，我寫的每個句子，腦海裡繞過的每個想法，都負載著許多的條件和註腳。我開始想，學問只不過是項習作，我懷疑自己想寫的論文究竟有何用處。當我打開塵封數十年沒人看過的書籍，我開始質疑這些鮮少人閱讀的書籍究竟有何寫作價值。

很明顯地，我正經歷美國研究生都曾思考過的典型危機，但其中有項差別：在種族認同問題纏身四年之後，此刻我看到的是，在我的種族情勢不斷產生的文化議題脈絡下，身為一位學者所產生的問題。我在大英博物館中工作所缺乏的多數東西，卻是我原有文化所擁有的，這些人不怕作推論，或是在其推論中獲得真知灼見。更重要的是，他們有能力作出熱情的陳述，我懷疑我的論文能否允許自己如此行事。我必須學習如何和他們在演講中對「我」一字的堅定使用，而將之應用在論文裡，因而我對過去已然放棄的墨裔美國文化重新燃起渴望。

挫折感有時會強勁地侵襲著我，某些天裡我發現自己的工作很苦悶，便離開閱覽室到博物館閒逛。有一天下午，我在二樓美術館中發現馬雅族和阿茲特克族的雕刻，乍然觸動鄉愁，燃起對墨裔文化的渴望。有一天早上，當我正在閱讀一本清教徒自傳時，聽到樓上有兩名西班牙人正在耳語，雖然我聽不見他們說些什麼，但我的確聽到他們的西班牙語音，乍時過往放棄許久的印象再度緊擁著我，暈眩感立即充盈整個心靈。

數月之後，我沮喪地返回美國，論文已經完成得差不多，但我卻在想是否要把它交出去。更糟的是，我真的不知道自己是否想將高等教育列入生涯計畫，我憎惡後半輩子的時間耗費在圖書館和教室裡。我明白韶光易逝，走過的路已無法再重來一回，但假如自己原有的文化仍在，就能鼓舞自己重執學術工作。這就是我在大英博物館得到的經驗。

坦白地說，我不知道我的學術生涯終止於何處。有時候我在想，為了調和我的過去和現在，我勢必得離開校園。有些時候當我想到某種消極的調解已在進行，我會覺得比較樂觀，可稍微彌補一些失落感。譬如，當我察覺過去和現在的斷裂，作為一名文學評論家，我可以確認文藝復興時期田園詩當中的爭論點，也許也可以不尋常的情感談論收支，如同一個承認 17 世紀笛卡兒信念的理性社會一般。同樣地，正由於我的文化失落感，使得我必須能夠確認語言的意義只不過像聲音一樣，以及印刷文字能夠給我們跟不能給我們的東西是什麼。至少，我能彰顯學術傾向於忽視自己視域之外的文化。

---

1 教育部研究計畫中包括加利福尼亞、伊利諾、印地安那、愛荷華、路易斯安那、新紐澤西、紐約、俄亥俄、賓夕凡尼亞、德克薩斯、華盛頓各州（U.S. Department of Education 1993b, p.6）。

2 該研究結果指出：

程度一和程度二的成人大約有 9,000 萬名，他們並不必然認為自己處於「危險的狀態下」。在所有的識字人口中，有 66-75%最低程度的成人和93-97%次低程度的成人認為自己的英文讀寫「很好」或「非常好」。此外，有 14-25%程度一的成人和 4-12%程度二的成人認為自己能在親友協助下完成每天的散文、文件與數量的讀寫工作，因此即使他們的技巧有所侷限，但仍能讓他們滿足某些或大部分個人與職場上的讀寫需求。(U.S. DEPARTMENT OF EDUCATION 1993B, p.XV)

3 在本章當中，中學輟學率是指在完成 12 年級中學教育之前便已離校的學生數，不過，許多人因 GED 成績太低而輟學。不管是否是 GED成績的因素，明顯的是有相當數量的學生選擇離開學校，或者面對迫使其離開正式教育過程的環境。

4 這些統計數據可能令人望而生畏，但實際上他們可能低估了中等教育裡年輕人每年的輟學數（Cooke, Ginsburg, and Smith 1985）。由於沒有一個中央主管機關審核各校製作的輟學表的精確性，因而各校便採用自己的系統追縱輟學率。例如，芝加哥教育局從 1970 年代到 1980 年代早期統計的輟學率約有 10%，但稍後一項州立調查卻指出輟學率高達 50.7%，其中白人占 38%、黑人佔 56%、拉丁美洲裔的學生占 57%（Hahn 1987）。

中學輟學率較高的州並不只有芝加哥而已，若依此公式計算，聖路

易的輟學率有 50%、紐約有 49%、巴爾的摩有 45%、克利夫蘭有 40%
（Horton, Leslie, and Larson 1988）。有兩項原因造成各州在數據上
的差異。第一個原因是每個在畢業前離校的學生都可以歸到 1-19 類
別當中，「輟學」只是其中一類的標籤，其他類別還包括「失蹤—
沒來學校」、「家庭需要」、「結婚」和「不能適應」等等（Hahn 1987;
Lefkowitz 1987）。輟學率可能被低估的另一原因是其製表方式常以
年度為基礎，意即，這種計算方式比較學年初和學年末入學的中學
生數目，沒有考量到學年初應該註冊的所有中學生人數，是以在精
確性方面，以年度輟學率作為計算基礎，比不上以新生在畢業前 12
年內的輟學人數作為計算基礎（芝加哥官方統計的 50.7%輟學率是
以分流的新生班級作為計算基礎）。

[5] 某些民族團體的成員較其他民族團體的成員更可能身處貧窮境
遇。總之，美國的貧窮率是 12%，生活在保留區的美國原住民的貧
窮率高達41%，不住在保留區的原住民貧窮率則有 22%（U.S. Bureau
of Indian Affairs 1988）。31%的美國黑人和29%的西班牙裔美國人
過著貧窮的生活（Folbre 1987）。至於不到 18 歲的兒童當中，有 12%
的白人兒童生活低於貧窮水準，但黑人和西班牙裔兒童卻高達 40%，
換句話說，每 5 位黑人和西班牙裔兒童當中就有 2 位是窮人（Currie
and Skolnick 1988）。

[6] Dorris 主張，患有胎兒酒精徵候群的兒童會出現的最明顯特質是，
他們缺乏想像力：

他們沒有杜撰虛構故事的能力，也沒有基本的預測未來可能性的能
力。而這些是我們在日常生活中無時不在做的：假如我今天做了 X
事，那麼 Y 事就會在明天發生；假如我從事一項工作，我就能賺到
錢；假如我賺到錢，就能為自己買更多東西；假如我早一點就寢，
就能在睡醒前得到充足的休息；假如我在早上九點就吃中餐的話，
肯定下午兩點就會覺得肚子餓。（DORRIS 1989, p.245）

7 之所以強調冒險的作法，而不強調較簡單和較實際的補救辦法，其原因可能根植於白手起家的美國信念——個人超越重重阻礙的環境。比如一位不能打高中棒球隊的男孩最後在全國聯賽中打球，白手起家、從無到有的成功生意人，以及早產、體重不足的嬰孩不畏困難險阻，最後成為國家的元首等等。

8 雖然 Bettelheim 和 Zeland 所作的批評具有普遍性，但他們特別批評那些指派給閱讀速度較慢者的閱讀和作業。下列這段摘錄自四本一系列平裝教科書的書評，可以說明這些批評的本質。這套叢書起始於哥倫布，終止於現代，就如其中一位編輯所說的，這套書「的訴求對象是在閱讀教科書時覺得有所困難的讀者。」這些讀者的年齡範圍從六年級到中學都含括在內。而每本教科書都可兼用為練習簿，在書中每一小段歷史敘述前後都會安排習題。

這四本教科書不是歷史方面的書籍，甚至連書籍都不是。真正的歷史書籍會流暢地敘述故事，會預設讀者的注意力時間超過二分鐘，會以密集且具有吸引力的主題讓讀者思考和反思，不會為了刺激或喚起讀者的記憶而動輒每 200 個字就以習作中斷一次。

（SWEETLAND 1989, p.4）

9 假如大部分的人口無法閱讀或厭惡閱讀，那麼還會有什麼團體能賺到錢？答案是廣告商。大多數廣告商會利用電視和收音機，將產品訊息傳達給不從事閱讀的人們，故這兩種媒體大量地依靠廣告收入。

10 雖然批評者主張學生應該多涉入學業活動，但這種主張忽略了這一點，即學生需要被教導如何組織有意義的學術計畫，且應被導引如何執行有意義的計畫。

14 宗教——以黎巴嫩爲例

- 動盪的社會：黎巴嫩內戰
- 宗教是什麼？韋伯和涂爾幹的觀點
- 功能論和衝突論的宗教觀
- 韋伯：經濟與宗教間的相互作用
- 兩股對立的趨勢：世俗化和基本教義
- 討論
- 焦點：問題再探——宗教是什麼？

從 1980 年代中期到 1992 年期間，多個回教團體組成的黎巴嫩地下組織綁架美、英、法、俄等國人質，而美國新聞記者 Terry Anderson 也是其中之一。Anderson 在一次接受時代雜誌的訪談中，描述綁匪的宗教觀，及其在拘禁期間內閱讀可蘭經和聖經後的觀點。

問：在拘禁於黎巴嫩的這幾年，你不斷接觸綁匪堅奉的信仰，他們到底都説些什麼？

答：這些人都是激進的基本教義派。他們將宗教上的詮釋當成行為的指標，或用來正當化其作為，雖然這些行為本身正是可蘭經中所認定的邪惡或瘋狂。我也讀過可蘭經，雖然我不是回教學者，但這些字詞和概念對我來説似乎不難，因為它們基本上和聖經沒什麼差別。

他們對世界的看法非常偏執，將美國視為壞事做盡的惡魔，認為美國所做的任何行為都是蓄意計畫的，絕對不會是意外或誤解，抑或是愚昧政策的結果。

問：你認為西方人可以了解這種想法嗎？

答：不，一點辦法也沒有。即使歷劫歸來後數年，我還是沒辦法了解他們。

問：在囚禁那段期間內，他們讓你看哪些書？

答：我的確在那幾年看了不少書。第一本書是聖經，雖然版本不同，但這本書還是跟著我度過整個囚禁歲月，我讀了再讀並認真思索，所以這本書對我來説非常重要，即使現在也是如此。(AIKMAN 1992, p.58. INTER-VIEW WITH FORMER HOSTAGE TERRY ANDERSON)

綁架人質是美國人對回教（或稱為伊斯蘭教）的印象之一。而「伊斯蘭」一詞也喚起許多西方人的記憶：1993 年紐約世貿大樓爆炸案、對作家魯西迪（Salman Rushdie）的死亡威脅、伊朗已故的宗教領袖何梅尼（Ayatollah Khomeini）的激昂演説、62 名美國外交人員被拘禁於伊朗德黑蘭長達 444 天（於 1981 年 1 月 20 日落幕）、1983 年 5 月造成 50 人死

亡的美國駐黎巴嫩貝魯特大使館爆炸案、同年 10 月造成 241 名美軍和 58
名法軍死亡的自殺攻擊事件、1985 年從被劫持的 TWA 型飛機丟出美國海
軍人員屍體、1988 年飛航蘇格蘭洛克比機場的泛美航空 103 班機爆炸事
件、1989 年一名美國海軍陸戰隊上校 William Higgins 在黎巴嫩被絞死、
以及 1991 年與伊拉克打完波灣戰爭後加強空防。

　　儘管這些事件引發媒體的廣泛報導，但其中有項主要的概念：某一
回教團體——如回教聯合組織、回教聖戰組織、真主黨或來自地獄的救世
主——必須為事件的發生負責。而每一事件被普遍而單純地化約為出自於
基本且非理性宗教信念的宗教狂熱行動。對許多美國人而言，最簡單的事
實莫過於恐怖份子的宗教就是回教，而這解釋了他們的破壞行動。

　　1991 年美國 PBS 電視節目「阿拉伯世界的上帝觀」中，記者 Bill Moyers
請 Yvonne Haddad——在美國麻塞諸塞大學教授歷史的敘利亞籍教授——
評論大多數美國人對回教徒抱持的狹隘觀點，並探討回教為何聲名狼藉。
她的回答如下：

> 　　我認為西方世界之所以認為回教不好，基本上是我們已先入為主
> 地認為回教是邪惡的。副總統高爾在 1990 年 5 月的一次談話中指出，
> 本世紀有三股邪惡的力量……納粹主義、共產主義和回教的基本教義
> 主義，我認為這是令人遺憾的說法。因為出現在電視畫面上的鏡頭總
> 是經過挑選的，並無法涵括所有回教徒的生活。回教當中會出現恐怖
> 份子，基督教也會，但三 K 黨不代表所有的基督徒，猶太防禦聯盟不
> 代表猶太教，所以回教的恐怖份子當然也不能代表回教。（HADDAD
> 1991）

　　在本章當中，我們將以社會學觀點檢視宗教。這種觀點非常有用，
因為它能讓我們以較不情緒化、較為客觀的方式重新看待宗教，倘使我們
想避免對不甚熟悉的宗教本質進行徹底的概括，像多數美國人對回教抱持
的先入為主態度一樣，那就得保持客觀，避免涉入個人情感。

社會學家在研究宗教時，並不審視上帝或其他自然力量是否存在，某些教義是否令人信服，或者某個宗教是否比另一個好。社會學家不研究上述問題的原因是：他們信奉科學方法，而科學方法要求研究對象必須是可見且可檢證的現象。所以社會學家在研究宗教的社會層面時，會將焦點擺在所有宗教具有的一般特徵、宗教組織型態、宗教的正功能和反功能、宗教團體內外的衝突、宗教如何塑造人類行為及其世界觀、以及宗教如何與社會、經濟和政治等議題產生關聯。

我們基於下列理由而選擇以黎巴嫩為例。首先，從 1970 年代中期以來，黎巴嫩至少經歷三次內戰，除了一次是基督教徒和回教徒為爭奪黎巴嫩政府控制權而發生的戰爭之外，其餘皆是回教徒之間（如桑尼回教徒與什葉回教徒）與基督徒之間（如基督教民兵部隊與黎巴嫩政府軍）的內戰。內戰發生的原因大多涉及權力分配的問題（Friedman 1989）。

正在禱告的美國回教徒。這幅圖片與傳媒上的回教印象有何不同？

其次，一個人的宗教歸屬在黎巴嫩或其他中東地區是非常重要的，因為宗教會對事關內戰的個人政治立場產生深遠影響。不過，斷言宗教因素引發黎巴嫩內戰的說法並不正確，畢竟基督徒不會因為信仰耶穌而被殺或殺人，而回教徒也不會因為不認同基督教的三位一體而被殺或殺人（Genet 1984）；另外，主張戰線的劃分是以宗教別作基礎的說法也是錯誤的。歸類黎巴嫩社會的較佳方式是區別出左派或右派，左派會尋求基本而全面的變革，而右派則傾向維持既有秩序（Barakat 1979; Wenger 1990）。

一些回教領袖、派系或國家支持由 Maronite 基督徒主導的右派陣營，而另一些黎巴嫩基督徒則支持左派陣營。正如我們所了解的，黎巴嫩實際的紛爭係團體間的宗教認同引發的衝突，但是若只側重宗教歸屬因素，將會掩蓋其他重要因素，比如衝突團體間的政治、經濟不平等。另一方面，由於宗教差異是區別敵我團體以及戰爭動員的依據，所以我們也必須檢視宗教特質在暴力衝突中扮演的因素（Stavenhagen 1991）。

第三，黎巴嫩是中東的縮影，相同的問題使黎巴嫩持續處於動亂近 30 年，這些問題都有賴該地區獲致和平與穩定才得以解決（Lamb 1987）。這些問題包括以色列和巴勒斯坦的衝突、各個宗教、族群與家族派系間的衝突、快速現代化產生的後遺症、財富分配不平均、獨裁和威權領導人的出現、以及外國勢力的介入等等。

在外國勢力介入方面，黎巴嫩境內各基督教和回教派系一直都接受前蘇聯、美國、利比亞、沙烏地阿拉伯、法國、英國、伊朗、伊拉克、以色列和敘利亞等國的援助，此外，許多外國軍隊——巴勒斯坦解放組織（以下簡稱巴解）以及敘利亞、以色列、美國、英國、義大利軍隊——都已進駐黎巴嫩，並與某派系站在同一陣線以穩定政局，或是扶植對其政府友善的領導人（Fisk 1990），如果可能的話，外國勢力也會協助維繫不同派系之間的界線。若能清楚的檢視黎巴嫩，將俾益我們更了解此一危險而易變地區發生的狀況。我們現在開始密切注視黎巴嫩內戰的根源和本質。

❧ 動盪的社會：黎巴嫩內戰

雖然黎巴嫩擁有 300 萬人口，但它的面積卻小於美國康乃狄克州。黎巴嫩西瀕地中海，東鄰敘利亞，北接以色列，是通往中東與亞洲的入口，居中東地區的貿易和運輸中心。黎巴嫩在 1516-1916 年間是奧圖曼帝國領土的一部分，稱作大敘利亞（Greater Syria）（現包括黎巴嫩、敘利亞、約旦和以色列等地）。在第一次世界大戰同盟國擊敗奧圖曼帝國之後，遂將大敘利亞分割成數個國家，英國控制現今的約旦和以色列地區，而法國掌管敘利亞和黎巴嫩地區。

法國在 1920 年將北部山區（主要是 Maronite 基督教派[1]）、南部山區（主要是德魯茲派系）、的黎波里、西丹和泰爾等港口城市（主要是桑尼地區）、以及安卡和貝卡山谷（主要是敘利亞地區）的各教派社結合起來，成立黎巴嫩共和國。所謂**教派系社**（sectarian community）係指在地理空間上具有明顯區隔，信奉特定宗教（比如回教或基督教）的不同團體，這些團體也與強勢家族、門閥、民族團體有強烈連結（U.S. Department of the Army 1989）。法國希望藉由這種聯合方式，能在中東地區創造一個基督徒占多數的國家，而爲了確保黎巴嫩得以經濟獨立，法國也將桑尼回教徒、敘利亞回教徒與德魯茲（屬於回教支派）等居住的港口城市和農業區包括進來。

法國同時也在該地起草憲法，將政府權力依宗教歸屬的基礎作分配，並確保 Moronite 基督徒擔綱大多數的權力位置（總統與軍事首長），但是法國卻仍控制黎巴嫩的政策和方針。除了 Moronite 教派之外，大多數黎巴嫩與敘利亞地區的宗教團體反對建立黎巴嫩共和國，許多派系仍希望能和敘利亞保持接觸，所以法國政府便與某些團體結盟來鎮壓其他團體，譬如 1925 年法國政府便得到亞美尼亞人（這些人在被土耳其人屠殺百萬人之後最近遷移到黎巴嫩山區）的協助，殘暴地鎮壓德魯茲的反叛。

在第二次世界大戰期間，法國、英國、土耳其、德國、奧國和匈牙利等國與各派系團體結盟，進一步加深黎巴嫩的派系化。1943 年在法國維琪政府遭英國勢力驅逐後，黎巴嫩遂獲獨立（但法國直到 1946 年才完全放棄對該地區的控制）。Moronite 教派的總統與桑尼派系領導人合作，達成一項非正式的國家協定，涵攝權力分配與其他議題。這項協定基本上要求總統由 Moronite 教派出任、黎巴嫩軍隊擔任軍事首領、首相來自桑尼教派、敘利亞地區推舉國會發言人、而德魯茲則擔任幕僚長，至於立法機構、公務員和軍人的名額則依基督徒與回教徒 6：5 的比例分配，此外，該協定也載明黎巴嫩必須完全獨立，基督教派系不得與西方國家有任何形式的聯盟，而回教派系也不能和阿拉伯國家結盟；而阿拉伯語也取代法文成為國家的官方語言（雖然黎巴嫩人在精神和智識上仍深受法國影響）。最後，黎巴嫩雖屬阿拉伯世界的一員，但當其他阿拉伯國家發生衝突時，黎巴嫩仍得保持中立。

當黎巴嫩獨立時，境內存在的宗教高達 18 種，其中最大的四個團體是 Moronitet 基督教派、桑尼回教派、敘利亞回教派和德魯茲教派。在黎巴嫩境內，對強勢家族的效忠使得宗教效忠情況變得更為複雜（Norton 1986; U.S. Department of the Army 1989）。

在黎巴嫩 Shatila 難民營的巴勒斯坦難民。

黎巴嫩在獨立不久後便開放邊界予 120,000 名巴勒斯坦難民避難，這些人是為了逃離新成立的國家——以色列。大多數難民駐居黎巴嫩南部、以及緊臨泰爾、貝魯特和的黎波里邊境的聯合國難民營內，但因為這些難民多屬桑尼教派，所以 Moronite 教派對之心存懷疑，將其視為黎巴嫩回教團體的潛在盟友。

中東地區接二連三的事件使得黎巴嫩的對外關係更加複雜。1950 年代中期埃及在納瑟（Jamal Abdul Nasser）的統治之下，將英屬蘇伊士運河收歸國有，並與敘利亞合併，組成阿拉伯聯合大公國，而此時的黎巴嫩便遭逢來自內外在的壓力，究竟是否要加入泛阿拉伯集團以求自保，黎巴嫩總理害怕自己被該集團推翻，故援引艾森豪宣言，該宣言保證美國將出兵協助遭受共產主義國家威脅的簽署國。黎巴嫩總統認為，接受蘇聯軍援的敘利亞正在武裝黎巴嫩回教派系，而美國將因此派遣軍隊進駐黎巴嫩以維持和平。

在 1958-1964 年 Fuad Shihab 擔任總統的期間，黎巴嫩極為繁榮，各教派社間的關係也大致穩定，故 Shihab 請求美國自黎巴嫩撤軍，並繼續維持與阿拉伯和西方國家的友善和中立關係：

> Shihab 決定保持國家協定的立場，讓政府平等對待基督教和回教團體。他也致力改善黎巴嫩的基礎建設，發展道路系統，並提供偏遠鄉村自來水和電力，另外也在許多鄉村地區設立醫院和診療所……（U.S. DEPARTMENT OF THE ARMY 1989, p.24）

1967 年以色列在六日戰爭佔領約旦河西岸、東耶路撒冷和迦薩（見第五章）之後，第二波巴勒斯坦難民潮湧向黎巴嫩。至於第三波難民潮則出現在約旦和巴勒斯坦的內戰開打後，這波難民人數高達 350,000 人（Fisk 1990）。巴解在黎巴嫩境內成立國家，在黎巴嫩南部訓練軍隊並對以色列發動戰爭，致使黎巴嫩南部淪為戰區，但黎巴嫩軍隊又無法在巴解與以色列之間維持中立，而 Moronite 教派領導人也害怕軍隊可能呈現兩極化的傾向──基督徒士兵支持以色列，而回教士兵支持巴勒斯坦。黎巴嫩南部的戰爭引起大量敘利亞回教徒遷徙到貝魯特，被迫生活在「悲慘地帶」，雖然他們移居貝魯特，但這個城市始終沒有在社會上、政治上與經濟上承認過他們。在 1980 年代早期，敘利亞教派是黎巴嫩最大的宗教團體，人數近總人口的一半……但卻遭受桑尼教派和 Moronite 教派的輕視（Friedman 1989, p.226）。

許多巴勒斯坦人與逐漸不滿權力配置的黎巴嫩回教派系結盟，後者主張基督徒不能再握有大權，必須依普查的結果對權力進行重分配，以反應社會的宗教組成現況，不過基督教領導人拒絕這項請求。這個爭論點的細節是相當複雜的，但其主題卻相當清楚：在往後數年內，權力的平衡必須以最暴力和血腥的方式來調解，而黎巴嫩境內的各敵對團體（近 20 個可辨別身分的政治團體）自組私人民兵，並組成聯盟「彼此抑制以防強權出現」（Whetten 1979, p.75）。[2]

內戰將貝魯特城分為東半部（基督教勢力區）與西半部（回教勢力區），而黎巴嫩大部分也被分成自治區及佔領區，雖然統合的宗教區現仍存在（像貝魯特的 Hamra 區），但生活在統合區的人們早於 1975 年之前就已搬離，遷入他們自己所屬團體控制的佔領區。由於佔領區在地理位置上的孤立，加上戰爭帶來的苦難，使得信仰同一宗教的人們彼此互動與互賴極為頻繁，促進其強烈的連帶關係與對團體的忠誠，入侵該地的外人經常會被詮釋為「放棄自己的認同，並對其宗教和教派予以徹底的攻擊」（Friedman 1989）。

到 1993 年為止，除了真主黨之外，所有的黎巴嫩民兵都被解除武裝，然而一直要到伊朗、敘利亞、黎巴嫩等國支持的真主黨也被解除武裝後，美國政府才取消人民禁赴黎巴嫩的命令。雖然黎巴嫩總理宣佈 1993 年內戰停止，但 40,000 名敘利亞部隊仍然開進黎巴嫩，控制南方和貝卡山谷的一些戰略區，此外，在以色列自我宣稱的安全區內（包括 10% 的黎巴嫩領土）的以色列部隊，仍和各個位在黎南的反以色列游擊隊發生持續的衝突，雙方你來我往，通常只是些零星的攻擊，但 1993 年 7 月以色列還擊時卻展開系統性的轟炸，並對黎南地區發射近 13,000 枚砲彈，摧毀安全區以北的黎南 70 幾個城鎮和村鄉，使得游擊隊無法繼續停留該地，而這次的軍事行動造成龐大的難民潮（約 150,000-200,000 人）（Hedges 1993; Murphy 1993a, 1993b）。

從這些資料看來，我們想問：在黎巴嫩境內的這種衝突當中，宗教扮演何種角色？為了認明宗教具有的影響力，我們首先必須界定宗教。雖然許多社會學家關注過這個問題，但這是項非常困難的工作。接下來我們將對宗教的本質進行一概括性的總覽，當我們檢視宗教的功能與相關概念時，便能理解宗教如何同黎巴嫩境內的紛爭產生瓜葛，而我們也將了解，內戰不單純只源自於宗教因素，它還是人們以宗教爲名所導致的結果。

❧ 宗教是什麼？韋伯和涂爾幹的觀點

韋伯在《宗教社會學》（The Sociology of Religion）一書的開頭提到：「一開始就想界定『宗教』是什麼，想說明它究竟爲何物，這是不可能的，如果可能的話，也只有在研究結尾時方才出現」（1922, p.1）儘管韋伯極關注宗教活動，並撰寫許多相關作品，但他所提供的可能只是一個廣泛的定義：宗教包含人類對那些賦予生存的終極且不可避免之問題——生、老、病、死、不公平、悲劇以及苦難——所作的反應（Abercrombie and Turner 1978）。對韋伯來說，古往今來千百種宗教都對這些問題提出豐富而無盡的回應，但就以這種多樣性來說，他相信，想以簡單定義來涵括宗教的本質實際上是不可能的。

而涂爾幹也像韋伯一樣，相信宗教是模糊而多樣的。在涂爾幹的著作《宗教生活的基本形式》（The Elementary Forms of the Religious Life）第一章當中，他提醒社會學家在研究宗教時，必須假定「沒有一個宗教是不好的」（[1915 1964, p.3）。涂爾幹也像韋伯一樣，相信所有宗教就其自身樣態來說都是真實的，都以各自的方式指陳人類的生存問題，所以涂爾幹說，那些研究宗教者首先要做的是：去除自己認爲宗教應該是什麼的先入爲主觀念。我們無法僅依個人的經驗和偏好來認明宗教的特徵。

精神病學家寇爾斯（Robert Coles）在《兒童的精神生活》（The Spiritual Life of Children）一書中詳述他與一位 10 歲女孩 Hopi 的對話，這段對話說明涂爾幹的論點。而這段對談也提醒我們，假如我們以先入爲主的觀念來研究宗教時，將無法透析宗教的一般本質：

「天空觀看並聆聽著我們，它向我們傾訴，也希望我們回話。有位老師告訴我們，天空是盎格魯人上帝的居所，她問我們上帝住哪兒，我說『我不知道。』說真的，天空就是我們的上帝，祂既是太陽，也是月亮；上帝也是我們的子民，假如我們記得在聖地駐足，那兒就是我們應去的地方，倘使我們離開，我們就會失去上帝。」

〔然後訪問者問這位小女孩有沒有把這些想法說給老師聽。〕

「沒有。」

「為什麼呢？」

「因為老師認為上帝是個人，假如我跟她說，她就對我微笑。」

「什麼樣的微笑？」

「那個微笑好像是說：『你們這些孩子真可愛，但說的全都是錯的！』」

「也許妳能夠把剛才跟我講的內容再講一遍給老師聽呀。」

「我們早就嘗試講過了，我們將想法告訴盎格魯人，但他們卻不聽，他們只聽自己人講的。」（COLES 1990, p.25）

　　寇爾斯和Hopi的這段對話顯示，由於老師對宗教存有先入為主觀念，使她無法接受孩子們的宗教信仰和體驗。

　　宗教的本質的確難懂，而宗教體驗也是相當多樣（見「世界主要的非基督宗教」一文）。儘管有這些困難存在，涂爾幹還是指出三種他認為過去和現在的所有宗教都共有的基本特質：（1）關於神聖與世俗的信仰，（2）儀式，以及（3）崇拜者所形成的團體。因此涂爾幹將宗教（religion）界定為：將崇拜者結合成團體的共同儀式以及與神聖有關的信仰，這種系統就是宗教。

世界主要的非基督宗教

- ### 佛教

擁有 3 億 700 萬信徒的佛教是由喬答摩（Siddhartha Gautama），也就是為人熟知的佛陀於西元前五、六世紀在尼泊爾南部創立。佛陀藉由冥想而獲得啟發，並教導一群僧侶經由冥想、實踐宗教與道德行為以獲致涅槃境界，這是一種啟發的狀態，雖然每個人在達到涅槃之前都得經歷一次次取決於個人行為的善惡因果報應（karma）。佛教的教義將現世生活描述為「四種高貴的真理」：生活即受苦；欲望和執念會帶來痛苦；達到涅槃方能免於苦難；而涅槃只能藉由冥想，以及依尋行動、思想與態度上的正確路徑才能達成。

- ### 儒教

擁有 560 萬信眾的儒教是中國哲學家孔子在西元前五、六世紀所創立，孔子的門徒將其言說與對話彙集於《論語》一書當中。儒教在中國歷史上的動盪時代萌芽成長，故以禮（合適的行為）和仁（同情的態度）為基礎，強調個人、家庭與社會的關係。不過這種實踐性的、社會性的哲學後來也遭到具有神秘主義色彩的道教和佛教的挑戰，而道教和佛教於宋朝（西元 960-1279 年）時期便部分併入儒教當中，創造出新儒教。20 世紀發生的推翻滿清專制與共產黨革命，也都大幅降低儒教對現代中國文化的影響力。

- ### 印度教

擁有 6 億 4,800 萬名信徒的印度教發源自印度當地宗教，結合西元前 1500 年傳入的亞利安宗教，以吠陀經和奧義書為其聖典。印度教一詞可用來廣義地描述大多數印度人歸屬的種種宗派。印度教徒的信仰包括接受喀斯特體系，該體系依人們的宗教別、職業、背景、種族類屬等作階層劃分，而社會上大致可分為四大類別：僧侶或教士、統治者與戰士、農夫和商人、以及佃農和勞工。印度教主張藉由練瑜珈術、墨守吠陀經、皈依個人精神上的導師等方式自輪迴中解脫。在廟殿中供養各種神明，而三位一體的神性——佛陀是造物主、護持神毘濕奴是保護者、濕婆是毀滅者——則顯示世界的循環本質。

- 回教

　　西元 610 年，先知穆罕默德從阿拉手中接過可蘭經之後創立回教，該教擁有
8 億 4,000 萬名信徒。回教（阿拉伯文的意思是「服從於神」）主張，繼亞當、亞
伯拉罕、摩斯與耶穌之後，穆罕默德是最後一位聖明的先知。回教徒除了致力於
可蘭經的研讀之外，還得膜拜阿拉，「阿拉是唯一的真神，而穆罕默德是祂的先
知」。信徒每天得面朝麥加朝拜五次、救濟貧困、在回教曆九月齋月期間齋戒、
以及一生到麥加朝聖一次。回教禁吃豬肉與喝酒，也不准放高利貸、欺騙和毀謗。
伊斯蘭教最主要的兩支是桑尼教派和敘利亞教派，Wahabis 是最重要的桑尼教派，
而敘利亞教派則包括 Assassins，其他還有德魯茲與 Fatimids 等等不計其數。

- 猶太教

　　猶太教源自於猶太地區的猶太後裔，為亞伯拉罕、以撒和雅各於西元前 2000
年創立，信徒有 1,800 萬。猶太教的信仰是一神教，這位造物主藉由述說預言來
領導其子民－猶太人，他的話都記載於希伯來語聖經（即聖經舊約）當中，最為
人知者當屬猶太教律這部分。猶太人相信，追隨猶太教律裡的文字和精神，便可
改變人類的現狀，而彌賽亞最終會將世界帶進天堂。另外，猶太教也提昇信徒之
間的一致性，讓信眾奉獻給教會（此為猶太人團體的基本社會單位，由教士帶領）
和家庭生活，使家庭和教會雙方均可奉行宗教。依信徒對教律中有關個人、社群、
國際與宗教活動的不同詮釋，猶太教可區分為三個團體：正統團體，將教律視為
上帝的衍生，故教律與上帝之間有絕對的連結；改革運動團體，主要是遵循教義
的倫理性意涵；保守猶太人團體，奉行教義的指示，但可依現代生活稍作改變。

- 神道教

　　擁有 350 萬信徒的神道教是日本古老的本土宗教，遠在西元 5 世紀之前便已
創建，而其信仰和儀式的起源則不可知。神道教信仰許多偉大的人物和神明（即

kami），祂們被貢奉在神社中，每逢節慶接受信徒的膜拜。雖然神道教沒有總體的教義，但其信徒得膜拜 kami，支持祂作為社會中的保護者，並保持純潔和虔誠的心靈以及享受人生。

日本愛經縣供奉有名的Daibutsu。

- 道教

中國的道教既是宗教，也是哲學，據說它是由西元前 604 年出生的老子所建立，其信眾不詳。道教主要源自於道德經，這本書宣稱恒動的宇宙依循的是道，只要能夠模仿道的平靜而自然的純真，就能夠了解道究竟是什麼。道教指導人們要生活單純，並與自然保持緊密連繫，如此就能觸及道。道士主持的廟宇對某些道教門派來說是重要的。在共產黨革命後，中華人民共和國並不鼓勵道教的發展，反而是在台灣繼續興盛起來。

關於神聖與世俗的信仰

所有宗教信仰的核心及其活動總會區分出兩種對立的領域——神聖和世俗。**神聖**（sacred）係指所有能激起信仰者深沉情緒（如害怕、尊敬、神秘與崇敬等）的非凡事物，這種深沉的情緒能促使人們保護這些神聖事物免於不潔。人們為了尋找、保存或保衛他們所認定的神聖事物，會不惜開啓戰端、犧牲性命、遠渡千里以及從事有害生命的行為（J. Turner 1978）。

　　對神聖事物的界定會隨著時空的不同而有所改變，神聖事物包括物體（聖杯、聖經）、生物（牛、蟻、馬）、自然元素（岩石、山巒、樹、海、日、月、天空）、地點（教堂、清真寺、猶太教會堂、宗教創始者的出生地）、神聖事件紀念日、抽象力量（靈魂、善、惡）、人物（基督、佛陀、摩斯、穆罕默德、瑣羅亞斯德、那那卡）、意識狀態（聰明、自然本性）、過去事件（耶穌受難、耶穌復活、出埃及記、佛陀誕生）、典禮（受洗、婚禮、喪禮）以及其他活動（聖戰、正義之戰、告解、齋戒、朝聖）。涂爾幹（[1915] 1964）主張，神聖性不是來自於儀式或事件本身，而是來自於其象徵性力量，以及當人們身處神聖事物之中的情感經驗。這種情感將會相當強烈，使信仰者得以察覺某種外在的強大力量，並對身處神聖事物中的行為失當者感到憤慨。

　　與神聖事物有關的概念確實是宗教活動的重要成分，所以許多研究者在分類宗教時，皆以追隨者認定為神聖事物的這個現象類型作依據，像這樣的類型學包括三類：聖典的、預言的、和神祕的宗教（Alston 1972）。這些類別並不彼此互斥，然而由於大多數宗教都以其中某類來鑑別神聖現象，所以宗教便被歸於單一類別，雖然其中僅有某類最佔優勢。

　　在**聖典宗教**（sacramental religions）當中，人們認為場所、物體以及行動都充滿上帝或靈魂的神聖性，包括無生命的物體（遺跡、雕像、十字架）、動物、樹木、植物、食物、飲料（酒、水）、地點、以及特定過程（諸如打獵或跳舞的方式），大多數原始宗教都可歸為此類。

　　在**預言宗教**（prophetic religions）之中，神聖性通常圍繞著象徵性的歷史事件或者偉人的生平、訓誨及其作品。像基督教的聖經、回教的可蘭經、猶太教的教律等，這些神聖性的書籍便記錄這些事件和天啓。在這些歷史事件中，人們相信上帝或某位高人都直接涉及事件的歷程與結果（洪水、分隔紅海、帝國的興衰），而偉人的生平及其預言性的睿語和訊息，則顯露一種較高的生存狀態和一組倫理原則與行爲慣例，而追隨者則以之作爲榜樣。一些知名的預言性宗教包括猶太教（如亞伯拉罕在迦南、摩西在西奈山上的天啓）、儒教（孔子創立）、基督教（耶穌基督創立）以及回教（穆罕默德創立）。

在**神祕宗教**（mystical religions）裡，神聖性在於最高的存在狀態，可以將所有意識到的存在、情感、思辨與環境加以排除，在這種狀態下，神祕可以超自然經驗來加以掌握，彿若現世的關懷都憑空消逝一般。與普遍的神聖力量連結是極度重要的，而神秘性傾向包括齋戒、禁慾這類習俗，以便將其自身與俗世依附相分離，此外，神秘性冥想還能洗滌人們關懷現世的心靈，「騰出空澈的心靈，接納牧師的感召」（Alston 1972, p.144）。佛教與哲學性的印度教皆強調以肉體與精神戒律作爲超越自我與現世關懷，這種手段即爲一例。

根據涂爾幹的說法，神聖事物不只包含善的力量：「也有一些惡的力量（指撒旦），比如偷盜、詐欺、征戰、疾病和死亡」（[1915] 1964, p.420）。然而，邪惡及其各種形式大多被描述成不敵善良力量：「在多數情況下，我們見到善良戰勝邪惡，生存戰勝死亡，光明戰勝黑暗」（p.421）。即便如此，涂爾幹仍將邪惡現象視爲神聖事物，因爲它們也被賦予某種特別的力量，並具有克服與抵抗負面勢力的儀式（告解、受浸、懺悔、齋戒、驅邪）。

像驅邪這種儀式曾於 1991 年 4 月的 ABC 電視節目「20／20」中，在羅馬天主教的主教同意下播放（雖然這迭有爭議）。從中世紀以降，這種儀式一直是天主教的一部分，它被用來淨潔那些遭受撒旦纏身的身體與靈魂（Goodman 1991）。這位主教甘冒被控煽動罪名的風險而播放其驅邪示範，意在證明魔鬼「在世上仍有強大而活躍的影響力」（Steinfels 1991, p.B1）。

宗教信仰、教義、傳說、神話都詳述神聖事物的起源、美德與力量，並描述神聖與世俗交混的結果。**世俗**（profane）係指非神聖的一切事物，包括反對神聖事物（不淨的、不敬的、輕蔑的、褻瀆的）以及雖未反對神聖事物，但卻與之分離的事物（一般的、平凡的、非神聖化的、現世的、肉身的）（Ebersole 1967）。信仰者通常會將神聖與世俗的接觸視爲危險與褻瀆的，認爲此舉會威脅神聖事物的存在，並讓接觸者陷於險境，因此人們會採取行動來區隔神聖與世俗，以保衛其所認定的神聖事物。例如某位遭遇挫折的信仰者會避免直呼上帝之名，譬如在禮拜期間，女人必須遮蓋臉龐及頭髮，而男人必須脫帽。

神聖與世俗之間的區別並不意謂個人、物體或觀念無法在這兩者間作轉換，或者某些世俗事物必定不能與神聖有所關聯，經由儀式——此爲宗教中積極與最外顯的一面，則可以進行這種轉換和接觸，例如，基督徒認爲洗禮是「神聖的」，非基督徒可藉由洗禮而獲得拯救。

儀式

在宗教意義裡，**儀式**（rituals）係轄制人們在神聖性當中如何行爲的規則，這些規則可能是指導性的形式，詳載適當的內容、各種參與者的角色、可接受的穿著以及詠唱、祈禱時的精確語詞，假使參與者想達成特定目標，就得密切遵循這些指示，不論是淨化個人身心（告解、齋戒、受洗、退隱）、紀念重要人事（麥加朝聖、踰越節、最後晚餐）或將世俗轉變爲神聖（清水變聖水、白骨變遺跡）等等。在儀式進行的期間，所有行爲「都得與精神意向相調和，以便參與或與無形世界接觸」，或者達成可欲的狀態（Smart 1976, p.6）。

儀式可以很簡單，比如闔眼禱告、在前額抹灰；也可以很複雜，比如進聖地詠唱前得先齋戒三天、向神明膜拜祈求寬恕。儀式通常在聖地舉行，但某些儀式的目的卻在管理人們的日常活動－睡覺、吃飯、排便、洗澡、性愛。涂爾幹主張，儀式的本質並不重要，重要的是它由一群崇拜者所分受，並喚起個體的特定觀念與情感，以助其感覺某種外在的較大力量。

崇拜者團體

涂爾幹用**教會**（church）一字指涉團體成員在面對神聖與世俗時能抱持相同的信仰，面對神聖事物會採行相同行動，並在肉體或精神上能一致地再確認對信仰與實踐的許諾。很明顯地，宗教信仰與實踐絕非個人所獨有，而必須由一群人共享，倘若不是如此，那信仰和實踐將在個體將之放棄或者死亡之後消失。就社會意義來說，宗教和教會是不能彼此分離的觀念，因為教會是匯聚與分享道德共同性的處所，並給予信徒一個共同的認同（見「精神之旅」一文）。然而，這種匯聚無需在一個共同的環境裡發生，當人們在某些特別時日執行儀式，就能匯聚精神力量。

精神之旅

　　每年到麥加和麥地那朝聖的回教徒具體展現了教會的特徵（如涂爾幹所界定的）：參與者對神聖和世俗事物有共同的信仰，在面對神聖事物時會採行相同的行動，並在某特定時間內聚集在一起，再確認他們對信仰與實踐的許諾。

　　Ehsan Khan 的禱告今年終於有了回應。

　　他和其餘 90 名來自洛杉磯的回教徒，以及來自全球 300 萬名回教徒最近前往沙烏地阿拉伯，進行一趟麥加朝聖，拜訪聖城麥加和麥地那。

　　「這不像一般的假期，」Khan 說。他在加拿大的瑞西達長大，雙親是巴基斯坦人。「這幾年我一直在問上帝能否成行，今年祂答應我了。」

　　每位在身體和財務上能夠負擔的回教徒一生中至少得到麥加朝聖一次，且只有成人才能到麥加朝聖。

　　許多住在遙遠國度的回教徒將朝聖視為生命中的極點，但 32 歲的 Khan 只是眾多年輕朝聖者之一。

　　而 29 歲的 Hassan Khan 最近也剛從麥加朝聖歸來，他鼓勵人們要趁年輕時就到麥加朝聖。

　　「麥加朝聖能獲得很高的靈性，為什麼要等到老年時才來修正自己的作

法呢？」在日光山谷擔任擔任銷售員，18 歲就從巴基斯坦赴美的 Hassan Khan
（他與 Ehsan Khan 沒有親戚關係）問道。「你必須在早年時就修正自己的行
為。」

朝聖之旅從回教年最末一個月第 8 天開始，在第 12 天結束。回教年是以
陰曆計算，大約比陽曆少上 10 天。今年的麥加朝聖從 6 月 9 日開始。

沙烏地政府經常僅允許 200 萬名朝聖者到麥加朝聖，而各國政府也都有
自己的朝聖配額。去年由於波斯灣戰爭影響前往麥加朝聖的人潮，故今年沙烏
地政府增加名額到 300 萬，以容納各地的朝聖者。

拜訪卡巴聖堂這座長約 40 呎的立方磚形結構，為麥加朝聖者朝拜的最重
要儀式之一。卡巴聖堂據信是阿拉的住所，世界上每位回教徒都得朝向卡巴聖
堂的方向頂禮膜拜。

「世界上沒有其他地方比得上這裡，有各類膚色、穿著、語言、文化的
人事投入同一件事，」這位領有會計師執照的 Ehsan Khan 說，「沒有其他地
方比得上這裡的美麗，令人精神振奮。」

古老的人們以徒步、騎駱駝等方式拜訪聖城，今日的朝聖者則經海、空
而來，到此處再搭乘巴士前往聖城。

美國旅遊局提供麥加朝聖專案，從洛杉磯出發，在沙烏地阿拉伯停留一
個月的花費，包括旅遊和寄宿在內，每人約花費 3,500 美元。沙烏地麥加朝聖
局也會指派每個團一名導遊，這項支出也包括在專案內。

不過，朝聖者本身的負擔也是很重，他們得面對當地的高溫，以及上百
萬人投入儀式時所產生的擁擠。沙烏地政府會提供帳篷、飲水和醫療器材，以
便讓朝聖的過程更舒適和安全。但根據過往的經驗，一些老人在朝聖期間死亡
是常有的事，不過這種死亡被視為一種恩賜，可以在麥加當地火化。

儘管高溫和擁擠，那些來自美國的朝聖者認為他們忍受的艱苦是值得的。

「在我來之前，我不知道自己究竟在期待些什麼，」41 歲在南門擔任按
摩師的 Artis Terrell 說，他在 1973 年信奉回教。「一旦你站在麥加當地，站在
卡巴聖堂，這個我們每天膜拜五次的地方，你就會產生一種無法抗拒的感覺，

好像上帝對你伸出手來。」

　　回教徒每天必須面向麥加朝拜五次,那些禱告者代表回教五柱當中的第二根柱子,而麥加朝聖則代表第五根。

　　朝聖者在進入麥加之前,男性必須穿著伊蘭袍,將兩片白色無接縫的布料包裹全身,以象徵每個人在上帝眼中都是平等的。而婦女則得維持尋常的回教裝扮,除了臉和手之外,其他部分不得暴露在外。

　　一位影丘的居民 Jane Farra 信奉回教已有 11 年,她習慣平日穿著西方服飾,但她說,在朝聖期間穿著回教服飾並沒有多大的問題。

麥加的朝聖者。

　　「感覺如果對了,那就對了。」53 歲的 Farra 說,她的丈夫信奉回教也有 32 年。「你正在從事一項宗教行動,你在這段期間內被告知要這麼做,這沒有什麼問題。當你站在那兒,你不會去分辨是男是女,所有人都是回教子民,」她說。「對我來說,這是最棒的事情。我感覺自己非常親近宗教,彷彿正在上帝面前。」

　　當朝聖者進入麥加之後,他們會繞行大馬士革境內的卡巴聖堂七次,並親吻神聖黑石，這是卡巴聖堂裡最古老的部分，回教徒相信黑石是亞伯拉罕時期來自天堂的聖石。

接下來朝聖者會在卡巴聖堂的指引下禱告，從 Zam Zam 井中取出聖水飲盡，並輕快地在 Safa 和 Marwah 兩山間的小丘上走上七次，根據可蘭經的說法，這些動作象徵亞伯拉罕之妻 Hagar 在尋找水源。

儀式的第二階段是朝聖者拜訪麥加外的聖地，包括阿爾法特（Arafat）和麥那（Mina）兩地。假如朝聖者沒能在阿爾法特待上九天，則朝聖之旅就不完全了。在回教傳統中，阿爾法特是亞當和夏娃首次邂逅的地方。

朝聖者得在麥那連續三天向代表撒旦的三根石柱丟擲七顆石頭。之後會宰殺一隻動物以紀念亞伯拉罕的兒子以實瑪利的犧牲，接下來男性朝聖者得剪髮或剃鬚。

朝聖者在離開麥加之前，得再一次繞行卡巴聖堂七回。在麥加朝聖前後，朝聖者經常會拜訪麥地那的穆罕默德清真寺，此地是穆罕默德升天之處。只有回教徒才能進到麥加和麥地那。

「做為一名回教徒，當你第一次見到卡巴聖堂，那種感覺是難以言喻的，」Ehsan Khan 說。「那裡就是生活的真諦，你能和上帝最為親近，那種心靈被緊緊抓住的感覺，無法用隻字片語形容。」

涂爾幹以較寬鬆的意義界定教會一詞，他承認教會可以預設為數種形式：「有時候宗教包含所有的人……有時候卻指一群教士，有時候它又幾乎完全缺乏任何正式指引的團體」（[1915] 1964, p.44）。社會學家認為宗教組織（崇拜者的團體）至少有五大類：教會、教派、宗派、建制宗派、門派。不過，由於宗教分類架構並不明確，所以這五類在某些特徵上會出現重疊。

教會　教會（ecclesia）係指經過專業訓練、由領導階層管理的宗教組織，宣稱社會每個份子都是其成員。由於入會成員並非自願，而是法律規定，因而在教會和國家之間出現許多政治結盟，使教會成為國家的官方教會，比如英國的聖公會、法國的羅馬天主教教會與瑞典的路德教會。回教今日也是孟加拉和馬來西亞的官方宗教，而伊朗自從何梅尼於 1979 年掌權之後，就成為回教共和國，至於沙烏地阿拉伯的君主制則奠基於回教法律（The World Almanac and Book of Facts 1991 1990）。

每個人出生後就是教會的一員，社會新成員亦包括在內，而反對者通常會遭致迫害，不接受官方觀點的人士會被驅逐到社會中的邊緣位置。教會宣稱他們是唯一的信仰，並否定其他宗教。在最極端的教會形式中，教會直接控制人們生活各面向，例如沙烏地阿拉伯的社會、政治、經濟政策採行的架構全都依據可蘭經，婦女的生活特別受限，她們不能開車，在公共場所得戴上面紗，必須男性分開接受教育，甚至不能和男性一起工作。「在這種國家當中，像肯德基炸雞店、必勝客冰淇淋和披薩店得定期接受回教刑警隊的巡查，這些人要求店鋪在禱告時間內必須暫停營業，並管制男女不得在一起工作」（LeMoyne 1990, p.A7）。

宗派 宗派（denomination）係指一個由受過專門訓練的神職人員帶領的層級組織，其中宗教和國家經常是分離的。相較於教會，宗派是社會裡眾多宗教組織之一，大體上較能容忍其他宗教的存在，甚至能相互合作，以傳達或解決某些問題。宗派成員據信均出自於自願，但多數宗教成員出生於信奉教派的家庭中，所以他們也沒得選擇。教派領袖一般鮮少對信徒提出要求，也不會監督信眾的生活，而多數信徒也以有限而專門化的方式參與：選擇將子女送到教會學校、到教堂參加禮拜和宗教節慶、捐獻、或者參加教會贊助的活動。雖然信眾的生活型態差異很大，但宗派經常吸引特定的種族或社會階層，意即，來自某特定社會團體或族群的成員佔的比例相當大。

世界上的八大教派——佛教、基督教、儒教、印度教、回教、猶太教、道教和神道教——分散各地，例如基督教主要分佈在歐洲、南北美洲、紐西蘭、澳洲與太平洋各島，而回教則分佈在中東與北非地區，至於印度教則集中在印度。

教派 教派（sect）係由凡俗的神職人員帶領的一小群信仰者，沒有正式的層級或監督各種宗教活動的正式管理組織。教派的組成分子大多是脫離宗派者，因為他們認為原本的教派已然墮落，因此他們自行創立支派以進行改革。

世界上的主要宗教總在某些時候分裂出一些團體，以保持自身的完整性。譬如回教最明顯的分裂發生在 1,300 年前，分裂的原因是穆罕默德去逝 30 年後出現的繼承問題，敘利亞教派主張繼承者必須與穆罕默德有血緣關係，但桑尼教派卻認為繼承者應由信徒團體中挑選。在穆罕默德去世時，桑尼教派（大多數回教徒）接受 Abu-Bakr 擔任哈理發（caliph）（即繼承者），但敘利亞教派卻支持穆罕默德第一代表兄弟，也是女婿的 Ali，他們要求推翻有的秩序，以便返回道地的回教。另外，回教另一個宗教團體－德魯茲教派，其成員也發展出不同於以往回教的規則和儀式。

同樣地，基督教也出現數個分裂團體。例如 1054 年東正教拒絕教宗是耶穌的俗世代理人，並質疑羅馬教皇所宣稱握有對所有天主教教會的權威。新教徒視馬丁路德為新教創始者，他也曾挑戰過羅馬教皇的權威，並抗議羅馬天主教的種種作為，這項抗議也就是眾所周知的宗教改革——為了改正天主教，並剔除其腐敗，尤其是贖罪券（所謂贖罪是指作特定善行，或向神職人員告解，以求赦免原罪），不過馬丁路德認為，透過牧師或教士的代禱並無法獲得救贖，但藉由個人的信仰卻可達成（Van Doren 1991）。各個基督教派內以及與天主教教派之間也有分裂存在，例如黎巴嫩便同時存在數個羅馬天主教的支派，包括馬隆尼教派、希臘天主教、希臘正教、格里高里教派等等。

人們並非出生便屬於某個教派，不是在出生後就受浸，而是到有自主能力後才自行決定。在許多層次上，教派的變異相當大，包括他們將社會視為在宗教上破產或腐化的程度，以及他們採取行動來改變社會成員的幅度。

建制教派　建制教派（established sects）在某些方面和宗派與教派頗為相像，它們雖背離宗派或教會，但存在的時間卻相當長，足以吸收大量信徒，並成為令人尊敬的對象，像德魯茲、敘利亞和浸信會等都是。

門派　門派（cults）普遍人數很少，是組織較爲鬆散的團體，其領導人通常具有個人特質、領袖魅力，並藉此吸引信徒。正因爲領袖魅力是吸引信眾的重要角色，故門派經常在領袖過逝之後瓦解，不過少數門派存在的時間夠久，能夠變成建制教派，事實的明顯證據是，世界上主要宗教開始時多爲門派。由於門派會形成新而非傳統的宗教慣習，所以常遭致外人異樣的質疑。

　　隨著門派領導人宣稱的目的和許諾相異，這些團體因而不同，其信眾可能來自於高度特定卻有著古怪興趣的人，比如占星術、幽浮、或超自然的冥想，而這些成員也被門派的友誼承諾、治病、解脫或啓迪所吸引。門派罕有集會（像定期會議或月會），不過參加的信徒自願性相當高，門派領袖會要求成員完全依賴門派，脫離與原有家庭、朋友和工作的連帶，而門教派能滿足他們的所有需求。

對涂爾幹宗教定義的批評

　　涂爾幹對宗教的定義圍繞在宗教最外顯、最可見的特質上，然而，批評者指出，神聖與世俗的信仰、儀式與崇拜者團體這三種基本特質並非宗教活動所特有，許多的集會都結合這些特質，比如運動、畢業典禮、懇親會、政治集會，以及政治系統中的集會（例如馬克思主義、毛澤東主義、法西斯主義），因此單憑這些特質很難清楚的區別慶祝聖誕節的基督徒、支持發動戰爭的愛國團體、以及一群讚美詹姆士・迪恩的影迷（見本章章尾的焦點文章）。

　　換言之，宗教也不是社會中唯一

就像紀念馬丁路德・金一樣，許多市民的慶祝活動均分受宗教慶典中的特質與統合的作用。

統合這三種要素的力量，像**公民宗敎**（civil religion）便是「一組與人們（國家）的過去、現在和未來有關的信念和儀式，可用某種先驗的方式加以理解」（Hammond 1976, p.171）。一個國家的信念（像個人自由與機會平等）與儀式（閱兵、煙火、國歌、21 響禮炮等等）經常都具有神聖特質，即使在面對以種族、地區、宗敎、性別爲基礎的內在區別時，國家的信念和儀式仍然可以激起對國家的敬畏和尊崇之情，這種情感最容易顯現在紀念重要事件或人物的國家節慶當中（像華盛頓誕辰、馬丁路德・金恩日、獨立紀念日）、在國家紀念物或象徵物面前（旗幟、國會大廈、林肯紀念館、越戰紀念碑）以及遭遇戰爭和國家危機時。

政黨領袖經常訴諸這種情感，以贏得選舉、將政策合法化、加強國家團結或動員人民保衛國家，正如前總統布希於 1991 年元月 7 日在國情咨文中所提及的：

> 我在這裡告訴全美國人，我們正處於一個關鍵性的時刻。
>
> 我們投入最大的努力，試著站在世界的中央，我們知道我們為何在這裡，因為我們是美國人，是我們自身之外較大力量的一部分。
>
> 近兩個世紀以來，我們已努力地爭取過自由，而今晚，我們將領導世界抵擋所有威脅人類的亂源。
>
> 近兩個世紀以來，美國已成為全球自由和民主的典範，為了下一個世代，美國已致力於保存和擴展自由的恩賜。而今日，在這個變遷快速的世界裡，美國得繼續執掌領導權，而美國人都知道，這項領導會帶來負擔，也會有所犧牲。
>
> 但我們也都知道，為什麼我們是人類希望之所在，因為我們是美國人。自由，這項艱難的工作是我們的獨特使命，當我們承擔起這項責任，自由便能持續。（BUSH 1991）[3]

除了公民宗敎之外，像血緣、村莊或強勢的領導也都是統合的力量。在黎巴嫩和大多數中東國家當中，人們對自己的家族極爲忠誠（見「黎巴

嫩家庭」一文），這與強勢的家族有關。此外，像羅馬天主教、德魯茲和
敘利亞教派等團體基本上都是國家內的國民，他們都與領導人的統治權力
相關聯：

> 傳統上，黎巴嫩人的社會認同和心理支持來自於家族、鄰居或宗
> 教團體，但卻鮮少源自於國家。一個人在成為黎巴嫩人之前，他早已
> 是德魯茲、Maronite 或桑尼教派的成員；而他成為德魯茲教徒之前，
> 他又可能是 Arslan 或 Jumblat 德魯茲派系的一員，或者在成為 Maronite
> 教徒之前就已是 Gemayel 或 Franjieh Maronite 教派的一員。至於內戰和
> 以色列入侵，只不過強化了這股趨勢，將黎巴嫩切割成更微小而連結
> 綿密的家族、村莊與宗教團體，但卻未能進一步將聚攏為一個國家。
> （FREIDMAN 1989, p.46）

黎巴嫩家庭

　　家庭的重要性出現在黎巴嫩人生活的各階段當中，包括政治的、金融
的和個人的關係。在政治領域中，家庭之間彼此競爭權力和聲望，而親戚
會彼此結合起來提供支援，以協助領導權的獲得。在商業領域，雇主偏好
雇用自己的親戚、兄弟和姪子，以鞏固家族企業運作所需資源。人們期待
富有的家庭成員能和較不富裕的親戚共享，住在海外和都市裡的親戚一般
都有責任協助鄉下的親戚。

　　在個人領域，家庭也扮演同樣的角色。家庭地位相當程度地決定個人
獲得教育、名聲與財富的機會。家庭也會確保個人能遵從既有行為的標準，
以便讓家庭聲譽持續不墜，且會將個人抱負與團體長期利益結合在一起。
正因為家庭給予成員保護、支持和機會，所以成員必須效忠家庭並為其服
務。

　　家庭的傳統形式是三代組成的父系擴大家庭，由夫、妻（可能不只一
位）、未婚子女、已婚兒子的家庭成員所組成。這些團體當中有些還會同

住在一個屋簷下，不過這是較早一代的規範，現在大部分人並未採行這種作法。

　　黎巴嫩社會中的家庭要求成員忠誠。1959 年貝魯特的美國大學社會學家組成一個小組，研究何種家庭會把忠誠視為第一要務，他們針對基督教與回教、男女兩性、以及參與和不參與政治活動的學生作比較，結果發現重要性最高者首推家庭，其次分別是宗教、國家、公民權、民族團體、最後才是政黨。這份研究成果或許也反映出 1987 年的黎巴嫩人所持的態度，甚至可以關聯到 1975 年的內戰，當時回教和基督教基本教義主義興起，鼓舞人們發展民族與家庭意識。Maronite 教徒總是一直強調家庭，譬如 Phalange 黨的座右銘即是「上帝、祖國和家庭。」

傳統的黎巴嫩家庭是父系且包括三代在內。

　　黎巴嫩的家庭一直是分配政治領導權的工具。譬如 1960 年幾乎有 1/4 的立法機關代表席位是「繼承」而來，1972 年的立法機關代表 Amin Jumayyil（後來在 1982 年擔任總統）便是繼承自其叔叔 Maurice Jummyyil 的席位。因為某些宗派的代表一直為「政治家庭」專斷，因而對家庭的忠誠便阻礙現代政治的發展。

　　涂爾幹提到的這種宗教特質可以應用到社會中的其他事件、關係與力量。

而涂爾幹的宗教定義出現的缺失也反映在其他人的宗教定義中。社會學家史賓塞認爲，認知到一切事物均源自於或依賴於超出我們知識之外的「力量」，這就是宗教（Spencer 1972），這種定義會碰上的難題和涂爾幹遇到的難題一樣，意即，「力量」並不需要神性，它可能只是指涉自然、魔法、占星術或科學。

精神病學家林弗頓（Robert Jay Lifton）在其著作《界線：處於革命之中的心理人士》一書中，描述那些見證核爆的人如何將炸彈視爲「同時具有災難性的摧毀力量與無限創造力的」科技神明（1969, p.64）。美國海軍陸戰隊准將 Thomas Farrell 目睹原子彈在 Alamogordo 試爆之後，寫下這段敘述：

> 這種效果可以用空前的、宏偉的、美麗的、驚人的和可怕的等形容詞加以描述，這種人爲的巨大威力以前從未發生過……而全國就被這道強烈如正午之陽的灼熱所照耀，金、紫、藍、灰，各種難以言喻的美麗色彩照射每一處山峰、罅隙，即使最偉大的詩人也極難描述此種燦景。在爆炸後 30 秒，空氣中先刮起一道疾風，接緊著就是一陣強烈的轟鳴聲，預示世界末日的降臨，讓我們暗自驚心：我們這些褻瀆神明的渺小人類，竟斗膽擅弄向來只屬於萬能之神才有的力量。文字已不足形容身心所受的憾動，只有眼見者方能了解。（LIFTON AND HUMPHREY 1984, p.65）

其他的反應包括：「太陽根本不足以與其相較，」或者更爲人熟知的說法是：「我瀕臨死亡，成爲世界的餘灰，」以及「吾等覺得這是一項見證世界誕生的特權」（Lifton 1969, pp.27-28）。

窄化的宗教定義也會出現問題，假如宗教被界定爲對永恒之神的信仰，那就得將印度教（逾 6 億 4,000 萬信徒）這類多神教排除在外，且排除神明並不具有重要份量的佛教（逾 3 億信眾）。所以，窄化的宗教定義並無法改善這項難題。

　　儘管有這些缺點存在，涂爾幹的宗教定義仍是最好且使用最廣的定義之一，任何社會學家在研究宗教時，都得面對和陳述涂爾幹的看法。涂爾幹除了提出宗教定義之外，他也對宗教的功能進行廣泛研究，該作品成為功能論宗教觀的基礎。

❧ 功能論和衝突論的宗教觀

　　社會學家除了確認所有宗教具有的共同特徵之外，還檢視宗教為個人和團體提供的種種社會功能。撫慰遭遇不確定性的信徒、提昇團體的連結和連帶、將個人連結於團體、以及調節遭遇嚴重騷亂與變遷的社會等等，這些都是宗教的功能。然而歷史顯示，宗教擁有的並不總是創造性的力量，像衝突論者就指出，宗教也可以擁有壓抑、限制與剝削的特質。

功能論觀點

　　就我們所知，某些宗教形式已存在 200 萬年之久，就這項事實來說，功能論者主張，宗教必須對個體或團體負有某種極為重要的社會功能；就個人層次而言，人們在面臨不確定性時會信奉宗教，他們藉由宗教教義和儀式來了解生死的意義，以及處理不幸和不正義之事（戰爭、乾旱、疾病）。若不知為何生存，或者缺乏更高的目標將存在的考驗予以合理化，那生活將著實令人難以忍受（Durkheim 1951）。在伊拉克入侵科威特之後，一位科威特回教徒對紐約時報的記者說：

　　　這種危機讓一位回教徒找尋在面對獸行時的自我價值，我們環顧我們所做的一切，只能說：感謝上帝。在這種情況下，身為位難民真是無法了解：為什麼這些人為殘害同為上帝的子民。（IBRAHIM 1991,

人們也會求助宗教信仰和儀式來獲致成功（比如求個健康寶寶、升官）以及獲得某些問題的答案：我們如何到那裡？我們爲何在這裡？我們死後會發生什麼事？

根據涂爾幹的說法，與神明或其他超自然力量溝通者聲稱他們能獲得精神和肉體的力量，以忍受並克服生存的考驗。「任何真確通澈宗教道理的人……他們好像能超升於世間的貧苦一樣……對信仰者而言，這些是一種愉悅、內在平靜和感激的印象，是信仰的實驗性證明」（Durkheim [1915] 1964, pp.616-17）。

宗教具有促進團體連帶和團結的功能。首先，共享的教律和儀式有助於創造信仰者之間的情緒連結；其次，所有宗教都致力於幫助人們過更好的生活，就此意義來說，宗教提供一些觀念，告訴人們日常生活所應表現的適當行爲。當信仰者破壞這些行爲的規約時，他們會產生罪惡感和懊悔，這種感覺會敦促他們改正原有行爲。

第三，雖然許多宗教儀式的功能在於減輕個人的焦慮、不確定性以及恐懼，但這些情況卻還是會產生、強化並更新社會關係，將個人連結到團體當中。譬如，死亡對死者及其最親近的人來說，後者所受的震憾會更大，而死亡也會造成死者原有社會關係網絡的瓦解，結果該網絡得面臨重建。宗教提供的不只是緩和死亡帶來的打擊而已，還能安撫生存者再調適其自身的關係（Chinoy 1961）。有時候一場弔唁死者的聚會能夠加強團體的認同和目標情感。Robert Fisk 在〈值得同情的國家：被綁架的黎巴嫩〉一文中指出，在黎巴嫩境內「死亡是重要的，因爲它提供了一道生存的指令。」Fisk 說明兩位黎巴嫩人的死亡僅增加他們生存的目標：

    Rashid Karami 當初被炸死在直升機上，但兩年後他仍然向黎巴嫩的桑尼信徒講話。Hamra 街道上的小販兜售的卡帶當中，Karami 依然向黎巴嫩人們演講阿拉伯認同、國家統一的重要性、以及對抗錫安主義的鬥爭。

　　在黎巴嫩之音這個廣播節目裡，定期都可以聽到 Bashir 的聲音……
當初他在貝魯特政黨總部被炸身亡，迄今已逾七年，但現在透過廣播
仍可聽聞他對支持者的喊話，你可以清楚地聽到錄音中支持者對他的
歡呼。一個免於外力介入的黎巴嫩，一個強盛的黎巴嫩，一個值得尊
敬的黎巴嫩。（1990, p.93）

　　最後，在一個極嚴重的社會騷亂與變遷當中，許多規制性的力量會
在此刻崩解，但宗教卻是一股穩定的力量。例如持續的內戰使黎巴嫩無法
施行法令來保護環境，漁人使用炸魚或毒魚這類非法手段在地中海捕撈大
量漁獲，工廠將固態廢棄物和化學廢料傾倒海中，黎巴嫩人為獲得柴薪而
大量砍伐杉木林，致使表土遭到侵蝕，間接減少新鮮水源的供應（因為沒
有森林的話，雨水和表土就容易流到海裡）。鳥類族群也因為成為大多數
人的練習標靶而數量驟減，這種殺戮也影響到森林，因為蛀蟲在沒有鳥類
吃食的情況下數目激增（Boling 1985）。

　　當規制性的力量消失時，人們經常較容易轉向宗教尋求一股力量，
將他們和團體連結在一起，這種連結幫助人們較少思索自身的問題，多想
想某個共同的目標（Durkheim 1951），不論該目標為的是和平，還是使
武裝衝突更加熾熱。宗教能滿足個人和社會的需求，加上人們會創造神聖
事物和儀式，這兩項事實讓涂爾幹作成一個具有爭議卻又發人深省的結
論：人們崇拜的這個「不存在之物」事實上就是社會。

社會作為崇拜的對象　「所有宗教就其自身形式而言都是真實
的」，而宗教反應的多樣性實際上是無窮的，假如我們在這兩項預設下思
考，所得發現將支持涂爾幹的結論：宗教包含的一切都是人們創造出來的，
包括上帝、典禮和儀式，意即，決定神聖事物是什麼，以及在神聖事物出
現時人們應如何行事，這些基本上都是人們自己決定的，所以在某個層次
來說，人們崇拜他們（之前）創造出來的東西。這個論點讓涂爾幹得出這
個結論：崇拜的真實客體就是社會自身。不過許多批評者無法接受這項結

論（Nottingham 1971）。

　　然而，讓我們暫且對涂爾幹的懷疑作善意的解釋，我們還是不禁想問，真的有那麼值得令人崇拜的社會本質嗎？涂爾幹答覆該問題的方式，被社會學家 W.S.F. Pickering 稱爲像一首「對社會的實質讚美詩，一首在傳道書當中的社會榮耀頌」（Pickering 1984, p.252）。涂爾幹主張，因爲社會使我們免於自然的束縛，所以社會是超越個人的。但這如何完成？第五章將有例子顯示極端隔離、忽視、與限制社會接觸的結果，這些例子能清楚地說明「一個人想要在沒有社會互動的情況下發展是不可能的」（Mead 1940, p.135）。此外，對成熟的研究，以及研究心理性和社會性均健全的個體在經歷極端隔離時——比如獨自待在太空船上的太空人、志願在隔離室參與科學實驗者，結果顯示：當人們在沒有和其他人接觸的狀況下，他們會喪失真實感和個人認同感（Zangwill 1987）。我們強烈地依賴社會的這個事實支持涂爾幹的觀點：對個體而言，「社會即實在，其間對我們重要的每一件事情川流不息」（Durkheim 1984, p.252）。

　　然而，涂爾幹並未宣稱社會提供我們全然的社會經驗：「社會有其微小之處，但也有偉大的地方。只要我們敬愛其理想上的完美形式，社會並無需表現其他的樣子讓我們敬愛它，……上帝自己不可能是這種情感的對象，因爲世界源自於上帝，且世界是充滿缺陷與醜陋的」（p.253）。涂爾幹觀察到，一個團體不論是否具有強烈信念（不管這是什麼類型的團體），這個信念總具有宗教性格。宗教聚會成爲確認與維護這些信念的方式，尤其當這些信念遭受威脅時更是如此。在此意義上，宗教具有許多目的，比如回教一直被用來：

　　　　合法化君主政體（如沙烏地阿拉伯和摩洛哥）、軍事政權（如巴
　　基斯坦、利比亞和蘇丹）以及神權政體（如伊朗）。從利比亞的激進
　　社會主義路線，到沙烏地阿拉伯的保守君主政體，這些自封的回教政
　　權分散在意識型態的光譜上，而回教徒也展現類似的多樣性：牧師與
　　凡人、傳統主義與現代主義、高等教育與文盲、溫和派和激進派等等。

（ESPOSITO 1986, p.57）

對功能論宗教觀的批評　若宣稱宗教的功能是全然的整合性力量，這會輕忽不同宗教團體之間，以及同一宗教團體內各派系之間的長期戰爭歷史，因此，在提及宗教的整合性力量的同時，也得詳述此一概念所將應用到的社會部分。

社會學家墨頓（1957）主張，假如宗教就其字義來說真具有整合性，那同一社會裡的不同宗教團體之間將不會出現衝突和緊張，就此推論，黎巴嫩的各敘利亞教派對黎巴嫩的前途會有共同的願景，但事實並非如此。敘利亞教派至少分裂成三個陣營：（1）訴求黎巴嫩獨立，並公平分享權力的黎巴嫩抗暴團體；（2）回教黎巴嫩抗暴團體，這是從黎巴嫩抗暴團體分離出來並與伊朗結盟的支派；以及（3）仿效伊朗建立伊斯蘭共和國的 Hezbollah（上帝之黨，意謂「回教聖戰」）（Doerner 1985）。再者，支持巴勒斯坦與否，也造成敘利亞教派的分裂，有些支持巴勒斯坦運動，但其他教派，尤其是那些因戰事而被趕離黎巴嫩南部的教徒則憎恨巴勒斯坦的出現。敘利亞教派並不單單只是內在派系的聯合體，名義上它至少包括 13 個不同的武裝團體，其他像基督教的武裝團體，以及各個桑尼教派與德魯茲教派組織也都存在。

此外，假如宗教是種全然性的整合力量，那宗教信仰和神聖符號對團體內外的分別來說將不再重要，意即，將信眾統合在一起的宗教符號將無法促使信徒摧毀那些非屬本教的信念，譬如在 1975-1992 年間，數以千計的黎巴嫩基督徒和回教徒被綁架，其中有 14,000 位消失，現在被認定為死亡，許多人因信仰團體不同而遭綁架，大多數的綁架目的是報復，也就是說，基督教武裝團體若綁架 10 名回教徒，那回教武裝團體也會綁架 10 名基督徒當人質以為回報（Murphy 1993a）。下列這兩個段落顯示宗教的破壞傾向：

一名黎巴嫩的基督徒意謂的不只是選擇上那間教堂而已。我住在位居基督教區中心的東貝魯特，我們這一邊住的全是基督徒，另一邊住的是巴勒斯坦人、敘利亞人和回教徒。為了讓黎巴嫩免遭巴勒斯坦和敘利亞的毒手，我們得奮起抗戰。（HAMES 1980, p.6）

　　一條聲名狼藉的「綠線」劃過這座城市，區隔東半部（基督教）與西半部（回教）。在這兩個區域中，敵對武裝團體控制多數近郊，界線總在每回交戰後有所迻動。想像你從明尼阿波利斯南部旅遊到北部郊區，每到一個郊區邊界，就得掏出護照接受檢查，而在某些邊界的交叉處，等待你的是警告標語、機槍碉堡以及數百呎的「無人之境」，到這些地區旅遊無異是提供邊境士兵打靶的機會，這就說明了為何黎巴嫩會建造較長、較迂迴的山路。（CRYDERMAN 1990, p.44）

　　功能論觀點傾向過度強調宗教的統合、連結與安慰等功能所帶來的建設性結果，但是只側重此一帶來秩序和穩定結果的功能論者卻忽略這項事實：宗教提供的統合、連結和安慰也能支持信仰者發動戰爭，或者造成其他出現在內團體、外團體之間的衝突形式。另一方面，衝突論的觀點雖承認宗教具有統合、撫慰等功能，但卻認為這些功能是相當有問題的。

衝突論觀點

　　以衝突觀點看待宗教的學者關注宗教如何轉移人們對社會、經濟不平等的注意力。這個觀點源自於馬克思，他相信宗教是不人道的世界當中最合乎人道的特質，起源於人類經驗中的悲劇和不公平。他描述宗教是「被壓迫者的嘆息，是冷酷世界的情操，是無情境遇的靈魂，它是人群的鴉片」（The World Treasury of Modern Religious Thought 1990, p.80）。人們需要宗教的撫慰，以便使其更能忍受這個世界，並將其生存正當化。在這個意義下，馬克思說，宗教類似於鎮定劑。

　　即使當馬克思承認宗教的撫慰角色，但他側重的仍是宗教具有的壓抑、限制與剝削的特質，他尤其將宗教概念化為一種正當化現狀的意識型態，將既存的不平等予以合理化，並降低其重要性。在這個面向上，宗教與政治上和經濟上的不利處境尤其相關。馬克思說，宗教是「虛假意識」的來源，意即，宗教的規訓鼓勵受壓迫者接受政治、經濟與社會的諸多安排，縱使這些層面均對其生活機會產生限制，但他們相信自己承受的苦痛會在下輩子獲得補償。

就以基督教團體相信天堂的存在為例，由 Watchtower Bible and Tract Society 以 62 種語言出版的文章流傳全球，描敘神國中的生活：

> 伴隨上帝原初預給其子民享受的所有美好事物，神國將帶來無比的現世利益，一切的憎惡和偏見都會消失⋯⋯整個塵世終將被帶往天堂⋯⋯人們無需再被塞入龐大的建築物或荒廢的貧民窟內⋯⋯人們將擁有豐富而滿意的工作，生活將不再枯燥。（WATCHTOWER BIBLE AND TRACT SOCIETY 1987, pp.3-4）

馬克思據此類意識型態推斷出：宗教將社會與經濟的不平等加以正當化，而宗教規訓也禁止對此發出抗議和革命性的改變。他聲稱，在一個**無階級的社會**（classless society）———一個能同等獲取生產工具的無產社會——當中，人們將不再需要宗教，在沒有物質不平等的社會裡，剝削和不公平（這種經驗是人們依重宗教的原因）將不復存在。

總之，馬克思相信宗教教義轉移人們對不公平的政治與經濟情勢的注意力，將支配社會階級的政經利益予以合理化並加以維護。對某些當代學者來說，這種合法化的功能反映在這項事實上——大多數宗教允許某特定類別的成員（男性）成為領袖，並掌控神聖事物。一封寫給今日基督教編輯的信函，回應「神學院中的女性：究竟為何準備？」一文，顯現聖經的「事實」如何用來解釋和正當化這種不平等：

> 倘使上帝想讓女性擔任宣教者、牧師、先知等角色來領導教會，
> 為什麼在聖經原型當中沒有提及？在聖經中那裡找得到女性牧師？那

裡找得到女性先知？這會不會是上帝無意讓女性擔任這些職務？我猜想。（CHRISTI-ANITY TODAY 1986, p.6）

有時候宗教也會被扭曲，用來效勞支配團體的利益。譬如在奴隸制時代，某些基督教會準備特別的教義給奴隸閱讀，下列問答就包括這樣的教義：

問：上帝為你創造什麼？
答：創造農作物。
問：「汝不可偷竊（Thou shalt）、不可通姦」究竟是什麼意思？
答：意思是侍奉天父以及我們現世的主耶穌，我們得遵守祂們，
不能偷任何東西。（WILMORE 1972, p.34）

有時候政治家為了發動戰爭，會以宗教之名藉以整合國家。譬如 1991 年的波斯灣戰爭，伊拉克總海珊和美國總統布希都以上帝之名出兵：

以上帝之名，我們的軍隊堅拒臣服於邪惡、欺詐與侵略的力量，
我們有職責執行這場聖戰，這場驍勇的戰役將會記載於歷史當中。
（SPOKESMAN FOR THE IRAQI GOVERNMENT 1991, p.Y1）
我們深切知道：我們是正義的，我們是道德的，我們是正確的。
天佑美國。（BUSH 1991, p.48）

對衝突論宗教觀的批評　對馬克思及衝突論宗教觀的主要批評是：宗教並不總是「被壓迫者的嘆息。」相反地，被壓迫者經常把宗教當成抗議和改變社經不平等的工具，**解放神學**（liberation theology）就代表此一取向。解釋神學家主張，他們有責任為社會邊緣人要求社會正義，尤其是那些無地產的農民和都市窮人。另外，為了獲致政治與經濟上的正義，也需要一般民眾採取主動角色。諷刺的是，正是在馬克思思想的指引下，

解放神學支持提升窮人的意識，並教導他們更加努力以便獲得土地、工作，以及保留其文化認同。

社會學家殷格（J. Milton Yinger 1971）認為至少在兩種情況下，宗教才會變成抗議和變遷的工具。第一種情況是，政府或其他組織未能達成明確的理想（像是機會均等、全民正義、或者免於遭受威脅的權利），在這種情況中，處於不利的團體可能形成教派或門派，且可能以看似新宗教才有的古怪特徵象徵化「他們的分離感」（p.111），也會集合其信徒反抗既有的建制。譬如美國就未達成「不論各個種族、性別、宗教或民族團體都有相同的機會，」於是便出現伊斯蘭族或黑人穆斯林（Black Muslims）這類宗教組織。

有法拉‧穆罕默德（Farad Mahammad）之稱的黑人民族主義者法拉（W. D. Fard），於 1930 年代創立伊斯蘭族（Nation of Islam），並在底特律的回教寺廟中傳教（當法拉於 1934 年過逝後，由他選定的繼承人伊利亞‧穆罕默德續任）。法拉教導人們，白人是邪惡的化身，而黑人都是回教徒，但屬於黑人的宗教卻已在被迫為奴時被剝奪。法拉也教導，這些人的出路不在於是否經由「惡魔的」（白人的）同意，而得藉自助、戒律和教育來達成。而其成員都得以X代號來取代原有的「奴隸之名」。在 1930 年代的社會脈絡中，這種訊息非常具有吸引力：

> 你們談論的這些黑人經常出沒於某些下流且骯髒的啤酒館樓上，或其他不起眼的場合，這是一羣被拒絕、被輕蔑的人……在 1930 年代，當你走在街上與黑人交錯而過時，假使他們不讓道，你可以恣意逮捕他們，這就是當時的水平。（NATIONAL PUBLIC RADIO 1984A）

伊斯蘭族只是嘗試改善美國黑人生活的宗教組織之一。在歷史上，在主流體系之外的美國黑人教堂數高達上百萬間（Lincoln and Mamiya 1990），「它們業已展現其應有的權限，將黑人從淪為奴隸的傷痛中解放出來，並教導他們恢復認同意識，鍛造共同的忠誠連帶，以協助自己和他人創造出統合希望與宏願的文化表現」（Forbes 1990, p.2）。譬如，美國的黑人教堂在平等權運動中獲得無比的成功，事實上，有些觀察家主張，這種運動若無黑人教堂的支持是不可能獲得成功的（Lincoln and Mamiya 1990）。

在兩極化社會當中的宗教 當一個社會以階級、族群或宗別界線而分裂為二，這是宗教可以變成抗議或變遷的機制的第二種情況。在 1975 年黎巴嫩內戰時，富有的教派（主要是基督教 Maronites 派）和貧窮的教派（主要是桑尼和德魯茲教派，特別是敘利亞教派和失去產業的巴勒斯坦人）之間就有極大的差距。雖然這種差距總是普存於黎巴嫩境內，但是當一大群窮人住在貝魯特城外的貧民區裡，這種差距看來格外顯眼。

窮人基於兩個原因而來到貝魯特。有些團體（主要是敘利亞教派）因為巴解和以色列在黎南發動戰爭而被迫遷移至此，其他團體則是來自於北部阿卡爾地區和東部卡山谷的移民，這些區域長期一直為 Maronite 教派支持的政府所盤據：道路、學校與醫療設備均嚴重告缺，既沒有工商業存在，也沒有農業資金流入。理論上，黎巴嫩應當是相當繁榮的：「黎巴嫩是通往中東的門戶，可作為開採中東原油設立的商業、金融和管理活動的總部」（Barakat 1979, p.2）。然而，這些活動生產的財富卻集中於少數人手中（佔總量的 18%，主要握於基督徒之手）。基督教的橫富與回教的赤貧形成鮮明的對照，再加上基督教徒領導的政府並無意改善這些不平等，故造成弱勢者開始相信他們已與體系沒有利害關係，一旦這個體系崩解，他們也沒什麼可損失的，任何改善生活的行為都被視同為瓦解基督徒領導的政治結構。

這些情勢顯示，較大的社會、經濟與政治的脈絡必須考量宗教在形塑人類事務時所扮演的角色，特別重要的是得檢視宗教在特定脈絡下對人類行為產生的影響，以及宗教如何給予人們行動的正當性。這條研究基線對韋伯來說特別有趣，他檢視宗教信仰如何指導並正當化經濟活動。

韋伯：經濟與宗教間的相互作用

　　韋伯關注宗教信仰在**現代資本主義**（modern capitalism）的起源與發展中扮演的角色。現代資本主義指的是「一種經濟生活的形式，包括對損益的仔細評估，貨幣的借貸，以貨幣、資產、投資、私人財產等形式進行的資本累積，以及在一個沒有限定的勞力市場中雇用勞動力」（Robertson 1987, p.6）

　　在《基督新教倫理與資本主義精神》（1958）一書中，韋伯問道：為什麼現代資本主義會在歐洲出現並繁盛，而不是在中國或印度（此為 16 世紀末世界兩大主要文明），他也問及為何歐洲和美國的商業領袖與資本家一面倒的都是新教徒。為回答這些問題，韋伯研究世界各主要的宗教及其在社會中如何實施，他側重於理解不同的宗教傳統產生的規範如何影響信徒的經濟動機和傾向。

　　在韋伯的比較基礎上，他認為喀爾文教派（新教傳統的一支）提供支持動機和傾向的「精神」與倫理，而這正是資本主義需要的。韋伯的研究指出，喀爾文教派不同於其他宗教，強調**現世禁慾主義**（this-worldly asceticism），這是一種信念，認為人們是神聖意志的工具，而其活動則為上帝所決定與指引。結果，藉由接收上帝指派的工作，以自制的方式加以實踐，且不耽溺於努力後獲得的成果（意即不花費在吃喝或其他的休閒活動），藉此來榮耀上帝。相反地，就佛教這個韋伯所認定的東方喀爾文教來說，卻「強調現世生活的特質基本上是虛幻的，把與日常生活有關的事物分離視為最高的宗教情操」（Roberstson 1987, p.7）。

　　喀爾文教徒將上帝概念化為全能和全知者，他們也強調**預選說**（predestination），這個信念認為，上帝早已注定個人的靈魂是該下地獄或被拯救，據此教義，人們無法改變自己的命運，只有極少數人能獲得救贖。

　　韋伯主張，當信徒面對已被預定的命運，在嘗試決定該如何處理時，這種信念會在信徒之間創造出意義危機，在這種壓力之下，他們會尋求具體事證以證明自己為上帝揀選之人，結果，財富累積成為一項重要指標，同時，現世禁慾主義「強烈反對將財產拿來享樂；它限制消費，尤其是奢侈品」（Weber 1958, p.171），此等節儉行為鼓勵人們累積財富並從事投資，而這正是資本主義成功的重要行動。

這種計算性格並不是喀爾文教義的一部分，而是產生自現世禁慾主義與預選說。就此區別而言，對於新教倫理在促進資本主義經濟興起時扮演的角色，我們不可誤解韋伯的說法。韋伯認為，倫理是一種重要的意識型態力量，但它不是資本主義的唯一導因，而是「資本主義某特定面向的原因之一」（Aron 1969, p.204）。不幸的，很多人過度強調韋伯賦予新教倫理在達成經濟成就上的重要性，這些人也作出一個韋伯自己從未提及的結論：某些團體和社會之所以處於劣勢，僅因他們缺乏這種倫理。

最後，我們得牢記韋伯撰寫的是工業資本主義的起源，而非現代強調消費與放任的資本主義形式。韋伯主張，一旦資本主義建立之後，它可能產生其自身的規範，且可能獲得一種自主的力量。事實上，韋伯認為「資本主義創造的社會沿著沒有內在意義或價值的機械式的、理性的程序在行進，這種社會當中的成員儼若無心智的小齒輪」（B. Turner 1974, p.155）。在這樣的環境中，宗教對於維持資本主義體系來說變得愈來愈不重要。一些社會學家相信，工業化和科學的進步將導致社會經歷世俗化，在這種過程中，宗教的影響力會愈來愈無關乎經濟生活和大多數的社會生活；不過另有學者主張，在此同時會有一群人變成基本教義派，意即，他們尋求重新檢視其宗教原理，努力確認並重返最基本的原理，並將這些原理當成生活中重要的指引藍圖。

❧ 兩股對立的趨勢：世俗化與基本教義

在過去幾年內，世俗化和基本教義主義愈來愈流行，儘管兩者可能彼此敵對，但卻都呈現成長之勢。下列段落將檢視這兩股趨勢。

世俗化

　　就最普遍的意義來說，**世俗化**（secularization）是宗教對思想和行為的影響力與日俱減的過程。我們很難概括世俗化的起因和結果，因為這些起因和結果會隨著不同的脈絡而相異。對美國人和歐洲人來說，他們把世俗化與處理日常生活問題的科學知識與技術的增長聯想在一起，實際上，人們認為科學和技術取代宗教信仰和實踐原先所扮演的角色，但回教並未把世俗化歸因於科學或現代化，有些虔誠的回教徒還是自然科學家。一位回教地質學家在接受國家公共廣播電台的訪問時，解釋何以回教能與科學相容：

> 我知道在地質學、化學領域的生活當中，所有那些不可思議的事情背後，都存在一個東西——就是造物主。我想了又想自己的生活態度，認為應該有位造物主的存在，這位非常睿智的造物主已將律法給予所有人，並創造生活的所有向度。（NATIONAL PUBLIC RADIO 1984C）

　　從回教徒的觀點看來，世俗化是一種西式的現象，而在許多中東人看來，這種西式現象是最負面的西方價值。一位上英國大學的回教徒與一位回教藝術家的觀察說明這個論點：

> 唸大學的我倘使稍不留神，我就會被當地的文化沖走。當然，在這種特殊的社會裡，自由的性關係相當盛行，在這裡你根本沒有束縛，這是一項非常嚴重的挑戰，而你必須靠自身的精神力量來穩定自己的性情，並忠實於自己的信仰。（NATIONAL PUBLIC RADIO 1984B）
>
> 由於藝術、文化和科學都得經由學習和交流得來，所以你不能抗

拒外國影響力的進入，而這就取決於是哪一類的外國影響力。例如，假使我們提及擁有科學、藝術和文化傳統的美國⋯⋯與之交流的話可能非常有用，定能豐富我們自己的文化，但是，我們從美國獲得的文化類型卻是「達拉斯」系列、牛仔系列、犯罪、商品價值、大車、奢侈品這類東西，這種文化型態著實無益於我們。（NATIONAL PUBLIC RADIO 1984B）

世俗化有兩種：主觀和客觀（Berger 1967）。**主觀的世俗化**（subjective secularization）係指以宗教觀點看待世界及其所處位置的那些人人數的減少，他們理解世界的基礎是由原先的宗教信仰，轉變成可觀察證據和科學方法（見第三章）。人們在面對不確定性時，他們經常會背離宗教，會認知到超自然是一種遙遠的、非人的、甚至是怠墮的現象，結果，他們開始不相信超自然（這是一種可以抗衡自然法則以及影響事件結果的力量）的介入，而較依賴人類的力量與科學的解釋：

> 以避雷針為例。數世紀以來，基督教教堂將打雷視為上帝暴怒的徵兆，只有順從上帝意志方可免除雷擊。由於鐘塔建築比一般建築來得高，故常成為雷擊的對象。通常在雷擊遭致鐘塔損壞之後，教堂就會發起一些平鎮地方惡靈的活動，並募集資金修復燈塔。
>
> 但佛蘭克林（Ben Franklin）發明避雷針裝置卻為教堂帶來危機，因為避雷針確實有效，於是信徒開始要求教堂在鐘塔頂端裝置避雷針，但對教堂來說，順應信徒的要求便威脅到雷擊修復資金的募集，而教堂最後也得承認佛蘭克林擁有阻撓天譴的力量，以及承認打雷僅是一種自然現象而已。（STARK AND BAINBRIDGE 1985, pp.432-33）

至於主觀世俗化的程度仍有許多辯論。由蓋洛普機構在過去 20 年來蒐集的資料顯示，對美國人來說，宗教的重要性程度鮮有改變，超過九成的受訪者有宗教偏好，近七成的人上教堂、清真寺、寺廟、猶太教會，有四成的人會每週上教堂，另有近六成的受訪者答稱宗教在生活當中非常重要（Gallup and Castelli 1989）。最近的民調也顯示，將近八成的美國人「有時候會意識到上帝的存在」，逾八成受訪者同意「即便在今日，上帝的力量仍展現著奇蹟」（p.58）。

　　然而，這些發現並不必然證實當今宗教對行為和思想的影響仍和過去一樣強烈，在做成這般結論之前，我們得確定人們現在是否和過去同樣有意願將自己交付在上帝手中。譬如我們可能推測，在過去久缺複雜醫療技術的年代，上帝是人們唯一願意信任的對象，但今日，再採取相同立場的人可能會被視為無知、固執。比方有些父母相信身體疾病可藉由精神方式加以治癒，結果造成小孩死於糖尿病、腦膜炎和腫瘤，類似事件引發大眾的注意和盛怒，這表示絕大多數美國人雖然相信奇蹟，但他們的信仰並不會強烈到要把醫療事務交到超自然力量手中。

　　客觀的世俗化（objective secularization）係指宗教對教育、醫療、法律和政治的控制程度日趨下降，且人們可以在自由的環境下選擇自己所欲歸屬的宗教。我們很難概括世俗化的類型及其在社會中存在的程度，理由如下：第一，客觀世俗化的過程最終並不必然導致科學與理性的全然支配，以及宗教的終結，不論科學如何強烈地支配人類的生活，它終究無法為生存問題提供慰藉——生、老、病、死、不公正、悲劇與苦難，也無法「為生活整理出一套有條理的計畫」（Stark and Bainbridge 1985, p.431）。

　　難以概括客觀世俗化的另一原因是，沒有一個政治生活面向看似是完全世俗化的。例如，美國貨幣上有這個口號「我們相信上帝」，但它並不是說「我們信任聯邦儲備局」（Haddad 1991）。事實上，儘管大多數美國人認為教會與國家之間存在著區別，但宗教經常是美國政治的中心。以 1988 年總統選戰為例，「候選人包括兩位部長〔Pat Robertson 和 Jesse Jackson〕與一位官司纏身的參議員〔Gary Hart〕，他們在宣誓時說的『上帝之下的國家』成為主要的選戰議題（對杜凱吉斯和布希來說），而副總統候選人的太太〔Marilyn Quayle〕也聲稱她相信諾亞方舟的文意真實性」（Wills 1990, jacket cover）。

最後，由於宗教與社會事物關聯漸少，這是難以概括客觀世俗化的另一原因，而社會中便會有一群人可能變成基本教義派。世俗化過程實際上提供了一個環境，支持基本教義的興起，換句話說，信仰者會對宗教影響力勢微作出反應，並尋求某些方法來恢復原有的影響力，使之成為人類事務的中心。

基本教義派

人類學家 Lionel Caplan 在〈對基本教義的一般認知〉一文中，提供讀者對**基本教義派**（fundamentalism）此一複雜宗教現象一個清楚的檢視，基本教義派信仰神聖作品的永恒本質，並相信聖典能應用到所有的環境當中。世界各國的許多宗教都普遍應用這個字彙，包括美國的 Moral Majority、以色列的正統猶太人、以及中東的各阿拉伯團體。

被標籤為基本教義派的宗教團體經常被描繪成「落伍的遺跡……活在一個永恒的過往年代」（Caplan 1987, p.5）。美國人經常使用這種簡單的分析來解釋中東事件，特別是威脅美國利益（包括其石油的需求）的相關政治動盪之起因。不過，這種對基本教義派的詮釋過度簡化，也無法解釋數個世界主要宗教當代的基本教義運動所具有的廣泛魅力。

基本教義派的複雜性　基本教義遠比我們想像到的一般概念來得複雜。首先，由於基本教義吸引廣大人民，所以我們不可能使用年歲、種族、社會階級、或者政治意識型態來定義基本教義。此外，基本教義團體並不總是處於反對當權者的立場，他們也可能保持中立，抑或熱烈支持既有政權。也許基本教義派的最重要特徵是信仰與神明（包括上帝、阿拉、或其他提供個人與社會問題解答的超自然力量）之間的關係。除此之外，基本教義經常希望「將較大的文化帶進宗教的根源之中」（Lechner 1989, p.51）。

Caplan 指出基本教義派的另一些特徵。第一，基本教義強調聖典的權威、絕對與永恒的真理是生活的「決定性藍圖」（Caplan 1987, p.19）。

這種特徵並不意謂聖典存在著最終詮釋，每個團體對神聖文本的詮釋各自不同，譬如回教和基督教內的基本教義派就不同意現存既有的文本意義。

第二，基本教義份子經常將歷史視爲一個「從原初理想狀態逐漸衰落的歷程，只不過是個出賣基本原則的目錄而已」（p.18）。他們將人類歷史概念化爲「善惡之間的和諧鬥爭」：善是致力於聖典中列陳原則的結果，而惡則是來衍生自聖典原則的無止盡枝節的結果。對基本教義者來說，真理不是一個相對的現象，它並不隨時空的改變而有所更迭。真理是不變的，可藉由聖典而清楚了解。

第三，基本教義並未區分日常生活中的神聖與世俗。在所有生活領域當中，包括家庭、商業與休閒等等，都是宗教原則管轄的範圍。他們認爲宗教行爲並不只發生在教堂、清真寺或寺廟當中。

第四，基本教義宗教團體的產生經常是爲了回應威脅或危機（不論是真實或幻想的），所以在討論特定基本教義團體時，必須一併考量其敵對團體。

第五，基本教義份子相當關懷翻轉性別不平等的潮流，他們相信這是道德秩序式微的徵候。在基本教義宗教裡，相較於將團體認爲對社會福祉來說更爲重要的想法（比如傳統家族、生存權等等），女人的權利經常是次要的。這種宗教理念的優先性，被視爲是改正事務秩序的力量。

回教基本教義　宗教研究專家 John L. Esposito 在〈回教的威脅：迷思抑或真實？〉一文中主張，大多數美國人所了解的基本教義並無法非常適當地應用到當代的回教。基本教義一詞已根植於強調少對聖經作詮釋的美國新教教義和 20 世紀運動之中，基本教義份子被描述成靜態的、直譯主義者、墮落的、以及極端份子。正因爲我們不能將基本教義派一詞應用到美國所有的新教，也不能將之應用到整個回教世界，畢竟全球有 45 個以上的國家內回教徒佔多數人口。Esposito 相信，回教復興主義或回教行動主義是更合適的詞彙。回教復興主義的形式各國有所不同，但看似有下列特徵：

既存的政治、經濟與社會體系統均告失敗；對西方感到幻滅並偶爾加以抗拒；追求認同和較大的可靠性；以及堅信回教能為社會和國家提供充分的意識型態，是一個可替代世俗化的國家主義、社會主義與資本主義的明確方案。（ESPOSITO 1992, p.14）

　　在〈中東政局裡的回教〉一文中，Esposito 問道：「為什麼宗教〔尤其是回教〕會變成中東政局裡一股明顯的勢力？」他相信，「權威與合法性的失敗和危機困擾著大多數現代回教國家」，故回教復興主義是「對此情況作出反應」（1986, p.53）。回想在第一次世界大戰後，法國和英國將中東切割成幾個民族國家，以滿足西方勢力的政、經需求。比如黎巴嫩的創建是為了連結西方的基督教；以色列則是沒有國家願意接受的猶太人的避難所；庫德族至今仍未成立國家；伊拉克成為一個沒有臨海的國家；而資源豐盛的地域則併入那些人口稀少的國家（如科威特、沙烏地阿拉伯、酋長國），許多掌控這些地區的領袖被視為「西方政府和多國公司支持的腐敗、獨裁的首腦和權威政權」（p.54）。

　　當以色列在 1967 年「快速、完全與公開地」打敗阿拉伯六國聯軍（見第五章）之後，這些阿拉伯國家便被迫質疑自身社會的政治與道德的結構（Hourani 1991, p.442），難道領袖和人民都已放棄回教教義，或者已漸行漸遠？能否回到回教的生活方式，重燃中東的信心，並認同自己不同於西方？社會正義的問題也在此被提出。石油財富與現代化政策已導致人口的快速增長與都市化，而國內與國際之間「貧富差距日形擴大」（Esposito 1992, p.15），富者如石油盛產地科威特與沙烏地阿拉伯，貧者如人口密集的埃及、巴基斯坦與孟加拉。西方資本主義據信是這些趨勢背後的主力，它未能覺察到社會正義，並促成放縱的消費與造就廣大的貧窮，而馬克思社會主義（無神論者）同樣地也未能造就社會正義。在 1975 年的內戰前夕，黎巴嫩的回教徒問的仍然是這類問題。

　　回教為許多人提供一個不同的社會觀。根據 Esposito（1986）的說法，下列五項信念指引著回教行動主義份子（這些人有許多不同的政治信念，從保守份子到好戰份子都有）：

1. 回教是關聯於政治、國家、法律與社會的全面生活方式。
2. 當回教社會脫離回教的傳統方式，追隨西方世俗化與物質化的方式時，回教社會終將失敗。
3. 為了復興回教，對社會與政治進行改革是必要的。
4. 回教的法律必須替換掉西式的律法。
5. 科學和技術必須反應出回教的價值，以便抵擋西方價值的滲透。

關於這些信念的施行速度與方式，不同的回教團體有不同的看法。然而大多數回教徒願意在既有的政治環境中努力，他們譴責以暴力造就政治和社會的變遷。

本段表達的訊息指出，宗教與政治、經濟、歷史和其他社會力量之間會產生交互作用，基本教義不能僅被視為單純的語詞，而任何分析都必須考量到較大的脈絡，如此才能讓我們了解：基本教義可能是對許多事件和過程——包括世俗化、外國勢力、權威的失敗或危機、祖國淪陷或者快速變遷等等——作出的反應。

☙ 討論

社會學的宗教觀裨益我們以超然的方式，檢視一個常訴諸情緒來討論的主題，這種取向鼓勵我們不要用預想的主張來研究宗教，譬如許多美國人認為回教婦女穿著質樸是遭遇嚴苛壓迫的明證。雖然中東婦女的權利並不及男性，但美國觀察家也不必這麼快的就以自己的標準套在她們身上。下列這段話是某位回教婦女對美式穿著習慣的看法：

假如西方社會中的婦女誠實地反省一下，便不會再問類似的問題

〔關於為何回教婦女會如此穿著的問題〕。她們是外表的奴隸，是男性沙文主義社會的傀儡。每一本雜誌和新聞媒體（如電視、收音機）在在告訴她們應如何打扮與行為，應該穿著迷人的衣裳，好讓自己的美麗能贏得陌生男士的眼光和凝視。

　　所以問題並不是為何回教婦女會穿著質樸，而是為什麼自以為獲得解放的西方婦女穿著不質樸一些？（MAHJUBAH: THE MAGAZINE FOR MOSLEM WOMEN 1984）

　　在本章中，社會學的概念和觀點幫助我們了解：黎巴嫩內戰不能只化約為非理性宗教信念的狂熱份子展現的行動。宗教是了解內戰的重要因素，但它在說明上的重要性則有賴於：不只是要知道宗教團體，還要知道宗教團體如何在各派系中佔大多數。

　　儘管涂爾幹的宗教觀有些缺陷，但仍能讓我們思考宗教對社會和團體來說所具有的功能，更重要的是，宗教對人類的生存問題提供許多豐富且看似無盡的回應，當人們面臨不確定性，得處理不幸與不公正時，當人們為了成功而投入大量情緒，當人們尋求生死意義的解釋時，宗教總是他們的依靠。

　　此外，宗教還有助於團體的統整與連帶。每當一個團體的成員有強烈的信念時（不論這是哪類的團體或哪樣的信念），這些信念幾乎總是帶有某種宗教性格，宗教聚會成為確認信仰與動員成員堅持信仰的方式，當他們遭受威脅時更是如此。當宗教以這種方式起著作用，便能將一群崇拜者強烈地整合在一起，使其具有摧毀非我族類的意志。不過宗教秉持的信念可能是高尚的，也可能是無道義的。

即使在內戰期間，生活仍得繼續：這幅照片是朋友在殘破的貝魯特旅館中會面。

馬克思關懷宗教具有的壓抑、限制與剝削的性質，他相信宗教是用來移轉人們對不公平政經環境的注意力，以及用來合理化與防衛支配階級的政經利益，例如當權者可能利用宗教來統整某社會以對抗或支配另一社會。但馬克思忽略受壓迫者也有機會利用宗教機制，抗議或改變既有社會與經濟的不平等。

至於韋伯則藉由指陳宗教在現代資本主義起源與發展中所扮演的角色，提醒我們宗教影響經濟生活的其他方式。不過韋伯同時也主張，一旦資本主義建立之後，它便會產生自身價值理性的邏輯，這會讓宗教與經濟活動的關聯漸少（參考第七章對價值理性行動的討論）。事實上，伴隨資本主義而來的科學與技術的進步已讓社會變得更為世俗化，諷刺的是，支持世俗化過程的相同力量同樣也支持基本教義的興起。

對宗教的一連串介紹中可以看出，宗教是多面向與複雜的現象，它無法以單一因素加以討論。為了了解黎巴嫩內戰，我們必須了解社會、經濟與政治的脈絡，有這種資訊在手上，我們才能檢視宗教如何形塑人類行為以及如何正當化其行動。

❧ 焦點：問題再探——宗教是什麼？

在本章當中，我們了解社會學家關注宗教最外顯的特徵，這種取向讓我們得以超然的方式檢視宗教，以避免對不同宗教的本質作出全面性的概括。另一方面，我們也很難認定宗教活動所獨具的外顯特徵，因爲這些特徵都可以在其他聚會當中發現，比如運動比賽、畢業典禮、懇親會、政治結盟等等，因此社會學家很難對作出區分。下列段落是 James F. Hopgood 的敘述，他觀察一群詹姆士・迪恩的影迷在 1993 年青年節群聚於柯羅拉多州丹佛市的情形。

涂爾幹會怎麼説詹姆士・迪恩？

James F. Hopgood

　　1989 年 3 月，我著手一項研究計畫，該計畫頗爲複雜，涉及的面向相當多。整件事是我在參加美國中區人類學學會在聖母瑪利亞市舉辦的年會之後，往辛辛那堤的回程途中發生的。這幾年來我一直閱讀有關一個印地安那小城每年九月發生的「奇事」，每到「紀念館日」時都會有上千人造訪該城及其特殊據點。最近，我聽聞一位紐約人士在此開立美術館，這座美術館離我回程路途僅有一小時車程，所以我決定前往拜訪。不過，我必須承認我對此城並不陌生，早在 1955 年我 12 歲時已聽過 Fairmount 這座城鎮的名字，該城因與已故的男演員詹姆士・迪恩（1931-1955）有關而出名。

　　我拿出標有詹姆士・迪恩紀念館的 Fairmount 地圖，這份地圖標示著各個與迪恩有關的地點：他的叔叔嬸嬸的農場，這是他在母親過世後長大的地方；高中就讀的學校；經常光顧的摩托車店；常上的教堂；墓園；葬禮中的紀念碑；有「詹姆士・迪恩室」的地方歷史紀念館；以及爲他新蓋的紀念館。這些地方儼然就是「迪恩迷」造訪的聖地，不過稍後我才知道在地圖上沒有標明的其他據點。

　　爲了多觀察和訪問，我數次拜訪 Fairmount。下一段摘錄自我的田野日誌，這是在 Fairmount1990 年 9 月 28 日「紀念館日」期間所撰寫的，內容是有關區辨涂爾幹「神聖」與「世俗」之別的問題。

今天早上造訪的第一站是墓園，這裡的人潮絡繹不絕，有些人獨自前來，有些人呼朋引伴，有些則是包車前來，在這裡，沒有年紀大小之分……

我們特別注意車牌，有來自印地安那、佛蒙特、馬里蘭、安大略、伊利諾、密蘇里、肯塔基、俄亥俄和密西根等等。墓園裡的花束署名來自愛荷華、密西根、法國、英國和加拿大，其中也有些未註明出處，只寫著送花者的名字。石桌上擺著一些很平常的東西，像銅板、香煙等等，較不尋常的是一副類似迪恩戴過的太陽眼鏡，另外有些詩句和留言，某花束旁的留言寫著：「最親愛的吉米：你的星芒依舊閃耀，依舊……撫慰我心，愛你的永恒記憶。」有些留言寫得比較多（可能上千字），標題是：「永恒生命的鎖鑰。」場中也陳列一些感謝狀，說明作者已發現上帝和與耶穌，並告訴讀者如何去發現祂……

許多拜訪墓園的朝聖者會用手碰觸石棺，有些人只是輕觸，有些人則是撫棺良久；有些人會緩慢地繞過石棺，在碑前短暫佇立，有些人則在墓園各處停留；有些人從城裡走到這裡，有位男士騎單車過來，一些人對著墓園猛按快門……順帶一提的是，迪恩的新石碑的命運也和過去二、三個一樣，被人敲碎後一小塊一小塊的帶走。

我注意到兩位女孩停留很長的時間，她們總是或坐或站的停留在墓園各處，在每個定點停留五分多鐘，沒有彼此交談，也沒有跟任何人談話，只是靜靜地感受著某種很重要的力量。

另外，在迪恩的石棺旁，有兩位分別來自紐約和康乃狄格的年輕男子請我幫「他們三個」拍照，然後我看見他們走出去，到溫斯洛農場前相互拍照。

有輛黑色轎車駛入墓園，後座男士降下車窗約三英吋，眼神平視墓園數秒後，便將車窗升起，人並沒有下車，車子便駛離現場。我沒瞧見司機的模樣，也沒來得及為此場景拍照，真是糟糕。

拜訪迪恩的墓地只是「紀念館日」期間慶祝的活動之一，事實上，許多影迷寧可趁安靜的時候前來，不會在人聲鼎沸時湊熱鬧，以便能有更多時間可以停留，回應他們對「吉米」的愛與奉獻，這對他們來說意義重大。另外有件更嚴肅的活動是每年 9 月 30 日舉行的紀念服務，這是在一個小小的 Back Creek Friends 教會為他舉辦的逝世紀念，該座教堂位於農場和墓園之間，正因它與迪恩有關，所以更添幾許神聖性。

「朝聖者」將許多紀念品放置於詹姆士迪恩墓前，這說明了欲嚴格區別神聖與世俗之別是困難的。

　　當我探索得更深入，就會發現現世與世俗一詞逐漸不適合套用於「迪恩迷」身上，難道是意謂這是種「宗教」事件嗎？若否，那又是什麼東西造就這些「迪恩迷」？就整體來說，有關迪恩的現象看似處於宗教與現世之間，以及神聖與世俗之間。

　　雖然涂爾幹的二分法不適用於這種現象，但我的立場傾向於認為這些「迪恩迷」所作的奉獻確實就是一種宗教行為。當然，這種運動並沒有一般人們接受、認識到的神性，或和上帝、耶和華有特別關係，事實上，迪恩生前就不是一位宗教人物。我嘗試主張迪恩本身就是神，根據我的觀察，我必須說，許多迪恩迷的行為就好像拜神似的，當然，其他影迷不是如此。同樣的，他們究竟將迪恩當成怎樣的不朽名人，這點我也不甚清楚。

^{1} Maronite 宗教自西元 7 世紀以來已是一基督團體，在這段時期中，它因為主張一神教教義而脫離自羅馬教廷。Maronite 信徒在 19 世紀重建與教宗的交通，Maronite 牧師獲准結婚，而在教宗之下的 Maronite 教派領袖是 Antioch 主教長，Antioch 地近地中海，是早期基督教的中心，也是耶穌門徒彼德和保羅傳教之地，因此而成為宗教史上的重要城市。這個地方也是 Antioch 聖杯的考古據點，一般相信這是最後晚餐中的聖杯（The New Columbia Encyclopedia 1975）。

^{2} 1970 年代末期以來發生的許多事件，反映出中東各團體與國家之間的複雜關係：巴解組織對以色列人發動武裝襲擊……以色列軍隊攻打巴解游擊隊陣地和村莊……以色列派軍進駐黎巴嫩南部……內戰爆發（巴解和左派回教民兵同 Maronite 與其他基督教民兵交戰）……這場戰役造成 60,000 人死亡，數十億的損失……敘利亞軍隊介入巴勒斯坦團體的交戰……停火協議達成……敘利亞和基督教民兵再度開火……其他團體加入交戰行列……以色列軍隊攻擊位在泰爾、涂林和貝魯特的巴勒斯坦人……以色列入侵黎巴嫩控制的領土和領空，並空襲巴解陣地……以色列和敘利亞在貝卡山谷交戰……以色列轟炸貝魯特……巴解在聯合國軍隊的監督下撤出黎巴嫩……以色列軍隊撤出，旋及在基督教首相被暗殺之後再度進駐……在以色列的默許之下，黎巴嫩基督教部隊開入兩座難民營，並屠殺數百名巴勒斯坦難民……恐怖爆炸案和綁架事件接連發生……美國和平部隊抵達……美國大使館爆炸案造成 50 人死亡，數月之後的回教徒自殺攻擊導致 241 名美軍和 58 名法軍犧牲……

在基督教勢力和德魯茲、敘利亞回教教派之間爆發內戰……敘利亞教派和巴解、以及基督教、德魯茲、桑尼和敘利亞等各回教教派之間全面開戰⋯⋯以色列撤離武力，但仍持續在黎南保持防衛策略。（摘錄自 THE WORLD ALMANAC AND BOOK OF FACTS 1991, 1990, p.727）

[3] 美國人對波斯灣戰爭的支持程度令人驚訝（據估計有 90%美國人支持），而這促使某些媒體評論家預測：未來有關戰爭的報導將會仿效這次的波灣戰爭報導，也就是對維護愛國心的關懷會多過事件的說明（Leo 1991）。事實上，沙漠風暴行動的成功產生的愛國熱情，壓制了那些反戰的力量，也許樓卡爾（Marco Lokar）的經歷最能夠說明這種情況。樓卡爾是來自義大利的運動員，他申請到四年的籃球獎學金到席頓大學就讀。每當樓卡爾拿到球的時候，觀眾總是對他發出噓聲，因為觀眾知道樓卡爾在波灣戰爭期間拒絕將美國國旗繡在制服上（樓卡爾的宗教信念認為戰爭是錯誤的），樓卡爾和懷孕的太太在接到許多恐嚇電話後，最後決定返回義大利。

（Shulman 1991; Vecsey 1991）

15 社會變遷——以後冷戰時期爲例

- 社會變遷：原因與影響
- 新世界秩序與冷戰的遺產
- 創新
- 領導者的行動
- 衝突
- 資本主義
- 討論
- 結語：重訪社會學想像
- 焦點：對變遷的看法

1991 年，一個由 13 位人員組成的小組，包括考古學家、地理學家、語言學家、藝術家、建築師、認知心理學家、三位人類學家和二位物質科學家與天文學家，共同會商如何設計一良善的警告裝置，以通知人們遠離廢物隔離試驗廠（Waste Isolation Pilot Plant）。

　　這座大型的核廢料儲存場座落在地底 2,150 呎深，距離新墨西哥 Carlsbad 市 45 分鐘車程。國會在 1979 年授權該廠興建，而環保署則規定該廠必須座落於地底，以貯藏來自核武設施的 900,000 桶鈽污染廢料，同時保證 10,000 年不外洩（Burdick 1992; Idelson 1991, 1992; Seltzer 1991）。此外，環保署亦指示得興建警告裝置，以避免閒雜人誤入該地。這個小組分為 A、B 兩隊分開作業，兩個月後再行聚集交換意見。而來自五個國家（英國、比利時、瑞典、法國和西班牙）的代表則隨隊觀摩學習經驗。他們聽到的建議陳列如下：

　　　　身為 A 隊隊長的考古學家卡普蘭（Maureen Kaplan）認為，為了要讓所有可能接近廢物隔離試驗廠的民眾有所警覺，警示訊息從最簡單（危險：此處放置有毒放射性廢料，西元 12,000 年之前請勿挖掘）到複雜（詳細陳列貯藏物的內容），必須以多種方式呈現，而使用的語言也要多元：英文、西班牙文、中文、俄文、阿拉伯文和法文，最好還加上當地的阿帕契族文。當然，小組成員也立即承認，現代語言在西元 10,000 年時已是古語，畢竟，現在還有誰講伊特魯里亞語呢？……

　　　　B 隊採用一系列繪畫文字的板畫，一種棒線畫形式「看見迪克就跑（以免感染輻射死亡）」。不過 A 隊反對所有符號，除了這兩件：張嘴的表情以示驚恐，以及放射性三葉形狀。三葉形的使用也僅有 40 年時間，也許數世紀之後人們仍能理解該符號的意義。

　　　　對話接著轉到警告裝置系統本身的材質問題，因為它必須由多種成分組成，使其變得具有紀念物的特質因此 A 隊提出「荊棘之景」（Landscape of Thorns）的構想：在 1 平方哩的正方形內，由 80 呎高、刺向不同角度的玄武岩長釘隨機散佈。或者是長釘陣，讓針刺均勻地散佈其內。或者黑洞：一棟由黑色混凝土建造的房舍，它將會吸收大量熱能而使人無法接近……或者這組頗為喜愛的危險土壘（Menacing Earthworks）：50 呎高的土製外壤環繞一座空闊的廣場，像閃電般的鋸齒狀造形，而在廣場中央，樹立一只 2,000 呎長的全球地圖，展示全世界核廢料貯存場，包括本地這座。一些傳達訊息的涼亭則散佈在周邊，一座加封的地下房室內則明確地詳列本座貯存場的各種貯存物。

此時西班牙代表羞怯地舉手，以吞吐的英語問道，最後兩天的討論已指出貯存場貯存物在未來萬年內的命運，但她指出，這些廢料的放射性難道不會持續更久的時間，比如 240,000 年？而卻是設定的 10,000 年？

安德生（Rip Anderson）相當有自信地回答這個問題：「因為規定是這麼說的。」（BURDICK 1992, pp.63-65）

社會學家將**社會變遷**（social change）界定為社會生活的組織與運作中產生的重要改變與修正。社會變遷是社會學科的重要主題。持平而論，社會學以學科的面貌出現，為的是嘗試了解社會變遷。回想早期的社會學家，他們面對工業革命引發社會生活各領域激烈而似無止盡的變遷時，為了了解該事件的本質與影響而備感困擾。

當社會學研究變遷時，他們首先必須界定出他們所想研究的已然變遷、或正在變遷的社會生活某面向，但這樣的主題事實上是無窮盡的，某些包括變遷在內的範例：諸如什麼東西、何時、何地、跟誰發生變遷，人們彼此溝通的過程中發生的變遷；人們生產、買賣的貨物與服務中發生的變遷；世界人口與平均壽限發生的變遷；以及人們如何工作與工作場所發生的變遷（Martel 1986）。有些變遷是可以測量的，社會學家會努力去鑑定它的數量、範圍（如何散佈）、持續期間、速度、以及特定期間內變遷的方向（見表 15.1）。在界定主題時，社會學家至少會問兩個問題：（1）什麼因素導致變遷？以及（2）變遷為社會生活帶來什麼影響？

我們將在本章當中檢視社會學家用來回答這些問題的概念與理論，特別是關於冷戰結束以及新世界秩序興起此一重大變遷。冷戰一詞係指涉從 1945 年以來美國與蘇聯之間的政治緊張和軍事對立，這種現象一直持續到 1989 年 11 月 9 日柏林圍牆倒塌成為「一堆石塊」為止（Darnton 1990, p.12）。[1 2]

冷戰包括各國的軍備競賽，以及美蘇雙方投入武器品質和技術改良，以便在軍備上凌駕對方，因而創造了龐大的軍需產業，雙方皆投入武器研發（特別是核武）以爭取主導權。累積 40 年的軍備競賽，已使全球核武庫存已從 0 暴增到 50,000。

冷戰的結束導致新世界秩序的形成，新世界秩序一詞暗示前蘇聯各國和美國之間，以及世界各國之間已出現新的政經關係，不再像冷戰時期得在美、蘇之間選邊站。雖然新秩序的輪廓未明，但情勢已迥異於第二次大戰灰燼中興起的二極秩序。

冷戰結束的具體指標之一是：美、蘇和歐亞新國家（前蘇維埃共和國）已從致力於核武擴散轉移到核武削減，從核武生產轉變到放射性廢料的貯藏和處理。美、蘇兩國在 1993 年元月簽署戰略武器削減條約，呼籲雙方各自削減 75% 核子彈頭。這份條約也同時簽署雙方需動用百萬餘人建造和維修各自的核武設施。諷刺的是，當核武數量減少的同時，核廢料的積累卻增加，除了要「破解 40 年來持續發展的技術」（Jerome 1994, p.46），相關國家還得解散過往投入生產和保養核武的人力。

社會學觀點提供某些概念和理論，幫助我們思考這段社會變遷的意義。然而，在我們探究冷戰之前，我們得想想社會學家如何研究變遷。

表 15.1 美國居民與外國居民間互動量的變遷

我們可以用一些標準量測美國人與外國人互動的程度。過去 25 年來，變遷率每隔 5 年就會戲劇性地增加。

	變遷量				變遷率		
	1975	1980	1985	1990	1975-80	1980-85	1985-90
在美國大學註冊的外國學生人數	154,600	305,000	344,700	391,000	97.3%	13.0%	13.4%
非美國公民取得美國大學博士學位的人數	5,313*	4,203	5,317	8,875	-21.0%	26.5%	66.9%
在其他國家出生而在美國生活的人數	N/A	14,080,000	N/A	21,632,000	N/A	N/A	N/A
進出美國的飛航乘客	16,000,000	24,000,000	25,000,000	42,000,000	50.0%	4.2%	68.0%
美國境內受僱於外國分公司的人數	1,218,711+	2,033,932	3,228,896	4,705,000	66.9%	58.8%	45.7%
外國發明家在美國申請的實用物品專利數	36,569	42,231	53,132	76,351	15.5%	25.8%	43.7%
美國和外國的通話次數	62,211,237	N/A	433,556,000	2,279,150,000±	N/A	N/A	425.7%
派遣他國的美國軍事人員數量	485,000	488,000	516,000	609,000	0.6%	5.7%	18.0%

* 1973
± 1991
+ 1977

∂ 社會變遷：原因和影響

　　當我們在考量導致特定社會變遷的因素時，我們經常無法將單一因素標定為變遷的導因，因為變遷多半是由一連串事件所造成。作個類比有助於澄清這個論點：假設一位橄欖球員接到球後往前跑 50 碼，然後在 5 碼線處被守方後衛撲倒，有人可能主張後衛攔截成功，但這種說法並不能充分解釋實際上發生的事。原因之一是，撲倒並不是一個人的動作，而是守方球員（用全身力氣將對方撲倒並將球擲出）和攻方球員（盡全力逃避對方的抓攫）之間「各股力量同時角逐之下的結果」（Mandelbaum 1977, p.54），說得更複雜些，就是攻、守雙方各自隊友的動作決定了球賽如何進行，以及球賽的最後結果。同樣地，我們也可以主張，冷戰的結束導致核武裁減，但我們不能在沒有考量導致冷戰結束的其他因素，以及冷戰發生的初始原因之前，就將這件事界定為唯一原因。

　　不過，即使變遷是由似無止盡的一連串事件所造成，社會學家仍可找出觸發社會生活變遷的許多重要事件或因素。這些變遷的成因包括：

1. **創新**（innovation）：某些新東西的發展，諸如觀念、習慣或工具。

2. 領導者，包括卡理斯瑪（charisma）權威（那些具有權力，靠迷人的個人特質讓人們想改變自己的生活方式）和權力菁英（那些位居要職，擁有能夠改變百萬人生活的當權者）在內的權威人士所展現的行為。

3. 衝突，即馬克思深信的歷史變遷的最大動因。衝突的最基本形式發生於團體間為了爭奪財富、權力、聲望以及其他重要資源。

4. **資本主義**（capitalism）：指一個天然資源、生產工具和分配均屬私有的經濟體系。資本主義體系的動力來自競爭、追求獲利

以及自由市場。該體系發展至今已逾5世紀。自工業革命以降，
該經濟體系是造成貨品和服務以空前速度增長的主因。

　　一份完整的社會變遷分析必須評估變遷對社會生活造成的影響。在
確認原因時，我們很難精確地預測特定變遷將如何影響社會，因爲我們無
法指出變遷造成的影響在未來那個時間會停止。核彈擴散的效應特別是個
戲劇性的實例，某些物質的放射性至少持續240,000年之久，這段時間「太
過長久，從人類的觀點看，這可能等同於永遠」（Wald 1989, p.Y19）
　　社會學家難以預測特定變遷造成影響的另一個原因是，人們會對變
遷作出反應，而這種反應會影響變遷的結果。這並不意謂變遷的發生是隨
機的，或者變遷沒有清楚的模式，而是我們應將變遷視爲一個「總是在事
發之後才能進行解釋」的「複雜、不重覆、難預測的歷史結果。」同時，
我們必須認知「即使倒帶重來一遍，變遷可能不會同樣再一次發生」（Gould
1990）。
　　關於人們如何選擇對變遷作出反應，這個無法預估的成因不應被視
爲變遷研究的問題及其結果。事實上，由於這意謂著人們不是被動的行動
者，因而這個成因具有正向特質。人們會創造出導致變遷的條件，他們也
會對此些條件作出反應。在我們檢視遷變遷的四項主要動因之前，先看看
冷戰的原因及其影響，該事件包含著核武的擴散，以及伴隨而來的放射性
廢料問題。

➋ 新世界秩序與冷戰的遺產

　　由於美國在1940年代早期開始發展核子防禦計畫，能源部將當時陸
續生產的放射性污染物暫以各種方式淺埋地底貯藏，直到1950年代經過
長期篩選，決定設置廢物隔離試驗廠之後，該處才成爲適當的永久貯藏處
（U.S. Department of Energy 1988）。大部分放射性物質將移往廢物隔離

試驗廠貯藏：

> 放射性物質包括國防設施工作人員的日常用品，比如抹布、橡膠
> 手套、鞋套、實驗服、塑膠袋和廢棄的實驗室玻璃和金屬器皿等。唧
> 筒、活塞、馬達、手工器具、以及車床、銑削機等這類工具機都得經
> 常廢棄，因為它們在運作過程中都會遭到污染。(U.S. DEPARTMENT OF
> ENERGY 1988, p.3）

　　世界性的放射性廢料問題起始於 1942 年 6 月，跟美國政府資助發展
原子彈的曼哈頓計畫有關。曼哈頓計畫的概念來自於愛因斯坦，這位德國
猶太人在 1934 年希特勒掌權後遷移到美國，當時他發了封信給羅斯福總
統，主張美國應該趕快著手研究原子彈，因為他和一批流亡的科學家懷疑
德國科學家正從事原子彈製造。不過，關於這件事的辯論至今仍持續著，
「在一個全面戰爭，確知所有可的武器都會投入這場無情征戰的氛圍下，
大多數科學家都得（或選擇）為自己的國家效命，這並不令人詫異」（Dyer
1985, p.95）。1945 年 7 月 16 日，美國在新墨西哥沙漠試爆第一顆原子彈，
同年 8 月 6 日，美軍在廣島投擲原子彈，三日之後在長崎投下另一顆。[3]
　　蘇聯在 1944 年之前僅以百名研究人員投入原子彈研究，但在德國戰
敗，以及 1945 年廣島遭到毀滅性的空襲之後，「史達林下令全力製造蘇
聯第一顆原子彈，而科學技術委員會也為此設立政策，於是相關機構、工
廠和技術學校隨後急速擴張」（Parrott 1983, p.118）。
　　在二次世界大戰之後，美國政府建造一個範圍轄及 12 個州的大工業
區，生產製造核武所需的鈽、鈾和氚。在蘇聯 1949 年試爆核武之後，杜
魯門總統授權氫彈的生產。[4] 而英國、法國和中國則各自在 1952、1969
和 1964 年試爆原子彈。
　　當全世界的核武數量由 0 激增到 50,000，核廢料數量的增加遠甚於
此。譬如，華盛頓漢福特核子製造基地每生產一磅鈽，同時會生產 170 加
侖的高放射性流體廢料，以及 27,500 加侖低放射性廢料（Steele 1993）。

在冷戰期間，美、蘇之間的關係還未達到直接而全面性的武力衝突，即使如此，在所謂的第三世界中還是出現多達 120 場的戰事。這些戰爭有一部分是由美、蘇在背後撐腰，提供武器、軍事裝備、戰鬥訓練、醫療補給以及經濟和食物的援助。其中韓戰、越戰和阿富汗戰爭是最為人熟知的三大代理戰爭。

對於為何必須直接或間接地介入代理戰爭，美、蘇雙方領袖都有正當化的理由：為了遏制對方政經體系的擴散，以確保國家和全球安全，並防止對方破壞權力均衡。[5]

在 1960 年代中期，詹森總統將美國投入越戰的理由加以正當化：

> 假如我們讓共產黨佔領越南，將使其氣焰更加囂張，加速襲捲世界其他各國，所以我們得不計成本，再跟他打上一場。這是為什麼我們得在南越反制共產黨，因為這對每個美國家庭來說是非常重要的。
> （JOHNSON 1987, p.907）

蘇聯則以他們要封鎖「西方強權輸出阻礙社會主義歷史進展的『反革命』或行動」（Zickle 1991, p.681）。蘇聯將此界定為「國際主義份子的職責」，以保衛其社會主義結盟國，並對第三世界國家的民族解放戰爭予以軍事和經濟上的援助，他們合理化這種舉措係根據「馬克思主義相信全世界的工人應該超越國界而遺結起來」（pp.999-1000）。

蘇聯在冷戰之後遭逢軍事生產、人力、預算的減縮，蘇聯軍隊撤出中歐和阿富汗，而大眾消費現在所能獲得的相關資訊也大幅暴增，「前蘇聯過去是封鎖任何有用資訊的秘密政權，現已轉變成發佈大量資訊的一些國家，龐大的資訊使學者無法及時加以評估」（Dawisha and Parrott 1994, pp.3-4）。

至於美國政府則在冷戰結束後，於 1990 年公布一份第二次世界大戰以來核能廠工作者的健康資料（Schneider 1990b），同時削減軍備支出，裁減駐歐美軍人數。冷戰結束最明顯的徵兆也許是美國能源部秘書歐莉瑞

（Hazel O'Leary）在 1993 年 12 月 7 日的宣告，說明能源部將把美國過去保存的所有核子秘密公開，「我們得把冷戰對環境、健康、安全、甚至是國家智慧造成的衝擊公諸於世」（O'Leary 1993）。歐莉瑞將數百萬份能源部記錄加以解密，她承認這類計畫將使能源部捲入興訟，也知道「發生的這些事情很需要作評估，並加以坦承」（Schneider 1994, p.E3）。

儘管有這些重大變遷存在，但吾人必須質疑：是否冷戰真的完全結束了？因爲大批核武仍然存在，且在建造後數十年留有大批核廢料待清理。「雖然最近的武器協定已決定摧毀火箭、巡戈飛彈等武器發射系統，但卻未處理最基本的挑戰：摧毀使世界陷入危險的核子彈頭」（Griffin 1992, p.496）。

僅對冷戰的導因和影響，及其轉變到新世界秩序作簡短說明，鮮能讓我們掌握世界歷史上這段重要時期的複雜性。作家羅德斯（Richard Rhodes）在其著作《原子彈製造》（曾獲得普立茲獎、國家書籍獎以及全國書評界獎項）中嘗試追溯這段時期裡的單一事件。羅德斯以 886 頁的篇幅說明原子彈如何發展，從匈牙利籍猶太移民兼理論物理學家 Leo Szilard 開始，他在希特勒被任命爲德國總理八個月後，在某週二早晨（1933 年 9 月 12 日）站在倫敦街道等待紅綠燈。

> 「當號誌燈轉綠，我徒步走過街道，」Szilard 回憶，「……心裡突然間浮現一個想法，假如我們可以發現一個被中子分裂的元素，而這個元素在吸收中子之後會放射出兩個中子，在將之大量的聚集起來，就能維持核子連鎖反應。」
>
> 「那個時候我不懂如何來發現這樣一個元素，或者需要什麼樣的實驗，但這個想法一直在我腦海裡。在特定的環境中，它確實可能會引發核子連鎖反應，可以在工業規模上釋放能源，並建造原子彈。」
> （RHODES 1986, pp.27-28）

在羅德斯書末提到，若要討論原子彈製造，以及 1945 年在廣島和長崎投擲第一顆原子彈，就必須將數千個類似這樣的事件帶入討論。這種事似乎表面上沒有任何架構足以包含看似無止盡的互動和反應，然而，社會學家藉由強調「社會經驗中的較普遍特質，以及社會秩序的生活中一再出現的日常活動模式」（Erikson 1971, p.64）來了解所有事件。從社會學觀點看來，「每個事件都具有一些特質而可被納入較普遍的標題之下，」像是創新的產生及人們對創新所作的反應，領導者的行動，爭奪稀少且重要的資源所發生的衝突，或者為資本主義原則所形塑的行為和政策等等。本章後續將討論變遷的各個動因，首先從創新開始。

❧ 創新

創新係指某些東西的新發明，包括概念、過程、習慣、裝置或工具等等。雖然所有的創新都植基於既存的知識和物質基礎，但它們也超越了既存的事物。它們是對既有的創新作綜合、修正和新的應用。

物質變遷經常導致劇烈和無法預測的社會變遷。譬如電腦剛發明時，其體積大小像一間房間，只能執行超快數學運算的功能，但同樣的計算能力在今日已裝置在多功能筆記型電腦中，右圖這位商人的圖像不就說明了懷特所說的「發明為需要之母」？

創新也包括發現——將過去已存在卻不被注意、隱藏和未描述的東西加以重現——在內。創新之所以具有社會學意涵，實因其改變人們的思考方式和人際關係，像汽車、微波爐和原子彈都是如此。以原子彈爲例，它大幅降低了摧毀一個城市所需的人力，就像 1945 年 7 月 10 日，美國第三艦隊 700 架戰機和 550 架 B-29 轟炸機在於本州島投下 3,000 噸炸彈，但其威力還比不上一顆原子彈（Life 1945），只消一架飛機攜載一顆原子彈，就足以在五分鐘之內殺死約 70,000 人，並將廣島夷爲「沸騰的廢墟」（Tibbett 1985, p.96）。

創新可被廣泛地歸爲二類：基礎的或改良的，而兩者間的分界並不總是截然分明。**基礎創新**（basic innovations）是具革命性的或空前的發明，爲廣泛應用的基石。基礎創新的實例包括亨利福特在 1904 年發明的大量生產，法國物理學家 Antoine Henri Becquerel 於 1898 年意外發現的放射能，Pierre 和 Marie Curie 在 1898 年發明鐳和釙，以及芝加哥大學科學家於 1942 年首次發現核子連鎖反應。[6]

另一方面，**改良創新**（improving innovations）代表對基礎創新作修正以進行改良。意即，讓基礎創新變得更小、更快、更簡化或更有效率、持久和有益。1945 年在新墨西哥沙漠試爆核武之後，後續的各項修正和改變即代表一種改良創新。相關實例包括在 1952 年測試成功的氫彈（其爆炸威力是原子彈的 700 倍），「乾型」氫彈（1952 年重量較輕的新款，只有 65 噸重），攜載熱核彈道的民兵洲際彈道飛彈（Broad 1992, 1994），以及「多彈頭地射飛彈……可以發射標定多目標的核子彈頭」（Schmemann 1993, p.A1）。人類學家懷特（Leslie White）認爲，基礎創新或改良創新一旦發明，它將變成文化基礎的一部分，其規模將決定變遷的速率。

創新與變遷的速率

人類學家懷特（1949）主張，變遷的速率關係到**文化基礎**（cultural base）——即既有發明的數量——的多少。懷特將發明界定爲既有發明的綜合。譬如第一架飛機就是許多過往創新的綜合,包括汽油引擎、方向舵、滑翔機以及輪子。同樣地,許多商業創新也是核子相關技術、醫療、工程、能源等其他技術的綜合,其實例包括核子醫療(使用放射性同位元素探知身體對醫藥的反應,或以放射治療法治療癌症)、核能(將水轉化爲蒸汽以供發電)、放射線照射法(消毒醫療用具,或殺死食品中的有毒細菌)、以及放射性碳鑑定法——使用放射蛻變速率鑑定考古或地質上的古物年代(Cobb 1989)。

懷特認爲文化基礎中的發明數目呈幾何級數增長——1、2、4、16、32、64 等等(幾何增長是一種飛漲的擴增狀態)。他主張,新發明必須有足夠文化基礎的支持方得以問世,比如萊特兄弟倘使活在 14 世紀,他們絕不可能發明飛機,因爲當時的文化基礎並未涵蓋支持此項發明的觀念和物質。霍本海默(Robert Oppenheimer)對此觀點的看法和懷特一致,這位曾在 1940 年代領導原子彈研發,卻又在 1950 年代反對氫彈建造的物理學家說,「有句深刻且必要的真理是:科學中深不可測的事情不被發現是因爲它們有用;它們被發現是因爲它們有可能被發現」(1986, p.11)。

新發明看似急速的擴張或在數量上暴增,促使懷特質疑:是人們控制了發明,還是發明控制了人們?就實用目的來說,他相信發明控制了人們。有兩項因素可以支持這種結論。首先,他認爲古諺「需要爲發明之母」的說法太過天真,因爲在許多的場合中,發明爲需要之母才切合實情。

> 我們發明汽車,讓人們在兩地之間的移動更爲快速,但卻也因此需要建造新道路,這意謂我們必須發明交通規則,並設置號誌燈(以及興建車庫),然後得創造出高速公路巡邏隊這類全新的組織。這麼一大串事情只是因爲我們發明了車子。(NORMAN 1988, p.483)

其次,懷特主張:當文化基礎有能力支持一項發明時,人們就得考量這項發明是否需要。懷特指出,發明當中有一種是**同時間獨立性發明**(simultaneous- independent inventions),意即在同一段時間內(經常是數天或數個月之內），不相干的一些人同時想出類似的發明。他舉出電報、電動車、麥克風、電話、顯微鏡、汽艇以及飛機等 148 個發明，證明假如文化基礎能夠支持某項特殊發明，就會有人出面作必要的綜合。換句話說，像燈泡和飛機的發明不是非得靠愛迪生和萊特兄弟不可，這些發明家可能是天才，但重要的是他們生對了時間和場合，當時的社會能夠提供充足的文化基礎，支持他們發展新發明。

懷特的理論認為，如果存在著一些要素，最終就會有人將之合併在一起。這個意涵是：人們鮮能控制一項發明出現與否，而人們必須在發明之後作調適。核武這項發明即是明證，科學家選擇創造了它，而核廢料科學家則處理其後果（見表 15.2）。正如 1950 年代早期對核武計畫的一項評論：「核廢料的狀況就像是搭上一架飛機，然後在半空中問駕駛員：我們如何降落？而他說，我不知道，船到橋頭自然直」（Bauerlein 1992, p.34）。社會學家烏格朋（William Ogburn）稱這種未能適應新發明的現象為**文化失調**（cultural lag）。

表 15.2　　高水準的廢料掩埋計畫

美國不是唯一一個研究放射性物質永久貯存場的國家，世界上其他 15 個國家也有類似計畫。

國家	最早的計畫年度	計畫的現狀
比利時	2020	位在Mol的地下實驗所。
加拿大	2025	由獨立委員會執行政府四年的研究計畫，在未決的花崗石地點掩埋放射性燃料。
中國	未宣佈	放射性燃料進行再處理，戈壁沙漠地點仍在評估中。
芬蘭	2020	執行田野調查，在2000年會確認最後地點。
法國	2010	目前正對兩個地點進行選擇和研究，到2006年會作最後決定。
德國	2008	Gorleben地點仍在研議中。
印度	2010	放射性燃料進行再處理，廢料先貯存20年，然後在未決的花崗岩據點進行掩埋。
義大利	2040	放射性燃料進行再處理，以花崗石或泥土進行掩埋之前，先貯存50-60年。
日本	2020	針對數個地點進行研究，並與中國合作，建造地下研究設施。
荷蘭	2040	暫時將再處理過的廢料存放50-100年，之後進行海床下的掩埋，或與其他國家商議代為掩埋。
俄國	未宣佈	俄國目前的計畫並不確定。
西班牙	2020	考慮以泥土、花崗石等方式掩埋。
瑞典	2020	1997年選擇一花崗岩據點，評估研究正在地近Oskarshamn的Aspo核子工業區進行。
瑞士	2020	在未決的地點以花崗岩或沉積岩形式進行掩埋。
美國	2010	位於內華達州的楊卡山脈，地點仍在評估，若經確定，則可容納7萬噸廢料。
英國	2030	1982年批准進行50年貯存，並探索包括海床下掩埋法等各種選擇。

文化失調

在烏格朋（1968）的文化失調理論中，區分出物質文化和非物質文化的差別。回想第四章學到的，物質文化包括有形的創造物，包括人們創造的資源（石油、樹木、土地）、發明（紙張、槍砲）和各種設施（工廠、衛生設備），而非物質文化則包括無形的創造物，像是信仰、規範、價值、角色和語言。

　　雖然烏格朋主張這兩者都是社會變遷的重要動因，但他的文化失調理論卻側重物質文化。烏格朋相信，以周全和建設性的方式適應物質創新是人類當今面臨的最大挑戰之一。他使用**適應性文化**（adaptive culture）一詞，指稱一部分非物質文化（規範、價值和信念）對物質創新所作的調適。這種調適並不總是立即發生，有時候得花上數十年的時間，有時候根本未曾出現任何調適。吾人可以主張，由於美、蘇雙方對武器生產和測試的重視程度遠超過對環境、健康和安全的重視，所以兩者未能以建設性和負責的方式適應核武的出現。

　　不過，烏格朋卻不是一位**技術決定論者**（technological determinist）——相信沒有自由意志的人類完全為其物質創新所控制。他首先指出，人們不是以預期的和輕率的方式適應新的物質創新，而會選擇性的創造它們，並選擇如何使用它們。譬如諾貝爾獎物理獎得主 Isidor I. Rabi 便認為，原子彈是美、蘇雙方的智慧和計畫下促成的產物。

　　我想說一些有關美國物理界在戰爭期間發生的事情。這是一段非常有趣的時期，值得學界將之當成一段智識歷史加以深入研究，而不只是當成武器發展史而已，因為我們做了兩件意義重大的事。當時大學裡的純研究遭到扼殺，因為我們被告知這是一場全面性的戰爭，所以我們對抗的不只是當時的敵對國，還對抗那些相信全面戰爭的這輩人。因此，在傳統的美國競爭精神作祟之下，我們參與了這場全面戰爭，結果使得我們對這場戰爭的投入遠勝於德國人和日本人。我們走訪各實驗室，集合各地科學家，共同為這場戰爭而努力。像劍橋、Los Alamos 等地的放射實驗室均含括在內。為數甚多的科學家投入武器研發，致力解決戰爭問題，這是我頭一次嘗試結合軍事與科學……

　　將非軍事的思想家與戰鬥人員加以結合，並應用其發明，結果將造成一股可怕的強大力量，正因為這股力量太過強大，致使 1940 年代至今短短 20 年的發展已讓我們對未來深感恐懼,恐懼的不只是國家前途,還包括整個人類的前途。將最先進的科學應用到軍事上,這確實是項新發明……一項不可逆的發明。(RABI 1969, pp.37-38)

假如人們擁有創造物質創新的力量,他們也會擁有摧毀、禁制或修正它們的力量。以控制核武測試和生產所作的多項政策和提案,即可說明此項立論。在 1991 年 7 月,美國和前蘇聯簽署戰略武器裁減協定,這項歷史頭一遭的協定削減兩國的長程核武數量;而在同年 9 月,布希總統宣稱美國將削減佈署在歐、亞的戰術核子武器,而蘇聯總統戈巴契夫也以削減境內的核子兵工廠作為回應。當蘇聯在 1991 年 12 月瓦解成為各共和國,美國國會即通過蘇聯核子威脅削減條例,以 4 億美元經費協助蘇俄拆除和儲藏位於烏克蘭和哈薩克境內的核子武器(美國通用會計事務所估計,拆除武器和清理美國境內生產基地所花費的成本約在 1,000-4,000 億美元之間,據此判斷,美國提供給蘇俄的經費不啻是杯水車薪〔Griffin 1992〕)。

人類的智慧、努力與計畫促使原子彈問世,而許多控制武器測試和生產的政策,也意味人們可以控制這些發明。然而,難題在於人們在有機會實現發明之前,便需要處理發明所具有的潛在破壞性結果(這些結果經常可以事先知悉,只是某些人提出的警告常為其他人忽視)。

我們論及創新作為社會變遷的動因時,強調了物質發明(裝置、工具和儀器),但創新也可以是非物質的,就像革命性的觀念。

革命性的觀念

湯瑪士・庫恩(Thomas Kuhn)在《科學革命的結構》(1975)一書中主張,多數人將科學視為一演進的事業:意即,科學家在追隨前人成就的基礎上歷經長期研究,他們愈來愈能發現解決問題之道。關於如何創造原子能的問題,物理學家 Leo Szilard 是在等待過馬路時才突然靈光乍現,而這種想法的出現是建基在許多前人研究的成果上。事實上,「原子這個概念——在萬物均會化合、充盈、溶解和衰敗的表面世界之下，有一層無形的永恒、元素性的物質——老早就存在著」（Rhodes 1986, p.29），就這一點，Rhodes 並非是了解中子能穿透原子核正電阻隔的第一人，許多物理學家早就想到這一點，但他卻是頭一個想到利用中子撞擊原子核，使其釋放更多能量的物理學家」（p.28），此即指出 Szilard 的發現根植於物理典範的基礎，但更重要的是，他能從中脫離並自行創新。

庫恩的觀點和演進觀點相左，他認為一些重大的科學進步發生於某人擺脫或挑戰主流典範的結果。根據庫恩的說法，典範（paradigms）是在特定研究領域之中廣為人所接受的優勢理論與概念。典範不因能解釋所有事件而佔有一席之地，而是因為它們暫時提供一個檢視世界的好方法。學術領域上的主流典範一般都會記載在教科書上，內容包括這些理論的主體，應用範圍、示範觀察以及可供印證的實驗，而政府的主流典範則記錄於憲法和官方文件當中。典範一方面是重要的思考工具，將具有相同旨趣的一群人結合成科學社群或國家社群，沒有一致典範的社群則無法存在；典範另一方面也可能是種矇蔽物，會限制人們提問題和作觀察。

典範的解釋性價值及其地位會受到異例（anomaly）——即典範無法作出解釋的觀察——的威脅。不過，單獨一項異例的存在經常不足以讓人們放棄某特定典範。庫恩認為，在人們放棄舊典範之前，必須有人提出另一典範，針對異例作出具有說服性的解釋。庫恩假設，包括年輕人和研究領域的新人在內，較不受舊典範約束的人最喜愛發揮新典範。

當社群當中有足夠的人破壞了舊典範，改變原有研究或思考的本質，以支持與舊典範不相容的新典範時，科學革命（scientific revolution）因而發生。庫恩認為新典範之所以與舊者不相容，是因為它「改變該領域中某些最基本的理論概括」（Kuhn 1975, p.85）。新典範帶來看待世界的新觀點，並質疑舊典範的重要性。「當典範轉變時，世界自身也會隨之改變。科學家會在新典範的帶領之下，採用新的方法，窺探新的場域」（p.111）

❧ 領導者的行動

領導者的行動是社會變遷第二個重要起因。就最普遍的意義來說，領導者是一位擁有權力可以影響他人，或是負責、指揮社會局勢的人。回想第九章，韋伯將權力定義爲個體即使在遭遇他人反抗的情形下，仍能貫徹個人意志的可能性（Weber 1947），假如個體可以逼迫他人遵守其命令，或是擁有影響他人的權威，則此可能性便會增加。**權威**（authority）是合法的權力，在權威的涵蓋之下，人們相信權力的差異是公平且適當的——意即，人們賦予領導者權力得發佈命令。韋伯確認兩種類型的權威——卡理斯瑪權威和法理權威（另外還有一型傳統權威——譯者），兩者對社會變遷來說均具重要意涵。[7]

卡理斯瑪領袖作爲變遷的動因

卡理斯瑪權威（charismatic authority）有賴於發佈命令者具有特出的和模範性的特質。卡理斯瑪領袖之所以被遵從，是因爲其追隨者相信且受其願景所吸引。由於卡理斯瑪權威源自於領導者出眾的特質，而非源自於傳統或既有規則，故其行動和願景並不受規則或傳統的束縛。結果，這些領袖發揮憑藉非凡的才能消解革命和變遷，他們也能要求追隨者脫離傳統和規則來行事。

卡理斯瑪領袖經常出現於危機年代（像經濟不景氣或戰爭），在這些時期裡，爲逆境所苦的人們會仰賴一位有能力提出新秩序願景的奇才。卡理斯瑪領袖不只是受歡迎、具有吸引力或討喜而已，一個僅僅是受歡迎的人，「即使時時出現在人們腦海中」（Boudon and Bourricaud 1989, p.70），也不足以讓我們爲了他而破壞既有的關係或放棄財產。卡理斯瑪領袖的要求極爲嚴苛，因而堅持其追隨者必須作出犧牲，切斷與世俗的連帶，或爲領袖的願景奉獻生命。

不過，卡理斯瑪領袖具有的權威並非源自於命令或願景的倫理特質，像希特勒、羅斯福、毛澤東、邱吉爾等，這些人都是卡理斯瑪領袖，都在亂世中擔負領導國家的職責，傳達統馭國家的強烈願景（不論對或錯）。下列陳述即是典型的卡理斯瑪領袖：

> 　　他對國家命運和個人命運富有強烈意識……不認為這兩者間有何差異。他的特質包括執拗、自我中心和自負，要求部屬對他完全忠誠，但對長官卻並不總是如此……他對自己的信念和願景非常強烈，以致鮮少人膽敢向他挑戰。（HAEBERSTAM 1986, p.111）

　　卡理斯瑪權威是領袖和追隨者之間強烈關係的產物。從關係的觀點看來，卡理斯瑪是一位指導者與一群追隨者之間高度不對稱的權力關係」（Boudon and Bourricaud 1989, p.70）。例如許多蘇聯人對史達林深信不疑，在 1922-1953 年擔任蘇聯總書紀，1941-1953 年出任總理的史達林奠定一個新的社會型態，讓人們相信自己最終可以生活在和諧與經濟穩定的社會裡。同樣的，許多德國人相信希特勒的願景能幫助他們洗刷第一次世界大戰的敗戰恥辱，以及從同盟國（英、法、俄、義和美國）的破壞中重建。

門派領袖David Koresh（左圖）和羅斯福總統的例子都說明韋伯的卡理斯瑪領袖理論。卡理斯瑪領袖的權威倚靠他們與追隨者之間的情感連結。當Koresh和一大群追隨者在德州Waco跟執法人員槍戰死亡後，他的影響力便消失逸散。相反地，羅斯福的領導由於已「常規化」，所以像社會安全這類的制度便得以存續，即使在他死後仍能繼續運作。

卡理斯瑪領袖及其追隨著會建構出一個「情緒社群」，以達成目標，並維繫領袖的信念。不過韋伯主張，這些追隨者不能光只是維繫與領袖之間的連帶，在某些時刻還是必須重返日常生活，發展彼此之間的關係。吸引力和奉獻不能無止盡地維繫一個社群，因為卡理斯瑪領袖畢竟只是個凡人，除非維繫著社群的卡理斯瑪能夠常規化，否則社群將在領袖消失之後瓦解。**常規化的卡理斯瑪**（routinized charisma）的發展會為社會建立程序、規則和傳統，以規制成員的行為，招募新成員，以及確保權力有秩序的轉移。權威必須仰仗法理基礎，意即，其基礎必須建制於職位上，而非個人特質。

權力菁英：法理權威與變遷

法理權威（legal-rational authority）倚仗一套非個人的規則系統，其中明載各權力位置需要的資格，而這套規則也規制權力的範圍，以及適合各特定職位的行為。在法理權威管轄的領域裡，人們會遵守命令、決策和指導，因為他們相信命令發佈者是得到授權後才如此行事。

社會學家米爾斯（1959, 1963, 1973）認為**劇變**（great changes）——事件起因於市井小民周遭環境之外，但卻影響其生活機會甚深——可追溯至**權力菁英**（power elite）所做的決定，這些少數人坐擁社會結構或領導機關中的高位，其決定足以影響數百萬人。在大多數情況下，這些人擁有的權力並非源於個人特質，通常是職位所賦予，屬於法理權威。「當某人出任重要職位時，整個股市就會對這些管理階層人士的退休、過世和更替投注關愛的眼神」（Galbraith 1958, p.146）。

權力菁英對他人行使的權力涉及使用工具的本質和特性，他們藉由職位來控制並影響其他人。這些工具包括武器、監控設備和傳播專業化模式。米爾斯認為，第二次世界大戰以來科技的快速進步，已使權力更形集中在少數人手中，這些人不僅對周遭環境有十足的影響力，還能影響成千上萬的人、社群、整個國家，甚至全球。

史達林便是掌控國家權力的實例，坐擁高位的他握有社會控制機制的全面性力量。史達林相信沒有工業化的蘇聯無法和高度工業化的歐洲國家抗衡，以便在領土擴張和征戰上一較長短，所以他主張落後他國 50 年的蘇聯必須在 10 年內贏頭趕上。為了達成這項目標，史達林開始進行恐怖統治，強迫數百萬農民進入工廠，沒收數百萬私有地所有權，並創造大型的國營農業公社。此外，他還創建殘酷的鎮壓體系（秘密警察、勞動營、整肅異己、驅逐出境），作為控制和消滅反對聲浪的手段，這種兇殘的鎮壓手段造成 2,000 多萬人遇害。由於史達林控制並檢查所有的資訊，所以蘇聯人民只知道社會主義，他們聽到的資訊盡是史達林政策好的一面。最後，史達林更進一步針對經濟進行控制，生產的東西、數量、成本和分配全由國家官僚決定。[8]

> 個別工廠的經理人不但無法決定所欲生產的東西，也無權選擇將產品交遞到誰手上。他們不能開除沒有用的或沒有效率的工人。在計畫經濟下，他們不能拒絕接收任何遞交進來的產品，甚至不能動用工廠的經費購買未經許可的電燈泡……

> 我們現在因而了解，這種計畫性的過程是多麼的脫序，更不可思議的是：蘇聯經濟並沒有被搞垮，反而持續了很長一段時間……經濟在被賦予絕對的優先性和嚴密監控之下，使其得以在空間上成功地拓展，並發展高度的戰備物資水平，其他一些「不重要的」貨品，像是鈕扣、衛生紙、針、縫紉線和尿布，都從市場上消失了。（HEILBRONER 1990, p.94）

史達林藉職位之便，實質上獨攬社會控制的工具，讓他能在他人的反對下遂行個人目標。米爾斯在描寫權力菁英時，並未將焦點鎖定在任何個人，而側重美國領導機關當中位居高位的權力菁英。

根據米爾斯的說法，領導機關包括軍事、企業（尤其是大型美國企業）和政府。「制定國家和國際政策的權力明顯地掌握在政治、軍事和經濟機構手中,其他的社會領域只有靠邊站,有時候會欣然地附屬於前者」
(Mills 1963, p.27)。

這些機關權力的起源可以追溯至第二次世界大戰,當時政治菁英動員企業生產武器和各項軍需品。若欲測量政府、軍方和企業之間合作的程度,可從 Life 雜誌在戰時刊登的廣告測量之,比如貝爾電話系統在 1945 年 7 月 30 日在 Life 雜誌上刊載著:

> 貝爾系統在最近五年內供應戰備所需的數百萬支電話,包括
> 1,325,000 組陸、空軍使用的耳機,以及超過 1,500,000 支麥克風……也
> 供應 1,000,000 餘個飛航用無線發報機和接收器……4,000,000 哩長度的
> 電話線……大量的配電盤,以及秘戰設備。這有助於解釋為何國內各
> 種電話設備會如此短缺。(BELL TELEPHONE SYSTEM 1945)

史達林的恐怖統治是權力集中於個人的極端個案,不過,一個社會不必然要成為獨裁政權,權力才會呈現不平等分配。根據米爾斯的說法,在我們自身的社會當中,權力菁英做出的決策會對尋常百姓的生活影響很大。

　　史達林在戰後亟欲鞏固他在東歐的勢力,而日本和西歐各國在戰後面臨人口銳減、經濟蕭條和基礎設施被摧毀的慘境,沒有選擇的只得接受馬歇爾計畫中提議的美援,未受戰火波及的美國公司便提供百廢待舉的交戰國各項產品和服務。在政治菁英決定繼續保留軍火工業以因應共產主義的擴散時,政府、軍方和企業的利益因而更進一步的糾葛在一起。

因此，在過去 45 或 50 年間，這三大機關已以數百種錯綜複雜的方式彼此相互交織，如同下述實例：

- 1993 年 5 月 24 日，美國聯邦推事裁定工人調節與再訓練通知條例（Worker Adjustment and Retraining Notification Act）——要求雇主若欲進行大量裁員，必須在 60 天前預先通知員工，但這項條例並不適用於軍備承包商。因此通用動力公司在 1991 年「未與美國海軍談妥一筆 570 億美元的 A-12 秘密攻擊機計畫之後」，在不到 60 天的時間內才通知 3,000 名即將被裁員的員工（Facts on File 1993, p.470）。

- 在 435 個國會轄區當中，有 38 個相當倚重軍事合約（Barnet 1990）。此外，軍事基地對全國數百個社區經濟來說是重要的。當一個七人小組的聯邦委員會宣佈將有 31 個基地於 1991 年元月底關閉，來自相關轄區的代表立刻表達抗議，因為地主、不動產經濟人、戲院老闆和餐廳老闆都得倚靠軍人及其眷屬的消費，因而在基地關閉之後，他們都得擔憂將來的前途（Barron 1991; Ifill 1991）。

- 在冷戰結束後，五角大廈計畫發展一個可以快速部署的機動反應部隊，以應付具有戰略地位或資源豐盛的發展中國家裡可能出現的突發狀況（Barnet 1991）。

- 美國國防部在 1991 年會計年度核定約 1,370 億美元的防禦合約，這是資料所能獲得的最後一年（U.S. Department of Defense 1991）。當防禦配額減少時，許多大型的採購、研發和建設合約就得每年由政府和企業共同簽署（見表 15.3）。即使防禦預算減少到每年 2,000 億美元，承包人的機會還是多。正如一位管理專家指出，「對硬體來說，500 億美元仍算是個大市場」（Lambert 1992, p.61）。現在由於對有毒廢料的重視，所以以前仰賴武器合約的公司現在都開始投標政府的有毒廢料處理，範圍含括美國境內 11,000 個據點和數百個國外軍事設備（Schneider 1991）。

● 美國國防部與核子生產設施承包商之間的合約明定：政府必須
支付公司各項法律費用，包括與放射外洩有關的費用，或支付贏
得該項和解的原告賠償金（D'Antonio 1994）。

表 15.3　前 21 大國防工程承包商一覽表		
根據 1991 年合約量高低，分別列出前 21 大國防工程承包商。		
公司		
McDonnell Douglas Corp.	8,057	55.6
General Dynamics Corp.	7,848	59.3
General Electric Co.	4,866	8.0
General Motors Corp.	4,427	3.3
Raytheon Company	4,059	44.1
Northrop Corp.	3,319	65.5
United Technologies Corp.	2,825	13.6
Martin Marietta Corp.	2,689	28.5
Lockheed Corp.	2,666	20.3
Grumman Corp.	2,363	73.2
Westinghouse Electric Corp.	1,811	15.6
Rockwell International Corp.	1,707	15.7
Litton Industries Inc.	1,600	29.1
FMC Corp.	1,466	39.0
UNISYS Corp.	1,378	17.7
Loral Corp.	1,282	38.4
LTV Corp.	1,254	30.1
Boeing Co.	1,166	4.6
TRW Inc.	1,092	13.7
Textron Inc.	996	11.4
Texas Instruments Inc.	982	11.5

來源：*U. S. Department of Defense*, pp.9-12（1991）及 *Fortune*, pp.220-26（1994），
Reneé D. Johnson（1994）。

由於這三個機關（軍方、政府和企業）彼此間相互依賴，也由於某機關菁英的決策會影響其他兩個機關，所以米爾斯相信，機關之間彼此合作才能確保個人利益。共享的利益會促使這些領域中的當權者彼此互動，而後形成一個權力三角。這不是說三領域間的結盟是平靜無波的，但因各領域的當權者看法一致，都了解決策的後果，所以會以共同的決策來形塑國家的命運，甚至全球的未來：

> 很清楚的是，他們同時知道其他人心裡的想法。不論他們是否經常在俱樂部或狩獵小屋中碰面，或者是在稍微正式一點的在商業顧問諮詢會、經濟發展委員會、或是涉外政策協會中討論，他們無疑地會緊密的團結在一起。非正式的談話能探出各項計畫、希望和期待。這就是菁英之間利益與觀點的社羣。（HACKER 1971, p.141）

米爾斯並未詳細舉證權力菁英的決策過程，因為他較想了解的是結盟的後果，而非評估意識或動機純正性的決策過程。米爾斯承認，權力菁英並不是不受控制的自由行動者，一位大企業的主要執行幹部得向工會、食品及藥物管理局、以及其他主事單位負責；五角大廈官員得服從國會的調查並受制於預算；防禦工程承包商得面對聯邦偽稱條例（Federal False Claims Act），該條例賦予任何受雇者若能證明承包商向政府詐財，便能獲得一部分的清償費；而美國總統也會受限於科層官僚作風，有時候還會被動作遲緩、政治導向的國會羈絆住。然而，米爾斯質疑這些對權力菁英的限制，「事實上在其為所欲為的領域中，並不具有太大的效用」（Hacker 1971, p.136）。

在核武生產、測試和廢料處理上，政府、軍方和企業（防禦工程承包商）三方菁英的利益明顯重疊。過去 50 年來，少數人（全都是男人）擅自決定核子生產、測試與廢料處理的所在地，他們並未諮詢當地居民的意見，也沒有清楚解釋當中涉入的風險。他們的決定能影響許多人的生命和命運，而時間將長達 240,000 年。在冷戰期間，成千上萬的美國士兵和鈾礦工進駐各武器設施，這些區域周遭的住民即所謂的「順風者」（downwinders），暴露於巨量的輻射或放射性落塵當中。例如，據估計有 220,000 名美國士兵在地表核子試驗過程中受到程度不一的輻射感染，其中約有 160,000 名是進駐廣島和長崎的美軍，即為人所知的「原子戰士」，美國國防部文件至今只初步透露這些人受到輻射感染的程度和後果。

太平洋島民與核子試驗 Jane Dibblin（1988）在〈兩個太陽的日子〉文章中，描寫權力菁英的決策如何影響一群人──馬歇爾群島的住民──的生活和命運。馬歇爾群島坐落於紐西蘭海岸外 2,500 哩處，由 34 個小環礁連串而成。美國在 1948-1958 年間使用這些小島作為地表核武測試場，自此之後，這些小島即一直被用來測試長程飛彈和戰略防禦初步計畫（Strategic Defense Initiative program；即所謂的星戰計畫）的各項武器。

兒童在比基尼公墓內向死去的摯愛獻上最後敬意，因為他們被迫撤離家園，讓出這塊土地以供原子彈測試。

美國在比基尼島和 Eniwetok 島執行 66 項地表核武測試。在測試之前，美國軍事人員會撤退 Rongerik 島上所有住民，承諾他們最後將可重返該地。軍方認為 Rongerik 島不適人居的原因有三：該島並不豐饒，既無魚獲，也沒有新鮮的水源供應。結果，許多島上的撤離者死亡或死於營養不良。同時，附近小島（Rongelap 和 Utrik）的住民暴露在放射性落塵籠罩下。一位接受 Dibblin 訪問的島民回憶：

　　當年我 14 歲，我妹妹 Roko 12 歲……我們看到一道亮光，然後聽到轟然聲響，著實受到好大的驚嚇。當時我們不知道那是什麼，但過了正午之後，有些粉末狀的東西從空中飄落，稍後我們被告知那是落塵……

那天晚上，我們因為皮膚發癢而無法入睡，雙腳灼熱，像是被開水燙傷般，而且頭髮開始脫落，我們彼此相視發噱，說你變禿頭了，看起來像老人，但我們真的感到恐懼和難過。(DIBBLIN 1988, pp.24-25)

美軍將受到感染的島民先送至 Kwajalein 島，在送到 Mejato 島，一直待到測試地安全之後才讓他們回去：

到了 Kwajalein 島兩天後，一羣軍醫開始對受害者展開長期的研究。常見的症狀包括反胃、皮膚灼傷、腹瀉、眼疾、頭髮脫落、麻痺和皮膚變色，兒童的情況更為嚴重。我的養子當年年僅 10 歲，他的身體、雙腳、頭、頸和耳朵都受到嚴重灼傷，每到夜裡痛得發瘋般在床上翻滾，我們得將他壓制住，這些景象到現在仍無法釋懷。

雖然我的背、手腳也受到灼傷，頭髮也開始脫落，但我知道我的情況並不嚴重，我深深地同情那些得承受更痛苦的人……

我看到三位女人在「炸彈」爆炸後遭遇奇事。有位女士皮膚變得像椰樹皮般，有位身上起著大量的水泡，不成人形，另一位也是身上長出像葡萄般大小的水泡，我相信這些都是那顆「炸彈」造成的。(pp.27, 36)

美國能源部官員在 1988 年宣佈，成年人可以重返 Rongelap 島，但該島對小孩來說仍不安全。不過連成年人也都沒有回去。

美國並不是唯一在太平洋從事核子測試的國家，像法國在玻里西尼亞島測試，英國在聖誕島和澳洲外海數個島嶼上測試，這些都讓更多的島民受到放射性落塵的感染。中國也在西北方的 Lop Nor 沙漠進行測試，致使住在順風處的中亞回教徒受到輻射感染。而蘇聯也在中亞執行測試。

蘇聯核子測試　《致戈巴契夫的信》這本選集描述的是蘇聯的核彈測試。它是由蘇聯報紙 Argumenty I Fakty 編輯每天從 3,300 萬讀者寄來的 5,000-7,000 來信擷選蒐錄而成。其中一位營造商 I. Boikava 寫道：

> 我們在那幾天聚集在深谷內，被告知得面部朝下的躺在地上，而且嘴巴要張開（以防止爆炸聲振壞耳膜）。不過我們這些兒童在好奇心趨使下想看個究竟，見到三架攜載核武的飛機在上空盤旋，丟下炸彈後就迅速離去。這顆炸彈拖曳著令人目炫的白光緩慢落下，爆炸時在半空中升起一個蕈狀雲，顏色呈現略白或灰的粉紅色，在空中翻騰、旋轉和擴散，最後終於碎裂成較小的雲堆，在風力吹送下籠罩 Irtysh 河地區。

> 有時候，風往 Abolsk 地區吹，有時候又刮向我們這邊。此外還有聲波傳來，讓貓、狗、牛等家畜驚惶地四處奔逃，貓叫、狗吠、牛鳴等哀號聲音交雜在一起。整個情勢頗為恐怖，儼若世界末日。

> 我們的學校是村內唯一一棟兩層樓建築，頂樓在一次爆炸中被削平，在士兵幫忙重建後才恢復原貌。在冬天執行的測試，總會讓天氣異常地變得像夏天一樣的溫暖，Irtysh 河也因而完全冰融。測試有時會在夜間進行，兒童總被匆忙地叫醒逃離床鋪，若在冬天的話，還會被帶到深谷。整個測試的效果在夜間更形壯觀，甚至比白天還明亮。

> 那幾天的測試帶給我太多回憶，需要很長的時間才能訴盡。我們過去常聽到有關廣島和長崎的事件，也聽過美國人對人民進行可怕的核武測驗，但卻沒人曾經提及蘇聯的核子彈也是針對人們作測試，就像我們的情況一樣。就這件事看來，我們很明顯的不被當成人看，儘管我們受到輻射的感染，卻也未曾接受過任何醫療檢查。村裡的人開始死於白血病，但基於某些原因，這些消息必須被壓抑下來，所以我們這些兒童根本對此神秘疾病一無所知。1963 年我家人移居到 Semipalatinsk 省南部的 Urdshar 村落，距離原村莊 560 公里。（MCKAY 1991, pp.80-81）

現階段我們已檢視變遷的兩個動因：創新和當權者的行動（卡理斯瑪領袖和權力菁英）。現在我們轉向討論變遷的第三個動因——衝突，衝突和前兩個動因交織在一起。衝突的最基本形式涉及團體間彼此爭奪財富、聲望和其他重要資源。我們可以回想：創新的引入（發現、發明和典範）會破壞權力的平衡，導致接受創新與否的雙方產生爭執，而卡理斯瑪領袖和權利菁英擁有貫徹個人意志（不論好壞）的權威，即使在遭遇他人反對的情況下。

❧ 衝突

社會學家寇舍在其文章〈社會衝突與社會變遷理論〉中指出，衝突總是存在的，因為「體系內的各個個體或群體對於應得權益和分配體系的看法絕不會一致」（1973, p.120）。每當團體採取行動以增加財富、權力、聲望或其他重要資源，在原有分配體系的既得利益者拒絕的情況下，衝突便會發生。

衝突不論是暴力相向，或者以公眾辯論的方式呈現，都會產生影響並導致變遷。大致說來，各種變遷會在既得利益者與未蒙利益者之間觸發潛在的衝突。比如 1840 年腳踏車問世時，馬商便集結起來反對，因為它威脅到自己的生計，某些醫生宣稱腳踏車騎士會罹患「騎士喉頭炎」和「腳踏車駝背」病症，教會團體也群起反對，認為腳踏車會澎漲「魯莽」女士的地位（因為腳踏車無法橫坐著騎）。[9]

衝突也會導致變遷，它可以是一股具有建設性和鼓舞的力量，以避免社會體系停滯、反應遲緩或欠缺效率。像反核、爭取公民權和女性運動都會導致類似衝突，這些運動均能創造出新的規範、關係和思考方式，而衝突也能產生新的且有效率的技術。

寇舍指出，當員工要求調高薪資，雇主的反應是直接裁員，或是投資能夠簡化工作的技術。諷刺的是，戰爭這種最具破壞性的衝突形式，卻帶動了救人醫療技術的進步。在第一次世界大戰期間,許多士兵在滿地肥料的田地上作戰,以致感染破傷風。[10] 此外還有大量士兵被機槍和爆炸碎片所傷,於是醫生試驗各種抗毒素,最後發現治療破傷風的藥物,促使外科醫學大幅進步。同樣地,第二次世界大戰期間發生的各類型傷害,也促使醫生創造出一套蒐集和保存血漿的系統,並大量生產盤尼西林以治療傷口感染(Colihan and Joy 1984)。五角大廈高等研究計畫局(Advanced Research Project Agency)最近資助一些具有軍事應用價值的民間計畫,比如該局資助一項電車系統計畫,發展能無聲通過敵軍佔領區的軍事車輛(Wald 1994)。

不論衝突將會導致修正(改善或替換當前的習慣)或革命(全面和激烈的變遷),都有賴許許多多的因素和偶然。社會學家達倫道夫在「關於社會衝突理論」(1973)文章中鑑別和陳述這些因素。

衝突的結構起源

達倫道夫在其文章中問了兩個問題:(1)衝突的結構來源為何?以及(2)衝突會以何種形式展現?達倫道夫的回答憑藉下列預設。首先,每個組織都有一個正式的權威結構(比如國家、企業、軍隊、司法體系、學校體系),其中握有正式賞罰體系的人(他們因而有權發佈命令)和必須遵守命令或面對後果(如丟掉飯碗、入獄、得到低分等等)的人之間清楚二分。其次,在不平等的權力分配之中,「我們」和「他們」之間的區分會自然產生。從這些預設看來,衝突的結構起源可以追溯到權威關係的本質。衝突可以多種形式呈現,可以是溫和的或劇烈的,「在一些特定時期甚至可能從膚淺的觀察者視野中消失」(p.111)。不過,只要權威結構存在,衝突便無法避免。

達倫道夫指出衝突發生的三個階段,從一個階段前進到另一個階段得需要許多條件。他並沒有打算詳列衝突可能歷程的所有清單,事實上,他提醒讀者:他所舉出的衝突是一些最明顯可見的,因為衝突的歷程和解決之道都是複雜的現象，其中得考量許多因素。達倫道夫的衝突三階段描述如下：

衝突模式第一階段　每個權威結構都包含兩個以上具有對立利益和隱藏利益的團體。既得利益者會保存這個體系，而未蒙利益者則會試圖改變它。不過，在團體（特別是那些無權者組成的團體）組織結合起來之前，對立的利益通常不會浮上檯面。Adam Michnik 是團結工聯（Solidarity）[11] 的創始人之一，他觀察到「想查明一個人邂逅另一位像自己的人所依循的路徑是相當困難的，且在某特定階段……得說『朋友，讓我們共同攜手，別讓他們把我們一個個分化』」（1990, p.240）。譬如在猶他州 Marysvale 鈾礦城中，礦工在 1948-1966 年間搬運原委會為生產核武所採購的鈾礦，當第一位礦工在 1960 年代早期過逝後，礦工們才意識到他們共同的命運（Schneider 1990a）。

通常在一件大事發生之後，無權者才會在見證體系的變遷當中意識到他們的權益。前捷克斯拉夫總統，現任捷克共和國總統哈維爾（Vaclav Havel）相信，徹諾比爾事件可能是導致中歐革命的重要角色。徹諾比爾核電廠位於烏克蘭境內，1986 年發生反應爐核心熔毀，這是核電廠運轉中最嚴重的意外。雖然烏克蘭、蘇俄和 Belarus 均遭受嚴重的放射性污染，但遠如瑞典等地亦難逃此劫。徹諾比爾事件發生之後，捷克人民便敢於公開而大聲地抱怨（Ash 1989）。

有些時候，人們也會在沒什麼好損失的情況下組織起來，正如一位東德科學家所說的，「你不需要有反抗政權的勇氣，你只需要對所有事情毫不在意——不在乎被懲罰或責打。我不知道為何所有事都在今年〔1989年〕發生，讓許多人不再關心說出口的話會引發什麼樣的後果」（Reich 1989, p.20）。

衝突模式第二階段　假如無權者有機會彼此溝通，有組織的自由，握有必要的資源，並出現一位領袖，那他們就能組織起來。在共產國家裡，公眾的抗議經常遭致武力鎮壓。譬如在蘇聯的改革開放（perestroika）[12] 之前，一旦華沙公約組織裡某國人民要求政治自由，蘇聯便會派遣軍隊和坦克進駐該國。但是當蘇聯領導人宣稱將不介入其他共產國家的內政事務，並譴責過往的介入動作時，這些地區的人們即迅速地動員，推翻前蘇聯政權。這種革命速度之快，指出共產政府的政治力只是憑藉完全的物質外力，而這一套到 1989 年之後就不管用了。

這個例子顯示，當權者經常依其職位之便保存有害於己的潛在資訊，避免資訊流入那些可能意圖改變體系的人。美國（以及前蘇聯）的核武計畫是項不可挑戰的秘密，缺乏外在監督的結果，讓科學家、政府領導人和武器承包商得以強調核武生產的重要性遠大於環境和人身健康與安全，結果有關放射性及其對影響健康的資訊便被隔離開來，工人、士兵和生產基地周遭居民都不知道這些訊息。對於那些嘗試向大眾公佈資訊的研究人員，美國政府領導人會對他們進行檢查、解僱、或者撤掉研究資金。不過，我們知道有上千人仍堅持努力研究，或者獲取政府資料（見「試圖在核武廠工人健康議題上『搖撼世界』的科學家」一文）。

試圖在核武廠工人健康議題上「搖撼世界」的科學家

1975 年 9 月，68 歲的英國傳染病學家史都華（Alice Stewart）博士第一次見到統計證據，顯示華盛頓州漢弗特核武工廠的輻射害死工人。

她感到驚駭，這是研究人員首次發現暴露在低輻射劑量下的武器廠工人會有致癌危險，「我對這件事極感震驚，我們將要說出的事情會搖撼全世界。」她在最近的訪談中說：「我沒想到這麼少的劑量竟會對一位成人造成這麼大的影響。」

在 1977 年的健康物理學期刊中，史都華博士和兩位同事公佈這項結論（該研究是由政府提供資金），旋即遭到其他科學家的激烈抨擊，這些科學家大多與武器工廠簽有合約。

● 秘密政策

這項研究及隨後引發的騷動，讓史都華必須跟美國政府和核武工廠進行長期對抗，這位極端勇敢的英國科學家花了 14 年時間……跟科學秘密政策展開抗爭，

她認為該政策威脅到數千名武器工廠的工人，以及鄰近地區居民的生命。甚至在漢弗特研究結果發佈之前，政府已經停止給付研究經費，並驅使國會委員會調查這項科學主張。

3 月份，關於研究與輻射保護政策產生變化，這個變化使史都華深受感動。能源部秘書華金斯（James D. Watkins）說，他將開啟政府長久保密的工人健康記錄，華金斯也說，他將中止能源部支持政府研究輻射對武器工廠工人造成的影響，而這項最重要的研究計畫將在 8 月份由健康與人力服務部接手。

這些命令增強了史都華的名聲，也提升她作為工人安全的首席技術專家的可信度。

• 爭論仍多

「當我第一次抵達該區，我不知道核子再處理廠是什麼東西，」她在丹佛市接受採訪時表示，她曾在丹佛市參加工人補償金聽證會，為一位寡婦作證。這名寡婦說她的丈夫死於附近的洛磯武器廠的輻射感染，「我只是一名傳染病學家，才剛準備好針對這主題進行研究。」

「自此之後，我對資料有著明確的看法，也就是這工廠的危險性遠大於我們所知道的。」

她認為其他專家不會認同低劑量輻射具有危險性，尤其是能源部專家。其中最激進的評論者是法萊（Shirley A. Fry）博士，他是田納西州橡脊（Oak Ridge）原子武器廠的傳染病學小組領導人。「這些資料並不支持這些陳述，」法萊博士說，他的小組實際上已接獲華金斯的指示進行更換，「史都華博士的作品在技術問題上一直受到廣泛的批評。」

不過政府內外的科學家愈來愈支持史都華的觀點，認低輻射劑量具有危險性。去年 12 月，對她的理論最具權威的支持是：全國科學學會聲稱，低輻射劑量具有潛在的致癌物質量，遠高過 9 年前所指出的……

雖然她被視為英國最優秀且最具創造力的傳染病學家，但她卻是在 1956 年涉入低輻射的原子武器工廠研究之後才揚名海外。

史都華在當年在寫給英國醫學雜誌「柳葉刀」（The Lancet）的一封信中，提出這項令人不安的發現，關於胎兒照射Ｘ光：英國在 1953-1955 年之間死於癌症的嬰兒身上的Ｘ光劑量是一般嬰兒的兩倍。

這是首次發現低劑量輻射會危害人體健康，而這項結果引發醫生和核武廠的忿怒，他們拒絕承認這種一般的醫療程序與核武廠的核能生產會產生風險。

科學家知道高劑量的輻射會導致疾病，500 雷姆左右的劑量，相當於 1986 年徹諾比爾事件的部分營救人員感染的致命劑量。但是不到 1 雷姆的劑量又會對人體產生什麼樣的影響呢？經年曝露在低輻射下又會產生什麼樣的危險？1950 年代的科學家不承認這會產生危險。

但在 1970 年代中期，當史都華的發現為其他科學家複製之後，Ｘ光有害胎兒的結論便廣泛為人接受。

「我們從所有反對者的意見中獲益，真的，」史都華最近表示。「假如每個人都接受 1950 年代的說法，我們就不可能再行蒐集更多的資料，進行更多的研究。我們懂的相關知識將不會超過現在已了解的1/4。」

史都華博士在 1974 年從牛津退休，現在是英國中部伯明罕大學的資深研究員。匹茲堡大學的研究員曼庫索（Thomas Mancuso）在 1975 年請她協助原子能委員會，研究漢弗特特區的工人。

數天之後，她和同事統計學家 George W. Kneale 來到匹茲堡。秋天之前，這三位研究人員清楚地發現，漢弗特工人感染的劑量不到聯邦安全標準每年 5 雷姆的一半，但這些人當中卻有1/3卻疑似得到胰臟癌、肺癌和骨髓癌。

「我們知道這會引起發炎，」她說，「我說服曼庫索得對人們提出警告。不過我沒想到竟會引起他們的反對。」

• 美國裁減補助金

1976 年初，曼庫索向原子能委員會（即能源署前身）提出初步報告，但在 3 月時，A. E. C.通知他說 13 年的研究補助金已被中止。在 1978 年的國會聽證會上，政府官員否認他因致癌的研究發現而被解僱，稍後在總視察（inspector general）

報告中公開，這種解僱方式是不適當的。

　　不過佛羅里達的代表，兼任白宮小組委員會主席羅傑斯（Paul Rogers）看過該事件後，對總視察的結論甚表疑惑。「我們對這份報告的缺點甚感遺憾，這份報告掩飾了許多真相。」他在 1978 年 8 月份寫給新成立的能源部秘書 James R. Schlesinger 的信中如此寫著。

　　在往後十年中，史都華經常到美國，向社區團體、國會委員會和科學會議發表演說。在 1988 和 1989 年的聽證會上，她告訴參議院和白宮委員會，能源部在評估核武工廠輻射危險的計畫具有嚴重缺陷，阻礙了科學觀念的自由交換。

　　她首先指出，政府自 1942 年發展輻射工業以來，就蒐集近 600,000 名核武廠工人的醫療記錄，但這些資料卻被官方控制住，這在科學研究中是站不住腳的行徑。她說，這些記錄是最好的原始資料來源，能夠提供低輻射劑量影響人體的研究，不過這些資料只能提供給與能源署簽有協議的研究人員。

　　其次，史都華認為美國的輻射研究中，某部分具有利益衝突的研究應該停止。涉及的單位不只是能源署和武器工廠的所有者與經營者，還包括政府資助研究輻射影響健康的相關管道，她在去年 8 月的參議院聽證會上如此表示。

　　這些部門在 3 月份面臨逐漸升高的國會壓力與民眾困惑，紛紛將問題擺上檯面。對健康影響的研究將由健康與人力服務部接手，華金斯說。而秘密醫療記錄也將開放給一般科學家使用，雖然他拒絕設定開放時間表。史都華將會是第一批取得該資料的科學家，她是以三哩島公衛基金（乃賓州研究輻射效果的私人團體）的主要調查員身份取得這批資料。

　　「人們多次問我，為什麼我不跟朋友一樣退休，」她說，「假如我是個膽小鬼，害怕自己的工作，那我一句話也不吭。不過我現在退休了，可以講出許多以前不能講的話。我沒啥好損失的，這種研究必須停止，我會看著它發生。」

　　衝突模式第三階段　那些無權者一旦組織之後，便會與當權者發生衝突。變遷的速度和深度取決於當權者的能力，以及無權者運作的壓力種類和程度。衝突的強度從激昂的辯論到狂暴的內戰不等，但衝突的發生經常視許多因素而定，包括組織內部動員的機會，以及當權者掌控衝突的能力。假如無權者信任自己最終能取而代之，那衝突便不可能演變成暴力或革命。假如當權者絕不妥協，並動員所有資源阻撓抗議時，兩者的衝突便無可避免。首先，抗議者可能認為犧牲過大，於是決定撤退，中華人民共和國的民主運動即是顯例，當軍隊向天安門廣場的示威者開火，整個運動也告落幕。不同的是，抗議者可能決定與「敵人」正面遭遇，這種情況下就會有血腥衝突產生。

　　至於變遷的第四個重要動因是資本主義經濟體系，這是一種刺激追求獲利的特定衝突類型。資本主義經濟體系的起源可追溯至 500 年前，該體系促進一般的社會變遷，也是了解冷戰的動力不可或缺的因素。資本主義促進社會變遷，而社會主義的原則在理論上被認為是更為人性的替代方案，「對許多人來說，古典馬克思主義的革命說法仍給予其政治生命一種形式和目的，它堅持要推翻資本主義體系，創建社會主義國家，所有財富進行重分配，終結階級衝突」（Michael and Anderson 1987, pp.110-11；見「尋找作者的六個說法」）。

尋找作者的六個說法

　　米歇爾（Donald N. Michael）和安德生（Walter Truett Anderson）舉出他們所說的六個重要說法——競爭的世界觀或典範，它們的出現是反應資本主義經濟體系體現的西式進步的迷信。以下節錄自他們的文章。

　　　　從美國觀點看來，第一個說法是進步說。進步說雖然現在有點動搖，但它仍是美國主流社會和政治體制（包括民主、共和兩黨）標榜的說法。在藝術和文學之中，進步說一直被當成神話看待，表述在許多理論家的著作中，也許 Herman Kahn 是近幾十年來最頑固的代言人。進步說在國內政策中的主要後盾是國民生產毛額和成長倫理，而它對涉外方針的主要貢獻是發展理論，所有概念均指出舊式社會如何成為西式的工業化民主。

美國社會中的進步說受到基本教義說的挑戰，後者標榜重返基督教價值統治的社會。基本教義說被懷疑受到外國的影響，它強烈地保護國家主權，對快速變遷深感悲觀。雖然基本教義主義不是新產物，但它以強勢政治力面貌出現，卻明顯深具 20 世紀晚期的特徵：它主要是為了反應全球連結日漸增強的步調。雖然許多保守的美國人設法將進步的神話和基督教基本教義同時融入個人的世界觀裡，但這兩者之間卻有基本的衝突。共和黨內部分裂成進步的國際主義者和基督教基本教義者兩派，衝突的嚴重程度讓許多政治分析家相信，這個問題將是共和黨主政時期無法克服的障礙。

　　除此之外，還有其他具有同樣情感動力的基本教義說的存在，即使他們的外表形式完全相異。在當代全球政治中最顯著者當屬回教，在第三世界的許多地方（其中大多數是非洲），回教正代表西式進步說的反對者。回教提供受迫者一個強制性的政經意識型態，此意識型態深植於宇宙論當中，同時拒斥資本主義和馬克思主義。

　　另一方面，古典馬克思主義的革命說仍賦予許多人政治生命的目的，它堅持以推翻資本主義國家為前提，創造出社會主義國家，所有財產進行重分配，讓階級衝突告終。馬克思主義成為世界上大部分地區的官方意識型態，它鼓動了游擊隊團體的出現，在知識界也有很強的影響力，雖然現在多少已經衰退，而它也鼓舞部分激進的新宗教運動，即解放神學。

　　世界上大多數人根據上述四個說法當中的一個過活，每個說法都有其「體制」，即官方版本和揭露的真理，但是還是有許多變形存在，人們對這種事具有很高的創造力。

　　這四個說法都成形於現代，進步的神話和馬克思主義意識型態這兩者是啟蒙運動和工業革命的產物，而當代的基本教義說（不論是基督教或回教或其他版本）則是對前兩者的反應。基本教義說絕不僅是重返過去的信念而已，而是自舊素材中創造出來的新意識型態，以回應當今的情勢。而後現代說法目前方興未艾：新的候選者已經出現，而其他候選者在未來數十年中也可能陸續出現。我們在此提出兩個說法：綠色說和新典範說。許多人將這兩者視為同一，但我們認為兩者間的顯著差異值得區分。

綠色說等同於環境價值、太陽能奧秘和有機農業、動物權運動、以及西德的綠黨等其他國家類似團體。就像基本教義一樣，它反對工業革命帶來的進步神話，不過在理想主義的年輕支持者當中，卻發現一種後現代和高度複雜的說法，綠色說傳達了一個信念：停止工業化進步造成的破壞，以重返一個尊敬地球及其生物的較單純年代。

新典範說是超進步的，是一種驟然向下跳躍到全新的存在，也是一種思考世界的新方式。雖然某些新典範思想家側重綠色奧秘，但其他思想家卻信奉大事業和高科技，他們對未來的宇宙探索充滿熱忱。新典範說是古代千年門派的後現代版本，這些古代千年門派預言新秩序即將來臨，地球上將出現一個天堂，不過這種說法源自於宗教預言。新典範的擁護者喜歡參考科學理論來支持他們的期待，就像 Ilya Prigogine 關於消失的結構這種作品，以及傾向 Teilhardian 而非達爾文式的演化觀念。人們認為新典範思想家預言的光明未來定然發生。這個論點和其他說法不同，比如綠色運動就經常較悲觀、憂慮和好鬥。

所有這些說法都在後現代世界中爭取可信度，他們的擁護者都說：世界終將變成這個模樣。不過很明顯的，我們會遭遇很多衝突——不管是東西方之間、進步的神話與革命的意識型態之間的兩極衝突，還是基本教義者對上馬克思主義者，回教徒對上基督徒，綠色主張對上工業進步，還是其他許多的種種排列。

﷼ 資本主義

馬克思相信資本主義作為一種經濟體系，最後會導致工業革命時期技術創新的暴增，以及生產的貨品和服務以空前速度增加。在資本主義體系裡，獲利是成功的最重要手段。[13] 為了要將獲利極大化，成功的企業家必須將獲利再投資，以便擴大顧客市場，並獲取必要的技術，以便讓貨品和服務能以最高品質和最大成本效益投入生產。[14]

資本主義體系是一種變遷的媒介，它需要生產工具不斷地革新。馬克思相信資本主義是頭一個有能力將人類勞動的生產潛能極大化的經濟體系，不過，他也相信資本主義忽略太多的人性需求，使太多人無能購買自己勞力生產出來的產品。馬克思說，資本主義這項奇蹟已然「遠遠地超越埃及金字塔、羅馬水道和哥德大教堂……使以往的出埃及記和十字軍東征事蹟相形失色」（[1881] 1965, p.531）。他相信，假如該經濟體系能被正確的控制──不為獲利或自利所驅使，而為具有社會意識者所運作，公眾的財富便能豐裕且依需要作適當的分配。

馬克思認為，資本主義藉由吸吮勞工的鮮血才得以存活與繁盛。獲利的驅力（馬克思主張該驅力來自於與生產過程直接相關的勞力）是「無盡的飢渴……像狼人般的饞噬……完全不顧慮工人的健康和生命，除非社會迫使它停止」（Marx 1987, p.142），對獲利的渴望「促使布爾喬亞在全球各處晃盪」（[1881] 1965, p.531）。馬克思的理論影響一群當代社會學家──即世界體系理論家，因而在描寫資本主義作為變遷動因時強調全球互賴。

世界體系理論

華勒斯坦（1984）這位社會學家與關心資本主義的**世界體系理論**（world system theory）關係深厚。從 1970 年代早期以來，他就持續撰寫四大冊著作（其中三冊已出版），內容有關於過去 500 年不斷擴張、成為單一市場力量的資本主義。根據華勒斯坦的說法，雖然資本主義有過數次的停滯時期，也有某些國家（比如共產國家）試圖從資本主義經濟中撤出，但資本主義經濟卻沒有因此而收縮。「因此，資本主義世界經濟在 19 世紀晚期實際上將整個人類居住的地球包括在內，而它目前正努力的克服技術上的限制，讓地球其他剩餘的角落得以耕種：沙漠、叢林、海洋，非但如此，還包括太陽系的其他行星」（p.165）。

華勒斯坦區分出世界經濟與世界─經濟兩詞。人們使用世界經濟（沒有連字號）一詞想像世界是由 160 多個彼此有貿易關係的國家經濟體所組成。在這種想像當中，全球化被描繪成一個較新的現象，以及世界各國由較孤立、自己自足的經濟朝向貿易經濟發展的過程。雖然全球互賴這個概念頗為普遍，但卻較不精確。較精確的語詞（和概念）應是世界—經濟（world-economy）。世界—經濟已有 500 年的發展歷程，並還在發展之中。人們使用該詞想像一個藉由單一分工而相互連結而成（包括數百個國家和數百種文化）的世界。在世界—經濟中，經濟的交易跨越國界。雖然各個政府試圖以有利「自己的」企業與國家利益的方式影響全球市場，但卻沒有單一政治結構（世界政府）或國家政府有權掌握生產和分配的體系。

資本主義藉由積極在世界各地尋找產品市場而具有全球性，包括這個靠近巴拿馬市的 Kuna 印地安村莊。

華勒斯坦主張，世界—經濟就是資本主義，因為「以無止盡累積為優位的那群人一直支配著資本主義經濟，……將尋求在其他前提下運作的其他人逐出此領域」（1984, p.15）批評者反駁這種論調太過誇張，認為仍有許多國家的經濟並不是資本主義經濟，且世界上也沒有一個國家能夠用純粹的資本主義原則從事經濟運作。[15]

華勒斯坦抨擊共產國家等同於大型國營資本主義企業的說法，認為所有國家均仰賴世界—經濟，而各國間的所有貿易在某些程度上對立於其政經體系。即使在蘇聯崩解之前，美國便已出口玉米和小麥到蘇聯，而蘇聯也出口化學製品、燃料和礦物到美國。同樣地，解體前的蘇聯還是出口自然和豐富的鈾礦到西方國家（Broad 1991）。世界—經濟的其他特徵還包括從貨品與服務中汲取的獲利在全球市場上是呈現不公平的分配，而受益人的網絡多分布在機械化富國當中。

資本主義在全球經濟中的角色

資本主義如何開始主宰全球經濟關係網絡？答案在於資本主義者回應經濟變遷，特別是回應經濟不景氣的方式。

1. 雇用低薪員工（比如打擊工會、買斷工人的合約、或者提供提早退休方案）、引進省力技術（諸如生產過程電腦化）、或將生產設備由高薪資地區移往海外低薪資地區以降低生產成本。

2. 創造消費者「需要」購買的新產品，像錄影機、電腦和傳真機（這些產品在 1970 年代末期和 1980 年代早期才問世）。

3. 改善既有產品，讓原有產品報廢（參見「運作中的資本主義：耐吉個案」）。傳真機即此種策略的良證：「1986 年只有 190,000 台傳真機，至 1987 年已暴增至 475,000 台。不過，雖然大多數公司仍在決定是否購買第一台傳真機，但新一代的機型業已問世」（Furchgott 1988, p.484）。

4. 擴大世界—經濟的疆界，創造新市場。在 1989 年柏林圍牆倒塌後，美國、西歐和日本企業持續將市場擴張到東歐、蘇俄和歐亞新國家。譬如 Procter & Gamble 公司已將清潔劑、牙膏、洗髮精和尿布行銷到捷克、匈牙利和波蘭（Rawe 1991）。可口可樂公司特別快速地進入東歐市場，幾乎在柏林圍牆倒塌，以及東德開始拜會西德與西柏林的同時，可口可樂便進駐該地，贈送免費的可樂，這項活動在西柏林非常受歡迎，許多人還特別到可口可樂行商找樣品。數週內，美國公司已在東德洽談可口可樂經銷事宜了：

我們幾乎在同一時間內重新編組：當我們一見到局勢轉
變，便將東德併入西德和歐聯的經營團隊當中，並將人才、基
本設備和技術輸往東德。我們在數週內陸續運送瓶裝可口可樂
給簽下合約的東德經銷商，而在一、二個月內，東德的銷售量
已達每月百萬箱……

在 7 月之前，我們已在東德設立生產設備，以便在當地進
行生產和分銷。我們期望明年東德的銷售量能達到 3,000 萬箱，
在 1995 年之前更提升到每年 1 億箱。（GUTTMAN 1990, p.16）

5. 財產重分配的結果，使更多人有能力購買貨品與服務。亨利福特
是大規模採用此法的第一人，他在 1908 年率先採用革命性的概念
——給付工人薪資（一天 5 美元），這筆錢足夠讓工人購買以其
勞力生產的產品（Halberstam 1986）。由於蘇俄、東歐和歐亞新
國家通貨短缺，所以美國、西歐和日本高級主管便在此設立以貨
易貨系統（Holusha 1989）。「譬如百事可樂將波蘭的木椅輸出到
美國的必勝客加盟店，再將飲料賣到蘇聯，以換取舊型的潛水艇」
（O'Sullivan 1990, p.22）。

這些反應經濟不景氣的結果，使得資本主義的擴散已涵蓋全球。此
外，世界各國開始在全球經濟中分飾不同且不平等的角色：核心、邊陲與
半邊陲。

運作中的資本主義：耐吉個案

「Just do it！」是耐吉的電視廣告標語。在眾多競爭者（如 New York City Marathon、Beaverton、Oregon）環伺之下，耐吉已成為世界頂尖的運動鞋設計者和買賣者，去年銷售額上漲 31%，達到 22 億美元，大約比 Reebok 高出 7,500 萬美元。相較於 Reebok 的收益 1 億 7,700 萬美元，耐吉則以 2 億 4,300 萬美元領先群雄。

顧客知道耐吉之所以受到廣泛注意，是因為有知名運動員，像傑克森（Bo Jackson）和喬登。運動鞋銷售店像 Nike Next Day，一天 24 小時接受訂單。北卡羅萊納的一位經銷商表示：「我和 100 多名行商打交道，耐吉就是鞋業的標準。」不過從耐吉執總裁的觀點看來，公司的主要優勢在於新鞋。

耐吉的目錄列出 800 多種款示，對市場進行區隔。它的籃球鞋就分成三個系列，每一系列都有自己獨特的意涵。像 Air Jordon（零售價 125 美元）專為那些想追隨芝加哥超級明星腳步的顧客所設計，Flight（零售價 115 美元）則為那些重視輕便的玩家所設計，至於 Force（零售價 150 美元）則採用最近技術，像專為顧客量身訂製的氣囊設計，以回應 Reebok Pump 的挑戰。

公司至少每 6 個月會更新球鞋款示，好讓顧客能在穿壞鞋子之前換雙新鞋。副總裁 Andrew Mooney 表示：「我們就像汽車工業一樣，不斷地尋找適合應用的新技術。」耐吉也像 Sneaker 一樣，都與外國工廠簽訂製造合約，這種作法可以節省資金。總裁 Philip Knight 說，這讓耐吉把鞋子交到工資最低廉的地方生產，比如韓國、智利和泰國。

設計部分都在美國本土進行，耐吉在 1979 年在引入 Tailwind 之後開始起飛，這種加入氣囊設計的鞋子可以減緩足部震動，所謂的空氣技術改革了跑步鞋，最近的成品像售價 110 美金的 Air Huarache 款示，便是由熱塑性的合成橡膠所作成，強調藍綠裝飾的款示，儼然是來自火星的球鞋。

類似的發明都是由喬登大樓提出，這是耐吉公司佔地 74 英畝的研發中心，內部成員包括運動生理學家和機械工程師，他們研究運動員腳部承受的壓力，並和設計家合作，研擬新的球鞋構想。這個小組也會在科學期刊（如「運動醫療與科學」、「運動」等）上發表文章。Knight 自誇，耐吉已儲備好幾種鞋類構想，能源源不絕的打入市場，讓耐吉的競爭力持續 3 年以上。

核心、邊陲與半邊陲經濟

核心經濟（core economies）包括那些機械化富國——這些國家的特徵是具有強而穩定的政府。核心經濟傾向高度多樣化。發展中國家的輸出額有近 2/3 為機械化富國所吸收，機械化富國從勞力密集窮國進口原料，並擅用世界各地的自由貿易區。絕大多數將總部設在核心經濟區的「大型全球企業決定了人們吃喝聽讀的內容，與呼吸的形式，最終可能決定哪些社會終將興盛，哪些社會終將注定殘敗」（Barnet 1990, p.59），這些企業的銷售額遠超過許多國家的國民生產毛額（Currie and Skolnick 1988; 見表 15.4）。當工業世界中的經濟活動衰弱時，勞力密集窮國將因出口額度和價格水準下降而受害。

勞力密集窮國具有分化程度低的**邊陲經濟**（peripheral economies），其中大部分工作是低薪且不怎麼需要技術的工作。邊陲社會很大一部分仰仗像咖啡、花生或煙葉這類單一作物，或是錫、銅、鋅這類的單一礦產。邊陲經濟的國民生產毛額總合還比不上歐洲經濟體（Van Evera 1990）。邊陲經濟在過往殖民主義作祟下，使其與核心經濟間存在依賴關係，邊陲經濟總在世界—經濟的邊緣運作著，這些處於長期貧窮的地區的經濟活動包括海外製造區、高度易榨取經濟區、單一商品經濟區，以及旅遊區。

半邊陲經濟（semiperipheral economies）介於核心與邊陲之間，其特徵是中庸的財富（但卻極端不平等）和多樣性，像台灣、巴西、南韓和墨西哥均可歸為此類。半邊陲經濟剝削邊陲經濟，而被核心剝削。就此定義看來，伊拉克和科威特在波灣戰爭前都是半邊陲經濟，她們都依靠邊陲經濟提供廉價勞力。在伊拉克入侵科威特之後，這個依賴關係便浮現檯面：戰事發生時有上百萬工人逃離科威特，包括伊朗人（70,000）、伊拉克人（2,200,000）、葉門人（45,000）、蘇丹人（21,800）、埃及人（700,000）、約旦人（220,000）和巴勒斯坦人（30,000）。而逃離伊拉克的人則包括巴基斯坦人（67,600）、印度人（150,000）、孟加拉人（85,000）、越南人（16,000）和菲律賓人（30,000）（Miller 1991）。根據華勒斯坦的說法，半邊陲經濟在世界經濟中扮演重要角色——倘使核心經濟中的工資和獲利需求皆高漲，半邊陲地區便因其政治夠穩定而成為資本主義投資的好環境。

表 15.4   1993 年企業的銷售額與某些國家國民生產毛額排行表

前十大以美國為總部的大型企業銷售額總額超過許多國家的國民生產毛額，像通用汽車、Exxon 和菲利浦·摩瑞斯這些企業的銷售額就高過許多國家的國民生產毛額。

國家或企業	金額（10億美元計算）	排行
美國	5,686.0	1
日本	3,337.1	2
德國	1,516.7	3
法國	1,167.7	4
義大利	1,072.2	5
英國	963.6	6
美國前十大企業*	681.0	7
加拿大	568.8	8
西班牙	486.6	9
俄國	479.5	10
巴西	447.3	11
澳大利亞	287.8	12
印度	284.7	13
荷蘭	278.8	14
南韓	274.5	15
墨西哥	252.4	16
瑞典	218.9	17
通用汽車	133.6	18
沙烏地阿拉伯	105.1	19
Exxon	97.8	20
波蘭	70.6	21
菲利浦·摩瑞斯	50.6	22
羅馬尼亞	31.1	23

*1993年美國十大工業公司為：通用汽車、福特汽車、Exxon、IBM、通用電子、Mobil、飛利浦、克萊斯勒、E.I. du Pont de Nemours.

世界體系理論家主張,政治動亂導源於不平等的被整合到世界－體系當中,企業會採取行動,而政府的貿易決策也會刻意忽略掉某些團體,結果,受壓迫的團體可能在二項主題下組織起來:「階級」(勞動力中處於不利立場的職位)以及「國家」(共同的社群、文化、語言和領土)。

　　據此觀點看來,若認為蘇俄、歐亞新國家、中歐以及非洲發生的衝突單純起因於民族問題,這種說法便是個錯誤,因為這些衝突的發生均深植於長期的不平等,且為了爭奪稀少而重要的資源(領土、礦藏等等)。

🥢 討論

　　當社會學家研究社會生活的組織和運作中發生的社會變遷時,他們至少會提出兩個問題:導致變遷的因素為何?變遷帶給社會什麼樣的影響?第一個問題頗難回答,因為我們不可能將變遷的發生歸為單一原因,畢竟變遷經常關聯於一連串似無止盡的事件。同樣的,第二個問題也難以回答,因為我們很難預測變遷將如何影響社會,不過這種困難不應讓我們覺得變遷是無法研究的。

　　關於第一個問題,社會學家至少已區分出變遷的四項重要動因,讓我們能對導致變遷的各種互動和反應予以歸類。這些動因是創新的出現以及對創新的反應、領導者的行動、爭奪稀少而重要的資源、以及資本主義原則形塑的行為與政策。我們已在本章當中檢視過一項重大變遷:冷戰的結束及以新世界秩序的興起,美、蘇雙方由核武擴散轉變到核武削減即反映出該變遷。在這四項動因的引領下,方便我們把許多有關轉變的因素整理到討論之中,包括(1)導致原子彈發明的基礎創新;(2)美、蘇雙方在原子彈發明後投入一系列的改良創新;(3)文化失調議題(特別是美、蘇兩國將武器生產看得比環境、健康和維繫軍事優勢來得重要);(4)美、蘇雙方領袖決定動員人民和資源投入軍備競賽,以及在未與當地民眾討論並解釋所涉風險的情況下,擅自決定核子生產、測試和廢料處理的設置位址；（5）動員受害的群眾挑戰政府領導人和承包商的行動；以及（6）在理論上更富人性，可替代資本主義的社會主義興起，卻在蘇聯解體和歐洲新國家出現的情況下崩解。所有這些事件都將美、蘇雙方推向歷史新局，促使其處理冷戰對環境和人民智慧造成的影響。

關於第二個問題——變遷帶給社會什麼樣的影響？很難回答的原因有二。我們很難精準地預測變遷將會如何影響社會，即使只因我們難以精準確定變遷會在將來某時點停止產生影響。關於這一點，社會學家提供豐富的概念詞彙與某些有用的理論觀點，以形構並釐清有關變遷結果的思緒和討論。第二個原因是人們對變遷的反應也會影響變遷的結果。選擇（人們決定如何對變遷作出回應）在變遷研究中是個充滿希望的成分，因為它指出人們不是被動的行動者。社會學提供一個獨特的觀點——社會學想像的觀點，給關注做出重要且具有建設性反應的那些人。

❧ 結語：重訪社會學想像

我們在第一章當中學到，了解煩惱與議題之間的關聯是社會學的基本意圖。了解這項關聯是社會學想像——將看似非關個人的遙遠歷史經驗連結於個人生活的能力——的核心。社會學想像提供人們一種心智特性或一套架構，供人們思索「世界上究竟發生什麼事，而人們自身可能會發生什麼事」（Millls 1959, p.5）。

那些擁有此項心智特質的人能夠將自己置於歷史當中，以了解自己的經驗和「命運」。藉由逐漸意識到所有個體均分受相同的情境，因而知曉自己所能作出的種種反應。一旦人們在了解每種情境所能作出的各種反應之後，便能了解人們是主動的形塑社會，而不是被動的以預測的或不經思索的方式處理那些影響生活的大議題，因此他們開始懂得社會是由人們所形塑，正如社會也會形塑人們一樣。

當我們想到人們得和冷戰產物相處 240,000 年，這種以充滿希望的觀點看待社會中個體角色的方式似乎並不適宜。事實上，我在撰寫最後這一段時，曾徵詢過研究助理雷尼（Renee Johnson），請教她這時候我該說些什麼，才能使讀者確信有教養的個體作出的反應是有差別的。她回答：「這是個棘手的問題，我不知道該如何回答，但從你方才所說的物質觀點，你必須說些深奧的東西才能讓我相信所謂社會學想像的前提。」

　　雷尼的評論提及我對這本書結尾的憂慮，因為這本書並沒有要讀者確信在嘗試發展社會學想像之後就能得到報酬。當我想到這個問題，我便想起多年前與伍德（Horatio C Wood）博士的對話，他是《變遷評論》（Reflections on Change）一書的作者，伍德引述弗洛依德在《幻象的未來》書中的一段話，「知識份子的聲音是柔和的，但一直要到這些聲音被人聽進去方能落實。」知識份子的聲音因具有連結歷史與自傳的能力而溫和，但卻是一股希望的強制性來源。

　　與冷戰似無止盡的動亂一樣，在製造原子彈的過去 50 年中，我也為知識份子的聲音所擾——全世界許多人不斷質疑政府與防禦工程承包商的決策，關於如何以及在何處建造與測試核武，以及如何處理放射性廢料等問題，即使在第一顆原子彈於 1945 年試爆之前。即使是沙卡洛夫（Andrei Sakharov）這位被視為蘇聯的氫彈之父的物理學家，以及在新墨西哥洛塞勒摩斯指導原子能研究計畫（即「曼哈頓計畫」）的美國物理學家歐本海默，他們也都無法讓世界意識到核武測試和生產所具有的道德意涵和技術危險。沙卡洛夫（1992）在回憶錄中寫著：

　　　　我讀到在 1945 年 8 月 6 日，霍本海默的年輕同僚在洛塞勒摩斯的實驗室到處亂跑，口裡咆哮著印地安式的戰呼，而他將自己反鎖在辦公室內，流著淚與杜魯門總統開會。霍本海默個人的悲劇讓我感觸良深，因為我相信他是基於善良的信念而來協助發明原子彈，因此長崎和廣島的慘劇當然會對他的心靈造成很大衝擊。（p.97）

　　歐本海默在 1946-1953 年擔任原子能委員會主席，但在 1953 年以美國的安全風險理由遭到革職，因為傳聞中他與共黨份子有關，妨礙氫彈的發展。就他來看，沙卡洛夫「反對核子試驗，並反對在意識型態上扭曲科學」（Kline 1989, p.xv）。在 1958-1964 年出任蘇聯總理的赫魯雪夫在 1958 年的回憶錄中寫到：

> 沙卡洛夫請求我們政府取消預定的核爆計畫，並停止投入任何的後續測試，至少在氫彈部分得如此：「作為一位科學家和氫彈的設計者，我知道這些爆炸造成的傷害將會對人類帶來災禍。」
>
> 他致力提倡一個觀念，認為科學應該為世界帶來和平與繁榮，以及幫助保存和改善人類的生存條件。他認為他有權力決定自己發明的炸彈是否能在未來用得上，不過這麼想是想太遠了。（KLINE 1989, p.XV）

沙卡洛夫在 1979 年以反對蘇聯入侵阿富汗的理由遭到逮捕，先囚禁在莫斯科，再被流放到高爾基，這個地區禁止外國人進入。國際社會視此入侵為蘇聯擴張主義的明證，而此擴張主義還導致美國參議院拒絕批准第二次限制戰略武器談判條約（SALT II Treaty）。

吾人可以主張，由於歐本海默、沙卡洛夫以及許多人對事實的堅持，讓政治家得以在 1993 年簽訂第二次限制戰略武器談判條約，而美、蘇間首次條約的簽訂是要裁減雙方的核武數量。歐莉瑞宣佈，美國能源部必須將冷戰期間發生的事件公諸於世，並聯合美、俄、及新興歐亞各國的科學家共同努力，致力找尋削減核武的方式。

歐本海默、沙卡洛夫和歐莉瑞等人都不是社會力的被動行動者，在面對影響其生活的較大社會力時，他們也不只是觀察者。了解他們的反應俾益我們知悉人們具有的選擇權。社會學的希望就在於，它提供認真面對此事的人一個觀點，讓他們具備相關知識，能夠評估影響生活的較大社會與歷史力量，並賦予他們能力，以評量自己做出的各種反應。我們就以醫學博士伍德的論文作結尾。他指出，某些社會因素可能干涉人們以建設性

的方式回應生活中的重要事件。另一方面，他點出我們的希望之源：知識
份子的柔和聲音直到被人聽見之後方能落實。

環境健全青年
（ Youth for
Environmental
Sanity）十來歲的
成員以全球觀展現
其信念——樂觀的
認為人們團結起來
就能影響社會變
遷。

❧ 焦點：對變遷的看法

Horatio C Wood IV, M.D.

　　多年以前，大概是 30 多年前，我那時有抽煙的習慣，大概每天一包。
我的煙齡已超過 10 年，我很清楚的記得自己很享受這種過程：依慣例點
煙，深抽一口。一直到我到醫院的肺癌病人區工作時，發現那個區域全都
是男性老煙槍，當時我才警覺到是該戒煙的時候了，以降低我得到肺癌的
風險，增加活到六、七十歲的的機會，我寧可死於無法預測的其他事情，
而不是肺癌。

　　這些年來我設法戒過好幾次，經常是在秋天玩足球時才戒得掉。但
我這次決定戒煙是永久性的，我也要我太太戒煙，幸運的也都得到兒女「看

似」對我們的鼓勵。我之所以說「看似」，是因為我真的不確定他們鼓勵我們戒煙的理論究竟為何，可能單純的只是小孩不該擁有香煙，所以大人就不能擁有；或者也許是煙味令人不快。我也有幸讀到最近發表的有關抽煙與肺癌間關係的研究，戒煙過程最痛苦的階段會持續一個月，而後會有數年的不舒服期，此時若點上一根煙就能感到無比的快樂。

我的確設法改變對香煙的態度。抽煙會讓人對尼古丁上癮，且在多年抽成習慣之後更增加這種癮頭，而同儕煙槍和廣告也具有增強的作用。當我戒煙時，我並不了解抽煙涉及到尼古丁上癮──我們總在事後才曉得。過去 30 年來，上千人設法戒煙，甚至上萬人死於長期抽煙導致的肺癌，這種事為什麼會發生呢？人們怎麼會用香煙戕害自己？為什麼人們不改變？為什麼人們不能改變？

人類天生具有高度複雜的身體和頭腦，不論是內在領域或外在領域，我們的研究所知會愈來愈多。譬如我們參與一項繪製人類基因的計畫，以精確地說明由 24 條不同染色體組成的氨基酸，繪表說明構成與控制人類基因遺傳因子的所有 DNA 序列的組成，加上現化技術能讓我們描繪出人腦中的活動區域，使得我們開始了解更多有關人腦的運作情況。譬如我們現在知道對最近發生事件的記憶首先儲存在腦中的某部分（hippocampus 區），最後才儲存在腦中的其他區域（Zola-Morgan and Squire 1990）。

對於我們了解自身變遷的能力來說，增加我們對自身的了解究竟有何意涵？從雙合子雙胞胎的研究中，我們知道基因因素「對行為變化性具有明顯且普遍的影響」（Bouchard 1990）。這意謂我們都是以基因所決定的方式行為嗎？我們都是以早已計畫好的形式執行感覺、思考和行動？或者我們擁有改變的能力？機會在於我們積累的知識，它終將擴增我們的選擇機會：更多的知識將給我們新的選擇，而不是無法預測的選擇。

在精神病學中，我們大部分的知識根源於個人，這是醫學出現以來便一直使用的方法：研究個別病患，以了解這些人的疾病和健康者有何不同。不過，在第二次世界大戰之後，我們的視野開始拓展，譬如對母親照顧與兒童身心健康之間互動的各種研究達到高潮。Rene Spitz 在 1945 年的作品中，研究將幼童和母親或長期看顧者分開後產生的悲傷、沮喪和消沉。John Bowlby 也開始研究分離的影響和傷害，他研究戰時倫敦轟炸期間與父母仳離的不同年紀幼童，發現分離的時間愈久，對兒童的負面影響（比如啃指甲、尿床、憂慮）也就愈大且愈持久，這份發現讓他想了解箇中原因，所以他花了 30 年時間致力闡明親子間的自然結合力，以及破壞結合力之後產生的效應。

我引用 John Bowlby 作品中極重要的發現——感情環境（emotional environment）對人們具有重要的影響。缺乏這般環境的兒童長大到青少年、青年和成人之後，會缺乏選擇的能力。焦慮會困擾他們，會干擾他們專注重要事情的能力。當焦慮和緊張淹沒了個人的思考，不論選擇什麼樣的歷程，都讓多方角度考量和檢視許多可能的結果變得不可能。

其他還有什麼不測事件可能會限制人們的改變機會？我在這裡提到的事會對所有人產生影響，特別是對兒童的影響會更為強烈。要列出這些事情真是困擾著我，因為我們擁有剔除這些事件的知識和方法，但卻一直無法做到。我談到飢餓，談到風土病、水源供應的污染以及不衛生的污水系統，我也提到基本教育，讓人們從文盲變成擁有超越家庭和村莊的知識。如果沒有辨認指南針和判別地圖的能力，就無法了解更進一步的知識。若沒有消除風土病、疾病，就遑論有更多的選擇，而長期的飢渴會產生冷漠和絕望。

什麼東西讓人們得花這麼久的時間去改變？假如我們知道人們可以不必忍受飢餓或感染疾病，就能讓景況更佳，我們這些知道採取必要步驟的人為什麼不會改變這些事情？問題到這裡變得更複雜了。

想想壞血病（一種因缺乏抗壞血酸而導致的疾病）對 18 世紀皇家海軍水手的影響。蘇格蘭人林德（James Lind）是 Haslar 海軍醫院的醫生，他在 1754 年寫了一本有關壞血病災禍的論文（1740 年的航海遠征中有 75% 水手感染壞血病），該疾病會讓人變得衰弱、出血甚至死亡。自從該病侵襲各城市（布蘭達[1625], 紐倫堡[1631], 奧格斯堡[1632]）與 17 世紀一些長途海上航行之後，這種情況便一直受到人們的觀察。柑橘、檸檬汁和新鮮蔬菜都被發現具有立即的療效，但一直要到 1795 年之後，海軍總部才發佈命令，指示皇家海軍必須普遍使用來姆（lime）和檸檬汁，之後壞血病才消失。這種可怕疾病殘存至今的唯一影響是英國水手仍舊被稱為「limeys」（Garrison 1929）。

　　林德醫生在 1754 年發表有關壞血病的論文，為什麼沒能說服海軍總部重要人士發佈命令改善情況呢？為什麼得等上 45 年之後才採取行動？由於低估了彼德原理，我們確實發現大多數人，其中某些是位居各機關要職的領袖，都傾向保持現狀，這意謂在大多數機關中，若想達成變遷就得長久堅持，用知識的鎯頭重擊之使其改變。當有足夠的人相信了，情況便會產生最理想的改變。弗洛依德在其文章「幻像的未來」中指出：「知識份子的聲音是柔和的，直到被人聽見之後方能落實。」知識份子的聲音是柔和的，但卻是我們的希望之源。在發現事情起因與應用療法或預防措施（維他命 C 治療壞血病，戒煙以防肺癌，繫安全帶避免交通事故受到傷害）之間存在著一到二代的時間落差。

　　進一步檢視變遷的理由，對於那些看來受困於特定情勢的人們，我們能從他們身上了解些什麼？比如受困於保留區的美國原住民，受困於市中心住宅社區的美國黑人，受困於文化上自我限制的美國白人，受困於充滿敵意的白人文化中的南非黑人，受困於社政宗教泥沼的印地安人，受困於持續衝突的巴勒斯坦或以色列人，受困於監牢中的囚犯等等，我們能從他們身上了解些什麼？這些人能有什麼樣的機會？而這些人如何改變？

　　曾做過選擇而其改變令人印象深刻的歷史人物很多，這份清單包括 Rosa Parks，她在 1955 年 12 月 12 日拒絕公車司機要求她讓位給白人乘坐，於是遭到逮捕、作筆錄、捺指紋和監禁。她是全國有色人種促進協會地方分會的秘書，接受這種隔離的侮蔑已有 50 年，但她充滿勇氣作出不讓位的選擇，使其行動被認為是公民權運動的重要催化劑（Branch 1988）。

　　另一個例子是兼具環保和人權鬥士身份的肯亞生物學家馬賽（Wangari Maathai），她在 1975 年創立和發起一項最有成效的環保運動——綠帶活動（Green Belt Movement），這是一項有關於營養、家庭和再造林的計畫，以恢復受到破壞的自然環境。馬賽認為，生病的自然環境反映出人類的悲哀。她在 1975 以來動員 50,000 餘名婦女種植 1,000 萬餘棵樹，並帶領許多人抗議環境破壞與無效率的使用（Library of Congress 1993）。

當 1993 年肯亞西發生政府唆使的民族暴動時，馬賽決定涉入。她和一群朋友到衝突區域支持和組織被害者。她解釋為何甘冒安全的風險而置身其中：

> 對我來說，這是一羣受害者。我在報章雜誌上了解他們若干事。我知道他們的房子被焚，兒童無法上學，被迫得回到自己的故土。而我的反應是，「這是不對的，政客們必須停止此等暴行。」我絕不是光說不練……我會阻止他們，假如沒有人敢出面的話，我就會挺身而出。（1993, p.353）

這份名單還包括美國公衛局局長庫普，他在公共衛生事務的決策上盡力摒除個人信念。他在 1986 年在發函給美國各家庭的愛滋病報告中，開啓大眾對該疾病的論辯，當時愛滋病被視為是同性戀的疾病，且雷根政府的保守支持者希望這份報告能用來譴責同性戀行為。

Allen Wheelis 在其著作《人們如何改變》中指出：我們是我們所做的那個樣子。假如我是一位使用電腦的工程師，卻想成為一名飛行員，我便需要做些不同的東西——我需要暫時離開電腦，學習駕駛飛機。假如我學習的不同事物夠多，並做得夠好，我將能成為有執照的飛行員。你就是你所做的那個樣子（Wheelis 1973）。我可以說我做不到，可以堅持自己沒有任何選擇，可以說目前的職責妨礙我做我想做的事，認為外在的要求和力量阻止我做改變，不過，這些選擇到最後還是自己的。

無論人們身處何方，機會總是存在著，即使對那些「受困的人」也是如此。有許多行動的歷程得選擇，而經歷這些選擇將使我們更能成為自身命運的主宰。

1 東、西德在 1990 年 10 月 3 日統一。柏林圍牆倒塌以及兩德統一是這波和平革命的最高點,這波和平革命從波蘭發跡,然後是匈牙利、捷克和東德,緊接著六個蘇聯共和國(亞塞拜然、愛沙尼亞、喬治亞、拉脫維亞、立陶宛和摩爾達維亞)宣佈獨立。在 1991 年 8 月之前,15 個蘇聯共和國當中已有 14 個宣佈獨立(McKay 1991)。

2 羅馬尼亞境內發生暴力革命,在 1989 年 12 月 16 日,羅馬尼亞總統 Nicolai Ceausescu 命令防衛部隊朝示威者開火,造成數百人死亡,但抗議活動卻持續在全國各地展開,軍事單位也加入抗議行列,救國會(Council of National Salvation)這個團體宣稱 Ceausescu 政權已被推翻。擁護 Ceausescu 的部隊和支持新政府的部隊激烈交戰,結果 Ceausescu 及其夫人被捕受審,以屠殺羅馬尼亞人民的罪名被判死刑。

3 在第二次世界大戰之後,美國成為唯一擁有原子彈的國家,而其經濟和基礎設施(道路、工廠、通訊網絡)均未受戰火波及。相反地,美國的結盟國和交戰國都受到戰火破壞,因而美國雖然本身是個強國,但卻因戰爭因素使其成為全球強權。

4 原子彈使用核子分裂的能量——重原子核分裂的過程會分裂出巨大能量,分裂過程中常使用鈾和鈽這兩種重化學元素。另一方面,氫彈用的是核子融合的能量——兩顆輕原子核融合的過程產生能量,這個過程會將氫轉變成氦,從中釋放出更具破壞力的爆炸性能量。氫彈的破壞力遠較原子彈強很多。

5 在第二次世界大戰結束之後,美國的國內外政策一直受到冷戰的影響。從 1949 年馬歇爾計畫到雷根主政時期的秘密援助計畫,都是為了防止共產主義的擴張,避免世界受到蘇聯的影響。甘乃迪和詹森總統任內的美國國防部秘書 Robert S. McNamara 說，「當我們一次次的面臨得選擇支持民主的政府或是支持反蘇聯獨裁的政權時，我們總是背離了自身的傳統價值而選擇支持反民主」和殘酷鎮壓的極權主義政權（McNamara 1989, p.96）。

6 紐約時報的科學特派員請教專家，找出何種科技是未來數十年中最重要者（Broad et al. 1991）。許多他們所稱的基礎創新將會增進全球互賴的程度，包括微馬達（像大頭針只有一丁點大小的裝置）、先進電腦（每秒可以計算 1 兆個問題的個人電腦）、基因重組（改變基因組成的技術，將基因從某個物種轉換成另一物種）、數位影像（將電視與電腦合併）、強力晶片（內含 1 億個電晶體的矽晶片）以及能夠傳輸和接收大量訊息的光纖網路。雖然這些技術均已存在，但在其能廣泛使用之前，還有許多困難必須克服。例如，目前在微馬達領域中遭遇的困難是要找出比矽更堅硬的物質，以便做成小型裝置，而密西根大學的研究人員目前正以鎳進行實驗。

7 韋伯認為傳統權威是第三種權威類型，傳統權威憑藉由來已久的規範所具有的神聖性，左右著揀選何人出任權勢職位（首領、國王、皇后）的過程，並賦予這些人職責與合適的行為。人們順從傳統權威的原因是他們相信自己得對過去負責，且有義務將其存續（他們可能會說，「情況總是一直是這樣」）。放棄過往的處事方式就是放棄祖先的遺產和認同（Boudon and Bourricaud 1989）。

8 我們很難理解，有數百萬人受到史達林的高壓統治，甚至面臨死亡，卻沒有人揭竿而起反抗暴行，即使最棒的調查者也無法提供令人滿意的答案。Robert Conquest 和 Tatyana Tolstaya 在「驚恐年代再評估」評論中寫著：

這本書不是事實的貯藏室，而是一項深刻的分析調查。在作者耐心的引領下，這本書是要讓你解開蘇聯夢魘的結，而不是陷入一大堆資料當中。沒有人能在看完這本書後再說：「我不知道。」現在我們所有人都知道。

　　但是為什麼的問題仍舊無法回答？也許唯一的解答是「因為」。
（TOLSTAYA 1991, p.4）

[9] 多年前在我教的運動社會學這門課中，我讀過抗拒腳踏車的種種
事跡。這個例子教人難忘。

[10] 破傷風這種傳染性疾病的特徵是肌肉痙攣，且難以開口（牙關緊
閉）。破傷風細菌相當危險，因為它是產生影響心臟和呼吸肌的毒
素。

[11] 團結工聯是波蘭商業總會，而華勒沙（Lech Walesa）這位長期失
業的電工一直是為人熟知的創始者之一。團結工聯在 1980 年成立之
後，成員即成長逾 1,200 萬人，在 3,100 萬波蘭人口中佔有相當的比
例。

[12] 改革開放的設計者將之界定為蘇聯「追求達成蘇聯社會在品質上
的新境況——政治上、經濟上、文化上、道德上、精神上……這是
社會主義的復興，奮力張顯社會主義的民主面與人性面」（Yakolev
1989, pp.38-39）。

[13] 資本主義作為一個體系，靠的是一個自由市場——其中（1）沒
有單一的公司能夠獨佔性地掌控特定的商業活動，（2）驅動力是
供給和需求，以及（3）政府不介入薪資與價格結構，或介入生產與
分配過程。最理想的是，符合這三項資格的私人所有權，能保證顧
客需求的貨品和服務將以最低成本生產最高品質。

[14] 雖然追求獲利主要是項自我中心的活動，但資本主義的擁護者認
為這具有社會合法性，因為他們認定對企業家、公司和股東有利的
事就一定對整個社會有利。那些生產或分配同樣貨品與服務的公司
會產生競爭，品質與成本效益就會提升。最理想的是，消息靈通的
顧客會用購買對產品進行「投票」，不能維繫消費者興趣的製造商
和供應商，以及不能在成品和品質上打平或超越競爭對手者都將被

迫改善，或者退出商場。

15　譬如，雖然大多數美國人認為美國是一個資本主義國家，但國防工業的運作卻不適用於資本主義原則。在國防市場中，僅有的買主（五角大廈）先描述所欲的武器和技術，再由有能力製造的公司與其簽訂合約。假如各項產業均依資本主義原則運作，供應者將會投資自己的金錢和資源以創造發展產品，然後和其他公司競爭，以便將產品賣給買主（Lambert 1992）。由於資本主義原則並不適用於國防工程承包商，所以他們無需控制成本，了解顧客的需求，或者採行類似於行銷或銷售策略的作為。

參考書目

Chapter 1

Abercrombie, Nicholas, Stephen Hill, and Bryan S. Turner. 1988. *The Penguin Dictionary of Sociology*. New York: Penguin.

Alger, C. F. and J. E. Harf. 1985. *Global Education: Why? About What?* Washington, DC: American Association of Colleges for Teacher Education.

Bardis, Panos D. 1980. "Sociology As a Science." *Social Science Journals* 55(3): 141–80.

Berger, Peter L. 1963. *Invitation to Sociology: A Humanistic Perspective*. New York: Anchor.

Boden, Deirdre, Anthony Giddens, and Harvey L. Molotch. 1990. "Sociology's Role in Addressing Society's Problems Is Undervalued and Misunderstood in Academe." *The Chronicle of Higher Education* (February 21):B1, B3.

Charvn, Jerome. 1978. "Black Diamond." *The New York Review of Books* (August 17):41.

Cortes, Carlos E. 1983. "Multiethnic and Global Education: Partners for the Eighties?" *Phi Delta Kappan* (April): 568–71.

Coser, Lewis A. 1977. *Masters of Sociological Thought*, edited by R. K. Merton. New York: Harcourt Brace Jovanovich.

Craig, Ben T. 1987. "Financial Globalization: The American Consumer." *Vital Speeches of the Day* (February 1):230–31.

Edensword, Diana and Gary Milhollin. 1993. "Iraq's Bomb—An Update." *The New York Times* (April 26):A15.

Fanning, Deirdre. 1990. "The Executive Life: Making Japanese Bosses Stand Up and Applaud." *The New York Times* (July 1):F21.

Fletcher, Max E. 1974. "Harriet Martineau and Ayn Rand: Economics in the Guise of Fiction." *American Journal of Economics and Sociology* 33(4):367–79.

Freund, Julien. 1968. *The Sociology of Max Weber*. New York: Random House.

Gordon, John Steele. 1989. "When Our Ancestors Became Us." *American Heritage* (December):106–21.

Gould, Stephen Jay. 1981. *The Mismeasure of Man*. New York: Norton.

Harries, Owen. 1990. "Students Should Know More About the Real World Than Past History and Geography." *NASSP Bulletin* (January):16–20.

Henslin, James M. 1993. *Down to Earth Sociology: Introductory Readings*. New York: Free Press.

Isaacson, Walter. 1992. "Is There Room for Morality in a World Governed by Power?" *Los Angeles Times* (October 4):M3.

Jehl, Douglas. 1993. "Iraq's Purchases in the A-Bomb Supermarket." *The New York Times* (July 18):E5.

Lengermann, Patricia M. 1974. *Definitions of Sociology: A Historical Approach*. Columbus, OH: Merrill.

Marshall, Bruce and Philip Boys. 1991. *The Real World: Understanding the Modern World Through the New Geography*. Boston: Houghton Mifflin.

Martineau, Harriet. [1837] 1968. *Society in America*, edited and abridged by S. M. Lipset. Gloucester, MA: Peter Smith.

Miller, S. M. 1963. *Max Weber: Selections from His Work*. New York: Crowell.

Mills, C. Wright. 1959. *The Sociological Imagination*. New York: Oxford University Press.

Moffat, Susan. 1992. "An American Dilemma: Typewriter Wars Point Up Problem of Defining U.S. Goods." *Los Angeles Times* (July 20):D1,2.

The New Columbia Encyclopedia. 1975. "Steamship." New York: Columbia University Press.

Newhouse News Service. 1990. "Congressman: No Parking for Foreign Cars." *The Cincinnati Post* (December 12):7A.

Ornstein, Robert and Paul Ehrlich. 1989. *New World New Mind*. New York: Touchstone Books.

Ostar, Allan. 1988. "Entering the Global Village." *Vital Speeches of the Day* (May 5):459–61.

Reich, Robert B. 1988. "Corporation and Nation." *The Atlantic Monthly* (May):76–81.

Terry, James I. 1983. "Bringing Women . . . In: A Modest Proposal." *Teaching Sociology* 10(2):251–61.

Webb, R. K. 1960. *Harriet Martineau, A Radical Victorian*. New York: Columbia University Press.

Zuboff, Shoshana. 1988. *In the Age of the Smart Machine*. New York: Basic Books.

Chapter 2

Andrews, Edmund L. 1990. "Patents: The Illogical Process of Invention." *The New York Times* (May 9):13.

Applebome, Peter. 1986. "U.S. Goods Made in Mexico Raise Concerns on Job Losses." *The New York Times* (October 29):Y1+.

Barrio, Federico. 1988. "History and Perspectives of the Maquiladora Industry in Mexico." Pp. 7–13 in *Mexico: In-Bond Industry*, edited by T. P. Lee. Tiber, Mexico: ASI.

Bearden, Tom. 1990. "Finally—Bus Stop (Report on Greyhound Bus Strike That Began Two Months Ago)." "MacNeil/Lehrer Newshour" (transcript #3723). New York: WNET.

———. 1993. "Focus: Help Wanted." Interview with anonymous Denver woman on her use of undocumented worker for child care. "MacNeil/Lehrer Newshour" (transcript #4548). New York: WNET.

Behar, Richard. 1990. "The Price of Freedom." *Time* (May 14):70–72.

Blumer, Herbert. 1962. "Society as Symbolic Interaction." In *Human Behavior and Social Processes*, edited by A. Rose. Boston: Houghton Mifflin.

Carver, Terrell. 1987. *A Marx Dictionary*. Totowa, NJ: Barnes and Noble.

Chast, Roz. 1990. "Why Oil Spills Are Good." *The New Yorker* (May 14):88.

Cornejo, José A. Perez. 1988. "The Implications for the U.S. Economy of Tariff Schedule Item 807 and Mexico's Maquila Program." *Maquiladora Newsletter* 15(5):2–5.

Dodge, David. 1988. "Insights into the Mexicans." Pp. 46–55 in *Fodor's Mexico*, edited by A. Beresky. New York: Fodor's Travel Publications.

Donato, Katharine M., Jorge Durand, and Douglas S. Massey. 1992. "Stemming the Tide? Assessing the Deterrent Effects of the Immigration Reform and Control Act." *Demography* 29(2): 139–57.

Dupont, David. 1989. Quoted in "As Bitter Coal Strike Nears End, Ripples from the Dispute Are Widely Felt." *The New York Times* (December 23):16Y.

Ehrenreich, Barbara and Annette Fuentes. 1985. "Life on the Global Assembly Line." Pp. 373–88 in *Crisis in American Social Institutions*, 6th ed., edited by J. H. Skolnick and E. Currie. Boston: Little, Brown.

Excelsior. 1994. "Advertisement Circular." (February 25).

Flanigan, James. 1993. "Job Site, Sweet Job Site." *Los Angeles Times* (September 20):3+.

"FRONTLINE." 1990. "New Harvest, Old Shame." Boston: WGBH Educational Foundation.

Gans, Herbert. 1972. "The Positive Functions of Poverty." *American Journal of Sociology* 78: 275–89.

Garcia, Juan Ramon. 1980. *Operation Wetback: The Mass Deportation of Mexican Undocumented Workers in 1954.* Westwood, CT: Greenwood.

Gault, Charlayne Hunter. 1990. "Focus: Crossed Lines (Gulf Crisis and Communication Gap)." "MacNeil/Lehrer Newshour" (transcript #3909). New York: WNET.

Gergen, David. 1989. "MacNeil/Lehrer Newshour" (transcript #3630). New York: WNET.

Glionna, John M. 1992. "The Paper Chase." *Los Angeles Times* (November 8):E1.

Golden, Tim. 1993. "After the Deluge, Life in Tijuana Is Grimmer." *The New York Times* (February 1):A1.

Grunwald, Joseph. 1985. "Internationalization of Industry: U.S.–Mexican Linkages." Pp. 110–38 in *The U.S. and Mexico: Borderland Development and the National Economies,* edited by L. J. Gibson and A. C. Renteria. Boulder, CO: Westview.

Hall, Edward T. 1959. *The Silent Language.* New York: Doubleday.

———. 1992. *An Anthropology of Everyday Life.* New York: Doubleday.

Hamilton, Virginia. 1988. *In the Beginning: Creation Stories from Around the World.* New York: Harcourt Brace Jovanovich.

Hansen, Nils. 1985. "The Nature and Significance of Border Development Patterns." Pp. 3–17 in *The U.S. and Mexico: Borderland Development and the National Economies,* edited by L. J. Gibson and A. C. Renteria. Boulder, CO: Westview.

Herzog, Lawrence A. 1985. "The Cross-Cultural Dimensions of Urban Land Use Policy on the U.S.–Mexico Border: A San Diego–Tijuana Case Study." *Social Science Journal* (July):29–46.

Hinds, Michael deCourcy. 1989. "As Bitter Coal Strike Nears End, Ripples from the Dispute Are Widely Felt." *The New York Times* (December 23):16Y.

———. 1990. "Strike Leaves Deep Vein of Anger in Coal Country." *The New York Times* (January 3):Y9.

Hurlbert, Lynn. 1987. "Maquiladoras: Logistics Tips for Supporting a Maquiladora." *Distribution* (October):53–58.

Hussein, Saddam. 1990. "Focus: Crossed Lines (Gulf Crisis and Communication Gap)." "MacNeil/Lehrer Newshour" (transcript #3909). New York: WNET.

Jacobs, Gary. 1986. Interview with Bill Moyers in "One River, One Country: The U.S.–Mexican Border" (documentary). New York: CBS.

Jacobson, Gary. 1988. "The Boom on Mexico's Border." *Management Review* (July):21–24.

Kilborn, Peter T. 1990a. "Replacement Workers: Management's Big Stick." *The New York Times* (March 13):A11.

———. 1990b. "When Plant Shuts Down, Retraining Laid-Off Workers Is Toughest Job Yet." *The New York Times* (April 23):A12.

———. 1992. "Tide of Migrant Labor Tells of a Law's Failure." *The New York Times* (November 4):A9.

Koenenn, Connie. 1992. "The Power of Pulling Purse Strings." *Los Angeles Times* (December 1):E1.

Langley, Lester D. 1988. *MexAmerica: Two Countries, One Future.* New York: Crown.

Lekachman, Robert. 1985. "The Specter of Full Employment." Pp. 74–80 in *Crisis in American Institutions,* edited by J. H. Skolnick and E. Currie. Boston: Little, Brown.

Madden, Steve. 1990. Quoted in "Finally—Bus Stop (Report on Greyhound Bus Strike That Began Two Months Ago)." "MacNeil/Lehrer Newshour" (transcript #3723). New York: WNET.

Magaziner, Ira C. and Mark Patinkin. 1989. *The Silent War: Inside the Global Business Battles Shaping America's Future.* New York: Random House.

Marx, Karl. [1888] 1961. "The Class Struggle." Pp. 529–35 in *Theories of Society,* edited by T. Parsons, E. Shils, K. D. Naegele, and J. R. Pitts. New York: Free Press.

Mead, George H. 1934. *Mind, Self and Society.* Chicago: University of Chicago Press.

Merton, Robert K. 1967. "Manifest and Latent Functions." Pp. 73–137 in *On Theoretical Sociology: Five Essays, Old and New.* New York: Free Press.

Moyers, Bill. 1986. "One River, One Country: The U.S.–Mexican Border" (documentary). New York: CBS.

Murray, Alan. 1988. "Out of Luck: Joblessness Tops 25 Percent in Some Areas Despite National Drop to Lowest in Nearly a Decade." *Wall Street Journal* (April 21):1+.

Myerson, Allen R. 1994. "Greyhound: The Airline of the Road." *The New York Times* (January 18):C1.

National Public Radio/"Morning Edition." 1993. "Commentator James Fallows" transcript (September 17):3–4.

O'Hare, William P. 1988. "The Rise of Poverty in Rural America." *Population Trends and Public Policy* (July). Washington, DC: Population Reference Bureau.

Oster, Patrick. 1989. *The Mexicans: A Personal Portrait of a People.* New York: Harper & Row.

Partida, Gilbert A. and Cesar Ochoa. 1990. "Border Waste Program." *Twin Plant News: The Magazine of the Maquiladora and Mexican Industries* (April):29–31.

Pearce, Jean. 1987. "Mexico Holds Special Place in the Heart of Japan: An Interview with Sergio Gonzalez Galvez, Ambassador of Mexico." *Business Japan* (November/December):47–49.

Pranis, Peter P., Jr. 1989. (Vice president, COSTEP) Personal correspondence, October 3.

———. 1990. Personal correspondence, August 16.

Roberts, Steven V. with Ann E. Andrews. 1990. "The Hunt for New Americans." *U.S. News & World Report* (May 14):35–36.

Rodale, Jerome Irving. 1986. *The Synonym Finder,* revised by L. Urdang and N. LaRoche. New York: Warner.

Roderick, Larry M. and J. Rene Villalobos. 1992. "Pollution at the Border." *Twin Plant News* (November):64–67.

Rodriguez, Richard. 1992. *Days of Obligation: An Argument with My Mexican Father.* New York: Viking.

Rose, Kenneth J. 1988. *The Body in Time.* New York: Wiley.

Sanchez, Jesus and Juanita Darling. 1992. "Border Can Drive Them Up the Wall." *Los Angeles Times* (July 14):D1.

Sanders, Thomas G. 1986. "Maquiladoras: Mexico's In-bond Industries." *UFSI Reports.* No. 15:1–8.

———. 1987. "Tijuana, Mexico's Pacific Coast Metropolis." *UFSI Reports.* No. 38:1–8.

Sharp, Kathleen. 1989. "For Migrant Workers, Legality Lowers Wages." *The New York Times* (December 3):Y12.

Silverstein, Stuart. 1993. "Survey: Good News for Working Parents." *Los Angeles Times* (September 16):D1.

Suro, Roberto. 1991. "Border Boom's Dirty Residue Imperils U.S.–Mexico Trade." *The New York Times* (March 31):Y1.

Tuleja, Tad. 1987. *Curious Customs: The Stories Behind 296 Popular American Rituals.* New York: Harmony Books.

Tumin, Melvin. 1964. "The Functionalist Approach to Social Problems." *Social Problems* 12:379–88.

Twin Plant News. 1990a. Advertisement: "Shopping the Interior? Picture This. . . ." (February):7.

———. 1990b. Advertisement: "Maquila's Multi-Billion Dollar Market: At Your Fingertips!" (July):53.

———. 1992a. Advertisement: "What Industrial City Is 3 Times the Size of

Dallas and 45 Times Closer to You than Taiwan?" (July):2.

———. 1992b. "Maquila Scoreboard" November):74.

Chitelle, Louis. 1993. "Those High-Tech Jobs Can Cross the Border, Too." The New York Times (March 28):4E.

Uhlig, Mark A. 1990. "In Panama, Counting the Invasion Dead Is a Matter of Dispute." The New York Times (October 28):2E.

U.S. Bureau of Labor Statistics. 1993. Major Work Stoppages: 1947 to 1992. Washington, DC: U.S. Government Printing Office.

U.S. General Accounting Office. 1990. Immigration Reform: Employer Sanctions and the Question of Discrimination. Washington, DC: U.S. Government Printing Office.

———. 1992. Hired Farmworkers: Health and Well-Being at Risk. GAO/HRD–92–46 (February 14). Washington, DC: U.S. Government Printing Office.

U.S. Immigration and Naturalization Service. 1990. Statistical Yearbook of the Immigration and Naturalization Service 1989. Washington, DC: U.S. Government Printing Office.

U.S. Immigration Reform and Control Act of 1986. 1986. Publication 99-603 [S. 1200]. Washington, DC: U.S. Government Printing Office.

Weisman, Alan. 1986. La Frontera: The United States Border with Mexico. New York: Harcourt Brace Jovanovich.

White, Leslie A. 1949. The Science of Culture: A Study of Man and Civilization. New York: Farrar, Straus.

Yim, Yong Soon. 1989. "American Perceptions of Korean-Americans: An Analytical Study of a 1988 Survey." Korean and World Affairs 13(Fall): 519–42.

Chapter 3

Allison, Anne. 1991. "Japanese Mothers and Obentōs: The Lunch-Box as Ideological State Apparatus." Anthropological Quarterly 64:195–208.

Bailey, William T. and Wade C. Mackey. 1989. "Observations of Japanese Men and Children in Public Places: A Comparative Study." Psychological Reports 65:731–34.

Barnlund, Dean C. 1989. Communicative Styles of Japanese and Americans: Images and Realities. Belmont, CA: Wadsworth.

Barnlund, Dean C. and Shoko Araki. 1985. "Intercultural Encounters: The Management of Compliments by Japanese and Americans." Journal of Cross-Cultural Psychology 16(1):9–26.

Barringer, Felicity. 1990. "The Census, in One Not-So-Easy Lesson." The New York Times (April 22):E1+.

Barzun, Jacques. 1987. "Doing Research—Should the Sport Be Regulated?" Columbia (February): 18–22.

Bell, Daniel. 1979. "Communication Technology—for Better or for Worse?" Harvard Business Review (May/June): 34–41.

Branscomb, Lewis M. 1981. "The Electronic Library." Journal of Communication (Winter):143–50.

Cameron, William B. 1963. Informal Sociology. New York: Random House.

Caplan, Lincoln. 1990. "A Reporter at Large (Open Adoption—Part II)." The New Yorker (May 28): 73–95.

Compaine, Benjamin M. 1981. "Shifting Boundaries in the Information Marketplace." Journal of Communication (Winter):132–47.

Durkheim, Emile. [1924] 1953. Sociology and Philosophy. Glencoe, IL: Free Press.

———. 1951. Suicide: A Study in Sociology. Translated by J. A. Spaulding and G. Simpson. New York: Free Press.

Fallows, James. 1989. "The Real Japan." The New York Review of Books (July 20):23–28.

Goffman, Erving. 1963. Behavior in Public Places. New York: Free Press.

Gregg, Alan. 1989. Quoted on pp. 48–55 in Science and the Human Spirit, edited by R. D. White. Belmont, CA: Wadsworth.

Hagan, Frank E. 1989. Research Methods in Criminal Justice and Criminology. New York: Macmillan.

Herskovits, Melville J. 1948. Man and His Works: The Science of Cultural Anthropology. New York: Knopf.

Hirsch, E. D., Jr., Joseph F. Kett, and James Trefil. 1988. The Dictionary of Cultural Literacy (What Every American Needs to Know). Boston: Houghton Mifflin.

Ishii-Kuntz, Masako. 1992. "Are Japanese Families 'Fatherless'?" Sociology and Social Research 76 (3):105–10.

Joseph, Michael. 1982. The Timetable of Technology. London: Marshal Editions.

Jussaume, Ramond A., Jr., and Yoshiharu Yamada. 1990. "A Comparison of the Viability of Mail Surveys in Japan and the United States." Public Opinion Quarterly 54:219–28.

Kagay, Michael R. 1990. "Polls Try to Account for the Many Uncounted by the Census." The New York Times (April 26):C24.

Katzer, Jeffrey, Kenneth H. Cook, and Wayne W. Crouch. 1991. Evaluating Information: A Guide for Users of Social Science Research, 3rd edition. New York: McGraw-Hill.

Klapp, Orrin E. 1986. Overload and Boredom: Essays on the Quality of Life

in the Information Society. New York: Greenwood.

Knepper, Paul. 1992. "How to Find Sources for Research Papers." Pp. 247–56 in Study Guide to Accompany Sociology: A Global Perspective by J. Ferrante and M. Murray. Belmont, CA: Wadsworth.

Kōji, Kata. 1983. "Pachinko." P. 143 in Kodansha Encyclopedia of Japan. New York: Kodansha International.

Kurosu, Satomi. 1991. "Suicide in Rural Areas: The Case of Japan 1960–1980." Rural Sociology 56 (4):603–18.

Levin, Doron P. 1990. "Wheeling Out Iacocca for a Long-Shot Attack." The New York Times (May 13).

Lewin, Kurt. 1948. Resolving Social Conflicts. New York: Harper & Row.

Lewis, Catherine C. 1988. "Japanese First-Grade Classrooms: Implications for U.S. Theory and Research." Comparative Education Review 32(2): 159–72.

Lewontin, R. C. 1990. "Fallen Angels." The New York Review of Books (June 14):3–7.

Lofland, Lyn. 1973. A World of Strangers. New York: Basic Books.

Lucky, Robert W. 1985. "Message by Light Wave." Science (November): 112–13.

Lynd, Robert S. and Helen M. Lynd. [1929] 1956. Middletown: A Study in Modern American Culture. New York: Harcourt, Brace & World.

Machlup, Fritz. 1988. "Are the Social Sciences Really Inferior?" Society (May/June):57–65.

Marsa, Linda. 1992. "Scientific Fraud." Omni (June):39+.

Matsuo, Hisako. 1992. "Identificational Assimilation of Japanese Americans: A Reassessment of Primordialism and Circumstantialism." Sociological Perspectives 35(3):505–23.

Michael, Donald. 1984. "Too Much of a Good Thing?: Dilemmas of an Information Society." Technological Forecasting and Social Change 25(4):347–54.

Navarro, Mireya. 1990. "The Census Knocks, But Many Refuse to Answer." The New York Times (May 14):E4.

Ozaki, Robert. 1978. The Japanese. Tokyo: Tuttle.

Paulos, John A. 1988. Innumeracy: Mathematical Illiteracy and Its Consequences. New York: Hill and Wang.

Rathje, William L. and Cullen Murphy. 1992. Rubbish: The Archaeology of Garbage. New York: HarperCollins.

Rennie, Drummond. 1986. "Guarding the Guardians: A Conference on Editorial Peer Review." Journal of the American Medical Association 256(17): 2391–392.

Robinson, Richard D. 1985. "Another Look at Japanese–United States Trade Relations." *UFSI Reports* No. 19:1–7.

Roethlisberger, F. J. and William J. Dickson. 1939. *Management and the Worker.* Cambridge, MA: Harvard University Press.

Rossi, Peter H. 1988. "On Sociological Data." Pp. 131–54 in *Handbook of Sociology,* edited by N. Smelser. Newberry Park, CA: Sage.

Ryūzō, Satō. 1991. "Maturing from We-ism to Global You-ism." *Japan Quarterly* (July/September):273–82.

Sanger, David E. 1989. "IBM, in Surprise, Sees a Vital Edge over Japan." *The New York Times* (June 23):1+.

———. 1990. "Hitachi's Quest for Super Chips." *The New York Times* (September 10):C1+.

———. 1992. "A Defiant Detroit Still Depends on Japan." *The New York Times* (February 27):A1+.

Saxonhouse, Gary R. 1991. "Sony Side Up: Japan's Contribution to the U.S. Economy." *Policy Review* (Spring): 60–64.

Schonberg, Harold C. 1981. "Sumō Embodies Ancient Rituals." *The New York Times:*B9.

Shotola, Robert W. 1992. "Small Groups." Pp. 1796–1806 in *Encyclopedia of Sociology, Vol. 4,* edited by E. F. Borgatta and M. L. Borgatta. New York: Macmillan.

Singleton, Royce A., Jr., Bruce C. Straits, and Margaret Miller Straits. 1993. *Approaches to Social Research,* 2nd ed. New York: Oxford.

Smith, Joel. 1991. "A Methodology for the Twenty-First Century Sociology." *Social Forces,* 70(1): 1–17.

Thayer, John E. III. 1983. "Sumō." Pp. 270–74 in *Kodansha Encyclopedia of Japan, Vol. 7.* Tokyo: Kodansha.

Thayer, Nathaniel B. and Stephen E. Weiss. 1987. "The Changing Logic of a Former Minor Power." Pp. 45–74 in *National Negotiating Styles,* edited by H. Binnendijk. Washington, DC: U.S. Government Printing Office.

Thomas, Bill. 1992. "King Stacks." *Los Angeles Times Magazine* (November 15):31+.

Tocqueville, Alexis de. [1835] 1956. *Democracy in America.* New York: Mentor.

Totten, Bill. 1990. "Japan's Mythical Trade Surplus." *The New York Times* (December 9):F13.

Tsutomu, Kano. 1976. *The Silent Power.* Tokyo: Simul.

U.S. Department of Commerce. 1985. *United States Trade Performance in 1984 and Outlook.* Washington, DC: U.S. Government Printing Office.

———. 1989a. *United States Trade Performance in 1988.* Washington, DC: U.S. Government Printing Office.

———. 1989b. *Foreign Direct Investment in the United States.* Washington, DC: U.S. Government Printing Office.

———. 1992. *U.S. Foreign Trade Highlights 1991.* Washington, DC: U.S. Government Printing Office.

White, Lynn K. and Yuko Matsumato. 1992. "Why Are U.S. and Japanese Divorce Rates So Different?: An Aggregate-Level Analysis." Pp. 85–92 in *Families: East and West, Vol. 1.* Indianapolis: University of Indianapolis Press.

Whyte, William H. 1988. *City: Rediscovering the Center.* New York: Doubleday.

Wood, Margaret. 1934. *The Stranger.* New York: Columbia University Press.

Chapter 4

Benedict, Ruth. 1976. Quoted on p. 14 in *The Person: His and Her Development Throughout the Life Cycle,* by Theodor Lidz. New York: Basic Books.

Berger, Peter. 1989. Conversation on pp. 484–93 in *A World of Ideas,* with Bill Moyers. New York: Doubleday.

Berkhofer, Robert F., Jr. 1978. *The White Man's Indian: Images of the American Indian from Columbus to the Present.* New York: Knopf.

Bok, Lee Suk. 1987. *The Impact of U.S. Forces in Korea.* Washington, DC: National Defense University Press.

Braunschweig, Robert. 1990. "A Revolution on Wheels." *UNESCO Courier* (October):22–29.

Breton, Raymond. 1967. "Institutional Completeness of Ethnic Communities and the Personal Relations of Immigrants." *American Journal of Sociology* 70:193–205.

Brown, Rita Mae. 1988. *Rubyfruit Jungle.* New York: Bantam Books.

Chinoy, Ely. 1961. *Society: An Introduction to Sociology.* New York: Random House.

Clifton, James A. 1989. *Being and Becoming Indian: Biographical Studies of North American Frontiers.* Chicago: Dorsey.

Critchfield, Richard. 1985. "Science, Villagers, and Us." *UFSI Reports* No. 3:1–17.

Doi, Takeo, M.D. 1986. *The Anatomy of Dependence,* translated by J. Bester. Tokyo: Kodansha International.

Fallows, James. 1988. "Trade: Korea Is Not Japan." *The Atlantic Monthly* (October):22–33.

———. 1990. "Wake Up, America!" *The New York Review of Books* (March 1):14–19.

Frank, Lawrence. 1948. "World Order and Cultural Diversity." Pp. 389–95 in *Society as the Patient.* New Brunswick, NJ: Rutgers University Press.

"FRONTLINE." 1988. "American Game, Japanese Rules" (transcript #611). Boston: WGBH Educational Foundation.

Gelb, Leslie H. 1990. "The Stuff That Makes the World Go Round." *The New York Times Book Review* (December 9):1, 4–35.

Gordon, Steven L. 1981. "The Sociology of Sentiments and Emotion." Pp. 562–92 in *Social Psychology Sociological Perspectives,* edited by M. Rosenberg and R. H. Turner. New York: Basic Books.

Halberstam, David. 1986. *The Reckoning.* New York: Morrow.

Hall, Edward T. 1959. *The Silent Language.* Garden City, NY: Doubleday.

Henry, William A. 1988. "No Time for the Poetry: NBC's Cool Coverage Stints on the Drama." *Time* (October 3):80.

Henslin, James M. 1985. *Down to Earth Sociology: Introductory Readings.* New York: Free Press.

Herskovits, Melville J. 1948. *Man and His Works: The Science of Cultural Anthropology.* New York: Knopf.

Hochschild, Arlie R. 1976. "The Sociology of Feeling and Emotion: Selected Possibilities." Pp. 280–307 in *Another Voice,* edited by M. Millman and R. Kanter. New York: Octagon.

———. 1979. "Emotion Work, Feeling Rules, and Social Structure." *American Journal of Sociology* 85:551–75.

Horton, Paul B. and Chester L. Hunt. 1984. *Sociology.* New York: McGraw-Hill.

Hughes, Everett C. 1984. *The Sociological Eye: Selected Papers.* New Brunswick, NJ: Transaction Books.

Hurst, G. Cameron. 1984a. "Getting a Piece of the R.O.K.: American Problems of Doing Business in Korea." *UFSI Reports* No. 19.

———. 1984b. "Japanese Education: Trouble in Paradise?" *UFSI Reports* No. 40.

Ingram, Erik. 1992. "Water Use Continues to Decline: Bay Area Districts Report Record Savings." *San Francisco Chronicle* (July):A15.

International Baseball Association. 1993. "International Baseball Association Membership List" (July). Indianapolis.

Iyer, Pico. 1988. "The Yin and Yang of Paradoxical, Prosperous Korea." *Smithsonian* (August):47–58.

Jun, Suk-ho and Daniel Dayan. 1986. "An Interactive Media Event: South Korea's Televised 'Family Reunion.'" *Journal of Communication* (Spring): 73–82.

Kephart, William M. 1987. *Extraordinary Groups*. New York: St. Martin's Press.

Kim, Choong Soon. 1989. "Attribute of 'Asexuality' in Korean Kinship and Sundered Koreans during the Korean War." *Journal of Comparative Family Studies* 20(3):309–25.

Kim, Eun Mee. 1993. "Contradictions and Limits of a Developmental State: With Illustrations from the South Korean Case." *Social Problems* 40(2): 228–49.

Kim, W. Chan and R. A. Mauborgne. 1987. "Cross-Cultural Strategies." *Journal of Business Strategy* 7(Spring):28–35.

Kluckhohn, Clyde. 1949. *Mirror for Man: Anthropology and Modern Life*. New York: McGraw-Hill.

———. 1964. "The Study of Culture." Pp. 40–54 in *Sociological Theory: A Book of Readings*, edited by L. A. Coser and B. Rosenberg. New York: Macmillan.

Lamb, David. 1987. *The Arabs: Journeys Beyond the Mirage*. New York: Random House.

Larson, James F. and Nancy K. Rivenburgh. 1991. "A Comparative Analysis of Australian, U.S., and British Telecasts of the Seoul Olympic Opening Ceremony." *Journal of Broadcasting and Electronic Media* 35(1):75–94.

"Letters." 1988. "Reading for Meaning, and Not Just for Sounds." *The New York Times* (November 12):Y4.

Lidz, Theodore. 1976. *The Person: His and Her Development Throughout the Life Cycle*. New York: Basic Books.

Linton, Ralph. 1936. *The Study of Man: An Introduction*. New York: Appleton-Century-Crofts.

Magaziner, Ira C. and Mark Patinkin. 1989. *The Silent War: Inside the Global Business Battles Shaping America's Future*. New York: Random House.

Moran, Robert T. 1987. "Cross-Cultural Contact: What's Funny to You May Not Be Funny to Other Cultures." *International Management* 42 (July/August):74.

Park, Myung-Seok. 1979. *Communication Styles in Two Different Cultures: Korean and American*. Seoul: Han Shin.

Peterson, Mark. 1977. "Some Korean Attitudes Toward Adoption." *Korea Journal* 17(12):28–31.

Protzman, Ferdinand. 1991. "As Marriage Nears, Germans in the Wealthy West Fear Cost in Billions." *The New York Times* (September 24):A6.

Reader, John. 1988. *Man on Earth*. Austin: University of Texas Press.

Reid, Daniel P. 1988. *Korea: The Land of the Morning Calm*. Lincolnwood, IL: Passport Books.

Reinhold, Robert. 1989. "The Koreans' Big Entry into Business." *The New York Times* (September 24):4E.

Rohner, Ronald P. 1984. "Toward a Conception of Culture for Cross-Cultural Psychology." *Journal of Cross-Cultural Psychology* 15(2):111–38.

Rosenfeld, Jeffrey P. 1987. "Barking up the Right Tree." *American Demographics* (May):40–43.

Sanchez, Jesus. 1987. "L.A. Top Choice for Koreans in Business in U.S." *Los Angeles Times* (June 6):IV, 1.

Sapir, Edward. 1949. "Selected Writings of Edward Sapir," in *Language, Culture and Personality*, edited by D. G. Mandelbaum. Berkeley: University of California Press.

Segall, Marshall H. 1984. "More Than We Need to Know About Culture, But Are Afraid Not to Ask." *Journal of Cross-Cultural Psychology* 15(2): 153–62.

Sterngold, James. 1991. "New Doubts on Uniting 2 Koreas." *The New York Times* (May 30):C1.

Sumner, William Graham. 1907. *Folkways*. Boston: Ginn.

Temple, Robert. 1986. *The Genius of China: 3,000 Years of Science, Discovery, and Inventions*. London: Multimedia.

Tuleja, Tad. 1987. *Curious Customs: The Stories Behind 296 Popular American Rituals*. New York: Harmony Books.

Underwood, Horace G. 1977. "Foundations in Thought and Values: How We Differ." *Korea Journal* 17(12):6–9.

Visser, Margaret. 1988. *Much Depends on Dinner*. New York: Grove.

———. 1989. "A Meditation on the Microwave." *Psychology Today* (December):38–42.

Vogt, Evon Z. and John M. Roberts. 1960. "A Study of Values." Pp. 109–17 in *Readings in Sociology*, 2nd edition, edited by E. A. Schuler, T. A. Hoult, D. L. Gibson, M. L. Fiero, and W. B. Brookover. New York: Crowell.

Wald, Matthew L. 1989. "Why Americans Consume More Energy to Produce Less." *The New York Times* (March 12):6E.

Welch, Wilford H. 1991. "Regional Powerhouse Reshapes World." *The World Paper* (November):3.

White, Leslie A. 1949. *The Science of Culture*. New York: Farrar, Straus & Cudahy.

Williams, Robin M., Jr. 1970. *American Society: A Sociological Interpretation*. New York: Knopf.

Winchester, Simon. 1988. *Korea: A Walk Through the Land of Miracles*. New York: Prentice Hall.

World Monitor. 1992. "The Map: Batters Up!" (April):11.

———. 1993. "The Map: Hoop-la" (February): 10–11.

Yeh, May. 1991. "A Letter." *Amerasia* 17(2):1–7.

Yim, Yong Soon. 1989. "American Perceptions of Korean-Americans: An Analytical Study of a 1988 Survey." *Korea and World Affairs* (Fall) Vol. 13(3): 519–42.

Yoo, Yushin. 1987. *Korea the Beautiful: Treasures of the Hermit Kingdom*. Los Angeles: Golden Pond.

Chapter 5

Al-Batrawi, Khaled and Mouin Rabbani. 1991. "Break Up of Families: A Case Study in Creeping Transfer." *Race and Class* 32(4):35–44.

Atta, Nasser. 1989. "Letters to the Editor: Israel a Military Power, Violates Human Rights." *The News Record* (February 8):5.

Ben-David, Amith and Yoav Lavee. 1992. "Families in the Sealed Room: Interaction Patterns of Israeli Families During SCUD Missile Attacks." *Family Process* 31(1):35–44.

Berman, Morris. 1991. "Interview: Morris Berman." *Omni* (August 19):60–91.

Bourne, Jenny. 1990. "The Rending Pain of Reenactment." *Race and Class* 32(2):67–72.

Broder, John M. and Norman Kempster. 1993. "'Enough of Blood and Tears': Israel and P.L.O. Adopt Framework for Peace." *Los Angeles Times* (September 14):A1+.

Bunuel, Luis. 1985. Quoted on p. 22 in *The Man Who Mistook His Wife for a Hat and Other Clinical Tales*, by Oliver Sacks. New York: Summit Books.

Charney, Marc D. 1988. "The Battleground for the Jordan to the Sea." *The New York Times* (February 28):C1.

Cooley, Charles Horton. 1909. *Social Organization*. New York: Scribners.

———. 1961. "The Social Self." Pp. 822–28 in *Theories of Society: Foundations of Modern Sociological Theory*, edited by T. Parsons, E. Shils, K. D. Naegele, and J. R. Pitts. New York: Free Press.

Corsaro, William A. 1985. *Friendship and Peer Culture in the Early Years*. Norwood, NJ: Ablex.

Coser, Lewis A. 1992. "The Revival of the Sociology of Culture: The Case of Collective Memory." *Sociological Forum* 7(2):365–73.

Davis, Kingsley. 1940. "Extreme Isolation of a Child." *American Journal of Sociology* 45:554–65.

———. 1947. "Final Note on a Case of Extreme Isolation." *American Journal of Sociology* 3(5):432–37.

Delgado, Jose M. R. 1970. Quoted on p. 170 in "Brain Researcher Jose Delgado Asks—'What Kind of Humans Would

We Like to Construct?'" *The New York Times Magazine* (November 15):46+.

Dyer, Gwynne. 1985. *War.* New York: Crown.

Elon, Amos. 1993. "The Jews' Jews." *The New York Review of Books* (June 10):14–18.

Encyclopedia Judaica Yearbook. 1987. Jerusalem: Keter.

Facts About Israel. 1985. Ministry of Foreign Affairs, Information Division. Jerusalem: Israel Information Centre.

Faris, Ellsworth. 1964. "The Primary Group: Essence and Accident." Pp. 314–19 in *Sociological Theory: A Book of Readings,* edited by L. A. Coser and B. Rosenberg. New York: Macmillan.

Fields, Rona M. 1979. "Child Terror Victims and Adult Terrorists." *Journal of Psychohistory* 7(1):71–75.

Figler, Stephen K. and Gail Whitaker. 1991. *Sport and Play in American Life.* Dubuque, IA: Brown.

Freeman, Norman H. 1987. "Children's Drawings of Human Figures." Pp. 135–39 in *The Oxford Companion to the Mind,* edited by R. L. Gregory. Oxford: Oxford University Press.

Freud, Anna and Dorothy T. Burlingham. 1943. *War and Children.* New York: Ernst Willard.

Freud, Anna and Sophie Dann. 1958. "An Experiment in Group Upbringing." Pp. 127–68 in *The Psychoanalytic Study of the Child,* Vol. 6, edited by R. S. Eissler, A. Freud, H. Hartmann, and E. Kris. New York: Quadrangle.

Friedman, Robert I. 1992. *Zealots for Zion: Inside Israel's West Bank Settlement Movement.* New York: Random House.

Friedman, Thomas L. 1989. *From Beirut to Jerusalem.* New York: Farrar, Straus & Giroux.

Goffman, Erving. 1961. *Asylums: Essays on the Social Situation of Mental Patients and Other Inmates.* New York: Anchor.

Goldman, Ari L. 1989. "Mementos to Preserve the Record of Anguish." *The New York Times* (February 29):14Y.

Gorkin, Michael. 1986. "Countertransference in Cross-Cultural Psychotherapy: The Example of Jewish Therapist and Arab Patient." *Psychiatry* 49:69–79.

Gould, Stephen Jay. 1990. Interview on "MacNeil/Lehrer Newshour." (January 1). New York: WNET.

Griffith, Marlin S. 1977. "The Influences of Race on the Psychotherapeutic Relationship." *Psychiatry* 40:27–40.

Grossman, David. 1988. *The Yellow Wind,* translated from Hebrew by H. Watzman. New York: Farrar, Straus & Giroux.

Halbwachs, Maurice. 1980. *The Collective Memory,* translated from French by F. J. Ditter, Jr., and V. Y. Ditter. New York: Harper & Row.

Hellerstein, David. 1988. "Plotting a Theory of the Brain." *The New York Times Magazine.* (May 22):17+.

Hull, Jon D. 1991. "The Good Life in Gaza." *Time* (July 1):40.

Jacob, Mira. 1989a. "Letters to the Editor: U.S. Should Realize Truth About Israel." *The News Record* (February 6):5.

———. 1989b. "Letters to the Editor: Israel Modernized Country Deserving Trust, Sympathy." *The News Record* (February 22):5.

Jacobs, Dan. 1989. "Most in U.S. Don't Grasp Complex Israeli Situation." *The News Record* (January 30):5.

Kagan, Jerome. 1988a. Interview "The Mind." PBS.

———. 1988b. Quoted on pp. 21–22 in *The Mind,* by R. M. Restak. New York: Bantam Books.

———. 1989. *Unstable Ideas: Temperament, Cognition, and Self.* Cambridge: Harvard University Press.

Kotowitz, Victor and Matt Moody. 1993. "A World of Civil Strife." *Los Angeles Times* (June 8):H8.

Lesch, Ann Mosely. 1989. "Anatomy of an Uprising: The Palestinian *Intifadah.*" Pp. 87–110 in *Palestinians Under Occupation.* Washington, DC: Georgetown University Press.

Mannheim, Karl. 1952. "The Problem of Generations." Pp. 276–322 in *Essays on the Sociology of Knowledge,* edited by P. Kecskemeti. New York: Oxford University Press.

Matar, Ibrahim. 1983. "Israeli Settlements and Palestinian Rights." Pp. 117–41 in *Occupation: Israel over Palestine,* edited by N. H. Aruri. Belmont, MA: AAUG.

Mathabane, Mark. 1993. "Appearances Are Destructive." *The New York Times* (August 28):A11.

Mead, George Herbert. 1934. *Mind, Self and Society.* Chicago: University of Chicago Press.

Merton, Robert K. 1976. *Sociological Ambivalence and Other Essays.* New York: Free Press.

Miller, Donald E. and Lorna Touryan Miller. 1991. "Memory and Identity Across the Generations: A Case Study of Armenian Survivors and Their Progeny." *Qualitative Sociology* 14(1): 13–38.

Montgomery, Geoffrey. 1989. "Molecules of Memory." *Discover* (December):46–55.

Morrow, Lance. 1988. "Israel: At 40, the Dream Confronts Palestinian Fury and a Crisis of Identity." *Time* (April 4):36–50.

Nesvisky, Matthew. 1986. "Culture Shock: Thousands of Ethiopian Jews Are Now in Israel. How Are They Doing?" *Present Tense* 14(1):12–19.

The New York Times. 1993a. "Where the Israeli Settlements Are" (September 8):A8.

———. 1993b. "P.L.O. Accepts Israel, Disavows Force; Attains Recognition After Three Decades" (September 10):A1.

"Nova." 1986. "Life's First Feelings" (February 11).

Ornstein, Robert and Richard F. Thompson. 1984. *The Amazing Brain.* Boston: Houghton Mifflin.

Patai, Raphael. 1971. "Zionism." P. 1262 in *Encyclopedia of Zionism and Israel.* New York: McGraw-Hill.

Pawel, Ernst. 1989. *The Labyrinth of Exile: A Life of Theodor Herzl.* New York: Farrar, Straus & Giroux.

Penfield, Wilder and P. Perot. 1963. "The Brain's Record of Auditory and Visual Experience: A Final Summary and Discussion." *Brain* 86:595–696.

Piaget, Jean. 1923. *The Language and Thought of the Child,* translated by M. Worden. New York: Harcourt, Brace & World.

———. 1929. *The Child's Conception of the World,* translated by J. Tomlinson and A. Tomlinson. Savage, MD: Rowan & Littlefield.

———. 1932. *The Moral Judgement of the Child,* translated by M. Worden. New York: Harcourt, Brace & World.

———. 1946. *The Child's Conception of Time,* translated by A. J. Pomerans. London: Routledge & Kegan Paul.

———. 1967. *On the Development of Memory and Identity.* Worchester, MA: Clarks University Press.

Rabin, Yitzhak. 1993. "Making a New Middle East. 'Shalom, Salaam, Peace.' Views of 3 Leaders." *Los Angeles Times* (September 14):A7.

Restak, Richard M. 1988. *The Mind.* New York: Bantam Books.

Rose, Peter I., Myron Glazer, and Penina M. Glazer. 1979. "In Controlled Environments: Four Cases of Intensive Resocialization." Pp. 320–38 in *Socialization and the Life Cycle,* edited by P. I. Rose. New York: St. Martin's Press.

Rosenthal, Elisabeth. 1989. "Mystery on Arrival." *Discover* (December):78–82.

Rubinstein, Danny. 1988. "The Uprising: Reporter's Notebook." *Present Tense* 15:22–25.

———. 1991. *The People of Nowhere: The Palestinian Vision of Home,* translated by T. Friedman. New York: Random House.

Sacks, Oliver. 1989. *Seeing Voices: A Journey into the World of the Deaf.* Los Angeles: University of California Press.

Satterly, D. J. 1987. "Jean Piaget (1896–1980)." Pp. 621–22 in *The Oxford Companion to the Mind*, edited by R. I. Gregory. Oxford: Oxford University Press.

Schiff, Ze'ev and Ehud Ya'ari. 1991. *Intifada: The Palestinian Uprising—Israel's Third Front*. New York: Touchstone.

Shadid, Mohammed and Rick Seltzer. 1988. "Political Attitudes of Palestinians in the West Bank and Gaza Strip." *The Middle East Journal* 42:16–32.

Shipler, David. 1986. *Arab and Jew: Wounded Spirits in a Promised Land*. New York: Times Books.

Sichrovsky, Peter. 1991. *Abraham's Children: Israel's Young Generation*. New York: Pantheon.

Smooha, Sammy. 1980. "Control of Minorities in Israel and Northern Ireland." *Society for Comparative Study of Society and History* 10:256–80.

Spitz, Rene A. 1951. "The Psychogenic Diseases in Infancy: An Attempt at Their Etiological Classification." Pp. 255–78 in *The Psychoanalytic Study of the Child*, Vol. 27, edited by R. S. Eissler and A. Freud. New York: Quadrangle.

Steiner, George. 1967. *Language and Silence: Essays on Language, Literature, and the Inhuman*. New York: Atheneum.

Theodorson, George A. and Achilles G. Theodorson. 1979. *A Modern Dictionary of Sociology*. New York: Barnes & Noble.

Townsend, Peter. 1962. Quoted on pp. 146–47 in *The Last Frontier: The Social Meaning of Growing Old*, by Andrea Fontana. Beverly Hills, CA: Sage.

U.S. Bureau for Refugee Programs. 1988. *World Refugee Report*. Washington, DC: U.S. Government Printing Office.

Usher, Graham. 1991. "Children of Palestine." *Race and Class* 32(4):1–18.

Yishai, Yael. 1985. "Hawkish Proletariat: The Case of Israel." *Journal of Political and Military Sociology* 13:53–73.

Chapter 6

Aina, Tade. 1988. "The Myth of African Promiscuity." Pp. 78–80 in *Blaming Others: Prejudice, Race and Worldwide AIDS*, edited by R. Sabatier. Philadelphia: New Society Publishers.

Altman, Lawrence K. 1986. "Anxiety on Transfusions." *The New York Times* (July 18):A1, B4.

Anderson, Elijah. 1990. "The Police and the Black Male." Pp. 190–206 in *Streetwise: Race, Class, and Change in an Urban Community*. Chicago: University of Chicago Press.

Barr, David. 1990. "What Is AIDS? Think Again." *The New York Times* (December 1):Y15.

Bloor, Michael, David Goldberg, and John Emslie. 1991. "Research Note: Ethnostatics [sic] and the AIDS Epidemic." *The British Journal of Sociology* 42(1):131–38.

Brooke, James. 1987. "In Cradle of AIDS Theory, a Defensive Africa Sees a Disguise for Racism." *The New York Times* (November 19):B13.

———. 1988a. "In Africa, Tribal Hatreds Defy the Borders of State." *The New York Times* (August 28):E1.

———. 1988b. "Mobutu's Village Basks in His Glory." *The New York Times* (September 9):Y4.

Carovano, Kathryn. 1990. "Point of View: Women Are More Than Mothers." *WorldAIDS* (8):2.

Chin, James and Jonathan M. Mann. 1988. "The Global Patterns and Prevalence of AIDS and HIV Infection." *AIDS 2* (supplement 1):S247–52.

Clark, Matt with Stryker McGuire. 1980. "Blood Across the Border." *Newsweek* (December 29):61.

Clarke, Thurston. 1988. *Equator: A Journey*. New York: Morrow.

Colby, Ron. 1986. Quoted in "Did Media Sensationalize Student AIDS Case?" by John McGauley. *Editor and Publisher* 119:19.

Conrad, Joseph. 1971. *Heart of Darkness*, revised and edited by R. Kimbough. New York: Norton.

De Cock, Kevin M. and Joseph B. McCormick. 1988. "Correspondence: Reply to HIV Infection in Zaire." *New England Journal of Medicine* 319(5):309.

Doyal, Lesley with Imogen Pennell. 1981. *The Political Economy of Health*. Boston: South End Press.

Durkheim, Emile. [1933] 1964. *The Division of Labor in Society*, translated by G. Simpson. New York: Free Press.

The Economist. 1981. "America the Blood Bank" (October 17):87.

———. 1983. "Vein Hopes, Mainline Profits" (January 22):63–64.

Fox, Renée. 1988. *Essays in Medical Sociology: Journeys into the Field*. New Brunswick, NJ: Transaction Books.

"FRONTLINE." 1993. "AIDS, Blood, and Politics." Boston: WGBH Educational Foundation and *Health Quarterly*.

Giese, Jo. 1987. "Sexual Landscape: On the Difficulty of Asking a Man to Wear a Condom." *Vogue* 177 (June):227+.

Goffman, Erving. 1959. *The Presentation of Self in Everyday Life*. New York: Anchor.

———. 1963. *Stigma: Notes on the Management of Spoiled Identity*. Englewood Cliffs, NJ: Prentice-Hall.

Grmek, Mirkod. 1990. *History of AIDS: Emergence and Origin of a Modern Pandemic*, translated by R. C. Maulitz and J. Duffin. Princeton, NJ: Princeton University Press.

Grover, Jan Zita. 1987. "AIDS: Keywords." *October* 43:17–30.

Harris, Robert and Jeremy Paxman. 1982. *A Higher Form of Killing*. New York: Hill and Wang.

Henig, Robin Marantz. 1993. *A Dancing Matrix: Voyages Along the Viral Frontier*. New York: Knopf.

Hiatt, Fred. 1988. "Tainted U.S. Blood Blamed for AIDS' Spread in Japan." *The Washington Post* (June 23):A29.

Hilts, Philip J. 1988. "Dispelling Myths About AIDS in Africa." *Africa Report* 33:27–31.

Hunt, Charles W. 1989. "Migrant Labor and Sexually Transmitted Disease: AIDS in Africa." *Journal of Health and Social Behavior* 30:353–73.

Hurley, Peter and Glenn Pinder. 1992. "Ethics, Social Forces, and Politics in AIDS-Related Research: Experience in Planning and Implementing a Household HIV Seroprevalence Survey." *The Milbank Quarterly* 70(4):605–28.

International Federation of Pharmaceutical Manufacturers Associations. 1981. Personal correspondence.

Irwin, Kathleen. 1991. "Knowledge, Attitudes and Beliefs About HIV Infection and AIDS Among Healthy Factory Workers and Their Wives, Kinshasa, Zaire." *Social Science and Medicine* 32(8):917–30.

Johnson, Diane and John F. Murray, M.D. 1988. "AIDS Without End." *The New York Review of Books* (August 18):57–63.

Kaptchuk, Ted and Michael Croucher, with the BBC. 1986. *The Healing Arts: Exploring the Medical Ways of the World*. New York: Summit.

Kerr, Dianne L. 1990. "AIDS Update: Ryan White's Death." *Journal of School Health* 60(5):237–38.

Kolata, Gina. 1989. "AIDS Test May Fail to Detect Virus for Years, Study Finds." *The New York Times* (June 1):1Y.

Kornfield, Ruth. 1986. "Dr., Teacher, or Comforter?: Medical Consultation in a Zairian Pediatrics Clinic." *Culture, Medicine and Psychiatry* 10:367–87.

Kramer, Reed. 1993. "Ties That Bind: Pressure Points Considered to Back Change in Zaire." *Africa News* (March 8–21):2.

Kramer, Staci D. 1988. "The Media and AIDS." *Editor and Publisher* 121:10–11, 43.

Krause, Richard. 1993. Quoted on p. xii in Robin Marantz Henig's *A Dancing Matrix: Voyage Along the Viral Frontier*. New York: Knopf.

Lamb, David. 1987. *The Africans.* New York: Random House.

Lasker, Judith N. 1977. "The Role of Health Services in Colonial Rule: The Case of the Ivory Coast." *Culture, Medicine and Psychiatry* 1:277–97.

Lippmann, Walter. 1976. "The World Outside and the Pictures in Our Heads." Pp. 174–81 in *Drama in Life: The Uses of Communication in Society,* edited by J. E. Combs and M. W. Mansfield. New York: Hastings House.

Liversidge, Anthony. 1993. "Heresy!: 3 Modern Galileos." *Omni* (June):43–51.

Mahler, Halfdan. 1989. Quoted on p. 91 in *AIDS and Its Metaphors,* by Susan Sontag. New York: Farrar, Straus & Giroux.

Mannheim, Karl. 1952. "The Problem of Generations." Pp. 276–322 in *Essays on the Sociology of Knowledge,* edited by P. Kecskemeti. New York: Oxford University Press.

McNeill, William H. 1976. *Plagues and People.* New York: Anchor.

Meltzer, Milton. 1960. *Mark Twain: A Pictorial Biography.* New York: Bonanza.

Merton, Robert K. 1957. *Social Theory and Social Structure.* Glencoe, IL: Free Press.

Naisbitt, John. 1984. *Megatrends: Ten New Directions Transforming Our Lives.* New York: Warner.

Noble, Kenneth B. 1989. "More Zaire AIDS Cases Show Less Underreporting." *The New York Times* (December 26):J4.

———. 1992. "As the Nation's Economy Collapses, Zairians Squirm Under Mobutu's Heel." *The New York Times* (August 30):4Y.

The Panos Institute. 1989. *AIDS and the Third World.* Philadelphia: New Society Publishers.

Parsons, Talcott. 1975. "The Sick Role and the Role of the Physician Reconsidered." *Milbank Memorial Fund Quarterly: Health and Society* 53(1):257–78.

Peretz, S. Michael. 1984. "Providing Drugs to the Third World: An Industry View." *Multinational Business* 84 (Spring):20–30.

Postman, Neil. 1985. *Amusing Ourselves to Death.* New York: Penguin.

Rock, Andrea. 1986. "Inside the Billion-Dollar Business of Blood." *Money* (March):153–72.

Rozenbaum, Willy. 1989. Quoted on p. 91 in *AIDS and Its Metaphors,* by Susan Sontag. New York: Farrar, Straus & Giroux.

Shilts, Randy. 1987. *And the Band Played On: Politics, People, and the AIDS Epidemic.* New York: St. Martin's Press.

Sontag, Susan. 1989. *AIDS and Its Metaphors.* New York: Farrar, Straus & Giroux.

Stolberg, Sheryl. 1992. "New AIDS Definition to Increase Tally." *Los Angeles Times* (December 31):A1+.

Swenson, Robert M. 1988. "Plagues, History, and AIDS." *The American Scholar* 57:183–200.

Thomas, William I. and Dorothy Swain Thomas. [1928] 1970. *The Child in America.* New York: Johnson Reprint.

The Times Atlas of World History. 1984. Maplewood, NJ: Hammond.

Treichler, Paula A. 1989. "Seduced and Terrorized: AIDS and Network Television." *ARTFORUM* 28:147–51.

Tuchman, Barbara W. 1981. *Practicing History: Selected Essays.* New York: Ballantine.

Turnbull, Colin M. 1961. *The Forest People.* New York: Simon & Schuster.

———. 1962. *The Lonely African.* New York: Simon & Schuster.

———. 1965. *Wayward Servants.* New York: Doubleday.

———. 1983. *The Human Cycle.* New York: Simon & Schuster.

Twain, Mark. 1973. "King Leopold's Soliloquy on the Belgian Congo." Pp. 41–60 in *Mark Twain and the Three R's,* edited by Maxwell Geismar. New York: International Publishers.

U.S. Bureau for Refugee Programs. 1988. *World Refugee Report.* Washington, DC: U.S. Government Printing Office.

U.S. Bureau of the Census. 1992a. Report FT947/91-A. *U.S. Exports and General Imports by Harmonized Commodity by Country.* Washington, DC: U.S. Government Printing Office.

———. 1992b. *Statistical Abstract of the United States,* 112th edition. Washington, DC: U.S. Government Printing Office.

U.S. Department of Health and Human Services. 1990. *HIV/AIDS Surveillance Report.* Washington, DC: U.S. Government Printing Office.

———. 1992. "AIDS Knowledge and the Attitudes for January–March 1991: Provisional Data from the National Health Interview Survey." No. 216. Washington, DC: U.S. Government Printing Office.

U.S. General Accounting Office (GAO). 1987. *AIDS: Information of Global Dimensions and Possible Impacts.* Washington, DC: U. S. Government Printing Office.

Watson, William. 1970. "Migrant Labor and Detribalization." Pp. 38–48 in *Black Africa: Its Peoples and Their Cultures Today,* edited by J. Middleton. London: Collier-Macmillan.

Whitaker, Jennifer Seymour. 1988. *How Can Africa Survive?* New York: Harper & Row.

World Health Organization (WHO). 1988. "A Global Response to AIDS." *Africa Report* (November/December):13–16.

Zuck, Thomas F. 1988. "Transfusion-Transmitted AIDS Reassessed." *New England Journal of Medicine* 318: 511–12.

Chapter 7

Aldrich, Howard E. and Peter V. Marsden. 1988. "Environments and Organizations." Pp. 361–92 in *Handbook of Sociology,* edited by N. J. Smelser. Newbury Park, CA: Sage.

Alvares, Claude. 1987. "A Walk Through Bhopal." Pp. 159–82 in *The Bhopal Syndrome,* by David Weir. San Francisco: Sierra Club Books.

Asimov, Isaac and Frederik Pohl. 1991. *Our Angry Earth: A Ticking Time Bomb.* New York: Doherty.

Barnet, Richard J. and Ronald E. Müller. 1974. *Global Reach: The Power of the Multinational Corporations.* New York: Simon & Schuster.

Blau, Peter M. 1974. *On the Nature of Organizations.* New York: Wiley.

Blau, Peter M. and Richard A. Schoenherr. 1973. *The Structure of Organizations.* White Plains, NY: Longman.

Bleiberg, Robert M. 1987. "Thought for Labor Day: In the Bhopal Disaster, There's Plenty of Blame to Go 'Round." *Barron's* 67 (September 7):9.

Castleman, Barry. 1986. Quoted in "The Dilemmas of Advanced Technology for the Third World," by Rashid A. Shaikh. *Technology Review* 89 (April):62.

Chenevière, Alain. 1987. *Vanishing Tribes.* Garden City, NY: Doubleday.

Clark, Andrew. 1993. "Learning the Rules of Global Citizenship: Transnationals Need to Meet Their Challenges, or Be Overwhelmed by Them." *The World Paper* (February):5.

Crossette, Barbara. 1989. "New Delhi Prepares Attempt to Control Pervasive Pollution." *The New York Times* (July 4):24Y.

———. 1991. "India's Descent." *The New York Times Magazine* (May 19): 26–67.

Derdak, Thomas. 1988. *International Directory of Company Histories,* Vol. 1. Chicago: St. James Press.

Diamond, Stuart. 1985a. "The Bhopal Disaster: How It Happened." *The New York Times* (January 28):A1+.

———. 1985b. "The Disaster in Bhopal: Workers Recall Horror." *The New York Times* (January 30):A1+.

———. 1985c. "Problems at Chemical Plants Raise Broad Safety Concerns." *The New York Times* (November 25):A1, D11.

Directory of American Firms Operating in Foreign Countries, 11th ed., Vol. 3. 1987. New York: World Trade Academy Press.

Ember, Lois R. 1985. "Technology in India: An Uneasy Balance of Progress and Tradition." *Chemical and Engineering News* 62: 61–65.

Engler, Robert. 1985. "Many Bhopals: Technology Out of Control." *The Nation* 240 (April 27):488–500.

Everest, Larry. 1986. *Behind the Poison Cloud: Union Carbide's Bhopal Massacre*. Chicago: Banner.

Faux, Jeff. 1990. "Labor in the New Global Economy: Mobile Capital, Multinationals, Working Standards." *Dissent* (Summer):376–82.

Fortune. 1989. "The Fortune 500: The Largest U.S. Industrial Corporations" (April 24):354.

———. 1992. "The World's Largest Industrial Corporations" (July 27):179.

Franklin, Ben A. 1985. "Toxic Cloud Leaks at Carbide Plant in West Virginia." *The New York Times* (August 12):1+.

Freund, Julien. 1968. *The Sociology of Max Weber.* New York: Random House.

Gross, Edward and Amitai Etzioni. 1985. *Organizations in Society.* Englewood Cliffs, NJ: Prentice-Hall.

Hazarika, Sanjoy. 1984. "Stores Reopen in Indian City as Poison Disposal Proceeds." *The New York Times* (December 19):A10.

———. 1993. "Settlement Slow in India Gas Disaster Claims." *The New York Times* (March 23):A6.

Holmes, Bob. 1992. "The Joy Ride Is Over: Farmers Are Discovering That Pesticides Increasingly Don't Kill Pests." *U.S. News & World Report* (September 14):72–73.

Hutchison, Robert A. 1989. "A Tree Hugger Stirs Villagers in India to Save Their Forests." *Smithsonian* (May):185–96.

International Directory of Corporate Affiliations 1988/1989. 1988. Wilmette, Il.: National Register.

Jasanoff, Sheila. 1988. "The Bhopal Disaster and the Right to Know." *Social Science and Medicine* 27(10):1113–123.

Keller, George M. 1986. "International Business and the National Interest." *Vital Speeches of the Day* (December 1):124–28.

Kennedy, Paul. 1993. *Preparing for the Twenty-First Century.* New York: Random House.

Khan, Rahat Nabi. 1986. "Multinational Companies and the World Economy: Economic and Technological Impact." *Impact of Science on Society* 36(141):15–25.

Kurzman, Dan. 1987. *A Killing Wind: Inside Union Carbide and the Bhopal Catastrophe.* New York: McGraw-Hill.

Kusy, Frank. 1989. *Cadogan Guides: India,* 2nd ed., edited by R. Fielding and P. Levey. Old Saybrook, CT: Globe Pequot Press.

Leisinger, Klaus M. 1988. "Multinationals and The Third World Sell Solutions, Not Just Products." *The New York Times* (February 21):K4.

Lengermann, Patricia M. 1974. *Definitions of Sociology: A Historical Approach.* Columbus, OH: Merrill.

Lepkowski, Wil. 1985. "Chemical Safety in Developing Countries: The Lessons of Bhopal." *Chemical and Engineering News* 63:9–14.

———. 1992. "Union Carbide–Bhopal Saga Continues as Criminal Proceedings Begin in India." *Chemical and Engineering News* 70(11):7–14.

Lydenberg, Steven D., Alice Tepper Marlin, Sean O'Brien Strub, and the Council on Economic Priorities. 1986. *Rating America's Corporate Conscience.* Reading, MA: Addison-Wesley.

McIntosh-Fletcher, W. Thomas. 1990. "When Two Cultures Meet." *Twin Plant News: The Magazine of the Maquiladora Industry* 5(April):32–33.

Michels, Robert. 1962. *Political Parties,* translated by E. Paul and C. Paul. New York: Dover.

Moskowitz, Milton. 1987. *The Global Marketplace.* New York: Macmillan.

National Public Radio / "Morning Edition." 1990. "Global Corporations." Tape/cassette #900820 (August 20).

The New York Times. 1985a. "Most at Plant Thought Poison Was Chiefly Skin-Eye Irritant" (January 1):A6.

———. 1985b. "Strong Odor Alerted Residents to Chemical Plant Problem" (August 12):A12.

———. 1989. "Rain Forest Worth More If Uncut, Study Says" (July 4):24Y.

———. 1992. "Compensation for Bhopal Set" (June 22):C5.

Nikore, Monika and Marian Leahy. 1993. *World Monitor* (February):46–52.

Organization for Economic Cooperation and Development (OECD). 1987. *OECD Environmental Data: Compendium 1987.* Paris: Author.

Passell, Peter. 1990. "Rebel Economists Add Ecological Cost to Price of Progress." *The New York Times* (November 27):B5, B6.

Prewitt, Kenneth. 1983. "Scientific Illiteracy and Democratic Theory." *Daedalus* 112 (Spring):49–64.

Reich, Robert B. 1988. "Corporation and Nation." *The Atlantic Monthly* (May):76–81.

———. 1990. Quoted on p. 84 in "Calhoun County Goes Global," by Jan Bowermaster. *The New York Times Magazine* (December 2):58+.

Schumacher, E. F. 1985. Quoted in "Technology Out of Control," by Robert Engler. *Nation* 240 (April 27):490.

Sekulic, Dusko. 1978. "Approaches to the Study of Informal Organization." *Sociologija* 20(1):27–43.

Shabecoff, Philip. 1985. "Tangled Rules on Toxic Hazards Hamper Efforts to Protect Public." *The New York Times* (November 27):A1+.

———. 1988a. "Military Is Accused of Ignoring Rules on Hazardous Waste." *The New York Times* (June 14):C4.

———. 1988b. "A Guide to Some of the Scariest Things on Earth." *The New York Times* (December 25):E3.

———. 1989. "U.S. Only Narrowly Avoided 17 Bhopal-Like Disasters, Study Says." *The New York Times* (April 30):A16.

Shaikh, Rashid A. 1986. "The Dilemmas of Advanced Technology for the Third World." *Technology Review* 89:56–64.

Sharma, Ravi. 1987. "Assessing Development Costs in India." *Environment* 29(3):6–38.

Shrivastava, Paul. 1992. *Bhopal: Anatomy of a Crisis.* London: Chapman.

Snow, Charles P. 1961. *Science and Government.* Cambridge, MA: Harvard University Press.

Standke, Klaus-Heinrich. 1986. "Technology Assessment: An Essentially Political Process." *Impact of Science on Society* 36(141):65–76.

Stevens, William K. 1984. "Workers at Site of Leak Described as Unskilled." *The New York Times* (December 6):A10.

Union Carbide Annual Report. 1984. "After Bhopal." Danbury, CT: Union Carbide.

U.S. Department of Labor. 1992. *Valuing Cultural Diversity* (self-instructional package). Washington, DC: U.S. Government Printing Office.

U.S. General Accounting Office. 1978. *U.S. Foreign Relations and Multinational Corporations: What's the Connection?* Washington, DC: U.S. Government Printing Office.

Veblen, Thorstein. 1933. *The Engineers and the Price System.* New York: Viking.

Wald, Matthew L. 1990. "Where All That Gas Goes: Drivers' Thirst for Power." *The New York Times* (November 21):A1, C17.

Weber, Max. 1947. *The Theory of Social and Economic Organization*, edited and translated by A. M. Henderson and T. Parsons. New York: Macmillan.

Weir, David. 1987. *The Bhopal Syndrome: Pesticides, Environment, and Health*. San Francisco: Sierra Club Books.

Wexler, Mark N. 1989. "Learning from Bhopal." *The Midwest Quarterly* 31(1):106–29.

Young, T. R. 1975. "Karl Marx and Alienation: The Contributions of Karl Marx to Social Psychology." *Humboldt Journal of Social Relations* 2(2):26–33.

Zuboff, Shoshana. 1988. *In the Age of the Smart Machine: The Future of Work and Power*. New York: Basic Books.

FOCUS Chapter 7

Boly, William. 1990. "Downwind from the Cold War." *In Health* (July/August):58–69.

Nevin, David. 1988. "Millennial Dreams." *New Scientist* 118 (June): 31–32.

Newsweek. 1961. "Survival: Are Shelters the Answer?" (November 6): 19–23.

Norris, Robert S., Thomas B. Cochran, and William M. Arkin. 1985. "History of the Nuclear Stockpile." *Bulletin of the Atomic Scientist* 41 (August): 104–108.

Time. 1961a. "The Minutemen" (November 3):18–19.

———. 1961b. "Gun Thy Neighbor" (August 18):58.

Chapter 8

Author X. 1992. "Mao Fever—Why Now?" translated and adapted from the Chinese by R. Terrill. *World Monitor* (December): 22–25.

Becker, Howard S. 1963. *Outsiders: Studies in the Sociology of Deviance*. New York: Free Press.

———. 1973. "Labelling Theory Reconsidered" in *Outsiders: Studies in the Sociology of Deviance*. New York: Free Press.

Belkin, Lisa. 1990. "Airport Anti-Drug Nets Snare Many People Fitting 'Profiles.'" *The New York Times* (March 20):A1, A11.

Bem, Sandra. 1990. Quoted on pp. 83–84 in "Blurring the Line: Androgyny on Trial," by Don Monkerud. *Omni* (October):81–86+.

Bernstein, Richard. 1982. *From the Center of the Earth: The Search for the Truth About China*. Boston: Little, Brown.

Bernstein, Thomas P. 1983. "Starving to Death in China." *The New York Review of Books* (June 16):36–38.

Best, Joel. 1989. *Images of Issues: Typifying Contemporary Social Problems*. New York: Aldine de Gruyter.

Bonavia, David. 1989. *The Chinese*. London: Penguin.

Bracey, Dorothy H. 1985. "The System of Justice and the Concept of Human Nature in the People's Republic of China." *Justice Quarterly* 2(1):139–44.

Broadfoot, Robert. 1993. Quoted in "Ancient Power Steps into Asian Spotlight," by D. Holley. (A special Pacific Rim edition of World Report) *Los Angeles Times* (June 15):H15.

Burns, John F. 1986. "When Peking Fights Crime, News Is on the Wall." *The New York Times* (January 25):Y3.

Butterfield, Fox. 1976. "Mao Tse-Tung: Father of Chinese Revolution." *The New York Times* (September 10):A13+.

———. 1980. "The Pragmatists Take China's Helm." *The New York Times Magazine* (December 28):22–35.

———. 1982. *China: Alive in the Bitter Sea*. New York: Times Books.

Calhoun, Craig. 1989. "Revolution and Repression in Tiananmen Square." *Society*. (September/October):21–38.

Chambliss, William. 1974. "The State, the Law, and the Definition of Behavior as Criminal or Delinquent." Pp. 7–44 in *Handbook of Criminology*, edited by D. Glaser. Chicago: Rand McNally.

Chang Jung. 1991. *Wild Swans: Three Daughters of China*. New York: Simon and Schuster.

———. 1992. Quoted in "Literature of the Wounded," by Jonathan Mirsky. *The New York Review of Books* (March 5): 6.

Chiu Hungdah. 1988. "China's Changing Criminal Justice System." *Current History* (September):265–72.

Clark, John P. and Shirley M. Clark. 1985. "Crime in China—As We Saw It." *Justice Quarterly* 2(1):103–10.

Collins, Randall. 1982. *Sociological Insight: An Introduction to Nonobvious Sociology*. New York: Oxford University Press.

Cooley, Charles Horton. [1902] 1964. *Human Nature and the Social Order*. New York: Schocken.

Cowell, Alan. 1992. "Strike Hits Tobacco Industry, and 13 Million Italians Suffer." *The New York Times* (November 19):A5.

Durkheim, Emile. [1901] 1982. *The Rules of Sociological Method and Selected Texts on Sociology and Its Method*, edited by S. Lukes and translated by W. D. Halls. New York: Free Press.

Erikson, Kai T. 1966. *Wayward Puritans*. New York: Wiley.

Fairbank, John King. 1987. *The Great Chinese Revolution 1800–1985*. New York: Harper & Row.

———. 1989. "Why China's Rulers Fear Democracy." *The New York Review of Books* (September 28):32–33.

Fang Lizhi. 1990. "The Chinese Amnesia." *The New York Review of Books* (September 27):30–31.

Feng Jicai. 1991. *Voices from the Whirlwind: An Oral History of the Chinese Cultural Revolution*. New York: Pantheon.

Fox, James Alan and Jack Levin. 1990. "Inside the Mind of Charles Stuart." *Boston Magazine* (April):66–70.

Gabriel, Trip. 1988. "China Strains for Olympic Glory." *The New York Times Magazine* (April 24):30–35.

Goldman, Merle. 1989. "Vengeance in China." *The New York Review of Books* (November 9):5–9.

Gorritti, Gustavo A. 1989. "How to Fight the Drug War." *The Atlantic Monthly* (July):70–76.

Gould, Stephen Jay. 1990. "Taxonomy as Politics: The Harm of False Classification." *Dissent* (Winter):73–78.

Han Xu. 1989. "The Chinese Ambassador's Version. . . ." *The New York Times* (August 21):Y19.

Hareven, Tamara K. 1987. "Divorce, Chinese Style." *The Atlantic Monthly* (April):70–76.

Haub, Carl and Machiko Yanagishita. 1994. *1994 World Population Data Sheet*. Washington, DC: Population Reference Bureau.

Henriques, Diana B. 1993. "Great Men and Tiny Bubbles: For God, Country and Coca-Cola." *The New York Times Book Review* (May 23):13.

Holley, David. 1993. "Ancient Power Steps into Asian Spotlight." (A special Pacific Rim edition of World Report) *Los Angeles Times* (June 15): H1+.

Holley, David and Christine Courtney. 1993. "View from Hong Kong: Colony Looks to South China After '97." (A special Pacific Rim edition of World Report) *Los Angeles Times* (June 15): H12.

Ignatius, Adi. 1988. "China's Birthrate Is Out of Control Again as One-Child Policy Fails in Rural Areas." *Asian Wall Street Journal Weekly* (July 18): 18.

Jacobs, James B. 1983. "Smashed." *The New York Review of Books* (April 14):36–38.

Jao, Y. C. and C. K. Leung. 1986. *China's Special Economic Zones: Policies, Problems and Prospects*. Hong Kong: Oxford University Press.

Kitsuse, John I. 1962. "Societal Reaction to Deviant Behavior: Problems of Theory and Method." *Social Problems* 9 (Winter):247–56.

Kometani, Foumiko. 1987. "Pictures from Their Nightmare." *The New York Times Book Review* (July 19):9–10.

Kristof, Nicholas D. 1989a. "China Erupts." *The New York Times Magazine* (June 4):27+.

———. 1989b. "China Is Planning 2 Years of Labor for Its Graduates." *The New York Times* (August 13):Y1.

———. 1992. "Chinese Police Halt Tiananmen Square Memorial." *The New York Times* (June 4):A5.

Kwong, Julia. 1988. "The 1986 Student Demonstrations in China." *Asian Survey* 28(9):970–85.

Lemert, Edwin M. 1951. *Social Pathology*. New York: McGraw-Hill.

Leys, Simon. 1989. "After the Massacres." *The New York Review of Books* (October 12):17–19.

———. 1990. "The Art of Interpreting Nonexistent Inscriptions Written in Invisible Ink on a Blank Page." *The New York Review of Books* (October 11):8–13.

Lilly, J. Robert. 1991. "Prisons: How to Help Eastern Europe." *The Angolite* 16(1):1.

Link, Perry. 1989. "The Chinese Intellectuals and the Revolt." *The New York Review of Books* (June 29):38–41.

Liu Binyan. 1993. "An Unnatural Disaster," translated by P. Link. *The New York Review of Books* (April 8):3–6.

Liu Zaifu. 1989. Quoted in "The Chinese Intellectuals and the Revolt," by Perry Link. *The New York Review of Books* (June 29):40.

Lubman, Stanley. 1983. "Comparative Criminal Law and Enforcement: China." Pp. 182–93 in *Encyclopedia of Crime and Justice*, edited by S. H. Kadish. New York: Free Press.

Mao Tse-tung (Mao Zedong). 1965. "Report on an Investigation of the Peasant Movement in Hunan (March 1927)." In *Selected Works of Mao Tse-tung*. Peking: Foreign Language Press.

Mathews, Jay and Linda Mathews. 1983. *One Billion: A China Chronicle*. New York: Random House.

Merton, Robert K. 1957. *Social Theory and Social Structure*. Glencoe, IL: Free Press.

Milgram, Stanley. 1974. *Obedience to Authority: An Experimental View*. New York: Harper & Row.

———. 1987. "Obedience." Pp. 566–68 in *The Oxford Companion to the Mind*, edited by R. L. Gregory. Oxford: Oxford University Press.

Monkerud, Don. 1990. "Blurring the Lines: Androgyny on Trial." *Omni* (October):81–86+.

Montalbano, William D. 1993. "Lifetime of Change in a Dozen Years." (A special Pacific Rim edition of World Report) *Los Angeles Times* (June 15):H2.

Mosher, Steven W. 1991. "Chinese Prison Labor." *Society* (November/December): 49–59.

Nadelmann, Ethan. 1989. Cited in "How to Fight the Drug War," by G. A. Gorriti. *The Atlantic Monthly* (July):71.

National Council for Crime Prevention in Sweden. 1985. *Crime and Criminal Policy in Sweden* (Report No. 19). Stockholm, Sweden: Liber Distribution.

Oxman, Robert. 1993a. "Focus, Olympic Hurdle." Interview on "MacNeil/Lehrer Newshour," September 21 (transcript #4759). WNET.

———. 1993b. "China in Transition." Interview on "MacNeil/Lehrer Newshour," December 27 (transcript #4828). WNET.

———. 1993c. "China in Transition: Mao to Markets." Interview on "MacNeil/Lehrer Newshour," December 28 (transcript #4829). WNET.

———. 1993d. "China in Transition: Status Report (Chinese Women)." Interview on "MacNeil/Lehrer Newshour," December 29 (transcript #4830). WNET.

———. 1994a. "China in Transition: Taking the Plunge (Education in China; Going into Business in China)." Interview on "MacNeil/Lehrer Newshour," January 4 (transcript #4834). WNET.

———. 1994b. "China in Transition: Up on the Farm." Interview on "MacNeil/Lehrer Newshour," January 6 (transcript #4836). WNET.

———. 1994c. "China in Transition: Any Progress? (Human Rights)." Interview on MacNeil/Lehrer Newshour," January 31 (transcript #4853). WNET.

Pannell, Clifton W. 1987. Review of *China's Special Economic Zones: Policies, Problems, and Prospects*, edited by Y. C. Jao and C. K. Leung. *Economic Geography* 63(3):277–78.

Personal correspondence, 1993. Comments by an anonymous reviewer.

Ramos, Francisco Martins. 1993. "My American Glasses." Pp. 1–10 in *Distant Mirrors: America as a Foreign Culture*, by Philip R. DeVita and James D. Armstrong. Belmont, CA: Wadsworth.

Reinarman, Craig and Harry G. Levine. 1989. "The Crack Attack: Politics and Media in America's Latest Drug Scare." Pp. 115–38 in *Images of Issues: Typifying Contemporary Social Problems*, edited by J. Best. New York: Aldine de Gruyter.

Rojek, Dean G. 1985. "The Criminal Process in the People's Republic of China." *Justice Quarterly* 2(1):117–25.

Rorty, Amelie Oksenberg. 1982. "Western Philosophy in China." *Yale Review* 72(1):141–60.

Ross, Madelyn C. 1984. "China's New and Old Investment Zones." *China Business Review* (November/December):14–18.

Shipp, E. R., Dean Baquet, and Martin Gottlieb. 1991. "Slaying Casts a New Glare on Law's Uncertain Path." *The New York Times* (June 23):A1+.

Simmons, J. L., with Hazel Chambers. 1965. "Public Stereotypes of Deviants." *Social Problems* 3(2):223–32.

Spector, Malcolm and J. I. Kitsuse. 1977. *Constructing Social Problems*. Menlo Park, CA: Cummings.

Stepanek, James B. 1982. "China's SEZs." *China Business Review* (March/April):38–39.

Strebeigh, Fred. 1989. "Training China's New Elite." *The Atlantic Monthly* (April):72–80.

Sumner, William Graham. 1907. *Folkways*. Boston: Ginn.

Sutherland, Edwin H. and Donald R. Cressey. 1978. *Principles of Criminology*, 10th ed. Philadelphia: Lippincott.

Tannenbaum, Frank. 1938. *Crime and the Community*. New York: Ginn.

Theroux, Paul. 1989. "Travel Writing: Why I Bother." *The New York Times Book Review* (July 30):7–8.

Tien H. Yuan. 1990. "Demographer's Page: China's Population Planning After Tiananmen." *Population Today* 18(9):6–8.

Tien H. Yuan, Zhang Tianlu, Ping Yu, Li Jingneng, and Liang Zhongtang. 1992. "China's Demographic Dilemmas." *Population Bulletin* 47(1):1–44.

Tobin, Joseph J., David Y. H. Wu, and Dana H. Davidson. 1989. *Preschool in Three Cultures: Japan, China and the United States*. New Haven, CT: Yale University Press.

U.S. Bureau of Justice Statistics. 1992. *Criminal Victimization in the United States, 1991*. Washington, DC: U.S. Government Printing Office.

Wang Ruowang. 1989. Quoted in "The Chinese Intellectuals and the Revolt," by Perry Link. *The New York Review of Books* (June 29):40.

Williams, Terry. 1989. *The Cocaine Kids: The Inside Story of a Teenage Drug Ring*. Reading, MA: Addison-Wesley.

Wu Han. 1981. Quoted on p. 39 in *Coming Alive: China After Mao*, by Roger Garside. New York: McGraw-Hill.

Wu Yimei. 1988. Quoted on p. 31 in "China Strains for Olympic Glory," by Trip Gabriel. *The New York Times Magazine* (April 24):31–32.

WuDunn, Sheryl. 1993. "Booming China Is a Dream Market for West." *The New York Times* (February 15):A1+.

Chapter 9

Angelou, Maya. 1987. "Intra-Racism." Interview on the "Oprah Winfrey Show" (Journal Graphics transcript #W172):2.

Berger, Joseph. 1992. "South African Students Learn to Learn Together." *The New York Times* (May 12):A4.

Berger, Peter L. and Brigitte Berger. 1983. *Sociology: A Biological Approach.* New York: Penguin Books.

Berreman, Gerald D. 1972. "Race, Caste, and Other Invidious Distinctions in Social Stratification." *Race* 13(4): 385–414.

Boudon, Raymond and François Bourricaud. 1989. *A Critical Dictionary of Sociology,* selected and translated by P. Hamilton. Chicago: University of Chicago Press.

Bratton, Michael and Nicolas van de Walle. 1993. "Neopatrimonial Regimes and Political Transactions in Africa." Paper presented at the annual meeting of the American Sociological Association, Miami, Fl.

Chapkis, Wendy. 1986. *Beauty Secrets: Women and the Politics of Appearance.* Boston: South End Press.

Chass, Murray. 1992. "A Zillionaire at the Bat." *International Herald Tribune* (February 28):16.

———. 1993. "25 Men on a Team and 7 Figures Per Man." *The New York Times* (April 11):48.

Coser, Lewis A. 1977. *Masters of Sociological Thought,* 2nd ed., edited by R. K. Merton. New York: Harcourt Brace Jovanovich.

Coser, Lewis A. and Bernard Rosenberg. 1976. *Sociological Theory: A Book of Readings,* 4th ed. New York: Macmillan.

Crapanzano, Vincent. 1985. *Waiting: The Whites of South Africa.* New York: Random House.

Davis, Kingsley and Wilbert E. Moore. 1945. "Some Principles of Stratification." Pp. 413–25 in *Sociological Theory: A Book of Readings,* edited by L. A. Coser and B. Rosenberg. New York: Macmillan.

Eiseley, Loren. 1990. "Man: Prejudice and Personal Choice." Pp. 640–943 in *The Random House Encyclopedia,* 3rd ed. New York: Random House.

Finnegan, William. 1986. *Crossing the Line: A Year in the Land of Apartheid.* New York: Harper & Row.

Franklin, John Hope. 1990. Quoted in "That's History, Not Black History," by Mark Mcgurl. *The New York Times Book Review* (June 3):13.

"The Freedom Charter." 1990. *One Nation, One Country,* by Nelson Mandela. The Phelps-Stokes Fund 4 (May):47–51.

"FRONTLINE." 1985. "A Class Di-

vided" (transcript #309). Boston: WGBH Educational Foundation.

Gerth, Hans and C. Wright Mills. 1954. *Character and Social Structure: The Psychology of Social Institutions.* London: Routledge & Kegan Paul.

Hacker, Andrew. 1991. "Class Dismissed." *The New York Review of Books* (March 7):44–46.

Jencks, Christopher. 1990. Quoted in "The Rise of the 'HyperPoor,'" by David Whitman. *U.S. News & World Report* (October 15):40–42.

Johnson, Allan G. 1989. *Human Arrangements,* 2nd ed., edited by R. K. Merton. New York: Harcourt Brace Jovanovich.

Jones, Arthur. 1994. "Reality Check." *World Trade* (February):34–38.

Keller, Bill. 1994. "Mandela's Party Publishes Plan to Redistribute Wealth." *The New York Times* (January 15):Y3.

Lamb, David. 1987. *The Africans.* New York: Vintage.

Lambert, Father Rollins. 1988. "A Day in the Life of Apartheid: The Editors Interview Father Rollins Lambert." *U.S. Catholic* 53:26–32.

Lee, Spike. 1989. Quoted in "He's Got to Have It His Way," by Jeanne McDowell. *Time* (July 17):92, 94.

Lelyveld, Joseph. 1985. *Move Your Shadow: South Africa, Black and White.* New York: Penguin Books.

Liebenow, J. Gus. 1986. "South Africa: Home, 'Not-So-Sweet,' Homelands." *UFSI Reports* No. 23.

Loy, John W. and Joseph F. Elvogue. 1971. "Racial Segregation in American Sport." *International Review of Sport Sociology* 5:5–24.

Mabuza, Lindiwe. 1990. "Apartheid: Far from Over." *The New York Times* (June 20):A15.

Mallaby, Sebastian. 1992. *After Apartheid: The Future of South Africa.* New York: Times Books.

Mandela, Nelson. 1990. "I Am the First Accused" (Rivonia Trial Statement 1964). *One Nation, One Country.* The Phelps-Stokes Fund 4 (May):17–45.

———. 1991. Quoted in "The World: Apartheid's Laws Are Dismantled, but Not Its Cages," by Christopher S. Wren. *The New York Times* (February 10):4E.

———. 1994. "Inaugural Address." *Los Angeles Times* (May 11):A6.

Marx, Karl. 1909. *Capital: A Critique of Political Economy* Vol. III, edited by F. Engles, translated by E. Untermann. Chicago: Kerr.

———. [1895] 1976. *The Class Struggles in France 1848–1850.* New York: International Publishers.

Medoff, Marshall H. 1977. "Positional Segregation and Professional Baseball."

International Review of Sport Sociology 12:49–56.

Merton, Robert K. 1958. *Social Theory and Social Structure.* New York: Free Press.

Mukherjee, Bharati. 1990. Quoted on pp. 3–10 in Bill Moyers, *A World of Ideas II: Public Opinion from Private Citizens,* edited by A. Tucher. New York: Doubleday.

Myrdal, Gunnar. 1944. *An American Dilemma: The Negro Problem and Modern Democracy.* New York: Harper & Brothers.

Nasar, Sylvia. 1992. "Those Born Wealthy or Poor Usually Stay So, Studies Say." *The New York Times* (May 18):A1, C7.

O'Hare, William P. 1992. "America's Minorities—The Demographics of Diversity." *Population Today* 47(4):1–47.

O'Hare, William P. and Brenda Curry-White. 1992. "Demographer's Page: Is There a Rural Underclass?" *Population Today* 20(3):6–8.

Ohene, Elizabeth. 1993. "Tales from South Africa: A Beauty for Our Times." *BBC Focus on Africa Magazine* 4(4):23–25.

Poussaint, Alvin. 1987. "Intra-Racism." Interview on "Oprah Winfrey Show" (Journal Graphics transcript #W172):7.

Ridgeway, Cecilia. 1991. "The Social Construction of Status Value: Gender and Other Nominal Characteristics." *Social Forces* 70(2):367–86.

Ross, Edward Alsworth. [1908] 1929. *Social Psychology: An Outline and Source Book.* New York: Macmillan.

Russell, Diana E. H. 1989. *Lives of Courage: Women for a New South Africa.* New York: Basic Books.

Seidman, Judy. 1978. *Ba Ye Zwa: The People Live.* Boston: South End Press.

Simpson, Richard L. 1956. "A Modification of the Functional Theory of Social Stratification." *Social Forces* 35:132–37.

Sparks, Allister. 1990. *The Mind of South Africa.* New York: Knopf.

Thomas, Isaiah. 1987. Quoted in "The Coloring of Bird," by Ira Berkow. *The New York Times* (June 2):D27.

Tumin, Melvin M. 1953. "Some Principles of Stratification: A Critical Analysis." *American Sociological Review* 18:387–94.

U.S. Bureau of the Census. 1990. *Statistical Abstract of the United States: 1990.* Washington, DC: U.S. Government Printing Office.

———. 1992a. *Statistical Abstract of the United States: 1992.* Washington, DC: U.S. Government Printing Office.

———. 1992b. *Money Income of Households, Families, and Persons in the United States: 1991.* Washington DC: U.S. Government Printing Office.

Wacquant, Loic J. D. 1989. "The Ghetto, the State, and the New Capitalist Economy." *Dissent* (Fall):508–20.

Weber, Max. 1982. "Status Groups and Classes." Pp. 69–73 in *Classes, Power, and Conflict: Classical and Contemporary Debates*, edited by A. Giddens and D. Held. Los Angeles: University of California.

———. [1947] 1985. "Social Stratification and Class Structure." Pp. 573–76 in *Theories of Society: Foundations of Modern Sociological Theory*, edited by T. Parsons, E. Shils, K. D. Naegele, and J. R. Pitts. New York: Free Press.

Weekend World: Johannesburg. 1977. "Lesson 8: Basic Economics at People's College." (April 24).

Wilson, Francis and Mamphela Ramphele. 1989. *Uprooting Poverty: The South African Challenge*. New York: Norton.

Wilson, William Julius. 1983. "The Urban Underclass: Inner-City Dislocations." *Society* 21:80–86.

———. 1987. *The Truly Disadvantaged: The Inner City, the Underclass, and Public Policy*. Chicago: University of Chicago Press.

Wirth, Louis. [1945] 1985. "The Problem of Minority Groups." Pp. 309–15 in *Theories of Society: Foundations of Modern Sociological Theory*, edited by T. Parsons, E. Shils, K. D. Naegele, and J. R. Pitts. New York: Free Press.

The World Almanac and Book of Facts 1991. 1990. New York: Pharos.

The World Almanac and Book of Facts 1994. 1993. Mahwah, NJ: World Almanac.

World Development Report. 1990. "Poverty." New York: Oxford University Press.

Wren, Christopher S. 1990a. "De Klerk Hopes to Show Bush the Change Is Real." *The New York Times* (September 23):8Y.

———. 1990b. "A South Africa Color Bar Falls Quietly." *The New York Times* (October 16):A3.

———. 1991. "South Africans Desegregate Some White Public Schools." *The New York Times* (January 10):A1.

Yeutter, Clayton. 1992. "When 'Fairness' Isn't Fair." *The New York Times* (March 24):A13.

Chapter 10

Adams, Anne V. 1992. "Translator's Afterword." Pp. 234–37 in *Showing Our Colors: Afro-German Women Speak Out*, edited by M. Opitz, K. Oguntoye, and D. Schultz. Amherst: University of Massachusetts Press.

Adomako, Abena. 1992. "Mother: Afro-German Father: Ghanian." Pp. 199–203 in *Showing Our Colors: Afro-German Women Speak Out*, edited by M.

Opitz, K. Oguntoye, and D. Schultz. Amherst: University of Massachusetts Press.

Alba, Richard D. 1992. "Ethnicity." Pp. 575–84 in *Encyclopedia of Sociology* Vol. 2, edited by E. F. Borgatta and M. L. Borgatta. New York: Macmillan.

Anson, Robert Sam. 1987. *Best Intentions: The Education and Killing of Edmund Perry*. New York: Random House.

Ashe, Arthur and Arnold Rampersad. 1993. *Days of Grace: A Memoir*. New York: Knopf.

Atkins, Elizabeth. 1991. "For Many Mixed-Race Americans, Life Isn't Simply Black or White." *The New York Times* (June 5):B8.

Barrins, Adeline. 1992. Quoted in "The Tallest Fence: Feelings on Race in a White Neighborhood." *The New York Times* (June 21):12Y.

Böhning, W. R. 1992. "Integration and Immigration Pressures in Western Europe." *International Labour Review* 130(4):445–58.

Breton, Raymond, Wsevolod W. Isajiw, Warren E. Kalbach, and Jeffrey G. Reitz. 1990. *Ethnic Identity and Equality: Varieties of Experience in a Canadian City*. Toronto: University of Toronto.

Buckley, Jerry. 1991. "Mt. Airy, Philadelphia." *U.S. News and World Report* (July 22):22–28.

Bustamante, Jorge A. 1993. "Mexico-Bashing: A Case Where Words Can Hurt." *Los Angeles Times* (August 13):B7.

Carver, Terrell. 1987. *A Marx Dictionary*. Totowa, NJ: Barnes and Noble.

Castles, Stephen. 1985. "The Guests Who Stayed—The Debate on 'Foreigners Policy' in the German Federal Republic." *International Migration Review* 19(3):517–34.

———. 1986. "The Guest-Worker in Western Europe—An Obituary." *International Migration Review* 20(4):761–78.

Castles, Stephen and Godula Kosack. 1985. *Immigrant Workers and Class Structure in Western Europe*, 2nd ed. New York: Oxford University.

Cornell, Stephen. 1990. "Land, Labour and Group Formation: Blacks and Indians in the United States." *Ethnic and Racial Studies* 13(3):368–88.

Crapanzano, Vincent. 1985. *Waiting: The Whites of South Africa*. New York: Random House.

Darnton, John. 1993. "Western Europe Is Ending Its Welcome to Immigrants." *The New York Times* (August 10):A1+.

Davis, F. James. 1978. *Minority–Dominant Relations: A Sociological Analysis*. Arlington Heights, IL: AHM.

De Witt, Karen. 1993. "Conversations/Elaine R. Jones: In a Color-Conscious Society, She Challenges the 'Color Blind.'" *The New York Times* (July 18):E9.

Dunne, John Gregory. 1991. "Law and Disorder in Los Angeles." *New York Review of Books* (October 10):26.

Emde, Helga. 1992. "An 'Occupation Baby' in Postwar Germany." Pp. 101–11 in *Showing Our Colors: Afro-German Women Speak Out*, edited by M. Opitz, K. Oguntoye, and D. Schultz. Amherst: University of Massachusetts Press.

Erlanger, Steven. 1993. "Germany Pays to Keep Ethnic Germans in Russia." *The New York Times* (May 9):1A+.

Feen, Richard. 1993. "The Never Ending Story: The Haitian Boat People." *Migration World* 21(1):13–15.

Fein, Helen. 1978. "A Formula for Genocide: Comparison of the Turkish Genocide (1915) and the German Holocaust (1939–1945)." *Comparative Studies in Sociology* 1:271–94.

Frontline. 1988. "Racism 101." Boston: WGBH Educational Foundation.

General Assembly of the State of North Carolina. 1831. "An Act to Prevent All Persons from Teaching Slaves to Read or Write, the Use of Figures Excepted." Raleigh, NC.

German Information Center. 1993. "Focus On . . . German Citizenship and Naturalization." New York.

Goffman, Erving. 1963. *Stigma: Notes on the Management of Spoiled Identity*. Englewood Cliffs, NJ: Prentice-Hall.

Gordon, Milton M. 1978. *Human Nature, Class, and Ethnicity*. New York: Oxford University Press.

Gould, Stephen Jay. 1981a. "The Politics of Census." *Natural History* 90(1):20–24.

———. 1981b. *The Mismeasure of Man*. New York: Norton.

Green, Peter S. 1992. "The Nomads of Eastern Europe." *U.S. News and World Report* (October 26):31.

Hacker, Andrew. 1992. *Two Nations: Black and White, Separate, Hostile, Unequal*. New York: Scribner.

Halberstam, David. 1986. *The Reckoning*. New York: Morrow.

Heilig, Gerhard, Thomas Büttner, and Wolfgang Lutz. 1990. "Germany's Population: Turbulent Past, Uncertain Future." *Population Bulletin* 45(4):1–46.

Hoffmann, A. 1992. *Facts About Germany*, translated by G. Finan. Braunschweig: Westermann.

Holmes, Steven A. 1994. "Behind a Dark Mirror: Traditional Victims Give Vent to Racism." *The New York Times* (February 15):4E.

Holzner, Lutz. 1982. "The Myth of Turkish Ghettos: A Geographic Case Study of West German Responses Towards a Foreign Minority." *Journal of Ethnic Studies* 9(4):65–85.

Hopkins, Mary-Carol. 1993. "Prospectus" for *Don't Give Me Your Tired, Your Poor: A Cambodian (Khmer) Community in an American City*. Department of Sociology, Anthropology, and Philosophy, Northern Kentucky University.

Horton, Paul B., Gerald R. Leslie and Richard F. Larson. 1988. *The Sociology of Social Problems*, 9th ed. Englewood Cliffs, NJ: Prentice-Hall.

Houston, Velin Hasu. 1991. "The Past Meets the Future: A Cultural Essay." *Amerasia Journal* 17(1):53–56.

Jones, Tamara and Hugh Pope. 1993. "Kurds Raid Turk Offices in Europe." *The New York Times* (June 25):A1+.

Keely, Charles B. 1993. "The Politics of Migration Policy in the United States." *Migration World* 21(1):20–23.

King, Lloyd. 1992. "Lloyd King." Pp. 397–401 in *Race: How Blacks and Whites Think and Feel About the American Obsession*, edited by S. Terkel. New York: New Press.

Kinzer, Stephen. 1992. "Vietnamese, Easy Target, Fear Ouster by Germany." *The New York Times* (December 6):Y3.

———. 1993. "Right Groups Attack Plan in Germany to Limit Asylum." *The New York Times* (February 7):84.

Kramer, Jane. 1993. "Letter from Europe: Neo-Nazis: A Chaos in the Head." *The New Yorker* (June 14):52–70.

Lacayo, Richard. 1991. "Give Me Your Rich, Your Lucky. . . ." *Time* (October 14):26–27.

Lee, Patrick. 1993. "Studies Challenge View That Immigrants Harm Economy." *Los Angeles Times* (August 13):A1+.

Lee, Spike. 1989. Quoted in "He's Got to Have It His Way," by Jeanne McDowell. *Time* (July 17): 92–94.

Levin, Jack and Jack McDevitt. 1993. *Hate Crimes: The Rising Tide of Bigotry and Bloodshed*. New York: Plenum.

Lieberman, Leonard. 1968. "The Debate Over Race: A Study in the Sociology of Knowledge." *Phylon* 39 (Summer):127–41.

Light, Ivan. 1990. Quoted in "As Bias Crime Seems to Rise, Scientists Study Roots of Racism," by Daniel Goleman. *The New York Times* (May 29):B5+.

Los Angeles Times. 1992. "Probe Finds Pattern of Excessive Force, Brutality by Deputies" (July 21):A18.

Mandel, Ruth. 1989. "Turkish Headscarves and the 'Foreigner Problem': Constructing Difference Through Emblems of Identity." *New German Critique* 46(Winter):27–46.

Marshall, Tyler. 1992a. "German Opposition Party Backs Immigration Limits." *Los Angeles Times* (November 17):A1+.

———. 1992b. "Saying 'No' to Nazis in Germany." *Los Angeles Times* (December 5):A1, 13.

———. 1993. "Arson Attacks on Foreigners No Longer Big News in Germany." *Los Angeles Times* (July 17):A8.

Martin, Philip L. and Mark J. Miller. 1990. "Guests or Immigrants?: Contradiction and Change in the German Immigration Policy Debate Since the Recruitment Stop." *Migration World* 15(1):8–13.

McClain, Leanita. 1986. *A Foot in Each World: Essays and Articles*, edited by C. Page. Evanston, IL: Northwestern University Press.

McDowell, Jeanne. 1989. "He's Got to Have It His Way." *Time* (July 17): 92–94.

McIntosh, Peggy. 1992. "White Privilege and Male Privilege: A Personal Account of Coming to See Correspondences Through Work in Women's Studies." Pp. 70–81 in *Race, Class, and Gender: An Anthology*, edited by M. L. Andersen and P. H. Collins. Belmont, CA: Wadsworth.

Meddis, Sam V. 1993. "Stereotypes Fuel Cycle of Suspicion, Arrest." *USA Today* (July 23):6A.

Merton, Robert K. 1957. *Social Theory and Social Structure*. New York: Free Press.

———. 1976. "Discrimination and the American Creed." Pp. 189–216 in *Sociological Ambivalence and Other Essays*. New York: Free Press.

Miller, Alan C. and Ronald J. Ostrow. 1993. "Immigration Policy Failures Invite Overhaul." *Los Angeles Times* (July 11):A1+.

Mydans, Seth. 1991. "40,000 Aliens to Win Legal Status in Lottery." *The New York Times* (September 25):A1+.

National Public Radio/"All Things Considered." 1990. "Prejudice Puzzle" (September 13).

National Public Radio/"Morning Edition." 1993. "Immigration."

The New York Times. 1990. "Advertising: New Group Makes the Case for Black Agencies and Media" (October 26):C18.

"Nightline." 1987. "Prejudice in Baseball." *Journal Graphics* (transcript #1532), April 8.

O'Connor, Peggy. 1992. Quoted in "The Tallest Fence: Feelings on Race in a White Neighborhood." *The New York Times* (June 21):12Y.

Ogbu, John U. 1990. "Minority Status and Literacy in Comparative Perspective." *Daedalus* 119(2): 141–68.

Opitz, May. 1992a. "Racism Here and Now." Pp. 125–44 in *Showing Our Colors: Afro-German Women Speak Out*, edited by M. Opitz, K. Oguntoye, and D. Schultz. Amherst: University of Massachusetts Press.

———. 1992b. "Three Afro-German Women in Conversation with Dagmar Schultz: The First Exchange for This Book." Pp. 145–64 in *Showing Our Colors: Afro-German Women Speak Out*, edited by M. Opitz, K. Oguntoye, and D. Schultz. Amherst: University of Massachusetts Press.

———. 1992c. "In Search of My Father (From a Conversation with Ellen Wiedenroth." Pp. 172–77 in *Showing Our Colors: Afro-German Women Speak Out*, edited by M. Opitz, K. Oguntoye, and D. Schultz. Amherst: University of Massachusetts Press.

———. 1992d. "Recapitulation and Outlook." Pp. 228–33 in *Showing Our Colors: Afro-German Women Speak Out*, edited by M. Opitz, K. Oguntoye, and D. Schultz. Amherst: University of Massachusetts Press.

Page, Clarence. 1990. "Black Youth Need More Help, Not More Scorn." *The Cincinnati Post* (March 3):A10.

Pitman, Paul M., III. 1988. *Turkey: A Country Study*. Washington, DC: U.S. Government Printing Office.

Portes, Alejandro and Cynthia Truelove. 1987. "Making Sense of Diversity: Recent Research on Hispanic Minorities in the United States." *Annual Review of Sociology* 13:359–85.

Proffitt, Steve. 1993. "Anna Deavere Smith: Finding a Voice for the Cacophony That Is Los Angeles." *Los Angeles Times* (July 11):M3.

Protzman, Ferdinand. 1993. "Germany Moves to Make First Cut in Its Generous Social Safety Net." *The New York Times* (August 12):A1.

Raspberry, William. 1991. "MacNeil/Lehrer Newshour" (June) WNET.

Rawley, James A. 1981. *The Transatlantic Slave Trade: A History*. New York: Norton.

Reynolds, Larry T. 1992. "A Retrospective on 'Race': The Career of a Concept." *Sociological Focus* 25(1):1–14.

Riding, Alan. 1991. "Europe's Growing Debate Over Whom to Let Inside." *The New York Times* (December 4):2E.

Rogers, Rosemarie. 1992. "The Future of Refugee Flows and Policies." *International Migration Review* 26(4):1112–43.

Safran, William. 1986. "Islamization in Western Europe: Political Consequences and Historical Parallels." *Annals* 485(May):98–112.

Salt, John. 1992. "The Future of International Labor Migration." *International Migration Review* 26(4): 1077–111.

Sayari, Sabri. 1986. "Migration Policies of Sending Countries: Perspectives on the Turkish Experience." *Annals* 485 (May):87–97.

Schneider, Peter. 1989. "If the Wall Came Tumbling Down." *The New York Times Magazine* (June 25):22+.

Schulz, Peter. 1975. "Turks and Yugoslavs: Guests or New Berlinein." *International Migration Review* 13:53–59.

Shearer, Derek. 1993. "The 'German Models' Loses Its Punch." *Los Angeles Times* (June 28):B7.

Smokes, Saundra. 1992. "A Lifetime of Racial Rage Control Snaps with a Telephone Call." *The Cincinnati Post* (May 13):14A.

Stark, Evan. 1990. "The Myth of Black Violence." *The New York Times* (July 18):A21.

Starr, Paul D. 1978. "Ethnic Categories and Identification in Lebanon." *Urban Life* 7(1):111–42.

Steele, Shelby. 1990. "A Negative Vote on Affirmative Action." *The New York Times Magazine* (May 13):46–49+.

Strasser, Hermann. 1993. "The German Debate Over Multicultural Society: Climax or Test of Organized Capitalism?" Paper presented at American Sociological Association Annual Meeting. Miami, FL.

Teraoka, Arlene Akiko. 1989. "Talking 'Turk': On Narrative Strategies and Cultural Stereotypes." *New German Critique* 46:104–28.

Terkel, Studs. 1992. *Race: How Blacks and Whites Think and Feel About the American Obsession.* New York: New Press.

Thränhardt, Dietrich. 1989. "Patterns of Organization Among Different Ethnic Minorities." *New German Critique* 46:10–26.

The Times Atlas of World History. 1984. Maplewood, NJ:Hammond.

U.S. Bureau for Refugee Programs. 1992. *World Refugee Report: A Report Submitted to the Congress as Part of the Consultations on FY 1993 Refugee Admission to the United States.* Washington, DC: Government Printing Office.

U.S. Commission on Civil Rights. 1981. *Affirmative Action in the 1980s: Dismantling the Process of Discrimination (A Proposed Statement).* Clearinghouse Publication 65.

Walsh, Mary Williams. 1993. "Battered Women as Refugees." *Los Angeles Times* (January 23):A1+.

Walton, Anthony. 1989. "Willie Horton and Me." *The New York Times Magazine* (August 20):52+.

Waters, Mary C. 1991. "The Role of Lineage in Identity Formation Among Black Americans." *Qualitative Sociology* 14(1):57–76.

Weiner, Myron. 1990. "Immigration: Perspectives from Receiving Countries." *Third World Quarterly* 12(1): 140–65.

———. 1992. "People and States in a New Ethnic Order?" *Third World Quarterly* 13(2):317–33.

Weiner, Tim. 1993. "Pleas for Asylum Inundate System for Immigration." *The New York Times* (April 25):A1+.

Wiedenroth, Ellen. 1992. "What Makes Me So Different in the Eyes of Others?" Pp. 165–77 in *Showing Our Colors: Afro-German Women Speak Out,* edited by M. Opitz, K. Oguntoye, and D. Schultz. Amherst: University of Massachusetts Press.

Wilpert, Czarina. 1991. "Migration and Ethnicity in a Non-Immigration Country: Foreigners in a United Germany." *New Community* 18(1):49–62.

Wirth, Louis. 1945. "The Problem of Minority Groups." Pp. 347–72 in *The Science of Man,* edited by R. Linton. New York: Columbia.

Zinn, Howard. 1980. *A People's History of the United States.* New York: Harper & Row.

FOCUS Chapter 10

Campbell, Mavis. 1990. *The Maroons of Jamaica 1655–1796.* Trenton NJ: Africa World Press.

CKSSG Chodorow, S., M. Knox, C. Schirokauer, J. Strayer, and H. Gatzke. 1989. *The Mainstream of Civilization to 1715.* Orlando, FL: Harcourt Brace Jovanovich.

Forbes, Jack D. 1993. *Africans and Native Americans.* Urbana and Chicago: University of Illinois Press.

hooks, bell. 1992. *Black Looks: Race and Representation.* Boston: South End Press.

Johnston, James H. 1929. "Documentary Evidence of the Relations of Negroes and Indians." *Journal of Negro History* Vol. 14 (1).

Katz, William L. 1986. *Black Indians.* New York: Macmillan.

———. 1987. *The Black West.* Seattle, WA: Open Hand Publishing.

Levin, Michael D. 1991. "Population Differentiation and Racial Classification." *Encyclopedia of Human Biology* Vol. 6. Academic Press.

Mullin, Michael. 1992. *Africa in America.* Chicago: University of Illinois Press.

Porter, Kenneth W. 1932. "Relations Between Negroes and Indians Within the Present Limits of the United States." *Journal of Negro History* Vol. XVII, No. 3 (July).

Rogers, J. A. 1984. *Sex and Race,* Vol. 2. St. Petersburg FL: Helga M. Rogers.

Strickland, Rennard. 1980. *The Indians in Oklahoma.* Norman, OK, and London: University of Oklahoma Press.

Woodson, Carter G. 1920. "The Relations of Negroes and Indians in Massachusetts." *Journal of Negro History* Vol. 5 (1).

Chapter 11

Ahmed, Syed Zubair. 1994. "What Do Men Want?" *The Times of India* (January 28).

Alderman, Craig, Jr. 1990. "10 February 1989 Memo for Mr. Peter Nelson." P. 108 in *Gays in Uniform: The Pentagon's Secret Reports,* edited by K. Dyer. Boston: Alyson.

Almquist, Elizabeth M. 1992. Review of "Gender, Family, and Economy: The Triple Overlap." *Contemporary Sociology* 21(3):331–32.

American Medical Association Bureau of Investigation. 1929. "The Tricho System: Albert C. Gryser X-ray Method of Depilation." *Journal of the American Medical Association* 92:252.

Anspach, Renee R. 1987. "Prognostic Conflict in Life-and-Death Decisions: The Organization as an Ecology of Knowledge." *Journal of Health and Social Behavior* 28(3):215–31.

Anthias, Floya and Nira Yuval-Davis. 1989. "Introduction." Pp. 1–15 in *Woman-Nation-State,* edited by N. Yuval-Davis and F. Anthias. New York: St. Martin's Press.

Baumgartner-Papageorgiou, Alice. 1982. *My Daddy Might Have Loved Me: Student Perceptions of Differences Between Being Male and Being Female.* Denver: Institute for Equality in Education.

Bem, Sandra Lipsitz. 1993. *The Lenses of Gender: Transforming the Debate on Sexual Inequality.* Binghamton, NY: Vail-Ballou.

Borden, Anthony. 1992. "The Yugoslav Conflict." *The European Security Network* (1):1–8.

Boroughs, Don L. 1990. "Valley of the Doll?" *U.S. News & World Report* (December 3):56–59.

Brew, Jo. 1994. "European Feminists Meet." *Off Our Backs* 24(1):1.

Brownmiller, Susan. 1975. *Against Our Will: Men, Women and Rape.* New York: Simon & Schuster.

Brownstein, Ronald. 1993. "Identifying Fathers Called Crucial to Welfare Reform." *Los Angeles Times* (December 16):A1+.

Burns, John F. 1992. "Canada Moves to Strengthen Sexual Assault Law." *The New York Times* (February 21):B9.

Canadian Broadcasting Corporation. 1994. "Sunday Morning" (January 9).

Collins, Randall. 1971. "A Conflict Theory of Sexual Stratification." *Social Problems* 19(1):3–21.

Cordes, Helen. 1992. "What a Doll! Barbie: Materialistic Bimbo or Feminist Trailblazer." *Utne Reader* (March/April):46, 50.

Curtis, Glenn E. 1992. *Yugoslavia: A Country Study*, 3rd ed. Washington, DC: U.S. Government Printing Office.

Darville, Ray L. and Joy B. Reeves. 1992. "Social Inequality Among Yugoslav Women in Directoral Positions." *Sociological Spectrum* 12(3):279–92.

Davis, F. James. 1979. *Understanding Minority-Dominant Relations: Sociological Contributions*. Arlington Heights, IL: AHM.

Dewhurst, Christopher J. and Ronald R. Gordon. 1993. Quoted in "How Many Sexes Are There?" *The New York Times* (March 12):A15.

Doherty, Jake. 1993. "Conference to Focus on Plight of Wartime 'Comfort Women.'" *Los Angeles Times* (February 20):B3.

Drakulić, Slavenka. 1990. "Women of Eastern Europe." *Ms.* (July/August): 36–47.

———. 1992. *How We Survived Communism and Even Laughed*. New York: Norton.

——— 1993a. *The Balkan Express: Fragments from the Other Side of War*. New York: Norton.

——— 1993b. "Women and the New Democracy in the Former Yugoslavia." Pp. 123–30 in *Gender Politics and Post-Communism: Reflections from Eastern Europe and the Former Soviet Union*, edited by N. Funk and M. Mueller. New York: Routledge.

Enloe, Cynthia. 1993. *The Morning After: Sexual Politics at the End of the Cold War*. Los Angeles, CA: University of California Press.

Fagot, Beverly, Richard Hagan, Mary Driver Leinbach, and Sandra Kronsberg. 1985. "Differential Reactions to Assertive and Communicative Acts of Toddler Boys and Girls." *Child Development* 56(6):1499–505.

Fairstein, Linda A. 1993. *Sexual Violence: Our War Against Rape*. New York: Morrow.

Fausto-Sterling, Anne. 1993. "How Many Sexes Are There?" *The New York Times* (March 12):A15.

Ferrante, Joan. 1988. "Biomedical Versus Cultural Constructions of Abnormality: The Case of Idiopathic Hirsutism in the United States." *Culture, Medicine and Psychiatry* 12:219–38.

Garb, Frances. 1991. "Secondary Sex Characteristics." Pp. 326–27 in *Women's Studies Encyclopedia Volume 1: Views from the Sciences*, edited by H. Tierney. New York: Bedrick.

Gauguin, Paul. [1919] 1985. *Noa Noa: The Tahitian Journal*, translated by O. F. Theis. New York: Dover.

Geschwender, James A. 1992. "Ethgender, Women's Waged Labor, and Economic Mobility." *Social Problems* 39(1):1–16.

Glenny, Mirsha. 1992. "Yugoslavia: The Revenger's Tragedy." *The New York Review of Books* (August 13):37–43.

Grady, Denise. 1992. "Sex Test of Champions." *Discover* (June):78–82.

Gross, Jane. 1993. "Big Grocery Chain Reaches Landmark Sex-Bias Accord." *The New York Times* (December 17): A1; B11.

Hall, Edward T. 1959. *The Silent Language*. New York: Doubleday.

Harper's. 1990. "Employment History: Zeitgeist Barbie" (August):20.

Henry, Jules. 1963. *Culture Against Men*. New York: Vintage.

Hoon, Shim Jae. 1992. "Haunted by the Past." *Far Eastern Economic Review* (February 6):20.

Ignatieff, Michael. 1993. *Blood and Belonging: Journeys into the New Nationalism*. Toronto: Viking.

Johnson, G. David, Gloria J. Palileo, and Norma B. Gray. 1992. "'Date Rape' on a Southern Campus: Reports from 1991." *SSR* 76(2):37–44.

Jones, Ann. 1994. "Change from Within." *The Women's Review of Books* 11(4):14.

Josefowitz, Natasha. 1980. *Paths to Power*. New York: Addison-Wesley.

Katzarova, Mariana. 1993. "Opening the Door." *The Nation* (July 26): 148–50.

Kifner, John. 1994. "Bosnian Serbs Order General Mobilization for 'Conclusion of War.'" *The New York Times* (February 1):A4.

Kinzer, Stephen. 1993. "Feminist Gadfly Unappreciated in Her Own Land." *The New York Times* (December 11):4Y.

Kirka, Danica. 1993. "Slavenka Drakulić: Out of Sync in a Country Unaccustomed to Democracy." *Los Angeles Times* (December 19):M3.

Kolata, Gina. 1992. "Track Federation Urges End to Gene Test for Femaleness." *The New York Times* (February 12):A1; B11.

Komarovsky, Mirna. 1991. "Some Reflections on the Feminist Scholarship in Sociology." Pp. 1–25 in *Annual Review of Sociology Vol. 17*, edited by W. R. Scott and J. Blake. Palo Alto, CA: Annual Reviews.

Koss, Mary P., Christine A. Gidycz, and Nadine Wisniewski. 1987. "The Scope of Rape: Incidence and Prevalence of Sexual Aggression and Victimization in a National Sample of Higher Education Students." *Journal of Consulting and Clinical Psychology* 55(2):162–70.

Laber, Jeri. 1993. "Bosnia: Questions About Rape." *The New York Review of Books* (March 25):3–6.

Lambert, Bruce. 1993. "Abandoned Filipinas Sue U.S. Over Child Support." *The New York Times* (June 21):A3.

Lemonick, Michael D. 1992. "Genetic Tests Under Fire." *Time* (February 24):65.

Lewin, Tamar. 1993. "At Bases, Debate Rages Over Impact of New Gay Policy." *The New York Times* (December 24):A1+.

Milic, Andgelka. 1993. "Women and Nationalism in the Former Yugoslavia." Pp. 109–22 in *Gender Politics and Post-Communism: Reflections from Eastern Europe and the Former Soviet Union*, edited by N. Funk and M. Mueller. New York: Routledge.

Mills, Janet Lee. 1985. "Body Language Speaks Louder Than Words." *Horizons* (February):8–12.

Mirsada. 1993. "Testimony." *Los Angeles Times Magazine* (January 31): 28–32.

Mladjenovic, Lepa. 1993. "Universal Soldier: Rape Is War by a Feminist in Serbia." *Off Our Backs* (March): 14–15.

Morawski, Jill G. 1991. "Femininity." Pp. 136–39 in *Women's Studies Encyclopedia Volume 1: Views from the Sciences*, edited by H. Tierney. New York: Bedrick.

Morgan, Robin. 1993. "Editorial: Isolated Incidents." *Ms.* (March/April):1.

Morgenson, Gretchen. 1991. "Barbie Does Budapest." *Forbes* (January 7):66–69.

Pion, Alison. 1993. "Accessorizing Ken." *Origins* (November):8.

Ramet, Sabrina P. 1991. *Social Currents in Eastern Europe*. Durham, NC: Duke University Press.

Rank, Mark R. 1989. "Fertility Among Women on Welfare: Incidence and Determinants," in *American Sociological Review* 54(4):296–304.

Rieff, David. 1992. "Letter from Bosnia: Original Virtue, Original Sin." *The New Yorker* (November 23):82–95.

Roiphe, Katie. 1993. *The Morning After: Sex, Fear, and Feminism on Campus*. New York: Little, Brown.

Sarbin, Theodore R. and Kenneth E. Karols. 1990. "Nonconforming Sexual Orientations and Military Suitability." Pp. 6–49 in *Gays in Uniform: The Pentagon's Secret Reports*, edited by K. Dyer. Boston: Alyson.

Schaller, Jane Green and Elena O. Nightingale. 1992. "Children and Childhoods: Hidden Casualties of War and Civil Unrest." *Journal of the American Medical Association* 268(5):642–44.

Schmalz, Jeffrey. 1993. "From Midshipman to Gay-Rights Advocate." *The New York Times* (February 4):B1+.

Segal, Lynne. 1990. *Slow Motion: Changing Masculinities, Changing Men.* London: Virago.

Shweder, Richard A. 1994. "What Do Men Want? A Reading List for the Male Identity Crisis." *The New York Times Book Review* (January 9):3, 24.

Solinger, Rickie. 1992. *Wake Up Little Susie: Single Pregnancy and Race Before Roe v. Wade.* New York: Routledge.

Stevenson, Samantha. 1994. "Sister Strikeout Does the Job Well." *The New York Times* (February 23):B10.

Sturdevant, Saundra Pollock and Brenda Stoltzfus. 1992. *Let the Good Times Roll: Prostitution and the U.S. Military in Asia.* New York: New Press.

Swiss, Shana and Joan E. Giller. 1993. "Rape as a Crime of War." *Journal of the American Medical Association* 270(5):612–15.

Tattersall, Ian. 1993. "Focus—All in the Family (Homosapien Exhibit at New York's American Museum of Natural History)." Interview on "MacNeil/Lehrer Newshour," July 12 (transcript #4708). WNET.

Tierney, Helen. 1991. "Gender/Sex." P. 153 in *Women's Studies Encyclopedia Volume 1: Views from the Sciences,* edited by H. Tierney. New York: Bedrick.

United Nations. 1991. *The World's Women 1970–1990: Trends and Statistics.* New York: UN.

U.S. Bureau of the Census. 1990.

U.S. Department of Defense. 1990. "DOD Directive 1332.14." P. 19 in *Gays in Uniform: The Pentagon's Secret Reports,* edited by K. Dyer. Boston: Alyson.

Weitzman, Lenore J. 1985. *The Divorce Revolution: The Unexpected Social and Economic Consequences for Women and Children in America.* New York: Free Press.

Williams, Carol J. 1993. "Postscript: 'Ethnic Cleansing' Threatens to Wipe Away Memory of Tito." *Los Angeles Times* (October 26):H1+.

Williams, Lena. 1993. "Pregnant Teenagers Are Outcasts No Longer." *The New York Times* (December 2):B1+.

Chapter 12

Adams, Bert. 1968. *Kinship in an Urban Setting.* Chicago: Markham.

Allan, Graham. 1977. "Sibling Solidarity." *Journal of Marriage and the Family* 9(1):177–83.

Bass, Thomas A. 1990. "A New Life Begins for the Island of Hope and Tears." *Smithsonian* (June): 89–97.

Behnam, Djamshid. 1990. "An International Inquiry into the Future of the Family: A UNESCO Project." *International Social Science Journal* 42: 547–52.

Bell, Daniel. 1989. "The Third Technological Revolution." *Dissent* (Spring): 164–76.

Berelson, Bernard. 1978. "Prospects and Programs for Fertility Reduction: What? Where?" *Population and Development Review* 4:579–616.

Beresky, Andrew E., ed. 1991. *Fodor's Brazil: Including Bahia and Adventures in the Amazon.* New York: Fodor's Travel Publications.

Bernardo, Felix M. 1967. "Kinship Interaction and Communications Among Space-Age Migrants." *Journal of Marriage and the Family* 29(3):541–54.

Boccaccio, Giovanni. (1353) 1984. "The Black Death." Pp. 728–40 in *The Norton Reader: An Anthology of Expository Prose,* 6th ed., edited by A. M. Eastman. New York: Norton.

Brooke, James. 1989. "Decline in Births in Brazil Lessens Population Fears." *The New York Times* (August 8):Y1+.

Brown, Christy. 1992. "The Letter 'A.'" Pp. 85–90 in *One World Many Cultures,* edited by S. Hirschberg. New York: Macmillan.

Brown, Lester R. 1987. "Analyzing the Demographic Trap." *State of the World 1987: A Worldwatch Institute Report on Progress Toward a Sustainable Society.* New York: Norton.

Burke, B. Meredith. 1989. "Ceausescu's Main Victims: Women and Children." *The New York Times* (January 16): Y15.

Butts, Yolanda and Donald J. Bogue. 1989. *International Amazonia: Its Human Side.* Chicago: Social Development Center.

Calsing, Elizeu Francisco. 1985. "Extent and Characteristics of Poverty in Brazil. Estimation of Social Inequalities." *Revista Paraguaya de Sociologia* 22: 29–53.

Caufield, Catherine. 1985. "A Reporter At Large: The Rain Forests." *The New Yorker* (January 14):41+.

Cowell, Adrian. 1990. *The Decade of Destruction: The Crusade to Save the Amazon Rain Forest.* New York: Henry Holt.

Davis, Kingsley. 1984. "Wives and Work: The Sex Role Revolution and Its Consequences." *Population and Development Review* 10(3):397–417.

Dean, Warren. 1991. Review of *Coffee, Contention, and Change: In the Making of Modern Brazil,* edited by Mauricio A. Font and Charles Tilly. *Journal of Latin American Studies* 23(3): 649–50.

Durning, Alan B. 1990. "Ending Poverty." Pp. 135– 53 in *State of the World 1990: A Worldwatch Institute Report on Progress Toward a Sustainable Society,* edited by L. Starke. New York: Norton.

Dychtwald, Ken and Joe Flower. 1989. *Age Wave: The Challenges and Opportunities of an Aging America.* Los Angeles: Tarcher.

Eckholm, Erik. 1990. "An Aging Nation Grapples with Caring for the Frail." *The New York Times* (March 27):A1+.

Feder, Ernest. 1971. *The Rape of the Peasantry: Latin America's Landholding System.* Garden City, NY: Anchor Books.

Fonseca, Claudia. 1986. "Orphanages, Foundlings, and Foster Mothers: The System of Child Circulation in a Brazilian Squatter Settlement." *Anthropological Quarterly* 59:15–27.

Glascock, Anthony P. 1982. "Decrepitude and Death Hastening: The Nature of Old Age in Third World Societies (Part I)." *Studies in Third World Societies* 22:43–66.

Goldani, Ana Maria. 1990. "Changing Brazilian Families and the Consequent Need for Public Policy." *International Social Science Journal* 42(4): 523–38.

Goldenberg, Sheldon. 1987. *Thinking Sociologically.* Belmont, CA: Wadsworth.

Goode, Judith. 1987. "Gaminismo: The Changing Nature of the Street Child Phenomenon in Colombia." *UFSI Reports,* No. 28.

Gutis, Philip S. 1989a. "Family Redefines Itself, and Now the Law Follows." *The New York Times* (May 28):B1.

———. 1989b. "What Makes a Family? Traditional Limits Are Challenged." *The New York Times* (August 31): Y15+.

Hall, Michael. 1992. "Mission to Somalia: The Anatomy of Starvation." *Los Angeles Times* (December 12):A8.

Halberstam, David. 1993. *The Fifties.* New York: Villard Books.

Harrison, Paul. 1987. *Inside the Third World: The Anatomy of Poverty,* 2nd. ed. New York: Viking Penguin.

Haub, Carl, Mary Mederias Kent, and Machiko Yanagishita. 1991. *1991 World Population Data Sheet.* Washington, DC: Population Reference Bureau.

Haub, Carl and Machiko Yanagishita. 1992. *1992 World Population Data Sheet.* Washington, DC: Population Reference Bureau.

Human Development Report, 1993. 1993. New York: Oxford University Press.

Johansson, S. Ryan. 1987. "Status Anxiety and Demographic Contraction of Privileged Populations." *Population and Development Review* 13(3): 439–70.

Leigh, Geoffrey. 1982. "Kinship Interaction over the Family Life Span." *Journal of Marriage and the Family* 41(1): 197–208.

Lengermann, Patricia M. 1974. *Definitions of Sociology: A Historical Approach.* Columbus, OH: Merrill.

Lewin, Tamar. 1990. "Strategies to Let Elderly Keep Some Control." *The New York Times* (March 28):A1, A11.

Light, Ivan. 1983. *Cities in World Perspective.* New York: Macmillan.

Litwak, Eugene. 1960. "Geographic Mobility and Extended Family Cohesion." *American Sociological Review* 25:385–94.

Malthus, Thomas R. (1798) 1965. *First Essay on Population.* New York: Augustus Kelley.

Marciano, Teresa and Marvin B. Sussman. 1991. *Wider Families: New Traditional Family Forms.* Binghamton, NY: Haworth.

Margolick, David. 1990. "Lesbians' Custody Fights Test Family Law Frontier." *The New York Times* (July 4): Y1+.

Molano, Alfredo. 1993. Quoted on p. 43 in "Colombia's Vanishing Forests," *World Press Review* (June):43.

Nations, Marilyn K. and Mara Lucia Amaral. 1991. "Flesh, Blood, Souls, and Households: Cultural Validity in Mortality Inquiry." *Medical Anthropology Quarterly* 5(3):204–20.

Nolty, Denise, ed. 1990. *Fodor's '90 Brazil: Including the Amazon and Bahia.* New York: Fodor's Travel Publications.

Olshansky, S. Jay and A. Brian Ault. 1986. "The Fourth Stage of the Epidemiologic Transition: The Age of Delayed Degenerative Diseases." *The Milbank Quarterly* 64(3):355–91.

Omran, Abdel R. 1971. "The Epidemiologic Transition: A Theory of the Epidemiology of Population Change." *The Milbank Quarterly* 49(4):509–38.

Parsons, Talcott. 1966. "The Kinship System of the Contemporary United States." Pp. 177–96 in *Essays in Sociological Theory,* revised ed. New York: Free Press.

Perlman, Janice. 1967. *The Myth of Marginality.* Berkeley: University of California Press.

Pullman, Thomas W. 1992. "Population." Pp. 1499–1507 in *Encyclopedia of Sociology,* Vol. 3, edited by E. F. Borgatta and M. L. Borgatta. New York: Macmillan.

Ramirez, Anthony. 1990. "Lessons in the Cracker Market." *The New York Times* (July 5):C1+.

Revkin, Andrew. 1990. *The Burning Season: The Murder of Chico Mendes and the Fight for the Amazon Rain Forest.* Boston: Houghton Mifflin.

Riesman, David, with Nathan Glazer and Reuel Denney. 1977. *The Lonely Crowd: A Study of the Changing American Character,* abridged ed. New Haven, CT: Yale University Press.

Rock, Andrea. 1990. "Can You Afford Your Kids?" *Money* (July):88–99.

Rusinow, Dennison. 1986. "Mega-Cities Today and Tomorrow: Is the Cup Half Full or Half Empty?" *UFSI Reports,* No. 12.

Sagan, Carl. 1978. *Murmurs of Earth: The Voyager Interstellar Record.* New York: Random House.

Sanders, Thomas G. 1986. "The Politics of Agrarian Reform in Brazil." *UFSI Reports,* No. 32.

———. 1987a. "Brazilian Street Children, Part I: Who They Are." *UFSI Reports,* No. 17.

———. 1987b. "Brazilian Street Children, Part II: The Public and Political Response." *UFSI Reports,* No. 18.

———. 1988. "Happiness Also Rises Up There: The Favelas of Rio." *UFSI Reports,* No. 2.

Sayre, Robert F. 1983. "The Parents' Last Lessons." Pp. 124–42 in *Life Studies: A Thematic Reader,* edited by D. Cavitch. New York: St. Martin's Press.

Semana. 1993. "Colombia's Vanishing Forests." *World Press Review* (June):43.

Simons, Marlise. 1988. "Man-Made Amazon Fires Tied to Global Warming." *The New York Times* (August 12):Y1+.

———. 1989. "Brazil, Smarting from the Outcry over the Amazon, Charges Foreign Plot." *The New York Times* (March 23):Y6.

Skidmore, Thomas E. 1993. "Bi-racial U.S.A. vs. Multi-racial Brazil: Is the Contrast Still Valid?" *Journal of Latin American Studies* 25:373–86.

Soldo, Beth J. and Emily M. Agree. 1988. "America's Elderly." *Population Bulletin* 43(3):5+.

Sorel, Nancy Caldwell. 1984. *Ever Since Eve: Personal Reflections on Childbirth.* New York: Oxford.

Statistical Abstract of Latin America. 1989. Vol. 27, edited by James W. Wilkie and Enrique Ochoa. Los Angeles: UCLA.

Stockwell, Edward G. and H. Theodore Groat. 1984. *World Population: An Introduction to Demography.* New York: Franklin Watts.

Stockwell, Edward G. and Karen A. Laidlaw. 1981. *Third World Development: Problems and Prospects.* Chicago: Nelson-Hall.

Stone, Robyn, Gail Lee Cafferata, and Judith Sangl. 1987. "Caregivers of the Frail Elderly: A National Profile." *The Gerontologist* 27(5):616–26.

Stub, Holger R. 1982. *The Social Consequences of Long Life.* Springfield, IL: Thomas.

Targ, Dena B. 1989. "Feminist Family Sociology: Some Reflections." *Sociological Focus* 22(3): 151–60.

Tremblay, Hélène. 1988. *Families of the World: Family Life at the Close of the Twentieth Century, Vol. 1: The Americas and the Caribbean.* New York: Farrar, Straus & Giroux.

Turner, Jonathan H. 1978. *Sociology: Studying the Human System.* Santa Monica, CA: Goodyear.

United Nations. 1983. *World Population Trends and Policies: 1983 Monitoring Report.* Vol. 1. New York.

U.S. Bureau of the Census. 1947. *Statistical Abstract of the United States, 1947.* Washington, DC: U.S. Government Printing Office.

———. 1989. *World Population Profile: 1989.* Washington, DC: U.S. Government Printing Office.

———. 1991. *World Population Profile: 1991.* Washington, DC: U.S. Government Printing Office.

———. 1993. *Statistical Abstract of the United States, 1993.* Washington, DC: U.S. Government Printing Office.

U.S. Department of the Army. 1983. *Brazil, A Country Study,* 4th ed., edited by Richard F. Nyrop. Washington, DC: U.S. Government Printing Office.

van de Kaa, Dirk J. 1987. "Europe's Second Demographic Transition." *Population Bulletin* 42(1):1–59.

Watkins, Susan C. and Jane Menken. 1985. "Famines in Historical Perspective." *Population and Development Review* 11(4):647–75.

The World Bank. 1990. *World Development Report, 1990.* New York: Oxford University Press.

The World Factbook 1992. 1992. Washington, DC: Central Intelligence Agency.

Zelditch, Morris. 1964. "Family, Marriage, and Kinship." Pp. 680–733 in *Handbook of Modern Sociology,* edited by R. E. L. Faris. Chicago: Rand McNally.

Chapter 13

Alpert, Bracha. 1991. "Students' Resistance in the Classroom." *Anthropology and Education Quarterly* 22(4): 350–66.

Barrett, Michael J. 1990. "The Case for More School Days." *The Atlantic Monthly* (November):78–106.

Bennett, William J. 1987. "Epilogue: Implications for American Education." Pp. 69–71 in *Japanese Education Today.* Washington, DC: U.S. Government Printing Office.

Bettelheim, Bruno and Karen Zeland. 1981. *On Learning to Read: The*

Child's Fascination with Meaning. New York: Knopf.

Blakeslee, Sandra. 1989. "Crack's Toll Among Babies: A Joyless View of Even Toys." *The New York Times* (September 17):Y1+.

Bloom, Benjamin S. 1981. *All Our Children Learning: A Primer for Parents, Teachers and Other Educators.* New York: McGraw-Hill.

The Book of the States, 1992–93 Edition. 1992. Lexington, KY: Council of State Governments.

Botstein, Leon. 1990. "Damaged Literacy: Illiteracies and American Democracy." *Daedalus* 119 (2): 55–84.

Boyer, Ernest. 1986. "Forum: How Not to Fix the Schools." *Harper's* (February):39–51.

Celis, William III. 1992. "A Texas-Size Battle to Teach Rich and Poor Alike." *The New York Times* (February 12):B6.

———. 1993a. "International Report Card Shows U.S. Schools Work." *The New York Times* (December 9):A1+.

———. 1993b. "Study Finds Rising Concentration of Black and Hispanic Students." *The New York Times* (December 14):A1+.

Cetron, Marvin. 1988. "Forum: Teach Our Children Well." *Omni* 10(11):14.

Chira, Susan. 1991. "Student Tests in Other Nations Offer U.S. Hints, Study Says." *The New York Times* (May 20):A1+.

Clements, Marcelle. 1992. "Fear of Reading." *The New York Times* (May 18):A11.

Cohen, David K. and Barbara Neufeld. 1981. "The Failure of High Schools and the Progress of Education." *Daedalus* (Summer):69–89.

Coleman, James S. 1960. "The Adolescent Subculture and Academic Achievement." *American Journal of Sociology* 65:337–47.

———. 1966. *Equality of Educational Opportunity.* Washington, DC: U.S. Government Printing Office.

———. 1977. "Choice in American Education." Pp. 1–12 in *Parents, Teachers, and Children: Prospects for Choice in American Education.* San Francisco: Institute for Contemporary Studies.

Coleman, James S., John W. C. Johnstone, and Kurt Jonassohn. 1961. *The Adolescent Society.* New York: Free Press.

Cooke, Charles, Alan Ginsburg, and Marshall Smith. 1985. "The Sorry State of Education Statistics." *The Education Digest* 51(4):28–30.

Csikszentmihalyi, Mihaly. 1990. "Literacy and Intrinsic Motivation." *Daedalus* 119(2):115–40.

Cummings, William K. 1989. "The American Perception of Japanese Education." *Comparative Education* 25(3):293–302.

Currie, Elliott and Jerome H. Skolnick. 1988. *America's Problems: Social Issues and Public Policy,* 2nd ed. Boston: Little, Brown.

Danner, Mark D. 1986. "Forum: How Not to Fix the Schools." *Harper's* (February):39–51.

De Icaza, Maria A. 1991. "Letters: U.S. Students Memorize, but Don't Understand." *The New York Times* (November 6):A13.

Dorfman, Andrea. 1989. "Alcohol's Youngest Victims." *Time* (August 28):60.

Dorris, Michael. 1989. *The Broken Cord.* New York: Harper & Row.

Durkheim, Emile. 1961. "On the Learning of Discipline." Pp. 860–65 in *Theories of Society: Foundations of Modern Sociological Theory* Vol. 2, edited by T. Parsons, E. Shils, K. D. Naegele, and J. R. Pitts. New York: Free Press.

———. 1968. *Education and Sociology,* translated by S. D. Fox. New York: Free Press.

Early, Margaret. 1987. *Streamers Workbook.* Chicago: Harcourt Brace Jovanovich.

Elam, Stanley M. 1989. "The Second Gallup/Phi Delta Kappa Poll of Teachers' Attitudes Toward the Public Schools." *Phi Delta Kappan* (June): 785–98.

Erickson, Frederick. 1984. "School Literacy, Reasoning, and Civility: An Anthropologist's Perspective." *Review of Educational Research* 54(4): 525–46.

Folbre, Nancy. 1987. *A Field Guide to the U.S. Economy: 160 Graphic Keys to How the System Works.* New York: Pantheon Books.

Foster, Jack D. 1991. "The Role of Accountability in Kentucky's Education Reform Act of 1990." *Education Leadership:* 34–36.

Gardner, John W. 1984. *Excellence: Can We Be Equal and Excellent Too?* New York: Norton.

Gisi, Lynn Grover. 1985. "How States Are Reforming Public Education." *USA Today* 113(2478):76–78.

Guzzardi, Walter, Jr. 1976. "The Uncertain Passage from College to Job." *Fortune* (January):126–29, 168–72.

Hahn, Andrew. 1987. "Reaching Out to America's Dropouts: What to Do?" *Phi Delta Kappan* 69:256–63.

Hakim, Joy. 1993. Interview on *National Public Radio/ "Morning Edition."* (June 2):4–7.

Hallinan, M. T. 1988. "Equality of Educational Opportunity." Pp. 249–68 in *Annual Review of Sociology* Vol. 14, edited by W. R. Scott and J. Blake. Palo Alto, CA: Annual Reviews.

Harrison, Charles. 1988. *Public Schools USA: A Comparative Guide to School Districts.* Charlotte, VT: Williamson.

Hawkins, David. 1990. "The Roots of Literacy." *Daedalus* 119(2):1–14.

Hechinger, Fred M. 1990. "About Education: Why France Outstrips the United States in Nurturing Its Children." *The New York Times* (August 1):B8.

Henry, Jules. 1965. *Culture Against Man.* New York: Random House.

Hirsch, E. D., Jr. 1989. "The Primal Scene of Education." *The New York Review of Books* (March 2):29–35.

Horn, Miriam. 1987. "The Burgeoning Educational Underclass." *U.S. News & World Report* (May 18):66–67.

Lapointe, Archie E., Nancy A. Mead, and Gary W. Phillips. 1989. *A World of Differences: An International Assessment of Mathematics and Science.* Princeton, NJ: Educational Testing Service.

Lefkowitz, Bernard. 1987. "Who Cares About Eddie?" *Present Tense* 14(July/August):15–21.

Lightfoot, Sara Lawrence. 1988. "Bill Moyers' World of Ideas" (transcript #123). New York: Public Affairs Television.

Limage, Leslie. 1990. "Reports from Around the World—The Industrialized Countries: Questions and Answers." *Unesco Courier* (July):16–20.

Los Angeles Times. 1993. "Gifted Students Found Unchallenged." (November 5):A39.

Luria, A. R. 1979. *The Making of Mind: A Personal Account of Soviet Psychology,* edited by M. Cole and S. Cole. Cambridge, MA: Harvard University Press.

Lynn, Richard. 1988. *Educational Achievement in Japan: Lessons for the West.* London: Macmillan.

Merton, Robert K. 1957. *Social Theory and Social Structure.* Glencoe, IL: Free Press.

The National Commission on Excellence in Education. 1983. *A Nation at Risk: The Imperative for Educational Reform.* Washington, DC: U.S. Government Printing Office.

National Endowment for the Humanities. 1991. *National Tests: What Other Countries Expect Their Students to Know.* Washington, DC: U.S. Government Printing Office.

National Science Board. 1991. *Science and Engineering Indicators 1991.* Washington, DC: U.S. Government Printing Office.

Oakes, Jeannie. 1985. *Keeping Track: How Schools Structure Inequality.* Binghamton, NY: Vail-Ballou.

———. 1986a. "Keeping Track, Part 1: The Policy and Practice of Curriculum Inequality." *Phi Delta Kappan* 67(September):12–17.

——. 1986b. "Keeping Track, Part 2: Curriculum Inequality and School Reform." *Phi Delta Kappan* 67(October): 148–54.

O'Connor, John J. 1990. "Critic's Notebook: How TV Sends Mixed Messages About Education." *The New York Times* (September 13):B1.

Ouane, Adama. 1990. "National Languages and Mother Tongues." *Unesco Courier* (July):27–29.

Phelan, Patricia and Ann Locke Davidson. 1994. "Looking Across Borders: Students' Investigations of Family, Peer, and School Worlds as Cultural Therapy." Pp. 35–59 in *Pathways to Cultural Awareness: Cultural Therapy With Teachers and Students*, edited by George and Louise Spindler. Thousand Oaks, CA.: Corwin Press, Inc.

Phelan, Patricia, Ann Locke Davidson, and Hanh Cao Yu. 1993. "Students' Multiple Worlds: Navigating the Borders of Family, Peer, and School Cultures." Pp. 89–107 in *Renegotiating Cultural Diversity in American Schools*, edited by Patrica Phelan and Ann Locke Davidson. New York: Teachers College Press.

Phelan, Patricia, Ann Locke Davidson, and Hanh Thanh Cao. 1991. "Students' Multiple Worlds: Negotiating the Boundaries of Family, Peer, and School Cultures." *Anthropology and Education Quarterly* 22(3):224–50.

Potter, J. Hasloch and A. E. W. Sheard. 1918. *Catechizings for the Church and Sunday Schools*, 2nd series. London: Skeffington.

Ramirez, Francisco and John W. Meyer. 1980. "Comparative Education: The Social Construction of the Modern World System." Pp. 369–99 in *Annual Review of Sociology* Vol. 6, edited by A. Inkeles, N. J. Smelser, and R. H. Turner. Palo Alto, CA: Annual Reviews.

Reich, Robert. 1993. Quoted on p. E1 in "Skipping School," by Bettijane Levine. *Los Angeles Times* (July 3):E1, 5.

Remlinger, Connie and Debra Vance. 1989. "Business Enlisting in War on Illiteracy." *The Kentucky Post*. Special Supplement on Literacy. (October 19):2.

Resnick, Daniel P. 1990. "Historical Perspectives on Literacy and Schooling." *Daedalus* 119(2):15–32.

Resnick, Daniel P. and Lauren B. Resnick. 1989. "Varieties of Literacy." Pp. 171–206 in *Social History and Issues in Human Consciousness*, edited by A. E. Barnes and P. N. Stearns.

Resnick, Lauren B. 1990. "Literacy In School and Out." *Daedalus* 119(2): 169–86.

Richardson, Lynda. 1994. "More Schools Are Trying to Write Textbooks Out of the Curriculum." *The New York Times* (January 31):A1+.

Rodriguez, Richard. 1975. *On Becoming a Chicano*. New York: Georges Borchardt.

Rohlen, Thomas P. 1986. "Japanese Education: If They Can Do It, Should We?" *The American Scholar* 55:29–43.

Rosenthal, Robert and Lenore Jacobson. 1968. *Pygmalion in the Classroom*. New York: Holt, Rinehart & Winston.

Rush, Benjamin. 1966. Quoted on p. 34 in "Forming the National Character," by David Tyack. *Harvard Educational Review* 36:29–41.

Sanchez, Claudio. 1993. Interview on *National Public Radio/"Morning Edition"* (December 8):11–13.

Schlack, Lawrence B. 1992. "Letter: School Days." *World Monitor* (November):5.

Shelley, Kristina J. 1992. "The Future of Jobs for College Graduates." *Monthly Labor Review* (July): 13–21.

Sowell, Thomas. 1981. *Ethnic America: A History*. New York: Basic Books.

Stevenson, Harold. 1992. Interview on *National Public Radio/"Morning Edition"* (December 10):8–10.

Stevenson, Harold W., Shin-ying Lee, and James W. Stigler. 1986. "Mathematics Achievement of Chinese, Japanese, and American Children." *Science* 231:693–99.

Sweetland, Bill. 1989. "Boredom, Banality, and Bad Design Characterize Text for Slow Readers." *Curriculum Review* (October):3–7.

Thomas, William I. and Dorothy Swain Thomas. [1928] 1970. *The Child in America*. New York: Johnson Reprint.

Thomson, Scott D. 1989. "Report Card USA: How Much Do Americans Value Schooling?" *NASSP Bulletin* 73(519): 51–67.

Time. 1990. "Reading, Writing and Rhetoric." (February 12):54.

Tyack, David and Elisabeth Hansot. 1981. "Conflict and Consensus in American Public Education." *Daedalus* (Summer):1–43.

Tyler, Ralph. 1974. Quoted in "Divergent Views on the Schools: Some Optimism Justified," by Alan C. Purves. *The New York Times* (January 16):C74.

U.S. Bureau of the Census. 1982. *Illiteracy: 1982*. Washington, DC: U.S. Government Printing Office.

——. 1993. *Statistical Abstract of the United States* 113th ed. Washington, DC: U.S. Government Printing Office.

U.S. Bureau of Indian Affairs. 1988. *Report on BIA Education: Excellence in Indian Education Through the Effective School Process*. Washington, DC: U.S. Government Printing Office.

U.S. Department of Education. 1987. *Japanese Education Today*. Washington, DC: U.S. Government Printing Office.

——. 1991. *Occupational and Educational Outcomes of Recent College Graduates One Year After Graduation: 1989*. Washington, DC: U.S. Government Printing Office.

——. 1992a. *National Adult Literacy Survey 1992*. Washington, DC: U.S. Government Printing Office.

——. 1992b. *International Mathematics and Science Assessments: What Have We Learned?* Washington, DC: U.S. Government Printing Office.

——. 1992c. *International Education Comparisons*. Washington, DC: U.S. Government Printing Office.

——. 1993a. *Occupational and Educational Outcomes of Recent College Graduates 1 Year After Graduation: 1991*. Washington, DC: U.S. Government Printing Office.

——. 1993b. *Adult Literacy in America: A First Look at the Results of the National Literacy Survey*. Washington, DC: U.S. Government Printing Office.

Vélis, Jean-Pierre. 1990. "Waste." *Unesco Courier* (July):30–32.

Webster, Noah. 1966. Quoted on pp. 32–33 in "Forming the National Character," by David Tyack. *Harvard Educational Review* 36:29–41.

White, Robert. 1989. "Building a Better Classroom." *The Cincinnati Post* (September 18):1A+.

The World Almanac and Book of Facts 1994. 1993. New York: World Almanac.

Chapter 14

Abercrombie, Nicholas and Bryan S. Turner. 1978. "The Dominant Ideology Thesis." *British Journal of Sociology* 29(2):149–70.

Aikman, David. 1992. "Interview: The World Is Fresh and Bright and Beautiful." *Time* (May 18):57–58.

Alston, William P. 1972. "Religion." Pp. 140–45 in *The Encyclopedia of Philosophy* Vol. 7, edited by P. Edwards. New York: Macmillan.

Aron, R. 1969. Quoted on p. 204 in *The Sociology of Max Weber* by Julien Freund. New York: Random House.

Barakat, Halim. 1979. "The Social Context." Pp. 3–20 in *Lebanon in Crisis*, edited by P. E. Haley and L. W. Snider. New York: Syracuse University Press.

Berger, Peter L. 1967. *The Sacred Canopy: Elements of a Sociological Theory of Religion*. New York: Doubleday.

Boling, Rick. 1985. "The Ecology of War: Earth." *Omni* (November):14.

Bush, George H. 1991. State of the Union Address by the President of the United States (January 29).

Caplan, Lionel. 1987. "Introduction: Popular Conceptions of Fundamentalism." Pp. 1–24 in *Studies in Religious*

————. 1986b. "Keeping Track, Part 2: Curriculum Inequality and School Reform." *Phi Delta Kappan* 67(October): 148–54.

O'Connor, John J. 1990. "Critic's Notebook: How TV Sends Mixed Messages About Education." *The New York Times* (September 13):B1.

Ouane, Adama. 1990. "National Languages and Mother Tongues." *Unesco Courier* (July):27–29.

Phelan, Patricia and Ann Locke Davidson. 1994. "Looking Across Borders: Students' Investigations of Family, Peer, and School Worlds as Cultural Therapy." Pp. 35–59 in *Pathways to Cultural Awareness: Cultural Therapy With Teachers and Students*, edited by George and Louise Spindler. Thousand Oaks, CA.: Corwin Press, Inc.

Phelan, Patricia, Ann Locke Davidson, and Hanh Cao Yu. 1993. "Students' Multiple Worlds: Navigating the Borders of Family, Peer, and School Cultures." Pp. 89–107 in *Renegotiating Cultural Diversity in American Schools*, edited by Patricia Phelan and Ann Locke Davidson. New York: Teachers College Press.

Phelan, Patricia, Ann Locke Davidson, and Hanh Thanh Cao. 1991. "Students' Multiple Worlds: Negotiating the Boundaries of Family, Peer, and School Cultures." *Anthropology and Education Quarterly* 22(3):224–50.

Potter, J. Hasloch and A. E. W. Sheard. 1918. *Catechizings for the Church and Sunday Schools*, 2nd series. London: Skeffington.

Ramirez, Francisco and John W. Meyer. 1980. "Comparative Education: The Social Construction of the Modern World System." Pp. 369–99 in *Annual Review of Sociology* Vol. 6, edited by A. Inkeles, N. J. Smelser, and R. H. Turner. Palo Alto, CA: Annual Reviews.

Reich, Robert. 1993. Quoted on p. E1 in "Skipping School," by Bettijane Levine. *Los Angeles Times* (July 3):E1, 5.

Remlinger, Connie and Debra Vance. 1989. "Business Enlisting in War on Illiteracy." *The Kentucky Post*. Special Supplement on Literacy. (October 19):2.

Resnick, Daniel P. 1990. "Historical Perspectives on Literacy and Schooling." *Daedalus* 119(2):15–32.

Resnick, Daniel P. and Lauren B. Resnick. 1989. "Varieties of Literacy." Pp. 171–206 in *Social History and Issues in Human Consciousness*, edited by A. E. Barnes and P. N. Stearns.

Resnick, Lauren B. 1990. "Literacy In School and Out." *Daedalus* 119(2): 169–86.

Richardson, Lynda. 1994. "More Schools Are Trying to Write Textbooks Out of the Curriculum." *The New York Times* (January 31):A1+.

Rodriguez, Richard. 1975. *On Becoming a Chicano*. New York: Georges Borchardt.

Rohlen, Thomas P. 1986. "Japanese Education: If They Can Do It, Should We?" *The American Scholar* 55:29–43.

Rosenthal, Robert and Lenore Jacobson. 1968. *Pygmalion in the Classroom*. New York: Holt, Rinehart & Winston.

Rush, Benjamin. 1966. Quoted on p. 34 in "Forming the National Character," by David Tyack. *Harvard Educational Review* 36:29–41.

Sanchez, Claudio. 1993. Interview on *National Public Radio/"Morning Edition"* (December 8):11–13.

Schlack, Lawrence B. 1992. "Letter: School Days." *World Monitor* (November):5.

Shelley, Kristina J. 1992. "The Future of Jobs for College Graduates." *Monthly Labor Review* (July): 13–21.

Sowell, Thomas. 1981. *Ethnic America: A History*. New York: Basic Books.

Stevenson, Harold. 1992. Interview on *National Public Radio/"Morning Edition"* (December 10):8–10.

Stevenson, Harold W., Shin-ying Lee, and James W. Stigler. 1986. "Mathematics Achievement of Chinese, Japanese, and American Children." *Science* 231:693–99.

Sweetland, Bill. 1989. "Boredom, Banality, and Bad Design Characterize Text for Slow Readers." *Curriculum Review* (October):3–7.

Thomas, William I. and Dorothy Swain Thomas. [1928] 1970. *The Child in America*. New York: Johnson Reprint.

Thomson, Scott D. 1989. "Report Card USA: How Much Do Americans Value Schooling?" *NASSP Bulletin* 73(519): 51–67.

Time. 1990. "Reading, Writing and Rhetoric." (February 12):54.

Tyack, David and Elisabeth Hansot. 1981. "Conflict and Consensus in American Public Education." *Daedalus* (Summer):1–43.

Tyler, Ralph. 1974. Quoted in "Divergent Views on the Schools: Some Optimism Justified," by Alan C. Purves. *The New York Times* (January 16):C74.

U.S. Bureau of the Census. 1982. *Illiteracy: 1982*. Washington, DC: U.S. Government Printing Office.

————. 1993. *Statistical Abstract of the United States* 113th ed. Washington, DC: U.S. Government Printing Office.

U.S. Bureau of Indian Affairs. 1988. *Report on BIA Education: Excellence in Indian Education Through the Effective School Process*. Washington, DC: U.S. Government Printing Office.

U.S. Department of Education. 1987. *Japanese Education Today*. Washington, DC: U.S. Government Printing Office.

————. 1991. *Occupational and Educational Outcomes of Recent College Graduates One Year After Graduation: 1989*. Washington, DC: U.S. Government Printing Office.

————. 1992a. *National Adult Literacy Survey* 1992. Washington, DC: U.S. Government Printing Office.

————. 1992b. *International Mathematics and Science Assessments: What Have We Learned?* Washington, DC: U.S. Government Printing Office.

————. 1992c. *International Education Comparisons*. Washington, DC: U.S. Government Printing Office.

————. 1993a. *Occupational and Educational Outcomes of Recent College Graduates 1 Year After Graduation: 1991*. Washington, DC: U.S. Government Printing Office.

————. 1993b. *Adult Literacy in America: A First Look at the Results of the National Literacy Survey*. Washington, DC: U.S. Government Printing Office.

Vélis, Jean-Pierre. 1990. "Waste." *Unesco Courier* (July):30–32.

Webster, Noah. 1966. Quoted on pp. 32–33 in "Forming the National Character," by David Tyack. *Harvard Educational Review* 36:29–41.

White, Robert. 1989. "Building a Better Classroom." *The Cincinnati Post* (September 18):1A+.

The World Almanac and Book of Facts 1994. 1993. New York: World Almanac.

Chapter 14

Abercrombie, Nicholas and Bryan S. Turner. 1978. "The Dominant Ideology Thesis." *British Journal of Sociology* 29(2):149–70.

Aikman, David. 1992. "Interview: The World Is Fresh and Bright and Beautiful." *Time* (May 18):57–58.

Alston, William P. 1972. "Religion." Pp. 140–45 in *The Encyclopedia of Philosophy* Vol. 7, edited by P. Edwards. New York: Macmillan.

Aron, R. 1969. Quoted on p. 204 in *The Sociology of Max Weber* by Julien Freund. New York: Random House.

Barakat, Halim. 1979. "The Social Context." Pp. 3–20 in *Lebanon in Crisis*, edited by P. E. Haley and L. W. Snider. New York: Syracuse University Press.

Berger, Peter L. 1967. *The Sacred Canopy: Elements of a Sociological Theory of Religion*. New York: Doubleday.

Boling, Rick. 1985. "The Ecology of War: Earth." *Omni* (November):14.

Bush, George H. 1991. State of the Union Address by the President of the United States (January 29).

Caplan, Lionel. 1987. "Introduction: Popular Conceptions of Fundamentalism." Pp. 1–24 in *Studies in Religious*

———. 1986b. "Keeping Track, Part 2: Curriculum Inequality and School Reform." *Phi Delta Kappan* 67(October): 148–54.

O'Connor, John J. 1990. "Critic's Notebook: How TV Sends Mixed Messages About Education." *The New York Times* (September 13):B1.

Ouane, Adama. 1990. "National Languages and Mother Tongues." *Unesco Courier* (July):27–29.

Phelan, Patricia and Ann Locke Davidson. 1994. "Looking Across Borders: Students' Investigations of Family, Peer, and School Worlds as Cultural Therapy." Pp. 35–59 in *Pathways to Cultural Awareness: Cultural Therapy With Teachers and Students,* edited by George and Louise Spindler. Thousand Oaks, CA.: Corwin Press, Inc.

Phelan, Patricia, Ann Locke Davidson, and Hanh Cao Yu. 1993. "Students' Multiple Worlds: Navigating the Borders of Family, Peer, and School Cultures." Pp. 89–107 in *Renegotiating Cultural Diversity in American Schools,* edited by Patrica Phelan and Ann Locke Davidson. New York: Teachers College Press.

Phelan, Patricia, Ann Locke Davidson, and Hanh Thanh Cao. 1991. "Students' Multiple Worlds: Negotiating the Boundaries of Family, Peer, and School Cultures." *Anthropology and Education Quarterly* 22(3):224–50.

Potter, J. Hasloch and A. E. W. Sheard. 1918. *Catechizings for the Church and Sunday Schools,* 2nd series. London: Skeffington.

Ramirez, Francisco and John W. Meyer. 1980. "Comparative Education: The Social Construction of the Modern World System." Pp. 369–99 in *Annual Review of Sociology* Vol. 6, edited by A. Inkeles, N. J. Smelser, and R. H. Turner. Palo Alto, CA: Annual Reviews.

Reich, Robert. 1993. Quoted on p. E1 in "Skipping School," by Bettijane Levine. *Los Angeles Times* (July 3):E1, 5.

Remlinger, Connie and Debra Vance. 1989. "Business Enlisting in War on Illiteracy." *The Kentucky Post.* Special Supplement on Literacy. (October 19):2.

Resnick, Daniel P. 1990. "Historical Perspectives on Literacy and Schooling." *Daedalus* 119(2):15–32.

Resnick, Daniel P. and Lauren B. Resnick. 1989. "Varieties of Literacy." Pp. 171–206 in *Social History and Issues in Human Consciousness,* edited by A. E. Barnes and P. N. Stearns.

Resnick, Lauren B. 1990. "Literacy In School and Out." *Daedalus* 119(2): 169–86.

Richardson, Lynda. 1994. "More Schools Are Trying to Write Textbooks Out of the Curriculum." *The New York Times* (January 31):A1+.

Rodriguez, Richard. 1975. *On Becoming a Chicano.* New York: Georges Borchardt.

Rohlen, Thomas P. 1986. "Japanese Education: If They Can Do It, Should We?" *The American Scholar* 55:29–43.

Rosenthal, Robert and Lenore Jacobson. 1968. *Pygmalion in the Classroom.* New York: Holt, Rinehart & Winston.

Rush, Benjamin. 1966. Quoted on p. 34 in "Forming the National Character," by David Tyack. *Harvard Educational Review* 36:29–41.

Sanchez, Claudio. 1993. Interview on *National Public Radio/*"Morning Edition" (December 8):11–13.

Schlack, Lawrence B. 1992. "Letter: School Days." *World Monitor* (November):5.

Shelley, Kristina J. 1992. "The Future of Jobs for College Graduates." *Monthly Labor Review* (July): 13–21.

Sowell, Thomas. 1981. *Ethnic America: A History.* New York: Basic Books.

Stevenson, Harold. 1992. Interview on *National Public Radio/*"Morning Edition" (December 10):8–10.

Stevenson, Harold W., Shin-ying Lee, and James W. Stigler. 1986. "Mathematics Achievement of Chinese, Japanese, and American Children." *Science* 231:693–99.

Sweetland, Bill. 1989. "Boredom, Banality, and Bad Design Characterize Text for Slow Readers." *Curriculum Review* (October):3–7.

Thomas, William I. and Dorothy Swain Thomas. [1928] 1970. *The Child in America.* New York: Johnson Reprint.

Thomson, Scott D. 1989. "Report Card USA: How Much Do Americans Value Schooling?" *NASSP Bulletin* 73(519): 51–67.

Time. 1990. "Reading, Writing and Rhetoric." (February 12):54.

Tyack, David and Elisabeth Hansot. 1981. "Conflict and Consensus in American Public Education." *Daedalus* (Summer):1–43.

Tyler, Ralph. 1974. Quoted in "Divergent Views on the Schools: Some Optimism Justified," by Alan C. Purves. *The New York Times* (January 16):C74.

U.S. Bureau of the Census. 1982. *Illiteracy: 1982.* Washington, DC: U.S. Government Printing Office.

———. 1993. *Statistical Abstract of the United States* 113th ed. Washington, DC: U.S. Government Printing Office.

U.S. Bureau of Indian Affairs. 1988. *Report on BIA Education: Excellence in Indian Education Through the Effective School Process.* Washington, DC: U.S. Government Printing Office.

U.S. Department of Education. 1987. *Japanese Education Today.* Washington, DC: U.S. Government Printing Office.

———. 1991. *Occupational and Educational Outcomes of Recent College Graduates One Year After Graduation: 1989.* Washington, DC: U.S. Government Printing Office.

———. 1992a. *National Adult Literacy Survey 1992.* Washington, DC: U.S. Government Printing Office.

———. 1992b. *International Mathematics and Science Assessments: What Have We Learned?* Washington, DC: U.S. Government Printing Office.

———. 1992c. *International Education Comparisons.* Washington, DC: U.S. Government Printing Office.

———. 1993a. *Occupational and Educational Outcomes of Recent College Graduates 1 Year After Graduation: 1991.* Washington, DC: U.S. Government Printing Office.

———. 1993b. *Adult Literacy in America: A First Look at the Results of the National Literacy Survey.* Washington, DC: U.S. Government Printing Office.

Vélis, Jean-Pierre. 1990. "Waste." *Unesco Courier* (July):30–32.

Webster, Noah. 1966. Quoted on pp. 32–33 in "Forming the National Character," by David Tyack. *Harvard Educational Review* 36:29–41.

White, Robert. 1989. "Building a Better Classroom." *The Cincinnati Post* (September 18):1A+.

The World Almanac and Book of Facts 1994. 1993. New York: World Almanac.

Chapter 14

Abercrombie, Nicholas and Bryan S. Turner. 1978. "The Dominant Ideology Thesis." *British Journal of Sociology* 29(2):149–70.

Aikman, David. 1992. "Interview: The World Is Fresh and Bright and Beautiful." *Time* (May 18):57–58.

Alston, William P. 1972. "Religion." Pp. 140–45 in *The Encyclopedia of Philosophy* Vol. 7, edited by P. Edwards. New York: Macmillan.

Aron, R. 1969. Quoted on p. 204 in *The Sociology of Max Weber* by Julien Freund. New York: Random House.

Barakat, Halim. 1979. "The Social Context." Pp. 3–20 in *Lebanon in Crisis,* edited by P. E. Haley and L. W. Snider. New York: Syracuse University Press.

Berger, Peter L. 1967. *The Sacred Canopy: Elements of a Sociological Theory of Religion.* New York: Doubleday.

Boling, Rick. 1985. "The Ecology of War: Earth." *Omni* (November):14.

Bush, George H. 1991. State of the Union Address by the President of the United States (January 29).

Caplan, Lionel. 1987. "Introduction: Popular Conceptions of Fundamentalism." Pp. 1–24 in *Studies in Religion*

Fundamentalism, edited by L. Caplan. Albany: State University of New York Press.

Chinoy, Ely. 1961. *Society: An Introduction to Sociology*. New York: Random House.

Christianity Today. 1986. "Letters." (October 17):6.

Coles, Robert. 1990. *The Spiritual Life of Children*. Boston: Houghton Mifflin.

Cryderman, Lyn. 1990. "Dance of Faith and Death: The Church in Lebanon." *Christianity Today* (November 5): 41–49.

Doerner, William R. 1985. "Movements Within Movements." *Time* (July 1):24.

Durkheim, Emile. [1915] 1964. *The Elementary Forms of the Religious Life*, 5th ed., translated by J. W. Swain. New York: Macmillan.

———. 1951. *Suicide: A Study in Sociology*, translated by J. A. Spaulding and G. Simpson. New York: Free Press.

———. 1984. Quoted in *Durkheim's Sociology of Religion* by W. S. F. Pickering. London: Routledge & Kegan Paul.

Ebersole, Luke. 1967. "Sacred." P. 613 in *A Dictionary of the Social Sciences*, edited by J. Gould and W. L. Kolb. New York: UNESCO.

Esposito, John L. 1986. "Islam in the Politics of the Middle East." *Current History* (February):53–57, 81.

———. 1992. *The Islamic Threat: Myth or Reality?* New York: Oxford University Press.

Farrell, Thomas. 1945. Quoted on p. 65 in *In a Dark Time: Images for Survival*, edited by R. J. Lifton and N. Humphrey. Cambridge, MA: Harvard University Press.

Fisk, Robert. 1990. *Pity the Nation: The Abduction of Lebanon*. New York: Atheneum.

Forbes, James. 1990. "Up from Invisibility." Review of *The Black Church in the African American Experience* by C. Eric Lincoln and Lawrence H. Mamiya. *The New York Times Book Review* (December 23):1–2.

Friedman, Thomas L. 1989. *From Beirut to Jerusalem*. New York: Farrar, Straus & Giroux.

Gallup, George, Jr., and Jim Castelli. 1989. *The People's Religion: American Faith in the 90s*. New York: Macmillan.

Genet, Harry. 1984. "Why It Is Easy to Be Confused About Lebanon." *Christianity Today* (February 17):10.

Goodman, Walter. 1991. "The Rite of Exorcism on '20/20.'" *The New York Times* (April 5):B5.

Haddad, Yvonne. 1991. Interview with Bill Moyers on "Images of God in the Arab World." PBS television.

Hammond, Phillip E. 1976. "The Sociology of American Civil Religion: A Bibliographic Essay." *Sociological Analysis* 37(2):169–82.

Hedges, Chris. 1993. "Israel Keeps Pounding South Lebanon." *The New York Times* (July 29):A6.

Heiman, Andrea. 1992. "Spiritual Journey." *Los Angeles Times* (August 8): B4–5.

Hourani, Albert. 1991. *A History of the Arab Peoples*. Cambridge, MA: Belknap Press.

Ibrahim, Youssef M. 1991. "In Kuwait, Ramadan Has a Bitter Taste." *The New York Times* (March 19):A1, A7.

Lamb, David. 1987. *The Arabs: Journeys Beyond the Mirage*. New York: Random House.

Lechner, Frank J. 1989. "Fundamentalism Revisited." *Society* (January/February):51–59.

LeMoyne, James. 1990. "Fuel for Saudi Debate: Opening Society Without Causing Strife." *The New York Times* (October 31):A7.

Leo, John. 1991. "Lesson from a Sanitized War." *U.S. News & World Report* (March 18):26.

Lifton, Robert Jay. 1969. *Boundaries: Psychological Man in Revolution*. New York: Touchstone.

Lifton, Robert Jay and Nicholas Humphrey. 1984. *In a Dark Time: Images of Survival*. Cambridge, MA: Harvard University Press.

Lincoln, C. Eric and Lawrence H. Mamiya. 1990. *The Black Church in the African American Experience*. Durham, NC: Duke University Press.

Mahjubah: The Magazine for Moslem Women. 1984 (July).

Marx, Karl. [1844] 1990. "Religion, the Opium of the People." Pp. 79–91 in *The World Treasury of Modern Religious Thought*, edited by Jaroslav Pelikan and Clifton Fadiman. Boston: Little, Brown.

Mead, George Herbert. 1940. *Mind, Self and Society*, 3rd ed. Chicago: University of Chicago Press.

Merton, Robert K. 1957. *Social Theory and Social Structure*. Glencoe, IL: Free Press.

Murphy, Kim. 1993a. "Ethnic Discord: What About the . . . " *Los Angeles Times* (November 23):H2.

———. 1993b. "Lebanon: Tiny Land Still Caught in Middle." *Los Angeles Times* (December 4):A1, 10.

National Public Radio. 1984a. "Black Islam." *The World of Islam*. Washington, DC.

———. 1984b. "Decay or Rebirth: The Plight of Islamic Art." *The World of Islam*. Washington, DC.

———. 1984c. "Voices of Resurgence." *The World of Islam*. Washington, DC.

The New Columbia Encyclopedia. 1975. Edited by William H. Harris and Judith

S. Levey. New York: Columbia University Press.

The New York Public Library Desk Reference. 1989. New York: Simon & Schuster.

Norton, Augustus R. 1986. "Estrangement and Fragmentation in Lebanon." *Current History* (February):58–62+.

Norton, Augustus R. and Jillian Schwendler. 1993. "Swiss Soldiers, Ta'if Clocks, and Early Elections." *Middle East Insight* (Nov.–Dec.):45–54.

Nottingham, Elizabeth K. 1971. *Religion: A Sociological View*. New York: Random House.

Pickering, W. S. F. 1984. *Durkheim's Sociology of Religion*. London: Routledge & Kegan Paul.

Roberts, Keith A. 1990. *Religion in Sociological Perspective*. Belmont, CA: Wadsworth.

Robertson, Roland. 1987. "Economics and Religion." Pp. 1–11 in *The Encyclopedia of Religion*.

Shames, Stephen. 1980. "Thoughts of a Teenage War Veteran in Lebanon." *Senior Scholastic* (October 31):6.

Shulman, Ken. 1991. "A Man of Principle Pays the Price." *The New York Times* (March 3):Y27.

Smart, Ninian. 1976. *The Religious Experience of Mankind*. New York: Charles Scribner.

Spencer, Herbert. 1972. Quoted on p. 140 in "Religion." Pp. 140–45 in *The Encyclopedia of Philosophy* Vol. 7, edited by P. Edwards. New York: Macmillan.

Spokesman for the Iraqi government. 1991. Quoted in "Iraqi Message: 'Duty' Fulfilled." *The New York Times* (February 26):Y1.

Stark, Rodney and William S. Bainbridge. 1985. *The Future of Religion: Secularization, Revival and Cult Formation*. Berkeley, CA: University of California Press.

Stavenhagen, Rodolfo. 1991. "Ethnic Conflicts and Their Impact on International Society." *International Social Science Journal* (February):117–32.

Steinfels, Peter. 1991. "Priest Allows ABC to Film an Exorcism on a 16-Year-Old Girl." *The New York Times* (April 4):B1.

Turner, Bryan S. 1974. *Weber and Islam: A Critical Study*. Boston: Routledge & Kegan Paul.

Turner, Jonathan H. 1978. *Sociology: Studying the Human System*. Santa Monica, CA: Goodyear.

U.S. Department of the Army. 1989. *Lebanon: A Country Study*, edited by Thomas Collelo. Washington, DC: U.S. Government Printing Office.

Van Doren, Charles L. 1991. *A History of Knowledge: Past, Present, and Future*. New York: Carol.

Vecsey, George. 1991. "Sports of the Times: Lokar's Last Point Was His Best." *The New York Times* (February 15):B12.

Watchtower Bible and Tract Society. 1987. "Life in a Peaceful New World." Brooklyn: Watchtower.

Weber, Max. 1922. *The Sociology of Religion*, translated by E. Fischoff. Boston: Beacon Press.

———. 1958. *The Protestant Ethic and the Spirit of Capitalism*, 5th ed., translated by T. Parsons. New York: Scribner.

Wenger, Martha with Julie Denny. 1990. "Primer: Lebanon's Fifteen-Year War 1975–1990." *Middle East Report* (January/February):23–25.

Whetten, Lawrence L. 1979. "The Military Dimension." Pp. 75–90 in *Lebanon in Crisis*, edited by P. E. Haley and L. W. Snider. Syracuse: Syracuse University Press.

Wills, Garry. 1990. *Under God: Religion and American Politics*. New York: Simon & Schuster.

Wilmore, Gayraud S. 1972. *Black Religion and Black Radicalism*. Garden City, NY: Doubleday.

The World Almanac and Book of Facts 1991. 1990. New York: Pharos Books.

The World Treasury of Modern Religious Thought. 1990. Edited by Jaroslav Pelikan and Clifton Fadiman. Boston: Little, Brown.

Yinger, J. Milton. 1971. *The Scientific Study of Religion*. New York: Macmillan.

Zangwill, O. L. 1987. "Isolation Experiments." Pp. 393–94 in *The Oxford Companion to the Mind*, edited by R. L. Gregory. New York: Oxford University Press.

Chapter 15

Ash, Timothy Garton. 1989. *The Uses of Adversity: Essays on the Fate of Central Europe*. New York: Random House.

Barnet, Richard J. 1990. "Reflections: Defining the Moment." *The New Yorker* (July 16):45–60.

———. 1991. "Reflections: The Uses of Force." *The New Yorker* (April 29): 82–95.

Barron, James. 1991. "Base Panel Spreads Glee and Gloom." *The New York Times* (July 1):A8.

Bauerlein, Monika. 1992. "Plutonium Is Forever: Is There Any Sane Place to Put Nuclear Waste?" *Utne Reader* (July/August):34–37.

Bell Telephone System. 1945. "Advertisement: Millions of Military Telephones." *Life* (August 10):3.

Boudon, Raymond and François Bourricaud. 1989. *A Critical Dictionary of Sociology*, selected and translated by P. Hamilton. Chicago: University of Chicago Press.

Broad, William J. 1991. "Nuclear Designers from East and West Plan Bomb Disposal." *The New York Times* (December 17):B5+.

———. 1992. "Present Since Atom Was Split, Physicist Reflects on a Turbulent Era." *The New York Times* (December 1):B5+.

———. 1994. "Book Says Britain Bluffed About Its H-Bomb." *The New York Times* (March 24):A4.

Broad, William J., Barnaby J. Feder, John Holusha, John Markoff, Andrew Pollack, and Matthew L. Wald. 1991. "Transforming the Decade: 10 Critical Technologies." *The New York Times* (January 1):Y15+.

Burdick, Alan. 1992. "The Last Cold-War Monument: Designing the 'Keep Out' Sign for a Nuclear Waste Site." *Harper's* (August):62–67.

Calonius, Erik. 1991. "Smart Moves by Quality Champs." *Fortune* (Spring/Summer):24–28.

Cobb, Charles E. Jr. 1989. "Living with Radiation." *National Geographic* (April):403–37.

Colihan, Jane and Robert J. T. Joy. 1984. "Military Medicine." *American Heritage* (October/November):65.

Coser, Lewis A. 1973. "Social Conflict and the Theory of Social Change." Pp. 114–22 in *Social Change: Sources, Patterns, and Consequences*, edited by E. Etzioni-Halevy and A. Etzioni. New York: Basic Books.

Currie, Elliott and Jerome H. Skolnick. 1988. *America's Problems: Social Issues and Public Policy*, 2nd ed. Boston: Little, Brown.

Dahrendorf, Ralf. 1973. "Toward a Theory of Social Conflict." Pp. 100–13 in *Social Change: Sources, Patterns, and Consequences*, 2nd ed., edited by E. Etzioni-Halevy and A. Etzioni. New York: Basic Books.

D'Antonio, Michael. 1994. "Scars and Secrets: The Atomic Trail." *Los Angeles Times* (March 20): 14–20+.

Darnton, Robert. 1990. "The Writing on the Wall." *UNESCO Courier* (June): 12–17.

Dawisha, Karen and Bruce Parrott. 1994. *Russia and the New States of Eurasia: The Politics of Upheaval*. New York: Cambridge.

Dibblin, Jane. 1988. *Day of Two Suns: U.S. Nuclear Testing and the Pacific Islanders*. New York: New Amsterdam.

Dyer, Gwynne. 1985. *War*. New York: Crown Publishers.

Erikson, Kai T. 1971. "Sociology and the Historical Perspective." Pp. 61–77 in *The Sociology of the Future*, edited by W. Bell and J. A. Mau. New York: Russell Sage Foundation.

Facts on File. 1993. "Law Mandating Layoff Notices Diluted." (June 24):470.

Fortune. 1994. "The Fortune 500: The Largest Industrial Corporations." (April 18):220–300.

Furchgott, Roy. 1988. "Management's High-Tech Challenge." *Editorial Research Reports* (September 30):482–91.

Galbraith, John K. 1958. *The Affluent Society*. Boston: Houghton Mifflin.

Gould, Stephen Jay. 1990. Interview on "MacNeil/ Lehrer Newshour," January 1. New York: WNET.

Griffin, Rodman D. 1992. "Nuclear Proliferation." *The CQ Researcher* (June 5):483–501.

Guttman, Robert J. 1990. "Interview with John Georgas: The Coca-Cola Company." *Europe* (July/August):16.

Hacker, Andrew. 1971. "Power to Do What?" Pp. 134–46 in *The New Sociology: Essays in Social Science and Social Theory in Honor of C. Wright Mills*, edited by I. L. Horowitz. New York: Oxford University Press.

Halberstam, David. 1986. *The Reckoning*. New York: William Morrow.

Heilbroner, Robert. 1990. "Reflections: After Communism." *The New Yorker* (September 10): 91–100.

Holusha, John. 1989. "Eastern Europe: Its Lure and Hurdles." *The New York Times* (December 18): Y25+.

Idelson, Holly. 1991. "Energy: Watkins' Seizure of Waste Site Meets with Mixed Reviews." *Congressional Quarterly* 49 (41):2945.

———. 1992. "Environment: House Votes to Begin Testing New Mexico Nuclear Dump." *Congressional Quarterly* 50 (30):2171.

Ifill, Gwen. 1991. "Final Cut Is Made on Military Bases That Should Close." *The New York Times* (July 1):A1+.

Jerome, Richard. 1994. "Bombs Away!" *The New York Times Magazine* (April 3):46–47.

Johnson, Lyndon B. 1987. Quoted on p. 907 in *America's History Since 1865*, by James A. Henretta, W. Elliott Brownlee, David Brody, and Susan Ware. Chicago: Dorsey.

Kline, Edward. 1989. "Foreword." Pp. xiii–xviii in *Memoirs* by Andrei Sakharov (1992). New York: Vintage.

Kuhn, Thomas S. 1975. *The Structure of Scientific Revolutions*. Chicago: University of Chicago Press.

Lambert, Michael. 1992. "Defense Contractors Use Down-Sizing, Not Diversification, to Maintain Profits." *Aviation Week and Space Technology* (March 9):61–63.

Lenssen, Nicholas. 1991. *Nuclear Waste: The Problem That Won't Go Away*. Washington, DC: Worldwatch Institute.

Life. 1945. "The Jap Homeland: Allies Give It a Terrific Beating." (August 13): 32–33.

Mandelbaum, Maurice. 1977. *The Anatomy of Historical Knowledge*. Baltimore: Johns Hopkins University Press.

Martel, Leon. 1986. *Mastering Change: The Key to Business Success.* New York: Simon & Schuster.

Marx, Karl. [1881] 1965. "The Class Struggle." Pp. 529–35 in *Theories of Society,* edited by T. Parsons, E. Shils, K. D. Naegele, and J. R. Pitts. New York: Free Press.

———. 1987. Quoted in *A Marx Dictionary,* by Terrell Carver. Totowa, NJ: Barnes & Noble.

McKay, Ron. 1991. *Letters to Gorbachev: Life in Russia Through the Posthag of* Argumenty I Fakty. London: Michael Joseph.

McNamara, Robert S. 1989. *Out of the Cold: New Thinking for American Foreign and Defense Policy in the 21st Century.* New York: Simon & Schuster.

Michael, Donald N. and Walter Truett Anderson. 1987. "Norms in Conflict and Confusion: Six Stories in Search of an Author." *Technological Forecasting and Social Change* 31:107–15.

Michnik, Adam. 1990. "The Moral and Spiritual Origins of Solidarity." Pp. 239–50 in *Without Force or Lies: Voices from the Revolution of Central Europe in 1989–90.* San Francisco: Mercury House.

Miller, Judith. 1991. "Displaced in the Gulf War: 5 Million Refugees." *The New York Times* (June 16):E3.

Mills, C. Wright. 1959. *The Sociological Imagination.* New York: Oxford University Press.

———. 1963. "The Structure of Power in American Society." Pp. 23–38 in *Power, Politics and People: The Collected Essays of C. Wright Mills,* edited by I. L. Horowitz. New York: Oxford University Press.

———. 1973. "The Sources of Societal Power." Pp. 123–30 in *Social Change: Sources, Patterns, and Consequences,* 2nd ed., edited by E. Etzioni-Halevy and A. Etzioni. New York: Basic Books.

The New York Times. 1988. "Some of the Most Dangerous Waste Sites." (June 14):16Y.

The 1994 Canadian Global Almanac. 1994. Edited by John Robert Colombo. Toronto: Macmillan Canada.

Norman, Donald A. 1988. Quoted on pp. 483, 488 of "Management's High-Tech Challenge." *Editorial Research Report* (September 30):482–91.

Ogburn, William F. 1968. "Cultural Lag as Theory." Pp. 86–95 in *William F. Ogburn on Culture and Social Change,* 2nd ed., edited by O. D. Duncan. Chicago: University of Chicago Press.

O'Leary, Hazel. 1993. Interview on "MacNeil/Lehrer Newshour," December 7. New York: WNET.

Oppenheimer, Robert. 1986. Quoted on p. 11 *The Making of the Bomb* by Richard Rhodes. New York: Touchstone.

O'Sullivan, Anthony. 1990. "Eastern Europe." *Europe* (September):21–22.

Parrott, Bruce. 1983. *Politics and Technology in the Soviet Union.* Cambridge, MA: MIT.

Rabi, Isidor I. 1969. "The Revolution in Science." Pp. 28–66 in *The Environment of Change,* edited by A. W. Warner, D. Morse, and T. E. Cooney. New York: Columbia.

Rawe, Dick. 1991. "P&G Expands Entry in Eastern Europe." *The Cincinnati Post* (June 20):10B.

Reich, Jens. 1989. Quoted on p. 20 of "People of the Year." *Newsweek* (December 25):18–25.

Rhodes, Richard. 1986. *The Making of the Atomic Bomb.* New York: Touchstone.

Robbins, Carla Anne with Douglas Pasternak, Bruce B. Auster, Julie Corwin, and Douglas Stanglin. 1992. "The Nuclear Epidemic." *U.S. News & World Report* (March 16):40–51.

Sakharov, Andrei. 1992. *Memoirs: Andrei Sakharov.* New York: Vintage.

Schmemann, Serge. 1993. "Bush and Yeltsin Sign Pact Making Deep Missile Cuts." *The New York Times* (January 4):A1+.

Schneider, Keith. 1990a. "Uranium Miners Inherit Dispute's Sad Legacy." *The New York Times* (January 9):Y1+.

———. 1990b. "Scientist Who Managed to 'Shock the World' on Atomic Workers' Health." *The New York Times* (May 3):A11.

———. 1990c. "U.S. Releases Health Data on 44,000 at Nuclear Plant." *The New York Times* (July 18):A1.

———. 1991. "Military Has New Strategic Goal in Cleanup of Vast Toxic Waste." *The New York Times* (August 5):A1, C3.

———. 1994. "Redressing the Harms of the Nuclear Age May Not Be Cheap." *The New York Times* (January 9):E3.

Seltzer, Richard. 1991. "Move to Test Nuclear Waste Site Draws Fire." *Chemical and Engineering News* 69 (41):5–6.

Steele, Karen. 1993. "Cleaning Up After the Cold War." Pp. 129–46 in *The 1993 Environmental Almanac,* compiled by World Resources Institute. New York: Houghton Mifflin.

Stevenson, Richard W. 1991. "Northrop Settles Workers' Suit on False Missile Tests for $8 Million." *The New York Times* (June 25):A7.

Tibbett, Paul. 1985. Quoted on p. 96 in *War* by Gwynne Dyer. New York: Crown.

Tolstaya, Tatyana. 1991. "In Cannibalistic Times," translated by J. Gambrell. *The New York Review of Books* (April 11):3–6.

U.S. Department of Defense. 1991. *100 Companies Receiving the Largest Dollar Volume of Prime Contract Awards: Fiscal Year 1991.* Washington, DC: U.S. Government Printing Office.

U.S. Department of Energy. 1988. *Waste Isolation Pilot Plant—WIPP.* Produced by Westinghouse Electric Corporation.

Van Evera, Stephen. 1990. "The Case Against Intervention." *The Atlantic Monthly* (July):72–80.

Wald, Matthew L. 1989. "Finding a Burial Place for Nuclear Wastes Grows More Difficult." *The New York Times* (December 5):Y19+.

———. 1994. "A Military-Industrial Alliance Turns Plowshares to Swords." *The New York Times* (March 16):A1+.

Wallerstein, Immanuel. 1984. *The Politics of the World-Economy: The States, the Movements and the Civilizations.* New York: Cambridge University Press.

Weber, Max. 1947. *The Theory of Social and Economic Organization,* translated by A. M. Henderson and T. Parsons. Glencoe, IL: Free Press.

White, Leslie A. 1949. *The Science of Culture: A Study of Man and Civilization.* New York: Grove.

The World Almanac and Book of Facts 1991. 1990. New York: Pharos Books.

Yakolev, Aleksandr. 1989. "Perestroika or the 'Death of Socialism.'" Pp. 33–75 in *Voices of Glasnost: Interviews with Gorbachev's Reformers,* edited by S. F. Cohen and K. vanden Heuvel. New York: Norton.

Zickel, Raymond E. 1991. *Soviet Union: A Country Study,* 2nd ed. Washington, DC: U.S. Government Printing Office.

FOCUS Chapter 15

Bowlby, John. 1988. *A Secure Base.* New York: Basic Books.

Bouchard, Thomas, Jr. 1990. "Sources of Human Psychological Differences: The Minnesota Study of Twins Reared Apart." *Science* 250 (October 12): 223–28.

Branch, Taylor. 1988. Pp. 124–42 in *Parting the Waters.* New York: Simon & Schuster.

Garrison, Fielding. 1929. Pp. 307, 362–63 in *An Introduction to the History of Medicine,* revised ed. by W. B. Saunders.

Library of Congress. 1993. *1994 Women Who Dare.* Rohnert Park, CA: Pomegranate.

Maathai, Wangari. 1993. Quoted on p. 353 of *Current Biography Yearbook 1993,* edited by Judith Graham. New York: H. W. Wilson Co.

Watson, James. 1990. "The Human Genome Project: Past, Present and Future." *Science* 248 (April 6): 44–49.

Wheelis, Allen. 1973. *How People Change.* New York: Harper & Row.

Zola-Morgan, Stuart and Larry Squire. 1990. "The Primate Hippocampal Formation: Evidence for a Time-Limited Role in Memory Storage." *Science* 250 (October 12): 288–89.

社會學：全球性的觀點

原　　著 / Joan Freeante

譯　　者 / 李茂興、徐偉傑

出 版 者 / 弘智文化事業有限公司

登 記 證 / 局版台業字第 6263 號

地　　址 / 台北市民權西路 118 巷 15 弄 3 號 7 樓

郵政劃撥 / 19467647　　戶名 / 馮玉蘭

E-Mail / hurngchi@ms39.hinet.net

電　　話 / （02）2557-5685・0932-321-711・0921-121-621

傳　　真 / （02）2557-5383

發 行 人 / 邱一文

書店經銷 / 旭昇圖書有限公司

地　　址 / 台北縣中和市中山路二段 352 號 2 樓

電　　話 / （02）2245-1480

傳　　真 / （02）2245-1479

製　　版 / 信利印製有限公司

版　　次 / 2006 年 02 月再版

定　　價 / 新台幣 650 元

弘智文化出版品進一步資訊歡迎至網站瀏覽：
http://www.honz-book.com.tw

ISBN　957-99581-8-1

國家圖書館預行編目資料

社會學：全球性的觀點／Joan Ferrante 著；
　李茂興・徐偉傑譯. ——初版. ——台北市：
　弘智文化，1998（民 87）
　　　面；公分
參考書目；面
譯自：Sociology：A Global Perspective
ISBN　957-99581-8-1（精裝）

1. 社會學

540　　　　　　　　　　　　　　　　87010230

弘智文化價目表

弘智文化出版品進一步資訊歡迎至網站瀏覽：honz-book.com.tw

書　名	定價	書　名	定價
社會心理學（第三版）	700	生涯規劃：掙脫人生的三大框梏	250
教學心理學	600	心靈塑身	200
生涯諮商理論與實務	658	享受退休	150
健康心理學	500	婚姻的轉捩點	150
金錢心理學	500	協助過動兒	150
平衡演出	500	經營第二春	120
追求未來與過去	550	積極人生十撇步	120
夢想的殿堂	400	賭徒的救生圈	150
心理學：適應環境的心靈	700		
兒童發展	出版中	生產與作業管理（精簡版）	600
為孩子做正確的決定	300	生產與作業管理（上）	500
認知心理學	出版中	生產與作業管理（下）	600
照護心理學	390	管理概論：全面品質管理取向	650
老化與心理健康	390	組織行為管理學	800
身體意象	250	國際財務管理	650
人際關係	250	新金融工具	出版中
照護年老的雙親	200	新白領階級	350
諮商概論	600	如何創造影響力	350
兒童遊戲治療法	500	財務管理	出版中
認知治療法概論	500	財務資產評價的數量方法一百問	290
家族治療法概論	出版中	策略管理	390
婚姻治療法	350	策略管理個案集	390
教師的諮商技巧	200	服務管理	400
醫師的諮商技巧	出版中	全球化與企業實務	900
社工實務的諮商技巧	200	國際管理	700
安寧照護的諮商技巧	200	策略性人力資源管理	出版中
		人力資源策略	390

書　名	定　價	書　名	定　價
管理品質與人力資源	290	社會學：全球性的觀點	650
行動學習法	350	紀登斯的社會學	出版中
全球的金融市場	500	全球化	300
公司治理	350	五種身體	250
人因工程的應用	出版中	認識迪士尼	320
策略性行銷（行銷策略）	400	社會的麥當勞化	350
行銷管理全球觀	600	網際網路與社會	320
服務業的行銷與管理	650	立法者與詮釋者	290
餐旅服務業與觀光行銷	690	國際企業與社會	250
餐飲服務	590	恐怖主義文化	300
旅遊與觀光概論	600	文化人類學	650
休閒與遊憩概論	600	文化基因論	出版中
不確定情況下的決策	390	社會人類學	390
資料分析、迴歸、與預測	350	血拼經驗	350
確定情況下的下決策	390	消費文化與現代性	350
風險管理	400	肥皂劇	350
專案管理師	350	全球化與反全球化	250
顧客調查的觀念與技術	450	身體權力學	320
品質的最新思潮	450		
全球化物流管理	出版中	教育哲學	400
製造策略	出版中	特殊兒童教學法	300
國際通用的行銷量表	出版中	如何拿博士學位	220
組織行為管理學	800	如何寫評論文章	250
許長田著「行銷超限戰」	300	實務社群	出版中
許長田著「企業應變力」	300	現實主義與國際關係	300
許長田著「不做總統，就做廣告企劃」	300	人權與國際關係	300
許長田著「全民拼經濟」	450	國家與國際關係	300
許長田著「國際行銷」	580		
許長田著「策略行銷管理」	680	統計學	400

書　名	定價	書　名	定價
類別與受限依變項的迴歸統計模式	400	政策研究方法論	200
機率的樂趣	300	焦點團體	250
		個案研究	300
策略的賽局	550	醫療保健研究法	250
計量經濟學	出版中	解釋性互動論	250
經濟學的伊索寓言	出版中	事件史分析	250
		次級資料研究法	220
電路學（上）	400	企業研究法	出版中
新興的資訊科技	450	抽樣實務	出版中
電路學（下）	350	十年健保回顧	250
電腦網路與網際網路	290		
應用性社會研究的倫理與價值	220	**書僮文化價目表**	
社會研究的後設分析程序	250		
量表的發展	200	台灣五十年來的五十本好書	220
改進調查問題：設計與評估	300	２００２年好書推薦	250
標準化的調查訪問	220	書海拾貝	220
研究文獻之回顧與整合	250	替你讀經典：社會人文篇	250
參與觀察法	200	替你讀經典：讀書心得與寫作範例篇	230
調查研究方法	250		
電話調查方法	320	生命魔法書	220
郵寄問卷調查	250	賽加的魔幻世界	250
生產力之衡量	200		
民族誌學	250